I0821888

Die Päpste der Renaissance
Politik, Kunst und Musik

Die Päpste

Herausgegeben von
Stefan Weinfurter, Alfried Wieczorek,
Michael Matheus, Bernd Schneidmüller

Bd. 2

Die Päpste der Renaissance

Politik, Kunst und Musik

Michael Matheus, Bernd Schneidmüller,
Stefan Weinfurter, Alfried Wieczorek (Hg.)

Publikation der Reiss-Engelhorn-Museen Band 75

Abbildung der vorderen Umschlagseite:
Arnolfo di Cambio, Papst Bonifaz VIII., Marmor, um 1296/1300
(Vatikan, Vatikanpalast, Sala San Giovanni).

Wir danken den Unterstützern und Förderern des Gesamtprojektes.

Gefördert durch

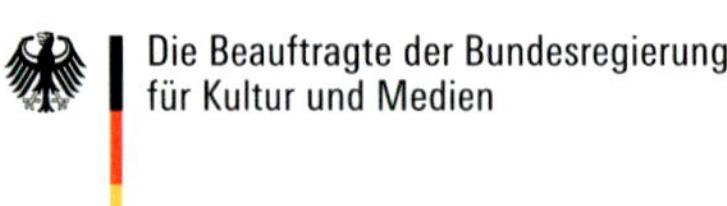

Bibliografische Information der Deutschen Nationalbibliothek:
Die Deutsche Nationalbibliothek verzeichnet diese Publikation in der
Deutschen Nationalbibliografie; detaillierte bibliografische Daten
sind im Internet über http://dnb.dnb.de abrufbar.

1. Auflage 2017

Umschlaggestaltung: Tobias Mittag (Mannheim), Anna Braungart (Tübingen)
Satz: typegerecht, Berlin
Druck: Grafisches Centrum Cuno GmbH & Co. KG, Calbe
ISBN 978-3-7954-3088-7

Weitere Informationen zum Verlagsprogramm erhalten Sie unter:
www.schnell-und-steiner.de

Inhalt

Vorwort 7

Einführung 11

Michael Matheus
Das Renaissancepapsttum: Forschungsstand und Perspektiven 13

I. Das Papsttum und die Öffnung in die Welt

Klaus Herbers
Das Papsttum und die Öffnung in die Welt 27

II. Kunst am römischen Renaissancehof

Arnold Nesselrath
Bildgeschichte – Geschichtsbilder 49

Johannes Röll
Die Grabdenkmäler der Päpste im 15. Jahrhundert 69

Adalberth Roth
Musik und Zeremoniell am päpstlichen Hof im 15. Jahrhundert 93

III. Papstfinanz

Luciano Palermo
Päpstliche Finanzen und Kirchenreform in der Renaissance 111

Andreas Rehberg
Geistliche Gnaden aus Rom. Anmerkungen zum päpstlichen Ablasswesen um 1500 123

IV. Renaissancekultur und Kurie

Richard Sherr
A Nice Job If You Can Get It. The Papal Singers in the Ceremony and Liturgy of the Papal Court in the 16th Century 155

Claudia Märtl
Kurie und materielle Kultur in der Frührenaissance 175

Birgit Studt
Humanisten an der Kurie 201

V. Rom als Renaissancestadt

Arnold Esch
Zwischen Hof und Stadt. Die wirtschaftliche Entwicklung Roms im 15. Jahrhundert 221

Anna Esposito
Die Päpste und Rom: Bürger, Auswärtige, Institutionen 233

Anna Modigliani
Die Päpste und Rom: Urbane Strategien und Nutzung des öffentlichen Raums 243

VI. Traditionen, Brüche, Transformationen

Johannes Helmrath
Papst und Konzil. Von Pisa 1409 bis zum V. Lateranum 1512–1517 ... 265

Michael Matheus
Papst- und Romkritik in der Renaissance ... 301

Volker Leppin
Der Primat des Papstes im langen 15. Jahrhundert ... 353

Kardinal Kurt Koch
Das Papstamt des Bischofs von Rom in ökumenischer Perspektive ... 381

VII. Round Table

Volker Leppin
Thesen zum Renaissancepapsttum ... 395

Christoph Strohm
Thesen zum Renaissancepapsttum ... 397

Günther Wassilowsky
Das Renaissancepapsttum als religiöses Kulturprojekt ... 401

Abbildungsnachweis (*Maximilian Brock*) ... 409
Namenregister (*Laura Hammel*) ... 411

Vorwort

Der vorliegende Band enthält die Akten der vom 3. bis 5. Dezember 2015 in Rom durchgeführten internationalen Tagung »Die Päpste der Renaissance. Politik, Kunst und Musik.« Es handelt sich zugleich um den zweiten Band in der Reihe »Die Päpste«, welche die Ausstellung der Reiss-Engelhorn-Museen Mannheim im Jahre 2017 über die Päpste und die Einheit der lateinischen Welt in Antike, Mittelalter und Rom begleitet. Eine Publikation im Lutherjahr zum Renaissancepapsttum, die an umstrittene Inhaber auf der Cathedra Petri erinnert, aber zugleich im Kontext intensiver fachwissenschaftlicher Forschung neue Zugänge zu der von ihnen verkörperten Institution des Papsttums ermöglichen will, dürfte auf Interesse auch außerhalb der Wissenschaft stoßen. Im Umfeld der 500. Wiederkehr der Reformation Martin Luthers soll zugleich an ein spannungsreiches gemeinsames Kapitel der Geschichte erinnert werden.

Wir sind dankbar, dass die Tagung in Rom an Orten und in Institutionen stattfinden konnte, die ihrerseits an papstgeschichtlicher Forschung maßgeblichen Anteil hatten und haben. Das Deutsche Historische Institut (DHI) in Rom sowie das Römische Institut der Görres-Gesellschaft (RIGG) fungierten in dieser Tradition als Orte unserer Tagung und zugleich als Kooperationspartner. Unser Dank geht insbesondere an die Direktoren Martin Baumeister und Stefan Heid und ihre Mitarbeiterinnen und Mitarbeiter und ebenso an die Deutsche Forschungsgemeinschaft und die Johannes Gutenberg-Universität Mainz für großzügige Zuschüsse. Tatkräftig wurden Vorbereitung und Durchführung der Tagung unterstützt von den Reiss-Egelhorn-Museen Mannheim und dem Institut für Geschichtliche Landeskunde an der Universität Mainz.

Die Tagung klang mit dem Konzert »Maiestas Papalis. Musik vom Hof der Renaissance-Päpste« in der Kirche des Campo Santo, S. Maria della Pietà, am Abend des 5. Dezember aus. Gestaltet wurde es vom Vokalensemble des künstlerischen Exzellenzprogramms BAROCK VOKAL an der Hochschule für Musik Mainz (Gesamtleitung Claudia Eder). Im Vorfeld hatte das Ensemble an einem Workshop mit Angelika Moths (Hamburg/Basel) teilgenommen, der in die Aufführungspraxis der Renaissancemusik einführte. Unter der Leitung von Christian Rohrbach sangen neben ihm (Altus) Jasmin Hörner (Sopran), Jonas Boy (Tenor), Johannes Hill (Bariton) und Florian Küppers

(Bass) geistliche und weltliche Kompositionen von Jean Mouton (Tua est potentia), Loyset Compère (Sola caret monstris), Heinrich Isaac (Palle Palle), Josquin Desprez (Nymphes de bois), Guillaume Dufay (Missa L'homme armé), Andreas de Silva (Te Deum) und Costanzo Festa (Conditor alme syderum). Auf dem Programm stand außerdem die Chanson »Cela sans plus«, die der große Musikkenner und -mäzen Kardinal Giovanni de' Medici vor seiner Papstwahl komponierte. Zusammengestellt hatte das Programm Klaus Pietschmann, der auch als Moderator durch den Abend führte. Wir erinnern gerne an dieses wunderbare Musikerlebnis im Schatten von St. Peter. Für die Realisierung dieses Buchs im Verlag Schnell & Steiner erhielten wir vom Geschäftsführer Albrecht Weiland und von der Lektorin Elisabet Petersen die gewohnt professionelle Betreuung.

Für die Text- und Bildredaktion danken wir Kerstin Hetzel, Richard Engl, sowie Maximilian Brock, für die Erstellung des Registers Laura Hammel.

Michael Matheus – Bernd Schneidmüller – Stefan Weinfurter – Alfried Wieczorek
Mainz/Heidelberg/Mannheim 2017

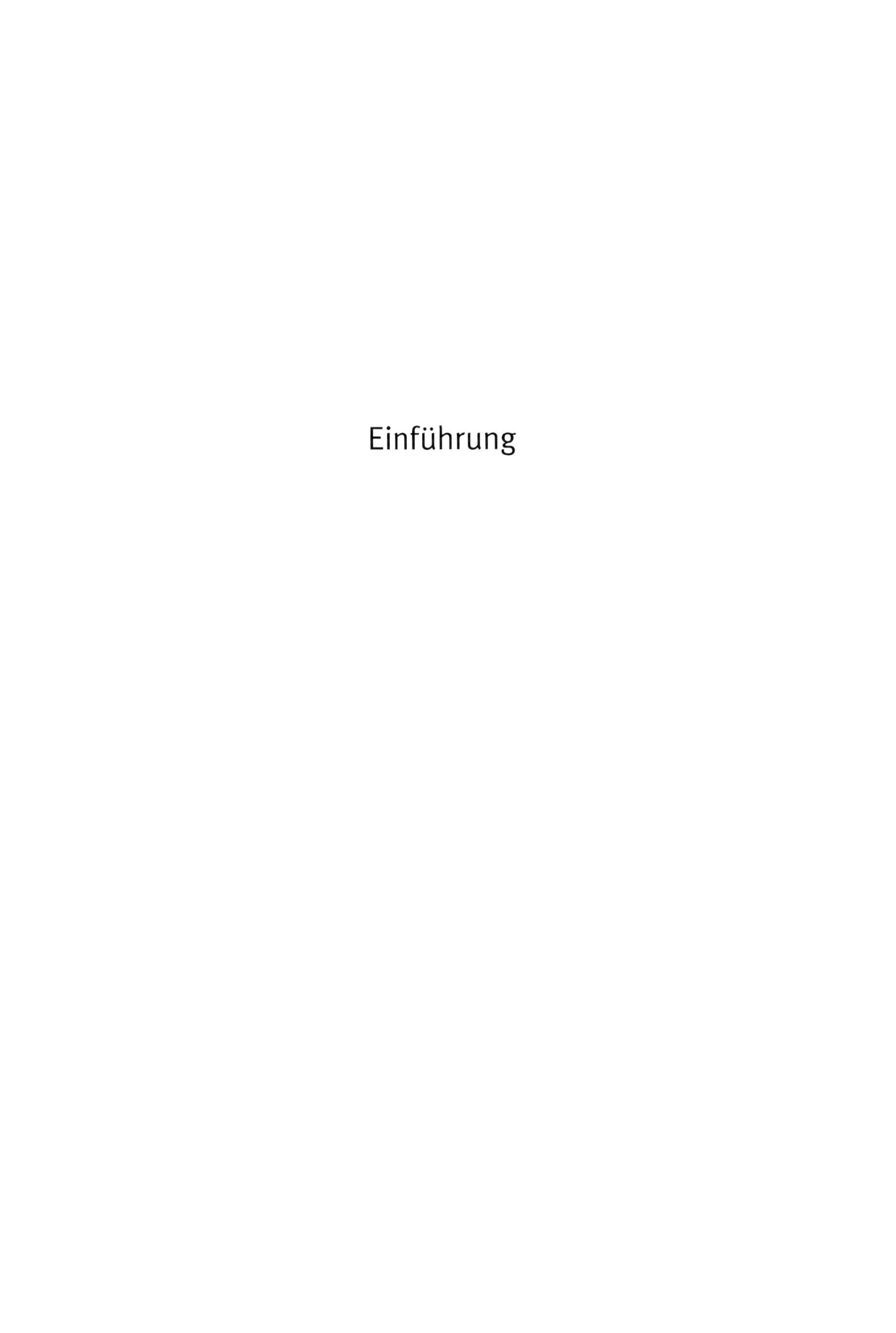

Einführung

Das Renaissancepapsttum: Forschungsstand und Perspektiven

Michael Matheus

Das Interesse an der Geschichte des Papsttums und der Kurie ist in den letzten Jahrzehnten gewachsen. Dies gilt nicht zuletzt für das Papsttum der Renaissancezeit, das einerseits kulturelle Glanzleistungen initiiert und gefördert hat, andererseits aber die von vielen Zeitgenossen geforderten Kirchenreformen nicht auf den Weg brachte.[1]

Aus der Perspektive verschiedener Disziplinen sollen in diesem Band vor allem die jüngsten Forschungen zu wichtigen Themenfeldern präsentiert, reflektiert und Chancen für künftige Untersuchungen diskutiert werden. Die interdisziplinäre Ausrichtung ist von Bedeutung, da gerade die Begegnung und Auseinandersetzung unterschiedlicher fachhistorischer Traditionen neue Perspektiven eröffnen. In der Endphase der Lutherdekade und vor dem Hintergrund aktueller Diskussionen um das Papstamt dürften einzelne Beiträge auf besonderes Interesse stoßen, zumal die Päpste der Renaissance und ihre Umgebung die Phantasie auch außerhalb der Fachwissenschaften in besonderer Weise anregten und anregen.[2] Wiederholt wurde das Papsttum, wurden besonders einzelne Päpste in Filmen und Romanen zum Thema.[3] Personen wie Alexander VI. und seine Kinder Cesare und Lucrezia Borgia bieten Projektionsflächen für Geschichtsbilder über eine besonders blutvolle und zugleich farbenprächtige Zeit. Erst jüngst lieferten zwei Fernsehserien zu den Borgia Szenarien von machtbesessenen

---

1 Vgl. auch Michael Matheus, Das Renaissancepapsttum im Kontext struktureller Entwicklungen, in: Die Päpste und ihr Amt zwischen Einheit und Vielheit der Kirche. Theologische Fragen in historischer Perspektive (Die Päpste 4), hg. von Stefan Weinfurter/Volker Leppin/Christoph Strohm/Hubert Wolf/Alfried Wieczorek, Regensburg 2017, S. 73–101.

2 Aus der Fülle von Beispielen können nur wenige genannt werden: Kurt Reichenberger/Theo Reichenberger, Der Borgiapapst Alexander VI. Monster oder Märtyrer? (Europäische Profile 66), Kassel 2003; Sarah Bradford, Lucrezia Borgia. Life, Love and Death in Renaissance Italy, London 2004; Alois Uhl, Papstkinder. Lebensbilder aus der Zeit der Renaissance, München/Zürich 2008; Ernst Probst, Lucrezia Borgia. Die schöne Tochter eines Papstes, München 2011.

3 Zur Verarbeitung der Borgias und des Renaissancepapsttums in jüngeren Romanen vgl. Lawrence Norfolk, Ein Nashorn für den Papst. Aus dem Englischen übersetzt von Gisbert Haefs/Hans-Wilhelm Haefs/Gerald Jung/Gisela Stege, München 1996; Manuel Vázquez Montalbán, Kaiser oder nichts. Aus dem Spanischen übersetzt von Theres Moser, Berlin 1999.

intriganten Individuen, wobei zugleich der Ruch des Frivolen als Garnierung unverzichtbar erscheint.[4]

Im Folgenden werden in der gebotenen Kürze zunächst zentrale Herausforderungen skizziert, vor denen die Päpste der Renaissance standen, anschließend sollen die thematische und historiographische Verortung der einzelnen Beiträge angesprochen werden.

Die Aufgaben, denen sich die Päpste zu stellen hatten, waren gewaltig, und entsprechend eingeschränkt die Spielräume päpstlichen Handelns. Nach der Rückkehr nach Rom wurde eine Wiederverwurzelung des Papsttums an den Gräbern der Apostelfürsten Petrus und Paulus erwartet. Entsprechend den Maßstäben der Zeit war damit Päpsten und Kardinälen aufgetragen, eine repräsentative Residenz zu schaffen und Rom zur Renaissancestadt umzugestalten. Gegen die Erneuerung und Befestigung päpstlicher Herrschaft in Rom und im Kirchenstaat kam es freilich im Kontext eines vielschichtigen und komplexen Machtgefüges zu heftigen Widerständen. Dabei war päpstliche Politik vielfach verquickt mit der Verfolgung der Interessen jener Familie, aus welcher der jeweilige Papst stammte. Ressourcen von Familienangehörigen und Landsleuten zu fördern galt nach antiken Vorbildern als eine der *Pietas* geschuldete Verpflichtung und stand damit in einem Spannungsverhältnis zu den päpstlichen Amtsverpflichtungen.

Über solche territorial- und familienpolitischen Erfordernisse hinaus galt es, Rolle und Funktion des Bischofs von Rom als Oberhaupt der lateinischen Kirche, ja der gesamten Christenheit zu bekräftigen. Die machtbewussten Könige und Fürsten der sich verfestigenden europäischen Staaten setzten monarchischen Zielsetzungen päpstlicher Politik freilich deutliche Grenzen. Zudem erforderte die immer weiter um sich greifende osmanische Expansion, der 1453 das byzantinische Kaiserreich zum Opfer fiel, verstärkte Anstrengungen und Ressourcen. Die Päpste waren die einzigen, die kontinuierlich vor diesen Gefahren warnten und Gegenmaßnahmen zu organisieren

4 Zur Fernsehserie »Borgia«, die u.a. vom ZDF und vom ORF mitfinanziert wurde, vgl. Friederike HAUPT, Der Papst hat gerade ein Problem, in: Frankfurter Allgemeine Zeitung (FAZ) vom 11. Mai 2011; Willi WINKLER, Heuchelnd und hurend in Kardinalspurpur, in: Süddeutsche Zeitung (SD) vom 17. Oktober 2011; Nikolaus von FESTENBERG, Der Papst, das Ferkel, in: Der Spiegel vom 17. Oktober 2011; Achatz von MÜLLER, Politik ohne Unterleib, in: Die Zeit vom 17. Oktober 2011; Andreas KILB, Dieser Papst ist ein Pate, in: FAZ vom 30. September 2013. Zum Konkurrenzprodukt, der US-amerikanischen Fernsehserie »Die Borgias« mit Jeremy Irons in der Hauptrolle, vgl. Willi WINKLER, Gesegnet. Gevögelt. Erdolcht. Vergiftet, in: SD vom 9. November 2011; Wir sind Papst, und ihr müsst dran glauben. Römische Unmoral ohne Gebrauchsspuren: »Die Borgias« als amerikanische Serie auf Pro Sieben, in: FAZ vom 9. November 2011. Zu beiden Verfilmungen vgl. Klaudia WICK, Die Borgias – Familie der Todsünden, in: Frankfurter Rundschau vom 17. Oktober 2011; Peter ZANDER, Das Papst-Duell um die Mafia der Renaissance, in: Die Welt vom 17. Oktober 2011; Dorit KOCH, Sex, Macht, Mord und Amen – Die Borgias kommen, in: Die Welt vom 17. Oktober 2011.

versuchten, während die europäischen Fürsten und ihre Reiche weitgehend uneinig und tatenlos blieben.

Während der Geltungsbereich der römischen Kirche auf der einen Seite erodierte und schrumpfte, eröffneten die Entdeckungen und Eroberungen neuer Kontinente, die europäische Expansion, Chancen der Missionierung und Durchdringung neuer Welten. Klaus Herbers erörtert einleitend diese Entwicklung, die nicht erst im ausgehenden 15. Jahrhundert einsetzte. Die globale Ausbreitung des Christentums stellte die Päpste, allen voran den umstrittenen Alexander VI. (1492–1503),[5] vor neue Herausforderungen. Bei der Zuordnung bis dahin unbekannter Regionen und Reiche wurden mit den Päpsten Entscheidungen ausgehandelt, die bis heute nachwirken. Zugleich aber galt es, abweichende religiös-kirchliche Strömungen zu integrieren, Antworten auf die konziliaren Reformforderungen zu formulieren und diese auch umzusetzen.

Angesichts dieser komplexen Situation kann es keine holzschnitzartigen Antworten auf Fragen geben, die darauf abzielen, die Angemessenheit päpstlicher und kurialer Strategien und Handlungen auszuloten. Zugleich ist ein zentrales Ergebnis der jüngeren Forschungen zur Kurie zu beachten: Die Päpste handelten vielfach nicht aus eigenem Antrieb, sondern reagierten auf Initiativen *in partibus*.[6] Eine besondere Herausforderung stellt die Diskussion über die moralische Glaubwürdigkeit der Kirchenleitung dar. Aus retrospektiver Perspektive und damit im Wissen um die konfessionellen Spaltungen des 16. Jahrhunderts ist jeder Versuch der Beantwortung der Frage auch methodisch anspruchsvoll, in welchem Maße das wiederholte Scheitern von Reformbemühungen den Verlust von Vertrauen zur Folge hatte, eine entscheidende Grundlage für jede Gemeinschaft, auch die der lateinischen Christenheit.

---

5 Roma di fronte all'Europa al tempo di Alessandro VI. Atti del convegno (Città del Vaticano-Roma, 1–4 dicembre 1999) (Pubblicazioni degli archivi di stato, saggi 68), 3 Bde., hg. von Maria Chiabò/Silvia Maddalo/Massimo Miglio/Anna M. Oliva, Roma 2001; Alessandro VI e lo Stato della Chiesa. Atti del convegno (Perugia, 13–15 marzo 2000) (Pubblicazioni degli archivi di Stato, saggi 79), hg. von Carla Frova/Maria G. Nico Ottaviani, Roma 2003; Il Lazio e Alessandro VI. Civita Castellana, Cori, Nepi, Orte, Sermoneta (Nuovi studi storici 64), hg. von Giovanni Pesiri, Roma 2003; Alessandro VI dal Mediterraneo all'Atlantico. Atti del convegno, Cagliari, 17–19 maggio 2001, Ministero per i Beni e le Attività Culturali; Comitato Nazionale Incontri di Studio per il V Centenario del Pontificato di Alessandro VI (1492–1503) (Pubblicazioni degli archivi di stato, saggi 82), hg. von Maria Chiabò/Anna M. Oliva/Olivetta Schena, Roma 2004; La fortuna dei Borgia. Atti del convegno, Bologna, 29–31 ottobre 2000, hg. von Ovidio Capitani/Maria Chiabò, Roma 2005; vgl. auch: Marion Hermann-Röttgen, Alessandro VI Borgia e l'Umanesimo. Crisi, conflitti e conseguenze, in: Roma nella svolta tra Quattro e Cinquecento. Atti del Convegno Internazionale di Studi, hg. von Stefano Colonna, Roma 2004, S. 261–268; Paolo Prodi, Alessandro VI. Riflessioni dopo il V centenario, in: Roma e il Papato nel Medioevo. Studi in Onore di Massimo Miglio, Bd. 1: Percezioni, Scambi, Pratiche (Storia e Letteratura, Raccolta di Studi e Testi 275), hg. von Amedeo De Vincentiis, Roma 2012, S. 565–580.

6 Matheus, Das Renaissancepapsttum (wie Anm. 1), S. 87 f.

Eine unverzichtbare Grundlage der in Rom durchgeführten Tagung stellen in den letzten Jahren organisierte Ausstellungen und deren Kataloge sowie internationale Tagungen zur Geschichte Roms und des Papsttums im 15. und 16. Jahrhundert sowie zu einzelnen Pontifikaten wie Nikolaus V.,[7] Pius II.,[8] Sixtus IV.,[9] Alexander VI.,[10] Julius II.[11] und Leo X.[12] dar. Viele dieser Initiativen sind italienischen, römischen Kolleginnen und Kollegen zu verdanken. Auch vor diesem Hintergrund sind wir dankbar, dass die Tagung in Rom in Kooperation mit Roma nel Rinascimento (Paola Farenga) und dem Istituto Storico Italiano per il Medioevo (Massimo Miglio) durchgeführt werden

7 Niccolò V nel sesto centenario della nascita. Atti del Convegno internazionale di studi. Sarzana, 8–10 ottobre 1998 (Studi e testi 397), hg. von Franco Bonatti/Antonuio Manfredi, Città del Vaticano 2000; Atti delle Giornate di Studio Papato, Stati Regionali e Lunigiana nell'Età di Niccolò V. La Spezia, Sarzana, Pontremoli, Bagnone, 25–28 maggio 2000 (Memorie della Accademia Lunigianese di Scienze Giovanni Capellini, Scienze storiche e morali 73), hg. von Elana M. Vecchi, La Spezia 2004.

8 Pius II. »El più expeditivo pontefice«. Selected studies on Aeneas Silvius Piccolomini (1405–1464) (Brill's studies in intellectual history 117), hg. von Zweder von Martels/Arjo Vanderjagt, Leiden/Boston 2003; Enea Silvio Piccolomini. Arte, storia e cultura nell'Europa di Pio II. Atti dei convegni internazionali di studi 2003–2004, hg. von Roberto Di Paolo, Romae 2006; Enea Silvio Piccolomini. Uomo di lettere e mediatore di culture. Gelehrter und Vermittler der Kulturen. Atti del Convegno Internazionale di Studi. Internationaler Studienkongress, Basel, 21.–23. April 2005, hg. von Maria A. Terzoli, Basel 2006; Enea Silvio Piccolomini. Pius secundus, poeta laureatus, pontifex maximus. Atti del convegno internazionale, 29 settembre – 1 ottobre 2005, Roma, e altri studi, hg. von Manlio Sodi/Arianna Antoniutti, Roma 2007; Pio II umanista europeo. Atti del XVII convegno internazionale (Chianciano-Pienza, 18–21 luglio 2005) (Quaderni della Rassegna 49), hg. von Luisa Secchi Tarugi, Firenze 2007; Enea Silvio Piccolomini – Pius II (1405–1464). Een humanistisch paus op de bres voor Europa. Bloemlezing uit zijn brieven en Gedenkschriften (Middeleeuwse studies en bronnen 126), hg. von Michel Goldsteen/Zweder von Martels, Hilversum 2011.

9 Sisto IV e Giulio II. Mecenati e promotori di cultura. Atti del convegno internazionale di studi, Savona, 1985, hg. von Silvia Bottaro/Anna Dagnino/Giovanna Rotondi Terminiello, Savona 1989; Un pontificato ed una città. Sisto IV (1471–1484). Atti del convegno, Roma, 3–7 dicembre 1984 (Littera antiqua 5), hg. von Massimo Miglio, Città del Vaticano 1986; Sisto IV. Le arti a Roma nel primo Rinascimento. Attti del convegno internazionale di studi, 23–25 ottobre 1997, Roma, hg. von Fabio Benzi, Roma 2000.

10 Vgl. Anm. 5.

11 Giulio II. Papa, politico, mecenate (atti del convegno, Savona, Fortezza del Priamar, Sala della Sibilla, 25–26–27 marzo 2004), hg. von Giovanna Rotondi Terminiello/Giulio Nepi, Genua 2005; Giulio II e Savona. Sessione inaugurale del Convegno Metafore di un Pontificato Giulio II (1503–1513) (Savona, Cappella Sistina, venerdì 7 novembre 2008) (RR inedita 43), hg. von Flavia Cabtatore/Maria Chiabò/Maurizio Gargano/Anna Modigliani, Roma 2009; Metafore di un pontificato, Giulio II (1503–1513). Roma, 2–4 dicembre 2008 (RR inedita, saggi 44), hg. von Flavia Cantatore/Maria Chiabò/Paola Farenga/Maurizio Gargano/Anna Morisi/Anna Modigliani/Franco Piperno, Roma 2010; Giulio II. La cultura non classicista. Sessione finale del Convegno Metafore di un Pontificato Giulio II (1503–1513), Viterbo, S. Maria in Gradi, 13 maggio 2009 (RR inedita, saggi 45), hg. von Paolo Procaccioli, Roma 2010.

12 Leone X. Finanza, Mecenatismo, cultura. (Roma 2–4 novembre 2015), Sapienza Università di Roma, RR Roma nel Rinascimento (Tagungsband in Vorbereitung).

konnte. Beide Institutionen stehen für wichtige Akteure dieser Initiativen sowie der Forschungen zum Renaissancepapsttum insgesamt. Die aus den Tagungen erwachsenen Bände erweisen, nicht zuletzt auch aufgrund ihrer interdisziplinären Ausrichtung, die Bischöfe von Rom als markante Persönlichkeiten mit sehr unterschiedlichen Profilen innerhalb der jeweiligen historischen Kontexte. Tagungsakten können allerdings Monographien zu einzelnen Päpsten nicht ersetzen, die auch über die fachwissenschaftlichen Diskussionen hinaus auf eine breitere Öffentlichkeit zielen.[13]

Um einzelne Päpste geht es in den Beiträgen dieses Bandes immer auch, so etwa in der am Ende dokumentierten Diskussionsrunde über »Die Päpste der Renaissance«. Im Fokus stehen aber nicht einzelne Bischöfe von Rom, sondern langfristige Entwicklungen, nicht zuletzt Prozesse der Kontinuität, des Wandels und der Transformation. Die Auswahl der behandelten Themen wurde auch dadurch bestimmt, dass sie nur einzelne Elemente in einem Publikationsensemble und einer Veranstaltungsfolge darstellen. Zu anderen Veröffentlichungen sollen thematische Überschneidungen vermieden werden, so zum Band »Luther in Rom«.[14] Weiterhin wird die herausragende Bedeutung der Päpste für den »Studienort Rom« und die europäische Universitätsgeschichte mit Blick auf demnächst erscheinende Tagungsakten nicht zentral behandelt.[15] Aus entsprechenden Gründen werden die Entwicklung des Kardinalskollegiums sowie Veränderungen in der Kurienstruktur allenfalls indirekt angesprochen und auch Rolle und Funktion des päpstlichen Militärs nicht thematisiert werden.[16] Zugleich ergänzt und erweitert Claudia Märtl ihre Ausführungen zur Organisation der Kurie im 15. Jahrhundert während der Mannheimer Tagung im Jahre 2014 um das Thema »Kurie und materielle Kultur«,[17]

---

13 Christine SHAW, Julius II. The warrior pope, Oxford 1993; Anna M. CORBO, Pio II Piccolomini. Un papa umanista (1458–1464), Roma 2002; Enea Silvio Piccolomini. Uomo di lettere (wie Anm. 10); Volker REINHARDT, Pius II. Piccolomini. Der Papst, mit dem die Renaissance begann. Eine Biographie, München 2013; Volker REINHARDT, Die Borgia. Geschichte einer unheimlichen Familie (Beck'sche Reihe 2741), München 2011; Volker REINHARDT, Alexander VI. Borgia. Der unheimliche Papst. Eine Biographie (Beck'sche Reihe 6016), 2. Auflage, München 2011; Massimo ROSPOCHER, Il papa guerriero. Giulio II nello spazio pubblico europeo (Annali dell'Istituto Storico Italo-Germanico in Trento, Monografia 65), Bologna 2015; vgl. auch: Bernhard SCHIRG, Die Ökonomie der Dichtung. Das Lobgedicht des Pietro Lazzaroni an den Borgia-Papst Alexander VI. (1497). Einleitung, Interpretation, kritische Erstedition und Kommentar (Noctes neolatinae 26), Diss., Hildesheim/Zürich/New York 2016.

14 Martin Luther in Rom. Kosmopolitisches Zentrum und seine Wahrnehmung, hg. von Michael MATHEUS/Arnold NESSELRATH/Martin WALLRAFF, erscheint 2017.

15 Studieren im Rom der Renaissance, hg. von Michael MATHEUS/Rainer Ch. SCHWINGES (in Vorbereitung).

16 Giampiero BRUNELLI, I soldati del Papa, in: Martin Luther in Rom (wie Anm. 16).

17 Claudia MÄRTL, Zwischen Reformdiskurs und Finanzbedarf. Zur Organisation der römischen Kurie des 15. Jahrhunderts, in: Die Päpste. Amt und Herrschaft in Antike, Mittelalter und Renaissance (Die Päpste 1), hg. von Bernd SCHNEIDMÜLLER/Stefan WEINFURTER/Michael MATHEUS/Alfried WIECZOREK, Regensburg 2016, S. 403–430.

während Birgit Studt Rolle und Bedeutung von Humanisten an der Kurie skizziert. Luciano Palermo analysiert die Struktur der Papstfinanz im Kontext der Reformdebatten des 15. und beginnenden 16. Jahrhunderts. Andreas Rehberg schließlich kann bei seinen Ausführungen zum Ablasswesen um 1500 auf die Ergebnisse einer jüngst durchgeführten internationalen Tagung zu diesem Thema zurückgreifen.[18]

Bewusst wird in dieser Veröffentlichung und beim Ausstellungsprojekt der Begriff des späten Mittelalters weitgehend vermieden. Eine derartige Etikettierung würde wohl unvermeidlich Vorstellungen vom Herbst des Mittelalters evozieren. Mit der Renaissance, der Wiedergeburt, sind andere Bilder verknüpft, wobei es sich beim Terminus, verstanden als erste Etappe auf dem Weg in die europäische Moderne, um ein im 19. Jahrhundert entstandenes bis heute lebhaft diskutiertes und durchaus umstrittenes Konstrukt handelt.[19]

Was die Papstgeschichtsschreibung betrifft, so wirkten seit der Reformation und vor allem seit dem 19. Jahrhundert geprägte und intensivierte Diskurse lange nach. Ein katholisch-neuscholastisch verstandenes Papsttum, dessen Substanz als unveränderlich, gleichsam historischen Prozessen enthoben galt, konnte Metaphern vom Verfall bzw. vom Abfall von christlichen Grundsätzen keinen Platz einräumen. Die Renaissance galt als Rückfall in die heidnische Antike, ein Rückfall aber, der am Kern des Papsttums nichts verändert habe. Wurde hingegen die Reformation als Rettung des Christentums und Aufbruch in die Moderne stilisiert, wurden die Päpste der Renaissance vor allem zu Beispielen einer düsteren Verfallsgeschichte. Kulturprotestantischer Überlegenheitsanspruch und das damit einhergehende Plädoyer für ein protestantisch verstandenes kleindeutsches Kaiserreich, die ultramontane Orientierung einflussreicher katholischer Kreise, der Kulturkampf, stellen wichtige Faktoren dar, welche zu entgegengesetzten, gespaltenen, ambivalenten Wahrnehmungen und Wertungen des Renaissancepapsttums führten.

Aus konservativ-katholischer Sicht erschien seit der zweiten Hälfte des 19. Jahrhunderts die Renaissance als eine Rückkehr zum antiken Heidentum und zugleich als Wegbereiter der Reformation. Modisch wurde es nun, vermeintliche Fehlentwicklungen von der Reformation und Renaissance an bis zur Französischen Revolution und dem Liberalismus des 19. Jahrhunderts als emanzipatorische gegen die katholische Kirche gerichtete Wendepunkte zu markieren. Erasmus von Rotterdam konnte vor dieser Folie zum »Fahnenträger des modernen Liberalismus« stilisiert und im päpstlichen Rom

18 Ablasskampagnen des Spätmittelalters. Luthers Thesen von 1517 im Kontext (Bibliothek des Deutschen Historischen Instituts in Rom 132), hg. von Andreas Rehberg, Berlin/Boston 2017.

19 Zur Orientierung vgl. Erich Meuthen, Das 15. Jahrhundert, überarbeitet von Claudia Märtl (Oldenbourg Grundriss der Geschichte 9), 5. Aufl., München 2012, bes. S. 97 ff., 181 ff.

der Renaissance das persönliche Wirken des Satans diagnostiziert werden. Hier kam es zu Schnittmengen negativer Färbung zwischen katholischer und protestantischer Kirchengeschichtsschreibung, in welcher das späte Mittelalter als Zeit des Verfalls gedeutet wurde, dem erst die Reformation »als epochale Rettung des Christentums« ein Ende bereitet habe.[20] Die Differenzierung von katholischen Wissenschaftlern (wie von Johannes Janssen und Ludwig Pastor) zwischen einer christlichen und einer heidnischen Renaissance gestattete im Unterschied zu den platten Folien vom Verfall zwar durchaus differenziertere Perspektiven, diese Dichotomie blieb aber letztlich unbefriedigend. Grundsätzlich ist unterdessen die Erkenntnis gewachsen, dass viele Forderungen der Reformatoren auf Reformanliegen der vorangehenden Jahrzehnte zurückgingen und in vieler Hinsicht Kontinuitäten bestanden.

Freilich, was die Päpste betrifft, so bestritten und bestreiten Protestanten die heilsvermittelnde Wirkung des Papsttums seit dem 16. Jahrhundert, und dies stellt eine wichtige Zäsur dar. Zugleich ist darauf zu verweisen, dass innerhalb der im 19. Jahrhundert grundgelegten international ausgerichteten wissenschaftlichen Papstgeschichtsschreibung traditionelle historische Narrative einer sich zunehmend verfeinernden Quellenkritik unterworfen und auf diese Weise historisiert wurden. An ihre Stelle traten Konstruktionen mit wissenschaftlichem Anspruch. Das katholische Andere wurde bzw. konnte nun in anderer Qualität wahrgenommen werden, katholische Differenz wurde intentional und faktisch zumindest partiell ernst genommen. Zugleich kam ein »tiefer Respekt vor der Geschichtsmächtigkeit« der Institution des Papsttums zum Ausdruck.[21] Dies gilt grundsätzlich für nahezu alle wichtigen deutschsprachigen Werke zur Papstgeschichte aus der Feder von Protestanten: Leopold von Ranke, Johannes Haller, Erich Capar, Horst Fuhrmann seien stellvertretend genannt.[22] Ferdinand Gregorovius wollte – um ein Beispiel zu nennen – explizit konfessionelle Prägungen in seinen Urteilen vermeiden. Das ist zwar nicht immer, bisweilen aber doch in erstaunlicher Wei-

20 Heribert SMOLINSKY, Renaissance, Reformation und das Menschenbild der Moderne, in: Freiburger Universitätsblätter 146, 1999, S. 123–134; Günther WASSILOWSKY, Innovation und Tradition im Papstamt. Die Päpste als Reformer, in: Die Päpste und ihr Amt zwischen Einheit und Vielfalt der Kirche (wie Anm. 1), S. 31–44.

21 So Arnold ESCH in der Besprechung von Horst FUHRMANN, Die Päpste. Von Petrus bis Johannes Paul II., München 1998, in: Quellen und Forschungen aus italienischen Archiven und Bibliotheken 78, 1998, S. 597–598; zuletzt: Horst FUHRMANN, Die Päpste. Von Petrus zu Benedikt XVI. (Beck'sche Reihe 1590), 4. aktualisierte und erweiterte Aufl., München 2012.

22 Harald ZIMMERMANN, Von der Faszination der Papstgeschichte besonders bei Protestanten oder Gregor VII. und J. F. Gaab, in: Jahrbuch für die Geschichte des Protestantismus in Österreich 96, 1980, S. 53–73. ND in: Die Faszination der Papstgeschichte. Neue Zugänge zum frühen und hohen Mittelalter (Forschungen zur Kaiser- und Papstgeschichte des Mittelalters 28), hg. von Wilfried HARTMANN/Klaus HERBERS, Köln/Weimar/Wien 2008, S. 11–28.

se gelungen, etwa wenn ausgerechnet mit Blick auf den Pontifikat Alexanders VI. die »Ehrwürdigkeit« der römischen Kirche reklamiert wird, »der in langer Zeit erhabensten Production des Menschengeistes«.[23]

Es wird im Kontext solcher lediglich angedeuteter Forschungskonstellationen darum gehen, jenseits kontroverser theologischer Positionen immer noch wirksame undifferenzierte Bilder vom Papsttum und ihrer Stadt Rom – gerade in der Zeit der Renaissance – zu hinterfragen. Das fällt der kunsthistorischen Forschung im Unterschied zu anderen kulturwissenschaftlichen Disziplinen offenkundig leichter mit Blick auf die Erforschung jener Werke von Weltgeltung, welche in der Stadt am Tiber – oftmals durch Aufträge von Päpsten und Kardinälen initiiert – entstanden. Sie sind negativen Zuordnungen gleichsam entzogen, in der Rezeption damit tendenziell aber auch ihren kurialen Entstehungskontexten. Die Berücksichtigung dieser Kontexte päpstlicher Repräsentation ist aber unerlässlich, wie Arnold Nesselrath in seinem Beitrag »Bildgeschichte – Geschichtsbilder« deutlich macht und Johannes Röll am Beispiel der Grabdenkmäler der Päpste aufzeigt. Der gewachsenen Bedeutung symbolischer und zeremonieller Aspekte wird auch insofern Rechnung getragen, als Adalbert Roth und Richard Sherr zwei Beiträge zum Themenbereich Musik und Zeremoniell am päpstlichen Hof im 15. und 16. Jahrhundert beisteuern.

Nach der Rückkehr der Päpste wurde die Stadt am Tiber zu einer kosmopolitischen Stadt, mit Papst und Kurie als Magneten. Das komplexe und spannungsreiche Verhältnis von Papsttum und päpstlichem Hof auf der einen Seite und der Stadt auf der anderen Seite beleuchten Arnold Esch, Anna Esposito sowie Anna Modigliani aus unterschiedlichen Blickwinkeln. An der Kurie und im »Rom der Römer«[24] wurde in derart facettenreicher und vielstimmiger Weise Kritik an einzelnen Päpsten sowie an Missständen in der Kurie laut, wie wohl an keinem anderen Ort der lateinischen Kirche (Michael Matheus). Gleichzeitig zog die sich nach und nach zur päpstlichen Residenzstadt wandelnde Metropole unvermindert und in wachsendem Umfang Pilger im traditionellen Büßerhabitus an, unter ihnen den Mönch Martin Luther. Vielen von diesen blieb die italien-, die romspezifische Verschmelzung von Christentum und paganer Antike fremd, sie waren traditionellen religiösen Bewusstseinshaltungen und den damit verbundenen theologischen Inhalten verpflichtet. Seit 1519/20 setzte ein spiralförmiger Prozess der wechselseitigen Konfrontation, Entfremdung und Dämonisierung ein, der in konfessionelle

23 Ferdinand Gregorovius, Lucrezia Borgia. Nach Urkunden und Correspondenzen ihrer eigenen Zeit, 3., verb. u. verm. Aufl., Stuttgart 1875, S. 265; Arnold Esch, Gregorovius' Geschichte der Stadt Rom und das Ende des Kirchenstaates, in: Rombilder im deutschsprachigen Protestantismus. Begegnungen mit der Stadt im »langen 19. Jahrhundert« (Rom und Protestantismus 1), hg. von Martin Wallraff/ Michael Matheus/ Jörg Lauster, Tübingen 2011, S. 25–37, hier S. 36.

24 Arnold Esch, Rom. Vom Mittelalter zur Renaissance 1378–1484, München 2016.

Spaltungen mündete. Doch trotz der von scharfen Polemiken geprägten wachsenden Konfrontation legten noch im Jahre 1530 lutherische Reichsstände mit der *Confessio Augustana* einen Text vor, in dem die Glaubensübereinstimmungen der konkurrierenden und streitenden Strömungen und die Einheit der lateinisch-christlichen Welt in den Vordergrund gerückt wurden, ein bis heute beeindruckendes Zeugnis.[25]

Mit Blick auf die kulturellen Transformationen Roms, der Kurie und des Papsttums sind auch Narrative zu prüfen, welche mit der Chiffre Renaissancehumanismus verknüpft sind. Es waren vor allem Humanisten, welche programmatisch ein Bild des Papsttums zeichneten, das mit der Fülle imperialer Gewalt ausgestattet die Kirche von oben reformieren, den Frieden in einer sich zusehends stärker in die Welt ausbreitenden Christenheit sichern und die Abwehr der Türkengefahr gewährleisten sollte. Aus solcher Perspektive erschienen die Osmanen als barbarische Bedrohung. Hier kommt vor allem nach der Eroberung Konstantinopels in Distanzierung und Fremdwahrnehmung ein Bewusstsein zum Ausdruck, dass Europa eine durch Kultur und Religion bestimmte Einheit und die Christianitas zugleich eine christliche Verteidigungs- und Offensivgemeinschaft darstelle.[26] Für maßgebliche Humanisten Roms waren das römische Imperium und die römische Kirche verschiedene Aspekte der göttlichen Vorsehung zur Errettung der Menschheit. Die Päpste hatten innerhalb der Christenheit jene Führungsposition inne, die einst die Kaiser bekleidet hatten. Christliche und antik-pagane Vorstellungen verschmolzen somit in einer Art und Weise, wie dies nur in Rom möglich war, zugleich sollte die Stadt am Tiber zur Stadt der Märtyrer und des Stellvertreters Jesu Christi werden. Als der erste Medicipapst, Leo X., den Stuhl Petri bestieg, schien Humanisten wie Egidio da Viterbo das Goldene Zeitalter des neuen Rom und eine Erneuerung des augusteischen Rom anzubrechen. Mit dem Ausgreifen in die Welt wurde das neue christliche Imperium sogar größer als das Rom der Antike.[27] Gleichzeitig entwickelte der Humanismus aber in seiner Hinwendung zu den antiken Texten Methoden der Quellenkritik und damit auch Verfahren der Bibellektüre, welche erheblichen

25 Thomas Kaufmann, Geschichte der Reformation in Deutschland, Berlin 2016, S. 581 ff.

26 Europa und die osmanische Expansion im ausgehenden Mittelalter (Zeitschrift für historische Forschung Beiheft 20), hg. von Franz-Reiner Erkens, Berlin 1997; Europa und die Türken in der Renaissance (Frühe Neuzeit 54), hg. von Bodo Guthmüller/Wilhelm Kühlmann, Tübingen 2000; Klaus Oschema, Bilder von Europa im Mittelalter, Ostfildern 2013.

27 Principato ecclesiastico e riuso dei classici. Gli umanisti e Alessandro VI. Atti del convegno (Bari, Monte Sant'Angelo, 22–24 maggio 2000) (Pubblicazione degli archivi di stato, saggi 72), hg. von Davide Canfora/Maria Chiabò/Mauro De Nichilo, Roma 2002; Vincenzo De Caprio, Der Humanismus in Rom in den ersten drei Jahrzehnten des 16. Jahrhunderts, in: Martin Luther in Rom (wie Anm. 16).

Sprengstoff bargen und Grundlagen bereitstellten, andere Kirchenbilder zu entwickeln als jene einer monarchisch-hierokratischen Ausprägung.[28]

Dass der vorliegende Band gerade in dieser Hinsicht aktuelle Bezüge aufweist, soll an jenem Aspekt angedeutet werden, der im Beitrag von Volker Leppin zum päpstlichen Primat und von Johannes Helmrath zu den Reformkonzilien des 15. Jahrhunderts vertieft wird. Auch im Beitrag von Kardinal Kurt Koch über »Das Papstamt des Bischofs von Rom in ökumenischer Perspektive« wird er angesprochen. Nur einem oberflächlichen Blick zufolge hat der Sieg des monarchischen Kirchenmodells bis zur Zuspitzung und Verfestigung im Ersten Vatikanum die konziliaren Traditionen verschüttet. Vor diesem Hintergrund sind die zentralen Konzilsdekrete des 15. Jahrhunderts und das in ihnen zum Ausdruck kommende Kirchenverständnis von aktuellem Interesse. Ein Zeitzeuge sei genannt: Josef Ratzinger, der spätere Papst Benedikt XVI., würdigte explizit die beiden Dekrete *Haec sancta* und *Frequens* der Konzilien von Konstanz und Basel. In Konstanz sei zwar »kein konziliaristisches Dogma« formuliert worden, und bei *Haec sancta* handle es sich (mit den Worten Hubert Jedins) um »eine für einen ganz bestimmten Ausnahmefall getroffene Notmaßnahme«. Der Autor ergänzte sodann: »Das bedeutet freilich nicht, dass das Ganze damit bloß als ein vergangenes Ereignis ohne bleibende Bedeutung für die Sache selbst anzusehen wäre.« Das in Konstanz »angewandte kirchliche Notrecht« … habe »damit konkrete Form in der Kirche angenommen und gehört als Notrecht bleibend zu ihren Möglichkeiten.«[29] Freilich – so die Feststellung von Hubert Wolf –: »Die Integration der konziliaren Option in die derzeit gültige Lehre vom umfassenden Primat des Papstes steht immer noch aus.«[30] Wie wird Papst Franziskus die Pole Monarchie und Konzil miteinander in Beziehung setzen?

So viel dürfte deutlich werden: Es geht nicht darum, negativ gefärbte Geschichtsbilder durch das Gegenteil zu ersetzen oder gar ökumenisch gefärbte friedfertige Gemälde zu malen. Nicht um den Austausch von Klischees soll es gehen, sondern um differenzierte Wahrnehmung, um Schattierungen und Nuancierungen, auch darum, unterschiedliche Einschätzungen im Detail wie im Grundsätzlichen nicht zu unterschlagen. Das bedeutet etwa: Nicht nur die Kritik an der Kurie aus der Feder späterer Refor-

---

28 Volker Leppin, Die Konstantinische Schenkung als Mittel der Papstkritik in Spätmittelalter, Renaissance und Reformation. Helmar Junghans zum 75. Geburtstag, in: Konstantin der Große. Der Kaiser und die Christen – die Christen und der Kaiser, hg. von Michael Fiedrowicz/Gerhard Krieger/Winfried Weber, Trier 2006, S. 237–265. ND in: Volker Leppin, Transformationen. Studien zu den Wandlungsprozessen in Theologie und Frömmigkeit zwischen Spätmittelalter und Reformation (Spätmittelalter, Humanismus, Reformation 86), Tübingen 2015, S. 189–210; Michael Matheus, Das Renaissancepapsttum (wie Anm. 1), S. 75f.

29 Joseph Ratzinger, Das neue Volk Gottes. Entwürfe zur Ekklesiologie, Düsseldorf 1969. S. 138f.

30 Hubert Wolf, Krypta. Unterdrückte Traditionen der Kirchengeschichte, München 2015, S. 91.

matoren zur Kenntnis zu nehmen, sondern auch die kritischen Stimmen jener, die die römische Kirche nicht verlassen, sondern sie reformieren wollten, unter ihnen mit Hadrian VI. immerhin ein Papst.[31] Hier gilt es Spannungen auszuhalten: die Sprengkraft der Reformation und die mit ihr einhergehenden tiefgreifenden Wandlungen nicht friedvoll einhegen zu wollen, zugleich aber die Gleichzeitigkeit von vermeintlich Ungleichzeitigem auf den Begriff zu bringen.

31 De Paus uit de Lage Landen. Adrianus VI, 1459–1523. Catalogus bij de tentoonstelling ter gelegenheid van het 550ste geboortejaar van Adriaan van Utrecht (Supplementa Humanistica Lovaniensia 27), hg. von Michiel Verweij, Leuven 2009; Hans Cools/Catrien G. Santing/Hans de Valk, Adrian VI. A Dutch Pope in a Roman Context, in: Fragmenta 4, 2010, S. IX–XIII und weitere Beiträge in diesem Band; Eberhard J. Nikitsch, Römische Netzwerke zu Beginn des 16. Jahrhunderts. Papst Hadrian VI. (1522/23) und seine Klientel im Spiegel ihrer Grabdenkmäler, in: Quellen und Forschungen aus italienischen Archiven und Bibliotheken 91, 2011, S. 277–317; Birgit Emich, Ein Fremder an der Macht. Adrian VI. (1522/23) und die Lupe der Kulturalisten, in: Kulturgeschichte des Papsttums in der Frühen Neuzeit (Zeitschrift für historische Forschung Beiheft 48), hg. von Birgit Emich/Christian Wieland, Berlin 2013, S. 29–64.

I. Das Papsttum und die Öffnung in die Welt

Das Papsttum und die Öffnung in die Welt

Klaus Herbers

I. Hinführung

Ubi papa, ibi Roma, wo der Papst ist, da ist Rom, so hieß es im hohen Mittelalter[1] vor allem in einer Zeit, als das Papsttum zeitweise nicht direkt an die Stadt Rom gebunden war. Könnte man den Satz mit Blick auf mein Thema variieren und sagen: *Ubi papa, ibi mundus*? Was die Welt für das Renaissancepapsttum war, ist nicht so einfach zu beschreiben. War es vor allem Rom, waren es rauschende Feste, glänzende Bauten und das Interesse daran, im Ringen der fünf italischen Mächte mitzuhalten? War diese römisch-italische Welt nur die Alte Welt und besonders das Italien der Renaissance und des Humanismus? Selbst Ideen oder Gefahren von nördlich der Alpen hatten es offensichtlich schwer, in diese päpstliche und kuriale Welt einzudringen. Wenn wir uns in monumentalen Filmwerken wie »Die Borgia« informieren, die ja inzwischen pausenlos auf den verschiedenen Fernsehkanälen abgespielt werden, könnte sich dieser Eindruck sehr bestätigen. Die Bewertungen des Papsttums insgesamt liefern diese Filme meistens gleich mit. Aber war das wirklich allein die Welt des Papsttums? Oder was kann meine Titelformulierung »Öffnung in die Welt« meinen?

1 Vgl. zu diesem Grundsatz Ernst Hartwig KANTOROWICZ, The King's Two Bodies. A Study in Medieval Political Theology, Princeton 1957, S. 204f., deutsch unter dem Titel: Die zwei Körper des Königs (dtv Wissenschaft 4465), München 1990, S. 215f.; Michael WILKS, The Problem of Sovereignty in the Later Middle Ages. Papal Monarchy with Augustinus Triumphus and the Publicists (Cambridge Studies in Medieval Life and Thought N.S. 9), Cambridge 1963, S. 400–404; Michele MACCARRONE, *Ubi est papa, ibi est Roma*, in: Aus Kirche und Reich. Studien zu Theologie, Politik und Recht im Mittelalter. Festschrift für Friedrich Kempf zu seinem 75. Geburtstag und fünfzigjährigen Doktorjubiläum, hg. von Hubert MORDEK, Sigmaringen 1983, S. 371–382. Zu Konsequenzen und Herrschaftspraxis vgl. Rolf GROSSE, *Ubi papa, ibi Roma*. Papstreisen nach Frankreich im 11. und 12. Jahrhundert, in: Päpstliche Herrschaft im Mittelalter: Funktionsweisen – Strategien – Darstellungsformen, hg. von Stefan WEINFURTER (Mittelalter-Forschungen 38), Ostfildern 2012, S. 313–334; Jochen JOHRENDT, *Ubi papa, ibi Roma*? Die Nutzung der Zentralitätsfunktion Roms durch die Päpste, in: Die Ordnung der Kommunikation und die Kommunikation der Ordnungen, Bd. 2: Zentralität. Papsttum und Orden im Europa des 12. und 13. Jahrhunderts (Aurora 1, 2), hg. von Cristina ANDENNA/Klaus HERBERS/Gordon BLENNEMANN/Gert MELVILLE, Stuttgart 2013, S. 191–212. Der hier vorgelegte Text folgt – vermehrt um die notwendigsten Anmerkungen und Belege – im Wesentlichen dem Einleitungsvortrag und behält den Duktus der Rede weitgehend bei. Für Anregungen und Hilfe danke ich Frau Dr. Claudia Alraum (Erlangen).

Im Frühjahr 1514 traf in Rom eine Gesandtschaft aus Portugal ein, die Papst Leo X. auf seine Weltherrschaft aufmerksam machte. Wichtige Schritte der sogenannten Europäischen Expansion waren bereits abgeschlossen, denkt man an die Fahrten des Christoph Kolumbus oder an die portugiesischen Aktivitäten unter König Manuel. Schon 1498 hatte Vasco da Gama Indien erstmals erreicht, zwei Jahre später Cabral Brasilien. Dem waren weitere Vorstöße in den Osten bis nach Goa und Malakka gefolgt. Was diese Neue Welt – ein Begriff, den erstmals Amerigo Vespucci 1506 geprägt hatte – an Zeichen und Wundern zu bieten hatte, wurde im Mai 1514, als Tristan d'Acunha, Entdecker und Gesandter des portugiesischen Königs, Rom besuchte, bei einem festlichen Einzug der Gesandtschaft augenfällig. Aus »Indien« brachte diese wertvolle Geschenke für den Papst, »Perser« ritten auf Pferden, exotische Tiere wurden mitgeführt, darunter ein Elefant. Am 25. Mai, dem Festtag des hl. Urban, empfing der Papst die Botschafter, zu denen die Rechtsgelehrten João de Faria und Diego Pacheco gehörten, im Konsistorium. In einer Rede trug Pacheco dem Papst im Namen seines Königs Indien an. Papst Leo X., so sagte er, sei wie die Sonne, und der Papst herrsche nicht nur am Tiber, sondern bis zu den Grenzen der Welt. Er könne entsprechend Tribute empfangen und Verehrung genießen. Wenige Tage später, am 7. Juni 1514, verlieh Leo X. König Manuel die Länder von Kap Non bis zu beiden Indien,[2] am 4. November bestätigte er mit der Bulle *Precelse devotionis*[3] nochmals die Rechte Portugals.

Papst Leo X. als Herr der Welt, der aber seine Rechte weiterverleiht! Worin lag die päpstliche Oberherrschaft begründet, und in welchen Zusammenhang gehört ein solches Ereignis? War es nur eine willkommene Abwechslung im römischen Alltag, eine Möglichkeit zur angemessenen Repräsentation? Bot sich die Chance, Ruhe an der westlichen Peripherie Europas herzustellen, wo doch in Italien, in Mitteleuropa oder im östlichen Mittelmeerraum die Krisenherde kaum noch zu zählen waren? Oder ging es um freie Hand in den neu eroberten Ländern?

In meinem einleitenden Beitrag möchte ich eine meist weniger mit dem Renaissancepapsttum verbundene Facette in den Vordergrund rücken. Ich frage danach, wie das Renaissancepapsttum den Aufbruch zu neuen Welten legitimierte, begleitete und förderte. In welchem Maße konnte der Erfahrungsschatz des Papsttums mit Kreuzzugs- und

---

2 Gedruckt bei Corpo Diplomatico Portuguez, contendo os actos e relações politicas e diplomaticas de Portugal com as diversas potencias do mundo desde o seculo XVI até os nossos dias, hg. von Luiz Augusto Rebelo da Silva, Bd. 1, Lisboa 1862, S. 254–257.

3 Hierzu Bernhard Josef Wenzel, Portugal und der Heilige Stuhl. Das portugiesische Konkordats- und Missionsrecht. Ein Beitrag zur Geschichte der Missions- und Völkerrechtswissenschaft, Lisboa 1958, S. 75; Frances Gardener Davenport, European Treaties bearing on the History of the United States and its Dependencies, Bd. 1: To 1648 (Papers of the Department of Historical Research), Washington 1917, S. 113–115 (engl. Übers. S. 115–117). Mehrere der im folgenden herangezogenen Urkunden finden sich in diesem klassischen Quellenhandbuch; zu den breiter angelegten Sammlungen vgl. unten Anm. 22.

Missionierungskonzepten genutzt werden? Korrespondierten aktuelle Herausforderungen in der Alten Welt – wie die Türkengefahr – mit den Aufgaben, die in der Neuen Welt auftauchten? Bernd Schneidmüller hat in seiner Geschichte Europas von einer »verkleinerten Christenheit« und gleichzeitig von »Aufbrüchen aus Europa« gesprochen.[4] In drei Schritten will ich mich meinem Thema nähern: Zunächst geht es mir um die Traditionen zur Europäischen Expansion und deren Förderung durch die Päpste im 15. Jahrhundert (II), dann um die Frage nach den Konsequenzen für die Päpste der Renaissance und für die Konzeption der kirchlichen Organisation. Zu beiden Punkten werde ich verschiedene päpstliche Verlautbarungen und vor allem zwei päpstliche Schlüsseldokumente von 1455 und 1493 heranziehen (III). Schließlich werden noch kurz mögliche Zusammenhänge zwischen den Herausforderungen in der Alten und in der Neuen Welt angesprochen (IV).

II. Tradition und Expansion – Kreuzzug und Mission

Den Prozess der sogenannten »Europäischen Expansion« lässt man heute wesentlich früher als mit der Eroberung von Ceuta 1415 beginnen.[5] Der Begriff geht auf einen Vorschlag von Pierre Chaunu zurück, der damit unterstrich, dass die Perspektivität des Wortes »Entdeckungen« den dahinterstehenden strukturellen Prozess verdunkle.[6] Die von den verschiedenen iberischen Reichen betriebenen Expeditionen nach Nordafrika und zu diversen atlantischen Inseln wie Madeira, den Azoren und den Kanaren führten schon seit dem 14. Jahrhundert ansatzweise zu Prozessen der Kolonisation und zu wirtschaftlichen Aktivitäten, die später durch kirchliche Infrastrukturen wie der Errichtung von Bistümern gestützt wurden.[7] Wie wurden diese und andere Vorstöße in neue Welten von den Päpsten begleitet und gefördert?

4 Bernd Schneidmüller, Grenzerfahrung und monarchische Ordnung. Europa 1200–1500 (Geschichte Europas, Beck'sche Reihe 1982), München 2011, S. 188, 224.

5 Klassisch wurde das Datum 1415 (schon in der Titelvergabe) vertreten von Charles R. Boxer, The Portuguese Seaborne Empire 1415–1825, London 1969, v.a. S. 18–19.

6 Pierre Chaunu, L'Expansion européenne du XIIIe au XVe siècle (Nouvelle Clio. L'histoire et ses problèmes 26), Paris 1969; zur Begrifflichkeit siehe darin S. 5–7.

7 Vgl. exemplarisch zu den Kanarischen Inseln bereits meine frühere Studie: Klaus Herbers, Die Eroberung der Kanarischen Inseln – ein Modell für die spätere Expansion Portugals und Spaniens nach Afrika und Amerika?, in: Afrika. Entdeckung und Erforschung eines Kontinents (Bayreuther Historische Kolloquien 3), hg. von Heinz Duchhardt/Jörg A. Schlumberger/Peter Segl, Köln/Wien 1989, S. 51–95; Nachdruck in: Klaus Herbers, Pilger, Päpste, Heilige. Ausgewählte Aufsätze zur europäischen Geschichte des Mittelalters, hg. von Gordon Blennemann/Wiebke Deimann/Matthias Maser/Christofer Zwanzig, Tübingen 2011, S. 199–235.

1. Ich unterscheide mehrere Ebenen und gehe zunächst von der zentralen Urkunde nach der ersten Westfahrt des Christoph Kolumbus aus, die Alexander VI. 1493 ausstellte. Dort heißt es: »... schenken, gewähren und übertragen Wir hiermit [...] alle aufgefundenen, aufzufindenden, alle zu entdeckenden Inseln und Festländer ... Soweit diese [...] westlich oder südlich einer vom arktischen bis zum antarktischen Pol in einer Entfernung von 1000 Meilen westlich und südlich von einer der gemeinhin unter dem Namen Azores und Cap Verden bekannten Inseln zu ziehenden Linie gelegen sind«.[8] Es fällt auf, welch prominenten Platz die Inseln in diesen Formulierungen einnehmen. Offensichtlich ging es zunächst um eine Abgrenzung der im Laufe des 15. Jahrhunderts den Portugiesen zugesprochenen Inseln an der afrikanischen Küste von den neuen Inseln, die Kolumbus im Westen in Besitz genommen hatte. Die Tradition, dass Päpste Inseln verleihen können, geht weit zurück. So vergab Papst Urban II. am Ende des 12. Jahrhunderts zum Beispiel die Liparischen Inseln oder die Insel Sardinien.[9] So heißt es in der Verleihung der Liparischen Inseln an den Abt des Klosters San Barolomeo auf Lipari: »Da alle Inseln gemäß Rechtsordnung königliches Eigentum sind, ist es fürwahr rechtmäßig, dass durch Privileg des frommen Kaisers Konstantin dem Hl. Petrus und seinen Nachfolgern alle Inseln des Westens zum Eigentum geschenkt worden sind, ganz besonders die, welche sich nahe der Küste Italiens befinden, deren viele – wegen der Sünden der Bewohner von den Sarazenen eingenommen – die Ehre des christlichen Namens verloren haben ...«.[10] Im Westen folgte Clemens VI. dieser seit dem 12. Jahrhundert häufig praktizierten Form 1344 bei der Verleihung der Kanarischen Inseln an Luis de la Cerda.[11] Außerdem nennen verschiedene an Portugal gerichtete Papsturkunden im 15. Jahrhundert auch die *Insulae solitariae*, die einsamen Inseln.

---

8 Lateinischer Erstdruck unter dem Titel *De Insulis Indiae supra Gangem nuper inventis* 1493 bei Stephen Plannck in Rom, deutsch bei: Mariano Delgado, Gott in Lateinamerika. Texte aus fünf Jahrhunderten. Ein Lesebuch zur Geschichte, Düsseldorf 1991, S. 70.

9 Regest in: Regesta Pontificum Romanorum. Italia Pontificia, Bd. 3: Etruria, hg. von Paul Fridolin Kehr, Berlin/Hildesheim 1961, (Archi-)episcopatus Pisanus, S. 320, Nr. 7 sowie Regesta Pontificum Romanorum. Italia Pontificia, Bd. 10: Calabria-Insulae, hg. von Dieter Girgensohn, Zürich 1975, Corsica, S. 359, Nr. 1.; deutsch in: Dokumente zur Geschichte der Europäischen Expansion, Bd. 1: Die mittelalterlichen Ursprünge der europäischen Expansion, hg. von Charles Verlinden/Eberhard Schmitt, München 1986, S. 197f., 200f.

10 Migne, Patrologia Latina 151, Sp. 329f., hier S. 329, deutsch in: Dokumente zur Geschichte der Europäischen Expansion, Bd. 1 (wie Anm. 9), S. 197.

11 *Tue devotionis sinceritas*, ediert in: Monumenta Henricina, hg. von Manuel Lopes de Almeida/Idalino Ferreira da Costa Brochado/Antonio Joaquim Dias Dinis, Coimbra 1960, Bd. 1, S. 216f., Nr. 91; deutsch in: Dokumente zur Geschichte der Europäischen Expansion, Bd. 1 (wie Anm. 9), S. 205–215; vgl. Herbers, Eroberung der Kanarischen Inseln (wie Anm. 7), S. 65f. mit Anm. 60, ND in Herbers, Pilger, Päpste, Heilige (wie Anm. 7) S. 211f. mit weiterer Literatur.

Clemens VI. verwies wie schon seine Vorgänger bei der Verleihung der Kanarischen Inseln 1344 darauf, dass Kaiser Konstantin besonders die Inseln erwähnt habe, als er dem Papst Silvester das Westreich überließ. Angespielt wird damit auf das *Constitutum Constantini*, das Dokument, das im ausgehenden 8. oder beginnenden 9. Jahrhundert auf der Basis früherer Geschichten um Konstantin und Silvester seine Ausgestaltung erhielt.[12] In dieser Konstantinischen Schenkung, die der Humanist Lorenzo Valla (gest. 1457) als Fälschung entlarven sollte,[13] waren aber neben vielen anderen Rechten zunächst nur Rom, Italien und der Westen als Gabe Konstantins an Papst Silvester erwähnt. Die auf der Fälschung der Konstantinischen Schenkung basierende, später entwickelte Inseltheorie ist somit jünger, aber sie wurde eine wichtige Denkfigur, um päpstliche Ansprüche und Oberhoheit zu legitimieren.[14]

2. Dazu tritt ein weiteres Element, wie die Verleihung der Insel Irland durch Papst Hadrian IV. gut erkennen lässt. Dort heißt es: »Allerdings ist es nicht zweifelhaft, dass Irland und alle Inseln, denen sich Christus als die Sonne der Gerechtigkeit gezeigt hat und die Unterweisungen im christlichen Glauben empfangen haben, zu Eigentum des Hl. Petrus und der Heiligen römischen Kirche gehören, was Du auch anerkennst«.[15] Hier wird die Konstantinische Schenkung zwar nicht expressis verbis erwähnt,[16] dafür aber ein anderes Argument stark gemacht: die Frage der Missionierung. Auch die spätere, schon zitierte Urkunde des Borgiapapstes Alexanders VI. von 1493 verweist nicht nur auf die Inseltheorie, sondern enthält ebenso Missionsauftrag und Unterweisung im christlichen Glauben. Dies führt zu einem zweiten Element traditioneller Legitimation für päpstliche Ansprüche. Die Missionierung von Gebieten des Westens seit den Anfängen wurde bereits seit dem 11. Jahrhundert immer häufiger auf die Initiative Roms zurückgeführt,

---

12 Florian HARTMANN, Hadrian I. (772–795). Frühmittelalterliches Adelspapsttum und die Lösung Roms vom byzantinischen Kaiser (Päpste und Papsttum 34), Stuttgart 2006, S. 182–193 (wohl zwischen 776 und 778 entstanden); Johannes FRIED, Donation of Constantine and Constitutum Constantini. The Misinterpretation of a Fiction and its Original Meaning (Millennium-Studien zu Kultur und Geschichte des ersten Jahrtausends n. Chr. 3), Berlin/New York 2007 (um 830 entstanden).

13 Wolfram SETZ, Lorenzo Vallas Schrift gegen die konstantinische Schenkung. *De falso credita et ementita Constantini donatione*. Zur Interpretation und Wirkungsgeschichte (Bibliothek des Deutschen Historischen Instituts in Rom 44), Tübingen 1975.

14 Luis WECKMANN, Las Bulas Alejandrinas de 1493 y la teoría política del Papado medieval. Estudio de la supremacía papal sobre islas 1091–1493 (Publicaciones del Instituto de Historia 1, 11), Mexico City 1949.

15 Lateinisch in: Pontificia Hibernica. Medieval Papal Chancery Documents Concerning Ireland 640–1261, Bd. 1, hg. von Maurice P. SHEEHY, Dublin 1962, S. 15–16, Nr. 4, Zitat auf S. 16; deutsch (etwas frei) in: Dokumente zur Geschichte der Europäischen Expansion, Bd. 1 (wie Anm. 9), S. 204f., das Zitat S. 205.

16 Der Historiograph Johannes von Salisbury hat in seiner Kommentierung darauf verwiesen; vgl. das Zitat in der Vorbemerkung zu: Dokumente zur Geschichte der Europäischen Expansion, Bd. 1 (wie Anm. 9), S. 202f.

denkt man nur daran, wie zahlreich Petrus seine Schüler in die verschiedensten Gebiete entsandt haben soll; in der *Gallia* kann man diese teilweise neu erfundenen Traditionen gut verfolgen.[17] Diese Uniformierung römischer Missionsinitiativen seit der Zeit des Reformpapsttums wurde ergänzt durch Überlegungen dazu, inwiefern Kreuzzug und Mission zusammengehören könnten. Die Misserfolge zahlreicher Waffengänge ließen jedoch besonders seit dem ausgehenden 12. Jahrhundert die Erkenntnis reifen, dass eher Konzepte der Überzeugungsmission den richtigen Weg weisen könnten. Von den Bettelorden angefangen lassen sich besonders im Mittelmeerraum zahlreiche Belege hierzu finden, ein besonders eindrückliches Beispiel ist das Wirken des Raimundus Lullus (gest. 1316), der auch ein Gespräch der Religionen förderte und davon sprach, dass die drei monotheistischen Religionen einander mit Respekt begegnen sollten.[18]

Verstärkt seit dem 13. Jahrhundert entwickelte das Papsttum theoretische Positionen, um das Verhältnis zu neu missionierten Völkern rechtlich zu bestimmen. Während Papst Innozenz IV. (1243–1254) schon in einem Kreuzzug die Möglichkeit sah, künftige Missionsarbeit vorzubereiten (was auch die Ungläubigen außerhalb ehemals christlicher Länder einschloss),[19] vertrat der Kanonist Heinrich von Segusio (Hostiensis, gest. 1271)

17 Besonders bekannt ist Martialis von Limoges, dazu beispielsweise Jean-Loup LEMAITRE, Les miracles de saint Martial accomplis lors de l'Ostension de 1388, in: Bulletin de la Société Archéologique et Historique du Limousin 102, 1975, S. 67–139; Richard LANDES/Catherine PAUPERT, Naissance d'Apôtre. Les origines de la Vita prolixior de Saint Martial de Limoges au XIe siècle, Turnhout 1991; Herbert SCHNEIDER, Adémar von Chavannes und Pseudoisidor. Der »Mythomane« und der Erzfälscher, in: Fälschungen im Mittelalter. Internationaler Kongress der Monumenta Germaniae Historica München, 16.–19. September 1986, Bd. 2: Gefälschte Rechtstexte. Der bestrafte Fälscher (Monumenta Germaniae Historica Schriften 33, 2), Hannover 1988, S. 129–150; Joachim EHLERS, Politik und Heiligenverehrung in Frankreich, in: Politik und Heiligenverehrung im Hochmittelalter, hg. von Jürgen PETERSOHN (Vorträge und Forschungen 42), Sigmaringen 1994, S. 149–175, hier besonders S. 165–174. Zum Apostelschüler Fronto vgl. Samantha KAHN HERRICK, Studying Apostolic Hagiography. The Case of Fronto of Périgueux, Disciple of Christ, in: Speculum 85, 2010, S. 235–271. Vgl. aber bereits klassisch die verschiedenen Traditionen bei Louis DUCHESNE, Fastes épiscopaux de l'ancienne Gaule, 3 Bde., 2. Auflage, Paris 1907–1915. Siehe auch Klaus HERBERS, Der Jakobsweg. Ein Pilgerführer aus dem 12. Jahrhundert (Reclams Universal-Bibliothek 18580), Stuttgart 2008, S. 77 Anm. 7.

18 Vgl. hierzu die handliche deutsche Ausgabe Ramon LULL, Buch vom Heiden und den drei Weisen, Freiburg im. Br.eisgau/Basel/Wien 1986; zur Interpretation u.a. Fernando DOMÍNGUEZ, Der Religionsdialog bei Raimundus Lullus. Apologetische Prämissen und kontemplative Grundlage, in: Gespräche lesen. Philosophische Dialoge im Mittelalter (Script-Oralia 115), hg. von Klaus JACOBI, Tübingen 1999, S. 263–290.

19 Innocentius (IV.), Commentaria apparatus in V libros decretalium, Frankfurt 1570, ND Frankfurt am Main 1968, fol. 429v–430v: X.3.34.8 (*de voto*); vgl. HERBERS, Eroberung der Kanarischen Inseln (wie Anm. 7). Die zentrale Passage in Innozenz' IV. Dekretalenkommentar ist: Innozenz IV., Apparatus super quinque libros Decretalium (Lyon 1525, Frankfurt 1570, Venedig 1578), X 3.34.8 par. 5 (*quod super*). Die Textpassage ist neu ediert und kommentiert von Benjamin Z. KEDAR, Canon Law and the Burning of the Talmud, in: Bulletin of Medieval Canon Law N.S. 9, 1979, S. 79–82; vgl. auch den kritischen Druck bei Benjamin Z. KEDAR, Crusade and Mission. European Approaches toward the Muslims, Princeton/New Jersey 1984, S. 217, 160 Anm. 3. Vgl. ferner James MULDOON, »Extra ecclesiam non est imperium«. The Canonists and

etwa zur gleichen Zeit einen Führungsanspruch der Christen.[20] Das Argument, auch bei den Fahrten nach Westen oder bei der Umsegelung Afrikas Missionsarbeit leisten zu können, findet sich zweihundert Jahre später in der zentralen päpstlichen Urkunde *Romanus pontifex*, die Nikolaus V. am 8. Januar 1455 für den portugiesischen König Alfons V. und den Infanten Heinrich, genannt der Seefahrer, ausstellte. Diese Urkunde hatte auch Leo X. in seiner Bestätigung *Precelse Devotionis* von 1514[21] in seinen Text aufgenommen. Bei Nikolaus V. heißt es nach der Arenga: »Wir glauben, dass dies mit Gottes Hilfe mit umso größerer Gewissheit eintreffen wird, wenn wir angemessene Begünstigungen und besondere Gnaden denjenigen katholischen Königen und Fürsten erweisen, von denen wir dank der Offenkundigkeit des Geschehens wissen, dass sie als Fechter und unerschrockene Streiter für den christlichen Glauben nicht nur die Unbändigkeit der Sarazenen und der übrigen ungläubigen Feinde der Christenheit zügeln, sondern sie und ihre Königreiche und Besitzungen auch selbst in den entferntesten und uns [bislang] unbekannten Weltgegenden zur Verteidigung und zur Verbreitung des Glaubens bekämpfen und ihrer eigenen weltlichen Herrschaft unterwerfen, ohne Mühen und Kosten zu scheuen. Und auf solche Weise werden diese Könige und Fürsten, gewährt man ihnen einen Ausgleich für ihren Aufwand, umso stärker zur Verfolgung ihres ebenso heilbringenden wie rühmlichen Unternehmens angespornt werden.«[22]

Obwohl die Sarazenenbekämpfung nur am Rande genannt wird, dürfte die Aufgabe der Herrscher klar definiert gewesen sein: Bekämpfung der feindlichen Mächte zur Verteidigung und Verbreitung des Glaubens. Dass die päpstliche Absicht 1455 offensichtlich in Guinea schon Erfolge zeitigte, macht ein weiterer Passus deutlich: »Eine große Anzahl von ihnen konnte dortselbst zum katholischen Glauben bekehrt werden, und

---

the Legitimacy of Secular Power, in: Studia Gratiana 9, 1966, S. 551–580, v. a. S. 572 ff. – Die Konsequenzen im Zusammenhang mit dem Völkerrecht behandelt Jörg Fisch, Die europäische Expansion und das Völkerrecht. Die Auseinandersetzungen um den Status der überseeischen Gebiete vom 15. Jahrhundert bis zur Gegenwart (Beiträge zur Kolonial- und Überseegeschichte 26), Stuttgart 1984, S. 187–189. Allgemein Jean Richard, La Papauté et les missions d'Orient au Moyen-Age (XIIIe – XVe siècles) (Collection de l'Ecole Française de Rome 33), Rome 1977. In Bezug auf Lateinamerika vgl. Cristianismo y mundo colonial. Tres estudios acerca de la evangelización de Hispanoamérica (Spanische Forschungen der Görres-Gesellschaft Reihe 2, 31), hg. von Johannes Meier, Münster 1995.

20 Henrici de Segusio Cardinalis Hostiensis, In ... Decretalium librum commentaria doctissimorum virorum quampluribus adnotationibus illustrata. Recens accesserunt summaria & index locupletissimus, 2 Bde., Venetiis 1581, ND Torini 1965, X 3,34.8 (Band 2, 1, fol. 128 f.), vgl. Kedar, Crusade and Mission (wie Anm. 19), S. 169 f. sowie Fisch, Expansion und Völkerrecht (wie Anm. 19), S. 189–191, vgl. Herbers, Eroberung der Kanarischen Inseln (wie Anm. 7), S. 63, im ND (wie Anm. 7), S. 210 samt den zugehörigen Anmerkungen.

21 Vgl. oben Anm. 3.

22 Monumenta Henricina, hg. von Manuel Lopes de Almeida/Idalino Ferreira da Costa Brochado/Antonio Joaquim Dias Dinis, Bd. 12: 1454–1456, Coimbra 1971, S. 71–79; deutsch in: Dokumente zur Geschichte der Europäischen Expansion, Bd. 1 (wie Anm. 9), S. 223 f. (übersetzt von Ulrich Knefelkamp, Gisela Schmitt).

es steht zu hoffen ..., dass, wenn in diesen [Menschen der Glaube] wächst, entweder ihre Völker selbst zum rechten Glauben bekehrt oder doch wenigstens die Seelen vieler von ihnen für Christus gewonnen werden«.[23] Ähnlich wie Nikolaus V. äußerten sich der Borgiapapst Calixt III. (*Inter cetera*) am 13. März 1456[24] oder Sixtus IV. (*Aeterni Regis*) am 21. Juni 1481.[25]

3. Kreuzzugstraditionen und Missionierung hingen mithin im 15. Jahrhundert noch zusammen. Heinrich der Seefahrer verkörperte als Großmeister des Christusordens (eine portugiesische Nachfolgegemeinschaft des zerschlagenen Templerordens) diesen Zusammenhang in Person. Wenn dies so war, dann spielte auch Jerusalem, das nach 1187 trotz des kurzfristigen Vertrages Friedrichs II. für die Christen verloren blieb, eine wichtige Rolle. Die seit dem 12. Jahrhundert kursierenden Erzählungen von einem christlichen Priesterkönig Johannes,[26] angeblich Herr über die drei Indien, bringt dies in einen narrativen Zusammenhang. Diese Gestalt, die an apokalyptische Vorstellungen gemahnte, soll angeblich später die Rückeroberung des Heiligen Grabes gelobt haben. Das Reich dieses »Verbündeten« der Christen soll in Indien oder Äthiopien gelegen haben. Für die portugiesischen »Entdecker« bündelte diese Figur aber Sehnsüchte, sie war ein Wunschbild und Ansporn zugleich. Noch nachdem die Portugiesen erstmals 1520 eine Gesandtschaft in Äthiopien errichteten, bezeichneten Karten dieses Reich oft nach dem Priesterkönig Johannes. Leo X. schrieb sogar am 3. Mai 1518 über die Taufe eines kongolesischen Notablen von dem »König Johannes von Äthiopien«.[27]

---

23 Monumenta Henricina, Bd. 12 (wie Anm. 22), deutsch in: Dokumente zur Geschichte der Europäischen Expansion, Bd. 1 (wie Anm. 9), S. 225. – Vgl. insgesamt grundlegend zum Verhältnis des Papsttums zu Portugal und zur portugiesischen Expansion: Charles-Martial de WITTE, Les bulles pontificales et l'expansion portugaise au XVe siècle, in: Revue d'histoire ecclésiastique 48, 1953, S. 683–718, Revue d'histoire ecclésiastique 49, 1954, S. 438–461, Revue d'histoire ecclésiastique 51, 1956, S. 413–453, 809–836, Revue d'histoire ecclésiastique 53, 1958, S. 5–46, 443–471 (sehr viel des von de Witte erschlossenen Materials wurde in die Monumenta Henricina aufgenommen); zur Interpretation Günter Georg KINZEL, Die rechtliche Begründung der frühen portugiesischen Landnahmen an der westafrikanischen Küste zur Zeit Heinrichs des Seefahrers. Untersuchungen über Voraussetzungen, Vorgeschichte und Geschichte der portugiesischen Expansion in Nordafrika, Westafrika und auf den Inseln im Atlantik bis zum Jahre 1460 (Göppinger akademische Beiträge 102), Göppingen 1976; allgemein auch WENZEL, Portugal und der Heilige Stuhl (wie Anm. 3).

24 DAVENPORT, Treaties, Bd. 1 (wie Anm. 3), S. 28–30 (englische Übersetzung S. 30–32).

25 DAVENPORT, Treaties, Bd. 1 (wie Anm. 3), S. 50–52 (englische Übersetzung S. 53–55).

26 Ulrich KNEFELKAMP, Die Suche nach dem Reich des Priesterkönigs Johannes. Dargestellt anhand von Reiseberichten und anderen ethnographischen Quellen des 12. bis 17. Jahrhunderts, Gelsenkirchen 1986, besonders S. 55–58; Ulrich KNEFELKAMP, Der Priesterkönig Johannes und sein Reich – Legende oder Realität?, in: Journal of Medieval History 14,4 (1988), S. 337–355.

27 Richard HENNING, Terrae incognitae. Eine Zusammenstellung und kritische Bewertung der wichtigsten vorcolumbischen Entdeckungsreisen an Hand der darüber vorliegenden Originalberichte, Bd. 4, 2. Auflage, Leiden 1956, S. 370.

Die Geschichte vom Priesterkönig, die Päpste, Spanier und Portugiesen gleichermaßen beflügelte, zeugt vor allem aber von der großen Sehnsucht, Jerusalem wieder für die Christen zu erobern.

III. Konsequenzen und Folgen

Die mittelalterlichen Traditionen von Kreuzzug, Mission und Jerusalemsehnsucht führten auch die Päpste der Renaissance dazu, ihren Blick auf neue Welten zu richten, um gegebenenfalls damit auch alte Ziele weiterzuverfolgen. Das mit den Fahrten verbundene neue Wissen hinterließ ebenso – und damit komme ich zu den Folgen – Spuren am päpstlichen Hof. Dort und in Rom war kosmographisches und naturkundliches Wissen durchaus präsent. Michael Matheus und andere haben das wissenschaftlich-universitäre Milieu Roms seit der Mitte des 15. Jahrhunderts mehrfach in den Blick genommen.[28] Allerdings ist noch nicht ausreichend geklärt, welche Spuren beispielsweise Regiomontanus, der in den sechziger Jahren des 15. Jahrhunderts Familiar des Kardinals Bessarion war,[29] oder Nikolaus Kopernikus, der zum Jubeljahr 1500 in Rom gewesen sein dürfte,[30] am päpstlichen Hofe hinterließen.

Konsequenzen ergaben sich aber auch, als Kolumbus schließlich von seiner ersten Westindienfahrt zurückkehrte. Die schon eingangs zitierte Urkunde des Borgiapapstes Alexander VI. *Inter caetera* vom 4. Mai 1493 wird bis in moderne Kartenentwürfe meistens allein unter dem Stichwort »Aufteilung der Interessenszonen zwischen Kastilien und Portugal« angeführt.[31] Dies haben schon die zeitgenössischen Kommentare unterstrichen: Palacios Rubios hat 1513 darauf abgehoben, dass der Papst als Oberhaupt aller Menschen zu gelten habe, »wo immer Menschen leben und wohnen und welchem Glauben sie auch angehören«. Einer der letzten Päpste, gemeint ist Alexander VI., habe »kraft seiner Herrschaft über die Welt diese Inseln und dieses ozeanische Festland den Katholischen Königen von Spanien, damals Don Fernando und Doña Isabel glorreichen Angedenkens, und ihren Nachfolgern in diesen Königreichen, unseren Herren, mit allem, was darin ist, zum Geschenk gegeben …«[32] Die allgemeine Oberherrschaft des

---

28 Vgl. z. B. synthetisierend Michael Matheus, Roma docta. Rom als Studienort in der Renaissance, in: Rom – Nabel der Welt. Macht, Glaube, Kultur von der Antike bis heute, hg. von Jochen Johrendt/Romedio Schmitz-Esser, Darmstadt 2010, S. 117–133, v. a. S. 129.

29 Matheus, Roma docta (wie Anm. 28), S. 117–133, v. a. S. 129.

30 Matheus, Roma docta (wie Anm. 28), S. 117–133, v. a. S. 129.

31 Vgl. bereits die älteren Literaturangaben bei Davenport, Treaties, Bd. 1 (wie Anm. 3), S. 72, 86. Zur Urkunde Alexanders VI. und zum Vertrag von Tordesillas vgl. klassisch Weckmann, Bulas Alejandrinas (wie Anm. 14), jedoch hauptsächlich zur Vorgeschichte.

32 Delgado, Gott (wie Anm. 8), S. 72f.

Papstes war zwar in der Urkunde von 1493 schon angelegt, erhielt aber in diesem Kommentar seine volle Ausprägung, um die Landnahme und die damit verbundenen Folgen zu legitimieren. Wenig beachtet wird demgegenüber aber, dass die zitierte Urkunde Alexanders nur eines von fünf Dokumenten war. Eine zweite Urkunde unterstrich die Pflichten der spanischen Könige, die Missionierung der Bevölkerung sicherzustellen. Ein drittes Dokument (*Piis fideliorum*) behandelte den Missionierungsauftrag, für den der Kolumbus begleitende Pater Bernhard Boyl verantwortlich sein solle. Eine vierte Bulle (*Eximia devotionis*) unterstrich die Gleichwertigkeit der spanischen und portugiesischen Rechte. Das fünfte Schriftstück (*Dudum siquidem*) präzisierte vor allem die Kirchenstrafen bei Verletzung der päpstlichen Weisungen.[33] Bei dieser Sachlage reicht es nicht, die Bedeutung des Borgiapapstes 1493 auf politische und völkerrechtliche Aspekte zu reduzieren, wie dies oft geschehen ist.[34] Vielmehr wurden hier zugleich Grundlagen für kirchliche Strukturen im Verhältnis zu einer entstehenden staatlichen Gewalt gelegt.

Schon die erste Urkunde enthält diesen Akzent: Wir »verpflichten Euch strengstens, dass Ihr in gleichem Maße, in dem Ihr diese Expedition betreibt, Euch pflichtgemäß und aus eigenem Willen zum Ziele setzt, mit rechtgläubigem Eifer die in jenen Inseln und Ländern wohnenden Völker dahin zu führen, dass sie die christliche Religion annehmen«. Und nach der Verfügung der Aufteilung heißt es dann: »tragen Wir Euch bei Eurem heiligen Gehorsam auf, dass Ihr … in den besagten Festländern und Inseln würdige, gottesfürchtige, geschulte, geschickte und erfahrene Männer bestellt, auf dass sie die vorgenannten Einwohner im katholischen Glauben unterrichten und sie zu guten Sitten erziehen«.[35] Das hier angedeutete Patronatsrecht, das Alexander VI. für Pater Boil eigens präzisierte, wurde in der Folge weiterentwickelt. 1501 trat der Papst den Kirchenzehnten ab, um mit den Einnahmen den Bau und die Ausstattung der zu errichtenden Kirchen zu nutzen.[36] König Ferdinand erhielt schließlich von Papst Julius II. am 28. Juli 1508 die vollen Patronatsrechte für Metropolitan-, Kathedral- und Kollegiatskirchen und weitere geistliche Ämter.[37] Schon ab 1511 wurden dann nach diesem Verfahren Bischöfe bestellt:

33 Vgl. hierzu Paulino Castañeda Delgado, Evangelización y Cultura, in: La Época de los Descubrimientos y las Conquistas (1400–1570) (Historia de España 18), hg. von Joseph Pérez, Madrid 1998, S. 557–638, hier S. 555–559.

34 So bei Horst Pietschmann, Staat und staatliche Entwicklung am Beginn der spanischen Kolonisation Amerikas (Spanische Forschungen der Görresgesellschaft, 2. Reihe, 19), Münster 1980, S. 61.

35 Lateinisch im Bullarum, diplomatum et privilegiorum sanctorum Romanorum pontificum Taurinensis editio. Locupletior facta collectione novissima plurium brevium, epistolarum, decretorum actorumque S. Sedis a S. Leone magno usque ad praesens, 25 Bde., Turin 1860–1871, Bd. 5: Ab Eugenio IV (an. MCCCXXXI) ad Leonem X (an. MDXXI), hg. von Luigi Tomassetti/Francesco Gaude, Augustae Taurinorum 1860, S. 361 f., deutsch: Delgado, Gott (wie Anm. 8), S. 70 f.

36 Castañeda Delgado, Evangelización y Cultura (wie Anm. 33), S. 576.

37 Siehe zur Verleihung des Kirchenzehnts sowie zum Patronatsrecht über die neu gegründeten Bistümer in Lateinamerika: Enrique Dussel, Die Geschichte der Kirche in Lateinamerika, Mainz 1988, S. 81; sowie

Julius II. hat in seinem Pontifikat drei, Leo X. vier, Clemens VII. sechs Bischöfe in der Neuen Welt ernannt.[38] Die Verfahrensweisen bedurften aber keiner Neuerfindung, denn als der Krieg gegen das letzte muslimische Reich in Spanien, Granada im Jahre 1486 begann, hatte Papst Innozenz VIII. König Ferdinand mit einem Vorschlagsrecht für die Besetzung neuer Bischofsstühle im zu erobernden Reich Granada ausgestattet.[39]

IV. Tradition und Neuanfang – Muslime und Indios

Kolumbus brach nach Abschluss der Eroberung Granadas 1492 nach Westen auf. Hingen Sarazenenkampf und der Aufbruch zu neuen Welten zusammen? Schauen wir nochmals auf die schon zitierte Urkunde *Romanus pontifex* von 1455, in der die Gewährung großer Vergünstigungen folgendermaßen begründet wird: »wenn wir angemessene Begünstigungen und besondere Gnaden denjenigen katholischen Königen und Fürsten erweisen, von denen wir dank der Offenkundigkeit des Geschehens wissen, dass sie als Fechter und unerschrockene Streiter für den christlichen Glauben nicht nur die Unbändigkeit der Sarazenen und der übrigen ungläubigen Feinde der Christenheit zügeln, sondern sie und ihre Königreiche und Besitzungen auch selbst in den entferntesten und uns [bislang] unbekannten Weltgegenden zur Verteidigung und zur Verbreitung des Glaubens bekämpfen.«[40]

Warum fiel dieses erste große Privileg für den portugiesischen König Alfons V. und den Infanten Heinrich so günstig aus? Die Nennung der Sarazenen unterstreicht auch, dass Alfons V. von Portugal als einer der wenigen auf die Kreuzzugspläne des Papstes gegen die Türken nach dem Verlust Konstantinopels 1453 positiv reagiert und Hilfe zugesagt hatte. Seit der Eroberung Konstantinopels haderten das Papsttum und weitere Mächte mit den neuen Gegebenheiten im Mittelmeerraum. Dies erklärt manche päpstliche Reaktionen seit der Mitte des 15. Jahrhunderts, wie auch den Tenor der alexandrinischen Bullen 1493 zum Patronatsrecht. Die Päpste blieben auch nach 1492 dem gleichen Denkmodell verhaftet, wenn sie Ferdinands Siege gegen die Muslime besonders zur Kenntnis nahmen und mit den weiteren Expansionsprozessen verknüpft sehen wollten, einschließlich eines Zuges nach Jerusalem.

---

zur Patronats-Bulle Universalis ecclesiae von 1508: Castañeda Delgado, Evangelización y Cultura (wie Anm. 33), S. 576 f.

38 Castañeda Delgado, Evangelización y Cultura (wie Anm. 33), S. 578.

39 Zum Patronatsrecht auf der Iberischen Halbinsel und in Lateinamerika sowie zu den päpstlichen Verfügungen von 1486 siehe Dussel, Kirche in Lateinamerika (wie Anm. 37), S. 70–73, v. a. S. 72.

40 Monumenta Henricina, Bd. 12 (wie Anm. 22), S. 71–79; deutsch in: Dokumente zur Geschichte der Europäischen Expansion, Bd. 1 (wie Anm. 9), S. 223 f.

Förderlich waren die Beziehungen des Seefahrers mit dem aus spanischen Wurzeln stammenden Papst Alexander VI. In seinem quellenkritisch zwar nicht ganz einfach einzuordnenden Bordbuch berichtet Kolumbus nicht nur unter dem 12. November und 16. Dezember 1492 von den Aufgaben zur Missionierung der Indios,[41] sondern er beendet am 26. Dezember seine Beschreibungen der Reichtümer mit folgenden Worten: »Aus diesem Grunde habe ich Euren Hoheiten gegenüber erklärt, dass der ganze sich aus meinem Unternehmen ergebende Gewinn zur Wiedereroberung Jerusalems verwendet werden müsse …«[42]

Wie schwierig es mit den Reichtümern war, ist bekannt; ich möchte aber zu dieser Denkfigur, Sarazenenkampf und Indiomission miteinander zu verknüpfen, den Blick erneut kurz nach Rom lenken, dem Hauptort unseres Interesses während dieser Tagung.

Schon kurz nachdem Kolumbus am 4. März 1493 von seiner ersten Reise zurückgekehrt war, wurde in Barcelona ein Brief gedruckt, der die Neuigkeiten mit den neuen Druckmedien verbreiten sollte. Für uns interessant ist dabei Folgendes: Schon am 29. April desselben Jahres übertrug und literarisierte der Gelehrte Leandro de Cosco in Rom den Brief und legte eine lateinische Fassung vor. Das bei Stephan Planck gedruckte Exemplar erhielt sodann in Basel illustrative Holzschnitte und wurde unter dem Titel *De insulis inventis* gedruckt.[43] Eine neue Ausgabe, bei Johann Bergmann in Basel gedruckt, trug aber dann ein Jahr später den Titel *De insulis nuper in mari Indico repertis*. Interessanterweise wurde der Brief aber nun mit einem Drama von Carolus Verardus (*Historia Baetica*) zusammengedruckt. Dieses Stück rühmt die Eroberung Granadas 1492. Die Verknüpfung von Sarazenensieg mit den Entdeckungen neuer Inseln kennzeichnet vor allem König Ferdinand I., wie nicht nur das Epigramm auf Seite 14, sondern auch das Lob auf Ferdinand auf Seite 16 deutlich machen.[44] In beiden Fällen werden Granada und die neuen Inseln im Westen in einen Zusammenhang gebracht.

---

41 Cristoforo Colombo, Diario de Colón. Libro de la primera navegación y descubrimiento de las Indias (Bibliotheca Americana vetustissima), 2 Bde., hg. von Carlos Sanz/Bartolomé de las Casas, Madrid 1962; Zitat nach der deutschen Ausgabe: Christoph Kolumbus, Bordbuch. Aufzeichnungen seiner ersten Entdeckungsfahrt nach Amerika 1492–93, Kreuzlingen/München 2006, S. 88, 149.

42 Kolumbus, Bordbuch (wie Anm. 41), S. 189.

43 Andere Druckorte wie Valladolid, Paris, Antwerpen standen nicht nach. Vgl. neben den Einträgen im Gesamtkatalog der Wiegendrucke auch Folker E. Reichert, Zur Illustration des Columbus-Briefes »De insulis inventis« Basel 1493 (GW 7174), in: Gutenberg-Jahrbuch 73, 1998, S. 121–130, hier S. 121, der auch das Bildprogramm bezüglich der Schiffstypen und der dargestellten (asiatischen!) Völker erschließt. Vgl. dort weitere Literatur zu den Holzschnitten und Holzschneidern.

44 Marion Steinicke, Apokalyptische Heerscharen und Gottesknechte. Wundervölker des Ostens in abendländischer Tradition vom Untergang der Antike bis zur Entdeckung Amerikas, Diss., Freie Universität Berlin 2002, S. 238 (Netzversion mit Aktualisierungen von 2010: http://www.diss.fu-berlin.de/diss/servlets/MCRFileNodeServlet/FUDISS_derivate_000000001863/?hosts, Stand: 23.09.2016).

Abb. 1: Christophorus Columbus/bearb. v. Leandro de Cosco, De insulis inventis (De insulis nuper in mari Indico repertis), gedruckt in Basel bei Johann Bergmann von Olpe, 1494, Seite 1, Holzschnitt.

nitas eſt futura ꝑticeps. Hęc vt geſta ſunt ſic breui-
ter enarrata. Vale. Vliſbonę/pridie ydus Marcii.

Chriſtoforus Colom Oceanicę claſſis Præfectus.

Epigrāma. R. L. de Corbaria Epiſcopi Mōtiſ-
paluſii.

Ad Inuictiſſimū Regem Hiſpaniarꝝ.

Iam nulla Hiſpanis tellus addenda triumphis:
Atq; parum tantis viribus/orbis erat.
Nunc longe Eois regio deprenſa ſub vndis:
Auctura eſt titulos Bęthice magne tuos.
Vnde repertori merito referenda Columbo
Gratia: ſed ſummo eſt maior habenda deo:
Qui vincenda parat noua regna/ tibiq; ſibiq;:
Teq; ſimul fortem præſtat & eſſe pium.

Abb. 2: Epigramm auf die spanischen Könige, in: Christophorus Columbus/bearb. v. Leandro de Cosco, De insulis inventis (De insulis nuper in mari Indico repertis), gedruckt in Basel bei Johann Bergmann von Olpe, 1494, Seite 14 mit Holzschnitt.

Abb. 3: Spanische Karavalle, in: Christophorus Columbus/bearb. v. Leandro de Cosco, De insulis inventis (De insulis nuper in mari Indico repertis), gedruckt in Basel bei Johann Bergmann von Olpe, 1494, Holzschnitt Seite 15.

In laudem Sereniſſi
mi Ferdinandi Hiſpaniaꝝ regis / Bethi=
cæ & regni Granatæ / obſidio / victoria / &
triūphus / Et de Inſulis in mari Indico
nuper inuentis

Abb. 4: Lob auf König Ferdinand I., in: Christophorus Columbus/bearb. v. Leandro de Cosco, De insulis inventis (De insulis nuper in mari Indico repertis), gedruckt in Basel bei Johann Bergmann von Olpe, 1494, Seite 16 mit Holzschnitt.

Das Theaterstück war aber schon drei Monate nach der Eroberung von Granada geschrieben worden, denn es wurde im April 1492 in Rom im Palast des Kardinals Raffaele Riario[45] gespielt, wie eine Vorrede an den Kardinal in einem gedruckten Exemplar erkennen lässt.[46] Ob dies im Palazzo della Cancelleria war oder in einem Provisorium während der Umbauarbeiten, bleibt bisher umstritten.[47] Dies lenkt jedoch den Blick auf den großen Kunstmäzen. Er war in Spanien mehrfach bepfründet und hat offensichtlich die Entwicklungen dort gut verfolgen können. Das Briefcorpus des Petrus de Angleria zeigt außerdem, in welch engem Kontakt nicht nur der spanische Königshof mit diversen Kardinälen und Würdenträgern stand.[48] Den Doppeltriumph der spanischen Monarchie in Granada und bei der Westfahrt des Kolumbus beglückwünschte in der Baseler Ausgabe der oberrheinische Humanist Sebastian Brant (1457–1521), indem er König Ferdinand als Vorkämpfer der Christenheit rühmte.[49]

Die Verknüpfung beider Erfolge Ferdinands und Isabellas blieb zukunftsweisend; auch viele Äußerungen der Renaissancepäpste folgten offensichtlich diesem Denkmodell.

---

45 Vgl. zu ihm Christoph Luitpold Frommel, Il Cardinal Raffaele Riario ed il Palazzo della Cancelleria, in: Sisto IV e Giulio II. Mecenati et promotori di cultura. Atti del convegno internazionale di studi, Savona, 1985, hg. von Silvia Bottaro/Anna Dagnino/Giovanna Rotondi Terminiello, Savona 1989, S. 73–85; Christoph Luitpold Frommel, Raffaele Riario, committente della Cancelleria, in: Arte, Committenza ed economia a Roma e nelle corti del Rinascimento (1420–1530). Atti del Convegno Internazionale, Roma 24–27 ottobre 1990 (Piccola biblioteca Einaudi 630), hg. von Arnold Esch/Christoph Luitpold Frommel, Torino 1995, S. 197–209. Zusammenfassend: Marco Pellegrini, Das Kardinalskolleg von Sixtus IX. bis Alexander VI. (1471–1503), in: Geschichte des Kardinalats im Mittelalter (Päpste und Papsttum 39), hg. von Jürgen Dendorfer/Ralf Lützelschwab, Stuttgart 2011, S. 399–446, v. a. S. 400, 431.

46 Vorrede des Kardinals in folgendem Exemplar: http://daten.digitale-sammlungen.de/~db/0006/bsb00061738/images/index.html?id=00061738&groesser=&fip=193.174.98.30&no=&seite=9, Scan S. 9 (Stand: 19.05.2016).

47 Raimondo Guarino, Ambienti dello spettacolo e ambiente urbano. Studi e ricerche sul Rinascimento a Roma, in: Teatro e Storia 17, 1995, S. 341–363, v. a. S. 344 f. mit Anm. 12: Demnach scheint wohl unklar zu sein, in welchem Palast die Aufführung stattfand. Cruciani spricht sich dafür aus, dass Schauplatz nicht die Cancelleria war, vielleicht auch nicht der Palazzo Altemps (in dem Riario 1492 residierte), während Ijsewijn die Aufführung in den Palazzo della Cancelleria (nach der ersten Umbauphase) verortet. Guarino selbst spricht von einem »teatro provvisorio di un non identificato palazzo del Riario mentre erano in corso i lavori del palazzo monumentale presso S. Lorenzo in Damaso [= Cancelleria]«.

48 Vgl. grundlegend Martin Biersack, Mediterraner Kulturtransfer am Beginn der Neuzeit. Die Rezeption der italienischen Renaissance in Kastilien zur Zeit der katholischen Könige (Mittelalter und Renaissance in der Romania 4), München 2010, v. a. S. 129–214 mit ausführlicher Analyse und Hintergründen und Bemerkungen zur editorisch nicht sehr günstigen Situation. Zu früheren Kontakten nach Aragón vgl. Martin Früh, Antonio Geraldini (gest. 1488). Leben, Dichtung und soziales Beziehungsnetz eines italienischen Humanisten am aragonesischen Königshof. Mit einer Edition seiner Carmina ad Iohannam Aragonum (Geschichte und Kultur der Iberischen Welt 2), Münster 2005.

49 Eine der seltenen Ausgaben ist online abrufbar (aber nur mit der ersten Seite des Dramas): http://www.uni-mannheim.de/mateo/desbillons/kolumbus/seite1.html (Stand: 23.09.2016).

V. Zusammenfassung und Ausblick

Rom schien gut gerüstet, um den Aufbruch in neue Welten zu begleiten – wahrscheinlich sogar besser als für viele andere Herausforderungen. Dieser Aufbruch war aber durchaus traditionsgebunden; Kreuzzug, Sarazenenkampf und Missionskonzepte wirkten zusammen, um auch die neuen Situationen in der Neuen Welt in den Griff zu bekommen. Die Förderung der Europäischen Expansion war aber auch eine Konsequenz, die sich aus der Osmanischen Expansion ergeben hatte, sonst wäre nach 1453 die Bulle Romanus Pontifex von 1455 kaum so positiv zugunsten Portugals ausgefallen. Durch die Herkunft der Borgiapäpste aus Játiva und die guten Kontakte zum Hof der Katholischen Könige durch Humanisten wie Petrus Mártir de Anglería[50] erfuhren neue Fahrten Förderung und war der Informationsaustausch bestens gewährleistet.

Die Öffnung zur Welt fand aber auch in Rom selber statt. Wenn die Eroberung Granadas im Palast des Kardinals Riario als Theaterstück inszeniert wurde, so konnte dies gleichzeitig auf die große Weltbühne verweisen. Hier wurde nicht nur klassischen Stoffen wie den Komödien von Plautus und Terenz oder den Tragödien Senecas gehuldigt, sondern gleichzeitig als Welttheater deutlich und künstlerisch erzählt, was aktuell in der Welt geschah. Der Satz *Ubi papa* oder besser: *ubi papa et cardinales, ibi mundus* fand in diesen Formen seinen künstlerisch-narrativen Ausdruck.

Ob der päpstliche Blick auf die Neue Welt auch eine Antwort auf die Probleme in der Alten Welt war, wo Konkordate und andere Kompromisse die Möglichkeiten zur universalen Aktion und Repräsentation einschränkten, wäre sicher weiter zu diskutieren. Jedenfalls steht der »verkleinerten« oder getrennten Christenheit in Europa[51] auch eine Expansion des lateinischen Europa gegenüber, mit allen Vorteilen, Problemen und Verwerfungen, was langfristig Transformationsprozesse förderte.[52] Die Rückeroberung Jerusalems und die Organisationsaufgaben in den neu entdeckten Gebieten erhielten ihre jeweilige Zuweisung: König Ferdinand fungierte als Reorganisator des Mittelmeer-

50 Zur Hofschule der Katholischen Könige und dem Einfluss des Humanismus unter anderem unter Petrus Martír vgl. Martin Biersack, Mediterraner Kulturtransfer (wie Anm. 52), darin besonders zur Biographie des Petrus S. 146–153.

51 Vgl. Schneidmüller, Grenzerfahrung (wie Anm. 4), S. 188, 224.

52 Mit Blick auf Spanien hat Mariano Delgado, Zur Führung bereit oder Eine Nation findet ihre historische Bestimmung. Spanien um 1500, in: Christlicher Norden – Muslimischer Süden. Ansprüche und Wirklichkeiten von Christen, Juden und Muslimen auf der Iberischen Halbinsel im Hoch- und Spätmittelalter (Erudiri Sapientia 7), hg. von Matthias M. Tischler/Alexander Fidora, Münster 2011, S. 525–550, sogar von einer Vorwegnahme des Konfessionalisierungsparadigmas gesprochen (S. 534–536).

raumes mit dem Ziel, Jerusalem zurückzuerobern, Königin Isabella förderte die Erschließung der Neuen Welt.[53]

Auch wenn die Päpste in Deutschland schon bald in den beginnenden konfessionellen Auseinandersetzungen als Antichristen bezeichnet werden sollten, steht dagegen das Bild des Weltenherrschers, das Diego Pacheco 1514 evozierte. Beide Facetten trugen in der Frühen Neuzeit zu einer folgenschweren Monumentalisierung des Papsttums bei. Ohne zu sehr psychologisieren zu wollen, ließe sich aber vielleicht mit folgender Frage schließen: Wer wäre an der Stelle eines Renaissancepapstes nicht lieber Weltenherrscher als Antichrist gewesen?

---

53 Dies lassen unmittelbare Reaktionen nach dem Sieg von Granada 1492 in ganz Europa erkennen, vgl. beispielsweise die Bemerkungen des Nürnberger Arztes Hieronymus Münzer im Bericht über seine Reise von 1494/1495, der die Eroberung preist und in Madrid Ferdinand dazu auffordert, nun müsse er nur noch Jerusalem (über Afrika) mit der Unterstützung weiterer Herrscher erobern und so auch der Türkengefahr trotzen: *Confractus est carcer Christianorum, seres nunc tutus agricola, timor, qui aderat, o viator, nunc deest, omnia stant in tranquillo. Nihil video maiestatibus vestris restare, nisi ut recuperacio Dominici sepulcri in Iherusalem triumphis vestris addatur. Ludowicus et Richardus, alter Francie, Anglie alter reges, ante annos multos hoc idem temptavere, comparata magna classe Alexandriam navigantes, sed Ioachim Calaber, homo religiosus, nondum horam advenisse predicavit. Hii igitur reges cum detrimento et magna suorum clade reversi sunt in patriam suam inglorii. Vobis hec victoria servata est. Vester hic triumphus illis tropheis gloriabitur. Potestis quidem optime, nec alius est, cui talis occasio et oportunitas assit. Affrica maritima vestra arma tremit parataque est se summittere sceptris vestris; non igitur erit hostis a tergo. Hispania in tranquillo floret, nec domestica clades timenda est. Sicilia, Sardinia, Maiorica, ditissime insule, commeatum omnem prebebunt. Rodus exercitatissimos milites prestabit. Almani et Ungari Turcum in finibus suis urgebunt, ne subveniat Saladino. Facile eripietis hoc dominicum sepulcrum nostri redemptoris ex faucibus inimicorum Dei triumphisque cumulabitis*; der Text des Itinerarium wird hier nach der Münchener Hs. Clm 431 geboten (fol. 199v–200r) (mit Ioachim Calaber ist wohl Joachim von Fiore gemeint). – Der Text ist bisher nur teilweise und in unterschiedlicher Qualität verfügbar, vgl. die beiden bisher wichtigsten Transkriptionen beziehungsweise (Teil-)Editionen: Itinerarium Hispanicum Hieronymi Monetarii 1494–1495, hg. von Ludwig Pfandl, in: Revue Hispanique 48, 1920, S. 1–179; Ernst Philipp Goldschmidt, Le voyage de Hieronimus Monetarius à travers la France. 17 septembre 1494–14 avril 1495, in: Humanisme et Renaissance 6, 1939, S. 55–75, 198–220, 324–348, 529–539 und wird vom Verfasser als Gesamtausgabe für die MGH »Quellen zur Geistesgeschichte des Mittelalters« vorbereitet. Vgl. zur Einordnung und mit weiteren Literaturhinweisen u. a. Klaus Herbers, Die »ganze« Hispania: der Nürnberger Hieronymus Münzer unterwegs – seine Ziele und Wahrnehmung auf der Iberischen Halbinsel (1494–1495), in: Grand Tour. Adeliges Reisen und europäische Kultur vom 14. bis zum 18. Jahrhundert. Akten der internationalen Kolloquien in der Villa Vigoni 1999 und im Deutschen Historischen Institut Paris 2000 (Beihefte der Francia 60), hg. von Rainer Babel/Werner Paravicini, Ostfildern 2005, S. 293–308 und Klaus Herbers, Humanismus, Reise und Politik. Der Nürnberger Arzt Hieronymus Münzer bei europäischen Herrschern am Ende des 15. Jahrhunderts, in: Studien zur politischen Kultur Alteuropas. Festschrift für Helmut Neuhaus zum 65. Geburtstag (Historische Forschungen 91), hg. von Axel Gotthard/Andreas Jakob/Thomas Nicklas, Berlin 2009, S. 207–219, S. 215–218 mit Anm. 24–33 zu der hier zitierten Rede in Madrid, den Konsequenzen für Türkenkreuzzugspläne auf dem Reichstag von Worms 1495 und für die habsburgische Doppelhochzeit.

II. Kunst am römischen Renaissancehof

Bildgeschichte – Geschichtsbilder*

Arnold Nesselrath

Wie wir seit Wladimir Iljitsch Lenin wissen, ist jede Scheibe Brot Politik. Folglich ist auch jeder Pinselstrich Politik. Dies gilt für jedes Kunstwerk, das in irgendeiner Weise öffentlich zugänglich ist.[1] Es ist daher gängige Praxis, immer wieder politische Interpretationen an Kunstwerke anzulegen. In der Folge der jüngsten Restaurierungen möchte ich einfach die Frage erneut aufgreifen, wie weit die monumentalen Zyklen der Wandmalerei des 15. Jahrhunderts als politisches Statement gemeint waren.

Die Fresken in der Sixtinischen Kapelle[2] sind ein beliebtes, viel geprüftes Objekt dieser Frage (Abb. 1). Als große Palastkapelle ist sie nach der Petersbasilika der zweitwichtigste Ort im Vatikan, an dem große liturgische Zeremonien stattfinden. Ist die Sistina politisch zu interpretieren? Hat Papst Sixtus IV. hier seinen Machtanspruch aufwendig vor aller Welt kundgetan, wie es Leopold Ettlinger in seiner Monographie vertritt? Sind die einzelnen Szenen als Reaktionen auf zeitgenössische historische Ereignisse ausgewählt worden, wie es seit Steinmann immer wieder postuliert worden ist und weshalb sogar manchmal der Datierung der Wandbilder Gewalt angetan wird? Oder handelt es sich doch in erster Linie um ein dem Ort angemessenes, geistliches Programm?

---

* Der Text wurde in der Form des Vortrags belassen. Die Fußnoten sind kleine bibliographische Handreichungen zu den einzelnen Wandmalereizyklen. Im Text genannte Autoren sind dabei einbezogen.

1 Arnold Nesselrath, Raphaël et Pinturicchio. Les grands décors des appartements du pape au Vatican. Cet ouvrage accompagne le cycle de conférences données par Arnold Nesselrath à Paris, Auditorium du Musée du Louvre, les 11, 15, 25 et 29 octobre 2012, Paris 2012, S. 126.

2 Tobias Daniels, The Sistine Chapel and the Image of Sixtus IV. Considerations in the Light of the Pazzi Conspiracy, in: Congiure e conflitti. L'affermazione della signoria pontificia su Roma nel Rinascimento. Politica economia e cultura. Atti del convegno internazionale Roma, 3–5 dicembre 2013 (RR inedita, saggi 62), hg. von Myriam Chiabò/Maurizio Gargano/Anna Modigliani/Patricia Osmond, Roma 2014, S. 275–299; Leopold D. Ettlinger, The Sistine Chapel Before Michelangelo. Religious Imagery and Papal Primacy (Oxford-Warburg Studies), Oxford 1965; Peter Howard, Painters and the visual art of preaching. The *exemplum* of the Fifteenth-Century Frescoes in the Sistine Chapel, in: I Tatti Studies. Essays in the Renaissance 13, 2010, S. 33–77; Arnold Nesselrath, Vaticano. La Cappella Sistina. Il Quattrocento (Vaticano 2), Milano/Città del Vaticano 2003; Ernst Steinmann, Die Sixtinische Kapelle, 2 Bde., München 1901–1905.

Abb. 1: Luca Signorelli und Sandro Botticelli: Zwei Joche mit Fresken aus dem Leben Moses' (Vatikanpalast, Sixtinische Kapelle).

Abb. 2: Sandro Botticelli: Drei Bestrafungen von Aufrührern gegen die Verfasser des Gesetzes, Moses und Aaron (Vatikanpalast, Sixtinische Kapelle).

Botticellis Darstellung mit der traditionellen Bezeichnung »die Bestrafung der Rotte Korah« (Abb. 2) wird gerne als Argument für die politische Interpretation herangezogen. Es lassen sich in der Tat eine ganze Reihe von Beispielen bis hin zur Pazzi-Verschwörung finden, wo die Strafe für Aufrührer gegen den Papst oder gar direkt für Konziliaristen mit der Bestrafung der Rotte Korah vergleichen wird.

Häufig wird die politische Bezugnahme dann kurzerhand verallgemeinert und nicht der Versuch unternommen, für andere Fresken in der Kapelle ähnliche Argumente zu finden, um dadurch den Bezug wahrscheinlich zu machen. Beispielsweise bei »den letzten Ereignissen aus dem Leben Moses'« (Abb. 1) fällt das schwer, da die Ikonographie hier ausdrücklich dem Buch Deuteronomium widerspricht. Demnach starb Moses, nachdem er vom Berg Nebo das Gelobte Land geschaut hatte, und wurde von Gott selbst begraben, und niemand weiß, wo sein Grab ist. Hier im Fresko ist Moses gar nicht allein auf dem Berg gewesen, und sein Leichnam liegt als Präfiguration des Melismos auf der Wiese und ist von seinen Getreuen umstellt. Peter Howard hat die Rolle des Maestro del Sacro Palazzo bei solchen Programmentwürfen ausführlich dargelegt.

Damit kann Signorellis Fresko dem »Letzten Abendmahl« von Cosimo Rosselli gegenübergestellt werden, das die theologische Bedeutung des Geschehens erfasst hat, indem es das einzige Wandbild ohne die untere violette Rahmenleiste ist, so dass der Betrachter aufgefordert wird, hinzuzutreten wie die vier porträtierten Personen im Vordergrund. Das Wappen Sixtus IV. an der Decke macht deutlich, dass die Messe als eine Teilnahme am Abendmahl und nicht als eine Wiederholung dessen verstanden wird. Schließlich wird das Opfer, das im Abendmahl zelebriert wird, im rechten Fenster der Rückwand des Saales erläutert. Das Freskenpaar setzt also eine komplexe theologische Lehre um und macht eine ausgesprochen spirituelle Aussage.

Außerdem stellt Botticelli die »Bestrafung der Rotte Korah« nur in der linken von drei Szenen, aus denen die Komposition besteht, dar.[3] Rechts lässt Gott die Steine der Frevler, die Moses steinigen wollen, auf diese zurückprallen.[4] Und in der Mitte bestrafen die Brüder Moses und Aaron die Söhne Aarons, weil sie ein frevelhaftes Opfer dargebracht haben und das Priesteramt nicht ausüben wollen.[5] Moses, dem der ganze Zyklus auf der linken Kapellenwand gewidmet ist, ist dabei keineswegs eine Präfiguration des Papstes oder Sixtus' IV.; denn Aaron trägt die dreigekrönte Tiara, nicht Moses. Moses ist gar kein Priester, dies ist ausdrücklich Aaron. Dafür sind beide Brüder mit der identischen Physiognomie dargestellt wie Zwillinge. Vielleicht soll durch die Übereinstimmung der Gesichtszüge der beiden Führer des jüdischen Volkes die Verbindung von geistlicher und weltlicher Macht zum Ausdruck kommen, wie sie im Papst zusammengekommen ist.

Die drei Szenen der Auflehnung, *CONTURBATIO*, gegen den Verfasser des Gesetzes, *LEGIS SCRIPTAE LATORIS*, ist die sogenannte »Schlüsselübergabe an Petrus« gegenübergestellt. Auch hier geht es um die *CONTURBATIO*, aber diesmal gegen Christus selbst, der als *LEGIS LATOR*, also unmittelbar als Gesetzgeber angesprochen wird. Da die Sixtinische Kapelle in ihren Anfängen nicht der Ort der Papstwahl war, sondern den Konklave-Vätern lediglich als Dormitorium gedient hat, kommt dem Wandbild ursprünglich nicht die eher genrehafte Bedeutung zu, die ihm bis heute zugeschrieben wird. Vielmehr knüpft Peruginos Darstellung an frühchristliche Szenen der *Traditio legis*, wie sie seit dem Mosaik in S. Costanza geläufig waren, an. Damit wird zwar auch die Legitimation der Päpste thematisiert, allerdings im heilgeschichtlichen Kontext, den der Zyklus vor Augen führt, und mit einem starken Akzent auch auf dem priesterlichen Auftrag der Päpste. Selbst wenn es sich um persönliche Statements der Künstler handelt, fließen dabei aktuelle Bezüge nahezu zwangsläufig mit ein, wie der Florentiner Wimpel an dem Schiff zeigt, das im Hintergrund von Botticellis Komposition imprägniert wird.

---

3 Numeri 16,1–35.

4 Numeri 14,10.

5 Levitikus 10.

Zyklen von Monumentalmalerei sind im Rom des 15. Jahrhunderts ausgesprochen zahlreich. Sie erzählen als Bildgeschichten oder Bilderpredigten das Leben Jesu Christi, Geschichten aus dem Alten oder Neuen Testament, die Viten von Heiligen und historische Begebenheiten. Die explizite Historienmalerei nimmt dabei mit knapp 25 % einen verhältnismäßig geringen Raum ein. Rein dekorative Schemata kommen unter den bekannten Beispielen etwa gleich oft vor, während rund die Hälfte aller Darstellungen religiöse Themen behandelt.

Unmittelbar nach seiner Ankunft in Rom hatte Papst Martin V. die Ausmalung der Lateranbasilika bei Gentile da Fabriano in Auftrag gegeben, die nach dem Tod des Malers von Pisanello vollendet worden ist (Abb. 3).[6] Die Künstler folgten dabei dem frühchristlich-mittelalterlichen, traditionellen Schema der Bildzyklen.

Auch die Kapelle der heiligen Katharina von Alexandria, die Kardinal Branda Castiglione vor 1431 von Masolino in S. Clemente (Abb. 4) ausmalen ließ,[7] setzt in Rom überkommene Darstellungsformen fort. Wie der Papst im Lateran hat der bedeutende Kardinal dazu renommierte Künstler nach Rom geholt.

Der große Zyklus, mit dem der Kardinal Giordano Orsini 1432 ebenfalls Masolino für seinen Palast auf dem Montegiordano beauftragt hatte und der mit seinen rund 400 Figuren eine Weltchronik von Adam und Eva bis zum Mongolenkhan Tamerlan vorstellte, ist nicht erhalten und nur aus Kopien in mehreren Handschriften bekannt (Abb. 5).[8] Das früheste bekannte Zeugnis der Erzählung zeitgenössischer Ereignisse

6 Maria Grazia Bernardini, Il ciclo perduto di San Giovanni in Laterano. Un problema ancora aperto, in: Il '400 a Roma. La rinascita delle arti da Donatello a Perugino. Roma, Museo del Corso, 29 aprile–7 settembre 2008, Bd. 1, hg. von Maria G. Bernardini/Marco Bussagli, Milano 2008, S. 119–125; Andrea De Marchi, Gentile da Fabriano et Pisanello à Saint-Jean de Latran, in: Pisanello. Actes du colloque organisé au Musée du Louvre par le Service Culturel les 26, 27 et 28 juin 1996, Bd. 1., hg. von Dominique Cordellier/Bernadette Py, Paris 1998, S. 161–213; Bernhard Degenhart/Annegrit Schmitt, Corpus der italienischen Zeichnungen 1300–1450, Teil 3, Bde. 1–2: Verona. Pisanello und seine Werkstatt, Berlin 2004; Arnold Nesselrath, Martin V. *Restaurator Urbis*. Konstanz und die Folgen für die ewige Stadt, in: Das Konstanzer Konzil. Weltereignis des Mittelalters, 1414–1418. Essays, hg. von Karl-Heinz Braun/Matthias Herweg/Hans W. Hubert/Joachim Schneider/Thomas Zotz, Darmstadt 2013, S. 219–223; Arnold Nesselrath, Der Zeichner und sein Buch. Die Darstellung der antiken Architektur im 15. und 16. Jahrhundert (Cyriacus 5), Mainz/Ruhpolding 2014, S. 24, Abb. 18–19.

7 Sergio Guarino, Masaccio e Masolino a Roma. Dal tardogotico all'affermazione del *novus ordo* rinascimentale, in: Il '400 a Roma, Bd. 1 (wie Anm. 6), S. 127–133; Steffi Roettgen, Wandmalerei der Frührenaissance in Italien, Bd. 1: Anfänge und Entfaltung 1440–1470, München 1996, S. 118–135.

8 Annelies Amberger, Giordano Orsinis Uomini Famosi in Rom. Helden der Weltgeschichte im Frühhumanismus (Italienische Forschungen des Kunsthistorischen Instituts in Florenz, I Mandorli 3), München/Berlin 2003; Mara Minasi, Anonimo artista toscano. Libro degli Uomini Illustri detto di Giusto, in: La Roma di Leon Battista Alberti. Umanisti, architetti e artisti alla scoperta dell'antico nella città del Quattrocento. Roma, Musei Capitolini, 24 giugno – 16 ottobre 2005, hg. von Francesco P. Fiore/Arnold Nesselrath, Milano 2005, S. 338, no. III.6.1; Arnold Nesselrath, Der Zeichner und sein Buch (wie Anm. 6), S. 69, Abb. 92.

Abb. 3: Francesco Borromini: Aufriss der inneren Langhauswand in der Lateranbasilika mit der Freskendekoration (Berlin, Kunstbibliothek).

Abb. 4: Masolino: Katharinenkapelle (Rom, S. Clemente).

Abb. 5: Unbekannter Zeichner vom Ende des 15. Jahrhunderts: Abraham bis Kekrops, Kopie nach der Weltchronik von Masolino (Paris, BnF, Ms. lat. 9673, fol. 6).

stammt aus dem Pontifikat Papst Eugens IV., der im Querhaus der Lateranbasilika die Straftaten der Reliquienschänder und Diebe und deren darauf erfolgte Verurteilungen und Hinrichtungen darstellen ließ, zusammen mit seinem Wappen und denen der öffentlichen Vertreter (Abb. 6).[9] Da diese Fresken bis zur Neugestaltung des Querhauses ab 1596 durch Papst Clemens VIII. erhalten waren, dürfte es sich nicht um eine Art von *pittura infamante*, wie sie etwa in Florenz üblich war, gehandelt haben. Auch wenn die erzählten Ereignisse den Ort im engeren Sinne betrafen, handelt es sich um eine reine Historienmalerei. Die Bilder zeugten von der weltlichen Gerichtsbarkeit des Papstes, die er an dieser Stelle unter dem Zeichen der römischen Wölfin, der heute auf dem Kapitol befindlichen *Lupa* ausübte.

Dekorative Schemata, wie die Andrea del Castagno zugeschriebene Scheinarchitektur in der Biblioteca Greca Papst Nikolaus' V.,[10] die Ausstattung der Kirche S. Salvatore in Ossibus ebenfalls aus dem Pontifikat Papst Nikolaus' V. oder die Landschaften in der Loggia der Rhodos-Ritter von ca. 1466 bis 1468,[11] sind als Ausstattung entsprechender Lokalitäten entstanden. Solche spektakulären Beispiele, von zum Teil renommierten Künstlern geschaffen oder auch von Persönlichkeiten mit besonderem Prestige in Auftrag gegeben, wie die Sala del Mappamondo Papst Innozenz' VIII. im Palazzo Venezia,[12] haben eher zufällig überdauert.

Die sakralen Zyklen sind zahlreich. Da sind die drei großen Arbeiten des Florentiner Domenikanermalers Fra Angelico, von denen noch die Kapelle für Papst Nikolaus V. erhalten ist.[13] Die Fresken zum Leben der hl. Francesca Romana von 1468 aus dem

9 Rosella MAGRI, Anonimo del XVI secolo. La Lupa simbolo di giustizia in Laterano, in: Da Pisanello alla nascita dei Musei Capitolini. L'Antico a Roma alla vigilia del Rinascimento, hg. von Anna CAVALLARO/Enrico PARLATO, Rom 1988, S. 225–226, no. 71; Arnold NESSELRATH, Simboli di Roma, in: Da Pisanello alla nascita (wie Anm. 9), S. 195–205, hier S. 200–201.

10 Marita HORSTER, Andrea del Castagno. Complete Edition with a Critical Catalogue, Oxford 1980, S. 13–14, Abb. 103–108; Jean K. CADOGAN, Domenico Ghirlandaio. Artist and Artisan, New Haven/London 2000, S. 199–200.

11 Guido FIORINI, La Casa dei Cavalieri di Rodi al Foro di Augusto, Rom 1951, S. 63–64; Vincenzo GOLZIO/Giuseppe ZANDER, L'arte in Roma nel secolo XV (Storia di Roma 28), Bologna 1968, S. 98–99.

12 Maria L. CASANOVA UCCELLA, La Sala del Mappamondo, in: Palazzo Venezia. Paolo II e le fabbriche di San Marco. Roma, Museo di Palazzo Venezia, maggio – settembre 1980, hg. von Maria L. CASANOVA UCCELLA, Roma 1980, S. 167–169.

13 Max Eugen KEMPER, Fra Angelicos Darstellung des karitativen Wirkens der Diakone Stephanus und Laurentius in der Kapelle Nikolaus' V. im Vatikan, in: Caritas. Nächstenliebe von den frühen Christen bis zur Gegenwart. Katalog zur Ausstellung im Erzbischöflichen Diözesanmuseum Paderborn (23. Juli – 13. Dezember 2015), hg. von Christoph STIEGEMANN, Petersberg 2015, S. 246–255; Arnold NESSELRATH, Papst Nikolaus V. in seiner Privatkapelle, in: Caritas (wie Anm. 13), S. 256–267; Innocenzo VENCHI/Renate L. COLELLA/Arnold NESSELRATH/Carlo GIANTOMASSI/Donatella ZARI, Fra Angelico and the Chapel of Nicholas V (Recent Restorations of the Vatican Museums 3), Vatican City State 1999.

a

b

c

d

e

f

g

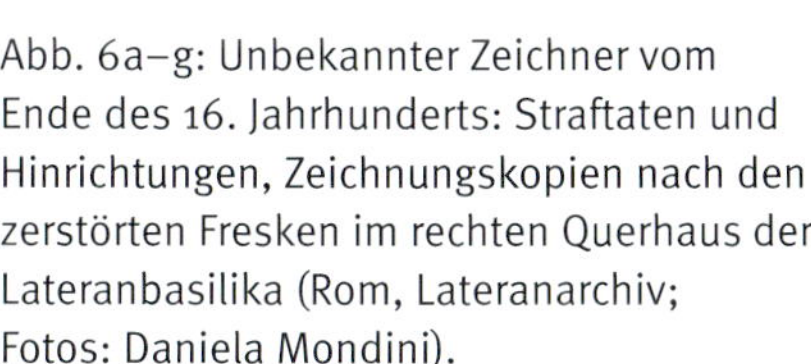

Abb. 6a–g: Unbekannter Zeichner vom Ende des 16. Jahrhunderts: Straftaten und Hinrichtungen, Zeichnungskopien nach den zerstörten Fresken im rechten Querhaus der Lateranbasilika (Rom, Lateranarchiv; Fotos: Daniela Mondini).

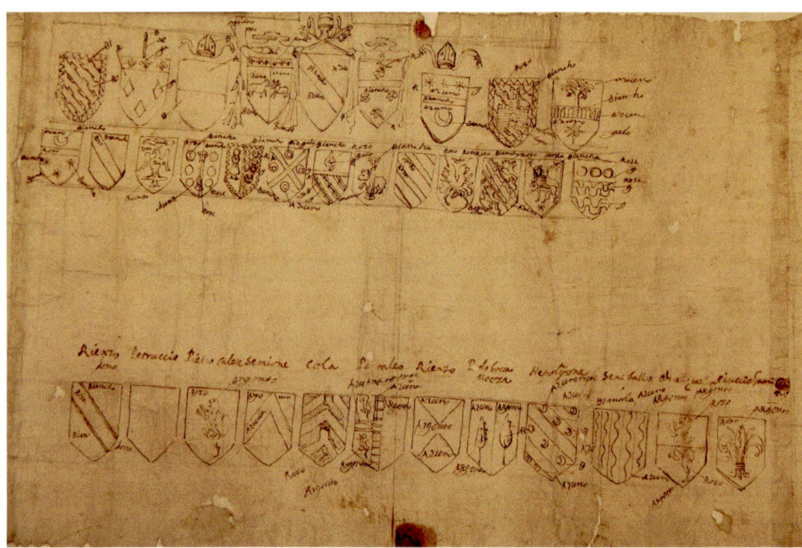

h

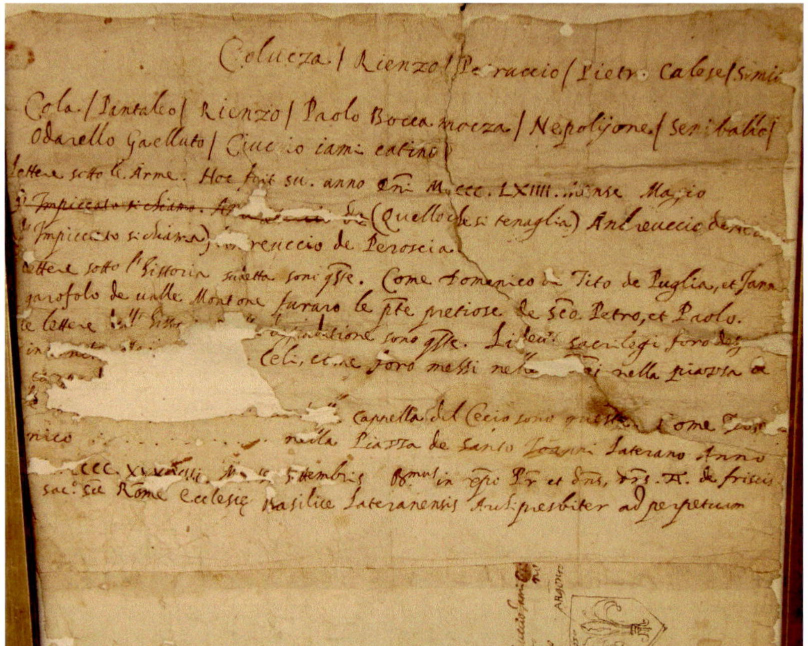

i

Abb. 6h–i: Unbekannter Zeichner vom Ende des 16. Jahrhunderts: Wappen aus dem Pontifikat Papst Eugens IV., Zeichnungskopien nach den zerstörten Fresken im rechten Querhaus der Lateranbasilika (Rom, Lateranarchiv; Fotos: Daniela Mondini).

Umkreis des Antoniazzo Romano im Kloster von Tor de' Specchi[14] und die Ausmalung der Apsiskalotte von Perugino von 1479 in der Cappella della Concezione in Alt-St. Peter[15] gipfeln schließlich in den Schöpfungen großer Meister wie der Caraffa-Kapelle in S. Maria sopra Minerva von Filippino Lippi aus den Jahren 1488–1482[16] oder wie der Kapelle für Innozenz VIII. von Andrea Mantegna im neuen vatikanischen Belvedere ebenfalls von 1488.[17] Die, die davon nicht mehr vorhanden sind, sind meist mit dem ganzen Gebäude verschwunden.

Von den historischen Monumentalmalereien sind lediglich aus dem Pontifikat Sixtus' IV. die Vita des Papstes im Ospedale di Santo Spirito[18] und die Fresken aus der Biblioteca Latina mit der Darstellung der »Stiftung der Apostolischen Bibliothek« von Melozzo da Forlì und mit den antiken Philosophen von Domenico Ghirlandajo erhalten geblieben, Malereien von ausgesprochen unterschiedlicher Qualität.[19] Während die Fresken im nördlichen Flügel des Hospitals allein schon wegen ihrer Höhe und bei gleichzeitiger Benutzung der Räumlichkeiten schwer zu erreichen waren, gehört die Ausstattung der Bibliothek zwar einerseits zu den dekorativen Schemata, andererseits zielte sie ebenso wie die Institution selber auf Nachhaltigkeit ab.

Es ist wahrscheinlich nicht einmal ein Spezifikum der Monumentalmalerei des 15. Jahrhunderts, sondern war in den Epochen davor und danach nicht anders, dass religiöse Zyklen an sakralen Orten als dauerhafte Ausstattung gedacht waren und eine zeitübergreifende Botschaft an ihre Betrachter vermitteln sollten. Hingegen waren Historienmalereien, besonders wenn sie zeitgenössische Stoffe vor Augen führten, meist

---

14 Anna Cavallaro, Antoniazzo Romano, pittore »dei migliori che fussero allora in Roma«, in: Antoniazzo Romano. Pictor Urbis. 1435/1440–1508. Roma, Palazzo Barberini, 1 novembre 2013–2 febbraio 2014, hg. von Anna Cavallaro/Stefano Petrocchi, Cinisello Balsamo/Milano 2013, S. 20–47, hier S. 24, Abb. 2; Stefania Pasti, Due cicli di affreschi dalla scrittura all'immagine. La chiesa Vecchia di Tor de' Specchi e la corsia Sistina dell'ospedale di Santo Spirito (con un'ipotesi per l'ospedale e un miniatore), in: Il '400 a Roma, Bd. 1 (wie Anm. 6), S. 179–187.

15 Pietro Scarpellini, Perugino, Milano 1984, S. 29, Abb. 39; Francesco Mancini, Jacopo Grimaldi, in: Perugino. Il divin pittore, hg. von Vittoria Garibaldi, Cinisello Balsamo/Milano 2004, S. 212, nos. I.21 und I.22; Pietro Scarpellini/Maria R. Silvestrelli, Pintoricchio, Milano 2004, S. 71–72, Abb. 3.

16 Gail Geiger, Filippino Lippi's Carafa Chapel. Renaissance Art in Rome (Sixteenth Century Essays and Studies 5), Kirksville/Missouri 1986.

17 Carlo Pietrangeli, Mantegna in Vaticano, in: L'Urbe N.S. 24,6, 1961, S. 95–103.

18 Pietro de Angelis, L'architetto e gli affreschi di Santo Spirito in Saxia (Collana di storici sull'Ospedale di Sato Spirito in Saxia e sugli ospedali romani 21), Roma 1961, S. 145–276; Pasti, Due cicli di affreschi (wie Anm. 14).

19 Cadogan, Domenico Ghirlandaio (wie Anm. 10), S. 45–46, 197–202, Abb. 32–34, 196 a und b; Matthias Winner, Papa Sisto IV quale exemplum virtutis magnificentiae nell'affresco di Melozzo da Forlí, in: Arte, committenza ed economia a Roma e nelle corti del Rinascimento 1420–1530. Atti del convegno internazionale, Roma, 24–27 ottobre 1990 (Piccola biblioteca Einaudi 630), hg. von Arnold Esch/Christoph L. Frommel, Torino 1995, S. 171–195.

aus der historischen Situation heraus motiviert und befanden sich vornehmlich in Räumen, die kurzfristig ganz neuen Funktionen und politischen Konstellationen angepasst wurden. Sie waren bei ihrer Entstehung bereits darauf angelegt, bald wieder zerstört und durch andere Malereien ersetzt zu werden.

Während in der Sixtinischen Kapelle der spirituelle Gehalt in der Tradition der frühchristlichen und mittelalterlichen Ausstattung der Basiliken und der Predigtcharakter der Fresken im Vordergrund standen, wählte Papst Alexander VI. aus dem Hause Borgia für seine Repräsentationsräume, heute als Borgia-Apartment[20] bekannt, eine zumindest vordergründig religiöse Ikonographie. Da es sich um die erste erhaltene Ausstattung päpstlicher Empfangsräume in Rom handelt, ist ein Vergleich mit früheren Dekorationen beziehungsweise eine typologische Ableitung der Wandmalereien nicht möglich. Lediglich der Hinweis, dass Piero della Francesca in der heutigen Stanza di Eliodoro auf einer Wand »Uomini illustri« gemalt hatte,[21] die von Nikolaus V. in Auftrag gegeben waren und von Pius II. bezahlt wurden, deutet auch hier auf profane Darstellungen hin.

Da Alexander VI. angeblich ein sehr frommer Mann war, braucht es nicht zu verwundern, dass er seine Regierungsgeschäfte von einem Bildprogramm umgeben wissen wollte, das sich aus religiöser Malerei und konkreten aktuellen Bezügen zu einer Mischform zusammensetzte. Julius II. und Leo X. sind diesem Muster in den Fresken, mit denen sie Raffael im Stockwerk über dem Borgia-Apartment, in den sogenannten Stanzen, beauftragt haben, gefolgt.[22]

Das Borgia-Apartment wurde in zwei Teilen ausgemalt. Mit dem bedeutenderen wurden die beiden umbrischen Maler Bernardo di Betto, genannt Pinturicchio, und Piermatteo d'Amelia beauftragt, die Arbeiten in dem anderen in den hinteren Räumen im Borgia-Turm wurden anderweitig, ebenfalls an mittelitalienische Maler vergeben. Die Aufteilung deutet bereits darauf hin, dass es dem Papst um eine schnelle Erledigung der Arbeiten nach seiner Thronbesteigung ging. Ferner hat es den Anschein, dass Pinturicchio und Piermatteo, anders als die Künstler in der Sixtinischen Kapelle, ihre Mitarbeiter nicht wirklich koordiniert haben, sondern dass die beiden, aber auch die von ihnen außerdem hinzugezogenen Maler ihre Aufgaben zwischen 1492 und 1494

20 Nesselrath, Raphaël et Pinturicchio (wie Anm. 1), S. 29–63; Arnold Nesselrath, Le code secret d'Alexandre VI, in: Le Figaro hors-série. Le temps des Borgia, 2014, S. 70–77; Sabine Poeschel, Alexander Maximus. Das Bildprogramm des Appartamento Borgia im Vatikan, Weimar 1999; Scarpellini/Silvestrelli, Pintoricchio (wie Anm. 15), S. 112–133, 158–187.

21 Carlo Bertelli, Piero della Francesca. La forza divina della pittura, Milano 1991, S. XXX; Arnold Nesselrath, La Stanza d'Eliodoro, in: Raffaello nell'appartamento di Giulio II e Leone X. Monumenti, Musei, Gallerie Pontificie (Luce per l'arte), hg. von Guido Cornini, Milano 1993, S. 202–245; Arianna Antoniutti, Piero della Francesca a Roma, la committenza di Pio II e del cardinale Guillaume d'Estouteville, in: Il '400 a Roma, Bd. 1 (wie Anm. 6), S. 161–167.

22 Nesselrath, Raphaël et Pinturicchio (wie Anm. 1).

recht unabhängig und ohne große Absprachen bewältigt haben. Die Eile ist bis in Inkongruenzen der Ausführungstechnik spürbar, wenn z. B. Fresko- und Secco-Malerei in einem Bildfeld gemischt werden.[23]

Im ersten Raum, der sogenannten »Sala dei Misteri«, hat Alexander sieben Szenen mit dem Oratorium der Sieben Freuden Mariens in einer spanischen Version ausgewählt, was darauf hindeutet, dass er selber regen Anteil an der Ausstattung genommen hat.

Das einprägsamste Bild des Zyklus ist die Darstellung der »Auferstehung Christi« (Abb. 7), mit der der Eintretende unmittelbar konfrontiert ist. Es ist die einzige der sieben Szenen, in der Maria nicht auftritt, und sinnvollerweise auch nicht auftreten kann, da weder sie noch irgendjemand anders des Anblicks, in dem Jesus aus dem Grab erstand, teilhaftig geworden ist. In gewisser Weise nimmt Papst Alexander die Stelle ein, die Maria in den anderen Szenen des Zyklus innehat. Als Papst, Vikar Christi auf Erden und in einem eindrucksvollen Porträt bezeugt er die Auferstehung des Heilandes. Die Tiara, Zeichen seiner weltlichen Macht, hat er neben dem Sarkophag auf dem Boden abgelegt.

Gleichzeitig findet sich in diesem Fresko einer der frühesten Reflexe auf die Entdeckung Amerikas und die neuen Ethnien; denn ganz im Hintergrund sieht man zwischen dem Sarkophag und der darüber schwebenden Mandorla eine erste Darstellung von Taino, jener amerikanischen Urbevölkerung, auf die Kolumbus bei seiner ersten Reise in die Neue Welt gestoßen war. Wenn der Papst gemäß dem Auftrag Christi dafür Sorge tragen sollte, dass das Evangelium bis an die Grenzen der Erde verkündet wird, dann hat er an dieser Stelle die Grenze bereits weiter hinausgeschoben.

Dem jungen Maler, der dieses Wandbild teilweise oder ganz gestaltet hat, war die hier angewandte Bildersprache offenbar vollkommen geläufig, da er sie unmittelbar auf seine eigene Person angewendet hat. Als Spiegelbild im Brustpanzer des schlafenden jungen Soldaten vor dem Sarkophag, in dem Jesus begraben war, hat er sein Selbstbildnis sozusagen »versteckt« beziehungsweise in das Bild gesetzt und ist dadurch in gleicher Weise präsent wie der porträtierte Papst.

---

23 Zunächst hatte ich die von Pietro Scarpellini und Maria Rita Silvestrelli (Scarpellini/Silvestrelli, Pintoricchio (wie Anm. 15), S. 113–115, 181–185) vorgeschlagene Aufteilung zwischen der Planung der drei großen Räume durch Pinturicchio, und der Organisation der Räume im Borgia-Turm durch Piermatteo d'Amelia übernommen (Nesselrath, Raphaël et Pinturicchio [wie Anm. 1], S. 31–32). Lucilla Vignoli (Lucilla Vignoli, Piermatteo d'Amelia. Un maestro umbro tra Firenze e Roma, Perugia 2015, S. 325–343) hat diese Überlegungen zu Recht in Zweifel gezogen. Ihre detaillierte Analyse und ihre kritische Lektüre der entscheidenden Dokumente haben gewichtige, neue Argumente hervorgebracht, die es erforderlich machen, über die Auftragsverteilung der Ausstattung des Borgia-Apartments erneut nachzudenken. Da in unserem Zusammenhang hier die Zuschreibung nicht entscheidend ist und über die Vergabe an zwei Künstlergruppen Einvernehmen herrscht, muss die Frage der Autorschaft bzw. der Leitung der Werkstattgenossen hier nicht erörtert werden.

Abb. 7: Bernardino Pinturicchio: Wandaufriss mit der Auferstehung Christi, die von Papst Alexander VI. bezeugt wird (Vatikanpalast, Borgia-Apartment, Sala dei Misteri).

Abb. 8: Bernardino Pinturicchio: Janitschar aus dem Martyrium des hl. Sebastian (Vatikanpalast, Borgia-Apartment, Sala dei Santi).

In der »Sala dei Santi« werden an der Decke und an den Wänden antiker Mythos und christliche Heiligenlegenden miteinander verbunden. Der Mythos ist durch einen Hintergrund aus Kacheln als Bild ausgewiesen und dadurch um eine Sphäre weiter entrückt. Auch inhaltlich sind die Darstellungen allegorisch zu interpretieren. Die alte ägyptische Sage von Isis und Osiris war bestens geeignet, in der Auferstehung des Osiris als Apis-Stier Alexander, der als Borgia den Stier im Wappen führte, als Vikar Christi auf Erden zu präsentieren. Gegenüber diesen als Bild wahrzunehmenden Darstellungen gehören die an den Wänden dargestellten Heiligen in den gefälligen weiten Landschaften oder den komplexen Konstruktionen aus Stuck und profilierten Latten zur Welt des Hausherren und des Betrachters. Die Szenen stellen »den Besuch des hl. Antonius bei Paulus, dem Eremiten«, »die Heimsuchung Mariens«, »das Martyrium des hl. Sebastian«, »Susanna und die beiden Alten«, »die hl. Barbara« sowie »die Disputation der hl. Katharina von Alexandria« dar und spielen alle in Kleinasien oder Ägypten, also in von den Türken besetzten Gebieten. Alexander VI. hatte von Innozenz VIII. und seinen Vorgängern zahlreiche komplexe Beziehungen zu den Türken und zur muslimischen Welt geerbt. Dazu gehörte, dass der Bruder des Sultans von Konstantinopel, Djem, als leibhaftige Geisel am päpstlichen Hof lebte. Der Papst hatte damit ein recht ungewöhnliches Instrument zur Einflussnahme gegenüber dem Sultan in der Hand, da dieser die Rückkehr Djems fürchtete. Pinturicchio hat keine Mühen gescheut, die Szenen der »Sala dei Santi« möglichst authentisch zu gestalten, indem er eigens aus Venedig Kopien nach Zeichnungen von Orientalen und Janitscharen (Abb. 8), in denen Gentile Bellini diese Völkerschaften dokumentiert hatte, beschaffen ließ. Er hat diese z. T. wörtlich in seinen Wandbildern zitiert oder selbst aufwendige Figuren nach diesen Vorlagen entworfen. Die Personen sind nicht hinreichend individualisiert, als dass es sich um Porträts handeln könnte. Vielmehr scheint die »Sala dei Santi« der Raum zu sein, in dem sich eigenhändige Malereien von Pinturicchio finden und in dem er persönlich tätig war, da er sich gemeinsam mit dem unbekannten Architekten des Borgia-Papstes in der »Disputation der hl. Katharina« selbst porträtiert hat.

Lediglich im dritten Raum ließ Alexander keine religiösen Themen malen, sondern wählte als Thema die »Sieben freien Künste«. Damit propagiert er die traditionelle Gelehrsamkeit und aktualisiert sie durch Porträts von Zeitgenossen für die Gegenwart. Neben einer kunsthistorischen Händescheidung ist eine Identifizierung der z. T. markanten Porträts ein Desideratum. Da die Personen am Hofe bekannt waren beziehungsweise in diesen Räumen vielleicht sogar ein- und ausgingen, hat der Maler keine Hinweise hinterlassen, um wen es sich handeln könnte. Heute würden die Namen sehr konkrete Einblicke in die gesamte Kultur des Borgia-Papstes liefern.

Pinturicchio hatte für Papst Alexander VI. aber noch einen zweiten Zyklus gemalt, in dem dieser eine seiner großen diplomatischen Leistungen feierte. Während seines Italienfeldzuges war der französische König Karl VIII. durch Rom gezogen, und obwohl es zu Plünderungen gekommen war, hatte der Papst eine kriegerische Auseinandersetzung verhindern können und mit seiner fast einmonatigen Gastfreundschaft den Eindringling befriedet. Recht bald nach dem Abzug des heiklen Gastes, am 28. Februar 1495, ließ Alexander in einem Zyklus von sechs Historienbildern den Aufenthalt in seinem Apartment in der Engelsburg schildern.[24] Gleich die erste Szene mit dem »Fußkuss durch den französischen König« entsprach dabei nicht den wirklichen Umständen, und auch sonst legte der Papst Wert darauf, dass eine klare Rangfolge gezeigt wurde, auch wenn dies nicht dem realen Kräfteverhältnis entsprach.

Auch dieser Zyklus in den Gemächern, die der Repräsentation des Papstes dienten, war nicht auf Dauer angelegt. Obwohl er immerhin von Pinturicchio, dem bevorzugten Maler des päpstlichen Hofes, ausgeführt war, ist er nicht erhalten. Da die Inschriften überliefert sind, kennen wir die Ikonographie, aber die Bildpropaganda war kurzlebig.

Die Bilder vom Romaufenthalt Karls VIII. sind ein typisches Beispiel für die nichtreligiösen monumentalen Zyklen mit Geschichtsdarstellungen im Rom des 15. Jahrhunderts, gleichgültig, ob sie von großer politischer Tragweite waren oder lokale Ereignisse betrafen. Ihr Verlust, ihre Überlieferungsform oder das Bewusstsein von ihnen sagen sehr viel über die historischen Umstände aus, sie sind gleichsam Quellen aus einer Negation heraus. Die Mischformen im profanen wie im sakralen Bereich, wie sie im Borgia-Apartment oder in der Sixtinischen Kapelle erhalten sind, können einen Hinweis auf den Charakter der Darstellungen geben. Solche Quellen bei der historischen Betrachtung außer Acht zu lassen, ist ebenso wenig zulässig wie eine Vernachlässigung von Liturgie oder theologischen Strömungen. Alle historischen Wissenschaften sind hier interdisziplinär – das heißt, nach der Definition von Arnold Esch, aus der eigenen Methode heraus – aufgefordert, ihren Beitrag zum Verständnis einer Epoche zu liefern. Bilder hatten ihre Funktion in der Devotion oder als Propaganda, und sie haben folglich ihren Platz neben Texten, Realien, Orten usw., wenn man eine Epoche verstehen will.

Eine Gesellschaft, die die Fähigkeit verloren hat, Bilder zu lesen und Texte zu sehen und sich diesen im Dialog ihrer Wissenschaften von ihren unterschiedlichen Perspektiven aus zu nähern, eine Gesellschaft, in der nur Wachstum gilt, egal was wächst und wohin, ist eine fundamentalistische Gesellschaft. Sie hat, um wieder mit Lenin zu schließen, den Strick schon gekauft, mit dem sie sich in die Luft sprengt. Die Päpste haben – und damit möchte ich keine Exzesse der Nachfolger Petri schönreden, sondern vielleicht sogar wagen, auf ein Barometer zu schauen– mit ihrer Kultur dem Christentum immer wieder eine Stimme verliehen, die eine Voraussetzung für das Zusammenleben und damit für das menschliche Leben überhaupt ist.

---

24 Scarpellini/Silvestrelli, Pintoricchio (wie Anm. 15), S. 125–126, 187–191; Nesselrath, Raphaël et Pinturicchio (wie Anm. 1), S. 57.

Die Grabdenkmäler der Päpste im 15. Jahrhundert

Johannes Röll

»Es wird eine Zeit kommen, wo die Grabdenkmäler der Päpste eine solche Wichtigkeit haben werden, wie heute die Büsten und Statuen der römischen Kaiser, welche im Ganzen doch so spärlich oder so zweifelhaft uns überliefert sind. Es wird dann keine Päpste mehr geben. Die Religion wird sich in einer neuen, von uns noch unerkannten Form kundgetan haben; und dann wird einem anders geordneten Menschengeschlecht jenes uralte Papsttum ohne Zweifel als eine noch bei weitem großartigere Schöpfung erscheinen denn uns heute Lebenden.«

Ferdinand Gregorovius (1821–1891) hat 1857 in seinem Buch »Die Grabdenkmäler der Päpste« – von dem der Titel dieses Beitrages entliehen wurde – diese emphatischen Sätze an den Beginn seiner Einleitung gesetzt.[1] Gregorovius, der dieses Buch im 1880 geschriebenen Vorwort zur zweiten Auflage als »Orientierungsschrift« zu seiner später erschienenen monumentalen »Geschichte der Stadt Rom im Mittelalter« bezeichnete, stellt sich hier in eine längere Tradition der Papsthistoriographie, wie beispielsweise den *Vitae et Res Gestae* des Alfonso Chacon.[2] Neu und am ehesten noch mit Bartolomeo Platinas Geschichte der Päpste[3] vergleichbar ist allerdings die vornehmliche Konzentra-

---

1 Ferdinand GREGOROVIUS, Die Grabdenkmäler der Päpste. Historische Studie, Leipzig 1857. Der Untertitel wurde in der zweiten Ausgabe (Leipzig 1881) verändert in: Marksteine der Geschichte des Papsttums. – Für Anregungen und Hilfe bei der Vorbereitung des Vortrages am Deutschen Historischen Institut im Dezember 2015 danke ich Tatjana Bartsch.

2 Alfonso CHACON, Vitae Et Res Gestae Pontificvm Romanorvm Et S. R. E. Cardinalivm. Ab initio nascentis Ecclesiae, usque ad Urbanum VIII. Pont. Max. Iconibus Pontificum, horum, & Cardinalium Insignibus, & plurimorum Elogiis adiunctis, Romae 1630. Zu Chacón siehe Ingo HERKLOTZ, Alfonso Chacón e le gallerie dei ritratti nell'età della Controriforma, in: Arte e committenza nel Lazio nell'età di Cesare Baronio. Atti del convegno internazionale di studi, Frosinone, Sora, 16–18 maggio 2007, hg. von Patrizia TOSINI, Roma 2009, S. 111–142.

3 Bartholomaeus PLATINA, Platynae historici liber de vita Christi ac omnium pontificum (Rerum Italicarum Scriptores, Raccolta degli storici Italiani dal cinquecento al millecinquecento 3,1), hg. von Gaida GIACINTO, Città di Castello 1932. Zu Platina und dessen Bemerkungen zu den Grabmälern der Päpste siehe Stefan BAUER, Quod Adhuc Extat. Le relazioni tra testo e monumento nella biografia papale del Rinascimento, in: Quellen und Forschungen aus italienischen Archiven und Bibliotheken 91, 2011, S. 217–248.

tion auf die Monumente, deren Geschichte, Gestalt und künstlerische Bedeutung, denen die *Res Gestae* hintangestellt werden.[4]

Gregorovius' bedeutungsschweren Worten sei eine Definition gegenübergestellt, die den Gegenstand der päpstlichen Grabmonumente dagegen einfach und nüchtern charakterisiert: »Papstgrabmäler sind Erinnerungszeichen für die Inhaber eines religiös begründeten Amtes und der von ihm bezeichneten Herrschaftsansprüche.«[5]

Vor dem Hintergrund der Rhetorik der Memorialforschung der letzten circa zwei Jahrzehnte, wo Termini wie »Selbstrepräsentation«, »Selbstreflexion«, »genealogische Rückbesinnung«, »Selbstinszenierung« oder »memoriale Inszenierungsensembles« etc. gerne als weitgehend von der Anschauung losgelöste Reflexionsimpulse für größere Kontexte dienen, hat auch die Interpretation der päpstlichen Grabmonumente neue Anregungen bekommen.[6]

Die päpstlichen Grabmäler des 15. Jahrhunderts sind allerdings nur ein Teil der bildhauerischen, und diese wiederum nur ein Teil der reichen künstlerischen Produktion der römischen Früh- und Hochrenaissance. Im 14. Jahrhundert, während des Aufenthalts der Päpste in Avignon, war die Kunstproduktion in Rom fast völlig zum Erliegen gekommen. Erst die Rückkehr Martins V. Colonna (1417–1431) bedeutete auch die Wiederbelebung des päpstlichen Mäzenatentums in Rom. Viele der Aufträge wurden aus Mangel an einheimischen Künstlern an auswärtige vergeben, die vor allem aus der Toskana

4 In der in vielen Sprachen und Ausführungen vorliegenden Historiographie des Papsttums werden oftmals einzelne Aspekte der Grabmonumente angesprochen. Die Grablegen sind zudem Thema vieler Einzelstudien. Herausgegriffen aus der Fülle der Publikationen seien hier Michael Borgolte, Petrusnachfolge und Kaiserimitation. Die Grablegen der Päpste, ihre Genese und Traditionsbildung (Veröffentlichungen des Max-Planck-Instituts für Geschichte 95), Göttingen 1989 und Philipp Fehl, Monuments and the Art of Mourning. The Tombs of Popes and Princes in St. Peter's, hg. von Richard Bösel/Raina Fehl, Rome 2007.

5 Horst Bredekamp/Arne Karsten/Volker Reinhardt/Philipp Zitzlsperger, Einleitung: Formung und Formen der Erinnerung, in: Totenkult und Wille zur Macht. Die unruhigen Ruhestätten der Päpste in St. Peter, hg. von Horst Bredekamp/Volker Reinhardt, Darmstadt 2004, S. 9–18, hier S. 10.

6 Siehe hierzu v.a. die Publikationen des Projektes »Requiem. Die römischen Papst- und Kardinalsgrabmäler der frühen Neuzeit« der Humboldt-Universität zu Berlin. Das Grabmal des Günstlings. Studien zur Memorialkultur frühneuzeitlicher Favoriten (Humboldt-Schriften zur Kunst- und Bildgeschichte 15), hg. von Arne Karsten, Berlin 2011; Vom Nachleben der Kardinäle. Römische Kardinalsgrabmäler der Frühen Neuzeit (Humboldt-Schriften zur Kunst- und Bildgeschichte 10), hg. von Arne Karsten/Philipp Zitzlsperger, Berlin 2010; Grabmal und Körper. Zwischen Repräsentation und Realpräsenz in der Frühen Neuzeit (Tagungsband). Studientag des Requiem-Projekts am Institut für Kunst- und Bildgeschichte der Humboldt-Universität zu Berlin, 16.04.2010, hg. von Philipp Zitzlsperger, abrufbar unter: kunsttexte.de, Nr. 4, 2010 (http://www.kunsttexte.de/index.php?id=721&ausgabe=37133&zu=121&L=0, Stand: 20.11.2016); Grab – Kult – Memoria. Studien zur politischen Funktion von Erinnerung. Horst Bredekamp zum 60. Geburtstag am 29. April 2007. Tagungsakten des interdisziplinären Forschungskongresses vom 17.–19. Februar 2006 an der Humboldt-Universität zu Berlin, hg. von Carolin Behrmann/Arne Karsten/Philipp Zitzlsperger, Köln/Weimar/Wien 2007; Tod und Verklärung. Grabmalskultur in der Frühen Neuzeit, hg. von Arne Karsten/Philipp Zitzlsperger, Köln/Wien/Weimar 2004; Totenkult und Wille zur Macht (wie Anm. 5).

kamen. Mit Nikolaus V. (1447–1455) hatte sich in Rom die politische Situation wieder gefestigt, die Künstler stammten aber weiterhin vorwiegend nicht aus Rom, verwiesen sei im Bereich der Skulptur auf das Wirken des Florentiners Antonio Averlino, der sich Filarete nannte, in Rom, vornehmlich an den Bronzetüren für St. Peter (1433–45).[7]

In den Pontifikaten von Calixtus III. Borgia (1455–1458), Pius II. Piccolomini (1458–1464), Paul II. Barbo (1464–1471), und schließlich Sixtus IV. della Rovere (1471–1484) wurde Rom zum einem Zentrum der Kunstproduktion. Die Ausführung der Werke lag weiterhin fast ausschließlich in den Händen von Nicht-Römern, stellvertretend sei hier auf die Ausmalung der Sixtinischen Kapelle (1481–1483) durch Botticelli, Pinturicchio, Perugino, Cosimo Rosselli, Signorelli und Ghirlandaio hingewiesen.[8] Auch in den nachfolgenden Jahrhunderten war Rom stets sowohl attraktiver Anziehungs- als auch lukrativer Berufungspunkt für auswärtige Künstler.

Die Skulptur macht hiervon keine Ausnahme. Donatello und Filarete verbrachten nur kürzere Arbeitsaufenthalte in Rom, der Toskaner Isaia da Pisa war der Erste, der sich in Rom niederließ und eine Werkstatt begründete.[9] Ihm zur Seite arbeitete Paolo di Mariano (oder Paolo Romano), der aus Sezze in Südlatium stammte.[10] Die beiden Künstler, die auch am bildhauerischen Schmuck des Triumphbogens Alfonsos I. in Neapel beteiligt waren, waren die Ersten, die in Rom in größerem Stil Werkstätten unterhielten und Aufträge für Grabmäler ausführten.[11] Die Hauptvertreter der ihnen nachfolgenden Generation der Bildhauer, der Toskaner Mino da Fiesole, der Lombarde Andrea Bregno und der aus Trogir in Dalmatien stammende Giovanni Dalmata, verfügten alle über größere Werkstätten und arbeiteten lange Zeit in Rom.[12]

---

7 Zu Filaretes Türe siehe Ursula Nilgen, Formeneklektizismus und Themenvielfalt als Programm in der römischen Frührenaissance. Filaretes Tür von St. Peter, in: Florilegien, Kompilationen, Kollektionen. Literarische Formen des Mittelalters (Wolfenbütteler Mittelalter-Studien 15), hg. von Kaspar Elm, Wiesbaden 2000, S. 149–208.

8 Siehe beispielsweise: Maestri Fiorentini nei Cantieri Romani del Quattrocento (Fonti e documenti per la storia dell'architettura 10), hg. von Silvia Danesi Squarzina, Roma 1989.

9 Zu Isaia da Pisa siehe Francesco Caglioti, Agostino di Duccio, Mino da Fiesole, Isaia da Pisa. Nuovi profili di sovrani antichi (e moderni), in: Per un nuovo Agostino di Duccio. Studi e documenti (Bonae artes 1), hg. von Arturo Calzona/Matteo Ceriana, Verona 2012, S. 81–105, mit Bibliographie.

10 Zu Paolo Romano siehe Pietro Zander, Il ciborio degli apostoli (Archivum Sancti Petri, Bollettino d'archivio 15/16), Città del Vaticano 2010.

11 Zum Triumphbogen Alfonsos I. siehe Patrizia Graziano, L'arco di Alfonso. Ideologie giuridiche e iconografia nella Napoli aragonese (La memoria storica 14), Napoli 2009 und Hanno-Walter Kruft/Magne Malmanger, Der Triumphbogen Alfonsos in Neapel. Das Monument und seine politische Bedeutung, in: Acta ad Archeologiam et Artium Historiam Pertinentia (Institutum Romanum Norvegiae) 6, 1975, S. 213–305.

12 Zu Mino siehe Caglioti, Agostino di Duccio (wie Anm. 9); zu Bregno siehe Thomas Pöpper, Skulpturen für das Papsttum. Leben und Werk des Andrea Bregno im Rom des 15. Jahrhunderts, Leipzig 2010; zu Dalmata siehe Johannes Röll, Giovanni Dalmata (Römische Studien der Bibliotheca Hertziana 10), Diss.,

Abb. 1: Rom, Sant'Andrea della Valle, Grabmal Papst Pius' II. Detail: Papst Pius II. nimmt die Reliquie des Hauptes des Apostels Andreas entgegen (Foto: Archiv des Autors).

St. Peter war seit der Beisetzung Papst Leos I. im Jahr 461 für circa fünf Jahrhunderte die bevorzugte päpstliche Grablege gewesen.[13] Nach der Mitte des 10. Jahrhunderts hatte die Basilika aber ihre Vorrangstellung verloren. Im 12. Jahrhundert finden mehrere Beisetzungen in San Giovanni in Laterano statt, ab dem 13. Jahrhundert fanden die Päpste in ihren wechselnden Residenzstädten die letzte Ruhestätte.

Im 15. Jahrhundert änderte sich dies. Während noch Martin V. 1431 in der Lateransbasilika bestattet wurde, fand sein Nachfolger Eugen IV. 16 Jahre später wieder in St. Peter seine Grablege. Ab der Mitte des 15. Jahrhunderts wurden die Päpste ausnahmslos in der Basilika von St. Peter und somit in der Nähe des Apostelgrabes beigesetzt, wenngleich manche der Begräbnisstätten nur temporäre waren und die Gebeine der Päpste nach der Fertigstellung des Grabmonuments in eine andere Kirche transloziert wurden.[14] Im 15. Jahrhundert waren dies Nikolaus V. (gest. 24. März 1455), Calixtus III. (gest. 06.

Worms 1994 und Francesco Negri Arnoldi, Giovanni Dalmata a Roma, in: Rivista dell'Istituto Nazionale d'Archeologia e Storia dell'Arte 67, 3. Serie 35, 2012, S. 181–198.

13 Borgolte, Petrusnachfolge (wie Anm. 4); Hannes Roser, St. Peter in Rom im 15. Jahrhundert. Studien zu Architektur und skulpturaler Ausstattung (Römische Studien der Bibliotheca Hertziana 19), Diss., München 2005, S. 143; Sible de Blaauw, Cultus e decor, Liturgia e architettura nella Roma tardoantica e medievale (Studi e testi 355, 356), 2 Bde., Città del Vaticano 1994, hier Bd. 2, S. 469, 496–498.

14 Borgolte Petrusnachfolge (wie Anm. 4), S. 289 zitiert den in den Quellen verwendeten Terminus des »tumulus Vaticani temporarius«.

Abb. 2: Rom, Sant'Andrea della Valle, Grabmal Papst Pius' III. Detail: Krönung Papst Pius' III. (Foto: Archiv des Autors).

August 1458), Pius II. (gest. 15. August 1464), Paul II. (gest. 26. Juli 1471), Sixtus IV. (gest. 12. August 1484), Innozenz VIII. (gest. 25. Juli 1492) und Alexander VI. (gest. 18. August 1503). Pius III. (gest. 18. Oktober 1503) war der letzte Papst, der vor dem von Julius II. initiierten Neubau von St. Peter in der Basilika seine Ruhestätte fand.

Dieser Neubau bedingt eine Zäsur, da im Laufe der langjährigen Bauarbeiten schon bestehende Grabmonumente teils mehrfach ab- und wieder aufgebaut und weitere Grabmäler in anderen Kirchen konzipiert wurden.[15]

Auch das Grabmal von Papst Julius II. selbst, das von Michelangelo entworfen wurde und ursprünglich als Freigrab inmitten der neuen Basilika Aufstellung finden sollte, wurde erst nach vierzigjähriger Entstehungszeit 1545 in reduzierter Form in S. Pietro in Vincoli errichtet.[16]

15 Zum Neubau siehe Sankt Peter in Rom 1506–2006. Beiträge der internationalen Tagung vom 22.–25. Februar 2006 in Bonn, hg. von Georg SATZINGER/Sebastian SCHÜTZE, München 2008.

16 Die Geschichte und letztlich die »tragedia della sepoltura« (dies der von Michelangelos Biograph Condivi gewählte Ausdruck) ist eines der großen Themen der Grabmals- und Michelangeloforschung, siehe jüngst Christoph L. FROMMEL, Michelangelo. Marmor und Geist. Das Grabmal Julius' II. und seine Statuen, Regensburg 2014 (in Zusammenarbeit mit Maria Forcellino. Mit Beiträgen von Maria Forcellino, Claudia Echinger-Maurach, Antonio Forcellino), mit Bibliographie.

Die Grabmäler des 15. Jahrhunderts in St. Peter sind in relativ einheitlicher Weise gestaltet: Es handelt sich um Wandgrabmäler mit der Liegefigur des Verstorbenen in einer zentralen Nische. Diese Figur wird von Reliefskulpturen von Heiligen oder Tugenden im architektonischen Aufbau, in der Regel Pilaster mit Nischen, begleitet. Hinzu kommt weiterer Reliefschmuck mit Themen wie der Auferstehung Christi oder Szenen aus dem Leben des Papstes.

Wie im Laufe der Jahrzehnte die Dimensionen der Monumente wachsen, so werden auch die ausführenden Künstler bedeutender. Die Namen der Bildhauer der Grabmäler von Eugen IV. und Calixtus III. sind entweder unbekannt oder heute nur noch Spezialisten vertraut (Isaia da Pisa beispielsweise). Dies ändert sich mit dem Grabmal des aus der sienesischen Familie Piccolomini stammenden Papstes Pius II., vor allem aber mit demjenigen Pauls II., des Venezianers Pietro Barbo, der 1471 starb. Sein Neffe Marco Barbo beauftragte zwei der bedeutendsten Bildhauer Roms der Zeit, Mino da Fiesole und Giovanni Dalmata, die beide schon zuvor in Rom bedeutende Werke geschaffen hatten. Der Auftrag für das Grabmal eines Papstes bedeutete für einen Bildhauer Auszeichnung und Ruhm. Papstgrabmäler gehörten zudem sicherlich zu den lukrativsten Aufträgen, die eine Werkstatt erlangen konnte. Direkt drückt dies eine Äußerung Giorgio Vasaris aus, der in der Vita des Antonio Pollaiuolo schreibt: »Ebbe nel tempo suo felicissima vita, trovando pontefici ricchi e la sua città in colmo …«[17] (»Er hatte in seiner Zeit das glücklichste Leben, indem er auf reiche Päpste traf und seine Stadt in Ruhe wußte …«).

Gegen Ende des 15. Jahrhunderts kommt bei der Konzeption der Grabmonumente ein narratives Element hinzu, das über die bloße Aufzählung von Tugenden oder Erlösungsmotiven hinaus Ereignisse aus der Vita des Papstes in das Zentrum der Darstellung rückt. Auf dem Grabmal Pius II. zeigt eine große und vielfigurige Relieftafel die historisch bezeugte Entgegennahme der Reliquie des Hauptes des Apostels Andreas am Ponte Milvio durch den Papst und sein Gefolge (Abb. 1). Papst Innozenz VIII. präsentiert sich ebenfalls mit einer ihm in seinem Todesjahr 1492 überlassenen Reliquie, der Spitze der hl. Lanze, mit der der Hauptmann Longinus den Tod Jesu überprüft haben soll. Bei Pius III., der nur 26 Tage Papst war (vom 22. September 1503 bis zum 18. Oktober 1503), wird das einzige bedeutende Ereignis seines Pontifikats, das Zeremoniell der Papstkrönung, zum Thema einer großen Relieftafel (Abb. 2).[18] Die Wiedergabe des Zeremoniells zeigt auch ein Porträt Giulianos della Rovere, des nachfolgenden Papstes

17 Giorgio Vasari, Le Vite de'più eccellenti architetti, pittori, et scultori italiani, da Cimabue insino a'tempi nostri. Nell'edizione per i tipi di Lorenzo Torrentino, Firenze 1550 hg. von Luciano Bellosi/Aldo Rossi, Torino 1986, S. 485.

18 Johannes Röll, Das Grabmonument Papst Pius' III., in: Praemium Virtutis, Bd. 1: Grabmonumente und Begräbniszeremoniell im Zeichen des Humanismus (Symbolische Kommunikation und gesellschaftliche Wertesysteme 2), hg. von Joachim Poeschke/Britta Kusch/Thomas Weigel, Münster 2002, S. 233–256.

Julius II., in dessen Pontifikat das Grabmonument ausgeführt wurde und auf dessen Vorrangstellung hier explizit verwiesen wird.

Diese Tendenz der Individualisierung geht einher mit einer Aktivierung der Grabfigur, die nicht mehr nur als Liegefigur gezeigt wird, sondern auch als lebendige und aktiv handelnde. Auch die Künstlernamen werden immer prominenter: Die Grabmäler von Sixtus IV. und Innozenz VIII. wurden von Antonio Pollaiuolo geschaffen, einem der bedeutendsten Bildhauer der Zeit, der zuvor in Florenz schon großen Ruhm erworben hatte. Diese Entwicklung hin zu den besten Künstlern der Zeit kulminiert in der Beauftragung Michelangelos für das Grabmonument Julius' II. Auch in den folgenden Jahrhunderten wurden häufig die angesehensten Künstler für die Erschaffung des päpstlichen Grabmals herangezogen, so beispielsweise Gian Lorenzo Bernini (für die Grabmonumente Urbans VIII. und Alexanders VII.), Antonio Canova (für die Grabmäler Clemens' XIII., Clemens' XIV., Pius' VI.) oder Berthel Thorwaldsen (für das Grabmal Pius' VII.).

Bedeutend wird im Laufe des 16. Jahrhunderts auch die Wahl des Materials. So erscheint beispielsweise die Qualität des Marmors, aus dem das Grabmal Pauls II. geschaffen wurde, reiner als die des zwei Jahrzehnte zuvor für das Grabmal von Calixtus III. verwendeten. Zur Auswahl von Art und Qualität des Materials kommt noch der Einsatz antiker Spolien beim Grabmal Pauls II. hinzu, und zwar nicht nur der beiden antiken Säulen, die für den Maßstab des Monuments von großer Bedeutung waren (und von denen sich nur eine erhalten hat), sondern auch der mehrerer Reliefplatten, wie die Einritzung eines antiken Brettspiels auf einer der Rückseiten aufzeigt.[19] Antonio Pollaiuolo beziehungsweise seine Auftraggeber gehen noch einen Schritt weiter: Vergoldete Bronze ist das Material, das für die Grabmäler von Sixtus IV. und Innozenz VIII. Verwendung fand. Solcherart wurde nicht nur der künstlerische, sondern auch der materielle Wert zur Schau gestellt.[20]

Der zunehmenden Größe der Monumente entspricht auch der gesteigerte bildhauerische Reichtum in Figur und Ornament. Vasari spricht noch in seinen Viten von 1550, mithin ca. 75 Jahre nach dessen Fertigstellung, das Grabmal Papst Pauls II. als »la più ricca sepoltura che fussi stata fatta di ornamenti e di figure a pontefice nessuno«,[21] also als das an Ornamenten und Figuren reichste Grabmal, das je für einen Papst geschaffen wurde, an, obwohl in der Zwischenzeit auch andere aufwendig gestalteten Grabmäler

19 Röll, Giovanni Dalmata (wie Anm. 12), S. 62–65.

20 Letztlich hatte schon die Beauftragung Donatellos für die bronzene Grabplatte Martins V. für San Giovanni in Laterano – die allerdings in Florenz geschaffen wurde – die Weichen für diese Entwicklung gestellt; siehe Arnold und Doris Esch, Die Grabplatte Martins V. und andere Importstücke in den römischen Zollregistern der Frührenaissance, in: Römisches Jahrbuch für Kunstgeschichte 17, 1978, S. 209–217.

21 Vasari, Le Vite de'piu eccellenti (wie Anm. 17), S. 424.

wie beispielsweise das Hadrians VI. errichtet worden waren. Weitere Stimmen des 16. Jahrhunderts, wie diejenigen von Tiberio Alfarano (*elegantissimum sepulcrum e marmore pario elegantissimis figuris*) und Giacomo Grimaldi (*sepulchrum elegantissimum erat et altissimum*) preisen das Monument ebenfalls in Superlativen.[22]

Im Gegensatz zum Aufwand bei der Herstellung und zur Bewunderung von Form und Größe steht allerdings der Umgang mit vielen dieser Monumente beim Abriss der alten Basilika. Am Beispiel des Grabmals Pauls II. sei dies kurz skizziert (Abb. 3). Nach Beginn des Neubaus erfolgte recht bald die Demolierung des Grabmals, Vasari berichtet etwas anklagend: »la quale da Bramante fu messa in terra nella rovina di San Pietro, e quivi stette sotterrata fra i calcinacci parecchi anni«, um darauf zu versichern, dass »et or nel MDLVII fu fatta rimurare d'alcuni Veneziani in S. Piero nel vecchio, in una pariete vicino alla cappella di papa Innocenzio«.[23] »Nel vecchio« bedeutet in diesem Zusammenhang natürlich wiederum nur einen vorübergehenden Aufstellungsort und den schon vorhersehbaren erneuten Abbau, der im Jahre 1606 erfolgte. Anschließend gelangten die Skulpturen in die Vatikanischen Grotten, doch ohne die architektonischen Teile. Dort waren sie in zum Teil skurriler Weise vermauert (Abb. 4).[24] 1925–1949 gelangten die Skulpturen ins Museo Petriano und nach dessen Schließung erneut in die Vatikanischen Grotten. Ab 1981 waren sie in der Restaurierungswerkstatt der Reverenda Fabbrica di San Pietro, von dort wurden sie 1994 ins Ottagono di San Basilio, einem Raum über den Adiacenze der Cappella Gregoriana, gebracht. In diesem Jahr fand auch der Sarkophag an seinem heutigen Platz in den Vatikanischen Grotten Aufstellung.

Das Monument ist heute also getrennt in ein quasi als sakral zu verehrendes (obwohl Paul II. nicht selig gesprochen wurde), das durch den Sarkophag repräsentiert wird, und ein (kunst)historisches, das zwei Stockwerke darüber in musealer Aufstellung steht.[25]

Aufgreifen könnte man deshalb erneut Gregorovius' Prämisse, wie es um die Akzeptanz und die Wichtigkeit dieser Monumente heute steht, ob sie im Sinne seiner beschwörenden Worte denn tatsächlich der Wichtigkeit der Büsten und Statuen der römischen Kaiser nahegekommen sind. Die Frage ließe sich zumindest zwiefach be-

---

22 Tiberius Alpharanus, Documenti e ricerche per la storia dell'antica Basilica Vaticana, Bd. 1: De Basilicae Vaticanae antiquissima et nova structura. Pubblicato per la prima volta con introduzione e note dal Dott. D. M. Cerrati (Studi e testi 26), Roma 1914, S. 74; Giacomo Grimaldi, Descrizione della Basilica Antica di S. Pietro in Vaticano. Codice Barberini Latino 2733 (Codices e Vaticanis selecti 32), hg. von Reto Niggl, Città del Vaticano 1972, S. 225.

23 Vasari, Le Vite de'piu eccellenti (wie Anm. 17), S. 424.

24 Eine Untersuchung zu dieser geschmäcklerischen und aus der Zeit geborenen pseudosakralmusealen Aufstellung in den Vatikanischen Grotten, die vor dem willkürlichen Skulpturenpasticcio nicht zurückschreckte und nicht nur das Grabmal Pauls II. betraf, wäre ein Desiderat.

25 Siehe La Basilica di San Pietro in Vaticano. The Basilica of St. Peter in the Vatican, Bd.: Schede (Mirabilia Italiae 10), hg. von Antonio Pinelli, Modena 2000, S. 823–829 (Francesco Caglioti).

Abb. 3: Rom, St. Peter, Ottagono di San Basilio, Grabmal Papst Pauls II., Rekonstruktion unter Verwendung der erhaltenen Teile (Foto: Basilica di San Pietro).

Abb. 4: Rom, St. Peter, Grotte Vaticane, Grabmal Papst Pauls II., Fragmente vor 1981 (Foto: Bibliotheca Hertziana, Max-Planck-Institut für Kunstgeschichte).

antworten. Die Memoria des Papstes scheint tatsächlich die Bedeutung der Büsten und Statuen von römischen Kaisern erlangt zu haben, deren Abbilder und Insignien man beispielsweise in den Vatikanischen Museen abschreitet, deren Geschichte man aber allein durch diese Abbilder und Insignien nicht näherkommt. Die Monumente sind in ihrer Gesamtheit wichtig, da sie für das Amt und dessen Größe stehen, das einzelne Grabmal berührt, ähnlich wie die einzelne antike Statue, nur den eigens Interessierten.

Hier kommt es zuvorderst auch nicht auf den künstlerischen Wert des Monuments an. Wie eine Skulptur Caesars mehr Betrachter finden wird als eine des Nerva, so zieht auch die Grablege von Papst Johannes Paul II. beispielsweise mehr Besucher an als Pollaiuolos Monument von Innozenz VIII. Die Wichtigkeit ist also immer eine relative, auf den jeweiligen Kontext, sei er historisch, kunsthistorisch, religiös etc., bezogene.

Das Grabmonument Papst Innozenz' VIII.

Anhand eines Monumentes, desjenigen Papst Innozenz' VIII., seien hier exemplarisch einige Aspekte der päpstlichen Grabmäler angesprochen, die sowohl deren Eingebundensein in künstlerische und ikonographische Traditionen als auch deren Schlüsselstellung für die weitere Entwicklung des Genres aufzeigen.

Antonio Pollaiuolo bekam nach der Fertigstellung des Grabmals Sixtus' IV. einen Vertrag, der heute vermutlich als Anschlussvertrag bezeichnet würde, nämlich denjenigen für das Grabmonument Papst Innozenz' VIII. (Abb. 5).[26] Es hat im Gegensatz zu dem ebenfalls von Pollaiuolo geschaffenen Bronzemonument des Vorgängerpapstes Sixtus' IV. im Laufe der Jahrhunderte einige und nicht unerhebliche Veränderungen erfahren.[27]

Das Grabmal wurde wahrscheinlich bald nach dem Tod des Papstes im Jahre 1492 begonnen, Auftraggeber war Kardinal Lorenzo Mari Cibò. Am 30. Januar 1498 wurde der Leichnam in das Grabmal überführt, das spätestens zu diesem Zeitpunkt vollendet gewesen sein muss. Nur fünf Tage später, am 4. Februar 1498, starb Antonio Pollaiuolo.

26 Zum Grabmal Innozenz' VIII. siehe Britta Kusch, Zum Grabmal Innozenz' VIII. in Alt-St. Peter zu Rom, in: Mitteilungen des Kunsthistorischen Institutes in Florenz XLI, 1997, S. 361–376; La Basilica di San Pietro in Vaticano (wie Anm. 25), S. 541–547 (Aldo Galli); Hannes Roser, »IN INOCENTIA/ MEA INGRESSVS SVM«. Das Grabmal Innozenz VIII. in St. Peter, in: Tod und Verklärung (wie Anm. 6), S. 219–238; Alison Wright, The Pollaiuolo Brothers. The Arts of Florence and Rome, New Haven/ London 2005, S. 388–408.

27 Zum Grabmal Sixtus' IV. siehe Wright, Pollaiuolo Brothers (wie Anm. 26), S. 358–387; Monumento di Sisto IV. Museo storico artistico del Tesoro di San Pietro (Archivum Sancti Petri, Bolletino d'archivio 6/7), hg. von Giuseppe Bordin, Città del Vaticano 2009.

Abb. 5: Rom, St. Peter, Grabmal Papst Innozenz' VIII.
(Foto: Reverenda Fabbrica di San Pietro).

Abb. 6: Berlin, Staatliche Museen zu Berlin, Kupferstichkabinett, Inv. 79 D 2 a (Heemskerck-Album II), fol. 22r (Foto: Berlin, Staatliche Museen).

Abb. 7: Rom, S. Paolo fuori le mura, Statue Papst Bonifaz IX. (Foto: Archiv des Autors).

Abb. 8: Rom, St. Peter, Bronzestatue des Apostels Petrus (Foto: Archiv des Autors).

1621 wurde das Grabmonument unter der Patronage von Innozenz' Großneffen Alberico Cibò Malaspina an seinen heutigen Ort versetzt. Zuvor gab es nach dem ursprünglichen Aufstellungsort zumindest noch einen weiteren Zwischenstandort an der Mauer des nördlichen Seitenschiffs.

Vom vermutlich ersten Aussehen geben bildliche Quellen Zeugnis. Der wichtigste Unterschied zur heutigen, seit 1621 bestehenden Anbringung ist das vertikale Vertauschen von Sitz- und Liegefigur. Ursprünglich war die Sitzfigur dem Betrachter am nächsten, der Sarkophag mit dem Gisant schwebte darüber. Dies dokumentiert eine Maarten van Heemskerck zugeschriebene Zeichnung aus den 1530er Jahren im zweiten Band seiner Berliner Skizzenbücher sowie eine Zeichnung des frühen 17. Jahrhunderts, die ebenfalls in Berlin aufbewahrt wird (Abb. 6).[28] Die Zeichnungen des Giacomo Grimaldi im Codex Barberini 2733 der Vatikanischen Bibliothek beziehungsweise Nachzeichnungen nach diesen zeigen ebenfalls das Grabmal in der ursprünglichen Form mit der Sitzfigur des Papstes in der unteren Zone und dem Sarkophag mit der liegenden Figur darüber.[29]

Die prominente Sitzfigur des Papstes ist eine Neuerung im Grabmalszusammenhang. Innozenz VIII. hält in der linken Hand die Spitze der Reliquie der hl. Lanze, der rechte Arm ist zum Segensgestus erhoben. Der wache Blick geht leicht nach unten, Gewand und Infula deuten Bewegung an.

Die Forschung sieht in der Sitzfigur eine Verschmelzung verschiedener Motive und wies auf die Vorbildfunktion von sitzenden Ehrenstatuen wie derjenigen von Papst Bonifaz IX. (1389–1404; Rom, S. Paolo fuori le mura, Kreuzgang, Abb. 7) und Martin V. (einem um 1418–1424 entstandenen Werk des Jacopino da Tradate im Dom zu Mailand) hin, wobei in formaler Hinsicht eine Sitzfigur vom Reliquienkreuz des Pollaiuolo (heute im Museo dell'Opera del Duomo in Florenz) engste Bezüge aufweise.[30]

Über der zum Teil eng angelegten Suche, die Sitzfigur und das Grabmal in einem stilistischen und formalen Koordinaten- und Entwicklungssystem zu verorten, wurden die historisch-inhaltlichen Beziehungen zur Bronzestatue des hl. Petrus in St. Peter bislang, wenn überhaupt, nur summarisch hergestellt (Abb. 8).[31] Doch es ist vor allem

---

28 Staatliche Museen zu Berlin, Kupferstichkabinett, Inv. 79 D 2 a (Heemskerck-Album II), fol. 22r, siehe Christian Hülsen/Hermann Egger, Die römischen Skizzenbücher von Marten van Heemskerck im Königlichen Kupferstichkabinett zu Berlin, Bd. 2: Tafeln, Berlin 1916, S. 17–18 u. Taf. 27 (fol. 22r); Tatjana Bartsch, Die römischen Studien Maarten van Heemskercks zwischen Sachlichkeit und Imagination. Diss., Humboldt-Universität zu Berlin 2010 (Römische Studien der Bibliotheca Hertziana, in Druckvorbereitung).

29 Grimaldi, Descrizione della Basilica Antica (wie Anm. 22), S. 158–159, Abb. 60, S. 215, Abb. 94.

30 Roser, »IN INOCENTIA« (wie Anm. 26), S. 227–230.

31 Jüngst wies Wright, Pollaiuolo Brothers (wie Anm. 26), S. 408, auf die Parallele hinsichtlich der Rezeption der Papststatue Innozenz' VIII. und der Bronzestatue durch die Gläubigen hin, sah aber keine inhaltli-

Abb. 9: Staatliche Museen zu Berlin, Kupferstichkabinett, Inv. 79 D 2 a (Heemskerck-Album II), fol. 52r (Foto: Berlin, Staatliche Museen).

diese Verbindung, die den Apostel und ersten Papst Petrus und seinen Nachfolger in der Basilika von St. Peter zusammenführt.

Die Bronzestatue des hl. Petrus wurde bis ins späte 19. Jahrhundert als ein Werk des 5. Jahrhunderts angesehen. Materialanalysen bestätigten jedoch die zuvor schon

---

che oder formale Vorbildfunktion der Sitzfigur. Sie argumentierte dezidiert »against seeing the seated pope in a primarily symbolic light as representative of the office of the papacy, suggesting that its function is mainly commemorative and celebratory«. In Studien zur päpstlichen Sitzfigur fand auch die Bronzestatue des hl. Petrus Erwähnung, siehe Werner Hager, Die Ehrenstatuen der Päpste (Römische Forschungen der Bibliotheca Hertziana 7), Leipzig 1929, S. 11–13 mit dem Hinweis auf die Vorbildfunktion der beiden vatikanischen Petrusstatuen (S. 11: »In der Ikonographie Petri fand also der Papst diejenige Fassung des Thronbildes vor, die er der eigenen Majestas zugrundelegen konnte.«); Monika Butzek, Die kommunalen Repräsentationsstatuen der Päpste des 16. Jahrhunderts in Bologna, Perugia und Rom, Diss., Bad Honnef 1978, S. 58f.; Eric M. Frank, Pollaiuolo Studies, Diss., New York University 1988, S. 195f.

aufgrund stilistischer Merkmale vermutete Entstehung der Skulptur um 1300 mit der Zuschreibung an Arnolfo di Cambio.[32]

Bis zur Mitte des 15. Jahrhunderts stand die Skulptur in der Martinskapelle westlich des Querhauses. Nach dem Abriss dieser Kapelle gelangte sie in das Oratorium der hl. Processus und Martinianus in der südöstlichen Ecke der südlichen Exedra des Querhauses.[33] Kardinal Richard Olivier de Longueil, Erzpriester 1464–1470, erwählte diese Kapelle zu seiner Grablege, in diesen Jahren wurden auch Thron und Sockel der Bronzestatue erneuert. Spätestens 1534, aber möglicherweise schon früher, fand die Bronzefigur Aufstellung unter der Orgel Alexanders VI.[34]

Die Orgel Alexanders VI. entstand gleichzeitig mit dem für die Reliquie der hl. Lanze errichteten Ziborium Innozenz' VIII. und dessen Grabmal, die vor dem südlichen Triumphbogenpfeiler standen.[35] Die früheste Bildquelle, die die Bronzefigur Petri direkt unter der Orgel zeigt, ist eine im Umkreis Maarten van Heemskercks entstandene in den Berliner Skizzenbüchern (Abb. 9).[36] Die Annahme, die Statue habe erst unter Paul III. unter der Orgel – nachdem diese ins Langhaus umgesetzt wurde – Aufstellung gefunden, ist nicht eindeutig belegbar, möglich wäre auch, dass schon bei der Konzeption des Papstgrabmals an eine Gegenüberstellung der beiden sitzenden Päpste, des ersten und des jüngst verstorbenen, gedacht war.

Illustriert wird dies vor allem in Grimanis Zeichnung, die das Papstmonument an der nördlichen Seitenschiffswand von Alt-St. Peter, das heißt in einer späteren Aufstellung – wahrscheinlich nach 1546 (als auch das Grabmal Pauls II. dorthin versetzt wurde) – zeigt (Abb. 10). Es steht neben dem 1495 vollendeten Tabernakel der hl. Lanze; diese Nähe von Tabernakel und Grabmonument war auch durch die ursprüngliche Nähe der beiden Monumente schon vorgegeben. Die Figur des Papstes hatte ihren Platz auf einem Sockel in Augenhöhe, in ähnlicher Weise und Höhe wie die Bronzestatue des Petrus. Es ist davon auszugehen, dass das Monument unverändert zur ersten Aufstellung an der Seitenschiffswand angebracht wurde; dies belegt auch die Heemskerck zugeschriebene Zeichnung.

---

32 Joachim Poeschke, Die Skulptur des Mittelalters in Italien, Bd. 2: Gotik, München 2000, S. 93f. mit Bibliographie; Angiola Maria Romanini, L'attribuzione della statua bronzea di San Pietro al Vaticano, in: La figura di San Pietro nelle fonti del medioevo. Atti del convegno tenutosi in occasione dello Studiorum Universitatum Docentium Congressus (Viterbo e Roma, 5–8 settembre 2000) (Textes et études du moyen âge 17), hg. von Loredana Lazzari, Louvain-La-Neuve 2000, S. 549–568.

33 Roser, St. Peter in Rom (wie Anm. 13), S. 242–245.

34 Roser, St. Peter in Rom (wie Anm. 13), S. 245.

35 Roser, St. Peter in Rom (wie Anm. 13), S. 133–137.

36 Staatliche Museen zu Berlin, Kupferstichkabinett, Inv. 79 D 2 a (Heemskerck-Album II), fol. 52r; siehe Hülsen/Egger, Die römischen Skizzenbücher, Bd. 2, (wie Anm. 28), S. 32–33; Roser, St. Peter in Rom (wie Anm. 13), S. 134, Abb. 97; Bartsch, Die römischen Studien (wie Anm. 28) (in Druckvorbereitung).

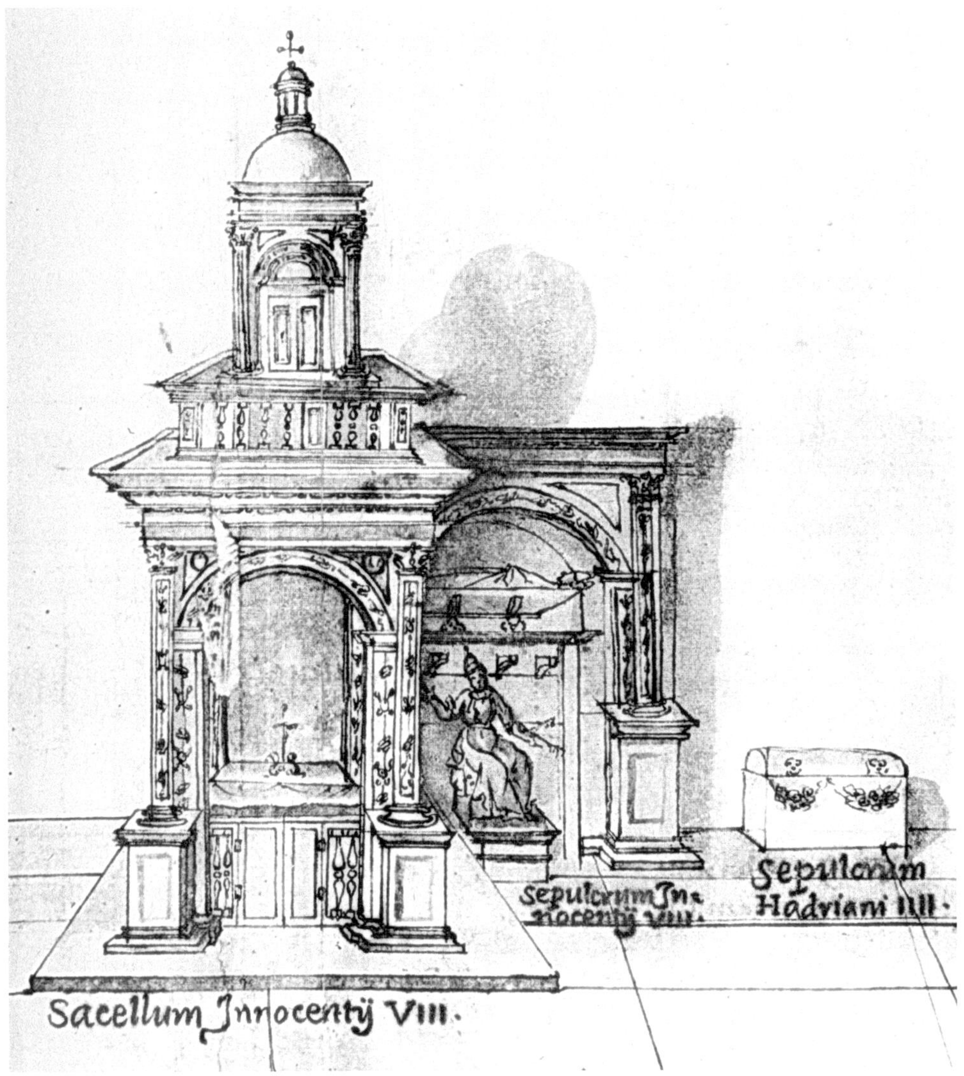

Abb. 10: Giacomo Grimaldi, Descrizione della Basilica Antica di S. Pietro in Vaticano, Rom, BAV, Cod. Barb. Lat. 2733, fol. 124 v – 125 r, Grabmal Innozenz' VIII. und Tabernakel der hl. Lanze (Foto: Archiv des Autors).

Die Aufstellung der Sitzstatue Papst Innozenz' VIII. folgt in Höhe und Ausrichtung derjenigen des Apostels. Auffallend ist, dass auch der Fuß deutlich in Berührungsnähe über den Sockel geschoben ist; dies ist auch bei der Bronzestatue St. Peters der Fall (Abb. 11, 12). Die Praxis, den Fuß des Apostels zu berühren oder zu küssen, ist spätestens seit dem 15. Jahrhundert belegt. Der Nürnberger Nikolaus Muffel, der 1452 Rom

Abb. 11: Rom, St. Peter, Grabmal Papst Innozenz' VIII., Detail (Foto: Archiv des Autors).

besuchte, beschreibt dies folgendermaßen: »Item darnach ist ein cappellen, die hat zwen alter, do sitzt ein groß messein pild in der gestalt sant Peters; do pfligt man im di fuß zu küssen; und es ist ein schal red, wer ym den fuß küßt, der muß hinwyder gen Rom.«[37]

Auch der Fuß Innozenz' VIII. ist, wohl von Pilgerhänden, abgegriffen. Dies kann nur in den Jahren zwischen 1498 und 1621 geschehen sein, danach war das Grabmal umgestaltet und nicht mehr in Berührungsnähe. Innozenz VIII. konnte zwar nicht als Heiliger verehrt werden, doch gehörte der Fußkuss zu den Ritualen der Papstverehrung.[38] Zudem mag das Berühren des Fußes auch ersatzweise das der in der linken Hand gehaltenen Lanzenspitze suggeriert haben (wenngleich diese nicht das Original

37 Nikolaus Muffel, Descrizione della città di Roma nel 1452. Delle indulgenze e dei luoghi sacri di Roma (Der ablas und die heiligen stet zu Rom), hg. von Gerhard Wiedmann, Bologna 1999, S. 52.

38 Siehe hierzu Karl-August Wirth, Imperator pedes papae deosculatur. Ein Beitrag zur Bildkunde des 16. Jahrhunderts, in: Festschrift für Harald Keller. Zum sechzigsten Geburtstag dargebracht von seinen Schülern, hg. von Hans Martin Freiherrn von Erffa/Elisabeth Herget, Darmstadt 1963, S. 175–221.

Abb. 12: Rom, S. Maria sopra Minerva, Grabmal Papst Pauls IV. (Foto: Bibliotheca Hertziana, Max-Planck-Institut für Kunstgeschichte).

Abb. 13: Rom, S. Maria Maggiore, Grabmal Papst Pius' V. (Foto: Bibliotheca Hertziana, Max-Planck-Institut für Kunstgeschichte).

Abb. 14: Rom, St. Peter, Bronzestatue des Apostels Petrus, Detail (aus: La Basilica di San Pietro in Vaticano. The Basilica of St. Peter in the Vatican, Bd.: Atlante fotografico 2 (Mirabilia Italiae 10), hg. von Antonio Pinelli, Modena 2000, Abb. 1249).

der Reliquie ist). Bei dieser Berührungsgeste war auch die Signatur des Künstlers auf der Bodenplatte neben dem anderen Fuß sicht- und lesbar: »Opus Antonii de Florentia«.[39]

Somit sind nicht nur das Amt, der Segensgestus der rechten Hand, der Haltegestus des heiligen Gegenstands der linken Hand, das Material, sondern auch die vorgestreckte und über den Sockel hinausragende Fußspitze des Papstes ein Indiz, dass die Sitzfigur Innozenz' VIII. in der Bronzestatue des Apostels ihr ideelles Vorbild hat. In der Nähe des Apostelfürsten begraben zu werden, war für die Päpste des 15. Jahrhunderts wieder erstrebenswert geworden. Nun kam als weiterer Aspekt auch die formale Angleichung der Papstfigur an die von Gläubigen verehrte Figur Petri hinzu.

Mehrere spätere Grabfiguren von Päpsten greifen diese formalen und inhaltlichen Aspekte der bronzenen Petersstatue und der Figur Innozenz' VIII. ebenfalls auf, so die Sitzstatue Papst Pauls IV. (gest 1559) in S. Maria sopra Minerva oder diejenige von Pius V. (gest. 1572) in S. Maria Maggiore (Abb. 13, 14). Bei beiden ist sowohl der Segensgestus als auch der Haltegestus, hier der Schlüssel, aufgegriffen, prominent schiebt sich zudem der Fuß über den Sockel hervor. Stefan Kummer hat gezeigt, dass diese Aspekte der päpstlichen Sitzfigur letztlich bis zu Berninis Grabmal Urbans VIII. wirken.[40]

In diesen Monumenten ist, vermittelt und angeregt durch Pollaiuolos Figur, der Rückgriff auf die ursprüngliche beziehungsweise als ursprünglich erachtete Figur des Apostels Petrus zu erkennen.[41] Der Neuanfang, den das Grabmal des Innozenz VIII. begründet, ist zugleich eine doppelte Rückwendung zur Vergangenheit: sowohl in der Person des Dargestellten als auch in der Darstellung selbst.

39 Antonio Pollaiuolo hat das Grabmal dreimal signiert. Die prominenteste Signatur ist diejenige an der linken Thronwange (*ANTONIUS POLAIOLUS AUR ARG AER PICT CLARUS QUI XYST SEPULCHR PEREGIT COEPTUM ABSE OPUS ABSOLVIE*); vgl. Philipp Fehl, Death and the Sculptor's Fame. Artists' Signatures on Renaissance Tombs in Rome, in: Biuletyn Historii Sztuki 59, 1997, S. 196–217.

40 Stefan Kummer, Vom Grabmal Papst Innozenz' VIII. des Antonio Pollaiuolo zum Grabmal Papst Urbans VIII. von Gianlorenzo Bernini, in: Forschungen zur Reichs-, Papst- und Landesgeschichte. Peter Herde zum 65. Geburtstag von Freunden, Schülern und Kollegen dargebracht, Bd. 2, hg. von Karl Borchardt/ Enno Bünz, Stuttgart 1998, S. 885–898. Auch die Umkehrung der ursprünglichen Position von Sitzfigur und Liegefigur beim Grabmal Papst Innozenz' VIII. bringt Kummer überzeugend in Zusammenhang mit dem Grabmal Urbans VIII.

41 Anzunehmen ist, dass Pollaiuolo die Statue des Petrus als ein Werk der Frühzeit ansah, nicht als eines des späten 13. Jahrhunderts.

Musik und Zeremoniell am päpstlichen Hof im 15. Jahrhundert

Adalbert Roth

> »Und so trug er [Leo X.] mir auf, ihn besonders daran zu erinnern, weil er alles wünsche, was der päpstlichen Majestät im Rahmen des Gottesdienstes dienlich sein könne.«[1]

Mit diesem bemerkenswerten Satz beendet Paris de Grassi seinen Bericht über ein ausführliches Gespräch, das er am Ostermontag 1518 im Anschluss an die hochfeierliche Messe mit dem Papst und zwei Kardinälen geführt hatte.[2] Der Exponent einer Bologneser Patrizierfamilie hatte bereits seit 1504 das Amt des Zeremonienmeisters im Kollegium der päpstlichen Kapelle inne[3] und fand dieses Gespräch so wichtig, dass er es in seinem Diarium protokollierte, um für seine Nachfolger im Amt festzuhalten, was die erste Pflicht eines Zeremonienmeisters unter Papst Leo X. gewesen ist: Keine Mühe, kein Aufwand sollte gescheut werden, um die *maiestas papalis* möglichst wirkungsvoll zur Entfaltung zu bringen.[4] Die *maiestas papalis* war also unter Leo X. zum Hauptanliegen päpstlicher Selbstdarstellung geworden und bezeichnet den Endpunkt einer Entwicklung, die ich in meinem Beitrag kurz skizzieren möchte.[5]

Die Anfänge dieser Entwicklung reichen zurück in eine Zeit, in der das noch in die mittelalterliche Tradition eingebettete Zeremoniell nach neuen Formen päpstlicher Selbstdarstellung zu suchen begann. Als Papst Eugen IV. (1431–1447), der zwei Drittel seines Pontifikats im Florentiner Exil zubringen musste, am 23. Februar 1447 in Rom starb, ließ er eine durch Konziliarismus gespaltene und auch in ihrer weltlichen Herrschaft nachhaltig geschwächte Kirche zurück. Die Wahl Nikolaus' V. (1447–1455) markiert eine Wende in der Geschichte des Papsttums. Mit Tommaso Parentucelli bestieg zum ersten Mal ein Humanist den päpstlichen Thron. Sein Pontifikat stand ganz im Zeichen der Restauration. Nikolaus V. sorgte nicht nur für die Wiederherstellung der

---

1 BAV, Vat. Lat. 12307, fol. 166r.

2 BAV, Vat. Lat. 12307, fol. 164r–166r.

3 Marc Dykmans, Paris de Grassi, in: Ephemerides Liturgicae 96, 1982, S. 407–482.

4 Zum Begriff der *maiestas papalis* vgl. John K. G. Shearman, Raphael's Cartoons in the Collection of Her Majesty the Queen and the Tapestries for the Sistine Chapel, London 1972, S. 1–12.

5 Zum Abdruck kommt unverändert der Text, der während des Kongresses vorgetragen wurde. Die in den Anmerkungen gegebenen bibliographischen Informationen und Quellennachweise wurden auf das Notwendigste beschränkt.

weltlichen Herrschaft des Heiligen Stuhls über Rom und den Kirchenstaat,[6] sondern er erreichte zunächst die endgültige Auflösung des Baseler Konzils (1448) und schließlich die Abdankung Felix' V. (1449), des bis heute letzten Gegenpapstes.[7] Damit waren Ansehen und Würde des in Rom erneut verankerten Papsttums wiederhergestellt.

Seit dem Beginn seines Pontifikats investierte Nikolaus V. enorme finanzielle Mittel in den bereits unter Martin V. (1417–1431) begonnenen Wiederaufbau und in die Verschönerung der Ewigen Stadt, der *civitas Dei*.[8] Daneben trat Nikolaus V., dessen Welt »Bücher und Bauten« waren, als ein unermüdlicher Förderer von Wissenschaft und Kunst hervor:[9] Rom, die Residenz des *vicarius Christi*, der kirchliche Mittelpunkt der Welt, sollte nun auch zum literarischen und künstlerischen Mittelpunkt des abendländischen Erdkreises werden.[10] Eine große Zahl von Gelehrten, Literaten und Künstlern strömte nach Rom. Viele bedeutende Humanisten der Zeit gelangten in leitende Positionen in dem verstärkt expandierenden Behördenapparat der römischen Kurie.[11] Damit war eine neue Phase eingeleitet, in deren Verlauf die römische Kurie in folgenden Jahrzehnten zunehmend weltliche Züge annahm, die Päpste selbst – der eine mehr, der andere weniger – in Lebensart, Anspruch und Auftreten immer weniger von italienischen Renaissancefürsten zu unterscheiden waren und immer tiefer in das unruhige und verhängnisvolle Wechselspiel der politischen Machtverhältnisse zwischen den verschiedenen Fürstenhäusern im Italien der Renaissance verstrickt wurden.[12] Unter dem Pontifikat Nikolaus' V. hielt die italienische Renaissance Einzug in der Ewigen Stadt.

Erinnert sei besonders an die von Giannozzo Manetti beschriebenen ehrgeizigen Bauvorhaben Nikolaus' V. in der Stadt und auf dem Vatikanhügel, denn bezeichnend für den Neubeginn war, dass Nikolaus V., im Gegensatz zu seinen Vorgängern, nicht dem Lateran, sondern dem Vatikanpalast neben der alten Petersbasilika als Residenz

---

6 Mario Caravale/Alberto Caracciolo, Lo Stato pontificio da Martino V a Pio IX (Storia d'Italia 14), Torino 1978, S. 63–80.

7 Ludwig von Pastor, Geschichte der Päpste seit dem Ausgang des Mittelalters, Bd. 1: Geschichte der Päpste im Zeitalter der Renaissance bis zur Wahl Pius' II., Martin V., Eugen IV., Nikolaus V., Kalixtus III., 5.–7. Aufl., Freiburg im Breisgau/Rom 1925, S. 391–432.

8 Christoph L. Frommel, Roma, in: Storia dell'architettura italiana. Il Quattrocento, hg. von Francesco P. Fiore, Milano 1998, S. 374–433.

9 Pastor, Geschichte der Päpste (wie Anm. 7), S. 514–570.

10 Carroll W. Westfall, In this Most Perfect Paradise. Alberti, Nicholas V and the Invention of Conscious Urban Planning in Rome, 1447–55, University Park, Pennsylvania/London 1974.

11 Giuseppe L. Coluccia, Niccolò V umanista. Papa e riformatore. Renovatio politica e morale, Venezia 1998.

12 Ludwig von Pastor, Geschichte der Päpste seit dem Ausgang des Mittelalters, Bd. 2: Geschichte der Päpste im Zeitalter der Renaissance von der Thronbesteigung Pius' II. bis zum Tode Sixtus' IV., 5.–7. Aufl., Freiburg im Breisgau 1923, S. 522ff. und passim.

den Vorzug gab.[13] Der Vatikanpalast wurde immerhin durch einen Wohntrakt erweitert, restauriert und partiell ausgeschmückt. Doch das monumentale Projekt eines neuen Papstpalastes auf dem Vatikanhügel, dessen Entwurf nach Giannozzo Manetti auf Tommaso Parentucelli persönlich zurückgeht, umfasst auch eine *capella maxima*,[14] den Bau einer neuen großen Palastkapelle, ein Vorhaben, das jedoch erst zwei Jahrzehnte später unter Sixtus IV. verwirklicht werden sollte. Die große Palastkapelle war seither im Rahmen der dort zelebrierten hochfeierlichen Gottesdienste die zentrale Bühne päpstlicher Selbstdarstellung, in die die ranghöchsten Funktionsträger der Kurie mit einbezogen waren,[15] deren Ablauf durch das päpstliche Zeremoniell geregelt war und in deren Rahmen seit dieser Zeit Musik eine wichtige Rolle zu spielen begann.

Vielfach belegt in zeitgenössischen Quellen ist die Vorstellung, dass die hierarchische Organisation der päpstlichen Kurie eine himmlische Ordnung widerspiegelt.[16] Die viereckige Sitzordnung mit dem auf einem Podest stehenden Papstthron auf der einen und mit den für die verschiedenen Kardinalsränge bereiteten Sitzgelegenheiten auf den drei übrigen Seiten, wie sie im Konsistorium oder während der hochfeierlichen liturgischen Funktionen vorwiegend in der großen Kapelle des Vatikanpalastes üblich war, wurde aufgefasst als eine Widerspiegelung von Gottes Thron mit den Thronen der 24 Ältesten der Apokalypse (Offb 4–5), als ein irdisches Abbild der himmlischen Hierarchie, der himmlischen »Kurie«.[17] Dementsprechend sah man in den päpstlichen Riten nichts anderes als eine Widerspiegelung himmlischer Riten, in deren Mittelpunkt der Papst, der *vicarius Christi* stand, dessen *maiestas*, dessen Erhabenheit deshalb nur ein Reflex der *Maiestas Domini*, der Herrlichkeit Gottes, sein konnte und so auch verstanden wurde.

---

13 Gianozzo Manetti, De vita ac gestis Nicolai quinti summi pontificis (Fonti per la storia dell'Italia medievale, Rerum Italicarum scriptores 6), hg. von Anna Modigliani, Roma 2005, S. 81–88.

14 Manetti, De vita ac gestis (wie Anm. 13), S. 84.

15 Bernhard Schimmelpfennig, Die Funktion der Cappella Sistina im Zeremoniell der Renaissancepäpste, in: Collectanea II. Studien zur Geschichte der päpstlichen Kapelle. Tagungsbericht Heidelberg 1989 (Capellae Apostolicae Sixtinaeque Collectanea Acta Monumenta 4), hg. von Bernhard Janz, Città del Vaticano 1994, S. 123–174.

16 Zaccaria Ferreri, Lugdunense somnium de divi Leonis decimi, Pontificis Maximi, ad summum pontificatum divina promotione, Lugduni 1513, passim.

17 Gottfried Schimanowski, Die himmlische Liturgie in der Apokalypse des Johannes. Die frühjüdischen Traditionen in Offenbarung 4–5 unter Einschluss der Hekhalotliteratur (Wissenschaftliche Untersuchungen zum Neuen Testament, Reihe 2, 154), Tübingen 2002; Harald Buchinger, Die Johannes-Apokalypse im christlichen Gottesdienst. Sondierungen in Liturgie und Ikonographie, in: Ancient Christian Interpretations of »Violent Texts« in the Apocalypse (Novum Testamentum et Orbis Antiquus, Studien zur Umwelt des Neuen Testaments 92), hg. von Joseph Verheyden/Tobias Nicklas/Andreas Merkt, Göttingen 2011, S. 216–266; Am Ende der Tage. Apokalyptische Bilder in Bibel, Kunst, Musik und Literatur, hg. von Hans-Georg Gradl/Georg Steins/Florian Schuller, Regensburg 2011.

Musik und Zeremoniell wurden also in den Dienst einer angemessenen Darstellung der eingangs erwähnten *maiestas papalis* gestellt.[18]

Einen vielleicht erhellenden direkten Zugang zu dieser komplizierten und symbolträchtigen Realität am päpstlichen Hof bietet wohl das Bedeutungsspektrum des Schlüsselwortes *capella*. Zu Beginn der Neuzeit und noch lange Zeit danach bis fast in unsere Tage hatte der lateinische Terminus *capella* im Sprachgebrauch der Römischen Kurie folgende Bedeutungen, die eng miteinander verknüpft sind:

1. *capella* im Sinne eines Raumes beschränkter Größe, der dem Gottesdienst vorbehalten ist und der im Gegensatz zu einer Kirche nicht durch einen Weiheritus seiner Bestimmung zugeführt werden musste, also ein *oratorium* in einer Kirche, in einer Burg oder Schloss oder in einem Palast;[19]
2. *capella* im Sinne einer liturgischen Funktion, also einer Messe, Vesper oder Matutin, der der Papst entweder präsidierte oder die er in einigen wenigen Fällen sogar selbst zelebrierte; eine solche liturgische Funktion wurde und wird daher *capella papalis* genannt;[20]
3. *capella* im Sinne einer Gruppe von Personen, die mit gottesdienstlichen Aufgaben betraut war: Das war in erster Linie das Kollegium der päpstlichen Kapelle, auf das ich gleich zurückkommen werde;[21]
4. capella, sehr viel weiter ausgreifend, im Sinne der Gesamtheit aller jener Personen, die kraft ihrer Funktion *in curia* oder aufgrund ihres Ranges verpflichtet waren, an den *capellae papales* teilzunehmen: Das war die *capella sanctissimi domini nostri papae*, die sich bei etwa 50 Gelegenheiten im Laufe des Kirchenjahres meist in der *capella magna* oder, seit 1483, in der *capella maior* des Vatikanpalastes einfand; bei eben diesen Gelegenheiten »il papa teneva cappella«, hielt der Papst eine *capella* ab, wie man später auch zu sagen pflegte.[22]

---

18 Adalbert Roth, Liturgische Musik im Dienste der maiestas papalis in re divina, in: Hochrenaissance im Vatikan 1503–1534. Kunst und Kultur im Rom der Päpste, Bd. 1, hg. von Petra Kruse, Bonn/Ostfildern-Ruit 1999, S. 162–170.

19 Anna M. Voci, Nord o sud? Note per la storia del medioevale Palatium Apostolicum apud sanctum Petrum e delle sue capelle (Capellae Apostolicae Sixtinaeque Collectanea Acta Monumenta 2), Città del Vaticano 1992, passim.

20 Paride de Grassi, Tractatus de caeremoniis, BAV, Vat. Lat. 5634/I, fol. 15v und passim.

21 Bernhard Schimmelpfennig, Die Organisation der päpstlichen Kapelle in Avignon, in: Quellen und Forschungen aus italienischen Archiven und Bibliotheken 50, 1971, S. 80–111.

22 Gaetano Moroni, Le Capelle Pontificie, Cardinalizie e Prelatizie, opera storico-liturgia, Venezia 1841; Bernard Guillemain, La cour pontificale d'Avignon (1309–1376). Etude d'une société (Bibliothèque des Ecoles françaises d'Athènes et de Rome 201), Diss., Paris 1962, S. 364–372; Adalbert Roth, Primus in Petri aedem Sixtus perpetuae harmoniae cantores introduxit. Alcune osservazioni sul patronato musicale di Sisto IV, in: Un pontificato ed una città. Sisto IV (1471–1484). Atti del convegno, Roma, 3–7 dicembre 1984 (Studi

So schließt sich der terminologisch-etymologische Zirkel: Vor allem im Rahmen der *capellae papales* war das Papsttum ganz bei sich selbst. Wenn der *Pontifex Maximus* im Kreise der kurialen Funktionsträger, also seiner *capella*, in der *capella magna* oder *maior* des Vatikanpalastes einer *capella papalis* präsidierte oder eine solche zelebrierte, stellte sich das Papsttum gleichsam selbst dar.

Papst Sixtus IV., der Erbauer der nach ihm benannten großen Kapelle im Vatikanpalast, ist für unser Thema von ganz zentraler Bedeutung, denn während seines Pontifikats nahmen vier entscheidende Vorgänge ihren Anfang, um sich dann weitgehend synchron zu entfalten:

1. Der Bau einer neuen großen Palastkapelle[23]

Bis etwa 1475 war die mittelalterliche *capella magna* der weitaus wichtigste Sakralraum im Vatikanpalast, eben dort, wo gewöhnlich »il papa teneva cappella«. Doch die wohl bereits unter Innozenz III. errichtete *capella magna* fasste im 15. Jahrhundert schon nicht mehr die beständig wachsende *capella sanctissimi domini nostri papae*.

Francesco della Rovere, der ehemalige Franziskanergeneral, wurde nicht inspiriert von den erhabenen, humanistisch angehauchten Architekturprogrammen fern jeder Realität eines Nikolaus' V., sondern er ging energisch und sehr pragmatisch ans Werk. Die *capella maior* wurde auf den Substruktionen des mittelalterlichen Palastflügels erbaut, in dem sich die *capella magna* befunden hatte, und zwar unter Einbeziehung auch eines Teiles der auf der Ebene des *piano nobile* aufragenden Außenwände. Die heutige Cappella Sistina ist also in ihrer Bausubstanz kein kompletter Neubau, sondern es wurde partiell mittelalterliches Mauerwerk integriert. Ihre Vergrößerung wurde bewerkstelligt, indem der Kapellraum ganz einfach auf die gesamte Länge des mittelalterlichen Palastflügels ausgedehnt wurde. Im Gegensatz zu Nikolaus V. ließ Sixtus IV. die seit dem 12. Jahrhundert organisch gewachsene Palastanlage unangetastet. Ganz offenbar herrschte damals an der Kurie die Ansicht vor, dass die Repräsentationsräume in ihrer Abfolge und Größe dem päpstlichen Zeremoniell angemessen waren und diesem genügend Entfaltungsmöglichkeiten boten.

storici 154–162), hg. von Massimo Miglio/Francesca Niutta/Diego Quaglioni/Concetta Ranieri, Roma 1986, S. 217–241.

23 Ernst Steinmann, Die Sixtinische Kapelle, 2 Bde., München 1901–1905; John Shearman, La costruzione della cappella e la prima decorazione al tempo di Sisto IV, in: La Cappella Sistina. I primi restauri. La scoperta del colore, hg, von Marcella Boroli, Novara 1986, S. 22–87, 268; Anna M. Voci/Adalbert Roth, Anmerkungen zur Baugeschichte der alten und der neuen *capella magna* des apostolischen Palastes bei Sankt Peter, in: Collectanea II (wie Anm. 15), S. 13–102.

Die Bauarbeiten an der neuen *capella maior palatii* fanden 1480 ihren Abschluss, während die Dekoration des Innenraums noch zwei oder drei Jahre in Anspruch nahm. Im August 1483 wurde die heutige Cappella Sistina ein wenig zögerlich in Betrieb genommen: Am 9. August wohnte der Papst *extra ordinem* der Vesper bei, am 15. August, an Mariae Himmelfahrt, präsidierte der Pontifex erneut *extra ordinem* einer Messe, die *a solis templi sacerdotibus familiariter* gefeiert wurde, und schließlich zelebrierte Giuliano della Rovere, der Neffe Sixtus' IV. und spätere Papst Julius II., am 25. August ebendort die erste hochfeierliche *capella papalis*.

2. Tiefgreifende Veränderungen im Kollegium der päpstlichen Kapelle[24]

Zusammen mit anderen Kollegien an der Römischen Kurie gewann auch das Kollegium der päpstlichen Kapelle während der Jahrzehnte nach der Rückkehr Eugens IV. nach Rom im Jahr 1443 an Gestalt und Bedeutung. Es war keine rein musikalische Institution, sondern die Funktion dieses Kollegiums war vor allem liturgischer Natur. Die Mitglieder waren für die pünktliche Anberaumung und den korrekten Vollzug der Gottesdienste am päpstlichen Hof verantwortlich. Dazu zählten nicht nur die tägliche Messe und das tägliche Stundengebet im Sacro Palazzo Apostolico, sondern vor allem die *capellae papales,* wo immer diese auch außerhalb der päpstlichen Residenz stattfanden, ganz nach dem Motto: *ubi papa, ibi collegium capellae.* Die Musik – und darunter verstehen Sie bitte in erster Linie den sogenannten Gregorianischen Choral in allen seinen Aufführungsformen – stellte schon immer ein essentzielles Element dieser liturgischen Funktionen dar. Aber die Musik war nur ein Bestandteil des zu feiernden Gottesdienstes und beschäftigte nur einen Teil der Mitglieder des Kapellkollegiums. Dieses bestand, zumindest im 15. Jahrhundert, nicht nur aus *cantores capellani*, sondern zu ihm gehörte auch eine beträchtliche Gruppe von Funktionsträgern, deren Aufgaben entweder an die liturgischen oder zeremoniellen Aktionen während des Gottesdienstes gebunden oder vornehmlich administrativer Natur waren.

Unter Sixtus IV. wurde die Gruppe der Sänger nicht nur erheblich verstärkt, sondern auch in ihrer Zusammensetzung verändert. Während der letzten fünf Jahre seines Pontifikats wurden zwei Drittel des singenden Personals ausgetauscht und durch erstklassige Kräfte aus bedeutenden Hofkapellen diesseits und jenseits der Alpen ersetzt. Nach fast einem halbem Jahrhundert sind erstmals wieder bedeutende Komponisten in

24 Adalbert ROTH, Zur »Reform« der päpstlichen Kapelle unter dem Pontifikat Sixtus' IV. (1471–1484), in: Zusammenhänge, Einflüsse, Wirkungen. Kongressakten zum ersten Symposion der Mediävisten in Tübingen, 1984, hg. von Joerg O. FICHTE/Karl-Heinz GÖLLER/Bernhard SCHIMMELPFENNIG, Berlin/New York 1986, S. 168–195.

den Reihen der Sänger zu verzeichnen. Voraussetzung für diesen in der Geschichte des Kapellkollegiums einmaligen Vorgang war eine erhebliche Aufstockung des Kapelletats. Gegen Ende seines Pontifikats, als die neue große Palastkapelle vollendet wurde, ließ sich Sixtus IV. allein seine Sänger jährlich die stolze Summe von etwa 2.000 Golddukaten kosten. Als der Papst am 12. August 1484 starb, waren die Ausgaben für die Sänger sogar auf ca. 2.500 Golddukaten angestiegen. In solche Dimensionen sollte der Kapelletat nur noch unter Leo X. vorstoßen. Damit schuf Sixtus IV. die materiellen Voraussetzungen fur eine Entwicklung, im Zuge derer binnen weniger Jahre das Kollegium der päpstlichen Kapelle zu einer der führenden musikalischen Institutionen in Europa aufsteigen sollte.

3. Der systematische Aufbau eines Repertoires polyphoner liturgischer Musik[25]

Nun also wenden wir uns endlich der Musik zu, und einmal mehr ragt Sixtus IV. aus der Reihe der Päpste des 15. Jahrhunderts als der erste Pontifex hervor, der sein Interesse an der großen Kunstmusik der Epoche kundtat, für die Musikwissenschaftler den Terminus »franco-flämische Vokalpolyphonie« erfunden haben. Sixtus IV. war jedenfalls der erste und einzige Papst, der in den Privilegien, die er wie viele seiner Vorgänger und Nachfolger dem Kollegium der päpstlichen Kapelle gewährte, ausdrücklich auf den liturgischen Gesang Bezug nimmt und seiner Zufriedenheit über die Dienste der sangesfreudigen Mitglieder des Kollegiums Ausdruck verlieh, weil »... jene mit ihrem süßen Gesang die Herzen der Zuhörenden mit Freude erfüllen, und uns übrigen, die wir den Gottesdienst feiern, erweisen sie einen Dienst, der noch dankenswerter und willkommener ist«.[26]

Unter den bedeutenden Komponisten, die im Zuge der erwähnten Aufstockung der Gruppe der *cantores capellani* in das Kollegium aufgenommen wurden, befanden sich Gaspar van Weerbeke, der zuvor die Hofkapelle des Mailänder Herzogs Galeazzo Maria Sforza aufgebaut hatte, und Marbrianus de Orto aus Tournay, ein bedeutender Komponist, der vorher im Gefolge des Kardinals Ferry de Cluny nach Rom gekom-

25 Adalbert Roth, Studien zum frühen Repertoire der päpstlichen Kapelle unter dem Pontifikat Sixtus' IV. (1471–1484). Die Chorbücher 14 und 51 des Fondo Cappella Sistina der Biblioteca Apostolica Vaticana (Capellae Apostolicae Sixtinaeque Collectanea Acta Monumenta 1), Città del Vaticano 1991; Adalbert Roth, Liturgical (and Paraliturgical) Polyphonic Music in the Papal Chapel towards the End of the Fifteenth Century. A Repertory in Embryo, in: Music, Musicians, and Musical Culture in Late Medieval and Renaissance Rome, hg. von Richard Sherr, Oxford u. a. 1998, S. 125–137.

26 Sixtus IV., Bulle *Et si cuncti ecclesiasticis personis*, vom 20. Juni 1473, Archivio Segreto Vaticano, Registri Vaticani 662, fol. 312r–313v.

men war; beide sind als Kapellsänger bereits unter Sixtus IV. nachweisbar. Der große Josquin des Préz gesellte sich einige Jahre später unter Innozenz VIII. zu ihnen. Unter dem Pontifikat des Nachfolgers Sixtus' IV. werden dann auch die ersten Früchte der kompositorischen Tätigkeit dieser Trias greifbar, als zum ersten Mal in der Geschichte des Kapellkollegiums mit dem systematischen Aufbau eines Repertoires polyphoner liturgischer Musik begonnen wurde. Bis dahin war die musikalische Praxis in der päpstlichen Kapelle fast ausschließlich vom einstimmigen Gesang bestimmt, dem sogenannten Gregorianischen Choral, der zwar weiterhin dominierend blieb, doch wurden von nun an zumindest an den hohen Festtagen im Rahmen der *capellae papales* bestimmte einstimmige liturgische Gesänge durch mehrstimmig auskomponierte Vertonungen ersetzt.

Im Rahmen der Messe waren dies die Gesänge des *Ordinarium missae*, also *Kyrie, Gloria, Credo, Sanctus* und *Agnus Dei*, die in der Regel als Zyklen komponiert wurden und die größte und wichtigste Form in der Kunstmusik der Epoche darstellen. Diese Ordinariumszyklen wurden gewöhnlich in Chorbüchern zusammengestellt und bereitgehalten. In gleicher Weise verfuhr man mit den mehrstimmigen Werken, die für die *vesperae papales* bestimmt waren, die am Vorabend der wichtigsten Feste feierlich begangen wurden. Dabei handelt es sich in erster Linie um polyphone Vertonungen des *Magnificat*, verschiedener Marienantiphonen und vor allem der Hymnen. Neben mehrstimmigen Fassungen einer Reihe anderer liturgischer Gesänge, die hier außer Acht bleiben müssen, spielten die sogenannten Motetten eine große Rolle, deren liturgische Verwendung allerdings in vielen Fällen unklar ist. Die Texte dieser oft überaus kunstvoll gearbeiteten polyphonen Werke sind nicht liturgischen, sondern disparaten Inhalts. Das Spektrum reicht von politischen und panegyrischen bis hin zu religiösen Texten und Sängergebeten. Bei den Motetten geistlichen Inhalts ist je nach vertontem Sujet eine Verwendung im Rahmen der Messe vornehmlich während des Offertoriums oder im Anschluss an die Vesper denkbar. Motetten wurden von den päpstlichen Sängern auch regelmäßig während der päpstlichen Bankette aufgeführt.[27]

Es ist unbestreitbar, dass die päpstlichen Sänger bereits in Avignon gelegentlich polyphone Musik auch im Rahmen von Papstgottesdiensten zu Gehör gebracht haben. Doch die – nach meiner Quellenkenntnis – völlig neue Situation, die der erste Della Rovere-Papst gezielt herbeigeführt hat, bedeutet einen Quantensprung, der sich für die musikalische Praxis an der Römischen Kurie in den folgenden Jahrhunderten als grundlegend erweisen sollte.

27 Helmut Hucke, Die Musik in der Sixtinischen Kapelle bis zur Zeit Leos X., in: Zusammenhänge, Einflüsse, Wirkungen (wie Anm. 24), S. 154–167.

Als man im päpstlichen Kapellkollegium mit dem Aufbau eines Repertoires polyphoner liturgischer Musik die Voraussetzungen für eine regelmäßige Musizierpraxis auf höchstem Niveau schuf, räumte man lediglich der kunstvollsten Art liturgische Texte zu deklamieren, der sublimsten Form des Gebets, den ihr gebührenden Raum im Rahmen der *capellae papales* ein.[28]

Die musikalische Praxis im Kollegium der päpstlichen Kapelle hat sich also unter Sixtus IV. grundlegend gewandelt. Zum ersten Mal wurde große Kunstmusik zu einem wesentlichen Bestandteil päpstlicher Selbstdarstellung, die nun in weit höherem Maße als je zuvor durch eine musikalisch anspruchsvolle und prachtvolle akustische Dimension bereichert wurde und deren Choreographie in den Zeremonienbüchern der Kurie kodifiziert wurde.

4. Die Reform des päpstlichen Zeremoniells

Die eingangs erwähnten Umwälzungen und das daraus resultierende neue Selbstverständnis des Papsttums und nicht zuletzt die ebenfalls daraus erwachsende enorme Bereicherung der musikalischen Praxis führten an der römischen Kurie zu einer Neugestaltung des Zeremoniells, das sich allmählich von den mittelalterlichen Modellen abzulösen begann, um zunehmend höfischen Charakter anzunehmen: Mehr als je zuvor rückte die Person des *Pontifex Maximus* in den Mittelpunkt des liturgischen Geschehens. Das Zeremoniell der römischen Kurie wurde langsam den neuen repräsentativen Bedürfnissen des Renaissance-Papsttums angepasst.

Dieses Unternehmen fand unter Innozenz VIII. (1484–1492), dem Nachfolger Sixtus' IV., seinen Abschluss, als der Zeremonienmeister Agostino Patrizi zusammen mit Johannes Burckard im März 1488 die *De caeremoniis Curiae Romanae libri tres*, die »Drei Bücher über die Zeremonien der römischen Kurie«, das erste normative *Caeremoniale Romanae Curiae* vorlegte, das de facto bis zum zweiten Vatikanischen Konzil gültig bleiben sollte.[29] Damit fand eine mehrere Jahrhunderte alte Tradierung und Überarbeitung zeremonieller Texte ihren Abschluss.[30] Der normative Charakter des

28 Adalbert Roth, Die Entstehung des ältesten Chorbuches mit polyphoner Musik der päpstlichen Kapelle. Città del Vaticano, Biblioteca Apostolica Vaticana, Fondo Cappella Sistina, Ms. 35, in: Gestalt und Entstehung musikalischer Quellen im 15. und im 16. Jahrhundert. Vorträge, gehalten anlässlich eines Musikwissenschaftlichen Symposions vom 14. bis 17. September 1992 (Quellenstudien zur Musik der Renaissance 3), hg. von Martin Staehelin, Wiebaden 1998, S. 43–63.

29 Marc Dykmans, L'œuvre d'Agostino Patrizi Piccolomini ou le cérémonial papal de la première Renaissance (Studi e Testi 293/294), 2 Bde., Città del Vaticano 1980–1982.

30 Bernhard Schimmelpfennig, Die Zeremonienbücher der römischen Kurie im Mittelalter (Bibliothek des Deutschen Historischen Instituts in Rom 40), Tübingen 1973.

epochalen Werkes zeigt sich vor allem darin, dass die Zeremonienmeister der Folgezeit den Text des dreiteiligen *opus* nur geringfügig veränderten. Mit der sich wandelnden Praxis in der päpstlichen Kapelle setzten sie sich vielmehr in Kommentaren und in Diarien auseinander und interpretierten sie bisweilen neu.

Patrizi macht im Vorwort zu den drei Innozenz VIII. gewidmeten Zeremonienbüchern ausdrücklich auf die vielfältigen Schwierigkeiten und die Mühsal aufmerksam, die ihm und seinem Gehilfen Burckard bei der Vorbereitung der Neufassung aus der Beschaffenheit und der komplizierten Überlieferung der mittelalterlichen Texte erwachsen waren und macht vor allem zwei Motive für die Abfassung der neuen Zeremonienbücher namhaft:[31]

1. Er stellt fest, dass es in der Vergangenheit aufgrund der Vielfalt der aus verschiedenen Epochen überlieferten, oft unklaren und veralteten Texte unmöglich gewesen sei, feste Regeln aufzustellen. In der Praxis habe dies nur allzu oft zu Konfusion und Streit geführt.
2. Das päpstliche Zeremoniell sei beständig ergänzt und verändert worden, was so im Laufe der Zeit zu Abweichungen und Kontaminationen geführt habe.

Patrizi erklärt weiter, dass das neue »Caeremoniale« einerseits das Ergebnis einer systematischen Durchsicht der älteren Quellen zum päpstlichen Zeremoniell sei, wobei alles Überflüssige und Veraltete unberücksichtigt geblieben sei. Andererseits seien bei der Kompilation Gewohnheiten berücksichtigt worden, die sich in über zwanzig langen Dienstjahren in der päpstlichen Kapelle eingebürgert hätten. Das neue Zeremoniale trage demnach nicht nur der traditionellen Überlieferung Rechnung, sondern werde auch an die Bedürfnisse der neuen Zeit angepasst.

Der Hinweis Patrizis, dass ihm bei der Bearbeitung und Neufassung der Zeremonienbücher seine über zwanzigjährige Vertrautheit mit der täglichen Praxis in der päpstlichen Kapelle nützlich gewesen sei, bedeutet, dass sich der Wandel des Zeremoniells in einem wohl nicht geringen Maße schon während des Pontifikats Sixtus' IV. zugetragen haben muss.

Was unterscheidet nun das erste normative Zeremoniale von 1488 von der vorangehenden Überlieferung? Ich bin noch nicht in der Lage, diese Frage erschöpfend beantworten zu können, doch schon bei einem oberflächlichen Vergleich der drei Texte fällt auf, dass die päpstlichen Riten von Patrizi sehr viel präziser und ausführlicher beschrieben werden, als dies in der älteren Überlieferung der Fall ist. Dort hat man sich in der Regel auf summarische Hinweise oder lakonische Andeutungen beschränkt, die oft

31 Dykmans, L'œuvre d'Agostino Patrizi Piccolomini (wie Anm. 29), S. 5–8.

auslaufen in einem uns heute ernüchternden *ut moris est*. In den avignonensischen Rubriken etwa wird der Ritus der Messe nur unvollständig beschrieben. Bei weitem nicht alle liturgischen Handlungen der Messe finden Berücksichtigung. In einem ungleich höheren Maße als bei Patrizi wird in den älteren *ordines* die Kenntnis aller liturgischen Texte vorausgesetzt. Die älteren Texte haben einen eher zufälligen und fragmentarischen Charakter, weshalb es notwendig gewesen sein dürfte, neben diversen liturgischen Büchern eventuell parallel auch andere Zeremonialbücher zu konsultieren. Bei Patrizi hingegen ergibt sich ein ganz anderes Bild: Hier wird fast nichts dem Zufall überlassen. Zahlreich sind die Verweise in Form von *incipit* auf das Messformular, die eingebettet sind in minutiöse Beschreibungen der liturgischen Aktionen. Auf diese Weise wird ein wesentlich engerer Bezug zwischen liturgischer Handlung und zeremonieller Begleitaktion hergestellt.

Noch wichtiger erscheint mir eine andere Besonderheit der von Patrizi redigierten Zeremonialbücher: In den Rubriken treten nicht nur die Protagonisten des Geschehens auf – etwa der Papst oder assistierende Kardinäle –, sondern auch andere Akteure, die man in den spätmittelalterlichen Texten vergebens sucht, z. B. der *sacrista capellae*, die *clerici cerimoniarum* selbst oder die *cantores capellani*. Das Resultat dieser neuen Art, päpstliches Zeremoniell aufzufassen und zu denken, ist eine weitgehend vollständige Beschreibung, die fast allen zeremonialen und liturgischen Komponenten der Messe Rechnung trägt. Es fehlt eigentlich nur eine choreographische Notation, welche die Gesten und die einzelnen Schrittfolgen der Akteure genau festlegt. So besehen stellen die drei Zeremonialbücher von 1488 etwas völlig Neues dar. Sie markieren im päpstlichen Zeremonialwesen den Beginn einer neuen Ära.

Die Kompilation der *De caeremoniis Curiae Romanae libri tres* fällt in eine Zeit emsiger liturgischer Reformtätigkeit. Drei Jahre zuvor hatten Patrizi und Burckard in Rom die *editio princeps* des *Pontificale Romanum* publiziert, das erste normative liturgische Buch für den Bischof.[32]

Die *editio princeps* des *Ordo Missae secundum consuetudinem Sanctae Romanae Ecclesiae*, mit der Burckard 1496 in Rom an die Öffentlichkeit trat,[33] war grundlegend für das in der Folge des Trienter Konzils von Pius V. promulgierte *Missale Romanum* von 1570. Das Gleiche gilt für die *editio princeps* des *Missale secundum consuetudinem Romane Curie*, das 1474 in Mailand gedruckt wurde.[34]

32 *Pontificale Romanum*, Rom: Stephan Plannck, 23. Dezember 1485 (Incunabula Short Title Catalogue No.: ip00933000).

33 Johannes Burchardus, *Ordo Missae secundum consuetudinem Romanae Ecclesiae*, Rom: Johann Besicken und Andreas Freitag, 21. April 1496 (Incunabula Short Title Catalogue No.: ib01284400).

34 *Missale Romanum*, Mailand: Antonius Zarotus [für Cola Montano und Gabriele Orsoni], 6. Dezember 1474 (Incunabula Short Title Catalogue No.: im00688450).

Alle diese Werke repräsentieren Meilensteine in der Liturgiegeschichte der Frühen Neuzeit.

Seit geraumer Zeit kann ich mich dem Eindruck nicht entziehen, dass die liturgischen Reformen, die traditionsgemäß den Konzilsvätern von Trient (1545–1563) zugeschrieben werden, ganz wesentlich auf den grundlegenden Vorarbeiten der beiden päpstlichen Zeremonienmeister des ausgehenden 15. Jahrhunderts beruhen und dass in Trient nur etwas bestätigt wurde, was längst liturgische Praxis war.

Gegen Ende des 15. Jahrhunderts wurden also viele Weichen gestellt. Diese neue liturgische Praxis tritt uns noch in anderer Weise entgegen. Ende des 15. Jahrhunderts wurden nur noch die dritte Messe am Weihnachtstag sowie die Messen am Ostersonntag und an St. Peter und Paul (29. Juni) vom Papst persönlich zelebriert. Die Transformation des päpstlichen Zeremoniells während der zweiten Hälfte des 15. Jahrhunderts war so weitreichend, dass sich die Päpste für diese drei Messen eigens Messbücher anlegen ließen, die nur jeweils ein Messformular mit sehr ausführlichen Rubriken enthielten, in denen die Riten, die der zelebrierende Papst zu vollziehen hatte, genau beschrieben sind und die natürlich *in extenso* alle Gebete und Gesänge darbieten, die der *Pontifex Maximus* zu rezitieren hatte. Der erste in der Reihe dieser Päpste war Alexander VI. (1492–1503), der zu Beginn seines Pontifikats diesen neuen Missale-Typus von Johannes Burckard, seinem Zeremonienmeister, gleichsam hat kreieren lassen.[35]

Auch der eingangs herausgestellte Leo X. hat bald nach seiner Wahl eine solche Serie von drei *Libelli missae papalis* anlegen lassen, weil er ganz offensichtlich großen Wert darauf gelegt hat, seinen Part bei der Entfaltung der *maiestas papalis* im Rahmen dieser feierlichsten *capellae papales* des Kirchenjahres in der bestmöglichen Weise zu erfüllen. Der Pontifikat Leos X. stellt nicht zufällig die goldene Epoche in der Geschichte des Kollegiums der päpstlichen Kapelle dar, war doch mit Giovanni de Medici zum ersten und einzigen Mal ein Vollblutmusiker zum Papst erhoben worden, der auf die musikalische Praxis an der Kurie regen Einfluss genommen hat.[36]

Im Herbst des Jahres 1515 begab sich Leo X. mit seinem Gefolge über Florenz nach Bologna, wo ihn Franz I. von Frankreich erwartete.[37] Bartolomeo Masi, ein Florenti-

35 Adalbert Roth, Das Weihnachtsmissale der Päpste. Feierlicher Mittelpunkt der Christnacht im Petersdom, Stuttgart 1998.

36 André Pirro, Leo X and Music, in: The Musical Quarterly 21, 1935, S. 1–16; Adalbert Roth, Französische Musiker und Komponisten am päpstlichen Hof unter Leo X., in: Der Medici-Papst Leo X. und Frankreich. Politik, Kultur und Familiengeschäfte in der europäischen Renaissance (Spätmittelalter und Reformation N.R. 19), hg. von Götz-Rüdiger Tewes/Michael Rohlmann, Tübingen 2002, S. 529–545; Adalbert Roth, Leo X and Music, in: Raphael. Cartoons and Tapestries for the Sistine Chapel, hg. von Mark Evans/Clare Brown/Arnold Nesselrah, London 2010, S. 15–18.

37 John Shearman, The Florentine Entrata of Leo X, 1515, in: Journal of the Warburg and Courtauld Institutes 38, 1975, S. 136–154.

ner Kesselschmied, hat uns in seinem Tagebuch einen ausführlichen Bericht über den Aufenthalt des Papstes in seiner Vaterstadt hinterlassen.[38] Die Sänger der päpstlichen Kapelle haben den Kesselschmied tief beeindruckt, nicht nur weil sie so ganz anders waren als ihre Florentiner Kollegen, sondern auch weil »die Orgeln während der Messe nicht gespielt wurden, die eine der schönsten Messen gewesen ist, die ich je gehört oder gesehen habe«. Es handelt sich um eines der vielen Zeugnisse für die *a capella*-Praxis in der päpstlichen Kapelle. Der liturgische Gesang, sei er nun einstimmig oder mehrstimmig, wurde grundsatzlich vokal ohne die Beteiligung von Instrumenten welcher Art auch immer vorgetragen, eine Besonderheit, welche die päpstliche Kapelle von den meisten anderen Hofkapellen der Epoche abhob. Die Musik im Dienste der *maiestas papalis in re divina* war demnach rein vokal, Gotteslob allein der menschlichen Stimme vorbehalten. Wir haben gesehen, welch zentrale Rolle das Renaissance-Papsttum dabei gerade der Polyphonie zugedacht hatte. Keine Kosten wurden gescheut, und die hohe Kunstmusik dieser Epoche war gerade gut genug, um der *maiestas papalis* eine akustische Dimension zu verleihen, um sie hörbar werden zu lassen.

Eindrucksvoll illustriert wird dies von der visionären und doch von realistischen Elementen durchsetzten Beschreibung der *maiestas papalis in re divina*, die uns der Humanist Zacharias Ferreri in seinem vielzitierten *Lugdunense somnium* hinterlassen hat.[39] Das anlässlich der Wahl Leos X. verfasste und am 13. September 1513 in Lyon publizierte panegyrische Epos lehnt sich an Dantes *Divina Commedia* an.[40] Nach Erhalt der Kunde von der Wahl eines neuen Papstes wird Ferreri in seinem Traum von Dante nach Rom geführt. Beide dringen bis in den päpstlichen Palast vor und erreichen schließlich die große Kapelle, die Cappella Sistina:

> »Wir betreten das Heiligtum, erhabene Klänge hallen im Raum wider, brandenden Wellen gleich, die von den Felsen zurückgeworfen werden und unter dem gewaltigen Schall und dem großartigen Gebrüll dröhnen. Wir streben weiter, und schon wird eine wunderbare Schar von Kirchenvätern am hohen Altar sichtbar und dazu eine lange Reihe von Priestern, die mit purpurnen oder weißen Gewändern prächtig angetan die heiligen Riten vollziehen. Und jetzt sehen wir den von Gold und Edelsteinen funkelnden Medici-Papst, das gekrönte Haupt emporgerichtet und in himmlisches Licht getaucht sitzt er auf dem erhabenen Thron und alle rufen ihm zu aus einer Kehle: Es lebe Leo, der höchste aller Hirten, unsterblich in Ewigkeit …«.[41]

---

38 Bartolomeo Masi, Ricordanze di Bartolomeo Masi calderaio fiorentino dal 1478 al 1526, hg. von Giuseppe O. Corazzini, Firenze 1906, S. 175.

39 Ferreri, Lugdunense somnium (wie Anm. 16).

40 Bernardo Morsolin, Un latinista del Cinquecento imitatore di Dante, in: Atti del Reale Istituto Veneto di Scienze, Lettere ed Arti 5, 1893/94, S. 1429–1446; Shearman, Raphaels Cartoons (wie Anm. 4), S. 1.

41 Ferreri, Lugdunense somnium (wie. Anm. 16), fol. C recto.

Der von Gott eingesetzte Papst auf dem erhabenen Thron nimmt die Akklamationen der Anwesenden entgegen. Er ist mit allen Attributen der *maiestas* versehen: Gold, Edelsteine, himmlisches Licht und das Haupt wird bekrönt von einer Tiara. Der Papst präsidiert einer *capella papalis*, er zelebriert somit nicht selbst, womit der Normalfall beschrieben wird. Noch bevor Ferreri überhaupt den Papst zu Gesicht bekommt, wird er von erhabenen Klängen nahezu überwältigt, die mit der urgewaltigen Geräuschkulisse der Brandung an einer felsigen Küste verglichen werden, einem überaus majestätischen Geräusch und Szenarium also. Die *maiestas papalis* besitzt demnach auch in Ferreris Traum eine eminent akustische Dimension: Laut ist sie, tiefe Resonanzen hüllen den träumenden Panegyriker ein. Daraus Rückschlüsse auf die musikalische Praxis in der Kapelle zu ziehen wäre vielleicht ein wenig übereilt, wenngleich die erhabenen Klänge oder auch die tiefen Resonanzen unwillkürlich die Vorliebe Leos' X. für den Fauxbourdon in Erinnerung rufen. Es waren die Zeremonienmeister des päpstlichen Kapellkollegiums, die gewissermaßen die Choreographie der *maiestas papalis in re divina* festlegten und den Vollzug der päpstlichen Riten sozusagen als Regisseure überwachten.

Musik und Zeremoniell am päpstlichen Hof im 15. Jahrhundert: Könnte die neue musikalische Praxis im Rahmen der *capellae papales* den Wandel des päpstlichen Zeremoniells beeinflusst oder sogar mitbestimmt haben? Abschließend einige Gedanken dazu:

Die Praxis polyphoner Musik machte eine weit präzisere Kontrolle der Zeitabläufe erforderlich, denn die polyphonen Vertonungen liturgischer Gesänge waren von variabler Länge. Daraus ergab sich die Notwendigkeit, die Interaktion zwischen der Gruppe der *cantores capellani* mit ihrem *decanus*, den beiden *clerici cerimoniarum* sowie dem Zelebranten und seinen Assistenten sehr viel präziser zu koordinieren. Die Dauer der *capellae papales* nahm mit der Aufführung polyphoner liturgischer Musik nicht nur erheblich zu, sondern die Gestaltung und der korrekte Vollzug der Riten wurden komplexer und waren in ihrem zeitlichen Ablauf schwieriger zu kontrollieren. Hinzu kommt, dass die polyphon gesungenen liturgischen Texte nicht immer klar verständlich waren, was bisweilen zu grotesken Kommunikationsschwierigkeiten führte. In den Diarien der Zeremonienmeister sind derartige Koordinationsprobleme häufig bezeugt,[42] welche die enge Verzahnung zwischen musikalischer Praxis, zeremonialem Ablauf und liturgischer Handlung sozusagen *ex negativo* veranschaulichen. Die Aufführung polyphoner Musik machte folglich, in weit höherem Maße als beim sogenannten Gre-

42 Richard SHERR, Speculations on Repertory, Performance Practice, and Ceremony in the Papal Chapel in the Early Sixteenth Century, in: Collectanea II (wie Anm. 15), S. 103–122, hier S. 113–115.

gorianischen Choral, eine genauere Kalkulation der Zeitabläufe und damit auch eine präzisere choreographische Steuerung der päpstlichen Riten notwendig, um eine bessere Abstimmung zwischen den musikalischen und rituellen Komponenten zu ermöglichen. Eine unabdingbare Voraussetzung dafür war eine möglichst exakte und vollständige Beschreibung nicht nur der rituellen Handlungen, sondern auch der Aktionen jener, die dem Zelebranten assistierten oder im Hintergrund an der Gestaltung des Gottesdienstes mitwirkten.

Genau dies hat – neben anderem – Patrizi mit der Vorlage des ersten normierten Zeremoniales geleistet. Patrizi war davon überzeugt, dass die *maiestas apostolica*, die »apostolische Majestät« und die *auctoritas et veneratio sacri senatus*, die »Autorität und die Würde des heiligen Kollegiums« vornehmlich durch den korrekten Vollzug zeitgemäßer und wohlgeordneter Riten bewahrt und vermehrt werden könne.[43] In der Einleitung zu seinem Traktat *Cerimoniae legati de latere* von 1483 fasst Patrizi das Wesen des päpstlichen Zeremoniells in einer bemerkenswerten Definition zusammen: *Cerimonia enim nihil aliud est, quam honor deditus Deo aut hominibus propter Deum* (»Eine Zeremonie ist nichts anderes, als die Ehre die Gott oder Menschen Gottes halber erwiesen wird«).[44] Die Ehre wird im Rahmen der Zeremonien dem *vicarius Christi* erwiesen, *qui vocatus est in plenitudinem potestatis*, weil *Christi et Dei vices et potestatem gerit*. Die *maiestas*, die den Papst auszeichnet, hat demzufolge ihre letzte und einzige Ursache in Gott. Wohl aus eben diesem Grunde bezeichnet Patrizi jene *maiestas* als *apostolica*. Später, unter Leo X., mutiert der von Patrizi geprägte Begriff zur *maiestas papalis*. Gegen Ende des Jahrhunderts wird sie dann wieder zurückgenommen, und wir begegnen einer dritten Variante, nämlich der *maiestas pontificia*.[45]

Das ausgeprägte Interesse Leos X. an einer angemessenen Darstellung der *maiestas papalis* entspringt folglich kaum einem Bedürfnis nach Selbstverherrlichung. In dem zu Beginn zitierten Gespräch mit seinem Zeremonienmeister stellt der Papst schließlich klar, dass die *maiestas papalis* ausschließlich *in re divina*, also nur im Rahmen des Gottesdienstes, zur Geltung gebracht werden solle. Musik spielte dabei eine wichtige Rolle.

---

43 Dykmans, L'œuvre d'Agostino Patrizi Piccolomini (wie Anm. 29), S. 5.

44 Franz Wasner, Fifteenth-Century Texts on the Ceremonial of the Papal »Legatus a latere«, in: Traditio 14, 1958, S. 295–358, hier S. 330.

45 Niels Krogh Rasmussen, Maiestas pontificia. A Liturgical Reading of Etienne Dupérac's Engraving of the Capella Sixtina from 1578, in: Analecta Romana Instituti Danici 12, 1983, S. 109–148.

III. Papstfinanz

Päpstliche Finanzen und Kirchenreform in der Renaissance

Luciano Palermo

1. Finanzwesen und Formierung des absolutistischen Papststaats

Die Finanzen der römischen Päpste in der Renaissance speisten sich aus einer ganzen Reihe von Einnahmequellen, was schon mehrfach die Aufmerksamkeit der Forscher auf sich gezogen hat. Es ist ja hinreichend bekannt, dass in der Einheit der römischen Kurienverwaltung zwei Ströme monetärer Ressourcen aus zwei getrennten Versorgungslinien zusammenflossen: Der erste Strom, aus allen Teilen des christlichen Europa, ergab sich aus der internationalen Rolle des Papstes in seiner Eigenschaft als Oberhaupt der Kirche; in ihrer Gesamtheit stand diese Quelle am Anfang der sogenannten Finanzen *in spiritualibus*. Ein zweiter Strom entsprang der institutionellen Struktur des päpstlichen Territorialstaats; er gelangte nach Rom aus allen zu diesem Staat gehörenden Provinzen und begründete den allgemein als *in temporalibus* bezeichneten Bestandteil der Papstfinanzen. Trotz der unterschiedlichen Eingangswege und in manchen Fällen unterschiedlichen Verwaltungsapparate endeten beide Einnahmeströme beim Papst und seiner Apostolischen Kammer. Zusammen mit den (nicht unbedingt erheblichen) Erträgen aus den Liegenschaften im direkten Besitz der römischen Kirche bildeten die beiden Einnahmeströme die Grundlage der päpstlichen Finanzpolitik und die Voraussetzung für jegliche Ausgabenpolitik. Im Vergleich zu den damaligen europäischen Staatsgebilden handelte es sich um eine ganz besondere, wenn nicht einmalige Situation, sieht man einmal ab von der (eher seltenen) Konzession der Kurie an Herrscher beziehungsweise Regierende zur Einziehung eines beträchtlichen Teils des Zehnts, also der theoretisch *in spiritualibus* gedachten Einnahmen.

Bei der Untersuchung der überlieferten fiskalischen Aufzeichnungen der zentralen päpstlichen Finanzverwaltung jener Zeit (das heißt hauptsächlich der Apostolischen Kammerregister und des Umgangs mit den von der Apostolischen Datarie kontrollierten Ressourcen) fällt sofort auf, dass diese zwei Finanzquellen sich nicht parallel entwickelten; diese Divergenz, zusammen mit der extremen Diversifizierung der Quellen, macht eine präzise Berechnung jedes Bestandteils wie auch eine Erforschung der gegenseitigen Interferenzen schwierig und meistens fraglich. Im Wesentlichen trat die

»spirituelle« Finanz, also die ältere und Jahrhunderte lang ergiebigere, die im 14. Jahrhundert eine starke Expansion erlebt hatte,[1] nach dem Schisma in eine kritische Phase ein, zum großen Teil verursacht durch Veränderungen, die ab dem 15. Jahrhundert den internationalen Beziehungen des Papsttums ihren Stempel aufdrückten. Die Einnahmen aus den als *in temporalibus* bezeichneten Teilen der päpstlichen Finanz wuchsen im selben Zeitraum erheblich an, im Zusammenhang mit einem Plan der Renaissancepäpste, in verschiedenen Gegenden Mittelitaliens eine staatsartige institutionelle Struktur einzurichten; der Versuch war von Erfolg gekrönt und begründete jenes politische und administrative System, das in der Neuzeit als Kirchenstaat definiert werden sollte.[2] In der Renaissance jedoch war der gegensätzliche Trend der beiden Einnahmetypen noch in vollem Gange, wofür natürlich finanzielle, aber hauptsächlich politische Gründe verantwortlich waren: Einerseits hatte der Primat des Bischofs von Rom – obzwar schon stark infrage gestellt –sein wirtschaftliches und finanzielles Potenzial aus der Rolle des Papstes als Oberhaupt der Universalkirche noch lange nicht erschöpft; andererseits blieb die staatsartige institutionelle Struktur im Verlauf des 15. und eines Teils des 16. Jahrhunderts ein mühseliges Projekt, auch wenn es ständig entschlossen verfolgt wurde.

Trotz dieser Schwierigkeiten zeigen alle anhand der erhaltenen quantitativen Daten durchgeführten Studien, dass es während der Renaissance zu einer Zunahme der Gesamteinnahmen kam. Aus den bekannten Berechnungen von Wolfgang Reinhardt, Peter Partner, Mario Caravale und zuletzt José Ignacio Fortea Pérez und anderen geht hervor: Setzt man den Index der Einnahmen gemäß der von Clemens Bauer veröffentlichten Bilanz für das Jahr 1480 auf 100, hatte dieser Index im Jahr 1525 circa den Wert 150 erreicht. In weniger als fünfzig Jahren hatten die Einnahmen demnach um mehr als ein Drittel zugenommen. Und im folgenden halben Jahrhundert, also bis in die 1570er Jahre, schnellte der Index auf circa 300. Mit anderen Worten: In einem knappen Jahrhundert hatten sich die von den zentralen päpstlichen Finanzbüros eingenommenen Gelder praktisch verdreifacht.[3] Nimmt man hingegen als Ausgangsbasis einen noch früheren

1 Vgl. Fausto Piola Caselli, L'espansione delle fonti finanziarie della chiesa nel XIV secolo, in: Archivio della Società Romana di Storia Patria 110, 1987, S. 63–97.

2 Vgl. Mario Caravale, Entrate e uscite dello Stato della Chiesa in un bilancio della metà del Quattrocento, in: Per Francesco Galasso. Studi degli allievi, Roma 1978, S. 167–190; Mario Caravale, Le entrate pontificie, in: Roma capitale (1447–1527), hg. von Sergio Gensini (Pubblicazioni degli Archivi di Stato. Saggi 29), Pisa 1994, S. 73–106.

3 Zu den bisher angegebenen quantitativen Daten und zu den Schriften der hier zitierten Autoren vgl. José I. Fortea Pérez, La Hacienda de los Estados Pontificios en los inicios de la Modernidad (1420–1565), in: Estados y mercados financieros en el Occidente cristiano (Actas de la XLI Semana de Estudios Medievales de Estella, 15 al 18 de julio de 2014), Pamplona 2015, S. 473–508.

Zeitpunkt, namentlich die Neuorganisation durch Martin V. am Ende des Abendländischen Schismas, ist sogar eine Verfünffachung festzustellen.[4] Bei der Unterscheidung der zwei Einnahmequellen ist bei beiden eine Zunahme zu ersehen, wenn auch nicht im selben Tempo: Auch die Einnahmen *in spiritualibus* verzeichneten eine Wachstumstendenz, aber in weit geringerem Maße.[5]

Obwohl diese beiden Linien der Ressourcenbeschaffung insgesamt eine Wachstumsphase erlebten, ließ die Ausgabenseite in der Renaissance einen Trend zu noch schnellerer Zunahme erkennen. Den wachsenden Volumina der Einnahmen, die die Apostolische Kammer verbuchen konnte (es soll hier nicht auf Probleme der lokalen Finanz eingegangen werden), entsprachen noch rascher steigende Ausgaben.

Der Ausgabenzuwachs war größtenteils durch die Formierung des Papstsstaats motiviert, handelte es sich doch um einen sehr kostspieligen historischen Prozess (man bedenke nur, dass Militärausgaben im weitesten Sinne 70 Prozent der Einnahmen und mehr verschlangen), der jedoch, wie schon angedeutet, zielstrebig vorangetrieben wurde, denn es ging ja um eine Investition: Die Errichtung eines absolutistischen Staates hätte schon als solche dem Einnahmenwachstum einen starken Impuls gegeben zu einer Zeit, da Umfang und Zuwachsrate der Einnahmen *in spiritualibus* gegenüber früheren Jahren kaum zu halten waren.

Vergleicht man in derselben Zeitspanne die Einnahmen- mit der Ausgabenseite, fällt das Überwiegen der letzteren sofort ins Auge. Die Gesamtsituation machte schon damals deutlich, dass das Ungleichgewicht zwischen Einnahmen und erheblich schneller zunehmenden Ausgaben mittel- und langfristig nicht aufrechtzuerhalten war und irgendwie ausgeglichen werden musste. Es gelang in der Tat, dieses Defizit durch eine weitere bedeutende Einnahmequelle zu kompensieren, die dazu noch viel flexibler war als die beiden anderen, nämlich Verschuldung. Auch auf diesem Wege stießen die Päpste jedoch letztendlich auf die Notwendigkeit, ein solides staatlich-institutionelles System

4 Siehe dazu neben der Literatur in Anm. 3 die Angaben in Luciano PALERMO, Capitali pubblici e investimenti privati nella amministrazione finanziaria della città di Roma all'epoca di Martino V, in: Alle origini della nuova Roma. Martino V (1417–1431), Atti del Convegno, Roma, 2–5 marzo 1992, hg. von Maria CHIABÒ/Giusi D'ALESSANDRO/Paola PIACENTINI/Concetta RANIERI, Roma 1992, S. 501–535.

5 Zu diesem besonderen Aspekt vgl. Peter D. PARTNER, The Budget of the Roman Church in the Renaissance Period, in: Italian Renaissance Studies. A tribute to the late Cecilia M. Ady, hg. von Earnest F. JACOB, London 1960, S. 256–278; Peter D. PARTNER, Papal Financial Policy in the Renaissance and Counter-Reformation, in: Past and Present 88, 1980, S. 17–62; zu diesen Themen siehe auch die Überlegungen von Enrico STUMPO, Auctoritas e potestas: lo Stato della Chiesa tra Quattrocento e Cinquecento, fra nepotismo e rafforzamento della monarchia papale, in: La quercia dai frutti d'oro. Giovanni della Rovere (1457–1501) e le origini del potere roveresco, Atti del Convegno di studi promosso dalla Università di Urbino e dalla Deputazione di storia patria per le Marche (Senigallia, 23–24 novembre 2001), hg. von Marinella BONVINI MAZZANTI/Gilberto PICCININI (Deputazione di storia patria per le Marche, Studi e testi N.S. 22), Ancona 2004, S. 45–59.

zu verwirklichen. Welches Verhältnis bestand also zwischen der Verschuldung und dem staatsartigen institutionellen System?

Nun, dieses Verhältnis war äußerst eng. Die Staatsform, die wir als »absolutistisch« bezeichnen, also das bedeutendste institutionelle Modell, das in Europa zwischen Renaissance und früher Neuzeit entwickelt wurde, entstand überall gemeinsam mit einem Zuwachs der Staatsschulden und aus der Notwendigkeit heraus, diese Schulden adäquat zu verwalten. Die Bankiers der Renaissance, die dem Staat Kredit gaben beziehungsweise künftige Steuereinnahmen vorfinanzierten, verlangten im Gegenzug zur Gewährleistung ihres Kreditrisikos die Verfügung über die Steuererträge und die anderen Einnahmen der öffentlichen Hand. Diese Sicherheit war das Hauptelement des Kreditgeschäfts, denn sie stärkte das Vertrauen bezüglich der Rückzahlung der vorgestreckten Summen. Aus diesem Grund wurden a) in den Kreditverträgen zwischen Bankiers und Herrschern oft die fiskalischen und parafiskalischen Einnahmen, die für die Kreditrückzahlung bestimmt waren, ausdrücklich angegeben, b) die entsprechenden Bankiers ebenso oft beauftragt, diese Einnahmen, die das positive Resultat des Geschäfts gewährleisten sollten, auf Rechnung der Staatskasse einzutreiben. All das setzte voraus, dass der kreditnehmende Souverän in der Lage war, das Volumen und die Gewissheit der direkten und indirekten Besteuerung zu kontrollieren, das heißt er musste die steuerliche Belastung ohne weitere Beschränkungen als die der Angemessenheit beziehungsweise Tradition festlegen können. Wenn also der absolutistische Staat mit Verschuldung seinen Anfang nahm und die Verschuldung ihrerseits die Gewissheit über die Steuereinnahmen verlangte, folgt daraus, dass die Hauptaufgabe dieses Staates darin bestand, vollständige Kontrolle über das Territorium auszuüben, aus dem er diese Steuereinnahmen bezog. So wurde die Finanz zu einem Epizentrum des Aufbaus des modernen Absolutismus.

Im Falle des entstehenden Kirchenstaats hatten die päpstlichen Finanzbehörden nicht nur dieses Ziel vor Augen – das dann auch tatsächlich erreicht wurde, indem eine immer stärkere Kontrolle über Einnahmen und Ausgaben sowohl auf zentraler als auch auf peripherer Ebene durchgesetzt wurde; sie erreichten viel mehr: Nach allgemeiner Auffassung der Historiker wurde die Papstfinanz zum Vorbild für alle anderen europäischen Staaten, vor allem in Bezug auf das Schuldenmanagement.

2. Das Finanzwesen im Angesicht der Kirchenreformproblematik

Aus allen oben genannten Gründen wurde die Bildung eines Staates in der Politik der Päpste vorrangig. Paolo Prodi hat das Wesen dieser Zielsetzung näher bestimmt: Die Renaissancepäpste beabsichtigten die Gründung eines »Tempelstaats«, also »eines Staates, in dem weltliche und geistliche Macht vollkommen miteinander verschmolzen waren«.[6] Unter diesen Umständen erwies sich das Finanzwesen als wesentliches Instrument zur Umsetzung dieses Entwurfs. Wenn derselbe Autor erklärt, dass »die Vermengung geistlicher und weltlicher Macht … die Entstehung des Staates beschleunigt«,[7] können wir diese politische Terminologie in eine wirtschaftliche übersetzen und daraus schließen, dass gerade die Vermischung beider Finanzquellen die Entstehung des Staates beschleunigte.

Es handelte sich jedoch keineswegs um ein einfaches Unterfangen. Am Ende des Mittelalters und in der einsetzenden frühen Neuzeit begann sowohl für die religiöse als auch für die politische Macht der Päpste eine Phase tiefgreifender Veränderungen: Zum einen stand Europa am Ende des mittelalterlichen Universalismus; die spirituelle Autorität des römischen Pontifex stand in der kollektiven Vorstellungswelt zunehmend in Frage, die Abhängigkeit vieler Nationalkirchen von Rom schwand und die Reformation entstand. Zum anderen wurde die politische und wirtschaftliche Macht der Päpste eher marginal auf einem Kontinent, der die Entfaltung wahrer wirtschaftlicher und finanzieller Kolosse erlebte, die nicht zuletzt auf die Eroberung der neuen, erst kürzlich entdeckten Welten und auf internationale quasi-kapitalistische Beziehungen zielten.

Die Reaktion der kirchlichen Organe ließ nicht auf sich warten: Das spirituelle Ansehen der Päpste wandelte sich in ideologischen und religiösen Absolutismus, der am Ende dieses Prozesses in der tridentinischen Neuorganisation der Kirche kodifiziert wurde. Die weltliche Macht der Päpste entwickelte sich demgegenüber hin zu den Formen des politischen Absolutismus, der ja schon überall in Europa existierte. Obwohl es sich um zwei konzeptionell sehr unterschiedliche Arten von Oberhoheit handelte, verlief ihre Formierung parallel, und geistlicher und weltlicher Absolutismus blieben eng miteinander verbunden. Das Finanzwesen folgte als Werkzeug zur Umsetzung dieses sowohl geistlichen als auch weltlichen Doppel-Absolutismus demselben Weg.[8]

Es erscheint daher offensichtlich, dass eine Diskussion über die päpstlichen Finanzen nicht auf rein wirtschaftliche Fragestellungen beschränkt werden kann. Bekanntlich sind Finanzen noch nie eine rein ökonomische Angelegenheit gewesen und werden es auch nie sein, aus dem einfachen Grund, dass es in der öffentlichen Finanz stets um Eintreibung und Zuteilung von Ressourcen geht und die entsprechenden Entscheidungen politisch motiviert sind im Hinblick darauf, wie viel jede Gruppe bezahlen bezie-

---

6 Paolo Prodi, Alessandro VI e la sovranità pontificia, in: Alessandro VI e lo Stato della Chiesa, Atti del Convegno (Perugia, 13–15 marzo 2000), hg. von Carla Frova/Maria G. Nico Ottaviani (Pubblicazioni degli Archivi di Stato, Saggi 79), Roma 2003, S. 311–338, hier S. 312.

7 Prodi, Alessandro VI (wie Anm. 6), S. 324.

8 Vgl. Luciano Palermo, Il denaro della Chiesa e l'assolutismo economico dei papi agli inizi dell'età moderna, in: Chiesa e denaro tra Cinquecento e Settecento: possesso, uso, immagine, hg. von Ugo Dovere (Storia della Chiesa, saggi 21), Milano 2004, S. 87–152.

hungsweise erhalten soll; diese Beschlüsse unterliegen natürlich ihrerseits ideologischen Überlegungen. Im Falle der päpstlichen Finanzorganisation der Renaissance war die enge Verbindung zwischen Finanz, Politik und Religion so offensichtlich, dass das Finanzwesen der Päpste zu einem Hauptsektor der kulturellen und religiösen Auseinandersetzungen innerhalb der europäischen Christenheit in der Renaissance wurde. Die Geldprobleme der Päpste trafen so auf die Frage der Kirchenreform, die bekanntermaßen gerade im 15. und 16. Jahrhundert heiß debattiert wurde.

Von manchen Forschern wird glaubwürdig vertreten, dass die bevorstehende Reformation am Übergang vom 15. zum 16. Jahrhundert noch nicht vorherzusehen war. Gesichert ist jedenfalls, dass die ethischen und theologischen Ansätze, die bald zur Spaltung der Christen führen sollten, stets eng verknüpft waren mit den Gründen und Formen der vom römischen Hof organisierten Steuererhebung und der Verwendung der entsprechenden Gelder.

Im Denken der Reformatoren gehörten die von der Führungsriege der römischen Kirche eingeführten wirtschaftlichen und finanziellen Mechanismen zu den Hauptursachen ihrer Neuerungsforderungen, wobei hier auch kircheninterne Reformer gemeint sind (auch Luther fühlte sich ja noch zur katholischen Kirche gehörig, als er seine Reise nach Rom unternahm und mit der Ausarbeitung seiner Kritik begann). Im Übrigen waren auch die hohen Kirchenvertreter solchen Forderungen gegenüber keineswegs taub; keiner der Kirchenreformer – weder die innerkirchlichen noch diejenigen, die aus der Kirche austraten – konnte jedoch ein alternatives Finanzmodell anbieten, und dies nicht nur, weil die Reformatoren normalerweise in öffentlichen Finanzfragen unwissend waren, sondern ganz einfach, weil sie dieses Problem in der Praxis nicht interessierte: Die Debatte war fast vollständig beherrscht vom Symbolwert, die den ökonomisch-finanziellen Tatsachen innewohnte. So war es zum Beispiel schon Anfang des 16. Jahrhunderts offensichtlich, dass die so sehr verunglimpfte Besteuerung *in spiritualibus* sich dem Niedergang zuneigte, während jene *in temporalibus*, die natürlich auf das Gebiet des Kirchenstaates beschränkt war, stark zunahm.[9] Es war also klar vorhersehbar, dass schon die geschichtlichen Ereignisse für sich das Gewicht jener Komponenten der Papstfinanzen erodierten, die von den Reformatoren als simonistisch angesehen wurden. All das hatte jedoch keine Auswirkung auf die Kritik gegenüber den päpstlichen Finanzen, denn der Stein des Anstoßes war nicht, »wieviel« die römische Kirche aus Frankreich, aus den Territorien des Reiches oder aus Spanien erhielt; die simonistisch-symbolische Bedeutung der Wirtschaftsmechanismen lag vielmehr darin, »wie« das Geld eingenommen und verwendet wurde.[10]

9 Vgl. Caravale, Entrate pontificie (wie Anm. 2).

10 Zu diesen Aspekten der Stadtgeschichte und zu ihrer Einordnung in die Geschichte des päpstlichen Regionalstaats siehe die grundlegenden Überlegungen in Mario Caravale, Lo Stato pontificio da Martino V

In Ermangelung bedeutsamer, konkreter Beiträge seitens der Kritiker des kirchlichen Finanzwesens wurden die Päpste selbst zu Reformern. Aus ihrer Sicht waren die Neuorganisation der Kurienbehörden und deren Effizienzsteigerung das Hauptproblem. Angefangen mit Martin V. strebten alle bedeutenderen Renaissancepäpste, von Pius II. bis Sixtus IV., von Alexander VI. bis zu Clemens VII. grundlegende Neuerungen bezüglich einer Finanzreform innerhalb der Kirche an. Ihr wichtigstes, wenn natürlich auch nicht das einzige Ziel war dabei die Reorganisation der Einnahmen aus dem entstehenden Kirchenstaat. Die Päpste und die ihnen zuarbeitenden Bankiers waren sich sowohl der finanziellen Situation der Kirche als auch ihrer Grenzen voll bewusst. So lässt sich vielleicht auch erklären, warum die Verantwortlichen in Rom derartig von der lutherischen Reform überrascht wurden: Deren Kritik stellte einen Bestandteil des kirchlichen Systems, nämlich die Besteuerung *in spiritualibus* in den Mittelpunkt, die in Rom inzwischen weit weniger wichtig erschien als die Ressourcen aus den Einnahmequellen *in temporalibus* und aus der Verschuldung. Im Übrigen war über diesen Punkt schon in bedeutenden Aspekten Einvernehmen mit den großen europäischen Regenten erzielt worden, aber eben nicht mit dem römisch-deutschen Kaiserreich, das politisch über keine einheitlich-zentralisierte Struktur verfügte.

Die Reformversuche der Päpste waren zwar erheblich, aber sie kollidierten – vor allem im 15. Jahrhundert – mit einem nach wie vor schwachen und fragmentarischen Steuersystem. Es mangelte an einer effektiven Kontrolle des Territoriums, vor allen in den Randgebieten des Staates (in Rom lag die Situation natürlich anders, von wo allein fast 50 Prozent der Einnahmen der Apostolischen Kammer kamen).[11] Mario Caravale betont in diesem Zusammenhang nachdrücklich die Grenzen der Besteuerungsrechte des Hl. Stuhls: Dieser übte »seine steuerliche Befugnis nur in den Gebieten aus, wo dies aufgrund territorialer Partikularregelungen zulässig war«, während »jeglicher Versuch der päpstlichen Autorität zur Einführung einer allgemeinen Steuer fehlte, die unter-

---

a Gregorio XIII, in: Mario Caravale/Alberto Caracciolo, Lo Stato pontificio da Martino V a Pio IX (Storia d'Italia 14), Torino 1978, S. 1–371; Jean Delumeau, Les progrès de la centralisation dans l'Etat pontifical au XVIe siècle, in: Revue Historique 226, 1961, S. 399–410; Paolo Prodi, Il sovrano pontefice. Un corpo e due anime: la monarchia papale nella prima età moderna (Annali dell'Istituto storico italo-germanico in Trento. Monografie 3), Bologna 1982; siehe außerdem die jüngeren Studien von Mario Caravale, Le istituzioni temporali della Chiesa agli albori dell'età moderna, in: Alessandro VI e lo Stato della Chiesa (wie Anm. 6), S. 11–26; und von Prodi, Alessandro VI (wie Anm. 6); vgl. ebenfalls Götz-Rüdiger Tewes, Die römische Kurie und die europäischen Länder am Vorabend der Reformation (Bibliothek des Deutschen Historischen Instituts in Rom 95), Tübingen 2001.

11 Vgl. Luciano Palermo, Un conflitto mancato: l'emarginazione della Camera Urbis nel XV secolo, in: Congiure e conflitti. L'affermazione della signoria pontificia su Roma nel Rinascimento: politica, economia e cultura, Atti del Convegno Internazionale, Roma 3–5 dicembre 2013, hg. von Maria Chiabò/Maurizio Gargano/Anna Modigliani/Patricia J. Osmond (RR Inedita, saggi 62), Roma 2014, S. 39–54.

schiedslos alle direkt beherrschten Gemeinschaften, alle Signorien und alle Bistümer getroffen hätte«.[12]

Die finanzielle Expansion war also zweifelsohne eine historische Tatsache; sie erfolgte jedoch ohne eine langfristige politische und wirtschaftliche Planung. Es fehlte noch die Vorstellung eines öffentlich-einheitlichen Staatshaushalts, so dass die genannte Expansion größtenteils als Ergebnis kurzfristiger finanzieller Maßnahmen zur Lösung drängender Probleme zustande kam, wie dies ja für fast alle Finanzverwaltungen der damaligen Zeit der Fall war.

3. Schuldenverwaltung

Alle diese organisatorischen und fiskalischen Grenzen machten den Rückgriff auf Verschuldung zu einer immer bedeutenderen Komponente des päpstlichen Finanzsystems, und in diesem Bereich des Wirtschaftslebens zeigte die römische Kurie eine vollkommene Beherrschung der verfügbaren Instrumente. So wurde, wie schon angedeutet, die Schuldenaufnahme rasch zum hauptsächlichen, wenn auch natürlich nicht einzigen Mittel zur Verwirklichung des sowohl religiösen als auch weltlichen Absolutismus der Päpste.

Die Aufnahme von Krediten verursachte keine Probleme in den Beziehungen zu anderen Staaten; sie leitete keine Ressourcen aus anderen Staaten nach Rom um, wie die Herrscher und gerade auch die Reformatoren aus Deutschland oft beklagten; auch in theologischer Hinsicht machte sie keine Schwierigkeiten, weil die Darlehen an die Kirche in Anbetracht der anderen Nutzen für die Bankiers zinsfrei waren; so handelte es sich generell um die passendste Lösung für Bilanzungleichgewichte und, in politischer Hinsicht, um einen starken Ansporn zur Neuorganisation des staatlichen Steuersystems. Summiert man die weltlichen Einkünfte zu den Ressourcen aus der Verschuldung, erscheinen die geistlichen Einkünfte nur mehr als ein Restbetrag.

Unter dem Gesichtspunkt der Realwirtschaft hatte die Verschuldung überdies sehr positive Auswirkungen, denn sie stimulierte – wie erläutert – die Schaffung eines effizienten öffentlichen Steuersystems und einer gesicherten Besteuerung – zwei unabdingbare Voraussetzungen für die Gläubiger; außerdem verminderte die Staatsschuld auch die (praktisch nicht-existente) direkte sowie die indirekte Steuerlast, denn der Staat wurde ja von den Bankiers mit Geld versorgt und brauchte dieses Standbein daher in geringerem Maße. All dies machte den Kirchenstaat über lange Zeit zu einem Wirtschaftssystem mit niedriger Besteuerung.

12 Vgl. Caravale, Entrate e uscite (wie Anm. 2), S. 79.

Demgegenüber waren die mit Verschuldung einhergehenden Risiken gering: Die Ansichten der beiden großen Vordenker der zeitgenössischen Wirtschaftspolitik, Adam Smith und Karl Marx, waren zwar grundverschieden; in zwei Dingen jedoch stimmten sie überein: a) wenn die Schulden zu sehr wachsen, findet der Staat einen Weg, um sie nicht zurückzuzahlen; b) kurzfristig verlieren die Gläubiger nichts von der Liquidität, die sie an den Staat abgetreten haben, denn der von ihnen verliehene Betrag wird in Schuldverschreibungen umgewandelt, die leicht zu übertragen und wie Bargeld zu verwenden sind. Die Verschuldung erweiterte also das monetäre Angebot und stellte alle Beteiligten zufrieden.

Wie lief nun die Schuldenaufnahme praktisch ab? Im ganzen 15. und in den ersten Dekaden des 16. Jahrhunderts fehlte der kirchlichen Finanzverwaltung ein zentrales Kreditsystem auf der Grundlage des Verkaufs von »luoghi di monte« (Anteilen an sogenannten Montes); es wurde in Rom erst 1526 eingerichtet.[13] Das bedeutet natürlich nicht, dass die päpstliche Finanzverwaltung keine Kredite von privaten Investoren aufgenommen hätte, sie war im Gegenteil tief verschuldet; doch erfolgte die Kreditaufnahme hauptsächlich auf drei Wegen: Durch die Nachfrage von Kapital bei Bankiers; die Vergabe von Konzessionen für die Verpachtung von päpstlichen Einkünften einschließlich der Einnahme indirekter Steuern; und schließlich durch verschiedene Formen des Verkaufs übertragbarer und nicht-übertragbarer Ämter. Es handelte sich also in jeder Hinsicht um Verschuldung gegenüber Privatinvestoren; dies erforderte jedoch nicht den weit ausgedehnten Finanzapparat der öffentlichen Hand, der im späten 16. Jahrhunderts zur Gewährleistung des Schuldendiensts zusammen mit dem schwerfälligen und weithin erforschten System der *Montes camerales* beziehungsweise der Lokalmontes im Kirchenstaat eingerichtet wurde. Warum aber bediente man sich nicht schon früher des Rückgriffs auf öffentliche Verschuldung nach dem Beispiel der wichtigsten italienischen Regionalstaaten?

Die Antwort auf diese Frage ergibt sich aus einer simplen Beobachtung: Im 15. Jahrhundert brauchten die Päpste keine institutionalisierte öffentliche Verschuldung.[14] Das Hauptproblem der Renaissancepäpste war nicht so sehr die Menge der Einnahmen, sondern vielmehr die Liquidität zur Deckung des Ausgabenbedarfs in einem gesicherten Zeitrahmen. Es war also eine Frage der Kontinuität der finanziellen Versorgung und der ständigen Kontakte zu den Quellen des Steueraufkommens.[15] All das stellte jedoch

13 Vgl. Michele Monaco, Il primo debito pubblico pontificio. Il Monte della fede (1526), in: Studi Romani 8, 1960, S. 553–569.

14 Vgl. Luciano Palermo, Finanza, indebitamento e sviluppo economico a Roma nel Rinascimento, in: Debito pubblico e mercati finanziari in Italia. Secoli XIII–XX (Storia della società, dell'economia e delle istituzioni 26), hg. von De Luca/Angelo Moioli, Milano 2007, S. 83–102.

15 Partner, Budget (wie Anm. 5); Partner, Policy (wie Anm. 5).

für den Kirchenapparat ein fast unlösbares Problem dar, und deshalb bedienten sich die Päpste weiterhin dezidiert der einzigen Form finanzieller Sicherheit, die ihnen seit Jahrhunderten zur Verfügung stand, nämlich der Präsenz der Bankiers, bei denen sie sich nun zunehmend regelmäßig verschuldeten.

Zu Beginn des 15. Jahrhunderts hörte der Rückgriff auf die Kredite der Bankiers auf, ein Gelegenheitsphänomen zu sein; je komplexer sich die Situation der öffentlichen Finanzen entwickelte, desto stärker veränderte sich die Rolle der Bankiers: von gelegentlichen nützlichen Hilfswerkzeugen für Finanztransaktionen wurden sie zu Direktverwaltern der eingehenden und ausgehenden finanziellen Ressourcen.[16] Was in diese Richtung drängte, war zum einen der wachsende Geldbedarf der Kirche und zum andern der Aufschwung toskanischer Bankgesellschaften. Wie Renouard betonte, kam schon im 14. Jahrhundert hier und dort das Bedürfnis auf, organische Verbindungen zwischen den Bankiers und der päpstlichen Finanzverwaltung einzurichten, was jedoch erst in den ersten Jahren des 15. Jahrhunderts endgültig verwirklicht wurde. Das neue Amt eines *Depositarius Generalis* muss daher als Beleg für zwei eng miteinander verknüpfte Gegebenheiten betrachtet werden: a) konstante Präsenz von Bankiers als (mit anderen) Zuständige für die römischen Finanzverwaltung; b) die Möglichkeit für die Apostolische Kammer, langfristige Kredite in stabilerer und gesicherter Form zu erhalten.[17] Eine Verschuldung über Bankiers anstatt über Spareinlagen im Rahmen von Staatsverschuldung bot den Päpsten unleugbare Vorteile, in erster Linie einen niedrigen Zinssatz: Der Depositär (Bankier) und seine Kollegen, die die päpstlichen Kassen mit den nötigen Ressourcen versorgten, unterzeichneten Verträge, die keinerlei Zinszahlungen vorsahen. Es war dies aber keineswegs ein buchhalterischer Trick: Die Bankiers waren nämlich nicht an Zinsen auf die geborgten Summen interessiert, ja öfters konnten sie dem Papst sogar einen Teil des vorgestreckten Kapitals erlassen. Viel wichtiger war ihnen die Rolle als Kurienbeamte und Papstbanker, handelte es sich doch um eine Machtposition im Zentrum des damals größten Finanz- und Handelsnetzes Europas, der Kirche von Rom.

Im Laufe des Jahrhunderts wuchs der Finanzbedarf des Hl. Stuhls, und die Päpste aktivierten – neben den vorgenannten Verschuldungsarten – die wohlbekannte Methode des Ämterverkaufs. Die Rede ist von Finanzmechanismen, die in jeder Hinsicht auf eine – wenn auch unechte – Form der Staatsverschuldung zurückzuführen sind: Die Abstraktheit des verkauften Amtes, die mit keinerlei tatsächlicher Arbeitsleistung verbunden war; die Übertragbarkeit des Amts (im Fall der sogenannten »*non vacabili*«); der Übergang von Ämtern ehrenhalber, die schon als solche keine Arbeit machten,

16 Vgl. Luciano Palermo, La finanza pontificia e il banchiere »depositario« nel primo Quattrocento, in: Studi in onore di Ciro Manca, hg. von Donatella Strangio, Padova 2000, S. 349–378.

17 Palermo, Finanza pontificia (wie Anm. 16).

zu richtigen Ehrenkollegien (zum Beispiel Ritterwürden); die Schaffung von Kapitalgesellschaften für den Erwerb und die Verwaltung von nicht-übertragbaren Ämtern und so weiter; weitere Varianten des Ämterverkaufs kamen hinzu und überdauerten im 16. Jahrhundert die Emission der Montes. Im Laufe der Zeit kamen auf diese Weise erhebliche Beträge in den päpstlichen Kassen zusammen.

Es gab jedoch ein weiteres, auf der Ausgabe von Anleihen eines echten »Monte« basierendes Modell von Staatsverschuldung, das sich in den Dokumenten des Kirchenstaats aus dem 15. Jahrhundert nachweisen lässt. Es handelt sich um einen in Ancona eingerichteten »monte pubblico«, von dem die Genehmigungsbulle von Papst Nikolaus V. aus dem Jahr 1454 erhalten ist:[18] Dies war demnach ein geläufiges und bei Gelegenheit eingesetztes Finanzierungsmittel. Eine breitere Nutzung blieb allerdings aus, weil es dafür noch keinen Bedarf gab.

Bezüglich der Entscheidungen von 1526, als der erste zahlreicher päpstlicher Montes eingerichtet wurde, lässt sich demnach nicht von einer »Verspätung« in der Verwendung dieses Finanzinstruments sprechen. Dies wird umso deutlicher beim Vergleich der Situation in Rom mit den Finanzierungssystemen der wichtigsten Territorialmonarchien Europas zu Beginn der Neuzeit. Wie Studien von Lane, Van der Wee und anderen mit diesem Thema befassten Historikern gezeigt haben,[19] war das 16. Jahrhundert die Zeit der Wende in den Staatsverschuldungssystemen aller wichtigen Staaten Europas. Man bedenke nur, dass die Ausbildung eines Staatsverschuldungssystems im modernen Wortsinn ein genauso gut strukturiertes Steuererhebungssystem voraussetzt. Diesbezüglich kann man den Überlegungen Van der Wees nur zustimmen, besonders hinsichtlich a) des Fehlens eines echten Steuermonopols der staatlichen Zentralen noch zu Beginn der Neuzeit und b) der großen Schwierigkeiten bei der Durchsetzung eines solchen Monopols in ihren Herrschaftsgebieten.[20] Nicht zufällig beschäftigen sich die zahlreich erschienenen Studien zur allgemeinen Struktur der päpstlichen Staatsschulden eingehend mit den Systemen zur direkten und indirekten Besteuerung, verstan-

---

18 Den Text der Bulle Nikolaus' V. bietet PALERMO, Finanza, indebitamento (wie Anm. 14), S. 98–100.

19 Vgl. Frederic C. LANE, Public Debt and Private Wealth: Particularly in Sixteenth Century Venice, in: Melanges en l'Honneur de Fernand Braudel, Bd. 1: Histoire économique du monde méditerranéen, Toulouse 1973, S. 307–321; Herman VAN DER WEE, Sistemi monetari, creditizi e bancari, in: Storia Economica Cambridge, Bd. 5: Economia e società in Europa nell'età moderna, hg. von Edwin E. RICH/Charles H. WILSON, Torino 1978, S. 338–451.

20 Vgl. VAN DER WEE, Sistemi (wie Anm. 19); siehe außerdem Anthony MOLHO, Tre città-stato e i loro debiti pubblici. Quesiti ed ipotesi sulla storia di Firenze, Genova e Venezia, in: Italia 1350–1450: tra crisi, trasformazione e sviluppo, Pistoia 1993, S. 185–215. Zu den späteren Phasen siehe Luciano PEZZOLO, Elogio della rendita. Sul debito pubblico degli stati italiani nel Cinque e Seicento, in: Rivista di Storia Economica 12, 1995, S. 283–330; Luciano PEZZOLO, Government Debts and Trust. French Kings and Roman Popes as Borrowers, 1520–1660, in: Rivista di Storia Economica 15, 1999, S. 233–261; Andrea GARDI, La fiscalità pontificia tra medioevo ed età moderna, in: Società e storia 9, 1986, S. 509–557.

den als wesentliche Voraussetzung für die öffentliche Hand, um ihren Verpflichtungen aus der Etablierung und Expansion der Kreditaufnahme nachkommen zu können.[21] In dieser Hinsicht ist daher keinerlei Verspätung in der Strukturierung der offiziellen Verschuldung des Kirchenstaats auszumachen, im Gegenteil ähnelt die Verwaltung der kirchlichen Staatsfinanzen in wesentlichen Zügen denen der wichtigsten europäischen Territorialmonarchien, die im selben Jahrhundert (oder sogar später) ihre eigenen Staatsverschuldungsmodelle auf den Weg brachten. Die Schuldenentwicklung machte schließlich nicht nur die gesamte Debatte über den finanziellen Dualismus der Kirche zwischen geistlichen und weltlichen Einnahmequellen obsolet, sondern auch die damit verbundenen theologischen Fragestellungen. Dank der einheitlichen Verwaltung der Staatsfinanzen wurde Rom bald zu einer der ersten europäischen Adressen in Europa für Finanzinvestitionen.

21 Siehe die Angaben in CARAVALE, Stato (wie Anm. 10); vgl. außerdem Fausto PIOLA CASELLI, Aspetti del debito pubblico nello Stato Pontificio: gli uffici vacabili, in: Annali della Facoltà di scienze politiche. Università degli Studi di Perugia N.S. 11, 1970–72, S. 101–170, hier S. 112; PARTNER, Budget (wie Anm. 5); PARTNER, Policy (wie Anm. 5); Peter D. PARTNER, The Papacy and the Papal States, in: The Rise of the Fiscal State in Europe, c. 1200–1815, hg. von Richard BONNEY, Oxford u.a. 1999, S. 359–380; Enrico STUMPO, Il capitale finanziario a Roma fra cinque e seicento: contributo alla storia della fiscalità pontificia in età moderna (1570–1660) (Pubblicazioni della Facoltà di Giurisprudenza. Serie storica 4), Milano 1985; Donatella STRANGIO, Il debito pubblico pontificio: cambiamento e continuità nella finanza pontificia dal periodo francese alla restaurazione romana 1798–1820, Padova 2001; Donatella STRANGIO, Il sistema finanziario del debito pubblico pontificio tra età moderna e contemporanea, in: Rivista di storia finanziaria 14, 2005, S. 7–42, hier S. 14ff.

Geistliche Gnaden aus Rom. Anmerkungen zum päpstlichen Ablasswesen um 1500

Andreas Rehberg

Eine zentrale Funktion der römischen Kurie in der Renaissance war die des Gnadenhofes, an dem man eine Reihe von geistlichen Privilegien erhalten konnte. Unter den *gratie spirituales* versteht man die päpstlichen Gnadenerweise – von den Provisionen mit Kirchenpfründen bis hin zu einer Vielzahl von Dispensen –, die die Menschen in Scharen, sei es persönlich oder über Vertreter (Prokuratoren), nach Rom führten. Allen diesen Akten war gemeinsam, dass sie auf der päpstlichen Vollgewalt (*plenitudo potestatis*) fußten.[1] Und diese wurde nach einer längeren Entwicklung auf dem IV. Laterankonzil (1215) kirchenrechtlich zugespitzt, das im Übrigen die jährliche Beichte und Kommunion zu Ostern vorschrieb und 2015 europaweit gleich mit mehreren internationalen Tagungen gefeiert wurde.[2] Dieses Konzil hatte nun auch große Bedeutung für die Ausprägung des Ablasses, der im Zentrum des vorliegenden Beitrags steht, zumal man ihn vielleicht als den vornehmsten Ausfluss der kirchlichen Schlüsselgewalt betrachten kann. Dass dabei das Papsttum keineswegs die treibende Kraft bei der Ausbildung der Ablasslehre war, sondern sich – wie auch in etlichen anderen Bereichen zu beobachten ist – Zuständigkeiten zu eigen machte, die ihm von »außen«, von Bittstellern (Petenten beziehungsweise Supplikanten) herangetragen wurden, ist bereits im Rahmen der vorliegenden Reihe unterstrichen worden.[3] Die weiterhin beträchtliche Ablassvergabe

1 Siehe nur Robert L. Benson, Plenitudo potestatis: Evolution of a Formula, in: Studia Gratiana 14, 1967, S. 195–217.

2 Genannt seien die beiden römischen Tagungen »Il Concilio Lateranense IV. Convegno Internazionale di Studi in occasione dell'VIII centenario (1215–2015)« im Oktober und »Concilium Lateranense IV. Commemorating the Octocentenary of the Fourth Lateran Council of 1215« im November 2015.

3 Étienne Doublier, Die Päpste und der Siegeszug des Ablasses im 13. Jahrhundert, in: Die Päpste. Amt und Herrschaft in Antike, Mittelalter und Renaissance, hg. von Bernd Schneidmüller/Stefan Weinfurter/Michael Matheus/Alfried Wieczorek, Regensburg 2016, S. 341–355. Die Darstellung der Eigendynamik der Jenseitsvorstellungen im Volksglauben und der zögerlichen dogmatischen Fixierung der Idee des Fegefeuers in Jacques Le Goff, La Naissance du purgatoire, Paris 1981 (deutsch: Die Geburt des Fegefeuers. Vom Wandel des Weltbildes im Mittelalter, Stuttgart 1984) ist allerdings mit Arnold Angenendt, Geschichte der Religiosität im Mittelalter, 2. Auflage, Darmstadt 2000, S. 688f., 705–711 zu konfrontieren.

durch die örtlichen Bischöfe[4] auch in dem hier zugrunde gelegten zeitlichen Bereich (vom ausgehenden 14. bis zur Mitte des 16. Jahrhunderts) darf also nicht vergessen werden, auch wenn sie hier nur gestreift werden kann.

Das Ablasswesen mit seinen Verwerfungen ist untrennbar mit dem Ausbruch der Reformation verbunden, dessen 500. Gedenkjahr im Zentrum einer eigens ausgerufenen Lutherdekade (2008–2017) steht. Das Deutsche Historische Institut in Rom organisierte im Juni 2015 im Verein mit der Facoltà Valdese di Teologia eine große Tagung zu den spätmittelalterlichen Ablasskampagnen und Martin Luther. Einige aus ihr gewonnene Anregungen und Erkenntnisse sollen in die vorliegende Darstellung einfließen,[5] die ansonsten einen knappen, längst nicht erschöpfenden Einstieg in diese komplexe Materie bieten möchte. Der Ablass war schon damals nicht mehr nur religiös konnotiert, sondern bereits zu einem Politikum mit gesellschaftlicher Sprengkraft geworden.

I. Die Vielfalt des Ablasses

Die Entwicklung des spätmittelalterlichen Ablasswesens ist seit dem Erscheinen des Standardwerks von Nikolaus Paulus in den Jahren 1922/23[6] wiederholt nachgezeichnet worden.[7] Unter Ablass versteht man nach dem Wortlaut des Corpus Iuris Canonici von

---

4 Bischöfliche – auf die eigene Diözese begrenzte – Ablässe stellten in der Regel zahlenmäßig die päpstlichen Verleihungen in den Schatten. Siehe einschlägig hierzu Söhnke THALMANN, Ablassüberlieferung und Ablasspraxis im spätmittelalterlichen Bistum Hildesheim (Veröffentlichungen der Historischen Kommission für Niedersachsen und Bremen 254), Hannover 2010. Zum quantitativen Befund in England siehe Robert N. SWANSON, Indulgences in Late Medieval England. Passports to Paradise?, Cambridge 2007, S. 32–35. Zu wünschen wäre, dass solche regionalen Untersuchungen auch in deutschen Territorien über das 14. Jahrhundert hinaus fortgeführt werden. Vgl. diesbezüglich modellhaft Enno BÜNZ, Ablässe im spätmittelalterlichen Bistum Meißen. Einige Beobachtungen zur Anzahl und Verbreitung der Indulgenzen, in: Ablasskampagnen des Spätmittelalters. Luthers Thesen im Kontext, hg. von Andreas REHBERG (Bibliothek des Deutschen Historischen Instituts in Rom 132) (im Druck). Für die Gebiete des Heiligen Römischen Reiches erweist sich einmal mehr der Nutzen des Repertorium Germanicum und seiner Datenbank (http://194.242.233.132/denqRG/index.htm).

5 Ablasskampagnen (wie Anm. 4) (im Druck). An ein breites Publikum wendet sich Christiane LAUDAGE, Das Geschäft mit der Sünde. Ablass und Ablasswesen im Mittelalter, Freiburg i. Br. 2016.

6 Nikolaus PAULUS, Geschichte des Ablasses im Mittelalter, Bde. 1–2: Von den Ursprüngen bis zur Mitte des 14. Jahrhunderts; Bd. 3: Am Ausgang des Mittelalters, Paderborn 1922–1923 (2. Auflage, Darmstadt 2000 mit einer Einleitung und einer Bibliographie von Thomas Lentes). Vgl. auch Promissory Notes on the Treasury of Merits. Indulgences in Late Medieval Europe, hg. von Robert N. SWANSON, Leiden 2006.

7 Für diese frühe Periode des Ablasses siehe Robert W. SHAFFERN, The Penitents' Treasury: Indulgences in Latin Christendom, 1175–1375, Scranton/Pennsylvania 2007 und zuletzt Ane L. BYSTED, The Crusade Indulgence. Spiritual Rewards and the Theology of the Crusades, c. 1095–1216, Leiden/Boston 2014. Für das Spätmittelalter sehr anschaulich: Alltag und Frömmigkeit am Vorabend der Reformation in Mitteldeutschland. Katalog zur Ausstellung »Umsonst ist der Tod«, hg. von Hartmut KÜHNE/Enno BÜNZ/Thomas T. MÜLLER, Petersberg 2013, S. 345–380.

1983 den »Nachlass zeitlicher Strafe vor Gott für Sünden, deren Schuld schon getilgt ist; ihn erlangt der entsprechend disponierte Gläubige unter bestimmten festgelegten Voraussetzungen durch die Hilfe der Kirche, die im Dienst an der Erlösung den Schatz der Sühneleistungen Christi und der Heiligen autoritativ verwaltet und zuwendet.«[8]

Die im Zitat angesprochenen »Voraussetzungen« haben eine ganz eigene Entwicklung durchgemacht. Das Ablasswesen bildete sich nämlich in einem längeren Prozess aus der frühmittelalterlichen Beicht- und Bußpraxis heraus. Damals wurde der Erlass von zeitlichen Sündenstrafen an die Erteilung von Almosen und anderen Satisfaktionsleistungen geknüpft.[9] Am Ende des 11. Jahrhunderts verhieß die Kirche zunächst den Kreuzfahrern völligen Straferlass von den zeitlichen Sündenstrafen (den sogenannten Plenarablass).[10] Auf dem IV. Laterankonzil (1215) rief Innozenz III. zum (fünften) Kreuzzug auf. Der Kreuzzugsablass war nun auch für die erreichbar, die statt des aktiven Kampfeinsatzes eine Spende tätigten.[11] Im Kanon 62 *Cum ex eo* (X 5.38.14) wurde festgelegt, dass die Bischöfe nicht mehr als ein Jahr bei einer Kirchweihe und nicht mehr als 40 Tage am jährlichen Kirchweihtag Ablass gewähren durften.[12] Dass es dabei nicht bleiben sollte, dazu später.

Im 13. und 14. Jahrhundert entwickelten Theologen und Kanonisten die Lehre vom »Kirchenschatz«, wonach die Päpste über den »Schatz« der überschüssigen Verdienste Jesu Christi und der Heiligen in Form von Ablässen verfügen können.[13] Einen vollkommenen Ablass (ähnlich dem der Kreuzzüge) versprach der Ablass zu den Jubiläumsjahren. Bonifaz VIII. rief 1300 mit der Bulle mit dem Incipit *Antiquorum* das erste Heilige Jahr aus (Extrav. Commun. 5.9.1.). Der in Avignon residierende Clemens VI. erließ am 27. Januar 1343 die Bulle *Unigenitus Dei filius* mit Bestimmungen zum Jubeljahr 1350, das trotz päpstlicher Abwesenheit in Rom gefeiert werden sollte (Extrav. Commun.

8 Codex iuris canonici auctoritate Ioannis Pauli PP. II promulgatus, Vatican City 1983, can. 992 (deutsche Übersetzung online: http://www.vatican.va/archive/DEU0036/__P3I.HTM, Stand 08.11.2016).

9 Vgl. hier nur Martin Ohst, Pflichtbeichte: Untersuchungen zum Bußwesen in hohen und späten Mittelalter (Beiträge zur historischen Theologie 89), Tübingen 1995, *ad indicem* (»Satisfaktionen/Bußleistungen«) und besonders S. 103–117 und Arnold Angenendt, Geschichte der Religiosität im Mittelalter, 2. Auflage, Darmstadt 2000, S. 626–658.

10 Vgl. zuletzt Philipp Endmann, Die Entstehung des Ablasses für den Ersten Kreuzzug, in: Concilium medii aevi 6, 2003, S. 163–194 und Bysted, Crusade Indulgence (wie Anm. 7).

11 Helmut Roscher, Papst Innocenz III. und die Kreuzzüge (Forschungen zur Kirchen- und Dogmengeschichte 21), Göttingen 1969; Bysted, Crusade Indulgence (wie Anm. 7), S. 128–135 (Kapitel 3.2.4. »The Fourth Lateran Council 1215«).

12 Conciliorum Oecumenicorum Generaliumque Decreta. The General Councils of Latin Christendom. From Constantinople IV to Pavia-Siena (869–1424), hg. von Antonio García y García/Peter Gemeinhardt/Georg Gresser/Thomas M. Izbicki/Atria A. Larson/Alberto Melloni/Jürgen Miethke (Corpus Christianorum Conciliorum Oecumenicorum Generaliumque Decreta 2/1), Turnhout 2013, S. 196, Z. 1161–S. 197, Z. 1171.

13 Paulus, Geschichte (wie Anm. 6), Bd. 2, S. 141 ff.

5.9.2).[14] Der Erwerb des Ablasses war an den Besuch von schließlich vier Patriarchalkirchen geknüpft. Ab 1475 setzte sich der 25-jährige Rhythmus durch, wobei es anfangs auch außergewöhnliche Jubeljahre gab (1390, 1413, 1423).[15] Einen letzten Höhepunkt vor der Reformation erlebte das Jubeljahr im Jahr 1500, zu dem noch viele Pilger nach Rom strömten.[16] Die Jubeljahre der Neuzeit folgten schon neuen Gepflogenheiten.[17] Die Tradition der außergewöhnlichen Jubeljahre wurde wieder unter Johannes Paul II. und zuletzt durch Papst Franziskus aufgegriffen (»Heiliges Jahr der Barmherzigkeit« 2015/16).[18]

Wenn man aktuell zum Gewinn des Jubel-Ablasses nicht mehr nach Rom kommen muss, so war diese Praxis schon ab dem Ende des 14. Jahrhundert vorgezeichnet. Gegen päpstliche Lizenz konnte der Jubel-Ablass nämlich seit Bonifaz IX. (1389–1404) auch außerhalb Roms *ad instar* (»nach Art von«) erworben werden. Sehr beliebt waren auch die *ad instar*-Indulgenzen nach dem Vorbild des Plenarablasses, der mit dem Besuch der Portiuncula-Kapelle in Assisi verbunden war und auf eine Bitte an den Papst seitens des hl. Franziskus († 1226), des Gründers des Franziskanerordens, zurückgeführt wurde.[19] Dieser Hintergrund erklärt die Nachfrage vor allem im franziskanischen Umfeld

14 Diese Texte sind jetzt auch auf Latein und in italienischer Übersetzung zusammengetragen in Sergio PAGANO, Peregrinatio Sancta. Le bolle di indizione dei giubilei ordinari (1300–2000), Roma 2016, S. 208–213.

15 La storia dei giubilei, Bd. 1: 1300–1423, hg. von Gloria FOSSI, Bd. 2: 1450–1575, hg. von Marcello FAGIOLO/Maria-Luisa MADONNA, Roma 1997.

16 Speziell zum Heiligen Jahr 1500 siehe Chiara MERCURI, L'*Itinerarium Urbis Romae* di Mariano da Firenze: un vademecum per il pellegrino degli inizi del Cinquecento, in: Una ›Gerusalemme‹ toscana sullo sfondo di due giubilei: 1500–1525, Atti del Convegno di Studi, San Vivaldo, Montaione, 4–6 ottobre 2000, hg. von Sergio GENSINI (La Gerusalemme in Occidente 1), Firenze 2004, S. 83–92; Annibale ILARI, L'indulgenza centenaria di Alessandro VI, in: Roma dei Giubilei. Storie e curiosità tra sacro e profano, hg. von Willy POCINO, Roma 2000, S. 87–109 und Nine R. MIEDEMA, Von römischen Ablässen, Einblattdrucken und Holzschnitten. Die Bulle *Inter curas multiplices* zum Jubeljahr 1500 (GW 906), in: Geistliche Literatur des Mittelalters und der Frühen Neuzeit. Festgabe für Rudolf Suntrup, hg. von Volker HONEMANN/Nine R. MIEDEMA, Frankfurt am Main u. a. 2013, S. 169–186.

17 Zitiert seien hier nur Storia dei giubilei (wie Anm. 15), Bd. 2 und Roma, la città del papa. Vita civile e religiosa dal giubileo di Bonifacio VIII al giubileo di papa Wojtyła, hg. von Luigi FIORANI/Adriano PROSPERI (Storia d'Italia, Annali 16), Torino 2000.

18 Für die Verkündigungsbullen zu den einzelnen Heiligen Jahren siehe zuletzt PAGANO, Peregrinatio (wie Anm. 14).

19 Die Authentizität dieses Ablasses ist bis heute umstritten. Siehe zuletzt Roberto PACIOCCO, »Tantum sufficit mihi verbum vestrum«. I frati Minori, il Perdono di Assisi e le indulgenze, in: Bausteine zur deutschen und italienischen Geschichte. Festschrift zum 70. Geburtstag von Horst Enzensberger, hg. von Maria STUIBER/Michele SPADACCINI (Schriften aus der Fakultät Geistes- und Kulturwissenschaften der Otto-Friedrich-Universität Bamberg 18), Bamberg 2014, S. 279–299; San Francesco e la Porziuncola: dalla chiesa piccola e povera alla basilica di Santa Maria degli Angeli, hg. von Pietro MESSA, Santa Maria degli Angeli/Assisi 2008 und Il perdono di Assisi. Storia agiografia erudizione, hg. von Stefano BRUFANI (Medioevo francescano. Cataloghi 1), Spoleto 2016.

Abb. 1: 1401 März 11: Papst Bonifaz IX. verleiht dem Klarissenkloster St. Jakob am Anger in München einen Plenarablass *ad instar* der Kirche S. Maria de Portiuncula (S. Maria degli Angeli) in Assisi (München, Bayerisches Hauptstaatsarchiv, KU Angerkloster Urk. 326).

(Abb. 1).[20] Immer wieder erbeten und gewährt wurde auch der Ablass, den die Markuskirche in Venedig genoss.[21]

Ablass wurde schließlich für die verschiedensten Anlässe gewährt: zur Unterstützung des Baus von Kirchen, Hospitälern und Brücken sowie in Anerkennung von frommen Werken und Gebetsübungen (Rosenkranz etc.).[22]

20 Als Beispiel sei der *Ad-instar*-Ablass erwähnt, der am 11. März 1401 durch Papst Bonifaz IX. dem Klarissenkloster St. Jakob am Anger in München verliehen wurde. Demnach gestattete der Papst einen Plenarablass *ad instar* der Kirche S. Maria de Portiuncula (S. Maria degli Angeli) in Assisi jährlich vom Vorabend des Festes St. Petri ad vincula bis zum dritten Tag nach dem Fest (31. Juli bis 4. August), wozu die Äbtissin zehn Ordens- oder Weltpriester zum Beichtehören bestellen durfte: München, Bayerisches Hauptstaatsarchiv, KU Angerkloster Urk. 326 (https://www.historisches-lexikon-bayerns.de/Lexikon/Ablass_(Mittelalter); Stand 08.11.2016) (Abb. 1).

21 Karlheinz Frankl, Papstschisma und Frömmigkeit. Die »Ad instar-Ablässe«, in: Römische Quartalschrift 72, 1977, S. 57–124, 184–247. Erleichtert wird die Suche der *indulg. ad instar* in der Datenbank des Repertorium Germanicum (wie Anm. 4).

22 Paulus, Geschichte (wie Anm. 6), Bd. 2, S. 175 ff., 182 ff.

Die Tragweite des Ablasses variierte, je nachdem ob er als Partikular- oder als Plenarablass erlassen wurde: Teilablässe wurden mit Tages-, Quadragenen- und Jahresangaben versehen, während ein vollkommener Ablass nach Reue und Beichte Sündenstrafen erließ. Bei den Plenarablässen findet man immer wieder die an sich verpönte, da missverständliche Formel *a pena et a culpa* (»von Strafe und Schuld«), wobei die Theologen stets klarmachten, dass »durch den Ablass nicht die Sündenschuld, sondern die Sündenstrafe nachgelassen werde«.[23] Auf die vermeintliche Arithmetisierung des Ablasses wird noch zurückzukommen sein.

Auf lokaler Ebene ging die Nachfrage oft von den Pfarrkirchen und Bruderschaften aus; bei Kirchenbauablässen von den diversen Bauträgern, wobei man jüngst beobachtet hat, dass die Klöster sich zurückhielten.[24] Für Reliquienfeste wie die in Magdeburg, Wittenberg und Halle wurden an der Kurie eigens Reliquienablässe eingeholt.[25]

Was die von kurialen Behörden (Kanzlei, Kammer, Pönitentiarie) ausgegebenen Beichtbriefe (*littere confessionales*) betrifft, unterscheidet Andreas Meyer[26] aufgrund seiner Studien zu den Kanzleiregeln (*Liber Cancellariae apostolicae*) zwei Typen: diejenigen ohne Ablass in der Todesstunde (Serie I) und diejenigen mit einer solchen Option (Serie II). Die Adressaten erhielten individuell das Recht zur freien Wahl eines nicht an die Pfarrei gebundenen Beichtvaters und zur Absolution von Sünden – inklusive einiger bischöflicher und päpstlicher Reservatfälle[27] – in der Todesstunde. Daneben gab

---

23 Siehe zu der Formel PAULUS, Geschichte (wie Anm. 6), Bd. 2, S. 105–113, Bd. 3, S. 277–296 (Zitat S. 279) sowie SHAFFERN, Treasury (wie Anm. 7), S. 148–159, hier S. 170 (mit dem Fazit S. 158: »Thus, the sources nearly universally agree that the phrase *a pena et a culpa* was simply a vulgar expression for plenary indulgences.«).

24 BÜNZ, Ablässe (wie Anm. 4) (im Druck). Zu den Klöstern siehe auch Andreas REHBERG, Der Ordensklerus im Repertorium Germanicum – erste Beobachtungen, in: Friedensnobelpreis und historische Grundlagenforschung. Ludwig Quidde und die Erschließung der kurialen Registerüberlieferung, hg. von M. MATHEUS (Bibliothek des Deutschen Historischen Instituts in Rom 124), Berlin/Boston 2012, S. 323–362, hier S. 351–353.

25 Zu den Reliquien und den sie betreffenden Ablässen siehe Philippe CORDEZ, Schatz, Gedächtnis, Wunder. Die Objekte der Kirchen im Mittelalter, Regensburg 2015, besonders S. 41–55 und Hartmut KÜHNE, Ablassvermittlung und Ablassmedien um 1500. Beobachtungen zu Texten, Bildern und Ritualen um 1500 in Mitteldeutschland, in: Ablasskampagnen (wie Anm. 4) (im Druck).

26 Andreas MEYER, Beobachtungen zu den Ablass- und Beichtbriefen der päpstlichen Kanzlei, in: Ablasskampagnen (wie Anm. 4) (im Druck). Die Pönitentiarie gab Beichtbriefe seit dem ausgehenden 13. Jahrhundert aus, wobei erst Sixtus IV. 1471 seinem Großpönitentiar generell das Recht verlieh, Beichtbriefe auszustellen: Emil GÖLLER, Die päpstliche Pönitentiarie von ihrem Ursprung bis zu ihrer Umgestaltung unter Pius V., 2 Bde. (Bibliothek des Preußischen Historischen Instituts in Rom 3–4, 7–8), Roma 1907–1911, hier Bd. 2,2, S. 8; vgl. Ludwig SCHMUGGE, Die Beichtbriefe der Pönitentiarie, in: Ablasskampagnen (wie Anm. 4) (im Druck). Zu neuen Quellen aus dem Archiv der Pönitentiarie vgl. Arnold ESCH, Wahre Geschichten aus dem Mittelalter. Kleine Schicksale selbst erzählt in Schreiben an den Papst, München 2010.

27 Die katholische Kirche unterscheidet lässliche Sünden von Todsünden. Erstere ziehen zeitliche Strafen auf der Erde oder im Fegefeuer nach sich, werden aber von Gott vergeben, wenn der Sünder sie ihm im Gebet

es noch zwei Arten nichtpäpstlicher Beichtbriefe, die aufgrund einer päpstlichen Ermächtigung von Dritten für die Veranstaltung von Ablasskampagnen erlassen wurden. Zum einen waren dies vor allem Träger von Kirchenbauten (Serie III). Außerdem gab es die sogenannten Bruderschaftsbriefe (Serie IV). Letztere wurden vor allem von Ritter- und Hospitalsorden erlassen, die auf ein schon älteres Instrument für ihre militärischen beziehungsweise karitativen Aufgaben zurückgriffen, und zwar die der sie unterstützenden *confraternitates*.[28] *Übrigens wurde n*icht immer vom Papst das gewährt, worum man suppliziert hatte. So wurde mitunter die Dauer der Gültigkeit eines Ablasses – etwa von fünf auf drei Jahre – heruntergestuft. Hier zeigt sich doch ein gewisses Korrektiv an der Kurie, die allzu forschen Forderungen seitens der Petenten einen Riegel vorschob.

Für die von den Päpsten und ihren Dikasterien ausgegebenen Ablässe wurde die Zahlung von Kompositionen (Entschädigungsleistungen) an die Datarie erwartet, deren Rechnungsführung weitgehend verloren ist.[29] Auf der Einnahmenseite der Kurie sind

---

unter aufrichtiger Reue bekennt. Todsünden wie Unglaube, Hass gegen den Nächsten, Ehebruch, schwerer Diebstahl oder Mord führen zur ewigen Verdammnis. Einige von ihnen galten als Reservatfalle und bedurften in diesem Fall der Absolution seitens von Bischöfen beziehungsweise – im schlimmsten Fall wie bei Häresie – seitens des Papstes. Vgl. Johannes DIETTERLE, Die Summae confessorum (sive de casibus conscientiae), in: Zeitschrift für Kirchengeschichte 24, 1903, S. 353–374, 520–548; 25, 1904, S. 248–272; 26, 1905, S. 59–81, 350–362; 27, 1906, S. 70–83, 166–188, 296–310, 433–442; 28, 1907, S. 401–431; OHST, Pflichtbeichte (wie Anm. 9), *ad indicem* (»Todsünde/lässliche Sünde«) sowie Friederike NEUMANN, Öffentliche Sünder in der Kirche des späten Mittelalters. Verfahren – Sanktionen – Rituale (Norm und Struktur. Studien zum sozialen Wandel in Mittelalter und Früher Neuzeit 28), Köln/Weimar/Wien 2008, besonders S. 108–112 (Unterkapitel »Ablässe und die Behandlung öffentlicher Sünder«).

28 Andreas REHBERG, *Nuntii – questuarii – falsarii*. L'ospedale di S. Spirito in Sassia e la raccolta delle elemosine nel periodo avignonese, in: Mélanges de l'École française de Rome. Moyen Âge 115, 2003, S. 41–132; Andreas REHBERG, »Ubi habent maiorem facultatem ... quam papa«. Der Heilig-Geist-Orden und seine Ablasskampagnen um 1500, in: Ablasskampagnen (wie Anm. 4) (im Druck). Zu der Kategorie der Ritter- und Hospitalsorden insgesamt siehe Andreas REHBERG, Una categoria di ordini religiosi poco studiata: gli ordini ospedalieri. Prime osservazioni e piste di ricerca sul tema »centro e periferia«, in: Gli ordini ospedalieri tra centro e periferia. Giornata di studio, Roma, Istituto Storico Germanico, 16 giugno 2005, hg. von Anna ESPOSITO/Andreas REHBERG (Ricerche dell'Istituto Storico Germanico di Roma 3), Roma 2007, S. 15–70, hier S. 57–63. Zu den Ritterorden siehe Axel EHLERS, Die Ablasspraxis des Deutschen Ordens im Mittelalter (Quellen und Studien zur Geschichte des Deutschen Ordens 64), Marburg 2007 und zuletzt Karl BORCHARDT, Late Medieval Indulgences for the Hospitallers and the Teutonic Order, in: Ablasskampagnen (wie Anm. 4) (im Druck).

29 Zu den Kompositionen siehe Götz-Rüdiger TEWES, Die päpstliche Datarie um 1500, in: Stagnation oder Fortbildung? Aspekte des allgemeinen Kirchenrechts im 14. und 15. Jahrhundert, hg. von Martin BERTRAM (Bibliothek des Deutschen Historischen Instituts in Rom 108), Tübingen 2005, S. 159–180, hier S. 163 ff.; THALMANN, Ablassüberlieferung (wie Anm. 4), S. 219 ff. Siehe allgemein zur Datarie, deren Rechnungsführung weitgehend untergegangen ist, Aloys SCHULTE, Die Fugger in Rom, 1495–1523, mit Studien zum kirchlichen Finanzwesen jener Zeit, 2 Bde., Leipzig 1904, hier Bd. 1, S. 15, 78 (Der Datar gab sich beim Ablass für Annaberg im Mai 1517 mit einer Komposition von 1600 Dukaten zufrieden) und zuletzt Ludwig SCHMUGGE, The Cost of Grace. The Composition Fees in the Penitentiary, c. 1450–1500, in: Church and

die Anteile an den Eingängen aus den Ablasskampagnen zu verbuchen, die die päpstlichen Kollektoren nach Rom überwiesen. Christiane Schuchard hat die fragmentarisch bekannten Erträge von Kreuzzugspredigt und Ablass nach Ländern und Pontifikaten (von Martin V. bis Leo X.) zusammengestellt, die einen Höhepunkt unter Sixtus IV. mit 218.156 Kammergulden ausweisen, wobei der Löwenanteil aus den iberischen Königreichen und aus Italien kam (das Reich steuerte nur 3,1 % bei).[30]

Wie schon angedeutet, stellten neben dem Papst Bischöfe und Kardinäle sogenannte Sammelindulgenzen aus, die allein schon aufgrund der zahlreichen Siegel einen besonderen medialen Effekt besaßen (Abb. 2).[31] Päpstlichen Ablassbriefen dagegen fehlt meist eine auffallende Bemalung, die in jedem Fall Sache des Ablassnehmers war. Immerhin konnten die Initialen besonders schön (meist monochrom) ausgestaltet sein. Bei diesen selteneren päpstlichen Stücken sind die heraldischen Elemente auffallend, wobei das Wappen des jeweils regierenden Papstes auch ein besonderes symbolisches Band zwischen diesem und dem Ablassnehmer herstellte.[32]

Hatten die Päpste die oben genannten Beichtbriefe zunächst *ad personam* verliehen, konnten diese jetzt in ihrem Namen zunehmend auch von anderer Seite – insbesondere von Legaten oder Vertretern der Hospitals- und Ritterorden – verliehen werden. Die

Belief in the Middle Ages. Popes, Saints and Crusades, hg. von Kirsi Salonen/Sari Katajala-Peltomaa Amsterdam 2016, S. 39–62.

30 Christiane Schuchard, Die päpstlichen Kollektoren im späten Mittelalter (Bibliothek des Deutschen Historischen Instituts in Rom 91), Tübingen 2000, S. 138 (Tabelle 15). Vgl. insgesamt zur Rolle der Kollektoren bei der Erhebung von Ablassgeldern Schuchard, Kollektoren (wie Anm. 30), S. 123–148. Zu Unstimmigkeiten zwischen den Angaben bei Tewes (s. unten Anm. 71) und Schuchard siehe Peter Wiegand, Der päpstliche Kollektor Marinus de Fregeno († 1482) und die Ablasspolitik der Wettiner. Quellen und Untersuchungen (Quellen und Materialien zur sächsischen Geschichte und Volkskunde 5), Leipzig 2015, S. 122.

31 Die Abb. 2 betrifft eine für einen Altar in der Klosterkirche Weingarten ausgestellte Sammelindulgenz (9. September 1490) von 19 Kardinälen mit je einem 100-tägigen Ablass (macht insgesamt 1.900 Tage pro angezeigtem Festtag aus): Landesarchiv Baden-Württemberg, Abteilung Hauptstaatsarchiv Stuttgart, H 52 U 27 (https://www.deutsche-digitale-bibliothek.de/item/SZSMT4KBCHVF47PJUGF3K5QMQ3J42SXP; Stand 08.11.2016). Ein zweites Beispiel: Am 28. März 1476 erteilten Kardinal Guillaume d'Estouteville (Kardinal 1461–1483) und 19 weitere Kardinäle der Kirche St. Lorenz in Nürnberg für Kirchenbesuch und Almosen an zahlreichen Tagen einen Ablass von jeweils 100 Tagen (insgesamt 2.000 Tage). Die Löcher am Rand der Urkunde weisen auf ihren öffentlichen Aushang hin: Staatsarchiv Nürnberg, Kirchenurkunden Nr. 137 (https://www.historisches-lexikon-bayerns.de/Lexikon/Ablass_(Mittelalter); Stand 08.11.2016). Vgl. weitere Beispiele in Alltag und Frömmigkeit (wie Anm. 7), S. 381–394 sowie in Jan Hrdina/Milada Studničková, Frömmigkeit in Schrift und Bild: Illuminierte Sammelindulgenzen im mittelalterlichen Mühlhausen, Petersberg 2014. Literaturangaben zur Diplomatik der Ablassurkunden bietet Wiegand, Kollektor (wie Anm. 30), S. 13 Anm. 24. Zu der Gattung der Sammelindulgenzen siehe außerdem Alexander Seibold, Sammelindulgenzen. Ablassurkunden des Spätmittelalters und der Frühneuzeit (Archiv für Diplomatik, Schriftgeschichte, Siegel- und Wappenkunde. Beihefte 8), Köln 2001.

32 Auf Beispiele von Ablässen mit heraldischen Elementen wird bei anderer Gelegenheit zurückzukommen sein.

Abb. 2: 1490 Sept. 9: Rodrigo Borgia und 18 weitere Kardinäle verleihen den Besuchern des Sebastiansaltars im Kloster Weingarten für gewisse Festtage je einen 100tägigen Ablass (Landesarchiv Baden-Württemberg, Abt. Hauptstaatsarchiv Stuttgart, H 52 U 27).

Ablasskommissare vergaben Beichtbriefe der Serie III und IV, die zum Teil massenhaft gedruckt wurden.[33] Die Namen wurden in Leerstellen eingetragen.[34]

Die Ablasstheologie des 15. Jahrhunderts brachte keine großen Innovationen. Die großen Kanonisten des 15. Jahrhunderts wie Juan Torquemada sahen kraft der *plenti-*

33 Die für den heutigen Historiker nicht immer einfache Arbeit mit diesen Einblattdrucken siehe Falk Eisermann, Ablass und Buchdruck – neue Funde, neue Forschungen, neue Hilfsmittel, in: Ablasskampagnen (wie Anm. 4) (im Druck).

34 Ein Beispiel: Mit dem am 31. März 1488 in Kaufbeuren für die Eheleute Johannes und Barbara Rott ausgestellten papiernen Beichtbrief des Kardinallegaten Raimund Peraudi war der Ablass in der Sterbestunde verbunden: Kaufbeuren, Spitalarchiv 152 (https://www.historisches-lexikon-bayerns.de/Lexikon/Ablass_(Mittelalter); Stand 11.11.2016).

tudo potestatis nur die päpstlichen Ablässe – und nicht etwa auch die eines Konzils – als Plenarablässe an.[35] Als letzte theologische Herausforderung des 15. Jahrhunderts auf dem Gebiet der Indulgenzen setzte sich unter Sixtus IV. im Jahr 1476 die schon von Thomas von Aquin ventilierte Vorstellung durch, dass Ablass fürbittweise (*per modum suffragii*) auch den Verstorbenen zuwendbar sei.[36] Der wohl besterforschte deutsche Ablasspraktiker des Spätmittelalters ist gewiss der Erfurter Augustinereremit Johannes von Paltz (1445–1511), der als Prediger und Beichtvater an zwei Ablasskampagnen teilgenommen hatte und vom Kurfürsten Friedrich dem Weisen geschätzt wurde. Seine Hauptschriften sind die »Himmlische Fundgrube« und die »Ergänzung« (*supplementum*) zu deren erweiterter lateinischer Fassung (1503), in denen er den Jubelablass gegen die Ablassgegner verteidigte.[37] Der Ordensmann meinte, dass seit den Aposteln niemals mehr Sünder bekehrt wurden, als jetzt in den »glücklichen Zeiten der vollkommensten Ablässe«.[38] Die Zweckbestimmung von Peraudis Kampagne von 1503 war Johannes von Paltz dagegen unwesentlich. In der Zeit von Luthers Thesen dominierten in Rom zwei Spezialisten aus dem Dominikanerorden die offizielle päpstliche Ablasslehre. Zum einen war dies der 1517 zum Kardinal erhobene Thomas Cajetan (Tommaso de Vio, 1469-1534), und zum anderen Silvestro Mazzolini (Prierias), *Magister Sacri Palacii* und theologischer Berater Leos X. Während Prierias, der Verfasser der *Summa summarum* beziehungsweise *Summa sylvestrina* (1514–1515), die Bulle *Exsurge domine* (1520) beeinflusste,[39] war Cajetan für Leos X.

35 Thomas M. Izbicki, Indulgences in Fifteenth-Century Polemics and Canon Law, in: Ablasskampagnen (wie Anm. 4) (im Druck).

36 Zu den Ablässen für Verstorbene siehe aus einer breiten Literatur Nikolaus Paulus, Der Ablass für die Verstorbenen am Ausgang des Mittelalters, in: Zeitschrift für katholische Theologie 24, 1900, S. 249–266; Shaffern, Treasury (wie Anm. 7), S. 159–170.

37 Johannes von Paltz, Werke, bearb. von Berndt Hamm unter Mitarbeit von Christoph Burger und Venicio Marcolino (Spätmittelalter und Reformation), Berlin/New York 1983–1989, hier Bd. 2 (»Supplementum Coelifodinae«).

38 Aus einer breiten Literatur vgl. Berndt Hamm, Frömmigkeitstheologie am Anfang des 16. Jahrhunderts. Studien zu Johannes von Paltz und seinem Umkreis (Beiträge zur historischen Theologie 65), Tübingen 1982; Hartmut Kühne, Ablassfrömmigkeit und Ablasspraxis um 1500, in: Fundsache Luther. Archäologen auf den Spuren des Reformators [Ausstellungskatalog Halle 2008], hg. von Harald Meller, Stuttgart 2008, S. 36–47; Berndt Hamm, Ablass und Reformation – Erstaunliche Kohärenzen, Tübingen 2016, S. 75 (Zitat) und besonders Kapitel 2.2 (»Johannes von Paltz als Ablasstheologe: Auch die Masse der größten Sünder soll durch die Gnadenwirkung der Passion Christi gerettet werden«). Vgl. außerdem noch materialreich Emil Göller, Der Ausbruch der Reformation und die spätmittelalterliche Ablasspraxis. Im Anschluss an den Ablasstraktat des Freiburger Professors Johannes Pfeffer von Weidenberg, in: Freiburger Diözesan-Archiv 45, 1917, S. 1–178.

39 Michael Tavuzzi, Prierias: The Life and Works of Silvestro Mazzolini da Prierio, 1456–1527, Durham/North Carolina 1997; Izbicki, Indulgences (wie Anm. 35) (im Druck).

Ablassdekretale *Cum postquam* vom 9. November 1518 verantwortlich.[40] Diese Autoren bestimmten auch wesentlich den Stand der katholischen Ablasstheologie bis zum Tridentinischen Konzil.

II. Die päpstlichen Ablasskampagnen. Kreuzzugsablass und Petersablass

Wurden Plenarablässe in einem größeren territorialen Bereich einem breiteren Kreis von Gläubigen gepredigt, kann man von Ablasskampagnen sprechen.[41] Hier war der Einsatz von Ablasskommissaren, deren Substituten, sowie von Ablasspredigern nötig. Des Öfteren ist von *quaestores* (Stationierern) die Rede, die seit dem Anfang des 12. Jahrhunderts auftraten und solche Ablassprediger bezeichnen, die mit unlauteren Mitteln arbeiteten und sogar mitunter unautorisiert ihr Handwerk betrieben. Die Beschwerden über sie waren bald allgemein (und auch wieder auf dem IV. Laterankonzil 1215 präsent[42]) und verschafften Chaucer's »Pardoner« in den um 1387 verfassten »Canterbury Tales« zu literarischem Ruhm.[43] Besondere Aufmerksamkeit verdienen die Kampagnen des Ablasskommissars Raimund Peraudi (1435–1505), der 1493 zum Kardinal erhoben wurde und in drei großen Kampagnen (1486/88, 1489/90, 1501/03) das Reich durchzog. Auf dem Nürnberger Reichstag 1501 rang das Reichsregiment mit dem Kardinallegaten

40 Vgl. Paul Kalkoff, Die von Cajetan verfasste Ablassdekretale und seine Verhandlungen mit dem Kurfürsten von Sachsen in Weimar, in: Archiv für Reformationsgeschichte 9, 1911, S. 141–171; Nikolaus Paulus, Die Ablassdekretale Leos X. vom Jahre 1518, in: Zeitschrift für katholische Theologie 37, 1913, S. 394–400. Vgl. auch Bernhard A. R. Felmberg, Die Ablasstheologie Kardinal Cajetans (1469–1534) (Studies in Medieval and Reformation Thought 66), Leiden 1998.

41 Zur Definition siehe Bernd Moeller, Die letzten Ablasskampagnen. Luthers Widerspruch gegen den Ablass in seinem geschichtlichen Zusammenhang [1989], in: Bernd Moeller, Die Reformation und das Mittelalter. Kirchenhistorische Aufsätze, hg. von Johannes Schilling, Göttingen 1991, S. 53–72, hier S. 58; Wilhelm E. Winterhager, Ablasskritik als Indikator historischen Wandels vor 1517: Ein Beitrag zu Voraussetzungen und Einordnung der Reformation, in: Archiv für Reformationsgeschichte 90, 1999, S. 6–71; Wilhelm E. Winterhager, Die erste Werbekampagne am Anbruch der Neuzeit. Zur Ausprägung frühmoderner Werbemethoden in den großen Ablassaktionen um 1500 – eine historische Skizze, in: Ein gefüllter Willkomm. Festschrift für Knut Schulz, hg. von Franz J. Felten/Stephanie Irrgang/Kurt Wesoly, Aachen 2002, S. 517–532; Wiegand, Kollektor (wie Anm. 30), S. 13 spricht von Kampagnen erst ab ca. 1475.

42 Hier reagierte man mit dem Kanon 62, ed. Conciliorum Oecumenicorum (wie Anm. 12), Bd. 2/1, S. 195–197, Z. 1131–1171. Vgl. zum Phänomen Paulus, Geschichte (wie Anm. 6), Bd. 3., u. a. S. 406–420.

43 Alastair Minnis, The Construction of Chaucer's Pardoner, in: Promissory Notes (wie Anm. 6), S. 169–195. Zu beherzigen bei der Abwägung der Klagen über Missbräuche ist die Stereotypisierung der verwerflichen *questuarii*: Swanson, Indulgences (wie Anm. 4), S. 195, 199. Siehe zur Kritik an den »Ablasskrämern« in den Gravamina unten Anm. 104.

um die Bedingungen der Ablassverkündung. Man war im Reich erpicht, die Gelder im Lande zu behalten.[44] Peraudis Markenzeichen war ab 1481 der Einsatz der sogenannten vier Gnaden (vollkommener Ablass, Ablass für die Verstorbenen, Beichtbrief für die Todesstunde, Teilhabe an den Fürbitten der Kirche), womit die geistlichen Anreize eine neue Qualität erreichten.[45]

Das Ablasswesen wird in jüngsten Studien sachlich und unter Berücksichtigung der Zeitumstände vorgestellt. Betrachten wir zunächst den Kreuzzugsablass, der 1291 mit dem Fall Akkons, des letzten Stützpunkts im Heiligen Land, eigentlich seine Berechtigung hätte verlieren können. Die Türkengefahr hielt das gesamte 15. Jahrhundert in Atem, und der Fall Konstantinopels 1453 schürte die Ängste. Benjamin hat Weber gezeigt, dass der Kreuzzug auch unter Päpsten, die man wie Pius II. (1458–1464) und Sixtus IV. (1471–1484) vorrangig mit Humanismus und Renaissance verbindet, ein dominierendes Anliegen war. Die Niederlagen gegen die in voller Expansion stehenden Osmanen (Nikopolis 1396, Varna 1444) zwangen das Papsttum zum Handeln, zumal es sich dadurch auch als einzig verbliebene europäische Ordnungsmacht profilieren konnte.[46] Es ist keineswegs so, dass die Ablassgelder stets zweckentfremdet wurden. Die päpstlichen Rechnungsbücher verzeichnen – schwankend je nach den Präferenzen der jeweiligen Päpste – Zahlungen für die Ausrüstung von Galeeren sowie für Direkthilfen an die bedrohten Grenzländer wie Ungarn und Albanien (Despotat Arta) und – in geringerem Maße – an die Seerepublik Venedig. Allerdings kam der Kreuzzugsablass nicht nur gegen Muslime zum Tragen, sondern wurde bekanntlich in Böhmen auch gegen die Hussiten und später im Baltikum gegen die Russen eingesetzt. Die Hussitengefahr schien manchem Papst sogar dringlicher.[47] Bei der Ausweitung der Fronten geriet die Rückeroberung Jerusalems aus dem Blick, die aber in der Rhetorik präsent blieb.[48] Der Unterhalt einer eigenen päpstlichen Flotte war kostspielig, auch wenn sie meist nur aus angepachteten Schiffen bestand. Zur Finanzierung der Unternehmungen dienten die Kreuzzugsaufrufe, die allerdings die Christen und den Klerus auch mit weiteren Abgaben belasteten (mit Kreuzzugszehnten). Allein mit Ablassgeldern hätte kein Feldzug

44 Bruno Gebhardt, Die gravamina der Deutschen Nation gegen den römischen Hof. Ein Beitrag zur Vorgeschichte der Reformation, 2. Auflage, Breslau 1895, S. 74f.

45 Die Literatur zu Peraudi ist überbordend. Hartmut Kühne, Raimund Peraudis Reise durch Mitteldeutschland, in: Thüringische und rheinische Forschungen. Bonn – Koblenz – Weimar – Meiningen. Festschrift für Johannes Mötsch zum 65. Geburtstag, hg. von Norbert Moczarski/Katharina Witter, Leipzig/Hildburghausen 2014, S. 109–124; Wiegand, Kollektor (wie Anm. 30), S. 22.

46 Benjamin Weber, Lutter contre les turcs. Les formes nouvelles de la croisade pontificale au XVe siècle (Collection de l'École française de Rome 472), Rome 2013, S. 48.

47 Weber, Lutter (wie Anm. 46), S. 75.

48 Weber, Lutter (wie Anm. 46), S. 261, 495ff.

gegen die Türken geführt werden können.[49] Die Widerstände der um ihre Souveränität besorgten weltlichen Mächte machten aber gezielte Aktionen weitgehend zunichte.

Den Kreuzzugsablass erhielten nicht nur die aktiven Kämpfer, sondern alle Gläubigen, die unter Beachtung der Auflagen (Reue und Beichte) einen monetären Beitrag leisteten. Diese Spende richtete sich nach den finanziellen Möglichkeiten des Ablassnehmers, was in der Praxis zu einigen Verwerfungen führte, da die Ablassprediger bei den ohnehin recht moderaten Tarifen auf Masse setzten.[50] Auch wenn es bis heute keine durchgehende Übersichten über die wirklichen Erträge aus den Kreuzzugsablässen gibt, kann man ihre Höhe – auch mit Blick auf die enormen Kosten der Kriegsführung[51] – doch eher als überschaubar einstufen. Die unter Pius II. der Kreuzzugskasse zugeführten Einnahmen aus dem Alaun-Monopol, das das Papsttum aufgrund der 1462 entdeckten Alaunvorkommen in den Bergen von Tolfa nördlich von Rom reklamierte, waren gewiss wichtiger.[52] Die Kreuzzugsablässe waren aber auch ein unverzichtbares psychologisches Instrument dafür, den Kreuzzugsgedanken bei den Massen populär zu halten.[53] Besonders nach der zeitweisen türkischen Besetzung der süditalienischen Stadt Otranto im Jahr 1480 schürten die Ablassprediger die Angst mit Berichten von Greueltaten der Türken und mit theatralisch angereicherten medialen Effekten.[54]

Um die Ablasskampagnen ihrer Kommissare zu befördern, griffen die Päpste zu einem Mittel, das mit der Zeit zu großem Verdruss unter den Gläubigen führte und auch bei Luther widerhallen sollte: Sie suspendierten die von ihren Vorgängern den Kirchen und anderen geistlichen Instituten gewährten Plenarablässe. Dies taten Pius II. 1459, Paul II. 1469, Sixtus IV. 1480, Innozenz VIII. 1487, Alexander VI. 1498. Als automatisch exkommuniziert galten diejenigen, die die alten Ablässe weiterhin verkündeten.[55] Auch wenn diese Suspendierungen nur für die Dauer der jeweiligen Ablasskampagne beziehungsweise des Heiligen Jahres galten, fühlten sich doch nicht wenige Gläubige sprichwörtlich betrogen.

49 Weber, Lutter (wie Anm. 46), S. 218.

50 Weber, Lutter (wie Anm. 46), S. 251, 253, 292 ff., 331 ff.

51 Weber, Lutter (wie Anm. 46), S. 239, 259–263, 299.

52 Weber, Lutter (wie Anm. 46), S. 315 ff. Zum Alaun-Monopol siehe auch Le monopole de l'alun pontifical à la fin du Moyen Âge, in: Mélanges de l'École française de Rome 126.1, 2014 (http://mefrm.revues.org/1567; Stand 09.11.2016).

53 Weber, Lutter (wie Anm. 46), S. 212 ff., 235 ff., 421.

54 Weber, Lutter (wie Anm. 46), S. 418 ff. (zu den Drucken: S. 420 Anm. 32, 424 ff.). Vgl. La conquista turca di Otranto (1480) tra storia e mito. Atti del convegno internazionale di studio, Otranto – Muro Leccese, 28–31 marzo 2007, hg. von Hubert Houben, Galatina/Lecce 2008.

55 Paulus, Geschichte (wie Anm. 6), Bd. 3., S. 401, 402, 405; Meyer, Beobachtungen (wie Anm. 26) (im Druck); Schmugge, Beichtbriefe (wie Anm. 26) (im Druck).

Ein weiteres öffentliches Ärgernis waren die falschen »Ablasskrämer«, die mit gefälschten Papieren und Urkunden ihr Unwesen trieben.[56] Manchmal staunt man ob ihrer Unverfrorenheit. Da gerade bei den kleineren Hospitalsorden ein erbitterter Konkurrenzkampf herrschte, war der Betrugsvorwurf gegenüber den Rivalen ein offenbar weit verbreitetes Mittel der Diskreditierung.[57]

Als die päpstliche Ablasskampagne schlechthin im Vorfeld der Reformation gilt die Predigt des Ablasses zur Unterstützung des Neubaus der Peterskirche.[58] Dabei war die Vorgeschichte und Umsetzung des Unternehmens sehr komplex.[59] Im Mittelpunkt des Geschehens stand Albrecht von Brandenburg (1490–1545), der blutjunge Hohenzollernsprößling, der ab 1513 in rascher Folge die Bischofsstühle in Magdeburg, Halberstadt und Mainz besetzte. Die mit dieser auch für die damalige Zeit ungeheuerlichen Ämterkumulation verbundenen, in Rom anfallenden hohen Servitienkosten und Gebühren verlangten eine ausgeklügelte Finanzoperation. Aloys Schulte nahm Albrecht vor dem Vorwurf in Schutz, die Einbeziehung der Ablasseinnahmen selbst vorgeschlagen zu haben, und machte dafür eine geldgierige Riege in höchsten Kurienkreisen verantwortlich.[60] Zentrale Anlaufstelle der Mainzer Bemühungen an der Kurie wurde der aus Berlin stammende Johannes Blankenfeld;[61] aber auch etliche andere deutsche und

56 Swanson, Indulgences (wie Anm. 4), S. 43, 196–198, 267, 414, 453–468.

57 Rehberg, Ubi habent (wie Anm. 28) (im Druck).

58 Die Literatur zum Neubau der Peterskirche ist enorm. Vgl. nur Franz Graf Wolff-Metternich/Christof Thoenes, Die frühen St.-Peter-Entwürfe, 1505–1514, Tübingen 1987; Hubertus Günther, »Als wäre die Peterskirche mutwillig in Flammen gesetzt«: zeitgenössische Kommentare zum Neubau der Peterskirche und ihre Massstäbe, in: Münchner Jahrbuch der Bildenden Kunst 48, 1997, S. 67–112. Christian Hecht, Warum ließ Julius II. die alte Peterskirche abreißen?, in: Kunst und Humanismus. Festschrift für Gosbert Schüßler zum 60. Geburtstag, hg. von Wolfgang Augustyn/Eckhard Leuschner, Passau 2007, S. 149–168; Federico Bellini, La Basilica di San Pietro da Michelangelo a Della Porta, 2 Bde. (Biblioteca blu. Saggi 5), Roma 2011.

59 Schulte, Fugger (wie Anm. 29); Paulus, Geschichte (wie Anm. 6), Bd. 3, S. 146–152; Wilhelm E. Winterhager, Die Verkündigung des St. Petersablasses in Mittel- und Nordeuropa 1515–1519: Politische Bedingungen und Konsequenzen, in: Ablasskampagnen (wie Anm. 4) (im Druck).

60 Schulte, Fugger (wie Anm. 29), Bd. 1, S. 111, 115, 121. Zu den Hauptverantwortlichen zählt Schulte die Kardinäle Lorenzo Pucci und Francesco Armellini: Schulte, Fugger (wie Anm. 29), Bd. 1, S. 137–140. Vgl. allgemein Götz Rüdiger Tewes, Die Kurie unter dem Medici-Papst Leo X. und die Phase der beginnenden Reformation Luthers: familiäre Interessen statt universaler Pflichten, in: Der Reformator Martin Luther 2017. Eine wissenschaftliche und gedenkpolitische Bestandsaufnahme, hg. von Heinz Schilling (Schriften des Historischen Kollegs, Kolloquien 92) Berlin/München/Boston 2014, S. 3–30. Zur Person des späteren Kardinals (seit 1518) siehe Erzbischof Albrecht von Brandenburg 1490–1545. Ein Kirchen- und Reichsfürst der Frühen Neuzeit, hg. von Friedhelm Jürgensmeier, Frankfurt am Main 1991.

61 Wilhelm Schnöring, Johannes Blankenfeld. Ein Lebensbild aus den Anfängen der Reformation (Schriften des Vereins für Reformationsgeschichte 86), Halle 1905; Christiane Schuchard, Johann Blankenfeld († 1527). Eine Karriere zwischen Berlin, Rom und Livland, in: Berlin in Geschichte und Gegenwart. Jahrbuch des Landesarchivs Berlin 2002, S. 27–56.

italienische Kuriale und Fugger-Vertreter waren involviert.[62] Für acht Jahre durfte in halb Deutschland kein weiterer Ablass mehr verkündet werden. Aber die Briefregister des Vatikans zeigen auch, dass man sich nicht immer daran gehalten hat und es im restlichen Heiligen Römischen Reich noch viele alternative Ablassangebote gab, wobei häufig die Fugger mit im Spiel waren. Zu nennen wären neben der Mission des bis nach Skandinavien wirkenden Kommissars Giovanni Angelo Arcimboldi († 1555) der Ablass zugunsten des Konstanzer Münsters und der für den Bau der Dominikanerkirche zu Augsburg sowie die Polen- und Livlandablässe; ganz zu schweigen von kleineren Ablässen für einzelne Kirchen und Reliquien.[63] Stichproben in den vatikanischen Quellen[64] erbringen eine weitere Auffälligkeit: Im Vergleich zu früheren Pontifikaten ging offenbar die Zahl der Pfarrgemeinden, die sich aus eigener Initiative in Rom um Ablass bemühten, zurück. Findet man noch eine Pfarrkirche, dann verdankte sie ihren Ablass meist einem Kurialen, der sich damit einer Ortschaft in der Heimat erkenntlich zeigen wollte, der er persönlich verbunden war. Die Tatsache, dass der Peterskirchenablass keine anderen Ablässe neben sich duldete, dürfte dagegen viele Interessenten im Reich von weiteren Gesuchen um Ablass aus Rom abgeschreckt haben.[65] Der zahlenmäßige Rückgang der Nachfrage in Rom kann also vor diesem Hintergrund nicht als ein Beleg für eine in deutschen Landen schon bestehende generelle Ablassmüdigkeit angeführt werden. Dass es in weiten Kreisen aber schon ein starkes Unbehagen gegenüber dem ausufernden Ablasswesen gegeben hat, sei damit keineswegs in Abrede gestellt. In Rom verstand man die Warnzeichen nicht. Ungeachtet der gleich näher zu vertiefenden Verwerfungen im Reich nach dem sogenannten Thesenanschlag Luthers initiierte man Anfang 1518 sogar einen »neuen« Ablass zugunsten des Neubaus von St. Peter.[66] Im Übrigen wurde die Fabbrica di S. Pietro über Jahrhunderte von Ablassgeldern aus Spanien und Portugal mitfinanziert, die dort als sogenannte »Cruzada« quasi wie eine Steuer und ohne große Debatten (da von einer starken Monarchie gestützt!) eingezogen wurden.[67]

---

62 Zu diesem Netzwerk vgl. Schulte, Fugger (wie Anm. 29), Bd. 1, S. 104ff.

63 Schulte, Fugger (wie Anm. 29), Bd. 1, S. 66ff., 134ff., 155ff.; Winterhager, Verkündigung (wie Anm. 59) (im Druck).

64 Es fehlt bis heute eine vollständige Übersicht über die von Leo X. verliehenen Ablässe. Man muss sich auch vor Augen halten, dass Ablässe seit dem frühen 16. Jahrhundert nicht mehr nur als *littera*, sondern als *breve* ausgestellt wurden.

65 Schulte, Fugger (wie Anm. 29), Bd. 1, S. 66.

66 Schulte, Fugger (wie Anm. 29), Bd. 1, S. 62ff.

67 John Edwards, »España es diferente«? Indulgences and the Spiritual Economy in Late Medieval Spain, in: Promissory Notes (wie Anm. 6), S. 147–168 und Renata Sabene, La Fabbrica di San Pietro in Vaticano. Dinamiche internazionali e dimensione locale, Roma 2012, S. 33–69. Siehe zur Applikation der »Cruzada« auch unten Anm. 127.

III. Päpstlicher Ablass vor Ort – *Divide et impera*

Es gibt immer wieder Versuche, die Ausgabe von Ablässen durch die Kurie zu quantifizieren. In großem Stil hat dies Jan Hrdina getan.[68] Seit dem Großen Abendländischen Schisma ist ein enormer Zuwachs der Nachfrage von Plenarindulgenzen zu verzeichnen.[69] John A. F. Thomson stellte 1980 fest, dass gegenüber den Zeiten eines Martin V. unter Eugen IV. und vor allem unter Pius II. und Sixtus IV. mehr Ablässe verliehen wurden.[70] Auch Götz Rüdiger Tewes hat wiederholt Tendenzen und Konjunkturen vorgestellt.[71] Kaum fassbar sind die Ablässe der Kardinallegaten und aller anderen Nuntien, die als verlängerter Arm des Papstes fungierten und die Vollmacht zur Erteilung von Ablass unter ihren Fakultäten erhielten.[72] Diese dezentral vergebenen Ablässe und Beichtbriefe müssten systematisch in örtlichen Archiven gesammelt werden.

Die professionell organisierten Ablasskampagnen hatten mit der Errichtung eines Kreuzes, dem Einsatz von Fahnen (wieder mit Papstwappen) sowie mit Prozessionen Eventcharakter und boten auch durch die Ausgabe von Beichtbriefen Anreize, die die üblichen Ablässe in den Schatten stellten. Alle damals möglichen Werbeformen wurden eingesetzt, inklusive volkssprachlicher Übersetzungen und der gerade entwickelten Druckmedien, sodass man geradezu vom »Ablass als Medienereignis« gesprochen hat.[73] Ein Wegbereiter war der als Gesandter König Johanns II. von Zypern durch Europa

68 Jan Hrdina, Päpstliche Ablässe im Reich unter dem Pontifikat Bonifaz' IX. (1389–1404). Erste quantitative Ergebnisse, in: Wallfahrt und Reformation – Pout' a reformace. Zur Veränderung religiöser Praxis in Deutschland und Böhmen in den Umbrüchen der Frühen Neuzeit, hg. von Jan Hrdina/Hartmut Kühne/Thomas T. Müller (Europäische Wallfahrtsstudien 3), Frankfurt am Main u. a. 2007, S. 109–130.

69 Wiegand, Kollektor (wie Anm. 30), S. 20.

70 John A. F. Thomson, Popes and Princes 1415–1517: Politics and Polity in the Late Medieval Church, London 1980, S. 87. Vgl., was das Reich betrifft, im Vorgriff auf das neue, vor dem Abschluss stehende Repertorium Germanicum Bd. X zum Pontifikat Sixtus' IV. noch Emil Göller, Deutsche Kirchenablässe unter Papst Sixtus IV., in: Römische Quartalschrift für christliche Altertumskunde und Kirchengeschichte 31, 1923, S. 55–70.

71 Götz-Rüdiger Tewes, Die römische Kurie und die europäischen Länder am Vorabend der Reformation (Bibliothek des Deutschen Historischen Instituts in Rom 95), Tübingen 2001, *ad indicem* (»Ablass«). Allerdings ist seine auf den »Indici« des Vatikanischen Archivs fußende Quellengrundlage gerade bei den Ablässen nicht unproblematisch.

72 Zu den Legaten und ihren Fakultäten siehe z. B. Panagiotis Kourniakos, Die Kreuzzugslegation Kardinal Bessarions in Venedig (1463–1464), Diss. masch., Köln 2009 (online: http://d-nb.info/1046203622/34; Stand 11.11.2016).

73 Falk Eisermann, Der Ablass als Medienereignis. Kommunikationswandel durch Einblattdrucke im 15. Jahrhundert. Mit einer Auswahlbibliographie, in: Tradition and Innovation in an Era of Change. Tradition und Innovation im Übergang zur Frühen Neuzeit, hg. von Rudolf Suntrup/Jan R. Veenstra (Medieval to Early Modern Culture. Kultureller Wandel vom Mittelalter zur Frühen Neuzeit 1), Frankfurt am Main u. a. 2001, S. 99–128. Vgl. Wiegand, Kollektor (wie Anm. 30), S. 53 (zu volkssprachlichen Transsumpten), 61 (gedruckte Formulare).

reisende Paulinus Chappe, der 1452 in Mainz – vermutlich in der Offizin Johannes Gutenbergs – seine päpstlicherseits bewilligten Ablassbriefe in großer Auflage drucken ließ, die zu den ersten Einblattdrucken überhaupt gehören.[74]

Peter Wiegand hat jüngst das Wirken des päpstlichen Kollektors Marinus de Fregeno († 1482) und die Ablasspolitik der Wettiner nachgezeichnet. Marino war ein geschätzter Humanist, mit einigen menschlichen Unzulänglichkeiten.[75] Es ist hier nicht der Ort, die Einzelheiten der Kampagne, die von 1457 bis 1460 andauerte, Revue passieren zu lassen. Entscheidend für ihren Erfolg war die »Vernetzung mit lokalen Akteuren«.[76] Dazu gehörten im Falle Marinos die wettinischen Fürsten, die ihre jeweiligen Einzelinteressen verfolgten und an den Ablasseinnahmen beteiligt wurden, wobei auch hier formell die frommen Zwecke beziehungsweise die Nützlichkeit der Verwendung der Ablassgelder betont wurde.[77] Sie waren nämlich für die Verteidigung gegen die Hussitengefahr bestimmt und konnten deshalb auch in den Bau von Festungsanlagen fließen.[78] Wiegand konstatiert: »Obwohl meist zwischen einem Drittel und der Hälfte der Erträge nach Rom abzugeben waren, entwickelten sich die päpstlichen Ablässe für lokale Anbieter zu einem lukrativen Geschäft«.[79]

Wie schon Arnold Esch für den Ablasskommissar Angelo de' Cialfis, der in den Jahren 1470–1472 das Reich bereiste,[80] gibt auch Wiegand interessante Details zu Verlauf und Organisation der Ablasskampagne des Marino, die zeigen, dass neben der römischen Überlieferung auch stets die örtlichen Quellen herangezogen werden müssen. Wir kennen so nicht nur die Einnahmen in Münzen und Sachwerten,[81] sondern dank zweier Listen die Einsatzorte der Ablassprediger und die Namen von vielen hundert Spendern.[82] Wiegand geht aufgrund einer detaillierten Kalkulation von 90.000 Ablassnehmern aus. Dies ist eine enorm hohe Zahl und erklärt sich durch die Einbeziehung

74 Siehe zu den Einzelheiten Günter Hägele, Paulinus Chappes Besuch beim Mainzer Erzbischof Dietrich von Erbach und der Druck der 31-zeiligen Ablassbriefe (GW 6556 / VE 15 C-15), in: Gutenberg-Jahrbuch 87, 2012, S. 93–104. Vgl. auch Kai-Michael Sprenger, »Volumus tamen, quod expressio fiat ante finem mensem Maii presentis«. Sollte Gutenberg 1452 im Auftrag Nikolaus von Kues' Ablassbriefe drucken?, in: Gutenberg-Jahrbuch 74, 1999, S. 42–57.

75 Zur Person siehe Wiegand, Kollektor (wie Anm. 30), S. 32 ff. (33: war Humanist), Exkurse 1–2.

76 Wiegand, Kollektor (wie Anm. 30), S. 11.

77 Wiegand, Kollektor (wie Anm. 30), S. 17–23, 92 ff.

78 Wiegand, Kollektor (wie Anm. 30), S. 50 (zur Befestigung der Riesenburg).

79 Wiegand, Kollektor (wie Anm. 30), S. 21.

80 Arnold Esch, Aus dem Alltag eines Ablasskollektors – Eine Reise durch Deutschland, die Niederlande und Österreich anhand der Buchführung 1470–1472, in: Päpste, Pilger, Pönitentiarie. Festschrift für Ludwig Schmugge zum 65. Geburtstag, hg. von Andreas Meyer/Constanze Rendtel/Maria Wittmer-Butsch, Tübingen 2004, S. 109–134.

81 Wiegand, Kollektor (wie Anm. 30), S. 57.

82 Wiegand, Kollektor (wie Anm. 30), S. 51 ff. (Kapitel 1.4), S. 203–244 (zwei Verzeichnisse von Ablasseinnahmen mit Spendern von 1458).

der Kleinstspender, denn einem Unbemittelten wurde Ablass quasi gratis gewährt.[83] Marino de Fregeno warnte davor, dass eine Beteiligung der weltlichen Obrigkeit an den Einnahmen die Akzeptanz des Ablasses verringern könnte.[84] Und in der Tat lässt sich anhand der wettinischen Ablasspolitik im 15. und frühen 16. Jahrhundert zeigen, wie sehr das Einwirken der Obrigkeiten das vorreformatorische Ablasswesen belastete.

Hinzu kamen die konkurrierenden Ablassanbieter. Zu nennen wären vor allem die Hospitalsorden der Antoniter und vom Heiligen Geist.[85] Die Schwankungen bei der Nachfrage nach Ablass in Rom kann man mit der Entwicklung der Beziehungen zwischen Sachsen und Rom in Relation setzen. Man vergesse nicht, dass man in Sachsen genau registrierte, wie der Papst sich gerade mit dem permanenten Störfaktor Georg Podiebrad, dem umstrittenen König von Böhmen seit 1458, stellte.[86]

Marinos an sich gut dokumentierte Kampagne kann aber auch nicht die Schwierigkeit verdecken, den Erfolg einer Ablasskampagne um 1500 genau zu messen und zu Schlüssen bezüglich ihrer Effizienz zu gelangen.[87] Man sollte aber nicht nur den materiellen Aspekt im Blick haben. Berndt Hamm hat die Stimmen aus dem Lager Peraudis zusammengetragen, die seine Ablasskampagne als pastoralen Erfolg werteten.[88] In der Rückschau meinte Peraudis Subkommissar Dr. Günther von Bünau 1490: »In meiner Zeit als Kommissar hat es über 2000 offenbare Büsser gegeben, Totschläger, Mörder und andere grosse Sünder, die zum grossen Teil ewig in ihren Sünden verblieben wären, [die] wohl schon 30 Jahre lang nicht zur Beichte gegangen sind; und es ist so eine grosse Andacht im christlichen Volk in der Gnade, wie man bislang nie gehört hat.«[89]

Wiegand deutet in seinem Ausblick die geringere Nachfrage nach Ablass am Vorabend der Reformation als Zeichen »der Entfremdung zwischen Sachsen und Rom«.[90] Allerdings wurde der Ablass schon vor dem Auftreten Luthers vielerorts kritisiert –

83 Wiegand, Kollektor (wie Anm. 30), S. 51 ff. (zur Zahl siehe S. 58). Vgl. zur Methodik solcher Berechnungen auch Swanson, Indulgences (wie Anm. 4), S. 369–379.

84 Wiegand, Kollektor (wie Anm. 30), S. 43.

85 Wiegand, Kollektor (wie Anm. 30), S. 94, 101–109, 111, 114.

86 Wiegand, Kollektor (wie Anm. 30), S. 102, 116.

87 Dazu generell auch in Peter Wiegand, Marinus de Fregeno – Raimund Peraudi – Johann Tetzel. Beobachtungen zur vorreformatorischen Ablasspolitik der Wettiner, in: Ablasskampagnen (wie Anm. 4) (im Druck).

88 Hamm, Ablass (wie Anm. 38), S. 85–98.

89 »Seider zeit, das ich commissarius gewest, seint ober 2000 offenbar busser gewest, todsleger, morder und ander grosse sunder, der eyn gross teil ebig in oren sunden verblebin wern, wol bei 30 iarn keyn beicht getan; und ist so eyn gross andacht von dem Cristlichen volke in der genede, das ny zuvormals gehort ist.«: Akten und Briefe zur Kirchenpolitik Herzog Georgs von Sachsen, hg. von Felician Gess, 2 Bde., Leipzig/Berlin 1905–1917, hier Bd. 1, S. LXXIII Anm. 1, zit. in Wiegand, Kollektor (wie Anm. 30), S. 105 und Hamm, Ablass (wie Anm. 38), S. 87.

90 Wiegand, Kollektor (wie Anm. 30), S. 102 (Zitat), 116.

man denke nur an die Katharer, die Waldenser, John Wyclif[91] und Jan Hus sowie einige Mystiker und Vertreter der Devotio moderna.[92] Dabei bedeutete die Kritik nicht immer schon die grundsätzliche Ablehnung des Ablassinstituts. Das Paradox ist perfekt, wenn man an die Reliquienschätze des Kurfürsten Friedrich von Sachsen im Wittenberger Allerheiligenstift denkt, das noch bis 1517 mehrere Ablässe erhielt.[93]

Man hat mit Blick auf die Vielfalt des Ablasses von »Übersättigung des Marktes« gesprochen.[94] Bei genauerem Hinsehen kann man aber feststellen, dass dieser Eindruck sich schon bei Kleinstädten und auf dem breiten Land relativiert. Hartmut Kühne stellt bezüglich der zeitlichen Verteilung der Jubelablässe an einzelnen Orten Mitteldeutschlands von den 1480er Jahren bis 1517 fest, dass es sich um wenige mehrwöchige, höchstens mehrmonatige Zeiträume handelte, zwischen denen meist mindestens ein jubelablassfreies Jahrzehnt lag.[95] Manche Orden scheinen sich bei ihren Almosenfahrten mitunter gerade auf entlegenere Randgebiete, zumal in Bergregionen wie den Alpen, spezialisiert zu haben.[96]

Aussagen über die Gewinnmargen beim Ablassvertrieb sind nicht einfach. Dies gilt sowohl für die kleineren Ordensgemeinschaften und die Hospitäler,[97] wie für die großen Ablasskommissare im päpstlichen Auftrag. Ein beträchtlicher Anteil des Gesammelten ging an die Emissäre selbst und deren Prediger, Beichtväter, Bankiers und das Gefolge. Die Details der Gewinnbeteiligung wurden mit den Subkollektoren in Pachtverträgen geregelt.

Zu inflationären Zahlenangaben in den nicht autorisierten, aber ungemein verbreiteten Rompilgerführern mit den Titeln *Indulgentiae ecclesiarum urbis Romae* beziehungsweise *Mirabilia Romae vel potius Historia et descriptio urbis Romae* stellt deren Editorin Nine Miedema fest, dass diese keinerlei arithmetische Funktion hatten,

---

91 Swanson, Indulgences (wie Anm. 4), S. 296–301. Das Konzil von Konstanz verurteilt am 4. Mai 1415 eine Aussage John Wyclifs: *Fatuum est credere indulgentiis papae et episcoporum*: Conciliorum Oecumenicorum Generaliumque Decreta (wie Anm. 12), S. 554 Z. 334.

92 Vgl. hierzu Paulus, Geschichte (wie Anm. 6), Bd. 2, S. 266 f.; Bd. 3, S. 435–450 sowie Gustav A. Benrath, Ablass, in: Theologische Realenzyklopädie, Bd. 1: Aaron–Agende, hg. von Gerhard Krause/Gerhard Müller, 3. Auflage, Berlin/New York 1993, S. 347–364, hier S. 351–353; Winterhager, Ablasskritik (wie Anm. 41), passim.

93 Wiegand, Kollektor (wie Anm. 30), S. 116; Martin Brecht, Martin Luther, Bd. 1: Sein Weg zur Reformation 1483–1512, Stuttgart 1981, S. 121; vgl. Birgit Luscher, Reliquienverehrung als Symbolsystem. Volkskirchliche Praxis und reformatorischer Umbruch: zum Wittenberger Reliquienschatz und zur Transformation des symbolischen Denkens bei Luther (Theologie 86), Münster 2008, S. 5 Anm. 3.

94 Wiegand, Marinus de Fregeno (wie Anm. 87) (im Druck).

95 Kühne, Ablassvermittlung (wie Anm. 25) (im Druck).

96 In Italien und mitunter sogar nördlich der Alpen kamen dabei die sogenannten »Cerretani« (so bezeichnet aufgrund ihrer Herkunft aus dem umbrischen Bergort Cerreto di Spoleto) zum Einsatz. Vgl. hierzu mit weiterführender Literatur Rehberg, Ubi habent (wie Anm. 28) (im Druck).

97 Swanson, Indulgences (wie Anm. 4), S. 96.

sondern nur einen symbolischen Wert.[98] Der von Hartmut Boockmann und Bernhard Schimmelpfennig verwandte Begriff der »Ablassfälschungen« ist auch in anderen Fällen auf die implizierte reale Betrugsabsicht zu hinterfragen.[99]

Ein letzter Aspekt zu den Ablasskampagnen um 1500 verdient noch Erwähnung. Man weiß, dass die Organisatoren Wert darauf legten, qualifizierte Prediger und Beichtväter zu gewinnen. Marino da Fregeno rekrutierte rund 25 Substitute aus dem mitteldeutschen Klerus und auch aus dem Umfeld der Leipziger Universität.[100] Unter Peraudis Subkommissaren befand sich der schon erwähnte ernsthafte Augustinereremit Johannes von Paltz.

IV. Der Ablassstreit von 1517

Wie schon angedeutet, regte sich Kritik am Ablasswesen mitnichten erst unter Martin Luther.[101] Dabei kann man durchaus auch schon Unmut sowohl bei Theologen wie bei Laien feststellen. Brisant wurde die Unzufriedenheit dann, wenn sich Verbindungen zwischen den akademischen und städtischen Eliten ergaben, wie man sie in dem von Jan Hus ausgelösten Prager Ablassstreit im Jahr 1412 erkennen kann, als es in der böhmischen Hauptstadt zu Straßendemonstrationen gegen einen vom Papst der Konzilsobödienz, Johannes XXIII., ausgeschriebenen Kreuzzugsablass kam, der sich gegen einen italienischen Kontrahenten, den König Ladislaus von Neapel, richtete.[102]

Die Luther-Forschung ist sich einig darin, dass der Erfolg der Ablassthesen nur möglich war, da ihm der »Resonanzboden« (Heinz Schilling) schon durch die allge-

98 Nine R. Miedema, ›Gezählte‹ und ›zahlende‹ Frömmigkeit? Die Ablässe in den »Indulgentiae ecclesiarum urbis Romae« um 1500, in: Ablasskampagnen (wie Anm. 4) (im Druck). Vgl. insgesamt Arnold Angenendt/Thomas Braucks/Rolf Busch/Thomas Lentes/Hubertus Lutterbach, Gezählte Frömmigkeit, in: Frühmittelalterliche Studien 29, 1995, S. 1–71.

99 Hartmut Boockmann, Ablassfälschungen im 15. Jahrhundert, in: Fälschungen im Mittelalter. Internationaler Kongress der Monumenta Germaniae Historica, München, 16.–19. September 1986, Teil 5: Fingierte Briefe, Frömmigkeit und Fälschung, Realienfälschungen (Monumenta Germaniae Historica. Schriften 33,5), Hannover 1988, S. 659–668 und Bernhard Schimmelpfennig, Römische Ablassfälschungen aus der Mitte des 14. Jahrhunderts, in: Fälschungen im Mittelalter (wie Anm. 99), S. 637–658. Der besagte methodische Vorbehalt gilt auch für Sabine Griese, Falsche Gulden, gefälschte Ablässe, unerwünschte Bischöfe. Einblattdrucke als publizistische Gattung im Spätmittelalter, in: Verhandlungen des Historischen Vereins für Oberpfalz und Regensburg 137, 1997, S. 49–67.

100 Wiegand, Kollektor (wie Anm. 30) (im Druck).

101 Siehe die Literatur in Anm. 92.

102 Vgl. zuletzt Pavel Soukup, Jan Hus und der Prager Ablassstreit von 1412, in: Ablasskampagnen (wie Anm. 4) (im Druck).

mein verbreitete Ablass-Kritik bereitet war.[103] Die Reichsstände hatten den angeblich immensen Abfluss »deutschen Geldes« an die Kurie im Blick, wobei der Ablass nur einen Posten in einem weit größerem Paket – zu dem auch die Annaten, die Taxen, die Pfründenvergabe usw. gehörten – darstellte, das den Unmut der deutschen Eliten im Klerus und an den Fürstenhöfen erregte. Seit 1457 findet sich in den Gravamina (bald von den Reichstagen als die der »deutschen Nation« apostrophiert) der Vorwurf, dass die papstlichen Ablasskampagnen nur zum Geldmachen dienten.[104] Götz-Rüdiger Tewes hat schon gezeigt, wie verhängnisvoll sich diese – im Vergleich zu anderen Staaten mit weit engeren Kurienkontakten nicht recht nachzuvollziehende – Perzeption der vermeintlichen Ausbeutung auswirkte.[105] Während es die Könige von England, Spanien und Frankreich verstanden, an den Erträgen der in ihren Ländern verkündeten Ablässe gehörig zu partizipieren, hat man jüngst gezeigt, dass gerade die Wettiner in Sachsen sich bei den Ablasskampagnen (zumal der ihres politischen Gegners Albrecht von Brandenburg) als übervorteilt erachteten und aufgrund negativer Erfahrungen bei der Kosten-Nutzen-Rechnung zuletzt eigene landesherrliche Initiativen auf dem Indulgenzen-Markt mieden.[106]

Luther selbst berief sich auf kritische Nachfragen zum Ablass aus der Bevölkerung. Wilhelm Ernst Winterhager kommt daher zum Schluss: »Der volkstümliche, alle Gesellschaftskreise umspannende Ablassverdruss war hiernach der entscheidende Nährboden für Luthers Erfolg.«[107]

103 Genannt seien hier nur Brecht, Martin Luther (wie Anm. 93); Heinz Schilling, Martin Luther: Rebell in einer Zeit des Umbruchs, 2. Auflage, München 2013, S. 157 ff. (Zitat S. 158); Lothar Vogel, Zwischen Universität und Seelsorge. Martin Luthers Beweggründe im Ablassstreit, in: Zeitschrift für Kirchengeschichte 118, 2007, S. 187–212; Thomas Kaufmann, Der Anfang der Reformation. Studien zur Kontextualität der Theologie, Publizistik und Inszenierung Luthers und der reformatorischen Bewegung, Tübingen 2012, S. 169–174 (»Der ablassgeschichtliche Kontext«); Thomas Kaufmann, Erlöste und Verdammte. Eine Geschichte der Reformation, München 2016, besonders S. 69–72, 108–115.

104 Gebhardt, Gravamina (wie Anm. 44), S. 19, 21, 26, 33 (hier zu 1457), 59, 65, 84. Äußerungen speziell gegen die Quästoren (*quaestionarii, stationirer*) siehe Gebhardt, Gravamina (wie Anm. 44), S. 14, 73, 135. Vgl. die Materialien zum Wormser Reichstag (1521) Deutsche Reichstagsakten unter Kaiser Karl V., Bd. 2, bearb. von Adolf Wrede (Deutsche Reichstagsakten. Jüngere Reihe, 2), Gotha 1896, S. 344, 360, 663 f., 678 f., 684 f. und jetzt auch Deutsche Reichstagsakten unter Kaiser Karl V. Die Beschwerden der deutschen Nation auf den Reichstagen der Reformationszeit (1521–1530), bearbeitet von Annelies Grundmann, für den Druck vorbereitet und ergänzt von Rosemarie Aulinger (Deutsche Reichstagsakten. Jüngere Reihe 21), Berlin/München/Boston 2015, S. 219–224 (zum Ablass), 224–230 (zu den Stationierern), 282 (ebenfalls zu den Stationierern).

105 Götz-Rüdiger Tewes, Deutsches Geld und römische Kurie. Zur Problematik eines gefühlten Leides, in: Kurie und Region, Festschrift für Brigide Schwarz zum 65. Geburtstag, hg. von Brigitte Flug/Michael Matheus/Andreas Rehberg (Geschichtliche Landeskunde 59), Stuttgart 2005, S. 209–234 und Tewes, Kurie (wie Anm. 60), passim.

106 Wiegand, Kollektor (wie Anm. 30), S. 18 ff. (»Landesherrliche Ablasspolitik: Begriff, Gegenstand, Träger«), 102–116.

107 Winterhager, Ablasskritik (wie Anm. 41), S. 14, 20 (Zitat).

Martin Luthers Weg zur Ablehnung des Ablasses theologisch zu beschreiben, ist ein schwieriges Unterfangen angesichts der kaum noch zu überschauenden Literatur über den Reformator, dessen Auseinandersetzung mit der Theologie seiner Zeit keineswegs linear fortschritt.[108] Die folgenden kurzen Ausführungen sollen der Orientierung darüber dienen, wie sich der Ablassstreit von 1517 auf Luthers Bild vom Papsttum auswirkte und wie er die bald entfachte öffentliche Debatte bestimmte. Zur Illustrierung des letzteren Aspekts soll abschließend auch eine bereits unter dem reformatorischen Einfluss entstandene Bildtafel von 1530 näher vorgestellt werden.

Es wurde schon eingangs festgestellt, dass die scholastische Ablasslehre, die insbesondere von Thomas von Aquin und der Lehre vom Kirchenschatz sanktioniert worden war, der Kritik ausgesetzt war. Berndt Hamm hat kürzlich sechs Wirkungslinien und Innovationskräfte zwischen Ablassverkündigung und reformatorischem Evangeliumsverständnis herausgearbeitet, die er mit den Stichwörtern totale Gnade, Seelsorgeoffensive, Vorstellung der nahen Gnade, Entlastung der sündigen Menschen, stellvertretende Sühne Jesu Christi sowie Glaubensgewissheit umreißt.[109] Hamms Darstellung geht damit bei Luther von einer »Fortsetzung einer Veränderungsrichtung bei gleichzeitigem Sprung und Bruch« aus.[110] Die Ablasskritiker aus dem Bürgertum kämpften gemäß Hamm nicht gegen ein »archaisches« Rationalitätsdefizit im Ablasswesen, sondern gegen die vermeintliche Geldgier der Päpste und die Auswüchse des Systems.[111] Verheerend musste sich für diese neue Mentalität der Vertrauensverlust in die Päpste auswirken, der mit den wiederholten Suspendierungen des Ablasses einherging.[112] Der Protest gegen dieses Gebaren wurde 1510 – durch einen Zusatz Jakob Wimpfelings († 1528) – in die Gravamina der Deutschen Nation aufgenommen.[113] Luther machte sich diesen Kritikpunkt in der 89. Ablassthese zu eigen.

---

108 Vgl. Volker Leppin, Martin Luther. Vom Mönch zum Feind des Papstes, Darmstadt 2013, S. 107–117. Vgl. auch Leppins Aufsatzsammlung: Volker Leppin, Transformationen. Studien zu den Wandlungsprozessen in Theologie und Frömmigkeit zwischen Spätmittelalter und Reformation (Spätmittelalter, Humanismus, Reformation 86), Tübingen 2015.

109 Hamm, Ablass (wie Anm. 38), S. 233–260 (Kapitel 4.3).

110 Hamm, Ablass (wie Anm. 38), S. 245.

111 Vgl. Berndt Hamm, Den Himmel kaufen. Heilskommerzielle Perspektiven des 14. bis 16. Jahrhunderts, in: Jahrbuch für biblische Theologie 21, 2006, S. 239–275; Wiederabdruck in: Berndt Hamm, Religiosität im späten Mittelalter. Spannungspole, Neuaufbrüche, Normierungen, hg. von Reinhold Friedrich/Wolfgang Simon (Spätmittelalter, Humanismus, Reformation 54), Tübingen 2011, S. 301–334; Hamm, Ablass (wie Anm. 38), S. 254. Diesen Nexus zwischen dem geistesgeschichtlich-theologischen Wandel und der gleichzeitigen wirtschaftlichen Entwicklung thematisiert auch Giacomo Todeschini, I mercanti e il tempio. La società cristiana e il circolo virtuoso della ricchezza fra Medioevo ed Età Moderna, Bologna 2002.

112 Hamm, Ablass (wie Anm. 38), S. 255.

113 Gebhardt, Gravamina (wie Anm. 44), S. 84. Vgl. oben Anm. 104.

Volker Leppin untersucht den Einfluss, den die Lektüre von Schriften deutscher Mystiker auf Luther entfaltete. Der Straßburger Dominikaner und Mystiker Johannes Tauler († 1361), mit dessem Werk Luther sich spätestens 1516 auseinandersetzte, verließ den scholastischen Mainstream und orientierte sich wieder mehr an der subjektiven Bußtheorie des Petrus Lombardus († 1160).[114] Wie Leppin darlegt, entstand Luthers Protest gegen den Ablass aus einem spätmittelalterlich geprägten Bußverständnis heraus. In den frühen Vorlesungen lasst sich außerdem eine Orientierung an der Theologie vor allem Gabriel Biels († 1495) erkennen. Nach Biel mussten Reue (*contritio*) und Absolution zusammenwirken. Das Gelingen der sakramentalen Buße war an die innere Haltung des Menschen und sein natürliches Vermögen gebunden.[115] Unter dem Einfluss seines Beichtvaters und Mentors Johann von Staupitz und der Lektüre der Predigten Taulers wandelte sich Luthers Verständnis der Buße hin zur Forderung nach einer umfassenden Lebenserneuerung aus einem neuen Rechtfertigungsverständnis, die er in seiner Römerbriefvorlesung (1515) niedergeschrieben hat.[116] In seinen Predigten äußerte sich Luther immer kritischer über den Ablass. Im Laufe des Jahres 1517 verband sich diese Kritik mit einer wachsenden Ablehnung einer allzu weitreichenden Vorstellung von der päpstlichen Vollgewalt, wie sie von zeitgenössischen Theologen wie dem Ingolstädter Professor Johannes Eck postuliert wurde. Luthers 95 Thesen vom 31. Oktober 1517 waren also lange gereift und wollten den Erzbischof von Mainz, Albrecht, sowie den zuständigen Diözesan von Brandenburg, Hieronymus Schultz, aufrütteln, wobei der vermeintliche Anschlag an die Wittenberger Schlosskirche über die Jahrhunderte mit immer mehr Details in Wort und Bild dramatisiert und verherrlicht wurde.[117] Dem in der populären Literatur als Gegenspieler Luthers hoch gehandelten Leipziger Dominikanerbruder und Ablasskommissar Johannes Tetzel begegnet die heutige Forschung gelassener.[118] Der ihm (wenn auch namentlich ungenannt) zugesprochene Werbeslogan

114 Dazu Volker Leppin, Das ganze Leben Buße. Der Protest gegen den Ablass im Rahmen von Luthers früher Bußtheologie, in: Ablasskampagnen (wie Anm. 4) (im Druck).

115 Leppin, Leben (wie Anm. 114) (im Druck).

116 Leppin, Martin Luther (wie Anm. 108), S. 33, 43 ff. (zu 1517).

117 Zur immer wieder diskutierten Frage der Historizität des sogenannten Thesenanschlags siehe Erwin Iserloh, Luthers Thesenanschlag. Tatsache oder Legende? (Institut für europäische Geschichte Mainz. Vorträge 31), Wiesbaden 1962 und Luthers Thesenanschlag – Faktum oder Fiktion, hg. von Joachim Ott/Martin Treu (Schriften der Stiftung Luther-Gedenkstätten in Sachsen-Anhalt 9), Leipzig 2008; Kaufmann, Anfang (wie Anm. 103), S. 166–184.

118 Tetzel arbeitete seit 1508 für den Livlandablass; im Frühjahr 1516 trat er zunächst in die Dienste Arcimboldis und spätestens Anfang 1517 in die Albrechts von Brandenburg. Vgl. die moderate Sicht auf ihn in Robert W. Shaffern, Mendicant Friars and the Legacy of Indulgences, in: Ablasskampagnen (wie Anm. 4) (im Druck) und Peter Walter, Unbelehrbar? Die Reaktion der katholischen Kontroverstheologie auf Luthers Ablasskritik in: Ablasskampagnen (wie Anm. 4) (im Druck). Allerdings fand Albrecht von Brandenburg insgesamt nicht mehr so qualifizierte Ablassprediger wie noch Peraudi: Winterhager, Verkündigung (wie Anm. 59) (im Druck).

»Sobald das Geld im Kasten klingt, die Seele in den Himmel springt!« (vgl. These 27: *Hominem predicant, statim ut iactus nummus in cistam tinnierit evolare dicunt animam*) geht im Übrigen schon auf Überlegungen bei Peraudi zurück, die bereits 1482 (1518 wiederholt) durch die Pariser Hochschule, die Sorbonne, kritisiert wurden.[119]

Luthers Protest wurde sofort zum Politikum, wobei sein Landesvater Kurfürst Friedrich der Weise eine zentrale Rolle einnahm.[120] Nur dank seiner Protektion konnte Luther reüssieren. Wie Wilhelm E. Winterhager gezeigt hat, war es der oft auch politisch begründete Widerwillen gegenüber der Person und den Aktionen Albrecht von Brandenburgs, der die Verbreitung der 95 Thesen beflügelte. So finanzierte die Reichsstadt Nürnberg einen Druck der Thesen Luthers in Latein und Anfang Januar 1518 sogar in deutscher Übersetzung, wobei sie gleichzeitig noch in Rom ein eigenes Ablassprojekt zugunsten des städtischen Heilig-Geist-Spitals betrieb![121] Erzbischof Albrecht stellte im Lauf der zweiten Jahreshälfte 1518 seine Ablasskampagne ein. Die entfachte öffentliche Debatte beschädigte vielerorts die päpstliche Autorität und den Ruf des schon erwähnten Hoftheologen Prierias nachhaltig.[122]

Als ein letztes Beispiel für die auch anderenorts gegebene Verknüpfung verschiedener politischer und religiöser Faktoren bei der Ablassverkündung sei auf die Entwicklung in England verwiesen. Obwohl sich der ablassbedingte Geldabfluss aus dem Land in Grenzen gehalten haben muss, diente der Ablass König Heinrich VIII. nach seinem Bruch mit der katholischen Kirche – nicht unähnlich den Protestanten im Reich – als guter Anlass zur Polemik gegen Rom. Trotz der Abschaffung des Ablasses 1534 dauerte es noch einige Jahre, bis er auch aus dem täglichen Leben verschwand, finanzierte man doch auch wichtige Gemeindeaufgaben mit ihm.[123]

Die Kritik der Reformatoren bedeutete nicht das Aus des Ablasses. Dank der Förderung durch den Jesuitenorden wurde er zu einem festen Bestandteil gegenreformatorischer Frömmigkeit. Das Konzil von Trient erließ 1563 ein eigenes Dekret, das Ab-

119 Vgl. Nikolaus Paulus, Johann Tetzel der Ablassprediger, Mainz 1899; Hamm, Ablass (wie Anm. 38), S. 61; Walter, Unbelehrbar? (wie Anm. 118) (im Druck).

120 Auf das widersprüchliche Verhalten Friedrichs des Weisen bei »Ablassakquise« verweist Wiegand, Marinus de Fregeno (wie Anm. 87) (im Druck).

121 Winterhager, Verkündigung (wie Anm. 59) (im Druck). Zu Nürnberg siehe auch Schulte, Fugger (wie Anm. 29), Bd. 1, S. 73 f.

122 Als Beispiel sei auf Sven Grosse, Die Emergenz lutherischer Theologie in Basel. Capitos Lutherausgabe von 1518, in: Basel als Zentrum des geistigen Austauschs in der frühen Reformationszeit, hg. von Christine Christ-von Wedel/Sven Grosse/Berndt Hamm (Spätmittelalter, Humanismus, Reformation 81), Tübingen 2014, S. 149–177 hingewiesen.

123 Swanson, Indulgences (wie Anm. 4), S. 435, 444 ff.

lasskampagnen und andere Missstände untersagte. Damit setzte eine neue Blüte des Ablasswesens in den katholischen Landen der Gegenreformation ein.[124]

V. Offene Fragen und ein Ausblick auf den Ablass im reformatorischen Bild

Am Ende drängen sich einige allgemeinere Beobachtungen auf. Nicht unwichtig erscheint, dass der mitunter festgestellte Rückgang von Ablasseinnahmen um 1500 noch nicht ausgemacht ist.[125] Auch ist die Einwirkung des Ablasses in das religiöse Bewusstsein der Menschen noch immer nicht ganz aufgeklärt und harrt weiterer Erforschung.[126] Beim Thema Ablass und Papsttum denkt man oft allein an die materiellen Aspekte (daher findet sich der vorliegende Beitrag wohl auch unter der Sektion »Papstfinanz« eingeordnet). Der Ablass war aber auch ein einmaliges Mittel der Propagierung der Vollgewalt der Päpste, also ein »symbolisches Kapital«. Er erreichte die entlegensten Teile der Christenheit bis hin in die amerikanischen Überseegebiete.[127] Jüngst wurde festgestellt, dass dank des unermüdlichen Einsatzes eines Ablasskommissars – hier konkret des Marino de Fregeno – die Peripherie näher an das Zentrum heranrückte. Marinos Verdienst sei es gewesen, dass sich »die bis dahin eher lockeren Beziehungen zwischen Rom und Skandinavien« verdichteten.[128]

Eine immer wieder gestellte, aber noch der Antwort harrende Frage zielt auf die dornige Bewertung des materiellen Nutzens, den die Kurie aus den Ablassinitiativen gezogen hat. In jüngsten Äußerungen wird wieder betont, dass der monetäre Ertrag

---

124 Conciliorum Oecumenicorum Generaliumque Decreta. The Oecumenical Councils of the Roman Catholic Church. From Trent to Vatican II (1454–1965), hg. von Klaus GANZER/Giuseppe ALBERIGO/Alberto MELLONI, (Corpus Christianorum Conciliorum Oecumenicorum Generaliumque Decreta 3), Turnhout 2010, S. 97 f. Vgl. knapp BENRATH, Ablass (wie Anm. 92), S. 355–360.

125 WIEGAND, Kollektor (wie Anm. 30), S. 15 f., 18.

126 Selbst in einschlägigen Publikationen zum religiösen Leben im Spätmittelalter wie Frömmigkeit im Mittelalter. Politisch-soziale Kontexte, visuelle Praxis, körperliche Ausdrucksformen, hg. von Klaus SCHREINER, München 2002 und Frömmigkeitsformen in Mittelalter und Renaissance, hg. von Johannes LAUDAGE (Studia humaniora 37), Düsseldorf 2004 wird der Ablass kaum thematisiert. Im Band Alltag und Frömmigkeit am Vorabend der Reformation in Mitteldeutschland. Wissenschaftlicher Begleitband zur Ausstellung »Umsonst ist der Tod«, hg. von Enno BÜNZ/Hartmut KÜHNE (Schriften zur sächsischen Geschichte und Volkskunde 50), Leipzig 2015 ist auf die Aufsätze von Hartmut KÜHNE und Julia KAHLEYSS zu verweisen. Es gibt einige signifikante Hinweise darauf, dass man zumindest in England und Spanien Tote mit ihren Beichtbriefen gleichsam als »passports to paradise« bestattete. Vgl. hierzu zuletzt Falk EISERMANN, Ablass und Buchdruck (wie Anm. 33) (im Druck).

127 In den spanischen Kolonialgebieten war der Ablass wie im Mutterland eine religiös verbrämte quasi-Steuer. Vgl. Luis WECKMANN, La herencia medieval de México, 2. Auflage, Mexiko 1996, S. 309–311; Rodolfo E. HERNÁNDEZ MÉNDEZ, Acercamiento histórico a las Bulas de Santa Cruzada en el Reino de Guatemala, in: Estudios 16, 1998, S. 52–81.

128 WIEGAND, Kollektor (wie Anm. 30), S. 31.

aus dem Ablass für das Papsttum eigentlich nicht sehr bedeutend war, was allerdings genauer zu prüfen ist.[129] Bislang weitgehend unbeachtet gebliebenes Material aus dem Archiv der Fabbrica di S. Pietro belegt zudem, dass es zwar diverse Überweisungen aus Ablassgeldern an die petrinische Bauhütte gegeben hat, dass diese aber keineswegs stets dem Neubau selbst zugutekamen.[130] Besonders dem bei Leo X. einflussreichen, kunstliebenden Kardinal und Präfekten der Fabbrica Bernardo Dovizi aus der toskanischen Ortschaft Bibbiena (1470–1520)[131] kann man den Vorwurf nicht ersparen, die Einnahmen der Bauhütte in gravierender Weise zweckentfremdet zu haben. Leos X. Nachfolger Clemens VII. reorganisierte deshalb die Verwaltung der Fabbrica, die allerdings über die »Cruzada« und Prärogativen bei den »frommen« testamentarischen Stiftungen (*legati ad pias causas*) weiterhin auf die mehr oder weniger erzwungene Partizipation der Gläubigen in den Rom treu gebliebenen iberischen Königreichen und einigen italienischen Territorien setzte.[132]

Meine Betrachtungen seien mit einem kurzen Ausblick auf den Ablass in der reformatorischen Bildpropaganda beschlossen. Zweifellos war den Zeitgenossen schon bald die Bedeutung des Ablassstreites von 1517 als Initialzündung der reformatorischen Bewegung bewusst. Auch in der Ikonographie Luthers und seiner Lehre musste der Ablass über kurz oder lang einen Widerhall finden.[133] Unter diesem Aspekt

129 Luciano Palermo, Le finanze pontificie all'epoca di Leone X, in: Leone X. Finanza, mecenatismo, cultura, Atti del Convegno Internazionale, Roma, 2–4 novembre 2015, a cura di Flavia Cantatore/Carla Casetti Brach/Anna Esposito/Carla Frova/Daniela Gallavotti Cavallero/Paola Piacentini/Franco Piperno/Concetta Ranieri (RR inedita, saggi 69), Roma 2016, S. 45–58, hier S. 56. Allerdings ist zu bedenken, dass zumindest im Falle des Mainzer Ablassgeschäftes Ablassgelder deshalb nicht über die Alpen transferiert wurden, weil sie bekanntermaßen bereits vor Ort über die Fugger mit den Schulden Albrechts gegenüber Rom und mit Rückständen des Papstes selbst gegenüber dem Bankhaus verrechnet wurden.

130 Pacifico Sella, Il cardinale Bibbiena e la Fabbrica di San Pietro: »Libro dell'entrata ed uscita«, in: Revirescunt chartae codices documenta textus. Miscellanea in honorem Fr. Caesaris Cenci OFM, hg. von Alvaro Cacciotti/Pacifico Sella, 2 Bde., Romae 2002, hier Bd. 1, S. 503–553. In der Forschung zitiert wird Sellas Studie – die allerdings mit weiteren Materialien ergänzt werden muss – erstmals in Renata Sabene, Fede, accoglienza e indulgenze nella Fabbrica di San Pietro in Vaticano, in: Quando la Fabbrica costruì San Pietro. Un cantiere di lavoro, di pietà cristiana e di umanità. XVI–XIX secolo, hg. von Assunta Di Sante/Simona Turriziani, Foligno 2016, S. 43–61, hier besonders S. 56.

131 Vgl. zur Person zuletzt Angelica Pediconi, Cardinal Bernardo Dovizi da Bibbiena (1470–1520): a Palatine Cardinal, in: The Possessions of a Cardinal: Politics, Piety, and Art, 1450–1700, hg. von Mary Hollingsworth/Carol M. Richardson, University Park/Pennsylvania 2010, S. 92–112.

132 Gaetano Sabatini, *Ad beneficium gentium*. I tribunali periferici della Fabbrica di San Pietro tra giurisdizione universale, equilibri di potere locali e finalità sociali, in: Quando la Fabbrica (wie Anm. 130), S. 87–99.

133 Als Einstieg in das weite Feld der Rolle der Bildpropaganda zu Beginn der Reformation sei verwiesen auf Kaufmann, Anfang (wie Anm. 103), S. 285–331, 528–541 und Marcel Nieden, Die Wittenberger Reformation als Medienereignis, in: Europäische Geschichte Online (EGO), hg. vom Leibniz-Institut für Europäische Geschichte (IEG), Mainz 23.04.2012 (http://www.ieg-ego.eu/niedenm-2012-de; Stand 28.12.2016; mit weiterer Literatur).

Abb. 3: Wolfgang Krodel, Jüngstes Gericht (Warschau, Palastmuseum Wilanów, Inventarnr. Wil 1623).

blieb die Darstellung des Jüngsten Gerichts des Malers Wolfgang Krodel d. Ä. (vor 1500 – nach 1561) aus der Cranach-Schule[134] im Museum von Schloss Wilanów bei Warschau[135] bislang unbeachtet (Abb. 3). Auf dem 1530 datierten Gemälde zeigt ein Teufel in Gestalt eines Hahns einem beim Weltgericht aus dem Grab steigenden Papst mit Tiara ein Blatt mit offenbar elf roten Siegeln (das mittlere erscheint größer als die anderen). Auf dem Dokument ist zu lesen: »Ablas aller totlichen und leslichen sünden; es hylft was kan / weil der groschen klingt, fert die Seele zü Himmel« (Abb. 4). Ganz offensichtlich ironisiert diese Aussage ganz im Sinne des gewandelten Religionsverständnisses das durch die Reformation obsolet gewordene katholische Heilsversprechen auf Nachlass der Todsünden und lässlichen Sünden.

---

134 Siehe Wilhelm Junius, Die Erzgebirgische Künstlerfamilie Krodel. Ein Beitrag zur Geschichte der Cranach-Schule, in: Monatshefte für Kunstwissenschaft 14, 1921, S. 253–261; Walter Hentschel, Krodel, Wolfgang d. Ä., in: Allgemeines Lexikon der bildenden Künste von der Antike bis zur Gegenwart, hg. von Ulrich Thieme/Hans Vollmer, Leipzig 1907–1950, hier Bd. 21, Leipzig 1927, S. 552 f. Vgl. zum künstlerischen Umfeld Wolfgang Krodels und zur Kunst in der frühen Reformationszeit Andreas Tacke, Der katholische Cranach. Zu zwei Großaufträgen von Lucas Cranach d. Ä., Simon Franck und der Cranach-Werkstatt (1520–1540) (Berliner Schriften zur Kunst 2), Berlin 1992 sowie Ingrid Schulze, Lucas Cranach d. J. und die protestantische Bildkunst in Sachsen und Thüringen. Frömmigkeit, Theologie, Fürstenreformation, Bucha/Jena 2004.

135 Das Gemälde ist akkurat beschrieben in Malarstwo nimieckie do 1600 roku. Katalog zbiorów / Deutsche Malerei bis 1600. Bestandkatalog, Warschau 2000, S. 143 ff.

Abb. 4: Wolfgang Krodel, Jüngstes Gericht, Teufel und Papst mit Ablassbrief (Detail aus Abb. 3).

Der aufmerksame Betrachter der eindrucksvollen Tafel wird sich vielleicht die Frage stellen, welche Art von Ablassbrief hier eigentlich dargestellt ist. Gleich elf Siegel lassen sich eigentlich weder mit einem päpstlichen Indulgenzbrief (vgl. zum Aussehen eines solchen Abb. 1) noch mit einem Beichtbrief vereinbaren.[136] In Frage kommt eigentlich nur eine Sammelindulgenz, wie sie um 1500 immer noch – meist von Kardinälen – ausgegeben wurde (Abb. 2).[137] Ein solcher Ablassbrief ist auch auf einem Holzschnitt von 1521 zu sehen, der die Szene einer Ablassverkündung schon tendenziös überzeichnet.[138]

136 Über das materielle Aussehen von päpstlichen Ablassbriefen (bewehrt – sofern noch vorhanden – mit einer Bleibulle) und von Beichtbriefen (in der Regel nur mit einem Wachssiegel in Buchse) informieren die Abbildungen in Swanson, Indulgences (wie Anm. 4), Wiegand, Kollektor (wie Anm. 30) und Alltag und Frömmigkeit (wie Anm. 7).

137 Siehe zu dieser Urkundenform oben Anm. 31.

138 Titelholzschnitt zu: Beklagung eines Laien genannt Hans Schwalb über viele Missbräuche christlichen Lebens, Augsburg: Melchior Ramminger, 1521. Ein Mathias Gerung (ca. 1500–1570) zugeschriebener Holzschnitt zeigt eine auf einem Ablassbrief mit zwölf Siegeln sitzende Teufelin, deren Rachen ein Papst mit einer ebenfalls siegelbehangenen Urkunde in der Hand von einem Teufel entgegengetragen wird. Das um 1535 zu datierende Blatt wird als »Spottbild auf den Ablasshandel« gedeutet. Vgl. Ausstellung »Natur auf Abwegen? Mischwesen, Gnome und Monster (nicht nur) bei Hieronymus Bosch«, Gemäldegalerie Wien, 4. November 2016 – 29. Januar 2017 (ohne Katalog-Eintrag).

Offenbar galt dieser Urkundentyp in seiner beeindruckenden aufwändigen äußerlichen Gestalt schon im Abstand von ca. 5 bis 10 Jahren, nachdem der Ablass in den evangelisch gewordenen Territorien zum Erliegen gekommen war, als die typische Ablassurkunde schlechthin. Durch die Siegel wird auf das Vertragsmäßige in den Ablassbriefen angespielt, gegen das sich die frühen Protestanten offenbar bewusst abzugrenzen versuchten und das ihnen als besonders verwerflich gelten musste.[139] Ganz unhistorisch erhielten damit die Sammelindulgenzen noch einmal eine mediale Aufmerksamkeit, die eigentlich angesichts ihrer quantitativ geringeren Präsenz auf dem Ablassmarkt nicht gerechtfertigt ist. Dieser Befund aber zeigt einmal mehr, wie stereotypisierte Sehgewohnheiten ein Eigenleben entwickeln können.[140]

139 Zu Luthers Abgrenzung von der mittelalterlichen merkantilen Tauschlogik siehe Hamm, Den Himmel kaufen (wie Anm. 111), S. 326–329.

140 Es wäre lohnend, dem Ablassbrief-Motiv in der protestantischen Kunst weiter nachzugehen. Mir fiel eine ähnliche Verdammungsszene eines nackten Papstes mit siegelbehangenem Ablassbrief in Michel Ribesteins (tätig 1539 – vor 1585) Darstellung des Jüngsten Gerichts im Epitaph für den Berliner Patrizier Hans Tempelhoff in der St. Marienkirche in Berlin-Mitte (1558) auf. Ribestein war seit 1539 in Berlin als kurfürstlicher Hofmaler tätig. Vgl. Maria Deiters, Michel Ribestein, Jüngstes Gericht, in: Cranach und die Kunst der Renaissance unter den Hohenzollern, hg. von Generaldirektion der Stiftung Preußische Schlösser und Gärten Berlin-Brandenburg und Evangelische Kirchengemeinde St. Petri-St. Marien, München/Berlin 2009, S. 269, Nr. VIII.9 (Abb. auf S. 268).

IV. Renaissancekultur und Kurie

A Nice Job if You Can Get it: The Papal Singers in the Ceremony and Liturgy of the Papal Court in the 16th Century

Richard Sherr

On 12 August 1570, Francesco Fellonica, an agent of Guglielmo Gonzaga, Duke of Mantua, wrote pessimistically from Rome to a ducal counselor about the possibility of engaging a singer for the Mantuan court. He had found a tenor (unnamed), but there was a problem:

"Infatti uno mi è cappitato, che buonissimo et suffitiente saria, per la parte del tenore, con voce gagliarda, et piena bellissimo cantante, et di buon contrapunto, ma per quanto mi referisse un mio amico, che tutto è suo, non usciria di Roma se non ben paggato, vivendosene qui a speranza de entrar in cappella del Papa, come prima vi fosse il luoco."

"In fact, I have found one who is excellent and will be sufficient as a tenor, with a pleasing voice and beautiful singing, and with good contrapunctus. But as my friend who is also his tells me, he will not leave Rome without a good salary, as he is staying here in the hope of entering the Papal chapel as soon as there is an opening."[1]

In other words, the tenor was willing to forego a chance at employment by one of the most important musical patrons of Italy and was prepared to remain in Rome in the mere hope of getting a position in the papal chapel. He was willing to do this even though the chances of getting another musical job in Rome were slim: as Fellonica remarks later in the letter, the musical profession in the Rome of the austere Pope Pius V (r.1566–1572) was in such a bad state that it was apparently being supported entirely by two music-loving cardinals, Ippolito II d'Este and Cristoforo Madruzzo, neither of whom was in the city at the moment.

"Questa professione di musica al presente in Roma è tanto al basso che non ci cappitano huomini come solea; s'il Cardinale di Ferrara, et quello di Trento non reccappitassero questa sorte d'huomini, la musica correria tutt'il giorno alla staffa, dietro a cocchi, et a mulle. Li quali cardinali tutti dua sonno fuori di Roma, et hanno de buoni huomini in tal professione, che se alcuno se ne partisse, et cappitassero qui, non mancharei appostarlo per S. Ecc.ia quando fusse a proposito."

---

1 Mantua, Archivio di Stato, Archivio Gonzaga, busta 904: Letter of Francesco FELLONICA to Aurelio ZIBRAMONTE dated Rome, 12 August 1570.

"At the moment, the musical profession in Rome is at such a low ebb that people do not come here as they used to: if the Cardinals of Ferrara and Trent did not take in this type of person, music would be like a groom running behind carriages and mules. The two cardinals are both outside of Rome and have good people of that profession and if one of them should leave and turn up here, I will not fail to approach him in the name of His Excellency when it seems appropriate."[2]

But why was a position in the papal chapel so attractive in 1570? It is possible to answer this question since there is much evidence describing what the job of a papal singer really was and wasn't in the middle-late 16th century (for the 15th and early 16th centuries one has to rely mostly on conjecture). Chief among the evidence is the document that was intended to regulate all aspects of the singers' professional lives, the Constitution of the Chapel promulgated by Paul III in 1545, preserved in Biblioteca Apostolica Vaticana, fondo Cappella Sistina (hereafter, CS) 611 and later copies. The Constitution makes clear in its title, *Constitutiones sive Ordinationes Capelle Sacri Palatii Apostolici per Collegium Reverendorum Dominorum Cantorum Observande*, that the papal singers constituted a College, a quasi-self governing body within the Curia.[3]

The College of Singers of the Papal Chapel had a distinct organization. The head was the *magister capellae* who was in the 16th century usually a bishop appointed by the pope. He presided over the entire papal chapel which included more than the singers, and was not required to have (and usually did not have) any musical expertise. Below the *magister capellae* was the Dean of the College of Singers, a position awarded to the most senior singer (the singers are always listed in order of seniority). Below these appointed positions, were the elective offices of *abbas* (treasurer) and *punctator* (the person who assigned fines). Thus, three of the officers of the College were singers. The singers treated the *magister capellae* as a necessary annoyance against whom they occasionally revolted when he interfered too much with their autonomy in non-musical matters. In 1550 they actually engineered the dismissal of Ludovico Magnasco, Bishop of Assisi, who had been an activist *magister* for ten years and was driving them crazy.[4] In 1577, they had a violent confrontation with their *magister* Antonio Boccapaduli which resulted in serious insults and even a threat of violence, but things soon calmed down.[5] In 1586, Sixtus V rectified the situation by decreeing that henceforth the *mag-*

2 Letter of Francesco Fellonica to Aurelio Zibramonte (see Note 1).

3 The Constitution is transcribed in Franz X. Haberl, Bausteine für Musikgeschichte, Vol. 3: Die römische "Schola Cantorum" und die päpstlichen Kapellsänger bis zur Mitte des 16. Jahrhunderts, Leipzig 1888.

4 The incident is described in Richard Sherr, A Curious Incident in the History of the Papal Choir, in: Papal Music and Musicians in Late Medieval and Renaissance Rome, ed. by Richard Sherr, Oxford 1998, pp. 187–212.

5 See Richard Sherr, Giovanni Maria Nanino as Member of the Papal Chapel, in: Musici e istituzioni musicali a Roma e nello Stato pontificio nel tardo Rinascimento. Attorno a Giovanni Maria Nanino. Atti della Gior-

ister capellae would be a singer elected by the other singers for a determined period of time (it became one year) and this continued into the 19th century.[6]

The Constitution of 1545 also gives the singers control over their membership; it stipulates that entrance into the choir was to be by audition and a favorable vote of a 2/3+1 majority of the singers (Chapter IV). Once accepted a singer would have tenure (the position was "ad vitam"). This would put a papal singer in a much stronger position than singers in a court chapel or even a Roman church, any of whom might be fired at will. Although popes could and did occasionally overrule tenure, the singers always resisted and tried to get the decision reversed or at least tempered by monetary compensation (and in this they usually succeeded).[7]

What about the salary (a clear consideration for the tenor Fellonica was trying to recruit)? This is not specified in the Constitution but can be determined through other documents, mainly the salary mandates issued each month by the Camera Apostolica which are basically complete for the second half of the sixteenth century.[8] From these and other documents we learn that in 1570, the papal singers were making a net base salary of 9 gold cameral ducats a month which was computed as 90 silver *giulii* from which the Camera Apostolica witheld .5 *giulii* so the singers netted 89.5 *giulii* a month (1074 *giulii* a year).[9] The salary was augmented by many extras: monetary tips of one or two ducats for each singer given by the pope at least six times a year amounting to the equivalent of a month's salary, tips from from celebrants of papal masses of two ducats if the celebrant was a bishop, four if he was a cardinal to be divided among the singers present at the ceremony, and tips of 30 ducats from newly created cardinals when they received their red hats, also to be divided among singers present at the ceremony. There were also fees paid to the singers whenever they sang in one of the Roman churches

---

nata internazionale di studio (Tivoli, Villa d'Este, 26 ottobre 2007) (Atti e Memorie della Società Tiburtina di Storia e d'Arte 81,1), ed. by Giorgio Monari/Federico Vizzaccaro, Tivoli 2008, pp. 95–112.

6 On the actions of Sixtus V, see Richard Sherr, The Papal Choir During the Pontificates of Julius II to Sixtus V (1503–1590). An Institutional History and Biographical Dictionary (Storia della Cappella Musicale Pontificia 3), Palestrina 2016, Chapter 11.

7 When Paul IV dismissed Paestrina and two other married singers in 1555, they were all given permanent pensions and remained in the chapel lists, see Sherr, The Papal Choir (see Note 6), p. 64.

8 Rome Archivio di Stato, fondo Camerale I, 857–935 (containing *mandati camerali* for 1507–1586).

9 The highest denomination of currency at the time was either the gold cameral ducat worth 12 silver *giulii* or the French gold écu (*scudo di oro in oro*) worth 11 *giulii*. But for the singers, the Camera Apostolica had decreed that the gold cameral ducat would be worth 10 *giulii*. See Sherr, The Papal Choir (see Note 6), Chapter 3 and Richard Sherr, Impiegati dello Stato. Three Episodes in the Financial Life of the Papal Singers in the 16th Century, in: "Et facciam dolçi canti". Studi in onore di Agostino Ziino in occasione del suo 65° compleanno, Vol. 1, ed. by Bianca Maria Antolini/Teresa Gialdroni, Lucca 2003, pp. 395–406. The *giulio* was divided into 10 *baiocchi*.

on special occasions which could be as high as 50 ducats.[10] From a diary/account book kept by the singer Giovanni Antonio Merlo it can be deduced that in 1567 he cleared a minimum of 15 gold cameral ducats (180 *giulii*) a month from his salary and the extras.[11] Added to these were payments in kind (bread, wine, candles) as well as occasional free meals in the papal dining room (*tinello*) at specific times of the year. The periods of the *sede vacante* were (on paper) a mini bonanza of extra payments. There was also the income from benefices that individual singers might accumulate, although in Counter-Reformation Rome this was no longer the sure thing that it had been in the 15th century. It is difficult to translate all of this into present-day economic value. That the singers constantly complained that they did not earn enough to live on is to be expected, but clearly the tenor sought by Fellonica thought it would be a better deal than anything the Duke of Mantua (who was a notorious skinflint) could offer him. Being a singer in the papal chapel in the 16th century was, as my title indicates "a good job if you could get it".[12] And this tenor did not get it, since the papal chapel admitted no tenors in 1570.

The Workload

What did they do to earn all of this? The Constitution of 1545 is quite specific. The singers were required to be present at all papal ceremonies (*capellae papalis*), Vespers and Masses celebrated by or in the presence of the pope in the main chapel of the Vatican Palace, what we call the Cappella Sistina and they called the *capella maior* or at least by the 1540s the *capella Sixti* or *cappella di Sisto* (but never *Cappella Sistina*; it is not clear when the chapel began to be identified by that name), or in St. Peter's or wherever the pope happened to be (Chapters LI–LIII). This was not a very heavy workload. Klaus Pietschmann lists 40 yearly *capellae papalis* (mostly papal masses) during the pontificate of Paul III (1535–1549).[13] All the major feasts of the Temporale are on this list along with other occasions (not many). The actual number of papal ceremonies could vary

10 See SHERR, The Papal Choir (see Note 6), Chapter 3.

11 See Richard SHERR, The Diary of the Papal Singer Giovanni Antonio Merlo, in: Studien zur italienischen Musikgeschichte 14 (Analecta Musicologica 23), ed. by Friedrich LIPPMANN, Laaber 1985, pp. 75–128.

12 Warren Kirkendale points out (personal communication) that employment in the musical establishment of the Grand Dukes of Tuscany in Florence was an equivalently "good job". See Warren KIRKENDALE, The Court Musicians in Florence during the Principate of the Medici. With a Reconstruction of the Artistic Establishment (Historiae musicae cultores 61), Firenze 1993. Indeed, one papal singer (Onofrio Gualfreducci) left the papal chapel for the Grand Duke's employ in 1587. See SHERR, The Papal Choir (see Note 6), p. 251.

13 See Klaus PIETSCHMANN, Kirchenmusik zwischen Tradition und Reform. Die päpstliche Kapelle und ihr Repertoire unter Papst Paul III (1534–1549) (Capellae Apostolicae Sixtinaeque Collectanea Acta Monumenta 11), Thesis, Città del Vaticano 2007, pp. 420–428.

Figure 1: Papal Ceremony in the Sistine Chapel, 1578. Engraving by Etienne Dupérac. Vatican City, Biblioteca Apostolica Vaticana, Ris. Strav. 7, fol. 116r

from year to year depending on circumstances and the desires of specific popes (it is probably no coincidence that the feast of *Conversio Sancti Pauli* on 25 January became a *capella papalis* in the pontificate of Paul III). Even if it was a bit more than 40, this is still a very small percentage of the 365 days of the year. Such a light workload considering the remuneration would have made a position in the papal choir a very good job indeed.

But this was not the case. The Constitution of 1545 requires the offical duties of the singers to extend way beyond their participation in papal ceremonies. It stipulates basically that they were to act like a cathedral chapter (their official title was *cantores capellani*), celebrating the entire round of canonical hours or Offices including Mass every day of the year, not in the Cappella Sistina but in the smaller one on the same floor: in the 15th and early 16th centuries the Capella Sancti Nicolai, from 1538 on the Cappella Paolina (Chapters XLIII–XLIX). This means that for ca. 320 of the days of the year, the singers worked in the smaller palace chapel. Things were physically different in this chapel. I will use the Cappella Paolina as an example since the Capella Sancti Nicolai no longer exists.[14] In the Cappella Sistina, the singers were placed in a cantoria above the floor of the chapel and literally were not necessary for the celebration of the liturgy (Figure 1), but in the Cappella Paolina, there was no cantoria so they probably arranged themselves like a cathedral chapter in two choirs facing each other in the stalls that lined both walls of the chapel (no longer there) and were the actual performers of the liturgical actions.

This smaller chapel was their main place of business, and they even thought of the Paolina as "their" chapel. There, they were the guarantors that the daily liturgy would be celebrated in the papal palace. There, they chanted or read the psalms, antiphons, responsories, and the other texts of the Offices and celebrated Mass every day in which there was no *capella papalis*. Well, not every day, as the singers occasionally sang Mass in other Roman curches either because they were asked to or because of established custom.[15] The pope, as Claudio Annibaldi has pointed out, never attended the ordinary ceremonies in the papal palace.[16] Probably most of the time the singers were alone in their chapel. The round of canonical hours including Mass is listed in Table 1. One of

14 See Margaret Kuntz, Designed for Ceremony. The Cappella Paolina at the Vatican Palace, in: The Journal of the Society of Architectural Historians 62, 2003, pp. 228–255.

15 For instance, every January they went to the church of San Gregorio to sing a Requiem mass for the souls of departed singers; every January 20th they went to the church of San Sebastiano fuori le mura to sing a Mass; from 1545, every January they sang a Mass for the souls of the notaries of the Rota in the Capella Sancti Benedicti near the church of San Luigi dei Francesi. These ceremonies are duly recorded in the *Diarii Sistini* (see Note 23).

16 Claudio Annibaldi, La Cappella Musicale Pontificia nel Seicento, Vol. 1: Da Urbano VII a Urbano VIII (1590–1644) (Storia della Cappella Musicale Pontificia 4/1), Palestrina 2011, p. 17.

Table 1: Daily Services in the Cappella Paolina according to the *Constitution* of 1545

Matins [Lauds][17] Prime Terce Mass Sext None Vespers Compline

the singers (for some reason this had to be a soprano) was appointed *hebdomadarius* each week and led the celebration of the Offices.

Technically the Offices were celebrated at different times from dawn to dusk therefore occupying the entire day. It should also be pointed out that the majority of what goes on in the Offices was either read or chanted (what was known as *accentus*, a skill required of all clerics).[18] With the exception of Mass and Vespers elaborate polyphonic music was not a part of the celebration of the Offices and the music that could be added (plainsong antiphons that accompanied psalm recitation for instance) was not music that required highly trained professionals. This means that the papal singers spent most of their time not singing, certainly not singing the compositions of the great composers of the renaissance, which constitutes the main reason we are interested in them in the first place (there is an exception to this that I will mention later). This was their real job, an onerous one (on paper) as they occasionally pointed out, and there is evidence that they took it seriously. For instance, on 9 January 1594, the soprano castrato Juan Santos was fined for reading the wrong text *ad absolutionem capituli* in the Office of Prime (specifically, the reading for Epiphany instead of the reading for the Sunday within the Octave of Epiphany) and for not having observed *il ponto nel salmegiare* (which would seem to refer to the correct way of reciting psalms), both things that only occurred during the Offices.[19] The reason that Pope Paul IV dismissed Palestrina and two other married

17 Lauds is omitted from the list. Perhaps it was subsumed into Matins.

18 On *accentus* see James Borders, Rhythmic performance of accentus in early sixteenth-century Rome, in: Il Canto Fratto. L'Altro Gregoriano. Atti del convegno internazionale di studi, Parma - Arezzo, 3–6 dicembre 2003 (Miscellanea musicologica 7), ed. by Marco Gozzi/Francesco Luisi, Roma 2005, pp. 385–405.

19 *Diarii* 19: entry for 9 January 1594: Sunday within the Octave of Epiphany: "Il sig.r Giovan Santos per haver ditto il Capitolo al absolutione de prima, quel della Epiphania in cambio per quel della dominica infra la octave di detta Epiphania, per l'errore et lo scandolo che ha dato per esser giorno di festo, l'ho pontato in cinque baiochi." Entry of 28 January 1594: "...et il mastro disse a me come pontatore, che, quando il

Table 3: Fines in the Constitution of 1545

Arriving after the first psalm of Terce before a Mass celebrated by the Pope	2 *giulii*
Absent during the Introit of a Mass celebrated by the Pope	2 *giulii*
Missing an entire Mass celebrated by the pope	10 *giulii*
Arriving after the first psalm of papal Vespers	5 *giulii*
Missing an entire papal Vespers	10 *giulii*
Missing the Introit of a regular papal Mass (i.e. not celebrated by the pope)	2 *giulii*
Arriving after the Epistle of a regular papal Mass	5 *giulii*
Missing an entire regular papal Mass	10 *giulii*

laymen in 1555 was that married laymen could not be chaplains and therefore were not allowed to read or sing certain texts during liturgical actions, yet as papal singers (*cantores capellani*), there was a chance the married ones would do so.[20]

The Constitution of 1545 provides a strict schedule of fines for singers who missed or came in late to any of the normal daily celebrations (Table 2).

---

detto sig.r Gio. Sanctos non havesse voluto ubedire et far il ponto nel divino officio salmegiando [on 9 January], che io lo pontasse rigorosamente non solo lui, ma anco li altri e che nel resto noi pontatori dovessemo procedere de modo, che non diamo occasione alli sig.ri Compagni, che facciano scandalo e massime, mentre si celebrano li divini officii." As a soprano, Santos was the *hebdomadarius*. See Hermann-Walther Frey, Das Diarium der Sixtinschen Sängerkapelle in Rom für das Jahr 1594 (Nr. 19), in: Studien zur italienisch-deutschen Musikgeschichte 9 (Analecta Musicologica 14), ed. by Friedrich Lippmann, Laaber 1974, pp. 445–505.

20 CS 646, fol. 92r: original *motu proprio* without date (but promulgated on 30 July 1555), signed by the Pope Paul IV (transcribed in many publications): *Paulus Papa iiii Motu proprio etc. Licet capelle nostre cantores sint etiam nostri et pro tempore existentis Romani pontificis cappellani consueverintque in eiusdem pro tempore Romani pontificis ac venerabilium fratrum nostrorum sancte Romane ecclesie cardinalium et prelatorum aliarumque diversarum urbis ad ipsam cappellam confluentium personarum presentia lectionis prophetias ac evangelia et capitula aliaque divina officia decantare et recitare, et propterea cum etiam per sacros canones spiritualia per laicos tractari prohibitum existat indecens sit ut aliqui ex eisdem cantoribus coniugati existant nichilominus tamen accepimus quod inter eosdem cantores capellanos dilecti filii Leonardus Barre et Dominicus Ferrabosco et Petrus Aloysius de Palestrina viri coniugati Pauli III et Julii etiam III Romanorum pontificum predecessorum nostrorum temporibus in cantores capellanos recepti cum aliis eiusdem capelle cantoribus capellanis preter et contra eosdem sacros canones et ipsius capelle statuta et consuetudines divina officia decantantes reperiuntur in divini cultus villipendium et scandalum plurimorum...*

Table 2: Fines in the Constitution of 1545

Matins	b. 3[21]
Prime on Sunday	q. 2
Prime on other days	q. 2
Terce	q. 2
Mass	b. 3
Sext	q. 2
Nones	q. 6
Vespers	b. 4½
Compline	q. 6
TOTAL	b. 15 [1.5 *giulii*]

The fines for missing papal ceremonies, not surprisingly, were much stiffer, the highest being 10 giulii (1/9 of the official monthly salary of 90 giulii). These included papal Masses, Vespers, and Consistories (Table 3).

The administration of these fines was the job of the elected chapel official called the *Punctator* who recorded or caused to be recorded a list of daily fines for individual singers. This record gives a day by day account of who was absent during ceremonies throughout the year. For the papal choir the lists exist in a series of documents called the *Diarii Sistini* or *Libri dei Punti* (hereafter, *Diarii*) which unfortunately are extant only from 1535 on.[22] 1535 precedes the Constitution by 10 years and we can see by the fines that were leveled that the system predated the Constitution and probably had existed also in the 15th century and early 16th century (there is some evidence that it did).

The *Diarii* from 1535–1561, 1594, and 1596 have been published in transcription.[23] They consist mostly of mind-numbing lists of people who were fined along with the fines, but also present a treasure trove of information when the Punctator is more ex-

21 The fines are expressed in baiocchi and quatrini (four quatrini = one baioccho).

22 Vatican City, Biblioteca Apostolica Vaticana, fondo Cappella Sistina, *Diarii Sistini* 1–299 (1535–1897).

23 The *Diarii* from 1535–1560 were transcribed by Raffaele Casimiri in various volumes of *Note d'Archivio*, later published in book form as Raffaele CASIMIRI, I Diarii Sistini. I primi 25 anni (1535–1559), Roma 1939. The *Diarii* for 1560 and 1561 are transcribed in Hermann-Walther FREY, Die Diarien der Sixtinischen Kapelle in Rom der Jahre 1560 und 1561 (Diarium 5, fol. 156–92, Diarium 6), Düsseldorf 1959. Frey also transcribed the *Diarii* for 1594 and 1596; see FREY, Das Diarium der Sixtinischen Sängerkapelle in Rom für das Jahr 1594 (see Note 19), and Herman-Walther FREY, Das Diarium der Sixtinischen Sängerkapelle in Rom für das Jahr 1596 (Nr. 21), in: Studien zur italienischen Musikgeschichte 14 (Analecta Musicologica 23), ed. by Friedrich LIPPMANN, Laaber 1985, pp. 129–204.

Table 4: Timings

hour	Tridentinum In minutes	In seconds
Matutinum	30:32	1832
Laudes	16:39	999
Prima	12:22	742
Tertia	6:05	365
TOTAL	65:38	3938

pansive about what occurred.[24] They also demonstrate that there was a difference between what the singers were supposed to do and what they actually did.

For instance, a careful reading of the *Diarii* lists against the fines of the Constitution shows that on the ordinary days of the year, regardless of what the Constitution seems to say, the singers only celebrated Matins, Prime, Terce, and Mass and that they went through these one after the other. I recently came across an internet site which actually gives the time it would take to read (not sing) the various offices (they had a computer simulate the reading).[25] This is what the computer produced for the Offices of Matins–Terce on weekdays reading the Tridentine Breviary (Table 4).

In other words, if one rushed, one could get through all of these Offices in a little over an hour. The computer predicted longer to get through these Offices on an ordinary Sunday (75:30 minutes). Singing the antiphons and the recitation of psalms in the Offices would add more time, of course. Mass might add another hour on an ordinary day, more in a *capella papalis*. But no matter how you slice it, this is not more than half a day's work. This is perhaps another reason that the papal choir was a "good job".

Of course, it had its inconveniences. For instance, it required an early-morning commute in order to be in the chapel for the beginning of Matins since none of the singers actually resided in the Vartican Palace, and nobody likes an early-morning commute. In 1566, we know that most of the singers lived on the other side of the Tiber (we even know where; Table 5).

Ten singers lived in the Rione Ponte, so called because of the Ponte Sant'Angelo in front of the Castel Sant'Angelo, the only Tiber crossing in the area: two lived near San Giovanni dei Fiorentini, five lived in the Monte Giordano area (four of them in the palace of the music-loving Cardinal Ippolito II d'Este), one lived at the site of the

24 Ghiselin Danckerts is particularly informative. See Sherr, The Papal Choir (see Note 6), Part I.

25 http://divinumofficium.com/www/horas/Help/times.html (accessed 5 November 2015).

Table 5: List of where singers lived in November 1566 (adapted from Sherr, The Papal Choir (see Note 6), pp. 15–16)[26]

Name/s	Place
Antonius Calasanz	The piazza Capranica in the Rione Colonna near Montecitorio
Johannes Abbate Petrus Bartholomucius	The palazzo Massimi in the Rione Parione?
Virgilius de Amanditis	The isola Tiberina
Federicus Lazisius	The piazza San Lorenzo in Lucina in the Rione Colonna off the via del Corso
Johannes Aloisius de Episcopis	The piazza Santi Apostoli in the Rione Trevi
Franciscus de Montalvo	The via del Governo vecchio in the Rione Ponte?
Vincentius Vimercato Franciscus de Torres Franciscus de Sotto Franciscus Druda	In what is now the palazzo Taverna, in Monte Giordano in the Rione Ponte (the Orsini palace being rented by Cardinal Ippolito II d'Este)
Anellus de Antignano	The via di Panico (the street that connects via di Monte Giordano to the Ponte Sant'Angelo in the Rione Ponte)
Johannes Antonius Merlo Alexander Merlo	Unclear
Nicolaus Barone	The Borgo Nuovo (the only singer who lived on the Vatican side of the river)
Matheus Albo	Near the church of San Giovanni dei Fiorentini (at the beginning of the via Giulia in the Rione Ponte)
Jacobus Celius	Via dei Banchi nuovi in the Rione Ponte?
Lucas de Longinquis	By the white well (The site now occupied by the Chiesa Nuova in the Rione Ponte)
Benedictus de Arcadio	See Albo
Johannes Figueroa	Unclear
Christianus Ameiden	Near the Tor Sanguina (now in the via Zanardelli, in the Rione Ponte)

Chiesa Nuova, one lived by the Tor Sanguina near the piazza Navona, one lived in the via Banchi (nuovi). The route to the Vatican, presumably on foot, for these people was not long. Those from Monte Giordano walked down the via di Panico to the Ponte Sant'Angelo; those living near San Giovanni dei Fiorentini would have taken the via Paola from the church to the bridge. The walking time would have varied considering the state of the streets and the weather, but it probably was not less than the 20 minutes it now takes to follow the route Christian Ameiden would have taken, from his dwelling near the Tor Sanguina down what is now called the via dei Coronari to the via di Panico to the bridge, down the Borgo Novo (now subsumed into the via della Conciliazione) to the Vatican. The singers who lived further out, for example at the Santi Apostoli or the piazza of San Lorenzo in Lucina, had longer trips. One singer who lived in the Isola Tiberina probably would have crossed the bridge from the Isola Tiberina to the via della Lungara and reached piazza San Pietro by that route. Only one singer (Barone) lived on the Vatican side of the river and had the shortest walk to the palace. Once they reached the Vatican the singers would have entered the palace through the main 16th-century entrance in a piazza San Pietro that looked nothing like it looks today, passing through the main portal, turning right to take the ramp up to what is now the Cortile di San Damaso, then turning left and passing under the *loggie* of the palace to the Cortile del Maresciallo, from which they ascended the Scala del Maresciallo to the Sala Regia, from which they either turned left to the Cappella Paolina or went directly ahead and right to the Cappella Sistina.

This half-day workload was sometimes lengthened. Occasionally they were required to return for a papal Vespers, there were times when the Office of Sext was added, and the entire cycle of canonical hours along with Mass was celebrated during the Lenten Season (Ash Wednesday to Easter) also apparently one right after the other (this might have added an hour or two). Still, for most of the year, they had it relatively easy. A document of 1566 specifies in no uncertain terms the workload of the papal singers throughout the year. It confirms what can be deduced from the fines of the *Diarii.*

Stilus celebrandi divina officia in capella S.mi D.ni PP dd. cantores et alios ministros dictae capellae talis est. Ad sonam campanae Basilicae S. Petri quando pulsatur ad Laudes pulsat etiam campana sacri palatii, et cantores incipiunt invitatorium et dicunt matutinum legendo, primam et tertiam cantando, et immediate post tertiam decantent missam cantu figurato. In quatuor temporibus et vigiliis decantent sextam ante missam, et hujusmodi stilus servatur per totum annum. In quadragesima omnes horae canonice dicuntur legendo, missam et vesperas decantando.

"The celebration of the divine service in the chapel of Our Lord the Pope by the singers and other members of the chapel is as follows: At the sound of the bell of St. Peter's when it announces Lauds, the bell of the sacred palace is rung too, and the singers begin the invitatorium and read Matins [i.e. without music], sing Prime and Terce, and immediately after Terce they sing Mass in polyphony. On Ember Days [*quatuor tempora*] and in the Vigils of feasts they sing Sext before Mass, and this order is followed throughout the entire year. During Lent, all the canonical Hours are read, and Mass and Vespers are sung."[26]

26 CS 682, fol. 52r, dated 16 November 1566. This is a copy made by Giuseppe Baini of what he calls a "supplica volante in minuta". See SHERR, The Papal Choir (see Note 6), p. 24, Doc. 2.4.

Not that they were satisfied, of course. The 1566 document ends with a complaint that they were working too hard for too little money (the 89.5 *giulii* a month plus extras), witness the last paragraph:

Supplicant d.v. oss.me praefati cantores, ut dignetur reducere ad memoriam S.mi D.N. verba Pauli ad Corinthios videlicet "Non alligabis os bovi trituranti etc." quia pro tam parva mercede servitiam dictae capellae est valde laboriosum per totum annum.

"The said singers most dutifully ask Your Lordship to deign to remind the pope of Paul's words to the Corinthians, i.e. 'Thou shalt not muzzle the mouth of the ox that treadeth etc.' because for such a small salary, the work of this chapel is extremely laborious for the whole year."

They really did think that they worked too hard. Some *Diarii* entries of 1577 show the singers' reaction to the suggestion that they begin singing Sext and None in the period after Easter (7 April 1577). They resisted, and eventually the idea was abandoned.[27]

Diarii 11, fol. 21r: entry dated 25 April 1577: *Hodie d. magister cappelle fecit congregacionem cantorum et precipit eis ex parte SS.m D. N. quod deinceps post missam dicerent sextam et nonam et omnes cantores rogaverunt d. magistrum quod eis preberet licenciam ut super hoc possent consulere SS.mum D. N. quam ab ipso d. magistro obtinerunt. Et post predicta d. cantores cum d. decano convenerunt in cappella paulina et super hoc et alia concernencia dominis cantoribus vive vocis oraculo elegerunt sex cantores et dederunt illis plenam potestatem tractari super hunc e alia negocia cum SS.mi D. N. et Ill.mis cardinalibus.*

"Today the maestro di cappella called the singers together and told them, speaking for His Holiness, that from now on they should sing Sext and None after Mass, and all the singers asked the maestro for permission to consult with His Holiness about this, which they received. And after this, the singers with the Dean convened in the Cappella Paolina and on this matter and other concerning the singers, elected six singers by voice vote and gave them plenary powers to treat with His Holiness and the illustrious cardinals on this and other matters."

Diarii 11, fol. 21v: entry dated 26 April 1577: *Hodie post missam cantatam domini cantores dixerunt in choro in tono sextam et nonam ut preceperat eis d. magister cappelle ex parte SS.mi D. N., protestando quod illis non noceret et consuetudini quam habent de non dicendo ultra quadraginta annos cum animo consulendi SS.mi D. N. super hoc et ego Michael de Peramato cantor SS.mio et punctator anni istius facio fidem.*

"Today after the sung Mass the singers sang Sext and None in the choir as they had been ordered by the maestro di cappella on the part of His Holiness, protesting that he should not hurt them nor the custom they had of not singing this for over 40 years, with

27 Sherr, The Papal Choir (see Note 6), pp. 24–25, Doc. 2.5.

the intention of informing His Holiness about this and I Miguel de Peramato, papal singer and punctator for this year, attest to this."

Diarii 11, fol. 23r: entry dated 30 April 1577: *D. Joanus Antonius hodie proposuit cantoribus in cappella sixti post misam ex parte d. magister cappelle quod deinceps non dicerent sextam et nonam quia ipse d. magister consideraverat laborem magnum cantorum.*

"Giovanni Antonio [Merlo] today proposed to the singers in the Sistine Chapel after Mass on the part of the maestro di cappella that from now on Sext and None would not be said because the maestro had taken into consideration the great labor of the singers."

As the 16th century progressed, the workload decreased. In the 1540s, a system was instituted that allowed each singer to take one day a week off, as long as it was not a Sunday and did not conflict with important feasts. A schedule of vacation days was created with an average of five singers of different voice parts off on each day.[28] In 1570, Pius V allowed the singers to split into two choirs to alternate on a weekly basis during the summer vacation (July–October). By the end of the 16th century the number of weekly vacation days had increased to two.[29]

And they got more time off. Occasionally they got a break when the chapel (either the Cappella Paolina or the Cappella Sistina) was used for the consecration of a bishop, at which point everything else was canceled, or when they had to move to another place (for instance, on the day they had to follow the pope to the Palazzo Venezia in the summer, with services to be held in the church of San Marco within the palace, or at the end of the century when the popes began spending time in the Quirinal Palace and services were performed in the oratory of San Marcello al Corso). Sometimes the chaplain who was supposed to celebrate the daily Mass did not show up at which point the Mass was canceled (some of the singers were priests but they clearly did not consider celebrating Mass to be part of their job). The morning Offices could also be canceled arbitrarily in order to have a meeting of the singers. In fact, a perusal of the *Diarii* of the middle to late 16th century shows the gradual cancelation of many morning Offices, leaving Mass as the only duty of the singers on particular days. The Diary for 1594 contains statements implying that there were specific days and periods of the year when the morning Offices were dropped and only Mass was sung.[30] I counted 54 days of such cancellations

28 See SHERR, The Papal Choir (see Note 6), p. 26, Doc. 2.9.

29 "E antiqua consuetudine che ogni Cantore della Cappella Apostolica ha de exemptione doi giorni in ciasched'una settimana de tutto l'anno..." See FREY, Das Diarium der Sixtinischen Sängerkapelle in Rom für das Jahr 1596 (see Note 23), p. 131.

30 *Diarii* 19, fol. 42v: entry dated 28 December 1594 (Holy Innocents) (FREY, Das Diarium der Sixtinischen Sängerkapelle in Rom für das Jahr 1594 (see Note 19), p. 504): "Non si da giorno di vacantia a nessuno per in sino al giorno della Epiphania, e non si dice matuttino."

in 1594. Giovanni Maria Nanino, the Punctator in 1596, provides fines only for Matins, Prime, Terce, and Mass, "on days when the Hours are said," implying that there were days when only Mass was celebrated.[31]

Then there is the question of retirement. The Constitution of 1545 allowed for a kind of retirement at full pay after 25 years of service but it was restricted: singers were only excused from the ordinary Offices, not from Mass and papal ceremonies, and further only one person from each voice part could take advantage of the privilege (Chapter XXV). Sometimes, exceptions were made for people because of age or sickness, but that was rare. In 1586, Sixtus V remedied this situation, decreeing that any singer who had served for 25 years or more could retire and be exempt from attending all services, retaining his salary until such time as alternate compensation (benefices) could be arranged (such singers were said to be *giubilati*).

To be a member of the papal choir in the middle-late 16th century was indeed to have a good job. They had lifetime tenure, they had a salary that was generally paid on time and further increased as the century progressed (in 1591 the salary was set at 166.6 *giulii* a month, a raise of 86% over the 89.5 that had been the norm), they were assured of further income in tips and gifts (in 1600 it was estimated that they really were making 250 *giulii* a month), they were official members of the papal household, chaplains, familiars and "constant table companions" (*cantores capellani familiares continui commensales* was the standard way of referring to the singers in papal documents), they were responsible for the daily liturgical life of the Vatican Palace. They were further a corporation, the College of Singers, which, like other colleges within the Curia, had been granted rights and privileges by the popes. If the tenor mentioned at the beginning of this paper had managed to join the chapel in 1570, by the time he retired in 1595 he would have had an even better job, fewer work hours, better compensation, and more vacation time than when he entered.

It is somewhat ironic that the vast improvement in the working conditions of the singers occurred in the pontificates of Counter-Reformation Popes who, at the same time, complained about the low competence of the singers and the size of the choir. In 1553 Julius III declared that the majority of the singers in a choir of 32 were "quite useless" (*penitus inutilis*) and ordered a reduction to 24 singers.[32] Twelve years later that actually happened when in 1565 thirteen singers were summarily dismissed, most for vocal incompetence. Sixtus V, while extending the privileges of the singers, ordered a further reduction to 21 (after the pope's death, the singers had this restiction reversed).[33] Collectively, the singers paid a price for their "good job."

31 See Frey, Das Diarium der Sixtinischen Sängerkapelle in Rom für das Jahr 1596 (see Note 23), p. 132.

32 Sherr, The Papal Choir (see Note 6), pp. 62–63 for a translation of the motu proprio of Julius III.

33 See the discussion in Sherr, The Papal Choir (see Note 6), Chapter 11.

Addenda

1. *Rehearsals*

Most musicologists would probably agree that the the papal singers in the early modern period are worthy of study because as one of the major musical institutions of the time they performed the great vocal masterworks of the 15th and 16th centuries by composers from Du Fay to Palestrina. Yet, I have also implied that this was in fact the least of their official duties since they only were required to sing elaborate polyphony during the few papal ceremonies of the year. This in fact is not true. The document of 1566 enumerating the normal workload of the singers actually states that Mass was sung in polyphony (*cantu figurato*) every day. So they did spend a lot of their time singing elaborate polyphony, but not in front of the pope. Why should they do this? An explanation might be found in investigating one aspect of their workload that is not detailed in any document: rehearsals. All musical ensembles, no matter how good they are, need to rehearse. When did the singers rehearse? The *Diarii* mention rehearsals only in connection with the Lamentations of the Tenebrae services, and this did not necessarily mean a rehearsal of polyphony. Rehearsals of Masses and motets are never mentioned in the *Diarii*. Yet we know they sang them since we have the musical sources they used. Can it really be that the papal singers were capable of perfect performances of difficult music while sight reading?

I found a possible answer to this question in a strange place: Adrien La Fage's biography of Giuseppe Baini (1775–1844), the long-time *direttore* of the papal choir in the 19th century. Speaking of the return of Pius VII to Rome in 1800 and its effect on the papal choir, La Fage writes:

"Ils anticipaient ainsi sur l'époque du rétablissement de leur collège, qui eut lieu lorsque Pie VII élu le 14 mars 1800, fit à Rome son entrée solennelle, le 3 juillet suivant. Les bouleversements politiques amenèrent la suppression de quelques anciens usages de la cour pontificale, et les réunions du collège des chapelains-chantres appelées les Communs cessèrent d'avoir lieu. On donnait ce nom aux messes et offices des dimanches et rites que les chantres célébraient entre eux dans la Chapelle Sistine, et qui leur servaient d'exercices en même temps qu'ils leur valaient de légers profits nommés soupes (zuppe). Dans la vue de remplacer ces exercices, on décida de se rassembler deux fois la semaine pour exécuter de la musique alla Palestrina et au besoin faire des répétitions. Ce fut la maison de Baini qui fut choisie pour lieu de réunion, bien qu'il fût le plus jeune du collège."[34]

34 Adrien de La Fage, Essais de Diphthérographie Musicale ou Notices, Descriptions, Analyses, Extraits et Reproductions de Manuscrits Relatifs à la Pratique, à la Théorie et à l'Histoire de la Musique, Paris 1864, rprt. Amsterdam 1964, p. 22.

"In this way they anticipated the period of the re-establishment of their College, which occured when Pius VII, elected on 14 March 1800, made his solemn entry into Rome on the following 3 July. The political upheavals brought with them the suppression of some old customs of the pontifical court and the meetings of the singer-chaplains called the *communi* stopped taking place. *They used this word to describe the masses and offices of Sundays and ceremonies that the singers celebrated themselves in the Sistine Chapel and which they used for practice, and which at the same time brought small remunerations called zuppe. In order to replace these practice sessions, it was decided to assemble two times a week in order to sing music alla Palestrina and to rehearse as necessary. Baini's house was chosen as the place to meet even though he was the youngest member of the College* [emphasis mine]."

I have emphasised the last sentences to point out the statement that the singers used the occasion of these *communi* (the daily services that I have described above) for *excercises*, that is, "practice", and that when they were suppressed, they actually instigated weekly meetings to replace the services so they could if necessary "faire des répétitions": rehearse. Now, this is very late, but when one deals with a papal institution where traditions last for centuries, something can sometimes be gained by applying things retroactively. When I read the La Fage comment, I immediately thought about the statement in 1566 about the daily workload that Mass was sung *every day* in polyphony.

Who was attending these daily Masses? Nobody of any importance, perhaps nobody but the celebrant and the singers. It suddenly occurred to me that these daily Masses could have had a true practical purpose. For what better time than this to try out the music that they were going to sing at papal masses? If things did not work out, they could always sing it again the next day and the next until they got it right. There would have been no need to mention such rehearsals in the *Diarii*. The papal singers may have been liturgically irrelevant during papal Masses, they may not have "mattered," and the pope may not even have listened to them, but in their chapel, at least it could be argued that something else mattered; the music mattered.

2. *Parallel Careers of Papal Singers*

There is another aspect of the "good job" that needs to be mentioned (and may have been another reason our tenor wanted to wait for an opening in the chapel). It did not have to be the only position that a singer held. It is probably no coincidence that four papal singers can be found living in the residence of Cardinal Ippolito II d'Este in 1566. They most likely were not renting rooms, but were members of the cardinal's *famiglia*. The singers Giovanni Antonio Merlo (joined the chapel in 1551), his brother Alessandro Merlo (joined the chapel in 1561), and Nicola Barone (joined the chapel in 1553) can actually be documented in the households of cardinals (Cardinal Niccolò Sermoneta and later Cardinal Alessandro Farnese for the Merlos, Cardinal Carlo Carafa for Barone) while they were members of the College of Singers.[35] Many other singers may have had similar double positions for which we do not yet have evidence. The reasons for joining a cardinal's househould may not have been strictly financial (i.e. the singers may not have received a regular salary – in fact, Chapter XVI of the Constitution of 1545 specifically prohibits singers from receiving salaries from other patrons "as a singer" (*tamquam cantor*)) but may have been motivated by other factors: 1) singers needed a place to live and being in a cardinal's household gave them a place rent free; 2) the members of the households of cardinals and the aristocracy were compensated in kind through meals, gifts of clothing, and occasional gifts of money, things which papal singers only received sporadically. And although their duties in these households are not made clear, if the singers did not receive a salary, then it was possible for them to sidestep the prohibition of the Constitution of 1545 and indeed serve cardinals in a musical capacity.

The light workload also allowed for something else. It gave the composers in the chapel time to produce music that had nothing to do with their day job. The career of Giovanni Maria Nanino is instructive in this regard. Nanino was one of the most important Roman composers of the late 16th century but his importance had little to do with the sacred music he sang and wrote for the papal chapel during his 25-year career in the College of Singers (1577–1602) which included stints in major chapel administrative positions (secretary, *punctator*, *magister capellae*). Instead, Nanino was a major figure in the Roman school of madrigal composition, which seems to have taken off after Pius V was replaced by Gregory XIII (Ugo Boncompagni, r. 1572–1585).[36] Nanino's association with the madrigal predated his entry into the chapel and continued throughout his career there. In fact, a number of the members of the Roman madrigal school were members of the papal chapel or the Cappella Giulia of St. Peter's (Animuccia, Crivelli, Giovanelli, Palestrina, Zoilo).[37] The audience for madrigals was not in the papal chap-

35 Giovanni Antonio Merlo records his and his brother's entrance into Cardinal Sermoneta's household in 1559 in his Diary. See Sherr, The Diary (see Note 11), p. 81. Barone was a longstanding and faithful member of the household of Cardinal Carlo Carafa and suffered because of that relationship. See Richard Sherr, Be Careful in Your Patrons. A Few Fretful Years in the Life of Nicola Barone, Papal Singer, Composer, and Murderer, in: Early Music 42, 2014, pp. 389–407.

36 Anthony Newcomb, The New Roman Style of the 1570s, paper read at the Italian Madrigal Festival. Scholarly Symposium and Concerts, University of Massachusetts Amherst, 16–17 April 2016. On Nanino as madrigalist, see Christina Boenicke, Giovanni Maria Nanino (1543/44–1607). Madrigalvertonung zwischen dolci affetti und dolorosi accenti (Musikwissenschaft an der Technischen Universität Berlin 4), Thesis, Berlin 2004 and Giovanni Maria Nanino. Complete Madrigals, Part 1: Il primo libro de madrigali a cinque voci (Recent Researches in the Music of the Renaissance 158), ed. by Christina Boenicke/Anthony Newcomb, Middleton/Wisconsin 2012. The effect of Gregory XIII's pontificate on music in Rome has yet to be examined.

37 Newcomb, The New Roman Style of the 1570s (see Note 37).

el but in the wider Roman patronage network of cardinals and aristocracy and also, through print, the rest of Europe.[38] Thus the papal chapel and other Roman ecclesiastical institutions of the 16th century provided secure positions and financial support to composers of secular music that had no place in those institutions. A modern analogy that immediately springs to mind is the prestigious American research university which hires professors to teach (teaching being the reason that the university exists) but does not overburden them with that responsibility, leaving plenty of time for research that may or not be reflected in courses but is what actually creates academic reputations. Yet there is a difference: in American academia, the university is proud of and shares in the reknown of its professors; 16th-century popes, on the other hand, seem not to have cared about the secular fame of their singer/composers. Nanino as composer was snubbed at least twice during his tenure in the chapel; once when Felice Anerio was appointed official composer of the chapel by papal order on the death of Palestrina in 1594 (Nanino had to listen to that announcement) and again in 1594 when Pope Clement VIII complained that he could not understand the words of a Nanino motet that had been sung in a papal ceremony.[39] None of that, of course, was enough for Nanino to consider giving up his "good job" which he held until he could officially retire in 1602 (he died in 1607).

38 See Giuliana Gialdroni, La produzione madrigalista di Giovanni Maria Nanino nella raccolte collettive, in: Musici e istituzioni musicali a Roma (see Note 5), pp. 61–85.

39 See Sherr, Giovanni Maria Nanino as Member of the Papal Chapel (see Note 5).

Kurie und materielle Kultur in der Frührenaissance

Claudia Märtl

Dem Thema Kurie und materielle Kultur scheint von vornherein eine gewisse Spannung innezuwohnen, stand der Papsthof doch stets in Gefahr, seine irdische Erscheinungsform als Verfehlung seiner gottgewollten Rolle angekreidet zu sehen. Im 15. Jahrhundert wird diese Spannung offenkundig, da verbreiteten Meinungen zufolge kulturelle Glanzleistungen und nicht erfüllte Reformforderungen das Papsttum in der Renaissance kennzeichnen. Sieht man einmal von der oft im Zentrum stehenden Reformthematik ab, so lässt sich die Kurie als Sonderfall der höfischen Kultur beschreiben. Die materielle Kultur der Renaissance ist nicht erst in jüngster Zeit unter den Vorzeichen des »material turn« Gegenstand reger Forschung geworden, sondern wurde schon seit dem 19. Jahrhundert, zunächst mit eher antiquarischen und kunsthistorischen Zielsetzungen, lebhaft untersucht. Seit jeher wurden dabei in einem genuin interdisziplinären Ansatz Text-, Bild- und Sachquellen gleichermaßen berücksichtigt. Materialität, Bedeutung, Wahrnehmung und Wirkungen, Gebrauch und Funktionswandel der Objekte stehen im Zentrum der neueren Forschung. Sie richtet ihren Blick daher nicht zuletzt auch auf Deutungen und Praktiken.[1]

Die Frage nach dem spezifischen Beitrag, den die Beschäftigung mit der Kurie der Renaissance zu einer Geschichte der materiellen Kultur leisten kann, rückt einige Aspekte der Epochensignatur dieser Phase der Papstgeschichte in den Blick: die enorme überregionale und internationale Anziehungskraft des Papsthofs nach dem Ende des Großen Schismas, den prototypischen »consumerism«, den Richard A. Goldthwaite bei religiöser Kunst und kirchlichen Aufträgen feststellte, und schließlich den Wandel ästhetischer Kriterien durch den Aufstieg von Humanismus und Renaissance. Die kuriale Gesellschaft bot einen idealen Nährboden für jene Einstellung zu materieller Kultur, die sich nach Goldthwaite zuerst im Italien der Renaissance ausbreitete: Eine »unendliche

1 Zum Forschungsstand vgl. Marian Füssel, Die Materialität der Frühen Neuzeit. Neuere Forschungen zur Geschichte der materiellen Kultur, in: Zeitschrift für Historische Forschung 42, 2015, S. 433–463.

Vielfalt neuer Formen« und »verfeinerte Techniken« korrespondierten mit einer »stetigen Nachfrage«, die durch soziale, politische und religiöse Dynamiken befeuert wurde.[2]

»Luxus und materielle Kultur am spätmittelalterlichen Papsthof« wurden bereits vor rund einem Jahrzehnt durch einen römischen Studientag in den Blick genommen.[3] Dessen Beiträge fokussierten die Kurie als einen vormodernen Fürstenhof, der durch den demonstrativen Verbrauch wertvoller und exklusiver Güter Führungsanspruch und Distinktion von Einzelpersonen wie Gruppen manifestierte, zudem im Wettbewerb mit anderen Höfen stand, zugleich aber durch den notwendigen Bezug auf das Evangelium mehr als jeder andere Hof Kritik herausforderte und Rechtfertigungsstrategien entwickeln musste.

Schriftliche Zeugnisse zum kurialen Lebensstandard liegen in großer Zahl und teils auch serieller Dichte vor. Als Pionier der Erschließung ist der aus dem Elsass stammende französische Kunsthistoriker Eugène Müntz zu würdigen, der im Jahr 1878 den ersten Band seines Werks über die Kunst am Hof der Päpste im 15. und 16. Jahrhundert herausbrachte. Leider konnte Müntz sein Vorhaben, die päpstlichen Rechnungen und Kammermandate chronologisch fortschreitend von Martin V. (1417–1431) bis einschließlich Leo X. (1513–1521) zu erfassen, nicht verwirklichen, er kam aber in zwanzig Jahren immerhin bis zum Pontifikat Pius' III. (1503).[4] Seine Publikationen sind eine wahre Fundgrube für die darin behandelten acht Jahrzehnte kurialer Geschichte, da Müntz nicht allein Einträge zu Architektur und Bildender Kunst aufnahm, sondern auch zu Goldschmiede- und Metallarbeiten, Tischlerei, Stickerei und anderen Tätig-

2 Vgl. Richard A. GOLDTHWAITE, Wealth and the Demand for Art in Italy 1300–1600, Baltimore/London 1993, v.a. S. 72–76, 81–99; des Weiteren Evelyn WELCH, Shopping in the Renaissance. Consumer Cultures in the Renaissance in Italy 1400–1600, New Haven/London 2005.

3 Pompa sacra. Lusso e cultura materiale alla corte papale nel basso medioevo (1420–1527). Atti della giornata di studi (Roma, Istituto Storico Germanico, 15 febbraio 2007) (Nuovi studi storici 86), hg. von Thomas ERTL, Roma 2010.

4 Eugène MÜNTZ, Les arts à la cour des papes pendant le XVe et le XVIe siècle. Recueil de documents inédits tirés des archives et des bibliothèques romaines, Bd. 1: Martin V – Pie II, 1417–1464 (Bibliothèque des Écoles françaises d'Athènes et de Rome 4), Paris 1878; Bd. 2: Paul II, 1464–1471 (Bibliothèque des Écoles françaises d'Athènes et de Rome 9), Paris 1879; Bd. 3: Sixte IV – Léon X, 1471–1521. Première section (Bibliothèque des Écoles françaises d'Athènes et de Rome 28), Paris 1882. Der dritte Band enthält nur den Pontifikat Sixtus' IV.; die Fortsetzung wurde anderenorts publiziert und in den Nachdruck der ersten drei Teile in einem Band, Hildesheim/Zürich/New York 1983, leider nicht aufgenommen: Eugène MÜNTZ, Les arts à la cour des papes Innocent VIII, Alexandre VI, Pie III (1484–1503). Recueil de documents inédits ou peu connus publié sous les auspices de l'Académie des Inscriptions et Belles-Lettres, Paris 1898. Bereits Bd. 2 enthält Nachträge zu Bd. 1 (S. 309–323) und Bd. 2 (S. 325–330). Nach der Publikation von Bd. 3 begann Eugène Müntz in Aufsätzen eine Nachlese zu publizieren, die anscheinend unvollständig blieb, da sie entgegen dem Titel mit Calixt III. endet: Eugène MÜNTZ, Les arts à la cour des papes. Nouvelles recherches sur les pontificats de Martin V, d'Eugène IV, de Nicolas V, de Calixte III, de Pie II et de Paul II, in: Mélanges d'archéologie et d'histoire de l'École française de Rome 4, 1884, S. 274–304; 5, 1885, S. 321–337; 9, 1889, S. 134–173.

keiten bis hin zur Bemalung von Fahnen und Schemeln. Zudem stellte er jedem Pontifikat eine Einleitung mit Verweisen auf Urkunden, Inschriften, Gedichte und andere einschlägige Quellen voran und gab ergänzende Dokumente bei, wie päpstliche Bullen, Auszüge aus Inventaren,[5] Testamenten und Nachlassverzeichnissen;[6] auch druckte er das von ihm entdeckte Inventar des Palazzo Venezia aus dem Jahr 1457 ab.[7] In seinen Exzerpten von Archivalien treten zahlreiche Personen auf, die im Umfeld der Kurie beschäftigt waren. Die Herkunftsangaben der kurialen Register für diesen Personenkreis zeigen eindrücklich, dass der Papsthof am internationalsten auf der Ebene der Handwerker, Hoflieferanten und Bediensteten war,[8] ein Befund, der zugleich die Frage nach dem Transfer von Wissen und Techniken aufwirft.

Insgesamt ist das Unternehmen E. Müntz' nach wie vor unübertroffen, wenngleich die Kenntnis der Quellen seither erweitert und ergänzt wurde. Vornehmlich geschah dies allerdings auf der Suche nach Erscheinungen der Hochkultur, für Kunstwerke, Antiken- und Büchersammlungen. Teils auf den Spuren von Müntz, teils angeleitet durch neue sozialgeschichtliche Fragestellungen, wurden auch die im Umfeld der Kurie arbeitenden Handwerker weiter erhellt.[9] Den bedeutendsten Zugewinn stellen die Arbeiten Arnold Eschs zu den römischen Zollregistern dar, die quantifizierende Aussagen

5 Unter Nikolaus V. beschaffte Tapisserien und *paramenta lectorum*: Müntz, Les arts, Bd. 1 (wie Anm. 4), S. 181 f., 188; Silbergeschirr Nikolaus' V.: Müntz, Les arts, Bd. 1 (wie Anm. 4), S. 217 f.; Inventar der päpstlichen Wohnräume nach dem Tod Calixts III.: Müntz, Les arts, Bd. 1 (wie Anm. 4), S. 213–217; Inventar der päpstlichen *foraria* nach dem Tod Pius' II.: Müntz, Les arts, Bd. 1 (wie Anm. 4), S. 323–328; unter Sixtus IV. beschaffte *palia*: Müntz, Les arts, Bd. 3 (wie Anm. 4), S. 266 f.; Inventar der päpstlichen *foraria* nach dem Tod Innozenz' VIII.: Müntz, Les arts, Bd. 4 (wie Anm. 4), S. 129–131, 287 f.; Inventar des Schatzes der Lateranbasilika von 1455: Müntz, Nouvelles recherches 1889 (wie Anm. 4), S. 165–173.

6 Testamente Bessarions (Nachdruck): Müntz, Les arts, Bd. 2 (wie Anm. 4), S. 298–304; Nachlassinventar des Kardinals Guillaume d'Estouteville: Müntz, Les arts, Bd. 3 (wie Anm. 4), S. 286–297; Testament des Kardinals Francesco Gonzaga (Auszug): Müntz, Les arts, Bd. 3 (wie Anm. 4), S. 297–300. Selbstverständlich sind diese Texte seither vielfach behandelt und vollständiger publiziert worden; vgl. hier v.a. David S. Chambers, A Renaissance Cardinal and his Worldly Goods. The Will and Inventory of Francesco Gonzaga (1444–1483) (Warburg Institute Surveys and Texts 20), London 1992.

7 Müntz, Les arts, Bd. 2 (wie Anm. 4), S. 181–287, mit einer Einleitung zu italienischen Sammlungen, S. 128–180.

8 Vgl. den Forschungsüberblick v.a. zur italienischen, deutschen, iberischen und französischen Migration nach Rom bei Matteo Sanfilippo, Roma nel Rinascimento. Una città di immigrati, in: Le forme del testo e l'immaginario della metropoli. Atti del Seminario, 29–31 ottobre 2007, hg. von Benedetta Bini/Valerio Viviani, Viterbo 2009, S. 73–85.

9 Vgl. etwa Anna M. Corbo, Artisti e artigiani in Roma al tempo di Martino V e di Eugenio IV (Raccolta di fonti per la storia dell'arte, Seconda serie 1), Roma 1969; Anna M. Corbo, Fonti per la storia sociale romana al tempo di Nicolò V e Callisto III (Fonti e studi per la storia economica e sociale di Roma e dello Stato Pontificio nel Tardo Medioevo 5), Roma 1990; Stefano Borsi/Francesco Quinterio/Corinna Vasic Vatovec, Maestri fiorentini nei cantieri romani del Quattrocento (Fonti e documenti per la storia dell'architettura 10), hg. von Silvia Danesi Squarzina, Roma 1989.

erlauben und gerade auch viele Gegenstände des Alltagsgebrauchs in den Blick geraten lassen.[10] Zudem konnte aus päpstlichen Haushaltsrechnungen ein anschauliches Bild des Lebensstandards und der täglichen Routinen am Papsthof, insbesondere der Küche und Gesundheitsfürsorge, gewonnen werden.[11]

Bei allem Detailreichtum bleibt die Interpretation der schriftlichen Quellen jedoch immer problematisch, da der heutige Leser von den genannten Objekten und Materialien kaum eine zutreffende Vorstellung gewinnen kann, solange nicht wenigstens ein Exemplar oder eine Abbildung davon erhalten ist. Den Bildquellen kommt deshalb überragende Bedeutung zu. Dies gilt nicht allein für Mittelalter und Renaissance, sondern sogar noch für das Zeitalter des Barock. Für das Rom des 17. Jahrhundert hat Renata Ago eine übergreifende Geschichte der Dinge geschrieben, obwohl ihr erhaltene Objekte kaum zur Verfügung standen; sie konnte jedoch zusätzlich zu schriftlichen Quellen wie Inventaren und Testamenten in größerem Umfang auf die damals so beliebten Stillleben und Genreszenen zurückgreifen.[12] Ein vergleichbares Buch steht für das Rom des 15. und beginnenden 16. Jahrhunderts aus; bei ähnlich schlechter Überlieferungslage für die realen Objekte müsste es auf Stillleben und Genreszenen verzichten, die als Gattung in der Renaissance noch fehlen. Ein Blick in Publikationen zur Ausstattung von Innenräumen der Renaissance in Italien[13] belehrt schnell darüber, dass auch

10 Statt der Nennung einzelner Titel sei hier nur auf seine Aufsatzsammlung verwiesen: Arnold Esch, Economia, cultura materiale ed arte nella Roma del Rinascimento. Studi sui registri doganali romani 1445–1485 (RR inedita, saggi 36), Roma 2007; siehe auch unten Anm. 45.

11 Vgl. Claudia Märtl, Humanistische Kochkunst und kuriale Ernährungsgewohnheiten um die Mitte des 15. Jahrhunderts, in: Herrschaft und Kirche im Mittelalter. Gedenksymposium zum ersten Todestag von Norbert Kamp, *24.08.1927 †12.10.1999, am 13.10.2000 in Braunschweig, hg. von der Braunschweigischen Wissenschaftlichen Gesellschaft/Technischen Universität Carolo-Wilhelmina zu Braunschweig, Braunschweig 2000, S. 47–70 (übersetzt: La cucina degli umanisti e le consuetudini alimentari della curia papale alla metà del Quattrocento, in: Appunti di gastronomia 43, 2004, S. 11–44); Claudia Märtl, Körper-Kult. Die Sorge um das leibliche Wohl am päpstlichen Hof, in: Pompa sacra (wie Anm. 3), S. 15–35; vgl. auch Claudia Märtl, Alltag an der Kurie. Papst Pius II. (1458–1464) im Spiegel zeitgenössischer Berichte, in: Pius II. »El più expeditivo pontifice«. Selected Studies on Aeneas Silvius Piccolomini (1405–1464) (Brill's Studies in Intellectual History 117), hg. von Zweder von Martels/Arjo Vanderjagt, Leiden/Boston 2003, S. 107–145.

12 Renata Ago, Il gusto delle cose. Una storia degli oggetti nella Roma del Seicento (Saggi, Storia e scienze sociali), Roma 2006; übersetzt: Renata Ago, Gusto for Things. A History of Objects in Seventeenth-Century Rome, Chicago/London 2013.

13 Wegweisend für diesen derzeit hauptsächlich von der angelsächsischen Forschung gepflegten Schwerpunkt war Attilio Schiaparelli, La casa fiorentina e i suoi arredi nei secoli XIV e XV, Firenze 1908, ND in 2. Bden., Firenze 1983; vgl. etwa Peter Thornton, The Italian Renaissance Interior, 1400–1600, London/New York 1991; At Home in Renaissance Italy. Art and Life in the Italian House 1400–1600, hg. von Marta Ajmar-Wollheim/Flora Dennis, New York 2006. Stets stehen hier ober- und mittelitalienische Städte und Höfe, allen voran Florenz und Venedig, im Vordergrund, während Rom und die Kurie für das 15. Jahrhundert kaum eine Rolle spielen. Auch Maria S. Sconci, Gli arredi civili, in: Il '400 a Roma. La

sie weniger erhaltene Dinge als vielmehr schriftliche Quellen und zahlreiche Gemälde heranziehen, da italienische Maler bekanntlich im 15. Jahrhundert unter flämischem Einfluss Gegenstände und Stofflichkeit häufig mit großer Akribie darstellten. Ihre Bilder vermitteln daher einen Eindruck vom Aussehen einzelner Objekte, aber sie sollten nicht unbesehen als Abbildungen historischer Ensembles interpretiert werden, da zumal die Wiedergabe ganzer Raumausstattungen doch eher als idealtypische Darstellung im Kontext des jeweiligen Bildsujets zu deuten ist.[14]

Äußerst wichtig für die Erfassung der materiellen Kultur an der Kurie wäre natürlich ein Überblick zu den in Museen und Kirchenschätzen aufbewahrten Objekten aus dem Umfeld des Papsthofs. Allerdings gibt es für die Päpste keine Zusammenstellung, die mit den »Denkmalen« der mittelalterlichen Könige und Kaiser vergleichbar wäre; Ausstellungskataloge und Bildbände können eine systematische kritische Übersicht nicht ersetzen.[15] Gewiss sind Gemälde und Skulpturen, Bücher, Münzen und Siegel in großer Zahl erhalten, doch abgesehen davon sind nur relativ wenige Dinge bekannt, die mit den Päpsten und der Kurie der Renaissancezeit in eine nachweisbare Verbindung gebracht werden können.

Im Folgenden seien einige Objekte und Objektgruppen kurz vorgestellt, wobei es vor allem um die Bedingungen ihrer Erhaltung, gelegentlich auch um Funktion, Deutung und Wahrnehmung gehen soll.

Gut bekannt und erforscht ist die erste Gruppe, nämlich im Rahmen der Liturgie zu verwendende Gewänder und Geräte. Die überwältigend reichen schriftlichen und bildlichen Zeugnisse zum enormen Verbrauch von Luxustextilien an der Kurie und zu den wirtschaftlichen wie symbolischen Implikationen ihrer Verwendung sind bereits des Öfteren untersucht worden[16] – doch wie steht es mit den Überlieferungschancen der Objekte selbst?

---

rinascita delle arti da Donatello a Perugino. Roma, Museo del Corso, 29 aprile – 7 settembre 2008, 2 Bde., hg. von Maria Grazia Bernardini/Marco Bussagli, Milano 2008, hier Bd. 1, S. 91–95, geht von Florenz und Venedig aus und kommt allein bei den Maiolikafußböden auf römische Paläste zu sprechen (S. 94 f.), siehe dazu unten Anm. 55.

14 Vgl. anhand toskanischer Beispiele Katja Kwastek, Camera. Gemalter und realer Raum der italienischen Frührenaissance, Diss., Weimar 2001.

15 Percy E. Schramm/Florentine Mütherich, Denkmale der deutschen Könige und Kaiser, Bd. 1: Ein Beitrag zur Herrschergeschichte von Karl dem Großen bis Friedrich II. 768–1250 (Veröffentlichungen des Zentralinstituts für Kunstgeschichte in München 2), 2. Auflage, München 1981; Percy E. Schramm/Hermann Fillitz/Florentine Mütherich, Denkmale der deutschen Könige und Kaiser, Bd. 2: Ein Beitrag zur Herrschergeschichte von Rudolf I. bis Maximilian I., 1273–1519 (Veröffentlichungen des Zentralinstituts für Kunstgeschichte in München 7), München 1978. – Sehr hilfreich ist der Ausstellungskatalog Il '400 a Roma (wie Anm. 13).

16 Vgl. umfassend Thomas Ertl, Stoffspektakel. Zur Funktion von Kleidern und Textilien am spätmittelalterlichen Papsthof, in: Quellen und Forschungen aus italienischen Archiven und Bibliotheken 87, 2007, S. 139–

In Florenz werden im Museo Nazionale del Bargello Teile eines Messornats aufbewahrt, den Nikolaus V. am 24. Mai 1450 bei der Heiligsprechung Bernhardins von Siena getragen haben soll.[17] Zwar werden mittlerweile die Stickereien rund zehn Jahre jünger eingeschätzt als der Stoff, doch gilt die Erhaltung dieses Ensembles aus zwei unterschiedlichen Sorten von rot und gold gemustertem Seidensamt (eine Kasel, ein Pluviale, drei Tunicellae, zwei Stolen, drei Manipel und ein Tuch für den Kelch) immer noch als »Unikum in der Textilgeschichte«. Das großformatige Granatapfelmuster ist eine Spezialität florentinischer Manufakturen; die Stickereien mit Gold- und Seidenfaden auf dem Pluviale, darunter acht Heilige einschließlich Bernhardins von Siena, werden sienesischen Handwerkern, der Entwurf einem Künstler aus dem Umkreis Vechiettas oder Fra Angelicos zugewiesen. Das Motiv des ungläubigen Thomas auf der Kapuze des Pluviale erhärtet die Zuweisung an Nikolaus V. (Tommaso Parentucelli), die schriftlich erst im 18. Jahrhundert bezeugt ist. In den Rechnungen und Kammermandaten aus der Zeit Nikolaus' V. finden sich derart viele Einträge zu Stickereien, dass E. Müntz kapitulierte und nur einige davon abdruckte. In ihnen wird das Motiv des ungläubigen Thomas bei zwei Gewandsets genannt, die aber andere Farben hatten als der erhaltene Ornat. Dass die Gewänder dem Papst von Siena geschenkt worden seien, wie früher auf fragwürdiger Quellenbasis behauptet, ist mit Recht bestritten worden.[18] Sie lagerten bis ins 16. Jahrhundert wahrscheinlich in der päpstlichen Garderobe und wurden unter Gregor XIII. einer Kirche in Fivizzano, dem Heimatort der Mutter Nikolaus' V., übergeben.

Interessanterweise verwahrt das Diözesanmuseum in Sarzana, dem Geburtsort des Papstes, ein Ensemble aus einem dem Florentiner Ornat ähnlichen Stoff, bestehend aus

---

185; Thomas Ertl, Des Papstes neue Schlichtheit. Liturgische Gewänder und päpstliche Ikonographie um 1500, in: Pompa sacra (wie Anm. 3), S. 87–107; zu einem Teilaspekt Claudia Märtl, Zwischen Habitus und Repräsentation. Der kardinalizische Ornat am Ende des Mittelalters, in: Die Kardinäle des Mittelalters und der frühen Renaissance (Millennio medievale 95), hg. von Jürgen Dendorfer/Ralf Lützelschwab, Firenze 2013, S. 265–300, jeweils mit weiterer Literatur.

17 Vgl. zum Folgenden Il parato di Niccolò V per il Giubileo del 1450, hg. von Beatrice Paolozzi Strozzi, Firenze 2000, das Zitat S. 19; Maria Giulia Aurigemma, Committenze non romane di Niccolò V, in: Niccolò V nel sesto centenario della nascita. Atti del convegno internazionale di studi. Sarzana, 8–10 ottobre 1998 (Studi e testi, Biblioteca Apostolica Vaticana 397), hg. von Franco Bonatti/Antonio Manfredi, Città del Vaticano 2000, S. 411–439, hier S. 424–431; Ertl, Stoffspektakel (wie Anm. 16), S. 148–153; Le arti a Siena nel primo rinascimento. Da Jacopo della Quercia a Donatello (Siena, 26 marzo – 11 luglio 2010, Santa Maria della Scala, Opera della Metropolitana, Pinacoteca Nazionale), hg. von Max Seidel, Milano 2010, Nr. H 14, S. 612f. (Fabiana Bari); I Papi della Memoria. La storia di alcuni grandi Pontefici che hanno segnato il cammino della Chiesa e dell'Umanità. Roma, Museo Nazionale di Castel Sant'Angelo dal 28 Giugno all' 8 Dicembre 2012, hg. von Giulia S. Ghia/Federica Kappler/Mario Lolli Ghetti, Roma 2012, Nr. II,12, S. 150f. (Beatrice Paolozzi Strozzi).

18 Vgl. Marco Ciatti, I tessuti d'arte a Siena, in: Le arti a Siena (wie Anm. 17), S. 588–593, hier S. 593, und vor allem den Artikel von Fabiana Bari, in: Le arti a Siena (wie Anm. 17), S. 612.

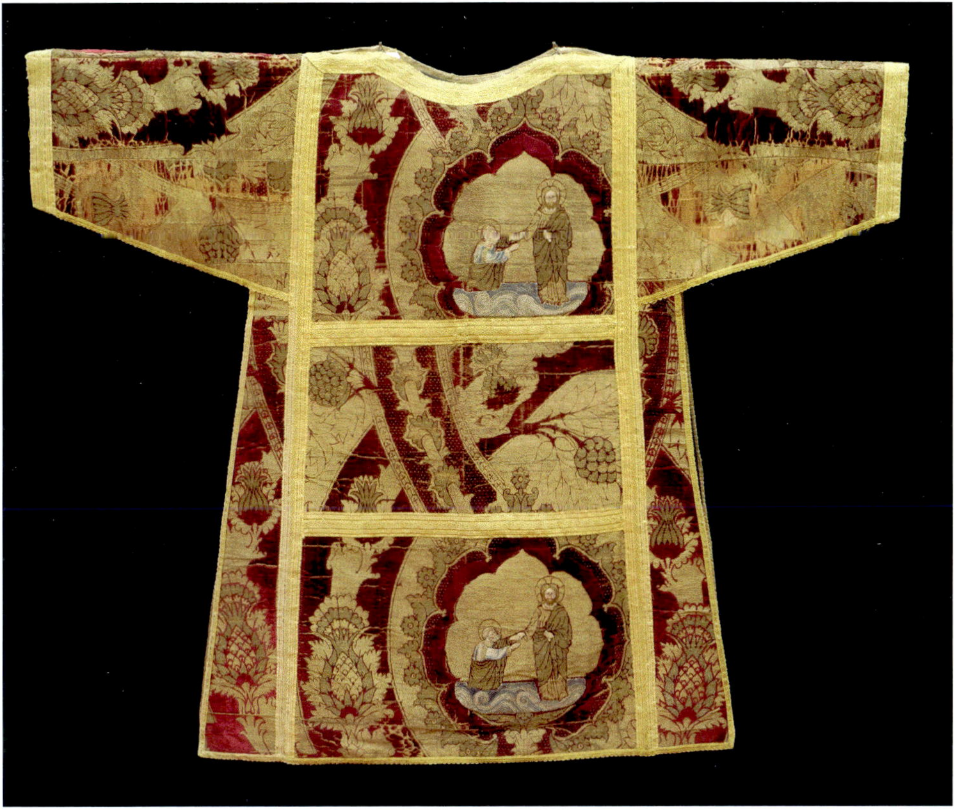

Abb. 1: Eine Tunicella aus dem Messornat Nikolaus' V. (Museo Nazionale del Bargello, Florenz).

Kasel, Dalmatik, Tunicella und Stola.[19] Wahrscheinlich schenkte Kardinal Filippo Calandrini, der Halbbruder Nikolaus' V., die Gewänder für die von ihm im Dom gestiftete Kapelle des Heiligen Thomas, die 1460 geweiht wurde. Ein Inventar von 1505 verzeichnet im Domschatz von Sarzana noch weitere Gewänder aus dem Besitz Nikolaus' V., die sich aber nicht erhalten haben.

Pius II. gab für den im August 1462 geweihten Dom von Pienza eine vollständige Ausstattung an bischöflichen Kleidungsstücken und Insignien, liturgischen Gerätschaften und Büchern in Auftrag; außer den Überresten dieser Stiftung werden heute im dortigen Diözesanmuseum noch einige weitere Gegenstände, z. T. nordalpiner Machart,

19 Vgl. Piero Donati/Franco Bonatti, Le arti a Sarzana. Le arti figurative a Sarzana. La committenza. Società civile e religiosa, Sarzana 1999, S. 37–39; zur Thomaskapelle Piero Donati, La scultura in marmo nella Lunigiana del Quattrocento. Tessuto connettivo ed emergenze, in: Niccolò V (wie Anm. 17), S. 441–449.

aufbewahrt, die traditionell auf die Schenkung Pius' II. zurückgeführt werden.[20] Der Messornat, von dem Emailplättchen einer Mitra erhalten sind, stammte aus einer florentinischen Werkstatt; Bischofsstab, Weihwasserkessel, Weihrauchfass, Hostiengefäß und Paxtafel sind ebenfalls florentinische Arbeiten aus unterschiedlichen Werkstätten. Pius II. vergab die Aufträge wahrscheinlich deshalb an mehrere Goldschmiede, weil die Zeit knapp war; im Allgemeinen bevorzugte er – besonders für repräsentative Arbeiten – den schon lange in Rom ansässigen Goldschmied Simon Johannis Ghini aus Florenz.[21] Trotz leichter stilistischer Unterschiede zeichnen sich die für Pienza in Auftrag gegebenen Sakralgeräte durch ihre Gestaltung im Stil der Frührenaissance aus, die sich auch an den in Kapitalis gehaltenen Inschriften auf Bischofsstab und Weihwasserkessel zeigt.[22]

Doch der Papst wusste auch ältere Objekte zu schätzen. Er stiftete ein Pluviale nach Pienza, eine englische Arbeit (*opus anglicanum*) aus dem zweiten Viertel des 14. Jahrhunderts, die möglicherweise aus dem Schatz der Päpste in Avignon herrührte.[23] Auf jeden Fall handelte es sich um ein bereits historisches Objekt, das keinesfalls dem neuen

---

20 Vgl. Museo Diocesano di Pienza (Musei senesi), hg. von Laura Martini, Siena 1998, S. 68–95 (Sala 5); Laura Martini, Tabulae pictae e altri ornamenti per la Cattedrale di Pienza, in: Pio II e le arti. La riscoperta dell'antico da Federighi a Michelangelo, hg. von Alessandro Angelini, Cinisello Balsamo/Milano 2005, S. 251–279, hier S. 274 f.; Laura Martini, Oreficeria sacra per la cattedrale di Pienza. I doni di Pio II, in: Significato e funzione della cattedrale, del giubileo e della ripresa della patristica dal medioevo al rinascimento. Atti del XXIII Convegno Internazionale (Chianciano Terme – Pienza 18–21 luglio 2011) (Quaderni della rassegna 82), hg. von Luisa Secchi Tarugi, Firenze 2013, S. 559–574, und Fabiana Bari, Munifica magnificenza. Il Tesoro tessile della Cattedrale di Pienza da Pio II Piccolomini agli inizi dell'Ottocento, Siena 2004, v.a. S. 29–76, die auf frühneuzeitliche Inventare verweist, in denen weitere gestiftete Gegenstände, die verschollen sind, aufgezählt werden.

21 Zu den an der Kurie tätigen Brüdern Rinaldo und Simone Ghini vgl. die Artikel von Stefano Coltellacci, in: Dizionario biografico degli Italiani 53, Roma 1999, S. 771–773. Müntz, Les arts, Bd. 1–4 (wie Anm. 4) publizierte zahlreiche Notizen zu Simon Johannis Ghini und stellte in seinem Aufsatz Nouvelles recherches 1884 (wie Anm. 4), S. 290–302 Nachrichten aus florentinischen Quellen, u. a. dem Catasto, zu diesem Goldschmied und seiner Familie zusammen. – Die Herkunft der etwa 150 für das gesamte 15. Jahrhundert in Rom nachweisbaren Goldschmiede war in der ersten Jahrhunderthälfte noch recht heterogen, erst ab der Jahrhundertmitte nahmen einheimische Werkstätten zu; vgl. Anna M. Pedrocchi, Argenteria sacra nella Roma del Quattrocento, in: Il '400 a Roma, Bd. 1 (wie Anm. 13), S. 79–89.

22 Vgl. Claudia Märtl, Epigraphisches zu Papst Pius II. (Enea Silvio Piccolomini, 1405/58–1464), in: *De litteris, manuscriptis, inscriptionibus* … Festschrift zum 65. Geburtstag von Walter Koch, hg. von Theo Kölzer/Franz-Albrecht Bornschlegel/Christian Friedl/Georg Vogeler, Wien/Köln/Weimar 2007, S. 329–351, hier Nr. 19 a–b, S. 345 f.

23 Il piviale di Pio II, hg. von Laura Martini, Cinisello Balsamo/Milano 2001; Ertl, Des Papstes neue Schlichtheit (wie Anm. 16), S. 91 f.; Ertl, Die Gier der Päpste nach englischen Stickereien. Zu Bedeutung und Verbreitung von Opus Anglicanum im späten Mittelalter, in: Reiche Bilder. Aspekte zu Funktion und Bedeutung von Stickereien im Spätmittelalter. Beiträge der internationalen Fachtagung des Deutschen Textilmuseums Krefeld und des Zentrums zur Erforschung antiker und mittelalterlicher Textilien an der Fachhochschule Köln (20.–21. November 2008), hg. von Uta-Christiane Bergemann, Regensburg 2010, S. 97–114.

Geschmack entsprechen konnte, doch von handwerklich hervorragender und kostbarer Machart war. Pius II. besaß auch ein Bildwerk, das in einer für Pariser Werkstätten typischen Emailtechnik um 1400 angefertigt worden war.[24] Ursprünglich waren die beiden Bildseiten ein Diptychon, das zu einem unbekannten Zeitpunkt in eine zweiseitige Tafel umgearbeitet wurde und als Paxtafel dienen konnte. Pius schenkte sie dem Dom von Siena, wo sie 1467 in einem Schatzinventar auftaucht; von dort gelangte sie am Ende des 18. Jahrhunderts in den Domschatz von Arezzo. Eine ebenfalls in einer Pariser Werkstatt in ähnlicher Technik hergestellte Tafel befand sich in der Sammlung Pietro Barbos. Sie ist im Inventar von 1457 aufgeführt; der Kardinal ließ sie fassen und mit einem Fuß versehen, der sein Wappen aufweist; später wurde sie zu einem Reliquiar umgearbeitet und durch Sixtus V. an den Dom seines Geburtsorts Montalto geschenkt.

Gewiss würden sich noch mehr Objekte aus päpstlichem Besitz finden lassen; so tauchen in der Literatur sakrale Gegenstände Calixts III. in Xátiva und Valencia, Textilien Sixtus' IV. in Assisi und Palermo, eine Staurothek Pius' III. in Fermo auf.[25] Im Kontext des bisher Gesagten sind davon vor allem die Schenkungen Calixts III. bemerkenswert, da sie noch gotischen Stilidealen verhaftet sind und den Papst als Besitzer eines hochwertig gearbeiteten höfischen Elfenbeinkästchens mit Motiven aus der Geschichte des Paris und der Helena zeigen, das er zu einem Reliquienbehälter umwidmete.[26]

Bei den vorgestellten Gegenständen handelt es sich nicht um eine exemplarische Auswahl von vielen, sondern vielmehr um die wenigen Überlebenden einer einst im Besitz von Päpsten und Kardinälen zahlreich, über das ganze 15. Jahrhundert zusammengerechnet sicher in Hunderten vorhandenen Objektgruppe. Die genannten Beispiele illustrieren das Hauptproblem, das sich einer Erfassung in den Weg stellt und bei einer Einbeziehung von Gegenständen aus kardinalizischem Besitz noch potenziert, nämlich die regional verstreute Aufbewahrung in teils noch wenig erschlossenen oder kaum

24 Vgl. zum Folgenden Renate Eikelmann, Goldemail um 1400, in: Das Goldene Rössl. Ein Meisterwerk der Pariser Hofkunst um 1400, hg. von Rainer Baumstark, München 1995, S. 106–130, hier S. 118–122 mit Abb. 59 und 60; Paris 1400. Les arts sous Charles VI, Paris, Musée du Louvre, 22 mars – 12 juillet 2004, hg. von Elisabeth Taburet-Delahaye, Paris 2004, Nr. 91, S. 171 f., Nr. 99, S. 179 f.

25 Zu Calixt III. vgl. I Borgia. Roma, Fondazione Memmo, 3 ottobre 2002–23 febbraio 2003, hg. von Carla Alfano/Felipe V. Garín Llombart, Roma 2002, Nr. I.9, S. 68, Nr. I.29–30, S. 92 mit Abb. auf S. 94; zu Sixtus IV.: Il paliotto di Sisto IV ad Assisi. Indagini e intervento conservativo (Il miracolo di Assisi 9), hg. von Rosalia Piazza Varoli, Assisi 1991; Vincenzo Abbate/Elvira D'Amico/Francesco Pertegato, Il piviale di Sisto IV a Palermo. Studi e interventi conservativi, Palermo 1998; zu Pius III.: L'aquila e il leone. L'arte veneta a Fermo, Sant'Elpidio a Mare e nel Fermano. Jacobello, i Crivelli e Lotto. Catalogo della mostra (Sant'Elpidio a Mare, 2006), hg. von Stefano Papetti, Venezia 2006, Nr. 42, S. 168 f. – Zu Kleidergaben früherer Päpste an lokale Kirchen vgl. Ertl, Stoffspektakel (wie Anm. 16), S. 145, 154 f.

26 Zu ähnlichen Kästchen, die u. a. in römischen Kirchenschätzen aufbewahrt werden, vgl. Il '400 a Roma, Bd. 2 (wie Anm. 13), S. 56 und Nr. 49, S. 187.

publizierten Sammlungen. Es ist nicht verwunderlich, dass diese Objekte in Kirchenschätzen erhalten blieben, wie es ihrer ursprünglichen Bestimmung entsprach. Warum aber blieben sie überhaupt erhalten? Der Grund ihrer Überlieferung war nicht ihre Kostbarkeit und eigentlich auch nicht vordringlich die Tatsache, dass sie Päpsten oder Kardinälen gehört hatten; erhalten blieben sie vielmehr, da sie in den beschenkten Institutionen mit einer generationenüberdauernden Pietät aufbewahrt wurden, die sich an ursprünglich persönliche Verbindungen der Stifter knüpfte.

Die zweite vorzustellende Gruppe umfasst Objekte, die im Zusammenhang mit der außerliturgischen Repräsentation der Päpste entstanden: Ringe, Goldene Rosen, geweihte Schwerter. Sie haben in noch größerem Maß das Interesse der Historiker auf sich gezogen als Textilien und liturgische Geräte.

Ein Problem eigener Art stellen die sogenannten »päpstlichen Ringe« oder Zeremonialringe dar, die in vielen Museen auf der ganzen Welt zu finden sind.[27] Im 19. Jahrhundert waren sie bei Sammlern sehr beliebt, und daher ist es wahrscheinlich, dass etliche davon für Sammlerinteressen hergestellt wurden.[28] Es handelt sich um sehr große Ringe von eher grober Machart, die aus vergoldeter Bronze bestehen und mit Steinen in verschiedenen Farben, oft Bergkristallen oder auch nur Glas, versehen sind. Fast immer weisen sie die Symbole der Evangelisten, Papstwappen und -namen sowie weitere heraldische Zeichen auf. So selten Gegenstände aus dem Besitz der Renaissancepäpste sonst sind, so häufig scheinen diese Ringe erhalten zu sein. Schätzungsweise sind etwa 100 Exemplare bekannt, unter denen jedem Papst zwischen Eugen IV. und Innozenz VIII. mehrere zugewiesen wurden.[29]

---

27 Vgl. zum Folgenden, jeweils mit Abbildungen, Theodor von Frimmel, Die Ceremonienringe in den Kunstsammlungen des Allerhöchsten Kaiserhauses, in: Jahrbuch der Kunsthistorischen Sammlungen des Allerhöchsten Kaiserhauses 14, 1893, S. 1–10; Heinz Battke, Die Ringsammlung des Berliner Schlossmuseums, zugleich eine Kunst- und Kulturgeschichte des Ringes, Berlin 1938, Nr. 66 und 67, S. 69f.; Eric Grusse Dagneaux, À propos des bagues dites »pontificales«, in: Histoire de l'Art 46, 2000, S. 13–24 (mit einer Liste von ca. 60 Ringen und ihren Aufbewahrungsorten, S. 20–22); Bernard Berthod/Pierre Blanchard, Trésors inconnus du Vatican. Cérémonial et liturgie, Paris 2001, S. 72; Lucina Vattuone, Anelli con emblema papale Piccolomini conservati in Vaticano, in: Enea Silvio Piccolomini. Pius Secundus, Poeta Laureatus, Pontifex Maximus. Atti del Convegno Internazionale, 29 settembre – 1 ottobre 2005, Roma e altri studi, hg. von Manlio Sodi/Arianna Antoniutti, Roma 2007, S. 417–430.

28 So die Erläuterung des Victoria and Albert Museum zu seinen Ringen, vgl. http://collections.vam.ac.uk/item/O123230/ring-unknown/ (Stand: 14.10.2016).

29 Einige große Sammlungen präsentieren Ringe im Internet, meist abzufragen unter Stichworten wie »anneau (pontifical)« und »bague (pontificale)« oder »(papal) ring«; auf der Webseite der Agence photo de la Réunion des Musées nationaux et du Grand Palais (www.photo.rmn.fr; Stand: 14.10.2016): Paris, Musée du Louvre, Inv.-Nr. MV212 (Pius II.) und Musée de Cluny, Inv.-Nr. CL9063 (Paul II.) sowie CL9192 (Sixtus IV.); auf eigenen Webseiten der Museen: Baltimore, The Walters Art Museum, Inv.-Nr. 54.434 (Eugen IV.); London, British Museum, Inv.-Nr. 1888,1201.3 (Eugen IV.) und Nr. 1888,1201.9 (Pius II.); London, Victoria and Albert Museum, Inv.-Nr. 665–1871 und 667–1871 (beide Pius II.), Nr. 2107–1855 (Sixtus IV.); New York,

Ihre Funktion ist bislang unklar; das Kaliber dieser Ringe hat daran zweifeln lassen, dass sie überhaupt getragen wurden, und so wurde nach anderen Verwendungszwecken gesucht.[30] Dass es sich um Ringe zur »Investitur« von Kardinälen handeln soll, wie wiederholt zu lesen, d. h. um Ringe, die Kardinäle bei ihrer Kreation vom Papst erhielten,[31] ist falsch, denn nach den päpstlichen Rechnungen waren die Kardinalsringe im 15. Jahrhundert stets aus Gold und mit einem blauen Stein versehen. Die Ansicht, es habe sich um ein Beglaubigungszeichen für Gesandte oder berittene Boten des Papstes gehandelt, das diese über den Reithandschuhen getragen hätten, beruht rein auf Phantasie.[32] Auch der Vorschlag, es habe sich um ein Beglaubigungszeichen speziell für Legaten im Kardinalsrang gehandelt,[33] kann nicht überzeugen: In die Logik des Legatenzeremoniells hätte sich nur ein Ring von der Art der wertvollen Pontifikalringe des Papstes eingefügt, da der Legat in päpstlicher Gewandung als alter ego des Pontifex auftreten sollte, und einer Beglaubigung zusätzlich zu den ihm ausgestellten päpstlichen Kredenzen und Fakultäten bedurfte der Legat nicht.

Während der Öffnung der Papstgräber beim Neubau von Sankt Peter kamen zu Beginn des 17. Jahrhunderts auch Ringe zum Vorschein.[34] Giacomo Grimaldi erwähnt, dass Hadrian IV., Bonifaz VIII. und Sixtus IV. am Ringfinger der rechten Hand goldene Ringe trugen. Am ausführlichsten berichtet er über den bei Sixtus IV. gefundenen Ring, der »aus reinstem Gold mit einem großen, sehr wertvollen Saphir« gefertigt sei, das Wappen Pauls II. und die Inschrift *PAVLVS VENETVS PAPA SECVNDVS* trage; er sei dem Grab entnommen und der Sakristei von St. Peter übergeben worden. E. Müntz

The Metropolitan Museum of Art, Inv.-Nr. 1989.79 (Paul II.); Oxford, Ashmolean Museum, Finger Ring Collection Inv.-Nr. WA1897.CDEF.F428 und F.429 (Pius II.) sowie F431. Drei Ringe aus dem Museo Sacro der Musei Vaticani, Inv.-Nr. 62005 (Nikolaus V.), 62096 (Paul II.), 62101 (Pius II.), sind abgebildet in: Das Konstanzer Konzil. Weltereignis des Mittelalters, 1414–1418. Katalog, hg. vom Badischen Landesmuseum, Darmstadt 2014, Nr. 119a–c, S. 188, vier Ringe aus den Vatikanischen Museen (Nikolaus V., zweimal Pius II., Paul II.) in: Il '400 a Roma, Bd. 2 (wie Anm. 13), S. 97 und Nr. 89–92, S. 199.

30 Deutungen als Fischerring oder liturgischer Pontifikalring werden von Grusse Dagneaux, À propos des bagues (wie Anm. 27), S. 14 f. und Vattuone, Anelli (wie Anm. 27), S. 420–422 mit Recht zurückgewiesen.

31 So jüngst wieder in den Katalogen Il '400 a Roma, Bd. 2 (wie Anm. 13), Nr. 89–90, S. 199 und Das Konstanzer Konzil (wie Anm. 29), Nr. 119c, S. 188. Vattuone, Anelli (wie Anm. 27), S. 422 f. lehnt eine Deutung als Kardinalsring ab, übersieht jedoch das entscheidende Argument des Materials, das Grusse Dagneaux, À propos des bagues (wie Anm. 27), S. 15 bereits ins Feld führte. Zu den Kardinalsringen vgl. Märtl, Zwischen Habitus (wie Anm. 16), S. 297.

32 Diese aus der älteren englischsprachigen Literatur stammenden Hypothesen – vgl. Grusse Dagneaux, À propos des bagues (wie Anm. 27), S. 15 – finden über die Metadaten der in Anm. 29 genannten Museen heute wieder weite Verbreitung.

33 So Grusse Dagneaux, À propos des bagues (wie Anm. 27), S. 17–19.

34 Vgl. zum Folgenden Giacomo Grimaldi, Descrizione della basilica antica di S. Pietro in Vaticano. Codice Barberini latino 2733 (Codices e Vaticanis selecti quam simillime expressi 32), hg. von Reto Niggl, Città del Vaticano 1972, S. 39, 222, 262–265; Müntz, Les arts, Bd. 2 (wie Anm. 4), S. 157.

führt dazu die Bemerkung Johannes Burckards an, dass Sixtus IV. ein Ring im Wert von 300 fl. ins Grab mitgegeben worden sei. Angesichts des Materialwerts kann es sich nicht um einen der hier diskutierten Zeremonialringe gehandelt haben. Im Schatz von St. Peter ist anscheinend dieser Ring Pauls II. nicht mehr vorhanden; dafür wird dort einer der üblichen Ringe aus vergoldeter Bronze mit einem Bergkristall und dem Namen Sixtus' IV. ausgestellt.[35]

Bei der Demontierung des Sarkophags Pius' II. in der alten Peterskirche wurde ein Ring aufgefunden, der durch Paul V. an Silvio Piccolomini übersandt wurde. Ob dieser mit dem heute im Museo Civico in Siena ausgestellten Exemplar eines Zeremonialrings zu identifizieren ist, kann jedoch keineswegs sicher behauptet werden, denn es gibt keine Beschreibung des Rings aus dem Grab und keine Nachrichten darüber, was mit ihm geschah, nachdem er in den Besitz der Piccolomini gekommen war.[36] Dass unter den Zuschreibungen Pius öfter als andere Namen auftaucht, hängt wohl damit zusammen, dass es zwei Päpste dieses Namens gab, deren Ringe heute nicht mehr auseinandergehalten werden können.[37] Da Pius III. nur 26 Tage lang Papst war, würde dies bedeuten, dass die Ringe gleich zu Beginn des Pontifikats gegossen wurden.

Dass es ausgerechnet für einen so häufig überlieferten und durch Heraldik und Papstnamen auch so gut bestimmbaren Gegenstand noch nicht gelungen ist, einen überzeugenden Vorschlag zur Verwendung zu machen, ist unbefriedigend. Möglicherweise haben jene Autoren das Richtige getroffen, die diese Ringe für Symbole der Investitur mit weltlichen Herrschaftsrechten hielten.[38] Die Päpste könnten sie für die Einsetzung

35 Vgl. Il Tesoro di San Pietro (Biblioteca d'arte Rizzoli), hg. von F. S. Orlando, Milano 1958, S. 66 und Tab. 57 (mit der widersprüchlichen Datierung »1460«); Vattuone, Anelli (wie Anm. 27), S. 420, beide mit Verweis darauf, dass dieser Ring in der älteren Literatur als Fischerring firmierte.

36 Vgl. Il museo civico nel Palazzo pubblico di Siena, hg. von Aldo Cairola, Siena 1962, S. 79; zur Erwerbung des Rings durch die Piccolomini vgl. F. Donati, Anello di Pio II ritrovato nel suo sepolcro, in: Miscellanea storica senese 1, 1893, S. 138–140.

37 Jean Chifflet bildete in einer kleinen Abhandlung einen Ring ab und wies ihn Pius II. zu, ohne den Aufbewahrungsort zu nennen: Jean Chifflet, Annulus pontificius Pio Papae II assertus a Joanne Chifletio, Amsterdam 1658. Bei Grusse Dagneaux, À propos des bagues (wie Anm. 27), S. 20f. sind 14 Ringe mit dem Namen »Pius« verzeichnet; zu drei Exemplaren des Museo Sacro der Musei Vaticani (Inv.-Nr. 62101, 62093, 62098) vgl. Vattuone, Anelli (wie Anm. 27), mit Abb. S. 437f. Auch das Schmuckmuseum Pforzheim besitzt einen Ring Pius' II., der anlässlich einer Ausstellung 2013 in der regionalen Presse des Öfteren abgebildet wurde. Die Authentizität dieser Ringe ist zum Teil durchaus zweifelhaft, vgl. Märtl, Epigraphisches (wie Anm. 22), S. 350f.

38 Vgl. Auguste Castan, Anneau d'investiture pour la souveraineté de la Corse donné en 1453 à Saint-Georges de Gênes conservé au Musée de Besançon, in: Mémoires de la Société nationale des Antiquaires de France 43, 1882, S. 24–35, der diese These für die Ringe mit weltlicher oder weltlich-geistlicher Heraldik vertrat; ebenso Giovanni Battista de Rossi († 1894) zu einem Ring mit rein weltlicher Heraldik, den er für ein königliches Investitursymbol hielt, zitiert bei Vattuone, Anelli (wie Anm. 27), S. 424; Battke, Ringsammlung (wie Anm. 27), neigte ebenfalls dieser Ansicht zu.

von Lehensträgern im Kirchenstaat verwendet haben, was aber beim gegenwärtigen Forschungsstand nicht belegbar ist.

Für weitere Gegenstände aus der Gruppe der Repräsentationsobjekte, die nur kurz gestreift seien, gibt es derartige Deutungsprobleme nicht. Goldene Rosen und geweihte Schwerter wurden von den Päpsten an weltliche Fürsten und Gemeinwesen verliehen, die sich um Kirche und Glauben verdient gemacht hatten oder dazu angespornt werden sollten. Sie sind in der päpstlichen Rechnungsführung außerordentlich gut belegt, die Rosen jeweils im Frühjahr, da sie am Rosensonntag in der Fastenzeit vergeben wurden, die Schwerter gegen Ende des Jahres, da sie am Weihnachtsabend vom Papst geweiht und zusammen mit einem perlenbestickten Hut an einen Laienfürsten überreicht oder verschickt wurden.[39] Die Erhaltungschancen gestalten sich allerdings sehr unterschiedlich.

Aus der Zeit vor 1500 sind nur zwei Goldene Rosen erhalten geblieben. Die ältere befindet sich heute im Musée de Cluny in Paris; sie wurde von Johann XXII. 1330 in Auftrag gegeben und an Rudolf III. von Neuchâtel überreicht, der sie anscheinend an das Basler Münster schenkte. Dort wurde sie mit einer Vorrichtung versehen, um sie auf dem Altar aufstellen zu können; deren Stifter, ein Basler Domkustos und -probst, verewigte seinen Beitrag durch drei Wappenschilde aus Email, die heute noch vorhanden sind.[40] Ebenfalls erhalten geblieben ist die von Simon Johannis Ghini angefertigte Goldene Rose, die Pius II. in der Fastenzeit 1459 an Siena verlieh; dort ist sie heute im Palazzo Pubblico ausgestellt.[41]

Von den Hüten hat sich aus dem 15. Jahrhundert keiner erhalten, von den geweihten Schwertern sind jedoch mehrere überliefert.[42] Die etwa zwei Meter langen zweihändi-

39 Vgl. Elisabeth Cornides, Rose und Schwert im päpstlichen Zeremoniell. Von den Anfängen bis zum Pontifikat Gregors XIII. (Wiener Dissertationen aus dem Gebiete der Geschichte 9), Diss., Wien 1967; knapp Pedrocchi, Argenteria sacra (wie Anm. 21), S. 86.

40 Musée de Cluny, Nr. CL2351; mehrere Fotos auf www.photo.rmn.fr (Stand: 14.10.2016). Vgl. Agostino Paravicini Bagliani, Il potere del papa. Corporeità, autorappresentazione, simboli (Millennio medievale 78; Millennio medievale, Strumenti e studi N.S. 21), Firenze 2009, Cap. Les premiers papes d'Avignon et la Rose d'or, S. 347–353 (revidierter Nachdruck von: Agostino Paravicini Bagliani, Autour de la Rose d'or »du comte de Neuchâtel« au Musée de Cluny, in: In dubiis libertas. Mélanges d'histoire offerts au professeur Rémy Scheurer, hg. von Ph. Henry/M. de Triboulet, Hauterive 1999, S. 59–65); zum Basler Münsterschatz Lucas Burkart, Das Blut der Märtyrer. Genese, Bedeutung und Funktion mittelalterlicher Schätze (Norm und Struktur 31), Köln/Weimar/Wien 2009, S. 302–385, zur goldenen Rose S. 309f.

41 Vgl. Martini, Tabulae pictae (wie Anm. 20), S. 275, mit Abb. auf S. 277.

42 Vgl. die aus der Literatur belegte Übersicht in dem Artikel https://en.wikipedia.org/wiki/Blessed_sword_and_hat (Stand: 14.11.2016). Eugène Müntz wertete die in Les arts, Bd. 1–4 und Nouvelles recherches 1884 (wie Anm. 4) gedruckten Notizen in zwei Aufsätzen aus; der zweite davon betrifft das 15. Jahrhundert: Eugène Müntz, Les épées d'honneur distribuées par les papes pendant le XIVe, XVe, XVIe siècle. Deuxième article, in: Revue de l'art chrétien 32, 1889, S. 400–411; Carlo De Vita, Recente ritrovamento ed analisi della lama di uno »stocco benedetto« di Sisto IV del 1472, in: Sisto IV. Le arti a Roma nel primo Rinascimento.

Abb. 2: Goldene Rose Pius' II. (Museo Civico, Siena).

gen Zeremonialschwerter sind mit dem päpstlichen Wappen und päpstlichen Emblemen sowie häufig auch mit Inschriften versehen. Erhalten haben sich aus dem 15. Jahrhundert die Schwerter, die an König Juan II. von Kastilien, die Dogen Francesco Foscari und Cristoforo Moro, an Ludovico Bentivoglio, Bogislaw X. von Pommern und Wilhelm III. von Hessen übergeben wurden; in den beiden letztgenannten Fällen wurde das Schwert den Fürsten persönlich während einer Rompilgerfahrt überreicht. Im Jahr 1460 erhielt Markgraf Albrecht Achilles während des Kongresses von Mantua ein von Simon Johannis Ghini angefertigtes Schwert, das mit dem Piccolomini-Papstwappen und dem Heiligen Petrus in einem Nachen geschmückt war. Im Jahr 1540 wurden diese päpstlichen Embleme getilgt, und zwar so erfolgreich, dass das Schwert erst bei einer Restaurierung 1894 wieder als päpstliche Ehrengabe identifiziert werden konnte. Seit dem 17. Jahrhundert hatte es als Brandenburger Kurschwert gegolten.[43]

Die Erhaltungschancen dieser Objekte hängen offenkundig damit zusammen, ob sie eher robuster oder eher fragiler Machart waren. Als Erbstücke in dynastischem Besitz konnten die Schwerter sogar die religiösen Verwerfungen der Neuzeit überdauern und neue Funktionen übernehmen. Von den Tiaren des 15. Jahrhunderts ist hingegen keine einzige auf uns gekommen. Ihr aus Rechnungen und Beschreibungen ersichtlicher ungeheurer Wert sorgte wohl dafür, dass sie nicht nur regelmäßig verpfändet, sondern auch immer wieder auseinandergenommen wurden, um die Materialien neu zu verwenden.[44]

Nach den künstlerisch meist hochwertigen Objekten der Liturgie und Repräsentation soll mit der dritten Gruppe ein Blick auf Dinge geworfen werden, die nicht nur in Luxusausfertigungen, sondern gar nicht so selten auch in Alltagsvarianten erhalten blieben, nämlich Gefäße aus Metall oder den Materialien Keramik, Maiolika oder Terracotta.

Rom hatte im späten Mittelalter eine bedeutende Keramikproduktion aufzuweisen, importierte aber auch erhebliche Mengen.[45] Während die Bestimmung der Produktions-

---

Atti del convegno internazionale di studi, 23–25 ottobre 1997, hg. von Fabio Benzi, Roma 2000, S. 75–81, versucht ebenfalls eine Übersicht zu den erhaltenen Schwertern zu geben, doch ohne Kenntnis der Arbeiten von E. Müntz.

43 Zur Inschrift dieses Schwertes vgl. Märtl, Epigraphisches (wie Anm. 22), Nr. 9a, S. 337.

44 Gut belegt sind die Vorgänge um die wiederholte Verpfändung einer von Eugen IV. in Auftrag gegebenen Tiara; vgl. Philip Jacks/William Caferro, The Spinelli of Florence. Fortunes of a Renaissance Merchant Family, University Park/Pennsylvania 2001, S. 71–75 und die Beschreibung des 1443 verpfändeten Objekts, Dokument Nr. 15, S. 301 f.

45 Vgl. umfassend Paolo Güll, L'industrie du quotidien. Production, importations et consommation de la céramique à Rome entre XIVe et XVIe siècle (Collection de l'École française de Rome 314), Rome 2003. Tagungsakten zu archäologischen Keramikfunden wurden publiziert unter dem Titel Le ceramiche di Roma e del Lazio in età medievale e moderna (Museo della città e del territorio), Bd. 1–6, hg. von Elisabetta de Minicis, Roma 1994–2005; Bd. 7, hg. von Francesca Romana Stasolla/Giorgia Maria Annoscia, Roma 2015. Beispiele für Keramikgefäße vgl. in Il '400 a Roma, Bd. 2 (wie Anm. 13), S. 58–63, 68 f., Nr. 51–57,

region von Keramik-, Maiolika- und Terracottagefäßen der Spezialforschung keine Probleme bereitet, ist es wesentlich schwieriger, eine Zuordnung zur Kurie zu erweisen. Keramikgefäße kommen in den päpstlichen Haushaltsrechnungen, die zwischen Küche des Papstes und Küche der *famiglia* unterscheiden, häufig vor. Gekauft wurden vor allem irdene Töpfe und Schüsseln, die in beiden Küchen zum Kochen verwendet, aber gelegentlich auch als Mausefallen in der Garderobe aufgestellt wurden.[46] Der Nachweis, dass eines der zahlreichen erhaltenen Gefäße in einem kurialen Haushalt verwendet wurde, lässt sich jedoch nur selten bis zur Sicherheit erhärten. Hin und wieder wird dies über die Heraldik versucht, was vor allem dann Erfolg verspricht, wenn die Fundorte oder historisch nachweisbare Aufbewahrungsorte mit der heraldischen Interpretation im Einklang stehen. Wunschdenken führt allerdings bisweilen zu zweifelhaften Ergebnissen. So wurde eine mit einem Stier verzierte *panata*, die in der zweiten Hälfte der 40er Jahre in Rom oder in Lazio hergestellt wurde, mit dem Antritt des ersten Borgia-Papstes Calixt III. in Beziehung gesetzt. Diese Hypothese beruhte jedoch auf der irrigen Vordatierung dieses Antritts in das Jahr 1445 (statt 1455) und ist deshalb wenig stichhaltig.[47] Eine *panata*, ein mit einer großen Tülle versehenes einfaches Wein- oder Wassergefäß für den täglichen Gebrauch, wird übrigens auf dem bekannten Relief Filaretes auf der Rückseite der Bronzetür von Sankt Peter, das den Meister und seine Gehilfen darstellt, in der Hand des Maultierreiters auf der linken Seite gezeigt.[48]

Aufgrund der Fundsituation besonders reizvoll sind Keramikgefäße, die aus dem Palazzo Venezia in Rom geborgen wurden.[49] Aus der Zeit des Erbauers, Pauls II., stammen einfache Terracottagefäße in der Form italienischer Sparbüchsen, die bei Restaurierungen in den Mauern gefunden wurden. Paul II. ließ 1466 129 Gefäße kaufen, um in ihnen Medaillen mit seinem Porträt in die Palastmauern einzufügen. In dem heute im Palast befindlichen Museo Nazionale sind einige davon zu besichtigen. Es wurden nicht nur schmucklose »Sparbüchsen« verwendet, auch ein etwas aufwendigerer glasierter Topf mit Wappen und Namenszug des Papstes tauchte aus den Mauern auf. Eine Schüssel mit

S. 188 f., Nr. 61–62, S. 189 und bei Giuliana Gardelli, La maiolica dall'Alto Medioevo al Rinascimento, in: Nymphilexis. Enea Silvio Piccolomini, l'umanesimo e la geografia. Manoscritti, Stampati, Monete, Medaglie, Ceramiche (Roma, Biblioteca Casanatense, Salone Monumentale, 7 aprile – 30 maggio 2005), hg. von Claudio Crescentini/Margherita Palumbo, Roma 2005, S. 285–311 (einige Exemplare mit Piccolomini-Heraldik). Zu iberischen Importen vgl. Arnold Esch, L'importazione di maioliche ispano-moresche nella Roma del primo Rinascimento nei registri doganali 1444–1483, in: Faenza 2, 2014, S. 9–27.

46 Vgl. Märtl, Kochkunst (wie Anm. 11), S. 60; Märtl, Von Mäusen und Elefanten. Tiere am Papsthof im 15. Jahrhundert, in: Deutsches Archiv 60, 2004, S. 183–199, hier S. 185. – Für Pius II. wird eine glasierte Badewanne beschafft; vgl. Claudia Märtl, Körper-Kult (wie Anm. 11), S. 15–35, hier S. 24.

47 Vgl. I Borgia (wie Anm. 25), Nr. I.5, S. 62 f.; vgl. auch die Schüsseln Nr. I.6–7, S. 62–64.

48 Zur Interpretation des Reliefs vgl. Robert G. Glass, Filarete's Hilaritas. Claiming Authorship and Status on the Doors of St. Peter's, in: The Art Bulletin 94, 2012, S. 548–571, mit der älteren Literatur.

49 Vgl. zum Folgenden Il '400 a Roma, Bd. 2 (wie Anm. 13), S. 69 f. und Nr. 62, S. 189 f., Nr. 64, S. 190.

Abb. 3: Keramikbecken mit dem Wappen eines Barbo-Kardinals aus dem Belvedere-Turm des Palazzo Venezia (Museo Nazionale im Palazzo Venezia).

dem Barbo-Kardinalswappen wurde 1962 aus dem Belvedereturm, wo sie vermutlich seit der Zeit Marco Barbos (Kardinal 1467–1491) vermauert war, herausgelöst.

Auch bei den Gefäßen aus Metall sind naturgemäß Unterschiede in Material und Wert gegeben, die mit dem Gebrauch korrespondierten. Über die vielen Gefäße und Geräte aus Zinn, Kupfer und Eisen, die in der Küche zum Einsatz kamen, ist nur aus den Haushaltsrechnungen etwas zu erfahren.[50] In den päpstlichen Schatzinventaren finden sich ausschließlich Gefäße aus Gold und Silber. Vielfach waren sie wie die Kera-

50 Vgl. Märtl, Kochkunst (wie Anm. 11), S. 60f.

mikgefäße ebenfalls mit Wappen gekennzeichnet, aber nicht nur mit den Wappen der päpstlichen oder kurialen Besitzer, sondern mindestens genauso oft mit den Wappen der Schenker. Gefäße aus Edelmetall wurden häufig von Gesandtschaften überreicht und waren ein probates Mittel, um ein eigentlich intendiertes Geldgeschenk zu verschleiern und akzeptabel zu machen.[51] Einmal im päpstlichen Schatz angelangt, konnten sie durchaus auf der Tafel verwendet werden, als Schaugeschirr dienen oder als Wertgegenstände verpfändet und zuletzt eingeschmolzen werden. Diese Funktion von Gefäßen als Schatz wird in der Kapelle Nikolaus' V. im Vatikanpalast durch Fra Angelico dargestellt: Papst Sixtus II. übergibt dem Diakon Laurentius den Kirchenschatz, der aus einem Geldbeutel, aus Silbergefäßen und einer Kassette besteht.

Im Schatz von Santa Sabina auf dem Aventin hat sich ein Becken erhalten, das zu einem vom 15. bis zum 18. Jahrhundert weitverbreiteten Typ gehört, der aus Gold und Silber, am häufigsten aber aus Messing hergestellt wurde.[52] Das Becken aus Silber (Durchmesser 42 cm) trägt am Boden die sich zwischen zwei halbkugelförmigen Punkten im Kreis rundum wiederholende Inschrift *ICH BART GELVK ALZEIT* (ungefähr: »Ich trage alle Zeit Glück«). In der Tat stammen diese Becken aus nordalpiner Produktion mit Schwerpunkten in Flandern und Nürnberg und verbreiteten sich im Spätmittelalter in ganz Europa. Eine Aussage, wie ein derartiges Objekt nach Santa Sabina kam, ist kaum möglich; trotzdem ist daran zu erinnern, dass Eneas Silvius Piccolomini Santa Sabina als Titelkirche hatte und dem dortigen Dominikanerkonvent nach seiner Papstwahl ein Almosen überreichen ließ.[53] Oft werden diese Gefäße nämlich als Almosen- oder Taufschale bezeichnet. Sie waren in ihrer Funktion jedoch wenig festgelegt und konnten auch profane Verwendungszwecke haben, was zumal dann naheliegt, wenn sie – wie in diesem Fall – keine sofort als religiös erkennbare Ornamentik aufweisen. Unter dem Schaugeschirr auf der Kredenz im Palazzo Ludovisi Altemps, die 1481 anlässlich einer Hochzeit an die Wand gemalt wurde, sind derartige Becken ausgestellt. Auch auf einem Fresko Domenico Ghirlandaios in San Gimignano, das die sterbende

---

51 Die Praxis dieser »Geschenke« untersucht für den Kirchenstaat Maria G. Nico Ottaviani, Regali dalla provincia dello Stato, in: Pompa sacra (wie Anm. 3), S. 167–179, zu Gegenständen aus Edelmetall S. 174–178.

52 Vgl. Il '400 a Roma, Bd. 2 (wie Anm. 13), S. 81 und Nr. 73, S. 193 f. (mit fehlerhafter Transkription der Inschrift). Zu diesen so genannten »Beckenschlägerschüsseln« vgl. Thomas Eser, Unter Tage, unter Wasser. Nürnberger Artefakte als archäologische Funde, in: Quasi Centrum Europae. Europa kauft in Nürnberg, 1400–1800. Germanisches Nationalmuseum, Nürnberg, 20. Juni bis 6. Oktober 2002, hg. von Hermann Maué, Nürnberg 2002, S. 96–115, hier S. 106–109, mit Verweis auf ältere Literatur, in der über 1000 solcher Schüsseln in Museen und Kirchenschätzen zusammengestellt sind.

53 Vgl. Claudia Märtl, Der Papst und das Geld. Zum kurialen Rechnungswesen unter Pius II. (1458–1464), in: Kurie und Region. Festschrift für Brigide Schwarz zum 65. Geburtstag (Geschichtliche Landeskunde 59), hg. von Brigitte Flug/Michael Matheus/Andreas Rehberg, Stuttgart 2005, S. 175–195, hier S. 187 f.

Abb. 4: Fra Angelico: Papst Sixtus II. übergibt Laurentius den Kirchenschatz (Fresko in der Capella Niccolina im Vatikanpalast).

Abb. 5: Gemalte Kredenz (Palazzo Ludovisi Altemps, Rom).

Heilige Fina darstellt, ist eines zu sehen.[54] Der Raum ist sehr karg ausgestattet, die Heilige liegt auf einem Holzbrett auf dem Boden, der einzige Stuhl ist roh gezimmert. Aber auf dem Tisch an der Wand stehen einige kostbare Gegenstände: eine Spanschachtel für Konfekt, ein Krug und ein Becher aus Glas mit Wein sowie ein goldenes Becken von derselben Art wie das in Santa Sabina aufbewahrte.

Die Einrichtung der päpstlichen Räume kann man sich nach den Rechnungseinträgen als luxuriöses Ambiente vorstellen, mit bemalten Decken, Wandvertäfelungen, Glasfenstern, wertvollen Stoffen, Tapisserien, Möbeln mit Intarsien, usw. In der Augenblicksaufnahme, die das im August 1455 erstellte Inventar der päpstlichen Zimmer nach dem Tod Calixts III. gibt, erscheint dessen Schlafzimmer jedoch ziemlich kahl: ein Bett mit zwei Matratzen, einem Federbett, zwei weißen Decken und einem kleinen Kissen; eine verschlossene kleine Truhe, in der sich angeblich Schriftstücke befanden; zwei Schemel, ein alter Teppich, ein Tisch, eine Bildtafel mit der Hl. Familie und den

54 Eine Abb. vgl. etwa in: Steffi Roettgen, Wandmalerei der Frührenaissance in Italien, Bd. 2: Die Blütezeit 1470–1510, München 1997, Abb. 16 nach S. 48.

Hl. Drei Königen sowie dem Borgiawappen.[55] Das mag mit der bekannt asketischen Lebensführung Calixts III. zusammenhängen, aber vielleicht mehr noch damit, dass in der Regel nach dem Tod eines Papstes zumindest aus den Schlafräumen die mobilen Wertgegenstände blitzschnell verschwanden. Es gab also ganz handfeste Gründe, warum ein Teil der mobilen Palastausstattung mit jedem Papst erneuert werden musste. Auch wurde die Habe des zum Papst gewählten Kardinals, sofern sie nicht scharf bewacht wurde, geplündert, sodass Wäsche, Geschirr und andere für den persönlichen Gebrauch des Pontifex bestimmte Gegenstände zu ersetzen waren. Zudem mussten viele Objekte, die der päpstlichen Repräsentation dienten und mit Wappen versehen waren, beim Papstwechsel neu angefertigt werden, ganz abgesehen von den aufwendigen ephemeren Ausstattungen, die für Beisetzung und Einsetzungsfeierlichkeiten eines Papstes sowie das Konklave hergestellt und beschafft wurden.

Im 15. Jahrhundert, das von 1417 bis 1503 durch acht Pontifikate ausgefüllt war, kamen Handwerker und Lieferanten im Umfeld der Kurie in relativ kurzen Abständen in den Genuss des durch die Papstwechsel ausgelösten kleinen Booms, und dies besonders zwischen 1447 und 1471, als vier Päpste jeweils nur für wenige Jahre regierten. Darüber hinaus steuerten auch persönlicher Geschmack und Gestaltungswille der Päpste und ihrer Umgebung die Erneuerung und den Ausbau der päpstlichen Wohn- und Amtsräume, wobei Modetrends zum Tragen kamen. Heute noch nachvollziehbar sind die Auswirkungen von Stilentscheidungen bei den Fußböden, die sich aus mehreren Pontifikaten der zweiten Hälfte des 15. Jahrhunderts erhalten haben.[56] In dieser Zeit verbreiteten sich zunehmend gemusterte Maiolikaböden. Alexander VI. bestellte in seiner katalanischen Heimat blaugemusterte Fliesen (die auch von römischen Werkstätten schon hergestellt werden konnten) und reagierte ziemlich ungehalten, als sein Sohn Joan diesen Auftrag nicht mit dem gebührenden Eifer erledigte. Die mit Borgiaemblemen geschmückten Fliesen kamen aber schließlich doch an und konnten in den päpstlichen Räumen verlegt werden.[57]

Zweifellos war die Kurie ein Ort fortgeschrittener Raffinesse, wie sie einem großen internationalen Hof anstand. Mit Perlen verzierte Hundehalsbänder oder edelsteinbesetzte Luxuszahnstocher in Inventaren von Kurialen entsprachen gewiss nicht

---

55 Müntz, Les arts, Bd. 1 (wie Anm. 4), S. 215 (*In II camera*).

56 Vgl. Angela Dressen, Pavimenti decorati del Quattrocento in Italia (Premio James Ackerman per la storia dell'architetture 3), Diss., Venezia 2008, bes. S. 57–80 und den Katalog, S. 336–389, der über 15 belegte oder teilweise noch erhaltene Terracotta- und Maiolikaböden verzeichnet, die in kurialem Auftrag entstanden.

57 Vgl. I Borgia (wie Anm. 25), S. 168–174; Dressen, Pavimenti (wie Anm. 56), Nr. B69 und B70, S. 376–381; Il '400 a Roma, Bd. 2 (wie Anm. 13), S. 65–67 und Nr. 61–62, S. 189f. – Zu Abnehmerkreisen und sozialer Wertigkeit iberischer Importgefäße vgl. Esch, L'importazione (wie Anm. 45), S. 13–15.

den Vorstellungen etwa eines Nikolaus von Kues.[58] Papst und Kardinäle besaßen auch Gegenstände des gehobenen Alltagsbedarfs in kostbaren und modernen Ausführungen. Singulär ist, dass das Reiseschreibzeug Pauls II. mit seiner verzierten Lederkassette erhalten blieb.[59] Lesehilfen von Kardinälen wie Päpsten waren aus edlen, aber auch dauerhaften Materialien gefertigt.[60] So finden sich im Nachlassinventar Calixts III. zwei goldgefasste Brillen und ein goldenes Brillenetui, Paul II. benutzte bereits als Kardinal Brillen und Etuis aus Silber, und Leo X. hält auf dem bekannten Bild Raphaels eine Lupe mit goldenem Stiel in der Hand. Auch gehörten Zeitmessinstrumente zur Einrichtung der Päpste.[61] Calixt III. besaß eine vergoldete Uhr in einem Behältnis, Pius II. ließ sein *horologium* von Simon Johannis Ghini mit Gold und Silber verzieren und beschäftigte für die Regulierung einen eigenen Uhrenwärter, für Paul II. war eine ausgetüftelte Klappsonnenuhr bestimmt, zu der sich das von Regiomontan stammende Modell erhalten hat. All diese Gegenstände waren nicht lebensnotwendig, sie waren aber auch kein Luxus in dem Sinn, dass sie überflüssig gewesen wären, sondern verschönerten und erleichterten die Ausübung der Amtsgeschäfte.

Die Forderungen nach einer Einschränkung des Luxus, die in den Kurienreformschriften erhoben wurden, sind angesichts des verfeinerten Lebensstils des Papsthofs durchaus verständlich. Verteidiger des kirchlichen Aufwands führten dagegen nicht allein die würdige Gestaltung des Gottesdienstes, die Notwendigkeit einer angemessenen und zeitgemäßen Repräsentation der Kurie und die Stärkung der päpstlichen Autorität in der Konkurrenz mit weltlichen Mächten ins Feld, sondern verwiesen auch auf die Arbeitsplätze, die durch den Luxuskonsum entstünden, und auf die Wohltaten, die speziell die römische Bevölkerung von der Großzügigkeit des Papstes erwarten durfte.[62] Wie

58 Vgl. Märtl, Körper-Kult (wie Anm. 11), S. 23 (Zahnstocher); zwei seidene Halsbänder für Schoßhunde mit kleinen Perlen finden sich in dem Inventar, das anlässlich der Verhaftung des Bischofs Ambrosius von Alet von dessen ansonsten kümmerlicher Habe erstellt wurde, vgl. Claudia Märtl, Wie schreibt ein Papst Geschichte? Zum Umgang mit Vorlagen in den *Commentarii* Pius II., in: Die Hofgeschichtsschreibung im mittelalterlichen Europa. Projekte und Forschungsprobleme (Subsidia historiographica III), hg. von Rudolf Schieffer/Jarosław Wenta, Toruń 2006, S. 233–251, hier S. 249.

59 Sie ist im Museo Nazionale des Palazzo Venezia zusammen mit den »Sparbüchsen« des Papstes ausgestellt.

60 Vgl. Vincent Ilardi, Renaissance Vision from Spectacles to Telescopes, Philadelphia/Pennsylvania 2007, S. 107–115 zu Importen von Brillen in den römischen Zollregistern, S. 112f. zu kurialem Besitz von Lupen und Brillen (nach Müntz); weitere Nachrichten bei Märtl, Körper-Kult (wie Anm. 11), S. 18f.

61 Zum Folgenden vgl. Müntz, Les arts, Bd. 1 (wie Anm. 4), S. 216 (*unum [o]relogium deauratum in una capseta*); Märtl, Alltag (wie Anm. 11), S. 117; Michael Matheus, Roma docta. Rom als Studienort in der Renaissance, in: Quellen und Forschungen aus italienischen Archiven und Bibliotheken 90, 2010, S. 128–168, hier S. 156.

62 Vgl. Claudia Märtl, Kardinal Jean Jouffroy († 1473). Leben und Werk (Beiträge zur Geschichte und Quellenkunde des Mittelalters 18), Sigmaringen 1996, S. 187–194, v.a. S. 191; zur Resonanz in Rom vgl. Anna Modigliani, Le ragioni del lusso e il rifiuto della povertà evangelica. I papi e la ricchezza terrena nel Quattrocento, in: Pompa sacra (wie Anm. 3), S. 145–165.

Abb. 6: Sodoma: Der Hl. Benedikt erscheint zwei Mönchen im Traum (Fresko im Kreuzgang von Monteoliveto bei Buonconvento).

Abb. 7: Die Schuhe des Hl. Johannes Capistran (Wien, Minoriten).

der Gegenentwurf, die Objektwelt einer armen Kirche, konkret hätte aussehen können, ist schwieriger zu rekonstruieren als der kuriale Lebensstandard.

Zwei Beispiele für »arme« Objekte seien angeführt. Das sogenannte Hus-Töpfchen aus dem Hussitenmuseum in Tabor ist ein irdenes Gefäß mit zwei Inschriften, einem lateinischen Gebet und dem Anfang eines Liedes von Jan Hus in tschechischer Sprache, das möglicherweise bei der Eucharistie verwendet wurde.[63] Es macht einen rustikalen Eindruck und steht nicht nur in einem krassen Gegensatz zu Kännchen aus Edelmetallen, sondern auch zu vielen Keramikgefäßen aus italienischer Produktion. Die Schuhe des Franziskanerobservanten Johannes Capistran, die er auf seiner Predigtreise 1451 seinem Gastgeber, Bischof Johannes Schallermann von Gurk, schenkte und die von den Wiener Franziskanern verehrungsvoll aufbewahrt wurden, bestehen aus einer di-

63 Vgl. Das Konstanzer Konzil (wie Anm. 29), S. 275, Abb. 1.

cken Holzsohle mit einem breiten Lederband über dem Rist.[64] Schuhe dieser Art finden sich nicht nur auf vielen Bildern franziskanischer Heiliger, sondern auch auf einem Fresko Sodomas in Monteoliveto, wo ein Paar am Fußende eines Bettes liegt, in dem zwei Mönche unter einer rauen Decke schlafen, die ganz das Gegenteil von den vielen kostbaren, bestickten und mit goldenen Fransen versehenen Bettdecken der päpstlichen Schlafgemächer ist. Aber auch diese Mönche ruhen in einem sorgfältig gezimmerten Bett, und die Fenster sind teilweise als *finestre impannate* mit Leinwand verschlossen, wie es in Italien anstelle von Glas weit verbreitet war und auch für den päpstlichen Palast außerhalb der Räume des Pontifex belegt ist.[65]

Die päpstlichen Haushaltsrechnungen geben einen Eindruck von den hohen Erwartungen, die hinsichtlich Sauberkeit, Bequemlichkeit und Warenvielfalt herrschten und von den Bediensteten täglich erfüllt werden mussten, nicht zuletzt auch von den vielen Tätigkeiten, die nötig waren, um das Alltagsleben in einem Großhaushalt reibungslos ablaufen zu lassen. Auch wenn das Ambiente weniger kostspielig gestaltet gewesen wäre, hätten Besen, Reinigungstücher und Papier zum Kehren, Putzen und Scheuern bereitstehen, Leib-, Tisch- und Bettwäsche gewaschen, schadhaftes Gerät und Mobiliar ausgebessert werden müssen. Luxuriöse Lebensführung ist nicht allein eine Sache der verbrauchten Mengen und Materialien, sondern fast mehr noch der Anforderungen, die an das Dienstpersonal gestellt werden. Die römische Kurie befand sich hier dank des Andrangs aus der gesamten Christenheit zweifellos in einer privilegierten Position.

---

64 Vgl. Helmut HUNDSBICHLER/Gerhard JARITZ, Sandalen (»Kalopodien«) des hl. Johannes Kapistran, in: 800 Jahre Franz von Assisi. Franziskanische Kunst und Kultur des Mittelalters. Niederösterreichische Landesausstellung, Krems-Stein, Minoritenkirche, 15. Mai – 17. Oktober 1982, redigiert von Harry KÜHNEL/Hanna EGGER/Gerhard WINKLER, Wien 1982, Nr. 5.01, S. 367.

65 Vgl. MÄRTL, Von Mäusen (wie Anm. 46), S. 184.

Humanisten an der Kurie

Birgit Studt

John d'Amico beschreibt in seiner Monographie »Renaissance Humanism in Papal Rome« (1983) den kurialen Charakter des römischen Humanismus.[1] Darin unterscheidet er sich deutlich von seiner mehr bürgerlich-republikanischen Ausprägung in Florenz. Die Stadt Florenz könne als Keimzelle und Zentrum des italienischen Humanismus gelten, die allerdings seit der Rückkehr der Päpste nach Rom stark auf deren Hof und die Kurie ausgestrahlt habe. Doch in Rom hätten sich die Humanisten an ihre klerikale Umgebung anpassen müssen: Hier seien die Humanisten Kurialisten, abhängig von der päpstlichen Hierarchie, und ihre Arbeiten spiegelten ihre selbstgewählte Rolle als Verteidiger des fürstlich-monarchischen Anspruchs der Päpste. Von außen betrachtet, insbesondere aus dem Rückblick von der Reformation her, habe man diese Identifikation der römischen Humanisten mit der päpstlichen Politik lange für problematisch gehalten und im römischen Humanismus ein gescheitertes Projekt gesehen. Doch aus der Innensicht der humanistischen Intellektuellen – so betont d'Amico – lasse sich dieser kuriale Humanismus im Gegenteil als Erfolgsgeschichte schreiben, als gelungene Anpassung der Intellektuellen der Renaissance an ihre spezifische politische und soziale Umgebung.

D'Amico benennt auch den Ort, von dem aus dieser Prozess seinen Anfang nahm, nämlich die Kanzlei der Päpste, vor allem aber das päpstliche Sekretariat:[2] Hier waren

---

1 Vgl. John F. D'Amico, Renaissance Humanism in Papal Rome. Humanists and Churchmen on the Eve of the Reformation (The Johns Hopkins University Studies in Historical and Political Science 101,1), Baltimore/London 1983, v. a. S. XVI f., und John F. D'Amico, *De dignitate et excellentia curiae Romanae*. Humanism and the Papal Curia, in: Umanesimo a Roma nel Quattrocento, hg. von Paolo Brezzi/Maristella de Panizza Lorch, Roma/New York 1984, S. 83–111, v. a. S. 90–93.

2 Zur Entwicklung des päpstlichen Sekretariats im 15. Jahrhundert vgl. Pierre Richard, Origines et développement de la Secrétairerie d'État apostolique (1417–1823), in: Revue d'histoire ecclésiastique 11, 1910, S. 56–72, 505–529, 728–754; Walther von Hofmann, Forschungen zur Geschichte der kurialen Behörden vom Schisma bis zur Reformation (Bibliothek des Preußischen Historischen Instituts in Rom 12/13), 2 Bde., Roma 1914, hier Bd. 1: Darstellung, S. 142–157; Thomas Frenz, Die Kanzlei der Päpste der Hochrenaissance, 1471–1527 (Bibliothek des Deutschen Historischen Instituts in Rom 63), Tübingen 1986, S. 220–223;

die meisten derjenigen beschäftigt, die sich als Mitglieder einer neuen Bildungselite verstanden. Sie stilisierten sich als Adepten der *Studia humanitatis*, jenes um die antike Rhetorik, Sprache und Literatur zentrierten humanistischen Bildungsprogramms, und versicherten sich in ihren gelehrten Praktiken gegenseitig ihres kulturellen Führungsanspruchs. Damit stellten sie die Verbindung zwischen den Verwaltungs- und Regierungsstrukturen der römischen Kurie und dem päpstlichen beziehungsweise den kardinalizischen Höfen dar.

Als typischer Vertreter eines solchen kurialen Humanismus kann Poggio Bracciolini gelten, der wohl prominenteste und einflussreichste Vertreter jener ersten Generation von Humanisten an der Kurie, die das päpstliche Sekretariat als Krönung ihrer Karriere verstanden, dies bisweilen aber auch als Sprungbrett in höher dotierte Funktionen in der städtischen und fürstlichen Politik und Diplomatie nutzten.[3]

Bereits während seiner Notarsausbildung in Florenz fand Poggio Zugang zu dem dortigen Humanistenkreis, wo er besonders durch den Florentiner Staatskanzler Coluccio Salutati und dessen Freund und späteren Nachfolger Leonardo Bruni gefördert wurde. Mit deren Unterstützung gelangte er ab 1403 auf verschiedene Positionen in der kurialen Verwaltung, bis er 1415 von Papst Johannes XXIII. zum apostolischen Sekretär ernannt wurde. Ihm folgte er auf das Konstanzer Konzil, von wo er mehrere Reisen unternahm, um in Klosterbibliotheken nach antiken Handschriften zu forschen. In seinen Briefen an die Freunde in Florenz berichtet er emphatisch über seine Entdeckung von Klassikertexten, die er aus dem Staub der Vernachlässigung und dem Gefängnis des Vergessens wieder ans Licht gezogen habe, und heroisiert sich auf diese Weise zum Retter der Antike.[4] Nach der Wahl Papst Martins V., der drei während der Schismazeit entstandene und gewachsene Kurien zusammenlegen und personell verschlanken musste, blieb ihm nur eine einfache Skriptorenstelle. Weil er sich damit nicht zufrieden geben wollte,

---

Germano GUALDO, Umanesimo e segretari apostolici all'inizio del Quattrocento. Alcuni casi esemplari, in: Cancelleria e cultura nel medio evo. Comunicazioni presentate nelle giornate di studio della commissione. Stoccarda, 29–30 agosto 1985 – XVI Congresso Internazionale di Scienze Storiche, hg. von Germano GUALDO, Città del Vaticano 1990, S. 307–318; Peter PARTNER, The Pope's Men. The Papal Civil Service in the Renaissance, Oxford 1990, v. a. S. 26–31, 86.

3 Zu Leben und literarischem Werk vgl. immer noch Ernst WALSER, Poggius Florentinus. Leben und Werke (Beiträge zur Kulturgeschichte des Mittelalters und der Renaissance 14), Leipzig/Berlin 1914; eine neuere Zusammenfassung bei Emilio BIGI/Armando PETRUCCI, Bracciolini, Poggio, in: Dizionario Biografico degli Italiani, Bd. 13, Roma 1971, S. 640–646; eine neue, provokative Deutung mit Blick auf die säkularen Folgen der Wiederentdeckung des Lukrez durch Poggio bietet Stephen GREENBLATT, Die Wende. Wie die Renaissance begann, München 2012.

4 Zu diesem Self-fashioning des Humanisten vgl. Dieter MERTENS, Das Konzil und der Humanismus. Handschriftensuche und die Präsenz der Italiener, in: Das Konstanzer Konzil. Weltereignis des Mittelalters, 1414–1418. Essays, hg. von Karl-Heinz BRAUN/Matthias HERWEG/Hans W. HUBERT/Joachim SCHNEIDER/Thomas ZOTZ, Darmstadt 2013, S. 33–38, hier S. 37.

folgte er nach Ende des Konzils der Einladung des Bischofs von Winchester, Henry Beauforts, sich seinem Haushalt anzuschließen und ihn nach England zu begleiten.[5] Poggio hatte den englischen Kardinal in Konstanz kennengelernt, der eine Schlüsselrolle in den Beziehungen zwischen England und der Kurie spielen sollte. Beaufort war interessiert, sich die Dienste eines Klerikers zu sichern, der über intime Kenntnisse in der kurialen Verwaltung und nützliche Kontakte in die päpstliche Kammer und Kanzlei verfügte. Der italienische Humanist hingegen erhoffte sich von diesem mächtigen und reichen Kirchenfürsten attraktive Arbeitsbedingungen, zumindest jedenfalls Unterstützung beim Erwerb einer ertragreichen Sinekure, die ihm ein finanziell sorgloses Leben ermöglichen sollte. Doch Poggio war nicht bereit, für eine sichere, bequeme Existenz ein Priesteramt anzunehmen. Denn er betrachtete das Priesteramt nicht als Freiheit, sondern als besonders schwere und bedrückende Form des Dienstes.[6] Da diese Kalkulation nicht ohne Fehlschläge aufging, beschwor er in seiner Korrespondenz seine Freundschaft mit dem einflussreichen Florentiner Humanisten Niccolò Niccoli und seine Beziehungen zu den Kardinälen Alamanno Adimari und Branda da Castiglione, um von Papst Martin V. wieder in das ersehnte Amt eines apostolischen Sekretärs berufen zu werden. In seinen Klagebriefen aus dem englischen »Exil« betonte er gegenüber seinen Patronen, dass er entweder finanzielle Unabhängigkeit finden wolle, um – wie Niccoli – ein Leben in literarischem Otium zu führen, oder aber eine kuriale Anstellung, die seinen persönlichen und beruflichen Ambitionen entsprach. Und das hieß: Er wollte in keine geringere Position zurückkehren als in die eines päpstlichen Sekretärs.

1423 ergab sich eine für Poggio günstige Situation, da der Papst einen Sekretär brauchte, der Einblick in die englische Politik hatte. Seit diesem Jahr wirkte Poggio unter Martin V. und auch noch unter dessen Nachfolgern Eugen IV. und Nikolaus V. insgesamt 30 Jahre im päpstlichen Sekretariat, und während dieser Zeit lief der größte Teil der politischen Korrespondenz des Papstes mit England und Nordfrankreich durch seine Hände. Poggio scheint mit seiner neuen Position zufrieden gewesen zu sein, denn als ihm 1427 das prestigeträchtige Amt des Staatskanzlers von Florenz angeboten wurde, lehnte er mit der Begründung ab, er habe genügend Ehre und Einkommen erreicht; er lebe am meist besuchten Ort der Welt und er genieße große Freiheiten. Nun müsse er sich nicht mehr überarbeiten und sein Einkommen sei ausreichend für eine bescheidene Lebensführung. Dies ist tatsächlich eher die Selbstdarstellung eines ehrbewussten Humanisten denn das Selbstzeugnis eines zufriedenen kurialen Beamten. Denn nachdem es ihm gelungen war, an den päpstlichen Hof zurückzukehren, nutzte er jede Chance, ein

5 Zu Poggios England-Erfahrungen vgl. Susane Saygin, Humphrey, Duke of Gloucester (1390–1447) and the Italian Humanists (Brill's Studies in Intellectual History 105), Leiden/Boston/Köln 2002, S. 238–254.

6 Vgl. Phyllis W. Gordon, Two Renaissance Book Hunters. The Letters of Poggius Bracciolini to Nicolaus de Niccolis (Records of Civilization 91), New York 1974, S. 58; Greenblatt, Die Wende (wie Anm. 3), S. 147f.

stattliches Vermögen zu erwerben. Bald nach 1427 hat er eine Villa in seinem Heimatort Terranova bei Arezzo kaufen können, die seine wachsende Bibliothek ebenso wie seine Sammlung von antiken Skulpturen, Gemmen und Münzen aufnehmen konnte und wo er seine eigenen literarischen Arbeiten betrieb. Nach und nach erwarb er Immobilien, verfügte über hohe Bankeinlagen und Geschäftsbeteiligungen, und bereits 1435 heiratete er in die Aristokratie von Florenz ein. Damit war ihm an der Kurie ein stattlicher wirtschaftlicher und sozialer Aufstieg aus bescheidenen Verhältnissen gelungen, und 1453 wurde seine Stellung auch von außen anerkannt und honoriert, indem ihm nochmals das prestigeträchtige Amt des Staatskanzlers von Florenz angeboten wurde, das er diesmal annahm.[7]

An der Karriere Poggio Bracciolinis lassen sich typische Merkmale des kurialen Humanismus zeigen – wobei man sich stets hüten muss, nicht der wirkmächtigen Selbststilisierung Poggios in seinen Briefen aufzusitzen: Poggio verdankt seinen Aufstieg einer humanistisch geprägten literarischen Bildung, die er außerhalb der Universität erwarb. Er bevorzugte eine säkulare Lebensform, auch wenn er sich zunächst in prekären finanziellen Verhältnissen bewegen musste. Daraus entkam er aufgrund einer Patron-Klient-Bindung, in der der Florentiner Gelehrte Niccolò Niccoli wichtige Aufgaben als Ratgeber, Finanzier und Sachwalter seiner Karriere übernahm. Nicht zuletzt agierte Poggio in humanistischen Netzwerken, in die er sich durch gelehrte Praktiken – Briefwechsel, Abschreiben von Büchern und eigene literarische Betätigung – einzuschreiben suchte.[8]

Nach Poggios Aussage bot das päpstliche Sekretariat ideale Rahmenbedingungen für die berufliche Tätigkeit eines ehrbewussten humanistischen Gelehrten, der zwar über kein großes materielles Vermögen für eine sorgenfreie literarische Existenz verfügte, sich aber doch nicht mit einem von ihm verachteten *officiolum* eines Schreibers oder Abbreviators in der Kanzlei zufrieden geben wollte.

Gegenüber dem einfachen Schreiber hatte das Amt des Sekretärs ein ungleich höheres Prestige. Wie seine Bezeichnung andeutet, hatte der Sekretär an den Arcana der Herrschaft teil und gehörte als enger Mitarbeiter des Papstes zum inneren Machtzirkel an der Kurie. Er selbst verstand sich als Nachfahr des antiken Rhetors, der dank seines

7 Vgl. HOFMANN, Forschungen (wie Anm. 2), Bd. 2: Quellen, Listen und Exkurse, S. 110, Nr. 50; Thomas FRENZ, Das Eindringen humanistischer Schriftformen in die Urkunden und Akten der päpstlichen Kurie im 15. Jahrhundert, Teil 1 und 2, in: Archiv für Diplomatik 19, 1973, S. 287–418 und Archiv für Diplomatik 20, 1974, S. 384–506, hier Teil 2, S. 434 f. und SAYGIN, Humphrey (wie Anm. 5), S. 238, 252 f.

8 So besorgte Poggio für Niccoli in der Fremde seltene Handschriften, der wiederum in Florenz deren Kopie, Edition und Verbreitung in gelehrten Kreisen veranlasste. Zu dieser sozialgeschichtlichen und performativen Bestimmung der humanistischen Gemeinschaftsbildung vgl. programmatisch Harald MÜLLER, Habit und Habitus. Mönche und Humanisten im Dialog (Spätmittelalter und Reformation N. R. 32), Tübingen 2006.

Wissens mit den wichtigsten Aufgaben der Herrschaft betraut wurde.[9] Es beeinträchtigte die hohe Selbsteinschätzung der Sekretäre wenig, dass die politischen Institutionen des Spätmittelalters für klassische Rhetorik wenig Raum ließen. Am spätmittelalterlichen Hof war die öffentliche Rede eher ein performativer Akt,[10] ihre Adressaten waren nicht die Volksversammlung oder das Gericht, sondern der Herrscher beziehungsweise seine engsten Helfer, denen sich die Humanisten durch ihre kunstvolle Rede zu empfehlen suchten. Doch für das Selbstbewusstsein dieser Kommunikationsspezialisten war entscheidend, dass sie ihre politischen Routineaufgaben mit einem prestigeträchtigen Bildungsideal, dem des Orators im Sinne Ciceros und Quintilians, verbinden konnten. Sekretärsroutine und literarische Arbeit wurden als zwei Seiten derselben Medaille angesehen.[11]

Im Laufe des 15. Jahrhunderts entwickelte sich das Amt des päpstlichen Sekretärs tatsächlich zu einer der angesehensten und begehrtesten Positionen innerhalb der kurialen Behörden. Die Sekretäre standen in organisatorischer Verbindung mit Kanzlei und Kammer, wo sie durchaus auch Funktionen der schriftlichen Verwaltung wahrnahmen beziehungsweise delegierten. Aus der Masse der apostolischen Schreiber gelangten aber nur wenige in die unmittelbare Umgebung des Papstes und wurden von ihm für spezielle Aufgaben freigestellt.[12] Seit der avignonesischen Zeit unterstützten die Sekretäre den Papst bei der Expedition von Urkunden, die aus Gründen der Geheimhaltung oder der Schnelligkeit nicht den üblichen Kanzleigang durchlaufen sollten. Aufgrund ihrer großen Selbständigkeit und finanziellen Unabhängigkeit, die es ihnen erlaubte, eigene Schreiber einzustellen, die nicht Mitglieder des Schreiberkollegs waren, wuchsen die apostolischen Sekretäre in eine enge päpstliche Vertrauensstellung hinein. Abseits vom Getriebe der alltäglichen Verwaltungsgeschäfte und der routinemäßigen Behandlung der Anliegen, die massenhaft von außen an die Kurie herangetragen wurden, entwarfen sie solche Schriftstücke, die der Papst »de curia«, das heißt allein im eigenen Interesse erließ. Das betraf in erster Linie wichtige diplomatische und politische Angelegenhei-

9 Vgl. Jan-Dirk Müller, Archiv und Monument. Die Kultur der Sekretäre um 1500, in: Europa. Kultur der Sekretäre, hg. von Bernhard Siegert/Joseph Vogel, Zürich/Berlin 2003, S. 13–27, hier S. 14f. Zu den Sekretären in der höfischen Welt des italienischen Humanismus vgl. Marcello Simonetta, Rinascimento segreto. Il mondo del segretario da Petrarca a Machiavelli (Studi e Ricerche Storiche 329), Milano 2004.

10 Vgl. Claudia Märtl, *Actio* und *aemulatio*. Zur Wirklichkeit der Rede an der Kurie des 15. Jahrhunderts, in: Aemulatio. Kulturen des Wettstreits in Text und Bild (1450–1620) (Pluralisierung & Autorität 27), hg. von Jan-Dirk Müller/Ulrich Pfisterer/Anna Kathrin Bleuler/Fabian Jonietz, Berlin 2011, S. 733–767.

11 Vgl. dazu Birgit Studt, *Tamquam organum nostre mentis*. Das Sekretariat als publizistisches Zentrum der päpstlichen Außenwirkung, in: Kurie und Region. Festschrift für Brigide Schwarz zum 65. Geburtstag (Geschichtliche Landeskunde 59), hg. von Brigitte Flug/Michael Matheus/Andreas Rehberg, Stuttgart 2005, S. 73–92, v.a. S. 79.

12 Frenz, Kanzlei (wie Anm. 2), S. 179 mit Hinweisen auf die reiche Literatur zur Entwicklung des Staatssekretariats in der frühen Neuzeit.

ten der Universalkirche und des Kirchenstaats. 1365 heißt es etwa in einer päpstlichen Anweisung: *curia nostra indiget viris peritis in dictamine litterarum et alias aptis*,[13] und so erstaunt es nicht, dass gerade das Sekretariat zu einem bevorzugten Betätigungsfeld für Humanisten wurde, die sich mit ihren besonderen literarischen Fertigkeiten in den ideologischen Dienst des Papsttums stellten. Besonders seitdem die rivalisierenden Päpste der Schismazeit um ihre Anerkennung zu ringen hatten, beriefen sie immer häufiger gewandte Stilisten in dieses Amt, um sich deren publizistische Unterstützung zu sichern. Und auch wenn gegen Ende des 14. Jahrhunderts die päpstliche Kammer deren beträchtliche Gehälter nicht mehr zahlen konnte und die Sekretäre auf die Einkünfte aus ihren Stellen in den Schreiberkollegien angewiesen waren, strebten humanistische Literaten gleichwohl selbst in den ersten schwierigen und unruhigen Jahren des 15. Jahrhunderts weiterhin in das einflussreiche Amt des päpstlichen Sekretärs, das ihnen soziales Ansehen und Karrieremöglichkeiten in der kirchlichen Hierarchie versprach.[14]

Eine Signalwirkung hatten die Wahl Papst Innozenz' VII. 1404 und die Rückkehr des päpstlichen Hofes nach Rom im Jahre 1406. Einer Werbeschrift kam die Bulle *Ad exaltationem Romae Urbis et curie nostre decorem* gleich, mit der der Papst am 1. September 1406 ankündigte, dass er die Universität der Stadt Rom wiederbeleben und damit die Stadt und den päpstlichen Hof fördern wolle. Der Text stammt aus der Feder des päpstlichen Sekretärs Leonardo Bruni, eines führenden Mitglieds des Florentiner Humanistenkreises um Coluccio Salutati, der seine Karriere in Florenz zugunsten einer Tätigkeit an der römischen Kurie unterbrochen hatte und auch mit anderen Reformprojekten für Rom beauftragt war. Sein in humanistischem Latein verfasstes Manifest zielte insbesondere auf die Wiederherstellung der *studia litterarum*, die in Rom lange, und das heißt wohl seit dem Ende der Antike, aufgegeben gewesen seien. Durch diese *eruditio* sollten Gelehrte hervorgebracht werden, die Rom als Wiege der lateinischen Sprache, des römischen Rechts und der Wissenschaften wiederherstellten und schmückten. Außerdem sollte nach dem Vorbild von Florenz, wo die Signorie Manuel Chrysolaras als Griechischlehrer *in civitate* eingestellt hatte, auch die griechische Literatur unterrichtet werden.[15]

Seit der Rückkehr Martins V. nach Rom galt die Kurie dank der internationalen Frequenz als ideales Zentrum, an dem ehrgeizige Männer aus aller Herren Länder zusam-

13 Zitiert nach Brigide SCHWARZ, Die Organisation kurialer Schreiberkollegien von ihrer Entstehung bis zur Mitte des 15. Jahrhunderts (Bibliothek des Deutschen Historischen Instituts in Rom 37), Tübingen 1972, S. 60, 180, 112 mit Anm. 125.

14 Vgl. D'AMICO, Renaissance Humanism (wie Anm. 1), S. 30 f.; D'AMICO, *De dignitate* (wie Anm. 1), S. 84 f.; und GUALDO, Umanesimo (wie Anm. 2), v. a. S. 308–312.

15 Vgl. Brigide SCHWARZ, Kurienuniversität und stadtrömische Universität von ca. 1300 bis 1471 (Education and Society in the Middle Ages and the Renaissance 46) (mit prosopographischen Anhängen), Leiden 2012, S. 77–79.

menströmten und Spezialisten ihr Auskommen finden konnten. Hier beanspruchte eine humanistische Funktionselite gegenüber anderen Mitgliedern der kurialen Verwaltung das Sekretariat als ihr exklusives Karrierefeld und berief sich dabei auf ihre spezifische literarische Bildung und weitere Qualitäten, die sie im Zusammenhang mit ihren *Studia humanitatis* erworben hatten.[16]

Ein wichtiger Indikator für das gesteigerte humanistische Interesse am päpstlichen Sekretariat ist eine sich seit 1425 über ein halbes Jahrhundert hinziehende Serie von Zusammenstößen zwischen päpstlichen Sekretären und Konsistorialadvokaten, die sich an Streitigkeiten über das Präzedenzrecht bei päpstlichen Prozessionen entzündet hatte. Die Frage der Präzedenz war eine keineswegs unwichtige Angelegenheit, gerade bei einer hierarchisch organisierten Institution wie der Kurie, signalisierte doch die Positionierung einer jeden Person oder Gruppe im päpstlichen Zeremoniell Macht und Einflusssphären. Sowohl die Advokaten des Konsistoriums als auch die päpstlichen Sekretäre beanspruchten für sich das Recht, bei offiziellen Anlässen näher beim Papst, der Quelle ihrer Autorität, zu stehen. Bereits während des Pontifikats Martins V. hatten die beiden humanistischen Sekretäre Poggio Bracciolini und Leonardo Bruni gegenüber dem Papst Anspruch auf Präzedenz erhoben. Die Diskussionen zu dieser Frage kulminierten um 1470, so dass Papst Sixtus IV. eine Kardinalskommission berief, um die gegensätzlichen Ansichten anzuhören und endgültig entscheiden zu lassen. Diese Entscheidung fiel salomonisch aus, indem der Papst die Mitglieder beider Gruppen nach Anciennitätsprinzip aufstellte.[17] Für diese Kommission wurden von Seiten der Sekretäre Denkschriften von zwei ihrer prominenten Mitglieder verfasst, die ihre Ansprüche legitimieren sollten.

Das erste Positionspapier stammt von Jacopo Gherardi de Volterra (1434–1516), der bereits Pius II. als Sekretär gedient und durch seine klassischen Studien und seine Geschichte Roms literarisches Ansehen erworben hatte.[18] Gherardi betont, dass die Aufgaben der humanistisch gebildeten, oratorisch geschulten und vielseitig begabten Sekretäre

16 Zu den Kanzleien als humanistisches Kompetenz- und Karrierefeld vgl. auch Johannes HELMRATH, *Vestigia Aeneae imitari*. Enea Silvio Piccolomini als »Apostel« des Humanismus. Formen und Wege seiner Diffusion, in: Diffusion des Humanismus. Studien zur nationalen Geschichtsschreibung europäischer Humanisten, hg. von Johannes HELMRATH/Ulrich MUHLACK/Gerrit WALTHER, Göttingen 2002, S. 99–141, v. a. S. 106.

17 Zu diesem Rangstreit vgl. eingehend D'AMICO, Renaissance Humanism (wie Anm. 1), S. 31 f.; STUDT, *Tamquam organum nostre mentis* (wie Anm. 11), S. 75 f.; und Claudia MÄRTL, Interne Kontrollinstanz oder Werkzeug päpstlicher Autorität? Die Rolle der Konsistorialadvokaten nach dem Basler Konzil, in: Nach dem Basler Konzil. Die Neuordnung der Kirche zwischen Konziliarismus und monarchischem Papat (ca. 1450–1475) (Pluralisierung & Autorität 13), hg. von Jürgen DENDORFER/Claudia MÄRTL, Berlin/Münster 2008, S. 67–96, hier S. 89.

18 Vgl. D'AMICO, *De dignitate* (wie Anm. 1), S. 94 f.

diesen zwangsläufig eine viel größere Bedeutung verliehen als den gelehrten Juristen, die sich zwar auf ihre akademischen Grade beriefen und über eine juridische Ausbildung verfügten, sich aber doch nur innerhalb der sehr engen Grenzen ihrer Profession auskennen würden. Die Sekretäre hingegen erhielten ihren Rang nicht automatisch durch eine akademische Graduierung, sondern wegen ihrer vielseitigen Kenntnisse, die sie auf allen Feldern, einschließlich des Rechts, erworben und stets unter Beweis zu stellen hätten. Denn sie seien befasst mit Fragen des christlichen Glaubens und der gesamten christlichen Kirche, mit der Ausrottung der Häresie und der Friedensvermittlung. Darüber hinaus erledigten und leiteten die Sekretäre den gesamten politisch-diplomatischen Schriftverkehr zur Beilegung von Streitigkeiten zwischen den christlichen Königen, Fürsten und Potentaten und seien für den Entwurf aller Mandate und Instruktionen zuständig, die von den Päpsten an die Nationen ausgesandt oder den Legaten und Nuntien auf ihre auswärtigen Gesandtschaften in wichtigsten Angelegenheiten mitgegeben würden. Die Advokaten hingegen dienten mit ihrer Arbeit nur Wenigen und verfolgten vor allem private Ziele, während die Sekretäre die Verantwortung für die *salus publica* trügen.

Sigismondo dei Conti, ebenfalls ein als römischer Historiograph ausgewiesener prominenter Sekretär mehrerer Päpste (bis Julius II.), hatte seine Denkschrift direkt an den Papst gerichtet. Auch dei Conti versteht den Sekretär in erster Linie als Orator, der sich gegenüber den akademisch graduierten Juristen durch sein lebenslang zu erweiterndes Erfahrungswissen, seine vielseitige Bildung und vor allem die Nähe zum Papst auszeichne. Selbstbewusst vergleicht er ihn in seiner Stellung mit den Ratgebern antiker Herrscher, die diesen mit ihren Schriften unsterblichen Ruhm verliehen hätten.[19]

Diese Argumentation liest sich als Plädoyer, dass der Papst die wichtigsten und sensibelsten Posten in der kurialen Verwaltung mit Humanisten besetzen möge. Dass dieses aus der Innensicht und Selbstdarstellung entworfene Qualifikations- und Tätigkeitsprofil der päpstlichen Sekretäre in dieser weitreichenden Bedeutung auch vom Papsttum wahrgenommen und geschätzt wurde, zeigt eine Äußerung Papst Pius II., der 1459 diese Rangstreitigkeiten zu schlichten gesucht hatte. Er bezeichnete die Sekretäre als *organum nostre mentis*, die in ihren Briefen die Leitlinien der päpstlichen Politik zuverlässig und würdevoll darlegten und darüber hinaus viele schwierige Aufgaben für den Papst und die ganze Kirche übernähmen.[20] Dazu gehörte, wie Gherardi detailliert ausführte, die politische Korrespondenz des Papstes, für die ausschließlich die Sekretäre verantwortlich waren.

---

19 Vgl. D'Amico, *De dignitate* (wie Anm. 1), S. 95–98; Edition der Denkschrift D'Amico, *De dignitate* (wie Anm. 1), S. 101–111.

20 Archivo Segreto del Vaticano, Registra Vaticana 514 f. 28; zitiert nach Hofmann, Forschungen (wie Anm. 2), Bd. 2, S. 25, Nr. 103.

Von den in den beiden Denkschriften genannten Beispielen für einflussreiche Sekretäre, die schon Papst Eugen IV. täglich als enge Vertraute in dessen Palast gedient und wichtige Schriften hinterlassen hätten, sind Leonardo Bruni, Antonio Loschi, Poggio Bracciolini und Cencio de' Rustici bereits unter Martin V. und seinen römischen Vorgängern in den vatikanischen Registern und Kammerakten in ihrer Funktion als Sekretäre genannt.[21]

Allerdings förderten die Päpste der ersten Hälfte des 15. Jahrhunderts diese neue humanistische Funktionselite wohl weniger wegen deren intellektuellen und kulturellen Kompetenzen, sondern um mit Hilfe der von diesen entfalteten neuartigen Argumentations- und Darstellungsmuster ihren Anspruch auf die nach dem Schisma wiedergewonnene Führungsrolle in der Kirche zur Geltung zu bringen. Eine besondere Bedeutung hatten die literarischen Dienstleistungen der päpstlichen Sekretäre für Papst Martin V. Unter ihm sollte Rom wieder das Zentrum einer neugestalteten, universalen Kirche werden. Im Vorfeld des Konzils von Pavia schrieb Martin, er wolle die Würde des römischen Papsttums in ihrer ganzen Herrlichkeit bewahren, und seine konkreten Maßnahmen zielten auf die Wiederherstellung des Ansehens des Papsttums durch die Reorganisation der Kurie und des päpstlichen Hofes, die Reform der Glieder der Kirche und die Erneuerung der Stadt Rom unter religiösen, kulturellen und urbanen Vorzeichen.[22]

Für diese Zwecke stützte er sich immer stärker auf einen kleinen Kreis von gelehrten und eloquenten Literaten, die als Sekretäre die zentralen Dokumente für eine Reform entwarfen, die an der Kurie konzipiert und von hier aus schriftlich wie praktisch organisiert und publizistisch vermittelt wurde.

Die in einem größeren Zusammenhang unternommene Analyse der päpstlichen Register Martins V. hat gezeigt, dass unter den insgesamt noch 16 Sekretären bereits ein engerer Kreis von circa sechs (diese Zahl galt vor dem Schisma und im frühen 15. Jahrhundert als Norm) vorwiegend humanistisch orientierter Sekretäre bei der Expedition programmatischer Schriften zur Kirchenreform beteiligt war.[23]

Auch wenn viele »de curia«-Schreiben Routineangelegenheiten betrafen, erforderte ihre Konzipierung in einigen Fällen durchaus einen erhöhten stilistischen Aufwand, da sie weniger als die Kanzleiurkunden durch formelhafte Wendungen bestimmt waren.

---

21 Vgl. D'Amico, *De dignitate* (wie Anm. 1), S. 109f.; vgl. Hofmann, Forschungen (wie Anm. 2), Bd. 2, S. 105–111; und Studt, *Tamquam organum nostre mentis* (wie Anm. 11), S. 77, 82f.

22 … *ut Romani pontificatus maiestas in sua excellentia conservetur*; Das Konzil von Pavia-Siena 1423–1424, Bd. 2: Quellen (Vorreformationsgeschichtliche Forschungen 16/2), hg. von Walter Brandmüller, Münster 1974, S. 52; vgl. Karl-August Fink, Die politische Korrespondenz Martins V. nach den Brevenregistern, in: Quellen und Forschungen aus italienischen Archiven und Bibliotheken 26, 1935/36, S. 172–244, Nr. 57.

23 Vgl. Birgit Studt, Papst Martin V. (1417–1431) und die Kirchenreform in Deutschland (Forschungen zur Kaiser- und Papstgeschichte des Mittelalters 23), Köln/Weimar/Wien 2004.

Dies gilt vor allem für die von den Sekretären entworfenen päpstlichen Rundschreiben, die in Fragen der Friedensvermittlung, Häresiebekämpfung und Kirchenreform an bestimmte Gruppen geistlicher und weltlicher Würdenträger versandt wurden. Da gerade diese Urkundengruppe durch sprachliches Ornat und eine verstärkte Orientierung an publizistischer Wirksamkeit geprägt ist, war ihre Herstellung trotz aller Traditionsgebundenheit ein einschlägiges Betätigungsfeld der literarisch versierten und rhetorisch begabten Sekretäre.[24]

Einige der Vollmachtbriefe sind zusätzlich – wohl als besonders gelungene Texte – in den Handbüchern der Sekretäre zusammen mit Musterstücken aus der übrigen politischen Korrespondenz des Papstes überliefert, die von den Sekretären getragen wurde.[25]

Zur gleichen Zeit drang die humanistische Schrift, die mit ihren runden, gut lesbaren Buchstaben um 1400 in Florenz von Salutati und Poggio als Minuskel entwickelt und von Niccolò Niccoli spätestens 1423 um die Kursive erweitert worden ist, nun auch in das päpstliche Kanzleischrifttum ein – zwar nicht in die allgemeinen Registerserien, aber doch in einzelne Breven sowie in die Handbücher und Formelsammlungen der Sekretäre mit der politischen Korrespondenz.[26] Die Verwendung dieser Schrift kann als Diffusionsindiz ersten Ranges gewertet werden, denn wer die *Humanistica* nutzte, der legte damit ostentativ sein persönliches Bekenntnis zur neuen Bildungsbewegung und ihren ästhetischen Idealen ab.[27]

Die prominenten Sekretäre Martins V., deren literarische und politische Expertise auch noch von dessen Nachfolgern geschätzt wurde, bildeten einen lockeren Kreis von humanistisch orientierten Gelehrten, die teilweise schon gemeinsam mit Johannes XIII. als Skriptoren auf das Konstanzer Konzil gezogen waren und nun an der Kurie einen festen Bezugspunkt für ihre literarische Tätigkeit gefunden hatten. Zu ihnen gehörte der junge Römer Cencio de Rustici, der seine literarische Ausbildung in Rom am *Studium Urbis* bei Francesco da Fiano, ebenfalls Angehöriger der päpstlichen Kanzlei, und Manuel Chrysoloras erhalten hatte und dann selbst über die Schriften Ciceros am *Studium Urbis* Vorlesungen hielt. Cencio hat dazu beigetragen, dass der ciceronianische Stil Eingang in die päpstliche Urkundensprache fand.[28]

---

24 Zur Reformrhetorik dieser Schriftstücke vgl. Studt, Papst Martin V. (wie Anm. 23), S. 433–474.

25 Vgl. dazu Studt, *Tamquam organum nostre mentis* (wie Anm. 11), S. 83 f. mit Anm. 37.

26 Hier finden sich Marginalien, Verbesserungen, Überschriften und auch längere Zusätze von der Hand Poggios und anderer führender Sekretäre; vgl. Karl-August Fink, Poggio-Autographen kurialer Herkunft, in: Miscellanea Archivistica Angelo Mercati (Studi e testi 165), Città del Vaticano 1952, S. 129–133, hier Taf. I, Nr. 1–2; und Frenz, Eindringen (wie Anm. 7), Teil 1, S. 337.

27 Vgl. Helmrath, *Vestigia Aeneae* (wie Anm. 16), S. 129.

28 Vgl. Hofmann, Forschungen (wie Anm. 2), Bd. 2, S. 110, Nr. 53; Giuseppe Lombardi, Note su Cencio dei Rustici, in: Scrittura, biblioteche e stampa a Roma nel Quattrocento. Atti dell 2. Seminario 6–8 maggio

Bartolomeo Aragazzi da Montepulciano, ebenfalls ein Schüler des Chrysoloras, hatte Poggio auf seinen Handschriftenreisen begleitet und berichtet in seinen Briefen über eigene Handschriftenfunde. In den Augen seiner Zeitgenossen galt er als engster Vertrauter Martins V., wohl weil er für besonders heikle Aufgaben eingesetzt wurde.[29]

Eine ähnlich wichtige Funktion erfüllte der schon unter Gregor XII. zum apostolischen Sekretär ernannte Antonio Loschi, der neben seiner literarisch-amtlichen Tätigkeit zahlreiche diplomatische Missionen übernahm. Vor 1406 hatte Loschi in der Mailänder Kanzlei der Visconti gewirkt, wo er im Ruf eines herausragenden Humanisten stand. In seinem Cicero-Kommentar versuchte er, Elemente des klassischen Lateins in den *stilus curiae* einzuführen. Bartolomeo Faccio schrieb in seinen *De viris illustribus*, Loschi habe für den Gebrauch der römischen Kurie *exempla* und *formulae* entworfen, die auch – und wohl gerade – von den Gelehrten an der Kurie für das Diktat der päpstlichen Briefe aufgegriffen worden seien. Auf sein literarisch-stilistisches Interesse an der politischen Korrespondenz des Papstes weist ein Handbuch aus seinem Besitz, in dem Loschi Abschriften der von ihm und seinen Kollegen entworfenen Urkunden- und Brevenformulare aus der ersten Hälfte des 15. Jahrhunderts als vorbildliche Beispiele für den kurialen Briefstil seiner Zeit zusammengestellt hat. Auch für die jüngere Generation von humanistischen Sekretären an der Kurie galt dieser *vir eloquentissimus* als Vorbild; Flavio Biondo etwa nennt Loschi ausdrücklich als seinen Lehrer im apostolischen Sekretariat.[30]

Flavio Biondo, der 1432 von Papst Eugen IV. zu seinem Sekretär ernannt worden war, lieferte in seiner *Italia illustrata* einen Überblick über das gelehrte Italien des 14. und 15. Jahrhunderts. Der dort zusammengestellte Katalog von 400 *viri illustres* wird dominiert von einer humanistischen Bildungselite, die Biondo mit ehrenden Epitheta wie *doctissimus*, *eloquentissimus* oder *litteris ornatis* bezeichnet und die sich durch ihre Sprachkenntnisse, besonders im Griechischen und Arabischen, und durch ihre Beiträge zur Erforschung und Wiederbelebung der lateinischen Sprache, Eloquenz, Literatur, Geschichte und Altertümer auszeichnete.[31]

1982 (Littera antiqua 3), hg. von Massimo Miglio/Paola Parenga/Anna Modigliani, Città del Vaticano 1983, S. 23–35; und Gualdo, Umanesimo (wie Anm. 2), S. 313.

29 Vgl. Hofmann, Forschungen (wie Anm. 2), Bd. 2, S. 109, NR. 41; Anonym, Aragazzi, Bartolomeo, in: Dizionario Biografico degli Italiani, Bd. 3, Roma 1961, S. 686–688; und Studt, *Tamquam organum nostre mentis* (wie Anm. 11), S. 87.

30 Vgl. Hofmann, Forschungen (wie Anm. 2), Bd. 2, S. 107, Nr. 17; Frenz, Eindringen (wie Anm. 7), Teil 2, S. 432f.; und Germano Gualdo, Antonio Loschi, segretario apostolico (1406–1436), in: Archivio storico italiano 147, 1989, S. 749–769, hier S. 757.

31 Vgl. Ottavio Clavuot, Flavio Biondos *Italia illustrata*. Porträt und historisch-geographische Legitimation der humanistischen Elite Italiens, in: Diffusion des Humanismus (wie Anm. 16), S. 55–76, v. a. S. 68f.

Eine besondere Wirkungsstätte fanden diese humanistischen Literati am römischen *Studium Urbis*. Durch die enge Verbindung seiner Lehrer zur päpstlichen Kurie, wo viele von ihnen wiederum wichtige Funktionen in der engeren Umgebung des Papstes hatten, erfuhren die humanistischen Fächer seit der Jahrhundertmitte großen Zulauf, und manch einem Student der Rhetorik gelang es von hier aus, eine kuriale Karriere zu starten und Zugang in die römischen Humanistenkreise zu erhalten. Als angesehene Lehrer wirkten hier seit 1448 Lorenzo Valla, Georg von Trapezunt, der unter Eugen IV. und mit Unterbrechungen bis zum Pontifikat Pauls II. päpstlicher Sekretär war, und Pomponius Letus.[32] Besonders attraktiv waren die Grammatik-Vorlesungen Lorenzo Vallas, der seine Ausbildung bei den Kuriensekretären Leonardo Bruni und Giovanni Aurispa erhalten hatte. In seinen *Elegantiae* heroisiert Valla die Humanisten als Erben des römischen Imperiums und als Retter der römischen Antike durch die erneuerte lateinische Sprache. Sein Ciceronismus, der auf die Entwicklung einer flexiblen, an den Bedürfnissen der Gegenwart orientierten Standardsprache zielte, und sein philologisches Sensorium waren die Voraussetzungen dafür, dass ihm die Entlarvung der Konstantinischen Schenkung gelang.[33] In seiner Inauguralrede zur Eröffnung des Studienjahrs 1455 lobte Valla den Sitz des römischen Pontifex als rettende Heimstatt der Wissenschaften, an der vor allem in der lateinischen Sprache Gebildete aus allen Disziplinen zusammenströmten, ohne die die Kurie gar nicht existieren könne. Aus seiner Betonung der Überlegenheit der römischen Humanisten gegenüber den Zugewanderten klingt der Wettstreit der *Literati* heraus, die um die attraktivsten kurialen Ämter konkurrierten.[34] Denn nur wenige dieser humanistischen Lehrer des *Studium Urbis* strebten – wie der charismatische Pomponius Laetus – kein kuriales Amt an.

Es wären noch viele weitere wichtige humanistische Karrierewege zu nennen, die in die päpstlichen Behörden, aber auch in die Haushalte und Höfe der Kurienkardinäle führten. Hierfür sei nur noch auf Bartolomäus Platina als prominentestes Beispiel verwiesen, der als ehemaliger Lehrer des Kardinals Francesco Gonzaga 1462 mit ihm nach Rom kam. Er wurde unter Pius II. päpstlicher Abbreviator, und 1475 ernannte ihn schließlich Sixtus IV. zum ersten Leiter der Vatikanischen Bibliothek.[35]

---

32 Vgl. dazu die Nachweise bei SCHWARZ, Kurienuniversität (wie Anm. 15), Nr. 174 f., S. 538 f. und Nr. 300, S. 548.

33 Vgl. Caspar HIRSCHI, Wettkampf der Nationen. Konstruktionen einer deutschen Ehrgemeinschaft an der Wende vom Mittelalter zur Neuzeit, Diss., Göttingen 2005, S. 237–240; und Jörg ROBERT, Die Ciceronianismus-Debatte, in: Diskurse der Gelehrtenkultur in der Frühen Neuzeit. Ein Handbuch, hg. von Herbert JAUMANN, Berlin/New York 2011, S. 1–54, v. a. S. 13 f.

34 Vgl. MÄRTL, *Actio* und *aemulatio* (wie Anm. 10), S. 733 f.

35 Vgl. Stefan BAUER, The Censorship and Fortuna of Platina's Lives of the Popes in the Sixteenth Century (Late Medieval and Early Modern Studies 9), Diss., Turnhout 2006. Zum humanistischen Profil der vatika-

Der personelle Bezugspunkt des kurialen Humanismus blieb aber lange Poggio Bracciolini, der unter acht Päpsten im Sekretariat gedient hatte, ehe er Rom ausgerechnet unter Papst Nikolaus V. verließ, der als Freund und Förderer der Humanisten galt. Dieser berief mit Lorenzo Valla und Georg von Trapezunt eine neue Generation von Gelehrten, mit denen Poggio übrigens heftigste Polemiken ausfocht. Aus der Rückschau schreibt Poggio, dass an der Kurie fast immer nur der Zufall herrsche und nur selten der Geist und die Tugend ihren Platz fänden. Durch Intrigen – vom Geld, das die ganze Welt beherrsche, ganz zu schweigen – sei dort alles zu erreichen. Diese Klage war aus der Sicht der ehrgeizigen Intellektuellen, jener päpstlichen Schreiber und Sekretäre, formuliert, die von ihren literarischen Fähigkeiten lebten. Aus ihr sprechen die Ressentiments gegenüber habgierigen, zügellosen und scheinheiligen Prälaten, deren Dienste die Humanisten gleichzeitig suchten.[36] Aus Poggios Reden, Dialogen, Briefen und Brieftraktaten spricht das Selbstbewusstsein eines Literaten, der sich im Besitz einer überlegenen Bildung und Kultur wusste. Diese wurden von ihm jedoch nicht als bloße Privatbeschäftigung betrachtet, sondern die gewählten Themen machen deutlich, dass seine intimen Kenntnisse und reichen Erfahrungen aus der kurialen Politik und dem Hofleben geschöpft waren, die er in seinen Schriften gründlich analysierte.[37] In einer Reihe von Dialogen – *De avaritia*, *De nobilitate*, *Contra hypocrites*, *De varietate fortunae*, *De miseria humanae conditionis* – kritisierte er – lange vor der Reformation – äußerst scharf das institutionelle Dilemma, dass sich an der Kurie als internationalem Treffpunkt von ehrgeizigen Intellektuellen und Klerikern ergab. Hier diagnostizierte er religiöse Berufung und demonstrative Frömmigkeit, die sich auf unangenehme Weise mit betrügerischer Gier, mit Ehrgeiz und moralischer Verkommenheit paarten.[38] Etliche Dialoge sind regelrechte Invektiven, in denen die Erfahrungen des Kurienhumanisten gebündelt und polemisch zugespitzt werden.[39]

Damit stand Poggio nicht allein, denn bereits in den 1430er Jahren bezeichnete Lapo da Castilionchio d. J., Rhetorikprofessor an der Universität Bologna, in einer Inaugu-

---

nischen Bibliothekare vgl. auch Christine Maria GRAFINGER, Per i bibliotecari e i custodi della Biblioteca Vaticana (sec. XV–XVI), in: Aevum 84, 2010, S. 711–731.

36 Vgl. GREENBLATT, Die Wende (wie Anm. 3), S. 154.

37 Vgl. Riccardo FUBINI, Il ›theatro del mondo‹ nelle prospettive morali e storico-politiche di Poggio Bracciolini, in: Poggio Bracciolini 1380–1980. Nel VI centenario della nascita (Istituto nazionale di studi sul rinascimento, Studi e Testi 8), Firenze 1982, S. 1–135.

38 Vgl. GREENBLATT, Die Wende (wie Anm. 3), S. 155–159.

39 Vgl. Johannes HELMRATH, Poggio Bracciolini als päpstlicher Propagandist. Die *Invecta in Felicem antipapam* (1447), in: Margarita amicorum. Studi di cultura europea per Agostino Sottili, Bd. 1 (Bibliotheca erudita, Studi e documenti di storia e filologia 26), hg. von Fabio FORNER/Carla M. MONTI/Paul G. SCHMIDT, Milano 2005, S. 541–584, hier S. 579f. (ND in Johannes HELMRATH, Wege des Humanismus. Studien zu Praxis und Diffusion der Antikeleidenschaft im 15. Jahrhundert. Ausgewählte Aufsätze, Bd. 1 (Spätmittelalter, Humanismus, Reformation 72), Tübingen 2013, S. 343–378).

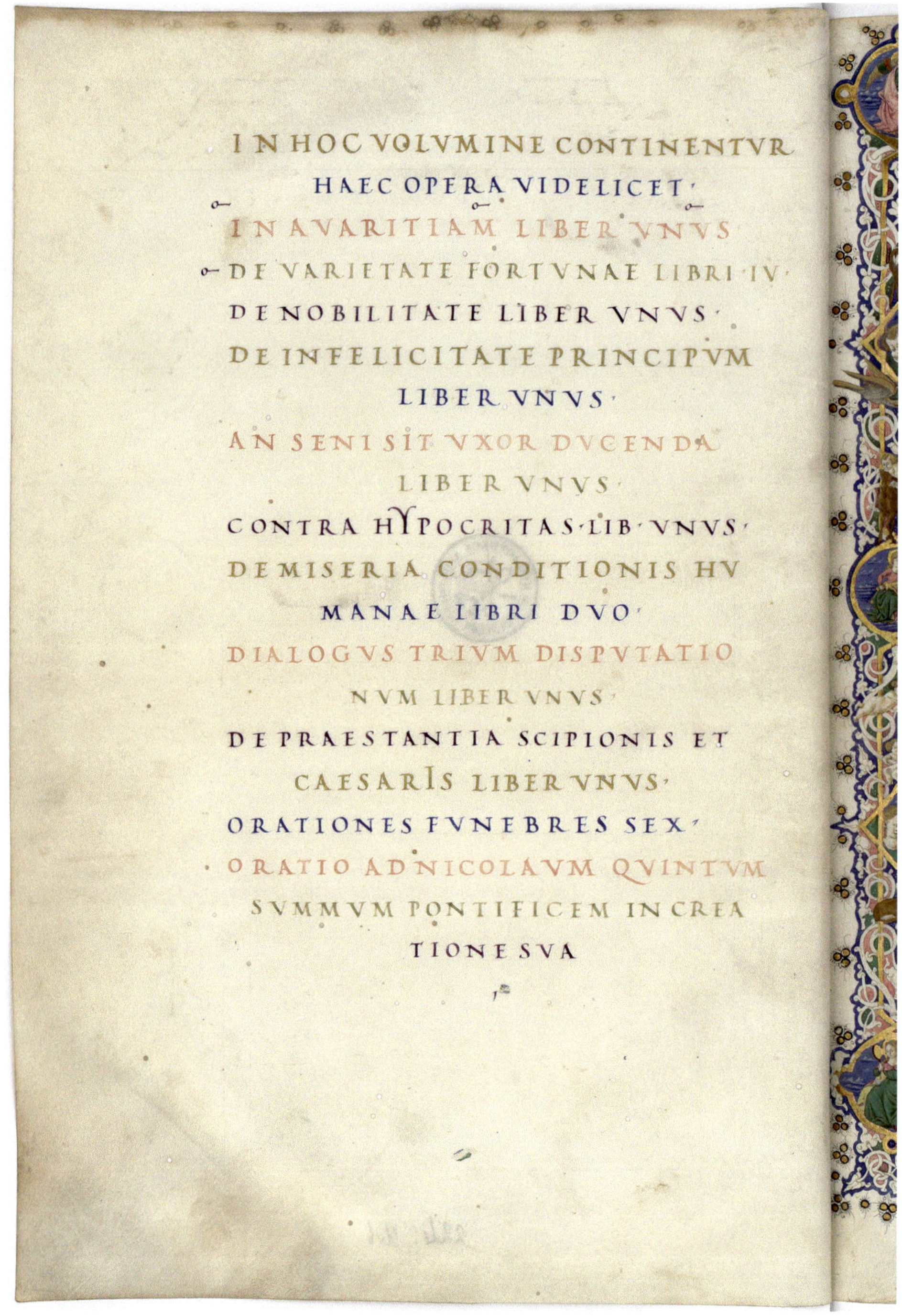

IN HOC VOLVMINE CONTINENTVR
HAEC OPERA VIDELICET·
IN AVARITIAM LIBER VNVS
DE VARIETATE FORTVNAE LIBRI IV·
DE NOBILITATE LIBER VNVS·
DE INFELICITATE PRINCIPVM
LIBER VNVS·
AN SENI SIT VXOR DVCENDA
LIBER VNVS·
CONTRA HYPOCRITAS·LIB·VNVS·
DE MISERIA CONDITIONIS HV
MANAE LIBRI DVO·
DIALOGVS TRIVM DISPVTATIO
NVM LIBER VNVS·
DE PRAESTANTIA SCIPIONIS ET
CAESARIS LIBER VNVS·
ORATIONES FVNEBRES SEX·
ORATIO AD NICOLAVM QVINTVM
SVMMVM PONTIFICEM IN CREA
TIONE SVA

Abb. 1: Poggio Bracciolini, De varietate fortunae (Biblioteca Apostolica Vaticana, Ms. Urb. lat. 224 fol. 3v).

Abb. 2: Poggio Bracciolini, De varietate fortunae (Biblioteca Apostolica Vaticana, Ms. Urb. lat. 224 fol. 2r).

ralrede die römische Kurie als »Theater der Völker und Nationen«. Sie sei ein ideales Betätigungsfeld für Ruhmbegierige und ermögliche auch niedrig geborenen Männern mit lateinischer Bildung den Aufstieg zu kurialen Ämtern.[40] Wenig später präsentierte er in seinem in ciceronianischem Stil verfassten *Dialogus de curia commodis* die Kurie als besten Ort für Humanisten. Der Text, der in satirischem Spiel die moralische Verworfenheit und Korruption an der Kurie anklagt, zugleich aber zur Verteidigung des päpstlichen Hofes ansetzt, ist als eine Bewerbungsschrift zu lesen. Sie richtet sich an Poggio, der dort, so Lapo, als Sekretär des Papstes höchste Bildung und Sprachgewandtheit vereinige, und Würde mit Witz und Weltläufigkeit. Lapo, der in satirischem Spiel die Anklage von Geldgier, Lügen, Intrigen und lasziven Sitten am Papsthof nur notdürftig mit überschäumendem Lob der Kurie verhüllt und so das ironische Bild einer korrupten Institution entwirft, antwortet damit wohl auf die zynischen Späße, die Poggio in jener Zeit mit sich und seinen Amtskollegen trieb. Damit verweisen beide auf die problematische Existenz eines Gelehrten an der Kurie und ganz allgemein auf das Dilemma eines intensiv frequentierten geistlichen Hofes.[41]

Bis zu einem gewissen Grad hat der Papst solch durchaus scharf formulierte Kritik aus den eigenen Reihen toleriert. Überhaupt spiegeln solche polemischen Auseinandersetzungen in erster Linie interne Fraktionskämpfe unter den arrivierten Kurialen, und solange die Päpste von den literarischen Dienstleistungen der humanistischen Sekretäre profitierten, konnten sich die Humanisten in einem Freiraum bewegen. In seinen Fazetien nämlich hat Poggio diesen Freiraum für Kritik und Polemik im sogenannten Bugiale angesiedelt, jenem Ort an der Kurie, der sowohl den Aufführungsort als auch die Rahmenhandlung der von ihm zusammengetragenen Schwänke bot. Diese Institution sei während des Pontifikats Martins V. entstanden, als sich die Sekretäre in einen abgelegeneren Teil des päpstlichen Palastes zurückgezogen hätten, um Neuigkeiten auszutauschen, vor allem um sich bei leichten Themen zu entspannen, aber bisweilen auch über ernste Dinge zu diskutieren.[42]

An diesem abgeschiedenen Ort, der aber gleichwohl mitten im kirchlichen Machtzentrum lag, entfaltete sich eine Streitkultur, die an die berufliche Tätigkeit der Sekretäre in der kurialen Verwaltung anknüpfte und auf einer gemeinsamen kulturellen Orien-

40 Vgl. Märtl, *Actio* und *aemulatio* (wie Anm. 10), S. 734.

41 Vgl. D'Amico, *De dignitate* (wie Anm. 1) und Christopher Celenza, Renaissance Humanism and the Papal Curia. Lapo da Castiglionchio the Younger's De Curiae Commodis (Papers and Monographs of the American Academy in Rome 31), Diss., Ann Arbor 2002, S. 57–87.

42 *Consuevimus enim, Martini Pontificis usque tempore, quemdem eligere in secretiori aula locum, in quo et nova referebantur, et variis de rebus, tum laxandi ut plurimum animi causa, tum serio quandoque, colloquebamur;* so beschreibt Poggio im Nachwort seiner Fazetien das Bugiale, jene *olim a Secretariis institutum, iocandi gratia,* eingerichtete Lügenschmiede; Poggio Bracciolini. Facezie (Biblioteca universal 418), hg. von Marcello Ciccuto, Milano 1983, S. 406.

tierung beruhte. Hier konnten allerdings Diskussionen und Eifersüchteleien auch in Polemik, bisweilen sogar in handfeste Auseinandersetzungen ausarten, als etwa Poggio mit dem Sekretär Georg von Trapezunt über die Frage stritt, wer von beiden für mehr Übersetzungen antiker Texte verantwortlich sei.[43]

Poggio konstruierte das Bugiale als Forum, auf dem sich eine subtile, bisweilen auch grobe Beziehungsdynamik unter den humanistisch gebildeten kurialen Funktionsträgern entfaltete, die von einem ausgesprochenen Elitebewusstsein geprägt waren und die gleichzeitig um die Ressourcen von Macht, Einkünften und Anerkennung konkurrierten. Zu den Praktiken der Gruppenbildung gehörten inkludierende Formen wie Briefaustausch, gegenseitige Nennungen in den eigenen Werken, insbesondere in Schriftstellerkatalogen, familiäre, scherzhafte Reden, aber ebenso exkludierende wie Streitgespräch und Invektive.[44] Die Identität dieser informellen Gruppe, von der Poggio als »Wir« spricht, beruhte auf der heiklen Mischung aus Nähe zur Macht und eigener Unterordnung – bei gleichzeitig hoher intellektueller Kompetenz. Dies kennzeichnet die trotz aller Anerkennung des Ranges prekäre Stellung der humanistischen Funktionselite am Papsthof. Dieser besondere geistliche Hof war eine spezifische Figuration der von Peter Burke so bezeichneten Konkurrenz-Kultur der Renaissance, in der Streben nach Ehre, fürstlicher Gnade und Anerkennung die Mitglieder in ein gespanntes räumliches und institutionelles Naheverhältnis brachte.[45] Während in der Öffentlichkeit des Sekretariats Netzwerke und Leistung über die Stellung des Einzelnen entschieden, beruhte der Status der Humanisten im Freiraum des Bugiale auf Schlagfertigkeit, Handlungssouveränität und vor allem auf intellektueller und rhetorischer Eleganz.[46] Hier wurden Formen der Konkurrenz dialogisch ausgespielt, und Kommunikation war hier nicht, wie im kurialen Alltagsgeschäft, hierarchisch auf die Person des Papstes hin strukturiert, sondern egalitär geprägt, da sie mit den internen Gesetzen der gelehrten Gruppenkultur ausgetragen wurde.

Die kurialen Humanisten mussten sich weiterhin an den höfischen Erwartungen messen lassen, fühlten sich aber gleichzeitig an die neuen Wertesysteme und Wissens-

43 Vgl. Greenblatt, Die Wende (wie Anm. 3), S. 155.

44 Vgl. Helmrath, Poggio als päpstlicher Propagandist (wie Anm. 39), S. 542f.

45 Peter Burke, Eleganz und Haltung. Die Vielfalt der Kulturgeschichte. Über Selbstbeherrschung, Schabernack, Zensur, den Karneval in Rio und andere menschliche Gewohnheiten, Berlin 1998, S. 113–117, und Hans-Jürgen Bachorski, Poggios Facetien und das Problem der Performativität des toten Witzes, in: Zeitschrift für Germanistik N.F. 11, 2001, S. 318–335, hier S. 328–330.

46 Zur Inszenierung des Bugiale als prototypischer Ort humanistischer Gelehrtenkultur in Poggios »Facitien« vgl. Gerd Dicke, Fazetieren. Ein Konversationstyp der italienischen Renaissance und seine deutsche Rezeption im 15. und 16. Jahrhundert, in: Literatur und Wandmalerei, Bd. 2: Konventionalität und Konversation, hg. von Eckart Conrad Lutz/Johanna Thali/René Wetzel, Tübingen 2005, S. 155–188, v. a. S. 156–160, 163.

ordnungen gebunden, die in der städtischen Lebenswelt entwickelt worden waren. Denn die Gruppenidentität und soziale Akzeptanz der von humanistischen Literaten in ihren Briefen, Vorreden, Biographien und *Viri illustres*-Katalogen genannten und ausgezeichneten Personen einer humanistischen Bildungselite beruhte auf gemeinsamen Schreib- und Redeweisen, die durch die Orientierung an den vorbildlichen klassischen Texten habitualisiert wurden. Dabei dienten Briefe, Briefsammlungen, Grammatikkommentare oder Dialoge einerseits als Muster für die Entwicklung eines vorbildlichen Stils in Sprache und Schrift, andererseits waren die Schriften der Humanisten aber auch Medien der steten Selbstbeobachtung und Mittel der Distinktion für gebildete Eliten, deren Habitus, kulturelle Werte und Lebensformen dadurch auch Eingang in die Kurie fanden.

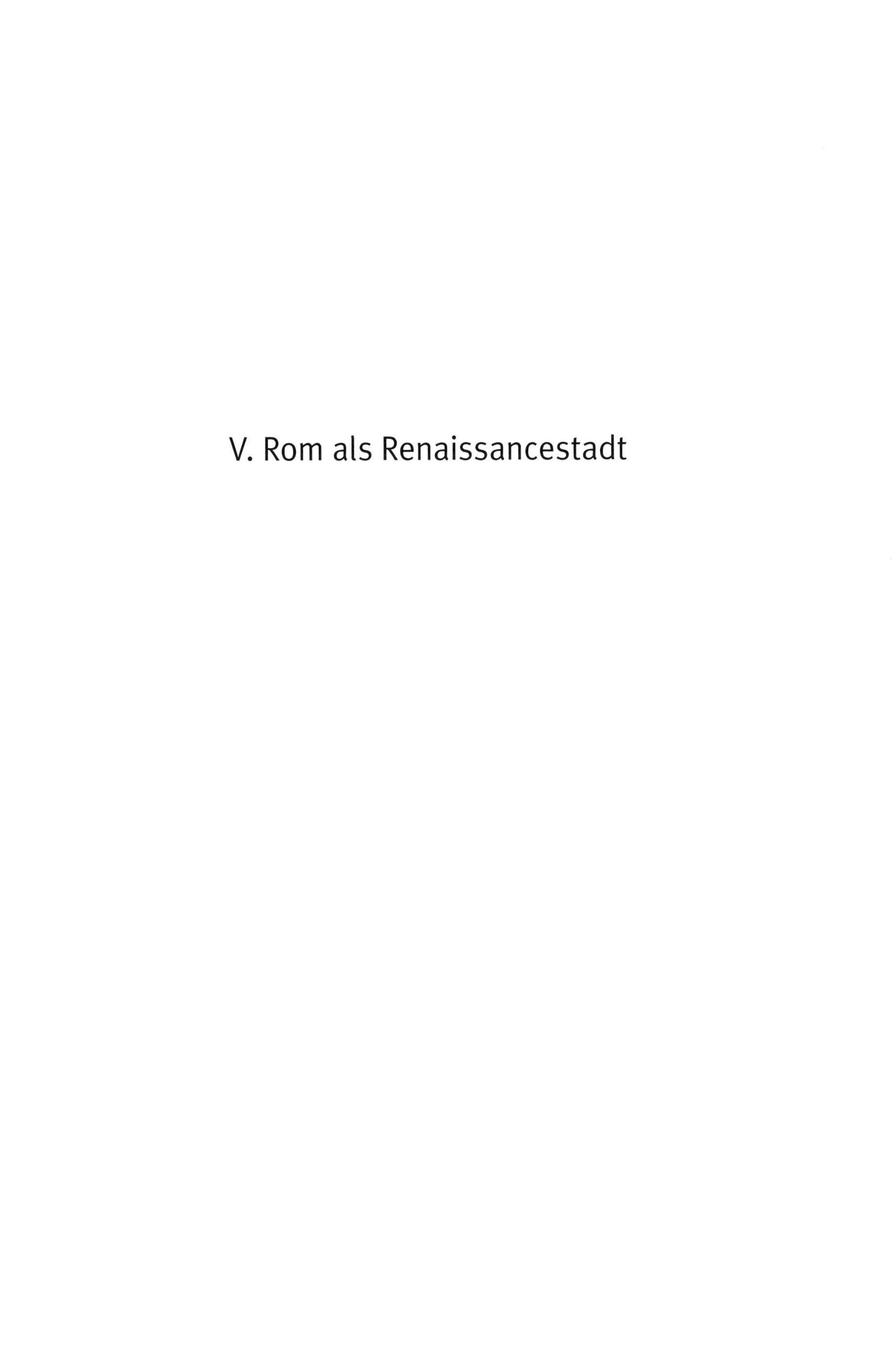

V. Rom als Renaissancestadt

Zwischen Hof und Stadt. Die wirtschaftliche Entwicklung Roms im 15. Jahrhundert

Arnold Esch

Der Beitrag will einen Eindruck von der Wirtschaft Roms zwischen Stadt und Hof geben und dabei auch das Rom der Römer, das über dem Rom der Päpste leicht vergessen wird, zu seinem Recht kommen lassen. Dass das Rom der Römer ohne das Rom des Hofes nicht zu denken ist, versteht sich und wird im Folgenden deutlich hervortreten, ja gerade darauf hat es – angesichts des Tagungs-Themas – dieser Beitrag abgesehen. Dabei sei, in der kurzen verfügbaren Zeit, die wirtschaftliche Seite nicht in ihrer Datenvielfalt vorgeführt, sondern der Blick auf einfache Einsichten gerichtet:

- Welcher der drei wirtschaftlichen Sektoren war in Rom am stärksten ausgebildet?
- Was bekamen die Römer an Import zu sehen, was sie ohne den Hof nicht gesehen hätten?
- Wie viel wog Rom ohne den Papst?[1]

Bevor wir diese Fragen auf Rom anwenden, sei grundsätzlich festgehalten, dass in der Wirtschaft Roms noch andere Faktoren zu erwarten sind als in anderen Städten. Denn Rom hat eine zusätzliche, eine geistliche Dimension, die auch im Wirtschaftsleben der Stadt wirkt. Seine Produktivität liegt auf einer ganz anderen Ebene. Das päpstliche Rom produziert nicht Tuche oder Metallwaren, sondern Gewinne anderer, immaterieller Art: Privilegien, Pfründeneinnahmen, Ernennungsgebühren, Ablässe, Pilgerspesen.[2] Eine

---

1 Der Beitrag folgt meinen Arbeiten zur Erschließung der römischen Zollregister: Arnold Esch, Economia, cultura materiale ed arte nella Roma del Rinascimento. Studi sui registri doganali romani 1445–1485 (RR inedita, saggi 36), Roma 2007; Arnold Esch, La Roma del primo Rinascimento vista attraverso i registri doganali (Conferenze dell'Unione internazionale degli Istituti di archeologia, storia e storia dell'arte in Roma 29), Milano 2012.

2 Zu den Einkünften des spätmittelalterlichen Papsttums Jean Favier, Les finances pontificales à l'époque du Grand Schisme d'Occident 1378–1409, Paris 1966; Hermann Hoberg, Die Einnahmen der Apostolischen Kammer am Vorabend der Glaubensspaltung, in: Hundert Jahre Deutsches Priesterkolleg beim Campo Santo Teutonico 1876–1976. Beiträge zu seiner Geschichte (Römische Quartalschrift für christliche Altertumskunde und Kirchengeschichte 35. Supplementheft), hg. von Erwin Gatz, Freiburg/Breisgau 1977, S. 69–85;

Produktivität besonderer Art, aber Produktivität im wirtschaftlichen Sinne ist auch das. Dass solche Einkünfte aus aller Christenheit nach Rom flossen und hier investiert oder konsumiert, eingesetzt oder umverteilt wurden, ist im Auge zu behalten, wenn man Rom mit den Residenzstädten anderer Fürsten in ihrem Territorialstaat vergleicht.[3]

Und nun zu unseren Fragen an die wirtschaftliche Entwicklung Roms im Quattrocento. Für das Zusammenleben von Papst und Kommune zunächst die Eingangsvoraussetzungen. Das sind vor allem zwei. Erstens: Rom wird jetzt, erst jetzt stabile Residenz des Papsttums (was es vorher, und zumal im Jahrhundert davor, im 14. Jahrhundert, nicht gewesen war), und bleibt es. Zweitens: Dem Papsttum gelingt es, die aufsässige, gerade noch von den Ideen Colas di Rienzo angefachte römische Kommune in den Griff zu bekommen – 1398 zerschlägt Bonifaz IX. die freie Kommune, die den Hof tagtäglich schikaniert hatte. Und auch bei dieser Niederwerfung der Kommune bleibt es, trotz einiger letzter Revolten und Verschwörungen.[4] Man mag das Ende der römischen Freiheit bedauern; es muss einem dann aber bewusst sein, dass es, ohne diesen nachhaltigen Sieg des Papsttums, ein Rom der Renaissance, wie wir es preisen, nicht gegeben hätte.

Die römische Führungsschicht, die damals entmachtet wurde, hatte in ihrer Zusammensetzung ein besonderes, spezifisch römisches Element: die sogenannten *bovattieri*, also eigentlich »Rinderhalter«, »Großviehzüchter«, oder besser: »landwirtschaftliche Unternehmer«, die draußen in der Campagna den Großgrundbesitz der verarmenden römischen Klöster aufgekauft oder gepachtet hatten.[5] Da unsere Quellen – wegen der besseren Überlieferung – vor allem kirchliche Quellen sind, sprechen sie dauernd von Verarmung und Verlust, was aus dem Blickwinkel der kirchlichen Institutionen gewiss

---

Mario Caravale, Le entrate pontificie, in: Roma capitale (1447–1527) (Pubblicazioni degli Archivi di Stato Saggi 29), hg. von Sergio Gensini, Pisa 1994, S. 73–106; Peter Partner, A financial *Informatione* under Alexander VI., in: Italia et Germania. Liber amicorum Arnold Esch, hg. von Hagen Keller/Werner Paravicini/Wolfgang Schieder, Tübingen 2001, S. 237–255.

3 Dazu die Beiträge in: Hofwirtschaft. Ein ökonomischer Blick auf Hof und Residenz in Spätmittelalter und Früher Neuzeit (Symposion der Residenzen-Kommission der Akademie der Wissenschaften zu Göttingen 10; Residenzenforschung 21), hg. von Gerhard Fouquet/Jan Hirschbiegel/Werner Paravicini, Ostfildern 2008.

4 Zur Kommune Colas di Rienzo und seinem Nachwirken: Andreas Rehberg/Anna Modigliani, Cola di Rienzo e il comune di Roma (RR inedita 33/1 und 2), 2 Bde., Roma 2004; zur Zerschlagung der Kommune 1398 Arnold Esch, Bonifaz IX. und der Kirchenstaat (Bibliothek des Deutschen Historischen Instituts in Rom 29), Tübingen 1969, S. 209–276; zur Durchsetzung der päpstlichen Herrschaft im 15. Jahrhundert zuletzt: Congiure e conflitti. L'affermazione della signoria pontificia su Roma nel Rinascimento. Politica, economia e cultura. Atti del convegno internazionale, Roma, 3–5 dicembre 2013 (RR inedita, saggi 62), hg. von Myriam Chiabò/Maurizio Gargano/Anna Modigliani/Patricia Osmond, Roma 2014.

5 Grundlegend Clara Gennaro, Mercanti e bovattieri nella Roma della seconda metà del Trecento (da una ricerca sui registri notarili), in: Bullettino dell' Istituto Storico Italiano per il Medioevo 78, 1967, S. 155–203; Isa Lori Sanfilippo, La Roma dei Romani. Arti, mestieri e professioni nella Roma del Trecento (Nuovi Studi Storici 57), Roma 2001, S. 95–122; Viehbesitz siehe auch Esch, Economia (wie Anm. 1), S. 18–20.

berechtigt war: wenn der abgestoßene Grundbesitz dadurch aber in die Hände von Unternehmern gerät, die etwas daraus machen, ist das gesamtwirtschaftlich nicht nur negativ zu bewerten. Von vielen dieser *bovattieri* ist bekannt, wie viele Tiere sie deklarierten und für wieviel Dukaten jährlich sie Schlachtvieh verkauften. Ihre großen Viehherden weideten weit draußen in der römischen Campagna, waren darum allerdings auch dem Zugriff und den Repressalien von Colonna und Orsini ausgesetzt, dem großen Baronaladel (für Rom ist immer zu unterscheiden zwischen dem hohen Baronaladel und dem gewöhnlichen Stadtadel): Aus dem Rom der Kommune war der Baronaladel herausgedrängt worden, in das Rom der Päpste drängte er nun wieder hinein, und mit Erfolg, denn in der Stadt hatten Colonna und Orsini natürlich immer ihre große Klientel.[6]

Diese *bovattieri* (die erst spät in den Blick der Forschung getreten sind) wurden von den Florentinern – die gern über alles Römische herzogen (und herziehen) – verächtlich als »Kuhhirten«, *vaccari*, abgetan. Aber das waren sie gewiss nicht: Mehrere gehörten dem Stadtadel an oder stiegen, in der rasanten sozialen Mobilität des 15. Jahrhunderts, jetzt in ihn auf.[7] Sie gehörten jedenfalls zur Führungsschicht – nur dass es im Rom des Quattrocento *kommunal* bald nichts mehr zu führen gab und Familien, um Karriere zu machen, sich auf den Hof hin umorientieren mussten. Ihre wirtschaftliche Grundlage, die Viehzucht, blieb: Der große Hof und der permanente Besucherstrom garantierten die Nachfrage nach Fleisch, sie belieferten nachweislich auch den Hof in Neapel; ja, nach Ausweis der Zollregister waren Kälber und Käse überhaupt das einzige, was Rom exportierte. Wir halten fest: Der *erste* ökonomische Sektor, der agrarische, war in Rom stark ausgebildet, stärker als in anderen vergleichbaren Städten.

Was den *zweiten* Sektor angeht, die gewerbliche oder industrielle Produktion, so war davon in Rom nicht viel zu sehen[8] – und zur Rom-Kritik hat ja immer schon gehört, dass Rom mehr konsumierender Bauch als arbeitende Hand sei. Zwar wäre es

6 Zu den Klientelen von Colonna und Orsini Andreas Rehberg, Kirche und Macht im römischen Trecento. Die Colonna und ihre Klientel auf dem kurialen Pfründenmarkt, 1278–1378 (Bibliothek des Deutschen Historischen Instituts in Rom 88), Tübingen 1999; Franca Allegrezza, Organizzazione del potere e dinamiche familiari. Gli Orsini dal Duecento agli inizi del Quattrocento (Nuovi Studi Storici 44), Roma 1998.

7 Zur starken sozialen Mobilität des 15. Jahrhunderts Anna Modigliani, Continuità e trasformazione dell'aristocrazia municipale romana del XV secolo, in: Roma medievale. Aggiornamenti, hg. von Paolo Delogu, Firenze 1998, S. 267–279; Anna Esposito, »Li nobili huomini di Roma«. Strategie familiari tra città, Curia e municipio, in: Roma capitale (wie Anm. 2), S. 373–388; Isa Lori Sanfilippo, Le vie della nobilitazione. Percorsi di ascesa sociale (1350–1450 circa), in: La nobiltà romana nel medioevo (Collection de l'École Française de Rome 359), hg. von Sandro Carocci, Rome 2006, S. 532–550; Massimo Miglio, Li *Nuptiali* di Marco Antonio Altieri. Introduzione, in: Li *Nuptiali* di Marco Antonio Altieri (RR inedita 9), hg. von Enrico Narducci, Roma 1873, ND Roma 1995, S. 7–40.

8 Zum sekundären wirtschaftlichen Sektor Lori Sanfilippo, La Roma dei Romani (wie Anm. 5); Luciano Palermo, L'economia, in: Roma del Rinascimento (Storia di Roma dall'antichità a oggi 3), hg. von Antonio Pinelli, Roma/Bari 2001, S. 49–91.

ökonomisch wenig sinnvoll, den Konsum – gerade den gesteigerten Konsum im Rom der Renaissance – als »parasitär« zu bezeichnen, statt im Sog dieser Nachfrage das dynamische Element, den wirtschaftlichen Stimulus zu erkennen und als produktiv zu begreifen, wenn die aus aller Christenheit einkommenden Gelder in Rom in Konsum und Luxuskonsum investiert wurden. Aber wenn wir beim Schema der drei Sektoren bleiben, muss man sagen, dass der zweite Sektor wenig vertreten war. Wohl lässt sich eine gewisse Tuchproduktion feststellen,[9] aber das ist wenig, vor allem im Vergleich zu Florenz oder zu Mailand, die geradezu Exportgewerbestädte waren. Man sieht das auch daran, dass in den Zollregistern der Import von Rohstoffen (und Halbfabrikaten zur Weiterverarbeitung) kaum vorkommt. Wir halten fest: der *sekundäre* Sektor ist in Rom nur schwach ausgebildet, schwächer als in anderen Städten.

Endlich der *tertiäre*, der dritte Sektor: die Dienstleistungen. Fragen wir zunächst nach dem Bedarf daran, nach dem spezifisch *römischen* Bedarf. Da waren große Summen aus aller Christenheit an die Apostolische Kammer zu transferieren – das machten bedeutende, meist Florentiner Bankfirmen, die in ihrer Unentbehrlichkeit beim Papst viel durchzusetzen wussten.[10] Da war der Hof, außer mit Grundnahrungsmitteln, mit Luxusartikeln zu versorgen – das machten Scharen von Importeuren, zumal die Stadt selbst davon wenig zu bieten hatte. Da waren hohe Besucher angemessen zu begleiten, das Catering von Botschafterempfängen zu organisieren, Gesuchsteller durch das Labyrinth päpstlicher Behörden kompetent mit Insiderwissen an ihr Ziel zu bringen, Pilgermassen zu beherbergen und so fort. Kurz: Der Dienstleistungssektor hatte in Rom eine Nachfrage wie in keiner anderen Stadt, auch in keiner anderen Residenzstadt. Und wenn hier von wirtschaftlicher *Entwicklung* die Rede sein soll: Das Verhältnis der drei Sektoren zueinander blieb in diesem 15. Jahrhundert das gleiche, außer dass der Dienstleistungssektor noch zunahm, der Sektor der gewerblichen Produktion aber nicht.

Auch am römischen Kreditmarkt erkennt man die bedeutende Stellung der Florentiner *merchant-bankers*. Angehörigen des Hofes, vom einfachen Kurialen über den Kardinal

9 Ivana Ait, Aspetti della produzione dei panni a Roma nel basso Medioevo, in: Economia e società a Roma tra Medioevo e Rinascimento. Studi dedicati ad Arnold Esch (I libri di Viella 51), hg. von Anna Esposito/ Luciano Palermo, Roma 2005, S. 33–59.

10 Zur spätmittelalterlichen Papstfinanz und den damit zusammenhängenden Problemen internationalen Geldtransfers, neben Favier, Les finances pontificales (wie Anm. 2), am Beispiel der Medici Melissa M. Bullard, Fortuna della banca medicea a Roma nel tardo Quattrocento, in: Roma capitale (wie Anm. 2), S. 235–251; der Florentiner allgemein: Richard A. Goldthwaite, The Economy of Renaissance Florence, Baltimore 2009, S. 203–264; am Beispiel des deutschen Raumes Arnold Esch, Überweisungen an die Apostolische Kammer aus den Diözesen des Reiches unter Einschaltung italienischer und deutscher Kaufleute und Bankiers. Regesten der vatikanischen Archivalien 1431–1475, in: Quellen und Forschungen aus italienischen Archiven und Bibliotheken 78, 1998, S. 262–387.

bis zum Papst, wurden mit festen Kreditlinien Kredite gewährt, wie in einer Medici-Instruktion genau festgeschrieben ist. Römern gegenüber war man da zurückhaltender, und das sagt doch viel über die Einschätzung der römischen Verhältnisse durch solche Großkaufleute aus. Dabei war die damals stark wachsende, also kapitalhungrige römische Wirtschaft auf Kredite angewiesen. Wir wissen davon aus vielen kleinen Kreditverträgen, die sich in den Heften römischer Notare erhalten haben (darunter als Gläubiger auch einmal der Florentiner Humanist und Hofbeamte Poggio Bracciolini). Zunehmend treten am römischen Kreditmarkt auch Frauen auf, die frei über ihre Mitgift und über ihren Schmuck verfügen. Juden spielen in diesen Quellen auffallenderweise keine Rolle.[11]

Und nun ein Blick auf den Handel, den Import. Dass der Austausch mit der umgebenden Welt in der Papstresidenz anders bedingt war als bei jeder anderen Residenzstadt, wurde bereits hervorgehoben. Denn der Papst herrscht nicht nur wie andere Souveräne über einen Territorialstaat, sondern über die Seelen der Christenheit. Von dort, d.h. aus aller Welt – von Portugal bis Finnland, von Schottland bis Zypern – bezieht er einen großen Teil seiner Einkünfte (die Einkünfte aus dem sogenannten *Spirituale*, neben seinen weltlichen Einkünften aus dem *Temporale*, dem Kirchenstaat – auch wenn der Anteil der geistlichen Einkünfte aus der Christenheit im Vergleich zu den weltlichen aus dem Kirchenstaat im Laufe des 15. Jahrhunderts, durch die Reformkonzilien, stark zurückgeht). Und wo Geld fließt, da fließt bekanntlich auch Ware. Diese Welt-Vernetzung, der Luxus-Konsum des Hofes, der Massenkonsum der Pilger, sie machen aus Rom einen besonderen Markt, der dem *Fern*handel viel weiter offen stand als das bei einer Stadt dieser Dimension zu erwarten war. Denn Rom hatte um 1420 vielleicht 25.000 Einwohner, hundert Jahre später gut das Doppelte:[12] Was war das schon gegen Florenz, Venedig, London!

Diese breite Öffnung und die Anziehung des Hofes schlägt sich in den Importen deutlich nieder. Das alles ersehen wir aus den Zollregistern, einer ungewöhnlichen Quel-

11 Zum römischen Kreditmarkt Luciano Palermo, Banchi privati e finanze pubbliche nella Roma del primo Rinascimento, in: Banchi pubblici, banchi privati e monti di pietà nell'Europa preindustriale. Amministrazione, tecniche operative e ruoli economici. Atti del Convegno Genova, 1–6 ottobre 1990, Bd. 1 (Atti della Società Ligure di Storia Patria N.S. 31,1), Genova 1991, S. 433–459; Medici-Instruktion: Raymond De Roover, The Rise and Decline of the Medici Bank 1397–1494, New York 1966, S. 203f.; Poggio Bracciolini: Anna M. Corbo, Fonti per la storia sociale romana al tempo di Nicolò V e Callisto III (Fonti e studi del Corpus membranarum italicarum 1/27), Roma 1990, S. 123–128; Frauen: Ivana Ait, Donne in affari. Il caso di Roma (secoli XIV–XV), in: Donne del Rinascimento a Roma e dintorni (RR inedita, saggi 55), hg. von Anna Esposito, Roma 2013, S. 53–83.

12 Zur Bevölkerungsentwicklung Roms Anna Esposito, La popolazione romana dalla fine del sec. XIV al Sacco. Caratteri e forme di un'evoluzione demografica, in: Popolazione e società a Roma dal Medioevo all'età contemporanea (Pagine della memoria 5), hg. von Eugenio Sonnino, Roma 1998, S. 37–49.

le, die in Rom, anders als in anderen Städten, für einige Jahrzehnte (mit einigen Lücken) erhalten ist: 28 Bände Landzoll 1451–1485, 31 Bände Hafenzoll (1428 und) 1444–1483 (und 1492/1493). Und erhalten nicht in irgendeiner ereignisarmen Epoche, sondern gerade für die Frührenaissance, als sich in Rom endlich alles in Bewegung setzt.[13] Diese Zollregister, die erst in letzter Zeit systematisch ausgewertet worden sind, nennen die Importe zu Lande (allerdings nicht die an den Hof, weil er zoll*frei* importierte) und die Importe zu Schiff (der Hafenzoll registriert auch die Lieferungen an den Hof); sie benennen die Waren, die Importeure und ihre Herkunft, und lassen den geschätzten Warenwert erkennen, weil er sich aus der Zollzahlung errechnen lässt. Aus den Registern geht hervor, wie viel der römische Markt auch außerhalb des Hofes aufnahm, und wie das Wirtschaftsleben Roms im Jahresrhythmus ablief, mit Spitzen im Frühjahr und im Herbst. Und genau das war in Rom auch die Kurve des Pilgerzustroms.

Da sehen wir am römischen Zoll ganze Gruppen von Bauern und Bäuerinnen aus der Campagna (alle mit ihrem Namen verzeichnet!), die ihre Feigen und ihren Flachs in die Stadt bringen. Und am anderen, oberen Ende der Skala Florentiner Großkaufleute wie Medici, Pazzi, Spinelli, Cambini beim Import von Luxustuchen: Samt, Seide, Brokat, geistliche Gewänder, Kardinalshüte; wenn ein Papst stirbt, liefern sie Unmengen Tuche in Trauerfarben, für Tausende von Gulden, und gleich anschließend für die Krönung des Nachfolgers ebensolche Mengen in Freudenfarben.[14] Der Aufwand, der darin (und nicht erst im Quattrocento) am römischen Hof getrieben wurde, war nicht einfach »Luxus«, sondern erlaubte, ja erwartete – weltliche wie geistliche – Herrschaftsrepräsentation, *pompa sacra*.[15] Dazwischen die Masse der Importeure mit italienischem, französischem, englischem, deutschem Tuch und allen möglichen Gütern. Natürlich erscheinen auch die Römer selbst im Importgeschäft, vor allem die Massimo und Santacroce. Deutsche liefern nicht viel im Vergleich zu den Florentinern, aber Vieles und Interessantes: Metallwaren aus Nürnberg, Metallgerät (darunter ausdrücklich auch *kleine* Zangen, *kleine* Hämmer, sozusagen Feinmechanik), Uhren, Brillen (2.700 binnen 9 Monaten), Waffen

13 Zur Quelle der Zollregister Maria L. Lombardo, Camera Urbis. Dohana Ripe et Ripecte. Liber introitus 1428 (Fonti e Studi del Corpus membranarum italicarum Nuova Serie Fonti 3), Roma 1978; Luciano Palermo, Il porto di Roma nel XIV e XV secolo. Strutture socio-economiche e statuti (Fonti e studi per la storia economica e sociale di Roma e dello Stato pontificio nel tardo medioevo 2), Roma 1979; Esch, Economia (wie Anm. 1).

14 Aus der näheren Umgebung: Esch, Economia (wie Anm. 1), S. 155–157; Florentiner: Esch, Economia (wie Anm. 1), S. 53–66, 123–135; Lieferungen für Begräbnis und Krönung siehe Tabelle 12 oder sogar regelrecht als »Pächter des Begräbnisses«: Andrea Fara, »*Exequiarum appaltatores*«. *Mercatores Romanam curiam sequentes* e i funerali di Papa Leone X de' Medici tra investimento e bona fama in alcune carte dell'Archivio Capponi delle Rovinate di Firenze, in: Roma nel Rinascimento. Bibliografia e note, 2014, S. 331–355.

15 *Pompa sacra*. Lusso e cultura materiale alla corte papale nel basso Medioevo (1420–1527) (Nuovi Studi Storici 86), hg. von Thomas Ertl, Roma 2010.

(auch schon Feuerwaffen), erste gedruckte Bücher, Holzschnitte, sogar Weltkarten und Musikinstrumente (fast alle Lauten werden von Deutschen importiert).[16] Dass der Handel deutscher Kaufleute bis Oberitalien reichte, wusste man immer schon; dass er auch Rom erreichte, daran zweifelten sogar bedeutende deutsche Wirtschaftshistoriker. Denn sie kannten die römischen Zollregister noch nicht.

Da man nicht Zehntausende von Zollregisterdaten ausbreiten kann und darum vereinfachen darf, könnte man grob sagen: Von Süden kommen nach Rom die Konsumgüter, von Norden die Investitionsgüter. Von Süden, von Sizilien, vor allem Zucker, Thunfisch, Apfelsinen zu Zehntausenden, Spaghetti (*vermicelli*) und aus der Nähe ganze Gemüseschiffe; von Norden Metallfabrikate, Bauholz, Tuche. Unter den Waren Anspruchsvolles (und da sehen wir den besonderen Bedarf des Hofes): Kardinal Oliviero Carafa will Rosenwasser aus dem heimatlichen Neapel, Kardinal Rodrigo Borgia Apfelsinenbäumchen wohl für seinen Gartenpalast. Viel spanisch-maurische Maiolica kommt aus Valencia herein, denn auf dieses vertraute Geschirr wollen die Katalanen um den Borgia-Clan natürlich nicht verzichten.

Und Exotisches, wie es vor allem die portugiesischen Frühentdeckungen an der Westküste Afrikas jetzt ins Spiel bringen: Elefantenzähne, Straußenfedern; Kardinal Francesco Gonzaga nimmt aus der Fracht einer Karavelle zwei Affen; und Papageien (die der Papst ja immer um sich hatte, darum die *Camera Papagalli* im Papstpalast in Rom und in Avignon) kaufen sich jetzt auch Kardinäle. Und gewiss hat man im römischen Hafen bald die fremdartigen Produkte aus dem neuentdeckten Amerika bestaunt. Aber nicht im Zollregister sind sie ein erstes Mal dokumentiert, denn die sind nach 1485 nicht mehr erhalten, sondern in den Deckengemälden der *Farnesina*, der von Raffael und seinen Schülern ausgemalten Villa des Papstbankiers Agostino Chigi: Mais, Sonnenblume und Kürbis um 1518 in den Festons der Loggia![17]

---

16 Musikinstrumente: Doris Esch, Musikinstrumente in den römischen Zollregistern der Jahre 1470–1483, in: Analecta musicologica 30/1,1998, S. 41–68. Römische Kaufleute: Esch, Economia (wie Anm. 1), S. 66–70, 146–156; Deutsche und ihre Waren Esch, Economia (wie Anm. 1), S. 77–82, 140–146; deutscher Handel mit Rom (Zweifel von Schulte, Kuske, Kellenbenz) Esch, Economia (wie Anm. 1), S. 406 f.; erste gedruckte Bücher: Arnold Esch, Deutsche Frühdrucker in Rom in den Registern Papst Sixtus' IV., in: Manoscritti, editoria e biblioteche dal medioevo all'età contemporanea. Studi offerti a Domenico Maffei per il suo ottantesimo compleanno, Bd. 1, hg. von Mario Ascheri/Gaetano Colli, Roma 2006, S. 281–302, hier S. 298 f.

17 Sortierung des Imports zu Schiff: Esch, Economia (wie Anm. 1), etwa S. 29 f., 170 f.; Apfelsinen Esch, Economia (wie Anm. 1), S. 172, Exotica Esch, Economia (wie Anm. 1), S. 179–181; Maiolica: Marco Spallanzani, Maioliche ispano-moresche a Firenze nel Rinascimento, Firenze 2006; Arnold und Doris Esch, L'importazione di maioliche ispano-moresche nella Roma del primo Rinascimento nei registri doganali 1444–1483, in: Faenza C, 2, 2014, S. 9–27. Produkte aus Amerika: Giovanni Cherubini, Un'agricoltura più ricca dopo la scoperta dell'America, in: Animali e piante dalle Americhe all'Europa. 1492–1992, hg. von Lilia Capocaccia Orsini/Giorgio Doria/Giuliano Doria, Genova 1991, S. 89–98, mit Abb. 51 und 52.

Besonders interessant sind der Import und der Konsum von Wein, wie sie aus den Zollregistern und der Steuer auf den Importwein hervorgehen. Interessant erstens im Ganzen: bei einem Heiligen Jahr sehen wir die Mengen an Wein (denn das war ja das Getränk an sich, also zugleich Bier, Mineralwasser usw.) in die Höhe schießen durch den Massenkonsum der anwesenden Pilgerscharen, dann aber wieder heruntergehen. Denn das war, ökonomisch gesprochen, *Konjunktur.* Man sieht aber auch, dass der Weinkonsum Jahr um Jahr steigt: und das ist nun ein *Trend* – und lässt erkennen, dass dieses bescheidene Rom endlich zu wachsen beginnt. Und das erkennt man auch aus dem wachsendem Volumen der anderen Güter, an der steigenden Zahl der im römischen Tiberhafen anlegenden Schiffe: In den 1450er Jahren sind es rund 400, in den Sechzigern 500, in den Siebzigern rund 600 Schiffe im Jahr. Alles Indizien für eine Entwicklung, die, auch im Wirtschaftlichen, das Rom des Spätmittelalters zum Rom der Renaissance wachsen lässt.[18]

Und zweitens sind am Weinimport die Weinkäufe der einzelnen Kardinäle interessant. Sie sind in Qualität und Quantität sehr unterschiedlich. Das erklärt sich gewiss nicht nur aus der unterschiedlichen Größe der *familiae*, der Haushalte (die damals zwischen 40 und 130 allein geistlicher Familiaren umfassen konnten), sondern erklärt sich auch aus dem unterschiedlichen Wesen und Auftreten der Kardinäle, ihrem Lebensstil. Ein Pietro Barbo führte eben ein anderes Haus als ein Nikolaus von Kues. Aus den Zollregistern lässt sich ersehen, ob sie am oberen oder am unteren Rand der mittleren Preisklasse oder nur ganz oben kauften. Der anspruchsvollste unter den Kardinälen beim Kauf von Weinen war übrigens der junge Giuliano della Rovere, der spätere Julius II.: Er kaufte überwiegend die besten Qualitäten (sogar der Apostolische Palast verhielt sich da bescheidener), und zwar in riesigen Mengen, die er (bedenkt man, dass der lokale, hier nicht registrierte Wein etwa der Albanerberge noch hinzukam) mit seiner *familia* unmöglich allein ausgetrunken haben kann. Wahrscheinlich wurde ein Teil dieses unverzollt bezogenen Importweins – auch wenn die Zollfreiheit natürlich für den Eigenbedarf gedacht war – an Dritte weiterverkauft.[19]

---

18 Weinkonsum im Heiligen Jahr 1475 und in gewöhnlichen Jahren: Esch, Economia (wie Anm. 1), S. 183 f., 196–198 mit Graphik 8; wachsendes Importvolumen insgesamt Esch, Economia (wie Anm. 1), S. 131 mit Graphik 6, wachsende Zahl der Schiffe Esch, Economia (wie Anm. 1), S. 205 f. mit Graphik 7 und 9. Heilige Jahre unter wirtschaftlichem Aspekt am Beispiel von 1450: Massimo Miglio, »Se vuoi andare in paradiso, vienci«. Aspetti economici e politici dei primi giubilei, in: Roma sancta. La città delle basiliche (Roma, storia, cultura, immagine 2), hg. von Marcello Fagiolo/Maria Luisa Madonna, Roma 1985, S. 233–237; von 1475: Esch, Economia (wie Anm. 1), S. 164 f., 183 f.

19 Esch, Economia (wie Anm. 1), S. 96 f. mit Tabelle 13, S. 189–193 mit Tabelle 23 und 24. Zur Größe der Kardinalshaushalte (*familiae*) Ulrich Schwarz, Kardinalsfamiliaren im Wettbewerb. Eine Serie von Expektativenrotuli zum 1. Januar 1472, in: Kurie und Region. Festschrift für Brigide Schwarz zum 65. Geburtstag

Bemerkenswert, was Kardinäle so alles geliefert bekommen: Kardinal Prospero Colonna bezieht große Mengen Harnische, Pfeilspitzen, Gewehre, Kanonen (Waffen nicht für die Verteidigung Roms nach außen, sondern für die Kämpfe im Innern!). Aber es kommen für ihn auch zwei antike Statuen von der Küste von Anzio/Nettuno (wo die römischen Meeresvillen in der Tat viele antike Statuen hergegeben haben); und Prospero Colonna war ja tatsächlich einer der ersten Antikensammler. In den gleichen Tagen konnte er auch die bronzene Grabplatte Martins V., seines Onkels, im Hafen von Rom in Empfang nehmen: Die Grabplatte war also nicht, wie die Kunsthistoriker – Vasari folgend – lange glaubten, in Rom, sondern in Florenz gefertigt worden.[20]

Der Bauboom der Frührenaissance bildet sich ab in den großen Lieferungen an Bauholz und Baubeschlägen, die die Kardinäle zu Schiff für ihre Bauvorhaben bezogen. Zum Beispiel am 2. Juni 1462: 150 Balken und 185 Bretter für die Kardinäle Borgia und Bessarion. Und so geht es weiter in Massen: auch 3000, 5000 Bretter. Für welche Vorhaben – ob für Palazzo Nardini, für S. Salvatore in Lauro usw. –, das muss die architekturgeschichtliche Forschung herausbekommen. Und diese Palast-Neubauten wollten dann ja auch ausgestattet sein, zogen also Folgeaufträge nach sich: Fensterglas, Truhen, Vorhänge, Bilder, die dann womöglich auch von auswärts kamen.[21]

Bilder, Madonnenbilder (große, und kleine als Andachtsbilder) kommen – in den Zollregistern – vor allem aus Florenz und Flandern. Flämische Malerei war im damaligen Italien hochgeschätzt, wie die Kunsthistoriker wissen. Dort oben, in Flandern und Brabant, war ja auch mit Brügge die Drehscheibe der europäischen Finanz – und damit auch der Papstfinanz (in Brügge waren alle großen italienischen Firmen vertreten und transferierten von dort in alle Richtungen, auch nach Rom), waren Kauf und Transport flämischer Produkte also gewährleistet, ja willkommen, um die Zahlungsbilanz zwischen Nord und Süd auszugleichen. Die Italiener verkauften dort nämlich mehr als sie kauften, und der Abfluss geistlicher Einkünfte von Norden an die Apostolische Kammer vergrößerte das Problem natürlich noch.[22]

(Geschichtliche Landeskunde 59), hg. von Brigitte FLUG/Michael MATHEUS/Andreas REHBERG, Stuttgart 2005, S. 129–149.

20 Prospero Colonna: Waffen ESCH, Economia (wie Anm. 1), S. 52 mit Abb. 5, Statuen ESCH, Economia (wie Anm. 1), S. 249 mit Abb. 14, Grabplatte Martins V. ESCH, Economia (wie Anm. 1), Cap. VII mit Abb. 15. Zum weiteren Rahmen Kathleen W. CHRISTIAN, Empire Without End: Antiquities Collections in Renaissance Rome, c. 1350–1527, New Haven/London 2010, zu Prospero S. 313–315.

21 Zur Bautätigkeit im Rom der Renaissance etwa Christoph L. FROMMEL, Architettura alla corte papale nel Rinascimento (Documenti di architettura 148), Milano 2003; Fabio BENZI, Sisto IV Renovator Urbis. Architettura a Roma 1471–1484 (Ars fingendi 2), Roma 1990. Zu den Lieferungen von Balken, Brettern, Baubeschlägen ESCH, Economia (wie Anm.1), Cap. VIII (Beispiel Borgia/Bessarion S. 354 mit Abb. 16).

22 Zu den Handelsbeziehungen zwischen Flandern und Rom ESCH, Economia (wie Anm.1), Cap. IX. Zur Wertschätzung flämischer Malerei im Italien der Renaissance: Italienische Frührenaissance und nordeuropä-

Neben den Bildern auch Heiligenstatuen aus Gips und Alabaster, Marmorköpfe und viel Kunsthandwerk. Und das sind, wie die Verzollung zeigt, Lieferungen nicht an die Kurie, sondern in die Stadt! Denn natürlich hatte der Hof Vorbildcharakter, wollten die Römer sich kleiden wie die Kurialen, wollten ihre Wohnung nach neuestem Geschmack ausstatten: »Bitte die gleichen Ziegelsteine wie die beim Vikar des Papstes«, heißt es da etwa. Gerade die aufsteigenden Familien (und das Rom des 15. Jahrhunderts ist ja eine Gesellschaft von starker sozialer Mobilität), gerade der *bourgeois gentilhomme* will ja mithalten. So kommt Florentinisches nicht nur an den Hof, sondern in die Stadt Rom; so kommen Florentiner Andachtsbilder in die Schlafzimmer der *bovattieri*![23]

Endlich, drittens und letztens die Frage: Was wiegt – wirtschaftlich gesehen – Rom ohne den Papst? Die Versuchsanordnung, die es dazu braucht, ist ziemlich einfach. Man muss den Papst einmal von der Waage herunternehmen, mit anderen Worten: darauf warten, dass er einmal für einige Zeit aus Rom abwesend ist, und dann zusehen, wie die Kurve der Importe ausschlägt. Selbstverständlich verschwand mit dem Papst nicht die gesamte Kurie aus Rom (ein großer Teil der Behörden blieb), aber ein großer, kaufkräftiger Teil fehlte doch dann am römischen Markt.

Natürlich hatten die Römer damit ihre Erfahrungen und wussten sich darin einzurichten. Es gab Mietverträge, die vorsahen, dass bei Abwesenheit des Papstes der Mietzins herabgesetzt werde: z. B. bei Anwesenheit des Papstes 25 flor. Jahresmiete, bei Abwesenheit nur 17; oder »*curia presente* 18 flor., *curia vero absente* 9 flor.«, in der Regel herabgesetzt auf zwei Drittel bis auf die Hälfte. Hinter solchen Zahlen müssen Erfahrungswerte stehen, denn man konnte einem Kaufmann im Florentinerviertel an der Engelsbrücke als Mieter darin nichts vormachen: Der wusste, was *curia absente* für seine Geschäfte bedeutete und konnte das auch einigermaßen beziffern.[24]

Wie aber stellt sich das beim Import dar? Das lässt sich gut bei Pius II. ersehen, der besonders oft aus Rom abwesend war, auch lange Zeit am Stück wie beim Kongress von Mantua 1460. Da gehen die verzollten Importe auf gut 60–70 % der Importe »normaler« Jahre zurück: Am Zoll sieht man vor allem die Bäuerinnen der Campagna, von den Florentinern lässt sich keiner blicken. Aber kaum dass sie im September 1460 auch nur die Nachricht haben, der Papst werde bald zurückkehren (Florentiner Hofkaufleute wissen das früher als andere), da importieren sie wieder mit vollen Händen, da schießt

isches Mittelalter. Kunst der frühen Neuzeit im europäischen Zusammenhang, hg. von Joachim Poeschke, München 1993.

23 Import von Kunstgegenständen nach Rom Esch, Economia (wie Anm. 1), Cap. IV und V. Vorbildcharakter: Beispiele in Corbo, Fonti (wie Anm. 11), S. 51, 54 f.

24 Im einzelnen Esch, Economia (wie Anm. 1), S. 90–102; Mietverträge: Esch, Economia (wie Anm. 1), S. 98.

die – monatelang am Boden kriechende – Importkurve steil in die Höhe, ja über die gewöhnlichen Werte hinaus, denn es gab ja nun Nachholbedarf zu befriedigen.[25]

Nun könnte man sagen: Die Lieferungen an die Kurie kennen wir beim Landimport ja gar nicht, da die zollfreie Einfuhr nicht registriert ist; wir kennen nur den *verzollten* Import, der an die Stadt und die weitere, nicht privilegierte Umgebung des Hofes, die Besucher des Hofes, ging. Aber gerade darum sagen diese Zahlen viel aus, denn sie zeigen, dass dann sogar der *nicht* an die Kurie gehende Warenstrom drastisch zurückging. Mit anderen Worten: Der Hof zog weit mehr Güter an, als er selbst verbrauchte!

Also Rückgang auf 60–70 % im Gesamtvolumen, und ähnlich auch in den einzelnen Kategorien: Der Import von Florentiner Tuchen geht auf 50–60 %, die Zahl der in den Tiberhafen einlaufenden Schiffe geht auf 60–70 % zurück, usw. Und diese Werte entsprechen recht genau der Verminderung, die die römischen Mietverträge für den Fall *absente curia* zugestanden! Die Römer wussten also selbst, dass Rom ohne den Papst, wirtschaftlich gesehen, nur gut die Hälfte seiner selbst wert war.

---

25 Esch, Economia (wie Anm. 1), Graphik 3 und 4.

Die Päpste und Rom: Bürger, Auswärtige, Institutionen

Anna Esposito

Das Verhältnis der Päpste zu Rom, verstanden als lebendige Stadt, als Gemeinschaft dort lebender und arbeitender Männer und Frauen, wurde in den vergangenen Jahrzehnten aus verschiedenen historiographischen Blickwinkeln erforscht, ausgehend von den grundlegenden Beiträgen Arnold Eschs[1] und Massimo Miglios[2]. Die Verknüpfung zwischen dem Pontifex und seiner Residenzstadt wird gerade während der Renaissancezeit untrennbar und verstärkte sich dann im Laufe der Neuzeit immer weiter.

Wie hinreichend bekannt, waren die Päpste gegen Ende des 14. Jahrhunderts die wahren Herren Roms geworden, nachdem sie die freie Kommune unterworfen hatten; sie verfolgten – bei aller Vielfalt der Methoden – eine konsequente Strategie zur Minimierung, wenn nicht zur völligen Abschaffung der städtischen Autonomie und zur Verwandlung der *cives romani* in Untertanen. Besonders seit dem Pontifikat Nikolaus' V., als Rom wirklich ständige Residenz des Papsttums wurde, erfuhr die Stadt tiefgreifende Veränderungen sowohl ihrer Institutionen und gesellschaftlichen Struk-

---

1 Arnold Esch, Bonifaz IX. und der Kirchenstaat (Bibliothek des Deutschen Historischen Instituts in Rom 29), Tübingen 1969; Arnold Esch, Dal Medioevo al Rinascimento: uomini a Roma dal 1350 al 1450, in: Archivio della Società Romana di Storia Patria 94, 1971, S. 1–10; Arnold Esch, La fine del libero comune di Roma nel giudizio dei mercanti fiorentini, in: Bullettino dell'Istituto Storico Italiano per il Medioevo e Archivio Muratoriano 86, 1977, S. 235–277; Arnold Esch, Nobiltà, comune e papato nella prima metà del Quattrocento. Le conseguenze della fine del libero comune nel 1398, in: La nobiltà romana nel Medioevo, hg. von Sandro Carocci (Collection de l'École française de Rome 359), Rome 2006, S. 495–513; Arnold Esch, Dalla fine del libero comune al Quattrocento. Conflitti ed equilibri tra Papato e Comune romano, in: Congiure e conflitti. L'affermazione della signoria pontificia su Roma nel Rinascimento: politica, economia e cultura. Atti del convegno internazionale, Roma 3–5 dicembre 2013, hg. von Maria Chiabò/Maurizio Gargano/Anna Modigliani/Patricia J. Osmond (RR inedita, saggi 62), Roma 2014, S. 11–20.

2 Zum unvermeidlichen Kontrast zwischen dem kurialen und dem kommunalen Rom vgl. Massimo Miglio, Il leone e la lupa. Dal simbolo al pasticcio alla francese, in: Studi romani 30, 1982, S. 177–186; Massimo Miglio, L'immagine dell'onore antico. Individualità e tradizione nella Roma municipale, in: Studi romani 31, 1983, S. 252–264; Massimo Miglio, Roma dopo Avignone. La Rinascita politica dell'antico, in: Memoria dell'antico nell'arte italiana, Bd. 1: L'uso dei classici, hg. von Salvatore Settis (Biblioteca di storia dell'arte. Nuova serie 1), Torino 1984, S. 73–111; Massimo Miglio, Marco Antonio Altieri e la nostalgia della Roma municipale, in: Effetto Roma. Nostalgia e rimpianto, Roma 1992, S. 11–23.

turen als auch ihrer Gewohnheiten und ihres Äußeren.[3] Angefangen mit Paul II., dem letzten Papst, der den römischen Bürgern und der Stadt noch eine – wenn auch eher formelle als substantielle[4] – Anerkennung zollte, kam es zu einer spürbaren Beschränkung der städtischen Gerichtsbarkeit; wenige, aber einschneidende Änderungen der Statuten wurden vorgenommen und zahlreiche städtische Ämter, die zuvor per Wahl vergeben wurden, in käufliche Posten oder solche auf Lebenszeit umgewandelt, wenn sie nicht gar nach Art kirchlicher Pfründen unter den Kardinälen des Konklaves verteilt wurden, wie Infessura schreibt.[5] Unter Sixtus IV. wurde der Ausschluss der Römer aus den wichtigsten Wirtschaftskreisläufen, die von den einflussreichen toskanischen und anderen Händler-Bankiers dominiert wurden,[6] noch gravierender. Die Städter wurden zu einer bürgerlich-kirchlichen »Doppelstrategie« gezwungen, wie Philippe Boutry es auf den Begriff gebracht hat, waren sie doch ständig auf der Suche nach Anstellungen beim Militär beziehungsweise bei der Regierung oder nach Ämtern an der Kurie und am Hof. Dabei befanden sie sich in fortwährender Konkurrenz zu den *forenses*, die immer zahlreicher die vatikanischen Paläste bevölkerten;[7] jene waren Fremde unterschiedlicher Provenienz, je nach der Herkunft des regierenden Papstes.

---

3 Vgl. Anna Esposito, Di fronte al lusso: la corte e il popolo romano, in: Pompa sacra. Lusso e cultura materiale alla corte papale nel basso medioevo (1420–1527). Atti della giornata di studi, Istituto Storico Germanico di Roma, 15 febbraio 2007, hg. von Thomas Ertl (Nuovi Studi Storici 86), Roma 2010, S. 131–144.

4 Vgl. Anna Modigliani, L'eredità di Cola di Rienzo. Gli statuti del Comune di popolo e la riforma di Paolo II, in: Andreas Rehberg/Anna Modigliani, Cola di Rienzo e il Comune di Roma, Bd. 2 (RR inedita 33/2), Roma 2004; vgl. außerdem zu den Festlichkeiten und Banketten, die der Papst für die Römer veranstaltete, und zu den urbanistischen Entscheidungen, die die Papstresidenz in den Mittelpunkt der Stadt der Römer stellten, Anna Modigliani, Disegni sulla città nel primo Rinascimento romano: Paolo II (RR inedita, saggi 40), Roma 2009.

5 Stefano Infessura, Diario della città di Roma, hg. von Oreste Tommasini (Fonti per la storia d'Italia 5), Roma 1890, S. 174ff., zitiert nach Arnold Esch, Dalla fine (wie Anm. 1), S. 14.

6 Die Literatur zu den in Rom tätigen Händler-Bankiers hat inzwischen beträchtliche Ausmaße angenommen; daher soll hier nur hingewiesen werden auf: Melissa M. Bullard, Mercatores fiorentini Romanam Curiam Sequentes, in: The Journal of Medieval and Renaissance Studies 6/1, 1976, S. 51–71; Ivana Ait, Credito e iniziativa commerciale: aspetti dell'attività economica dei Martelli a Roma nella seconda metà del XV secolo, in: Credito e sviluppo economico in Italia dal Medio Evo all'Età Contemporanea, Verona 1988, S. 81–95; Ivana Ait, Da banchieri a imprenditori: gli Spannocchi a Roma nel tardo medioevo, in: L'ultimo secolo della Repubblica di Siena. Politica e istituzioni, economia e società, hg. von Mario Ascheri/Fabrizio Nevola, Siena 2007, S. 297–331; Ivana Ait, Mercanti a Roma fra XV e XVI secolo: interessi economici e legami familiari, in: Il governo dell'economia. Italia e Penisola Iberica nel basso Medioevo, hg. von Lorenzo Tanzini/Sergio Tognetti, Roma 2014, S. 59–77; Luciano Palermo, Aspetti dell'attività mercantile di un banco operante a Roma: i della Casa alla metà del Quattrocento, in: Credito e sviluppo economico (wie Anm. 6), S. 67–80; Federico Arcelli, Il banchiere del Papa: Antonio della Casa, mercante e banchiere a Roma (1438–1440), Soveria Mannelli/Catanzaro 2001.

7 Vgl. Philippe Boutry, Nobiltà romana e curia nell'età della Restaurazione. Riflessioni su di un processo di arretramento, in: Signori, patrizi e cavalieri nell'età moderna, hg. von Maria A. Visceglia, Bari 1992, S. 397. Siehe auch Paola Pavan, Permanenze di schemi e modelli del passato in una società in mutamento,

Gleichzeitig verbanden sich die Bemühungen zur Unterdrückung der städtischen Autonomie mit der Förderung von Roms Rolle als Hauptstadt eines Staates mit den entsprechenden, ab dem Pontifikat Sixtus IV. stark zunehmenden Institutionen und Ämtern und mit dem Regierungsapparat der Kirche. Laut Giorgio Chittolini war Rom aber vor allem auch Hauptstadt »als Mittelpunkt eines Netzes sich verdichtender und verstärkender Beziehungen … zwischen dem römischen Hof (im weiten Wortsinn, also Kurie, eigentlicher papstlicher Hof, kardinalizische *familiae* und anderen) einerseits und den italienischen beziehungsweise europäischen Staaten, dem Lokaladel und seinen Vertretern andererseits«.[8] Ausgehend von der progressiven Zunahme sowohl des Hof- und Regierungspersonals beziehungsweise der Anzahl der Kurialen und Höflinge als auch des Kardinalskollegiums und der entsprechenden Kardinalshöfe ist auf die zunehmende Präsenz von Klerikern und Prälaten aus den unterschiedlichsten Regionen Italiens und, in geringerem Maße, Europas, von Botschaftern, Nuntien und Prokuratoren hinzuweisen.[9]

Aus der entvölkerten Ruinenstadt Martins V., wo laut Florentiner Zeitgenossen alle wie Kuhhirten aussahen,[10] entwickelte sich Rom zu dem, was Montaigne in einem weiteren berühmten Zitat 1581 bezeichnete als »die kosmopolitischste Stadt der Welt, wo am wenigsten darauf geachtet wird, ob jemand fremd ist oder aus einer anderen Nation kommt. Im Übrigen besteht sie zu einem guten Teil aus Ausländern, und jeder fühlt sich hier wie zuhause«.[11] Die Stadt war inzwischen dicht bevölkert, vor allem infolge des stattlichen und ständigen Zuzugs einer großen sozialen und beruflichen Vielfalt von Menschen, die sich kurzfristig oder permanent hier niederließen. Hinzu kam eine neue urbanistische und architektonische Gestaltung sowie eine Wirtschaft, die laut Luciano Palermo weitere Expansionsmöglichkeiten in den Renditen aus städtischen Immobilien und am Finanzmarkt fand, auch wenn sie an den traditionellen Interessen der Bodennutzung festhielt.[12] Es war eine Stadt, in der der Konsum, wie Arnold Esch belegt hat, im Laufe eines Jahrhunderts exponentiell anstieg. Gleiches galt für den Import nicht

---

in: Un pontificato ed una città. Sisto IV (1471–1484). Atti del Convegno, Roma 3–7 dicembre 1984, hg. von Massimo Miglio/Francesca Niutta/Diego Quaglioni/Concetta Ranieri u. a. (Littera antiqua 5), Città del Vaticano 1986, S. 305–316, hier S. 308–309.

8 Giorgio Chittolini, Alcune ragioni per un convegno, in: Roma capitale (1447–1527). Atti del IV Convegno di Studio del Centro studi sulla civiltà del Tardo Medioevo, San Miniato 27–31 ottobre 1992, hg. von Sergio Gensini (Pubblicazioni degli Archivi di Stato. Saggi 29), Pisa 1994, S. 1–14, hier S. 2.

9 Chittolini, Ragioni (wie Anm. 8), S. 5–9.

10 So Alberto degli Alberti an Giovanni de' Medici im Jahr 1443; vgl. Magni Cosmi Medicei Vita, hg. von Angelo Fabroni, Pisis 1788, S. 166.

11 Zit. nach Michel E. De Montaigne, Viaggio in Italia, Bari 1972, S. 211.

12 Luciano Palermo, L'economia, in: Roma del Rinascimento, hg. von Antonio Pinelli (Storia di Roma dall'antichità a oggi 3), Roma/Bari 2001, S. 48–92.

nur von primären Bedarfs-, sondern auch von Genuss- und Luxusgütern, was allerdings stark von der Anwesenheit des Papstes abhing und in den Heiligen Jahren nochmals erheblich zunahm.[13]

Im Mittelpunkt der Überlegungen steht also das »plurale Rom«, um den geglückten Begriff von Luigi Fiorani und Adriano Prosperi zu verwenden:[14] auf der einen Seite die Römer mit ihrer Nostalgie für die glorreiche Vergangenheit der Kommune und mit ihren ständigen Forderungen (bis zu den finalen Rückschlägen der Aufstände eines Porcari beziehungsweise Tiburzius)[15], aber auch mit ihren tiefen Widersprüchen; auf der anderen Seite die Fremden, die auf allen Ebenen Fuß fassen wollten, mit ihren eigenen Kirchen, »nationalen« Hospizen, Zünften – scheinbar getrennte Welten, die jedoch einem langsamen, aber unaufhaltsamen Integrationsprozess unterworfen waren.

Bevor wir uns diesen Entwicklungen zuwenden, soll kurz auf die Gestalt der römischen Gesellschaft in ihrer Gesamtheit eingegangen werden; dies natürlich ohne jeden Anspruch auf Vollständigkeit, die in diesem Rahmen nicht möglich ist, vielmehr zur Darstellung der sozialen Gegebenheiten, die zwischen dem Ende des 15. und der ersten Hälfte des 16. Jahrhunderts tiefe Veränderungen erlebten, nicht zuletzt wegen der Durchsetzung der päpstlichen Herrschaft über die Stadt.[16]

Bei der Rückkehr Martins V. waren die Römer grundsätzlich in vier soziale Gruppen geteilt: eine erste Gruppe könnte als »untere Mittelschicht« definiert werden und bestand aus Handwerkern und Kleinkrämern, die in Urkunden als *discreti viri* bezeichnet wurden; die zweite Gruppe war die gehobene Mittelschicht der in jüngerer Zeit etablierten Familien, die sich in den letzten Jahrzehnten des 14. Jahrhunderts mit den landwirtschaftlichen Unternehmern (*bobacterii*) verbanden; die dritte Gruppe bildeten Familien, deren Patronyme vor Mitte des 14. Jahrhunderts fixiert worden waren und deren Vermögen auf Besitz und Verwaltung großer Landgüter in der römischen Campagna gründete; »es dürfte sich um einige Dutzend Familien handeln«, deren Mitglieder

---

13 Arnold Esch, Le importazioni nella Roma del primo Rinascimento (il loro volume secondo i registri doganali romani degli anni 1452–1462), in: Aspetti della vita economica e culturale di Roma nel Quattrocento (Fonti e studi per la storia economica e sociale di Roma e dello Stato Pontificio nel tardo medioevo 3), Roma 1981, S. 9–79; Arnold Esch, Roma come centro di importazioni nella seconda metà del Quattrocento ed il peso economico del Papato, in: Roma capitale (wie Anm. 8), S. 107–143, hier S. 109. Zur opulenten römischen Gesellschaft vgl. auch Bruno Laurioux, Gastronomie, humanisme et société à Rome au milieu du XVe siècle. Autour du De honesta voluptate de Platina, Firenze 2006.

14 Luigi Fiorani/Adriano Prosperi, Introduzione a Roma, la città del papa. Vita civile e religiosa dal giubileo di Bonifacio VIII al giubileo di papa Wojtyła, hg. von Luigi Fiorani/Adriano Prosperi (Storia d'Italia, Annali 16), Torino 2000, S. XXIII.

15 Vgl. Anna Modigliani, La congiura di Stefano Porcari contro Niccolò V. Le ragioni del *facinus* nelle fonti coeve, in: Congiure e conflitti (wie Anm. 1), S. 109–128; Paola Farenga, La rivolta di Tiburzio nel 1460, in: Congiure e conflitti (wie Anm. 1), S. 167–186.

16 Anna Esposito, Roma e i suoi abitanti, in: Roma del Rinascimento (wie Anm. 12), S. 3–47.

als *nobiles viri* betitelt wurden und »die sich den Besitz von circa 2/3 der 400–500 großen Landgüter [*casali*] teilten, die den *agro romano* damals bedeckten«.[17] Im Laufe des 15. Jahrhunderts wuchsen die beiden letztgenannten Gruppen nach und nach zu einer »eigentlich einheitlichen, aber in ihrer Komposition noch dynamischen« Schicht zusammen, deren Mitglieder nun alle *nobiles viri* hießen und die sogenannte Römische Stadtaristokratie bildeten.[18] Folgende Elemente prägten die soziale Identität dieses Standes: Praxis der Endogamie, Wohlstandsniveau und charakteristische Aktivitäten, typische urbane Siedlungsformen, die Gewohnheit, sich in Bruderschaften und – als wichtigster Aspekt – zur Bekleidung kommunaler Ämter zusammenzuschließen.[19] Sozial über allen anderen stand die vierte Gruppe, bestehend aus den wenigen, aber mächtigen »Adelsfamilien, die den Vorrang über die restliche Aristokratie hatten und deren Ressourcen hauptsächlich auf Adelsherrschaften, Einnahmen aus Kirchenämtern und der Aneignung von Gemeindeeinnahmen gründeten«. Sie schmückten sich mit dem Titel *magnifici viri*,[20] und waren in ihrem Lebensstil vollständig von allen anderen Schichten geschieden.

Schon Anfang des 16. Jahrhunderts kam es zu Aufstieg und Niedergang einer ganzen Reihe römischer (nicht nur adliger) Familien und zum Erfolg im politischen und wirtschaftlichen Bereich von Mitgliedern des Landadels beziehungsweise der nicht-römischen Aristokratie, deren Geschick – um Irene Fosi zu zitieren – »inzwischen vornehmlich vom römischen Hof abhing, vom Verhältnis zum Papst und vom Beziehungsnetz innerhalb der Kurienparteien, die sich auf die Stadt und ihre Aristokratie ausdehnten«,[21] wenn auch in geringerem Umfang.

Nicht zufällig diente die Gewährung des Bürgerrechts im 16. Jahrhundert zum einen tendenziell »als Mittel zur Verteidigung des alten stadtrömischen Adels«, zum anderen »als Möglichkeit zur dortigen Integration sowohl schon länger in Rom tätiger Kaufmannsfamilien *Romanam curiam sequentes*, als auch wichtiger Persönlichkeiten der Kurie beziehungsweise Vertreter des Adels und Patriziats anderer italienischer Staaten, die in Rom eine neue Heimat gefunden hatten«. Anscheinend war auch die stadtrö-

---

17 Henri Broise/Jean-Claude Maire Vigueur, Strutture famigliari, spazio domestico e architettura civile a Roma alla fine del Medioevo, in: Storia dell'arte italiana, Teil 3, Bd. 5: Momenti di architettura, hg. von Federico Zeri, Torino 1983, S. 125–130.

18 Anna Modigliani, Continuità e trasformazione dell'aristocrazia municipale romana nel XV secolo, in: Roma medievale. Aggiornamenti, hg. von Paolo Delogu, Firenze 1998, S. 267–279.

19 Vgl. Anna Esposito, »Li nobili huomini di Roma«. Strategie familiari tra città, curia e municipio, in: Roma capitale (wie Anm. 8), S. 373–388; Anna Modigliani, »Li nobili huomini di Roma«. Comportamenti economici e scelte professionali, in: Roma capitale (wie Anm. 8), S. 345–372.

20 Irene Fosi, La nobiltà a Roma nella prima metà del Cinquecento: problemi e prospettive di ricerca, in: RR roma nel rinascimento 1999, S. 61–77.

21 Fosi, Nobiltà (wie Anm. 20), S. 67, vgl. aber auch S. 71.

mische Aristokratie im 16. Jahrhundert einer gewissen »Internationalisierung« beziehungsweise Öffnung unterworfen: ein deutliches Zeichen einer sich langsam, aber stetig verändernden Gesellschaft.[22] Im Übrigen kündigten sich diese Entwicklungen schon gegen Ende des 15. Jahrhunderts an, als die strikte Endogamie des Stadtadels durch immer zahlreichere eheliche Verbindungen zwischen *nobiles viri* und Kurienvertretern hohen und mittleren Ranges aufgeweicht wurde. Daran nicht unbeteiligt war Paul II., der 1471 die vom Stadtrat erlassenen Luxusgesetze bestätigte, dabei jedoch die Fremden von der Einhaltung der Höchstgrenze für die Mitgift entband: Dadurch machte er exogame Eheschlüsse für die Römer interessant, konnten sie doch für ihre Töchter eine stattliche Mitgift erhoffen, oft verknüpft mit der Möglichkeit vorteilhafter Bündnisse, vor allem, wenn es um hochrangige Mitglieder des päpstlichen Hofs ging.[23]

Kommen wir nun zu den *forenses*, deren starker Zuzug nach Rom als Voraussetzung eines beträchtlichen Bevölkerungswachstums schon angesprochen wurde.[24] Die Gründe für die Einwanderung waren vielfältig und hingen mit den Besonderheiten dieser Stadt zusammen, die schon detailliert analysiert wurden und hier kurz in Erinnerung gerufen werden sollen:[25] Zunächst sind die unterschiedlichen Bedürfnisse der päpstlichen Kurie und der Kardinalshöfe zu nennen, die ja zu einem erheblichen Teil aus Landsleuten des Papstes und der Kardinäle bestanden, die meistens keine Römer waren; dann die Eigenschaft Roms als Bezugspunkt für all jene, die aus kirchlichen, politischen oder wirtschaftlichen Gründen Beziehungen zur Kurie unterhielten; und schließlich die unzweifelhafte Anziehungskraft, die Rom auf alle Christen ausübte. Es ist überdies selbstverständlich, dass die neuen Bedürfnisse dieser wachsenden Stadt, Mittelpunkt eines Fürstenhofs und Hauptstadt eines Staates, große Mengen an Handwerkern unterschiedlichster Spezialisierungen anzogen. Des Weiteren wurde der Handel lebhafter, natürlich vor allem wegen des Bedarfs an Konsumgütern. Sehr bald stellte sich die Situation folgendermaßen dar: »Die Präsenz der Fremden erscheint nicht nur an den Vollzug kurialer Aufgaben geknüpft, sondern auch von ihrer Integration in das wirtschaftliche und soziale Gewebe der Stadt als solcher bestimmt, sowohl in diversen Bereichen der handwerklichen oder jedenfalls nicht-landwirtschaftlichen Produktion, als auch im

22 Fosi, Nobiltà (wie Anm. 20), S. 76–77.

23 Anna Esposito, La normativa suntuaria romana tra Quattrocento e Cinquecento, in: Economia e società a Roma tra Medioevo e Rinascimento. Studi dedicati ad Arnold Esch, hg. von Anna Esposito/Luciano Palermo (I libri di Viella 51), Roma 2005, S. 147–179.

24 Vgl. Egmont Lee, Foreigners in Quattrocento Rome, in: Renaissance and Reformation 29, 1983, S. 135–146, besonders S. 136.

25 Anna Esposito, Note sulla popolazione romana dalla fine del secolo XIV al Sacco (1527), in: Anna Esposito, Un'altra Roma. Minoranze nazionali e comunità ebraiche tra Medioevo e Rinascimento (Pagine della memoria 1), Roma 1995, S. 20–23.

Handel und auf dem Finanzmarkt«.[26] Besonders letzterer war von den Bankiers aus der Toskana – vor allem von Florentinern – beherrscht, während die Römer nur am Rande an ihm beteiligt waren.

Es war daher nur natürlich, dass sich im Laufe des 15. Jahrhunderts die Nationalstiftungen in Rom mehr als anderswo vervielfachten. Ihre Gründung verfolgte den erklärten Zweck, den eigenen Landsleuten – insbesondere Reisenden und Pilgern – Bezugs- und Anlaufpunkte zu geben. Ihren Sitz hatten die Vereinigungen der *forenses* zumeist in den zentralen Stadtvierteln an den Hauptverkehrsstraßen, also nicht mehr nur bei den berühmtesten Kultstätten, wie die frühmittelalterlichen *scholae*. Auch wenn das Hauptaugenmerk solcher Stiftungen selbstredend auf der Unterbringung in den entsprechenden Hospizen lag, kümmerten sich die zahlenstärksten und schon länger in Rom ansässigen Nationalgemeinschaften (Spanier, Deutsche, Toskaner und andere) vor allem im ausgehenden 15. Jahrhundert interessanterweise nicht mehr nur um Pilger, sondern auch um ihre in der Stadt lebenden armen und kranken Landsleute.[27]

Wie reagierten die Renaissancepäpste auf die geschilderten Bedürfnisse der Römer und der *forenses*? Letzteren setzten die Päpste bei den Gründungen ihrer Nationalstiftungen keinerlei Hindernisse in den Weg, im Gegenteil förderten sie in vielen Fällen sogar die Entstehung sozialer Unterstützungsstrukturen unter der Ägide der Bruderschaften, die sich großer Autonomie erfreuten und ständig expandierten. Auf verschiedenen Ebenen war dies zweckmäßig: für die Bedürfnisse einer stark wachsenden Stadt, die Hilfsdienste für Menschen ohne ausreichende familiäre Unterstützung benötigte. Außerdem wollte man das Bild einer effizienten Stadt bieten, um mehr Pilger nach Rom zu locken, und zwar nicht nur in den Heiligen Jahren; sodann dienten die Einrichtungen der öffentlichen Ordnung und der sozialen Kontrolle. Schließlich fügte sich die Gewährung von Privilegien an die nationalen Bruderschaften in die Dialektik diplomatischer Beziehungen, die der Heilige Stuhl zu den verschiedenen italienischen und europäischen Mächten unterhielt.

Schwieriger und alles andere als linear gestaltete sich das Verhältnis zwischen den Päpsten und den *cives romani*, nicht zuletzt wegen des widersprüchlichen Verhaltens der beiden Parteien und insbesondere der römischen Aristokratie, die einerseits noch

---

26 Vgl. Luciano Palermo, Espansione demografica e sviluppo economico a Roma nel Rinascimento, in: Popolazione e società a Roma dal Medioevo all'Età contemporanea, hg. von Eugenio Sonnino (Pagine della memoria 5), Roma 1998, S. 319.

27 Anna Esposito, Gli ospedali romani tra iniziative laicali e politica pontificia (secc. XIII–XV), in: Ospedali e città. L'Italia del Centro-Nord, XIII–XVI secolo, Atti del Convegno internazionale di studio tenuto presso l'Istituto degli Innocenti e Villa i Tatti, Firenze 27–28 aprile 1995, hg. von Allen J. Grieco/Lucia Sandri, Firenze 1997, S. 233–251; Anna Esposito, Roma e i suoi abitanti (wie Anm. 16). Zu den nationalen Bruderschaften und Kirchen nun der Band Identità e rappresentazione. Le chiese nazionali a Roma, 1450–1650, hg. von Alexander Koller/Susanne Kubersky-Piredda, unter Mitarbeit von Tobias Daniels, Roma 2015.

von der vergangenen republikanischen Autonomie und Herrlichkeit träumte, andererseits aber aufgrund der angedeuteten wirtschaftlichen Ursachen und Prestigegründe schon nicht mehr auf den Papst verzichten konnte. Die Mitglieder des Adels erstrebten Karrieren an der Kurie oder im päpstlichen Heer, während sie gleichzeitig eine engere, privilegierte Beziehung zum Papst, ihrem weltlichen Herrscher, einforderten. So pochten die Römer beispielsweise nachdrücklich auf ihre Kompetenzen, vor allem auf die Pflicht zur Stadtverteidigung, aus der der Papst sie verdrängt hatte; auch für die Palastwache hatte der Pontifex, in diesem Fall Julius II., die schweizerischen Söldnertruppen vorgezogen; der entsetzte Alfieri beschrieb sie als »barbarische, gottlose Männer, grauenhaft und ohne jede Menschlichkeit, Erzfeinde Roms und des italienischen Namens«.[28]

Genauso stark war das Ressentiment gegen die Gunst, die der Papst den dominierenden Eliten aus der Fremde erwies, ein Groll, der oft kaum das Bedauern über verlorene Privilegien verhehlen konnte. Beispielhaft ist in diesem Sinne die Rede, die der römische Adlige Flaminio Tomarozzi am 6. Oktober 1534 auf dem Kapitol hielt: Er verband das traditionelle Motiv des vergangenen Ruhms der Römer (nicht jener der »antiken Geschichte«, sondern des Volkes, das »ganz allein in der Lage war, den mächtigen König von Neapel Ladislaus zu schlagen und ihm Schlappen zuzufügen«) mit der Erinnerung an alle politischen und wirtschaftlichen Prärogativen der Kommune, welche aufgrund der Papstherrschaft verloren waren. Es fehlte auch nicht an polemisch-rabiaten Hinweisen auf die Florentiner Geschäftsleute, die als unangefochtene »Herren« der Stadt stilisiert wurden:

»... Jeder Hauptmann war ein großer Heerführer; sie waren Verteidiger der Gerechtigkeit ... So viele Gebiete unter dieser Herrschaft / wo sind sie hin, ... und Tore und Häfen und viele weitere Herrschaftsrechte und Steuereinnahmen ..., und was ist aus uns geworden! Ich verschweige die Schäden, ich verschweige unsere Schmähungen, denn es gibt niemanden, der sie nicht kennt! ... Es reiche Folgendes: ..., sogar ein Filippo Strozzi, o Gott, ein Händler, ein Francesco del Nero, die Feigheit der Welt, reichten aus, um uns die Finger in die Augen zu stechen, uns alle zu erwürgen und zu ersticken«.[29]

---

28 Marco Antonio Altieri, Li Baccanali, hg. von Laura Onofri (Fonti per la storia dell'Italia Medievale. Antiquitates 8), Roma 2000, S. 140. 1506 übertrug Julius II. die Palastwache, die traditionell aus römischen Adligen und *milites* bestand, auf die Schweizer. Der päpstliche Zeremoniar Johannes Burckard beschreibt ihre Ankunft in Rom am 22. Januar des Jahres, geführt von Hertenstein, erblichem Anführer der Truppen, vgl. Johannes Burckard, Liber notarum ab anno MCCCCLXXXIII usque ad annum MDVI, hg. von Enrico Celani, in: Rerum Italicarum Scriptores N.S. 31/2, Città di Castello 1911–1942, S. 503: »homini barbari, homini senza fede, horridi et alieni d'ogni humanità, e nemici capitali di Roma e del nome italiano«.

29 Diese Rede wurde teilweise ediert von Melissa M. Bullard, Grain Supply and Urban Unrest in Renaissance Rome: the Crisis of 1533–34, in: Rome in the Renaissance. The City and the Myth, hg. von Paul A. Ramsey (Medieval and Renaissance Texts and Studies 18), Binghamton/New York 1982, S. 279–292, hier S. 290–291, Anm. 20: »... Era ogni caporione un gran capitanio; essi erano defensori della giustizia ...

Gleichermaßen uneinheitlich verhielten sich die diversen Päpste gegenüber den Römern, natürlich jeder auf seine Weise. Die Forderungen der römischen Bürger wurden nicht immer in den Wind geschlagen, und mancher Papst unterstützte die Bürgerschaft sowohl durch Initiativen zur Förderung des Handels und zur Verschönerung des Stadtbilds,[30] als auch durch vermehrte Veranstaltung von Spielen, die seine Akzeptanz erhöhen sollten und laut einem Botschafter aus Mantua 1466 »dieses Volk sehr erfreuen, das daran großen Gefallen findet«.[31]

Seit Eugen IV. durchzog jedoch ein neuer roter Faden die Einstellung der Päpste gegenüber der Stadt (und zwar auch der scheinbar wohlwollenden wie Paul II.): ein tiefes Misstrauen gegen die Römer. Unter den zahlreichen Beispielen, die man hier nennen könnte, sei ein besonders explizites aus dem Diario des Gaspare Pontani zitiert. Im Dezember 1483 organisierte die römische Kommune anlässlich des Friedensschlusses mit dem König von Neapel eine denkwürdige Freudenfeier: »Am 25. Dezember, Tag der Geburt des Herrn, legte der Herzog von Kalabrien in Ostia an, und am selben Tag wollte das Volk von Rom Papst Sixtus seine Freude über den Frieden zeigen; so setzte sich das Volk, also alle Amtsträger mit vielen Bürgern, vom Konservatorenpalast mit brennenden Fackeln in den Händen und vielen kleinen Trompeten in Bewegung ... und als sie am Tor des (Apostolischen) Palasts angelangt waren, kamen sie nicht hinein, denn das Tor war verriegelt und nur ein Türchen offen, und nachdem sie lange gewartet hatten, wandten sie sich zurück, da sie ja nicht eintreten konnten ..., man sagte, der Papst habe das angeordnet, weil er den Römern nicht traut, und ich glaube, dass das wahr ist«.[32]

Tante terre sotto questo dominio / dove sono ite, ... et porte et ponti et molte altre iurisdictioni et entrate de gabelle ..., et adesso che simo noi! Taccio li danni, taccio li vituperi nostri che non c'è persona che non li sappia! ... Basti pur questo ..., pure un Filippo Strozzzi, o dio, uno merchatante, un Francesco Del Nero, la vigliaccheria del mondo, sono stati sofficienti ad metterce le dita nell'ochii, ad strangolarce et soffocarce tucti«.

30 Vgl. den Beitrag von Anna Modigliani in diesem Band.

31 Ludwig von Pastor, Storia dei papi dalla fine del Medioevo, Bd. 2: Storia dei papi nel periodo del Rinascimento dall'elezione di Pio II alla morte di Sisto IV, hg. von Angelo Mercati, Roma 1961, S. 299: »molto gratificano questo popolo, el quale se ne piglia piacere assai«.

32 Il Diario romano di Gaspare Pontani, già riferito al »Notaio di Nantiporto« (30 gennaio 1481–25 luglio 1492), hg. von Diomede Toni, in: Rerum Italicarum Scriptores N.S. 3/2, Città di Castello 1907, S. 22; vgl. auch Fabrizio Cruciani, Teatro nel Rinascimento. Roma 1450–1550 (Biblioteca del Cinquecento 22), Roma 1983, S. 142–143: »Alli 25 de decembre, nativitatis Domini, in questo dì il duca de Calabria smontò in Hostia, et in questo medesimo dì lo popolo di Roma volse demostrare letitia a papa Sisto della pace, et se mosse lo popolo, cioè tutti gli offitiali con molti cittadini, dallo palazzo delli conservatori, con le torce in mano accese, con molte trombette ... et come furno alla porta di palazo (apostolico) non poterono entrare perché la porta stava sbarrata et aperto solo lo sportello, et doppo aver aspettato gran pezzo, non possendo entrare, dettero volta a reto ..., fu detto lo papa haveva fatto far questo perché non se fida de romani, et credo sia il vero«.

Belege für dieses Misstrauen finden sich praktisch für jeden Pontifikat; es lässt sich auch in weniger auffälligen Vorkommnissen erkennen, wie zum Beispiel in der Absage des Turniers, das Paul II. für die jungen Römer vorbereitet hatte: Es hätte am 10. Mai 1466 unter den Fenstern des Papstpalastes an der Piazza Venezia stattfinden sollen; aber trotz eigener Organisation und Finanzierung beschlossen der Papst und die Kardinäle laut dem Schreiben des Mailänder Redners Agostino Rossi vom 22. April 1466, »es nicht zu veranstalten, wegen der Unruhen, die sich ereignen könnten, und auch um jene nicht daran zu gewöhnen, so oft Waffen in der Hand zu haben«. Die zweihundert jungen Männer zu Pferd durften schließlich nur unter den Fenstern des Papstes vorbeiziehen und bekamen eine Medaille mit dem Porträt Pauls II. geschenkt. Paola Farenga, der diese Episode nacherzählt, bezeichnet sie als »weitere virtuelle Unterwerfung der jungen Generationen unter die Autorität des Papstes«.[33]

Gerade das Tragen von Waffen war in der Tat ein heftig umstrittenes Thema zwischen Papsttum und römischen Bürgern,[34] wie ich in einem jüngst erschienenen Beitrag zeigen konnte. Die päpstliche Kontrolle über das Tragen von Waffen empfanden die römischen Bürger als eine weitere Verletzung ihrer Freiheit. Eine Verhaftung wegen unrechtmäßigen Waffenbesitzes durch den Büttel (*bargello*) und seine Schergen (*birri*), die in den Diensten des päpstlichen Gouverneurs standen, wurde als wahrer Affront empfunden, vor allem von den Vertretern des Stadt- und Landadels. Daraus folgt, dass »im ungelösten Konflikt zwischen dem Zentralisierungswillen der Kurie und dem Autonomiestreben der städtischen Führungsschicht jeder Regierungsakt als ein weiterer Schritt hin zur vollständigen Knechtung der Stadt wahrgenommen werden konnte«: In diesem Sinne war das Waffenverbot ein Mittel, »um die Stadt noch mehr zu unterwerfen«, wie jedenfalls Marcello Alberini meint. Seines Erachtens sollte auf lange Sicht gerade diese fortschreitende Unterwerfung, die ihren deutlichsten Ausdruck in dem Verbot fand, Waffen zu tragen und daher natürlich auch zu gebrauchen, Rom schließlich ins Verderben führen: Als die Landsknechte 1527 in die Stadt eindrangen, waren »die Leute so ängstlich und kleinmütig geworden, dass sie, als es darauf ankam, weder Mut noch Schneid besaßen«.[35]

---

33 Paola FARENGA, »I Romani sono periculoso populo«. Roma nei carteggi diplomatici, in: Roma capitale (wie Anm. 8), S. 289–315, hier S. 314.

34 Vgl. Anna ESPOSITO, Armi e porto d'armi: un conflitto aperto tra i pontefici e i Romani (secc. XV–inizio XVI), in: Congiure e conflitti (wie Anm. 1), S. 407–415.

35 Paola FARENGA, Introduzione a Marcello Alberini, Il sacco di Roma. L'edizione Orano (1901) de I Ricordi (1521–1536), Introduzione di Paola FARENGA, Roma 1997 (RR inedita. Anastatica 12), S. XLII.

Die Päpste und Rom: Urbane Strategien und Nutzung des öffentlichen Raums

Anna Modigliani

Konflikt und Teilhabe

Zwei berühmte Absätze aus dem »Diario della città di Roma« von Stefano Infessura sollen in diesen Beitrag einführen; Thema ist das Verhältnis zwischen den Päpsten und der Einwohnerschaft von Rom im Hinblick auf die Stadt aus Stein, auf die dort tatsächlich durchgeführten beziehungsweise nur geplanten Maßnahmen[1] und die Verwendung der alten und neuen öffentlichen Räume durch die Mächtigen und die einfachen Leute. Beide Textstellen behandeln Episoden aus dem Pontifikat Sixtus' IV. Della Rovere (1471–1484), der eine Wende in der urbanen Politik der Päpste in Rom darstellte, wie ich später noch ausführen werde.

Der erste Text betrifft ein mutmaßliches Gespräch zwischen Sixtus IV. und Ferdinand I. von Aragon, der während des Heiligen Jahrs 1475 Rom besuchte. Der König von Neapel soll dem Pontifex gesagt haben, »dieser sei nicht Herr über dieses Gebiet und könne nicht darüber gebieten wegen der dort vorhandenen Portikus, der engen Gassen und der überkragenden Balkone. Müsse man Soldaten in die Stadt bringen, könnten selbst Frauen diese von den Balkonen aus mit Wurfgeschossen in die Flucht schlagen … Außerdem seien die Wege nur schwer zu sperren. So riet er dem Papst, die Balkone und Portikus abreißen und die Straßen verbreitern zu lassen. Der Papst folgte diesem Rat und seither wurden – so weit wie möglich – die Balkone und Portikus abgerissen und die Straßen verbreitert, mit der Begründung, diese pflastern und somit auf Hochglanz bringen zu wollen«.[2]

---

1 Die nicht umgesetzten Projekte sind genauso bedeutend wie die ausgeführten, wie Manfredo Tafuri, Ricerca del Rinascimento. Principi, città, architetti, Torino 1992, ausführt.

2 Diario della città di Roma di Stefano Infessura scribasenato, hg. von Oreste Tommasini (Fonti per la storia d'Italia 5), Roma 1890, S. 79–80: »… che esso non era signore di questa terra et che non la [Gegenüber dem Editor (*li*) nehme ich hier eine andere Lesart an (*la*), die er selbst als Variante im Apparat mitteilt] poteva signoreggiare per amore delli porticali et per le vie strette et per li mignani che vi era; et che abbisognando di mettere in Roma gente d'arme, le donne colli mortali delli ditti mignani li fariano fuggire, et che difficilmente se poteva sbarrare, et consigliòli che dovesse fare gittare li mignani et li porticali, et allargare le vie. Et lo papa pigliò lo suo consiglio; et d'all'hora in po' quanto sia stato possibile sono gittati li mignani et porticali, et allargate le strade, sotto colore di fare li ammattonati et allustrare la terra«. Infessura ist die einzige Quelle für dieses Gespräch.

Unabhängig davon, ob diese Maßnahmen tatsächlich vom König von Neapel angeregt wurden, ist gesichert, dass sie sowohl die städtische Politik Sixtus' IV. als auch die diesbezügliche Publizistik prägten.[3] Voraussetzung der Argumente, die in diesem Text die päpstliche Intervention im römischen Straßennetz rechtfertigen, war die Konfliktsituation zwischen dem Papst als Stadtherrn und den stets zum Aufstand bereiten Römern. Es war eine schwierige, unbeständige Situation, eine nie vollständig durchgesetzte Herrschaft, was auch – aber selbstverständlich nicht nur – mit der architektonischen Gestalt Roms und besonders des Tiberknies (Abb. 1) und der am dichtesten besiedelten Viertel zusammenhing; diese waren von einem antiken Straßennetz durchschnitten, das seit jeher die einzige Verbindung zwischen dem Vatikan und dem Lateran beziehungsweise anderen Stadtteilen darstellte.[4] Die engen Straßen wiesen zahlreiche Portikus und überhängende Balkone (*mignani*) auf, auf denen man sich gefährliche, mit Wurfgeschossen bewaffnete Frauen vorstellte. Eine wirksame militärische Kontrolle über die Stadt war dem Papst daher unmöglich, und so konnte er sie auch nicht beherrschen.

Angesichts dieser unruhigen und unkontrollierbaren städtischen Lage hatte Nikolaus V. (1447–1455) zwei Jahrzehnte früher beschlossen, sich jenseits des Tibers in einer befestigten Zitadelle und einem ebenso bewehrten, uneinnehmbaren Palast zu verschanzen. Seither war jedoch einige Zeit vergangen: Paul II. (1464–1471) hatte die Papstresidenz (seiner Vorstellung nach für sich und seine Nachfolger)[5] in den Palazzo di San Marco im Stadtzentrum verlegt. Auf diese zwei Päpste werde ich noch zurückkommen. Sixtus IV. wählte erneut den vatikanischen Palast als Residenz, wollte aber dennoch durch architektonische Veränderungen in die Straßen und Plätze Roms eindringen und sie beherrschen.[6] Um jedoch die empfindlichen Römer und ihre republikanischen Sehn-

3 In den Epigrammen von Aurelius Lippus Brandolinus (Biblioteca Apostolica Vaticana, Vat. lat. 5008 und Urb. lat. 739) nimmt die Verherrlichung der stadtgestalterischen Maßnahmen Sixtus' IV. breiten Raum ein. Siehe dazu Luigi Spezzaferro, La politica urbanistica dei papi e le origini di via Giulia, in: Via Giulia. Una utopia urbanistica del '500, hg. von Luigi Salerno/Luigi Spezzaferro/Manfredo Tafuri, Roma 1973, S. 15–64; Anna Modigliani, Mercati, botteghe e spazi di commercio a Roma tra medioevo ed età moderna (RR inedita, saggi 16), Roma 1998, S. 151–153, 160–162, 178 und passim. Ein breiterer kritischer Überblick über die Sixtus IV. gewidmete apologetische Literatur in Maurizio Gargano, Sisto IV: la città e l'architettura di un »Pontifex Maximus«, in: Roma e il papato nel Medioevo. Studi in onore di Massimo Miglio, II. Primi e tardi umanesimi: uomini, immagini, testi, hg. von Anna Modigliani, Roma 2012, S. 183–189.

4 Obwohl anlässlich des Heiligen Jahrs 1475 der Ponte Sisto gebaut worden war, der eher dem Waren- als dem Pilgerverkehr in den Vatikan diente, wie wir noch sehen werden.

5 So berichtet Agostino Rossi in einem Schreiben an den Herzog von Mailand vom 9. November 1466 (Archivio di Stato di Milano, Sforzesco, Potenze Estere, 61), veröffentlicht in: Anna Modigliani, Disegni sulla città nel primo Rinascimento romano: Paolo II (RR inedita, saggi 40), Roma 2009, S. 101–102.

6 Maurizio Gargano betont den instrumentellen Charakter der Stadtentwicklungspolitik Sixtus' IV. zur Sicherung von Akzeptanz bei der römischen Bevölkerung und spricht von »einer *renovatio urbis* ausschließlich päpstlicher Prägung, verborgen hinter dem Gestus von ›Geschenken‹ an die Stadt, also gemeinnütziger Bauten für die Bevölkerung« (Gargano, Sisto IV (wie Anm. 3), S. 185). Siehe auch Flavia Cantatore, Sisto IV

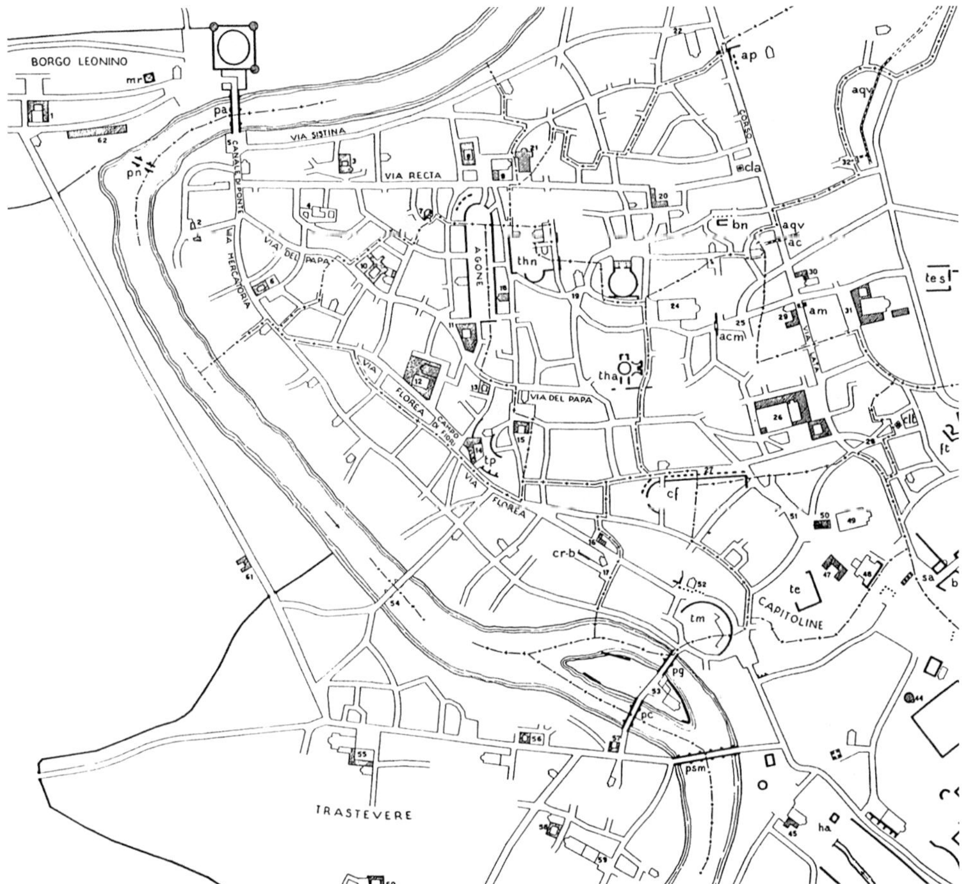

Abb. 1: Das Tiberknie; Detail des Stadtplans von Rom gegen Ende des 15. Jh. in der Rekonstruktion von Torgil Magnuson.

süchte nicht zu verletzen, musste die Zerstörung der über Jahrhunderte gewachsenen Siedlungsstruktur einen anderen Anstrich erhalten: Man kaschierte sie als Verschönerung der Straßen, die endlich gepflastert wurden. Es handelte sich jedenfalls um bedeutende infrastrukturelle Maßnahmen, die zweifelsohne den Einwohnern zugute kamen.

Die zweite Textpassage handelt von der zwei Jahre später erfolgten Einrichtung eines neuen Wochenmarkts im ehemaligen Stadion des Domitian (Abb. 2), also auf einer

committente di architettura a Roma tra magnificenza e conflitto, in: Congiure e conflitti. L'affermazione della signoria pontificia su Roma nel Rinascimento: politica, economia e cultura, Atti del Convegno Internazionale, Roma 3–5 dicembre 2013, hg. von Maria Chiabò/Maurizio Gargano/Anna Modigliani/Patricia J. Osmond (RR inedita, saggi 62), Roma 2014, S. 313–338.

bislang fast nicht genutzten Fläche (nicht von ungefähr in den Dokumenten als *campus Agonis* bezeichnet), die Sixtus IV. schrittweise in einen Platz umgestalten ließ, die Piazza Navona.[7] Stefano Infessura berichtet: »In jenem Jahr und Monat [August 1477] begann, obwohl der Rat im Konservatorenpalast schon mehrfach angeordnet hatte, den Mittwochsmarkt auf der Piazza Navona abzuhalten, der Markt am 3. September desselben Jahres unter der Ägide des Kardinals von Rouen [Guillaume d'Estouteville], der nach dem Tode Latino [Orsinis] zum Camerlengo ernannt worden war; er versprach, viele Dinge zu tun, tat dann aber nichts«.[8]

Auch hier gab es zwei Parteien: auf der einen Seite der Papst und der Kardinal-Camerlengo, auf der anderen die Römer, vertreten durch den städtischen Rat. Mehrere Forscher vermuteten,[9] die Einrichtung dieses neuen Markts und die Auflösung des althergebrachten Markts auf dem Kapitol, die in Wirklichkeit erst Jahrzehnte später erfolgte, seien als gewaltsame Zerstörung der mittelalterlichen Gestalt des kapitolinischen Hügels zu deuten, des zugleich politischen, gerichtlichen und kommerziellen Zentrums Roms in republikanischer Zeit.[10]

Doch liefert Infessura, der mit dem Della Rovere-Papst nie zimperlich umgegangen war,[11] in seinem Bericht ein anderes Bild: Die Mitglieder des städtischen Rates hatten sich demnach positiv zum neuen Markt auf der Piazza Navona geäußert, ja sogar seine Einrichtung gefordert. Des Weiteren beklagt der Chronist, dass nach der Initiierung durch den Camerlengo nicht genug zur Vollendung des Projekts getan wurde, wie eigentlich versprochen worden war. Die angeblich immerwährend konfliktreiche Beziehung zwischen Papst und Stadtbewohnern stellt sich hier also ganz anders dar, nämlich

---

7 Zur Entwicklung der Piazza Navona von der Antike bis in die Moderne siehe »Piazza Navona, ou Place Navone, la plus belle & la plus grande«. Du stade de Domitien à la place moderne, histoire d'une évolution urbaine, hg. von Jean-François Bernard (Collection de l'École française de Rome 493), Rome 2014.

8 Diario della città di Roma di Stefano Infessura (wie Anm. 2), S. 83: »Eodem anno et mense, essendo più volte ordinato lo conseglio in nello palazzo delli Conservatori che se dovesse fare lo mercato de mercordì nella piazza de Nagoni, tandem lo ditto mercato fo cominciato a dì 3 di settembre dello ditto anno, procurando questo lo cardinale di Roano, lo quale allhora era fatto camerlengo per la morte de Latino; et lui per questo promise fare molte cose, et depò non fece niente …«. Zu diesen Themen siehe Modigliani, Mercati (wie Anm. 3).

9 Seit Francesco Cancellieri, Il mercato, il lago dell'Acqua Vergine ed il palazzo Panfiliano nel Circo Agonale, detto volgarmente piazza Navona, Roma 1811, S. 15–17, erscheint die gesamte Geschichtsschreibung einig, der Markt in Agone ab 1477 sei durch die Verlegung des Kapitolsmarkts zustande gekommen; dies bis zu Anna Modigliani, Mercati (wie Anm. 3), cap. VI.

10 Zu Recht wurde darauf hingewiesen, dass sich auf dem Kapitol »ein vielfältiges, hierarchisch strukturiertes System entfaltete, das Roms Image machtvoll zum Ausdruck brachte und eine große historische Bedeutung besaß; dort war das wirtschaftliche, zivile und politische Leben der Stadt konzentriert, und darin erkannte das römische Volk seine städtische Identität« (Mario Manieri Elia, Il mercato Capitolino, in: Studi in onore di Michele D'Elia, hg. von Clara Gelao (Arte & Arti 2), Matera 1996, S. 491–495, hier S. 491).

11 S. Arnold Esch, Infessura, Stefano, in: Dizionario Biografico degli Italiani, Bd. 62, Roma 2004, S. 348–353.

Abb. 2: Die Piazza Navona im Romplan Giovanni Maggis, 1625 publiziert von Paolo Maupin.

als gemeinsame Beteiligung an einem Projekt mit im Wesentlichen übereinstimmenden Zielen (trotz einer gewissen Unzufriedenheit über dessen unvollständige Realisierung).

Die zwei Beispiele aus der Feder desselben Autors laden zu einer gewissen Vorsicht in der Bewertung der Beziehungen zwischen Rom und Papsttum ein,[12] die eben nicht unbedingt eindeutig waren, sondern sich aufgrund kontingenter Interessen veränderten. In der Stadt schwelten zwar einerseits libertäre und republikanische Sehnsüchte, andererseits wollte man aber auch nicht auf die Anwesenheit des Papstes und der Kurie verzichten, die sich positiv auf die städtische Wirtschaft auswirkte. Die Ambivalenz im Bewusstsein der Römer lässt sich mit der Kantschen Taube vergleichen: »Die leichte Taube, indem sie im freien Fluge die Luft teilt, deren Widerstand sie fühlt, könnte die Vorstellung fassen, dass es ihr im luftleeren Raum noch viel besser gelingen werde«.[13]

12 Zu diesen Themen siehe Congiure e conflitti (wie Anm. 6).

13 Zitiert nach Immanuel Kant, Critica della ragion pura, Roma 2000, S. 38.

Geräumte, gereinigte Straßen

Am Rande derartiger Überlegungen möchte ich verschiedene Schlaglichter auf das Rom der Renaissance werfen. Protagonistin ist die Stadt aus Stein; Päpste und römische Bürger fungieren als tragende Nebendarsteller. Nach der Rückkehr aus dem langjährigen Avignonesischen Exil und der Beilegung des Abendländischen Schismas fanden die Päpste eine schwer zu verwaltende, jedoch während ihrer Abwesenheit nicht sich selbst überlassene Stadt vor.

Die Statuten von 1360/1363, die bis 1469 in Kraft waren, legten unter anderem großes Gewicht auf den Schutz des öffentlichen Raums gegen den Eingriff durch Privatleute, und dies sowohl durch das Verbot der Abriegelung ganzer Viertel seitens der Adelsfamilien,[14] als auch durch Verordnungen zur Zerstörung jeglichen Hindernisses auf öffentlichen Straßen: ... *Senator teneatur ... expediri et excommorari* [= freiräumen] *omnes vias publicas et pontes, infra Urbem et extra, et si qua edificia, opera, hostia, porticalia seu quecumque alia apparamenta facta sint ... in hiis viis et pontibus ... faciat tolli, destrui et demoliri ...*[15] Unschwer ist hier der Präzedenzfall für Sixtus' IV. Initiative zum Abriss von Portikus und Balkonen zu erkennen, von der Infessura berichtet.

Zu Beginn des 15. Jahrhunderts war Rom eine untypische, polyzentrische Stadt. Das bewohnte Gebiet[16] nahm nur noch einen minimalen Teil der Stadtfläche innerhalb der Aurelianischen Mauern ein; viele Bereiche waren verlassen oder wurden als Gärten und Weinberge genutzt, während Häuser, Läden, Märkte, Gasthäuser und ein starker Verkehr von Einheimischen und Auswärtigen auf das dicht besiedelte Tiberknie konzentriert waren. Darüber hinaus war das Stadtgeflecht von der Kontrolle der großen Adelsfamilien in den einzelnen Quartieren geprägt; ihre Wohnsitze, oft an antike Monumente angebaut, waren von den Häusern ihrer Klienten umgeben.[17] Zu den großen Siedlungsinseln unter adligem Einfluss kamen weitere, von politischen und religiösen

---

14 *Nulle sbarre seu incastellationes fiant in aliqua parte Urbis, ex quibus possit fieri guerra vel turbari pacificus status Urbis ...* (Statuti della città di Roma, hg. von Camillo Re (Biblioteca dell'Accademia storico-giuridica 1), Roma 1880, libro II, rubrica 66, S. 117). Siehe auch Statuti della città di Roma (wie Anm. 14), libro II, rubrica 135, S. 160.

15 Statuti della città di Roma (wie Anm. 14), libro II, rubrica 196, S. 190.

16 Siehe dazu Richard Krautheimer, Roma, Profilo di una città, 312-1308, Roma 1981; Massimo Miglio, Roma dopo Avignone. La rinascita politica dell'antico, in: Memoria dell'antico nell'arte italiana, Bd. 1: L'uso dei classici, hg. von Salvatore Settis (Biblioteca di storia dell'arte. Nuova serie 1), Torino 1984, S. 73–111.

17 Zum Aussehen in früheren Jahrhunderten, das die *forma Urbis* des 14. und 15. Jahrhundert entscheidend beeinflusste, siehe Étienne Hubert, Espace urbain et habitat à Rome du Xe siècle à la fin du XIIIe siècle, Roma 1990; Sandro Carocci, Insediamento aristocratico e residenze cardinalizie a Roma tra XII e XIV secolo, in: Domus et splendida palatia. Residenze papali e cardinalizie a Roma fra XII e XV secolo, Atti della giornata di studio, Pisa, Scuola Normale Superiore, 14 novembre 2002, hg. von Alessio Monciatti (Seminari e convegni 1), Pisa 2004, S. 17–28.

Institutionen beherrschte Areale hinzu, wie das Kapitol, der Lateran und der Borgo bei St. Peter.

Pero Tafur, ein Reisender aus Andalusien, der Rom zur Zeit Eugens IV. in den 1430er Jahren besuchte, beschreibt die Stadt als Flickenteppich mit dichten Zusammenballungen von Gebäuden, die untereinander von fast unbewohnten Arealen getrennt waren: »Gemessen an ihrer Ausdehnung hat die Stadt Rom nicht viele Einwohner … Es scheint, als seien in den volkreichsten Vierteln die hygienischen Verhaltnisse eher schlecht. Dies trifft zu sowohl am Campo de' Fiori als auch beim Kapitol, beides große Viertel, aber auch um die Piazza Giudea, wo sich ein großes Dorf gebildet hat. Die restliche Stadt besteht aus versprengten Häusern«.[18] Auch von den Schwierigkeiten bei der Verwaltung der Marktplätze und der dicht besiedelten Gebiete angesichts schlechter hygienischer Verhältnisse spricht Tafur.

Wie reagierten die Päpste auf diese Situation? Zunächst mit Maßnahmen zur Verbesserung der hygienischen Bedingungen in den bevölkerungsreichsten Stadtvierteln, sodann zur Sicherstellung der Benutzbarkeit der Straßen. Martin V. (1417–1431)[19] verfügte, dass die bisher von den Bürgern gewählten *magistri viarum* nunmehr vom Papst bestellt werden sollten. Mit der Bulle *Etsi in cunctarum* von 1425 ordnete er an, die Straßen auf Kosten der Hausbesitzer zu pflastern und stellte unzivilisiertes Verhalten unter Strafe; damit waren hauptsächlich Fischverkäufer, Metzger und Kürschner angesprochen, die die Abfälle ihres Handwerks einfach auf öffentlichen Straßen und Plätzen entsorgten: *viscera, intestina, capita, pedes et ossa, cruores necnon pelles, carnes et pisces coruptos et alia fetida atque corupta cadavera*.[20] Diese Regelung nahm die Verbote der Statuten

---

18 Pero Tafur, Andanças e viajes por diversas partes del mundo avidos, hg. von Giuseppe Bellini, Roma 1986, S. 27. Die Passage wird wiedergegeben auf der Grundlage der Übersetzung ins Italienische von Manuel Vaquero Piñeiro, Viaggiatori spagnoli a Roma nel Rinascimento (2000 viaggi a Roma 5), Bologna 2001, S. 35.

19 Die Literaten bejubelten den Colonna-Papst als *restaurator Urbis* und ›dritten Romulus‹ im Hinblick auf Befriedung, Sicherheit der Reisenden, Wiederaufnahme religiöser Zeremonien und Restaurierung städtischer Bauwerke. Siehe Maria-Grazia Blasio, Radici di un mito storiografico: il ritratto umanistico di Martino V, in: Alle origini della nuova Roma. Martino V (1417–1431), Atti del Convegno, Roma, 2–5 marzo 1992, hg. von Maria Chiabò/Giusi D'Alessandro/Paola Piacentini/Concetta Ranieri, Roma 1992, S. 111–124, hier S. 116; Paola Casciano, Il pontificato di Martino V nei versi degli umanisti, in: Alle origini (wie Anm. 19), S. 143–161, hier S. 159–160; Massimo Miglio, Il ritorno a Roma. Varianti di una costante nella tradizione dell'Antico: le scelte pontificie, in: Roma, centro ideale della cultura dell'Antico nei secoli XV e XVI. Da Martino V al Sacco di Roma, hg. von Silvia Danesi Squarzina, Milano 1989, S. 216–220; Anna Modigliani, I segni sulla città: feste, cerimonie e uso degli spazi pubblici a Roma tra medioevo e rinascimento, in: Imago urbis. L'immagine della città nella storia d'Italia. Atti del convegno internazionale, Bologna 5–7 settembre 2001, hg. von Francesca Bocchi/Rosa Smurra, Roma 2003, S. 481–504, hier S. 485–489.

20 Ich zitiere aus Orietta Verdi, Maestri di edifici e di strade a Roma nel secolo XV. Fonti e problemi (RR inedita 14), Roma 1997, S. 25. Siehe auch Giovanna Curcio, »*Nisi celeriter repararetur totaliter est ruitura*«.

des 14. Jahrhunderts fast wörtlich wieder auf,[21] an die sich offensichtlich niemand gehalten hatte. Allerdings hatte wahrscheinlich auch die Bulle des Colonnapapstes keine große Wirkung. Kardinal Scarampo, Camerlengo Eugens IV. (1431–1447), bestätigte die Sanktionen gegen jene Gewerbe, die am meisten Schmutz verursachten; er verdrängte die Schlachthäuser von den wichtigsten Plätzen und ordnete an, den Handels- und Karrenverkehr durch eine Nutzung der Nebenstraßen von den Fußgängern zu trennen.[22] Die tatsächliche Wirkung seiner Maßnahmen ist jedoch unbekannt.

1452 erließ Nikolaus V. eine Satzung für die *magistri viarum*, die inzwischen vollständig der päpstlichen Autorität unterworfen waren,[23] und stattete sie mit der Befugnis beziehungsweise Pflicht aus, »alles, was Straßen, Plätze, Gassen, Flussläufe, Ufer und andere öffentliche Stätten besetzt, zu zerstören, abzutrennen, zu schleifen und niederzureißen. … Sollte es außerdem keine freie Straße geben, sind sie befugt, sie freizumachen«;[24] »niemand soll wagen oder sich anmaßen, einen Portikus zu verschließen«;[25] »die Magistri können die Dinge, die den öffentlichen Raum einengen, zerstören und schleifen lassen«;[26] »die Bänke in den Portikus müssen alle entfernt werden«[27].

Als Paul II. 1469 zu einer Reform der Statuten Roms schritt, die seit der Zeit der römischen Kommune des Trecento keine Veränderungen erfahren hatten und seines Erachtens nicht mehr zeitgemäß waren beziehungsweise die *libertas Ecclesiae*

Notazioni su struttura urbana e rinnovamento edilizio in Roma al tempo di Martino V, in: Alle origini (wie Anm. 19), S. 537–554.

21 Statuti della città di Roma (wie Anm. 14), libro II, rubrica 194, S. 189: *Et nullus macellarius vel alia persona proiciat sanguinem vel viscera animalium vel ipsa animalia mortua vel aliam turpitudinem in aliqua platea vel via publica … nisi in flumen …*

22 Archivio Storico Capitolino, Cred. IV, t. 88, ff. 142r und folgende. Diese Bestimmungen sind Teil der *statuta et reformationes* von Kardinal Scarampo, die später am Ende der von Paul II. 1469 reformierten Statuten inseriert wurden. Zu diesen Bestimmungen siehe Modigliani, Mercati (wie Anm. 3), S. 81, 83, 319–320 und passim.

23 Orietta Verdi, Da ufficiali capitolini a commissari apostolici: i maestri delle strade e degli edifici di Roma tra XIII e XVI secolo, in: Il Campidoglio e Sisto V, hg. von Luigi Spezzaferro/Maria E. Tittoni, Roma 1991, S. 54–63; Verdi, Maestri (wie Anm. 20).

24 Emilio Re, Maestri di strada, in: Archivio della Società Romana di storia patria 43, 1920, S. 5–102, hier S. 88, rubrica I: »… possano et debiano avere auctoritate di potere rompere, mozare, tagliare et ruinare ogni cosa che occupasse strade, piazze, vicoli, fiumare, rivere et altri luochi publichi … et similmente se fosse niuna via parata, la debiano poter fare sturare«.

25 Re, Maestri (wie Anm. 24), S. 95, rubrica XXIII: »Che nullo ardischa né presuma rechiudere niuno porticale …«.

26 Re, Maestri (wie Anm. 24), S. 97, rubrica XXVIII: »Che li decti maestri possano far rompere et tagliare quelle cose che impedimentiscono le cose publiche …«.

27 Re, Maestri (wie Anm. 24), S. 101, rubrica XXXIX: »Che le banche de li portichi se debiano remuovere tutte …«.

einschränkten,[28] blieben die Regeln zur Verwaltung des urbanen Gebiets gänzlich unangetastet.[29]

Die Kontinuität in der städtischen Gesetzgebung von der Kommune des 14. Jahrhunderts bis Sixtus IV. und darüber hinaus führt uns zum Thema des Verhältnisses zwischen Päpsten und Römern. Letztere erwiesen sich als unduldsam gegenüber den Beschlüssen zum Abriss ihrer Portikus, jener »halb-öffentlichen Räume«[30], wo sie kommerzielle und finanzielle Tätigkeiten beziehungsweise Berufe wie Notar und Schiedsrichter ausübten oder einfach ihre sozialen Beziehungen pflegten. Ein Beispiel von vielen: 1482 widersetzte sich ein gewisser Antonio Cencio di Marcello mit Gewalt der von Sixtus IV. verfügten Zerstörung seiner Geschäftsräume im Canale di Ponte zusammen mit den Überresten des *porticus Maximae*, die den Verkehr von und zur Engelsbrücke behinderten. Letztendlich kam er ins Gefängnis.[31]

Die Papstherrschaft – insbesondere Sixtus' IV. – war vielleicht rigoroser und effizienter als die Kommune bei der Durchsetzung der Vorschriften zum Schutz des öffentlichen Raums und des Straßennetzes in einer Stadt, die im Verlauf des 15. Jahrhunderts eine Vervielfachung des Waren- und Personenverkehrs erlebte. Auf diese höhere Effizienz reagierten einige Bürger unduldsam, obwohl es sich ja nicht um von den Päpsten neu eingeführte Normen handelte.

Palast und Stadt

Ein weiteres relevantes Thema ist die Beziehung zwischen Päpsten und Stadtbewohnern im Hinblick auf weiterreichende urbane Entscheidungen. Zuvorderst nahm die Qualität dieser Beziehung in den zwei entgegengesetzten Modellen einer Papstresidenz, wie sie von oder für Nikolaus V. beziehungsweise Paul II. entwickelt wurden, Form und Substanz an. Manche vermuten, dieser Kontrast habe den Abschnitt in Leon Battista

28 Siehe Anna Modigliani, L'eredità di Cola di Rienzo. Gli statuti del Comune di popolo e la riforma di Paolo II, in: Andreas Rehberg/Anna Modigliani, Cola di Rienzo e il Comune di Roma, Bd. 2 (RR inedita 33/2), Roma 2004, S. 129–131.

29 Die Rubriken der Statuten von 1469, welche die schon zitierten wieder aufnehmen, sind: *Statuta urbis Romae*, Roma, Ulrich Han, vor Juni 1474 (H 15019; IGI 8432; IERS 78), libro II, rubrica 73, f. 74*r*; libro II, rubrica 164, f. 90*v*; libro II, rubrica 165, f. 91*r*; libro II, rubrica 242, f. 102*r*.

30 So Henri Broise/Jean-Claude Maire Vigueur, Strutture famigliari, spazio domestico e architettura civile a Roma alla fine del Medioevo, in: Storia dell'arte italiana, Teil 3, Bd. 5: Momenti di architettura, hg. von Federico Zeri, Torino 1983, S. 99–160, hier S. 152–154.

31 Il diario romano di Jacopo Gherardi da Volterra, dal VII settembre MCCCCLXXIX al XII agosto 1484, hg. von Enrico Carusi (Rerum Italicarum Scriptores N.S. 23/3), Città di Castello 1904–1906, S. 85 (Mercati S. 207). Antonio gehörte vielleicht der Familie de' Rustici an.

Albertis *De re aedificatoria* angeregt, in dem er die Residenz des Königs der des Tyrannen entgegensetzt.[32] Nebenbei bemerkt ist mein jüngster Vorschlag zur Datierung von Albertis Traktat die nötige Voraussetzung für diese Deutung; der Autor behielt das Manuskript bis zu seinem Tod 1472 bei sich und überarbeitete es mehrfach, wie ich bewiesen zu haben meine.[33]

Der Parentucellipapst Nikolaus V., ein *homo formidolosus* laut Platina,[34] der schon vor der Verschwörung von Stefano Porcari im Jahr 1453 im Schrecken vor den Römern lebte, plante eine außergewöhnlich stark befestigte päpstliche Zitadelle im Borgo von St. Peter, von der jedoch nur ein minimaler Teil gebaut wurde (Abb. 3). Sein Unternehmungsgeist war ganz auf den Vatikan gerichtet und ließ für die restliche Stadt nur wenig Raum und geringe Ressourcen.[35] Nur drei Hauptstraßen durch das Stadtzentrum im Tiberknie (die *Via Mercatoria* oder *Florea*, die *Via Papalis* und die *Via Recta*, also

32 *Nam regum quidem aedes in media urbe aditu facilis, ornatu venusta, lautitie elegans magis quam superba sit condecet; tyranno autem non aedes magis quam arx locanda est, ut sit neque in urbe neque ex urbe. Adde quod ad regis aedes spectaculum templum procerumque tecta pulcherrime adiunguntur; tyrannorum sedes quaquecircum spatio immodico segregatis omnium aedificiis sese contineat necesse est. Honestissima, et quae utrunque deceat atque iuvet, erit aedificatio, si neque exponetur regia patens adeo, ut insolescentes nequeat depellere, neque distringetur arx ita, ut carcer magis quam lauti principis diversorium videatur* (Leon-Battista Alberti, L'architettura (De re aedificatoria), testo latino e traduzione, hg. von Giovanni ORLANDI, introduzione e note di Paolo PORTOGHESI, I–II, Milano 1966: I, S. 347; libro 5, cap. 3). Zur möglichen Beziehung zwischen der von Nikolaus V. geplanten Zitadelle und dem Traktat Albertis siehe Massimo MIGLIO, L'immagine del principe e l'immagine della città, in: Principi e città alla fine del Medioevo, hg. von Sergio GENSINI, Pisa 1996, S. 315–332, hier S. 318–319; Massimo MIGLIO, Nicolò V, Leon Battista Alberti, Roma, in: Leon Battista Alberti e il Quattrocento. Studi in onore di Cecil Grayson e Ernst Gombrich, Atti del Convegno internazionale, Mantova, 29–31 ottobre 1998, hg. von Luca CHIAVONI/Gianfranco FERLISI/Maria V. GRASSI (Ingenium 3), Firenze 2001, S. 47–64; Stefano BORSI, Leon Battista Alberti e Roma, Firenze 2003, S. 348–349. Zur weitergehenden Gleichsetzung der Tyrannenresidenz mit der Nikolaus' V. und der Königsresidenz mit der Pauls II. siehe Anna MODIGLIANI, Paolo II e i lavori a S. Pietro »... secondo li designi de papa Nicolao«: la crisi del 1468 tra la »congiura dei poeti« e la sfida di Ferrante, in: RR roma nel rinascimento 2011, S. 255–278. In einem Kommentar zur Textpassage aus Alberti über die Maßnahmen Alexanders VI. betont Maria Luisa Madonna zu Recht die Nähe zwischen der Tyrannenresidenz des Traktats und der Engelsburg, »Angelpunkt zwischen den beiden Städten« (das heißt der Stadt der Päpste und der Stadt der Römer; siehe L'architettura e la città intorno al 1500, in: Roma. La città degli anni santi (1300–1875). Atlante, hg. von Marcello FAGIOLO/Maria L. MADONNA, Milano 1985, S. 126–132, hier S. 126–127); mit Blick auf Nikolaus V. und andere, die – wie Paul II. in seinen letzten Pontifikatsjahren – sein Projekt wieder aufnehmen wollten, sollten Engelsburg und Vatikanischer Palast jedoch wohn- und verteidigungstechnisch als Einheit betrachtet werden, nach dem in der Biografie von Giannozzo Manetti überlieferten Schema.

33 Anna MODIGLIANI, Per la datazione del *De re ædificatoria*. Il codice e gli archetipi dell'Alberti, in: Albertiana 16, 2013, S. 91–110.

34 Platynae historici Liber de vita Christi ac omnium pontificum, hg. von Giacinto GAIDA (Rerum Italicarum Scriptores N.S. 3/1), Città di Castello/Bologna, 1913–1932, S. 334.

35 Zu den Maßnahmen Nikolaus' V. in der Stadt der Römer siehe Maurizio GARGANO, Niccolò V. La mostra dell'acqua di Trevi, in: Archivio della Società romana di storia patria 111, 1988, S. 227–266.

Abb. 3: Die Gegend um St. Peter im Romplan von Iacopo Filippo Foresti, 15. Jh., Ausschnitt.

die heutige Via dei Coronari; Abb. 1) erfuhren eine gewisse, zumindest gesetzgeberische Aufmerksamkeit in den Statuten für die Magistri Viarum bezüglich Sauberkeit und Ordnung.[36] Es handelte sich ja um Straßen, die der Papst und seine hochrangigsten Besucher mindestens hin und wieder, wenn auch ungern, benutzen mussten, zum Beispiel während der Zeremonie des *Possesso*.[37]

36 Re, Maestri (wie Anm. 24), S. 99 (cap. XXXII).

37 Siehe Francesco Cancellieri, Storia de' solenni possessi de' sommi pontefici detti anticamente processi o processioni ..., Roma 1802; Massimo Miglio, Liturgia e cerimoniale di corte, in: Liturgia in figura. Codici liturgici rinascimentali della Biblioteca Apostolica Vaticana, hg. von Giovanni Morello/Silvia Maddalo, Città del Vaticano/Roma 1995, S. 43–50.

Neben den finanziellen Ressourcen war zur Zeit Nikolaus V. auch die Sichtbarkeit des Papstes und der Kirche ganz auf das rechte Tiberufer konzentriert; in der Tat sollten die außergewöhnlichen Gebäude, *quasi a Deo fabricata* – so beschrieben im Testament Nikolaus' V., das in Giannozzo Manettis Biografie enthalten ist – den Ungebildeten die *auctoritas* der Kirche vermitteln.[38] Die Stadt der Römer auf der anderen Seite der Engelsbrücke war hingegen feindliches, gefährliches Terrain, das es einzudämmen galt. Wollte man das Bild der Kantschen Taube auf den Papst anwenden, könnte man sagen, Nikolaus V. träumte von einem nur von Kurialen bewohnten Rom ganz ohne Römer. Die Konflikthaftigkeit erreichte also zur Zeit des Parentucellipapstes ein alarmierendes Niveau. Gegen diese Gefahr einer Spaltung empfahl Giuseppe Brivio dem Pontifex auch an dem zu bauen, was er als stärkstes Bollwerk ansah: an der Liebe der Bürger, die der Papst nur durch Wohltaten und gute Politik gewinnen konnte.[39]

Die Stadtplanung Pauls II.[40] stand der Nikolaus' V. diametral entgegen: Pietro Barbo verlangte einen Papstpalast (*palatium apostolicum apud Sanctum Marcum*) mitten in der Stadt (Abb. 4), nur schwach befestigt und offen für jedermann, vor allem auch auf der Piazza, die Schauplatz großartiger Bankette und Zielort der neu eingerichteten Pferderennen an Karneval durch die *Via Lata* war. Der Dialog zwischen Papst und Römern war offensichtlich produktiv, und die Bürger beteiligten sich gerne an den päpstlichen Festlichkeiten. Oktober 1465 ritt der Papst durch die Straßen der Stadt »... mit einem großen Sack am Sattelbogen, voller Golddenare und Münzen, die er immer wieder hier und dort auf die Straße warf; zuweilen gab er den Segen und zuweilen warf er Münzen, sodass man noch nie zuvor ein so großes Getöse gehört hatte, als da alle schrien: Es lebe Papst Paul!«.[41] Nicht einmal nach dem Auffliegen der sogenannten »Verschwörung der

38 Iannotii Manetti De vita ac gestis Nicolai quinti summi pontificis, edizione critica e traduzione, hg. von Anna Modigliani (Fonti per la Storia dell'Italia Medievale. Rerum Italicarum Scriptores 6), Roma 2005, libro III, cap. 11, S. 121–122.

39 Giuseppe Brivio, Conformatio Curie Romane (Biblioteca Apostolica Vaticana, Vat. lat. 3618); ich zitiere aus Anna Modigliani, Congiurare all'antica. Stefano Porcari, Niccolò V, Roma 1453. Con l'edizione delle fonti, Roma 2013, S. 209–213, hier S. 212–213.

40 Siehe dazu Christoph L. Frommel, Architettura alla corte papale nel Rinascimento, Milano 2003; Modigliani, Disegni (wie Anm. 5).

41 Dispaccio von Agostino de Rubeis an den Herzog von Mailand Francesco Sforza (Rom, 28. Oktober 1465; Mailand, Biblioteca Ambrosiana, ms. Z 219 sup., Nr. 9416), veröffentlicht in Anna Modigliani, Un ritratto di Paolo II per il duca di Milano: scelte edilizie, feste e politica cittadina, in: RR roma nel rinascimento 2004, S. 255–268: »... con un grande sacho ch'el teneva suso l'arzone de la sella pieno de dinari d'oro et de monete, quali andava tutta volta zetando et seminando per tutta la strata di qua et di là, dagando mo la benedictione et mo zetando dinari in modo che may se vide el mazor strepito quanto si faceva per tutto de cridare ›Viva papa Paulo‹«.

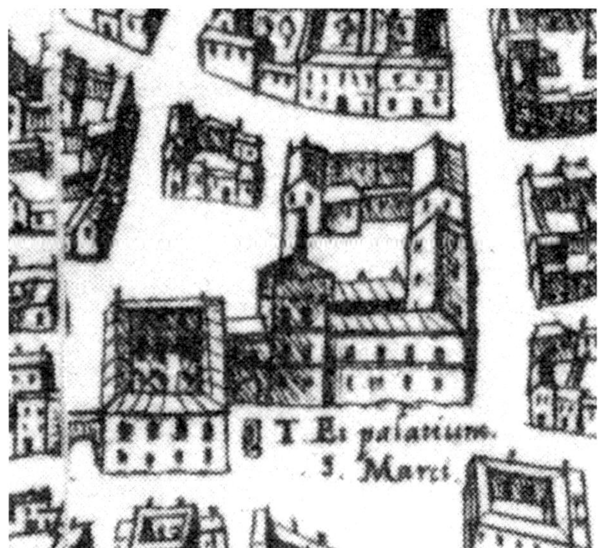

Abb. 4: Der Komplex von San Marco; der Platz mit dem Becken aus Serpentino-Marmor, das Paul II. von der Kirche San Giacomo beim Kolosseum vor das *viridarium* bringen ließ, auf dem Stadtplan Étienne Dupéracs, publiziert von Antoine Lafréry (1577), Ausschnitt.

Römischen Akademie«[42] verzichtete Paul II. auf seine öffentlichen Ausritte durch die Stadt. Erst die Bedrohung durch das Heer Ferdinands von Aragon zwang ihn im Oktober 1468 zum Rückzug nach St. Peter.[43]

Vie recte: Urbane Modelle und Projekte

Der Gegensatz zwischen Nikolaus V. und Paul II. erlaubt mir auch ein paar kurzgefasste Bemerkungen zu den von den Renaissancepäpsten geschaffenen, wiederverwendeten oder auch nur geplanten *vie recte*. Unausgeführt blieben die Pläne Nikolaus' V. für drei gerade Straßen, die von einem Platz neben der Engelsburg jeweils zum Papstpalast,

42 Zu dieser Episode siehe vor allem Platynae historici Liber de vita Christi ac omnium pontificum (wie Anm. 34), S. 380; Richard J. Palermino, The Roman Academy, the Catacombs and the Conspiracy of 1468, in: Archivum Historiae Pontificiae 18, 1980, S. 117–155; Paola Medioli Masotti, L'Accademia romana e la congiura del 1468, con un' appendice di Augusto Campana, in: Italia medioevale e umanistica 25, 1982, S. 189–204; ebenfalls Vladimiro Zabughin, Giulio Pomponio Leto. Saggio critico, 2 Bd., Roma 1909–1912, passim; Anna Modigliani, Paolo II, in: Enciclopedia dei Papi, Bd. 2: Niccolò I, santo – Sisto IV, Roma 2000, S. 685–701; Maria Accame, Pomponio Leto. Vita e insegnamento, Tivoli 2008, Teil I; Anthony F. D'Elia, A Sudden Terror. The Plot to murder the Pope in Renaissance Rome, Cambridge, Massachusetts/London 2009.

43 Anna Modigliani, Paolo II e i lavori (wie Anm. 32).

zur Peterskirche beziehungsweise zum Tiber führen sollten.[44] Diese Straßenformation hätte innerhalb der päpstlichen Zitadelle (*vicus curialis*) gelegen, also die Römer nicht berücksichtigt; ja, die Straßen sollten von überdachten Gängen und Ladengeschäften jeglicher Art gesäumt werden, was die Zitadelle von den städtischen Märkten und Läden unabhängig gemacht hätte, zum Nachteil der Händler im Stadtzentrum.

Paul II. verlieh der *Via Lata*, einer der wichtigsten und von seinen Vorgängern faktisch nicht benutzten *vie recte* des antiken Roms, wieder ihre alte Würde und eine wichtige infrastrukturelle und zeremonielle Funktion. Das Ziel der Pferderennen an Karneval und der Einzug herrschaftlicher Besucher war nun nicht mehr das Kapitol, sondern der noch im Bau befindliche Komplex von San Marco, der insbesondere durch sein *viridarium* den Blick auf den Kapitolshügel für die von der Porta del Popolo Kommenden versperrte. Sowohl die Pferderennen als auch die Bankette auf der Piazza San Marco wurden von den Römern mit Begeisterung aufgenommen, trotz der starken Betonung der päpstlichen Monarchie, die sich vor dem Hintergrund der gefälschten Konstantinischen Schenkung deutlich als Erbin der altrömischen Kaiser präsentierte. Dies war klar ablesbar an den Festlichkeiten, Münzen und Bauwerken, und der Eindruck sollte weiter verstärkt werden durch die geplante Überführung der Statuen des *caballus Constantini*/Mark Aurel und der Dioskuren auf diesen Platz.[45]

Die radikal innovative Raumordnung Pauls II. beinhaltete außerdem – eventuell auf Anregung Leon Battista Albertis[46] – eine neue Zentralität der Papstresidenz, der kurialen Büros und der entsprechenden Bank- und Handelsaktivitäten von Kurie, Stadt und Kirchenstaat. San Marco wurde zum Mehrzweckkomplex und Organisationszentrum aller der Papstherrschaft unterstellten Aktivitäten, darin unterstützt durch die geradlini-

44 Iannotii Manetti De vita ac gestis Nicolai quinti (wie Anm. 38), libro II. parr. 35–36, S. 77–80.

45 Siehe Anna Modigliani, Paolo II e il sogno abbandonato di una piazza imperiale, in: Antiquaria a Roma. Intorno a Pomponio Leto e Paolo II (RR inedita, saggi 31), Roma 2004, S. 125–161; Anna Modigliani, Disegni (wie Anm. 5). Zur Einstellung einiger Päpste des Quattrocento zur gefälschten Konstantinischen Schenkung bez*ü*glich der Auffassung päpstlicher Monarchie siehe Anna Modigliani, Ideologische und symbolische Äußerungen der päpstlichen Gewalt im Umfeld der Päpste von Nikolaus V. bis zu Paul II., in: Nach dem Basler Konzil. Die Neuordnung der Kirche zwischen Konziliarismus und monarchischem Papat (ca. 1415–1475), hg. von Jürgen Dendorfer/Claudia Märtl (Pluralisierung & Autorität 13), Münster 2008, S. 255–281.

46 Arnaldo Bruschi nimmt eine Beteiligung Albertis am Komplex von San Marco an: »occorre tener conto di una gamma di possibili interventi di Leon Battista, dalla elaborazione di ›modelli o disegni esecutivi‹ all'aver discusso o ›corretto‹ i progetti dei maestri esecutori« (Arnaldo Bruschi, Alberti a Roma, per Pio II e Paolo II, in: La Roma di Leon Battista Alberti. Umanisti, architetti e artisti alla scoperta dell'antico nella città del Quattrocento, hg. von Francesco P. Fiore, unter Mitarbeit von Arnold Nesselrath, Milano 2005, S. 112–127, hier S. 121). Siehe dazu auch Maurizio Gargano, Paolo II e il Palazzo di Venezia. Considerazioni intorno all'architettura del Quattrocento a Roma, in: RR roma nel rinascimento 2011, S. 279–302; Giuliana Mosca, Paolo II e il viridarium del palazzo di San Marco a Roma: nuove acquisizioni, in: RR roma nel rinascimento 2015, S. 379–400.

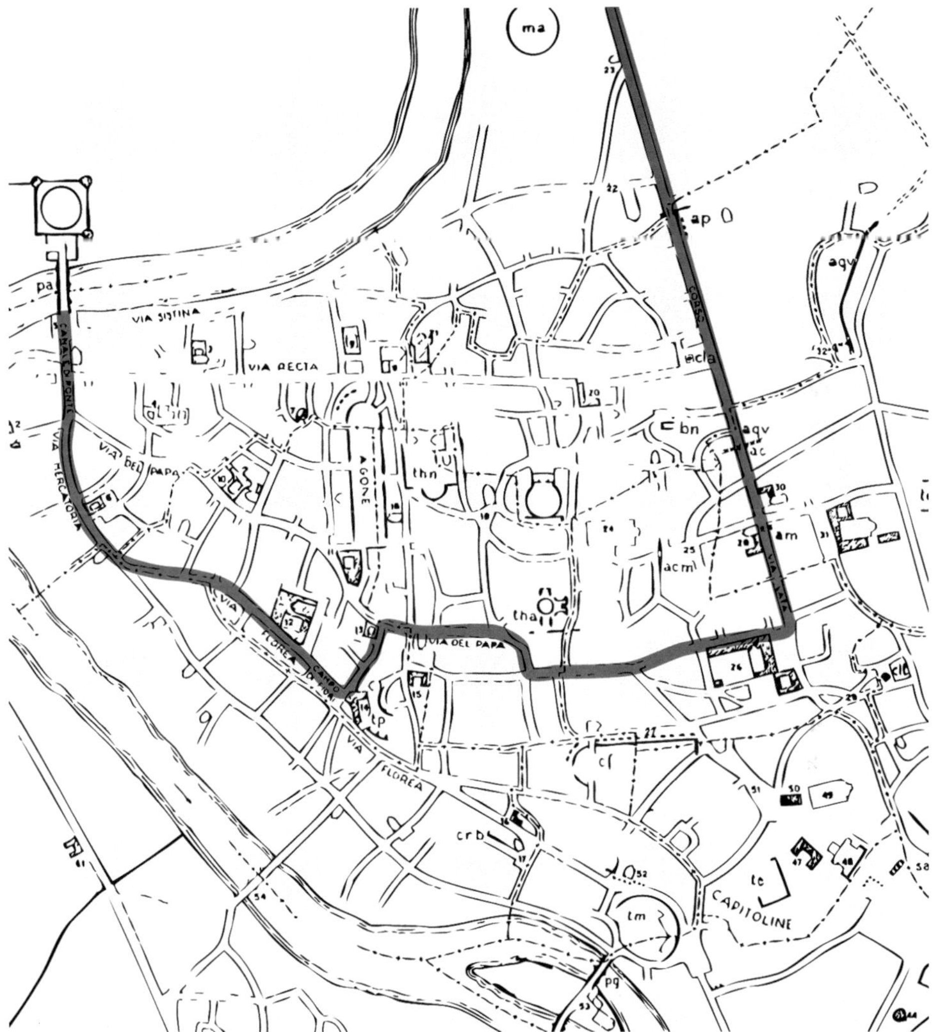

Abb. 5: Einzug des Kaisers Friedrichs III. in Rom an Weihnachten 1468 und Route durch die Stadt, eingezeichnet in Magnusons Romplan, Studies in Roman Quattrocento Architecture, Ausschnitt.

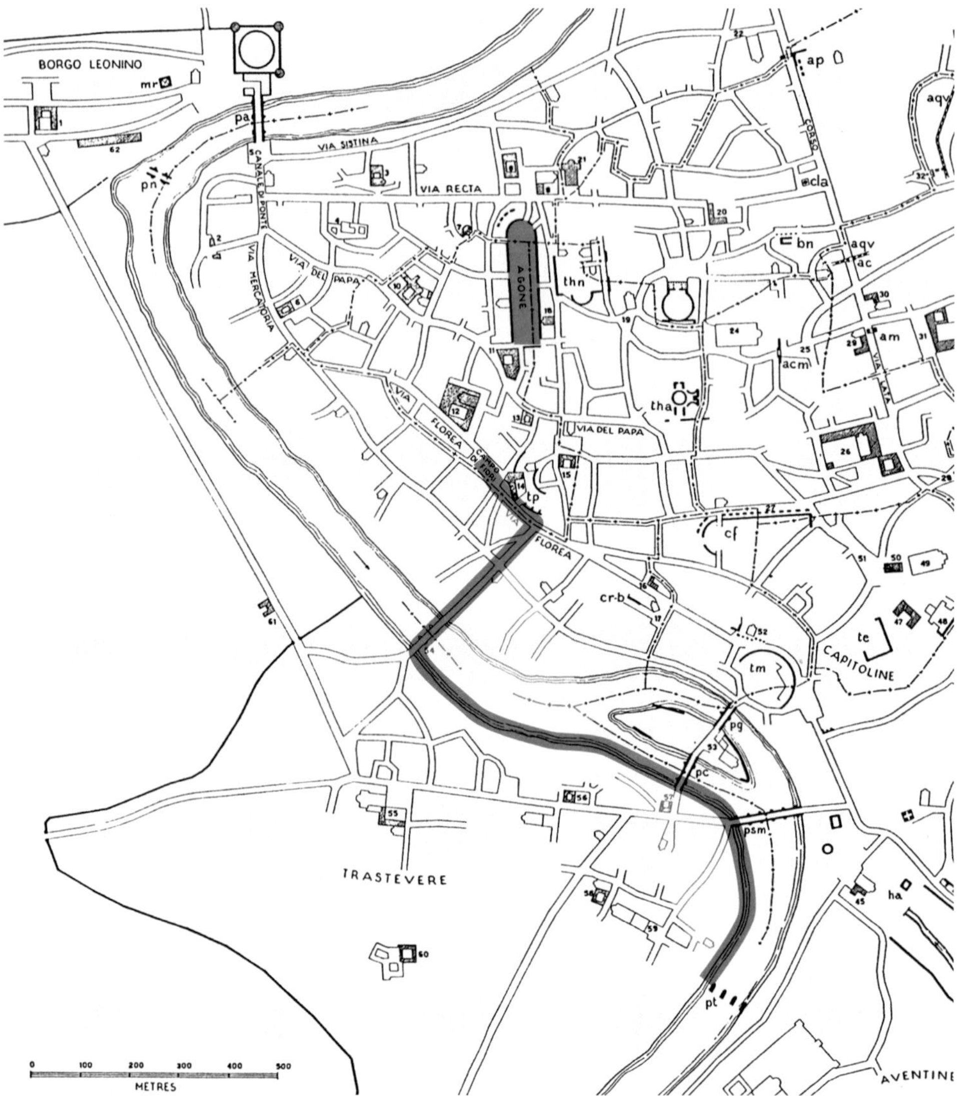

Abb. 6: Wegstrecke der Warenkarren vom Ripa-Hafen zum Campo de' Fiori nach dem Bau des Ponte Sisto 1475, eingezeichnet in Magnusons Romplan, Studies in Roman Quattrocento Architecture, Ausschnitt.

ge Verbindung der *Via Lata* zur Porta del Popolo, durch die auch Kaiser Friedrich III., der eigentlich zur Peterskirche wollte, zum noch unfertigen Apostolischen Palast gelangte, als er an Weihnachten 1468 Rom besuchte (Abb. 5).[47]

Trotz des großen planerischen Interesses Pauls II. für San Marco, das von seinen Nachfolgern vollständig aufgegeben wurde, gehen die wirksamsten und dauerhaftesten Baumaßnahmen infrastruktureller Art auf Sixtus IV. zurück; sie waren auch am ehesten auf den Erhalt bestehender Bausubstanz bedacht. Durch die Errichtung des Ponte Sisto wurde zum Heiligen Jahr 1475[48] eine neue wichtige Verbindung zwischen dem Ripa-Hafen, dem täglichen Markt und den Läden auf dem Campo de' Fiori und dem neuen Wochenmarkt auf der Piazza Navona geschaffen (Abb. 6); durch die neue, »Sistina« genannte *via recta*[49] erstreckte sich die Verbindung einerseits in Richtung Engelsbrücke und andererseits gen Ripetta-Hafen (Abb. 7). Das von Sixtus IV. geschaffene Straßensystem mit Nord-Süd-Ausrichtung lag nicht nur vollständig in der Stadt der Römer, es sollte auch ihre Handelstätigkeit fördern. So zeigte sich die päpstliche Monarchie weniger im Vatikan als in der »Stadt aus Stein« innerhalb des Tiberknies, in der Hauptstadt der Christenheit, die der Della Rovere-Papst zur Darstellung seiner Freigiebigkeit als Pontifex maximus gewählt hatte.[50]

Werfen wir abschließend einen Blick auf die *vie recte* der Nachfolgerpäpste[51] (Abb. 7). Die auf den Vatikanpalast ausgerichtete Via Alessandrina folgte dem Verlauf einer der drei von Nikolaus V. geplanten Straßen und rückte den päpstlichen Hof erneut in den visuellen Fokus. Der Petersplatz wurde auch zum bevorzugten Ziel der Pferderennen an Karneval und Schauplatz aller Arten profaner Veranstaltungen.[52]

---

47 Augustini Patritii [Piccolomini] Descriptio adventus Friderici III. imperatoris ad Paulum papam II., in: Rerum Italicarum Scriptores, Bd. 23, Mediolani 1733, Sp. 205–216, hier Sp. 207. Siehe auch ein Schreiben von Giovanni Pietro Arrivabene an die Markgräfin von Mantua, Barbara von Hohenzollern, vom 26. Dezember 1468 (veröffentlicht in Ludwig von Pastor, Storia dei papi dalla fine del Medio Evo, Bd. 2, Trento 1891, Appendice 91, S. 626–627).

48 Siehe Maurizio Gargano, Ponte Sisto a Roma: nuove acquisizioni (1473–1475), in: Quaderni dell'Istituto di Storia dell'Architettura N.S. 21, 1993, S. 29–38.

49 Zu den *vie recte* in Rom von Sixtus IV. bis Julius II. siehe Manfredo Tafuri, »Roma instaurata«. Strategie urbane e politiche pontificie nella Roma del primo '500, in: Raffaello architetto, hg. von Christoph L. Frommel/Stefano Ray/Manfredo Tafuri, Milano 1984, S. 59–106 und die Rekonstruktion der Eingriffe Sixtus' IV., Alexanders' VI. und Julius' II. auf S. 69.

50 Auf diesem Konzept beharrte Maurizio Gargano in Bezug auf Alexander VI. in Maurizio Gargano, Alessandro VI e l'antico: architettura e opere pubbliche tra *magnificentia* e *liberalitas*, in: Roma di fronte all'Europa al tempo di Alessandro VI. Atti del convegno, Città del Vaticano/Roma, 1–4 dicembre 1999, hg. von Maria Chiabò/Silvia Maddalo/Massimo Miglio/Anna M. Oliva, Roma 2001, II, S. 549–570.

51 Siehe auch Tafuri, Roma (wie Anm. 49).

52 Siehe Fabrizio Cruciani, Teatro nel Rinascimento, Roma 1450–1550 (Biblioteca del Cinquecento 22), Roma 1983; Anna Modigliani, Il palazzo, la piazza, lo spectaculum. Gli spazi del carnevale e della rap-

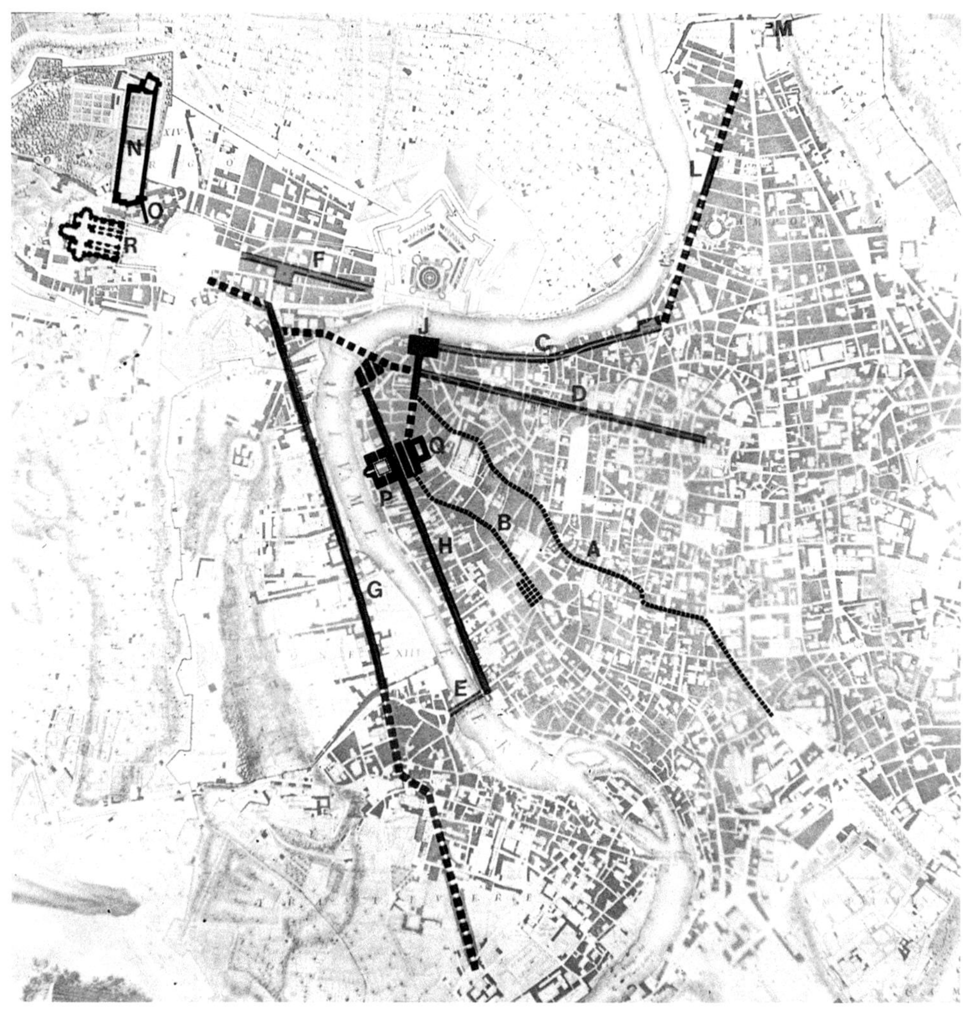

Abb. 7: Manfredo Tafuris bekannte Rekonstruktion der Baumaßnahmen Julius' II. und Bramantes (1503–1513), eingezeichnet in den Plan von Giambattista Nolli.

Über die Via della Lungara verband Julius II. Della Rovere den Ponte Sisto und damit auch den Ripa-Hafen mit dem Vatikan, während die Via Giulia auf der anderen Tiberseite über eine weitere (nicht verwirklichte) Brücke ebenfalls nach St. Peter führen sollte. Von der Via di Ripetta war schon die Rede. In einer Stadt, in der inzwischen beide

presentazione del potere a Roma da Paolo II a Leone X, in: Il gioco nello Stato Pontificio (secoli XV–XIX) (Archivi e cultura 41), Roma 2009, S. 63–86.

Tiberseiten zu einer Einheit zusammengewachsen waren, nahm Julius II. also das Della Rovere-Projekt Sixtus' IV. wieder auf und dehnte es auf das Vatikangebiet aus. Infrastrukturell wie symbolisch sind die genannten Straßen von großer Bedeutung.

In der Zwischenzeit hatten die Römer ihre anachronistischen Freiheitssehnsüchte überwunden und sich daran gewöhnt, in den ihnen zugestandenen Formen[53] am großen Bankett des Renaissancepapsttums teilzuhaben.

53 Siehe Congiure e conflitti (wie Anm. 6) und den Beitrag von Anna Esposito in diesem Band.

VI. Traditionen, Brüche, Transformationen

Papst und Konzil. Von Pisa 1409 bis zum V. Lateranum 1512–1517*

Johannes Helmrath

Die Konzilien des 15. Jahrhunderts[1] evozieren kontrastreiche Bilder: Ereignisse glückhafter Einheit wie die Wahl Martins V. in Konstanz 1417, als das Ende des Großen Schismas fast wie der Westfälische Friede gefeiert wurde, – und ebenso Ereignisse krassester Diastase, wie den Bruch des Basler Konzils und Papst Eugens IV. (1431–1447). Seine Absetzung und die Wahl eines Konzilspapstes 1439 beschworen das letzte Papstschisma

---

* Der Vortragscharakter bleibt spürbar. Literatur wird in Auswahl und nicht flächendeckend angeführt.

1 Maßgebliche Ausgabe der Konzilsdekrete jetzt: Conciliorum Oecumenicorum Generaliumque Decreta, hg. von Giuseppe Alberigo (†), Alberto Melloni, Bd. 2: The General Councils of Latin Christendom, Bd. 2,1: From Constantinople IV to Pavia-Siena (862–1424), Bd. 2,2: From Basel to Lateran V (1431–1517), Turnhout 2013. Beste Konziliengeschichte: Klaus Schatz, Allgemeine Konzilien. Brennpunkte der Kirchengeschichte (UTB 1976), Paderborn u.a. 1997, hier bes. S. 123–164. Jüngste Aufarbeitung, mit breiter Diskussion der Literatur: Heribert Müller, Die kirchliche Krise des Spätmittelalters (Enzyklopädie Deutscher Geschichte 90), München 2012; konzis Antony Black, Popes and Councils, in: The New Cambridge Medieval History, Bd. 7: c. 1415 – c. 1500, hg. von Christopher Allmand, Cambridge/New York/Melbourne 1998, S. 65–86. Immer noch sehr guter und detaillierter Überblick: Etienne Delaruelle/Edmond-René Labande/Paul Ourliac, L'Eglise au temps du Grand Schisme et de la crise conciliaire (1378–1449) (Histoire de l'Eglise des origines jusqu'à nos jours 14), Paris 1962; ferner Johannes Helmrath, Schisma, Konzilien und Reform, in: Ökumenische Kirchengeschichte, Bd. 2: Vom Hochmittelalter bis zur frühen Neuzeit, hg. von Thomas Kaufmann/Raymund Kottje, Darmstadt 2008, S. 133–165; Mona Kirsch, Das Allgemeine Konzil im Spätmittelalter. Organisationen – Verhandlungen – Rituale (Heidelberger Abhandlungen zur Mittleren und Neueren Geschichte N.F. 21), Diss., Heidelberg 2016, untersucht auf ritualtheoretischer Basis, anders als der Titel suggeriert, die Konzilien von Lateran IV 1215 bis Pisa 1409. Leider wurde mir der Band zu spät zugänglich. – Großes Schisma: Paul Payan, Entre Rome et Avignon. Une histoire du Grand Schisme (1378–1417), Paris 2009; A Companion to the Great Western Schism (1378–1417) (Brill's Companions to the Christian Tradition 17), hg. von Joëlle Rollo-Koster/Thomas M. Izbicki, Leiden/Boston 2009, mit Regionalstudien. – Pisa: Delaruelle/Labande/Ourliac, L'Eglise au temps du Grand Schisme (wie Anm. 1), S. 147–166; Dieter Girgensohn, Von der konziliaren Theorie des späteren Mittelalters zur Praxis. Pisa 1409, in: Die Konzilien von Pisa (1409), Konstanz (1414–1418) und Basel (1431–1449). Institutionen und Personen (Vorträge und Forschungen 67), hg. von Heribert Müller/Johannes Helmrath, Ostfildern 2007, S. 61–94; Hélène Millet, Le concile de Pise. Qui travaillait à l'union de l'Eglise d'Occident en 1409? (Ecclesia militans), Turnhout 2010; Kirsch, Das Allgemeine Konzil (wie Anm. 1), S. 411–463. – Konstanz: Neben Delaruelle/Labande/Ourliac, L'Eglise au temps du Grand Schisme (wie Anm. 1), S. 167–215, siehe das Standardwerk von Walter Brandmüller, Das Konzil von Konstanz 1414–1418 (Konziliengeschichte,

der Kirchengeschichte herauf. Der Konflikt bewirkte – erstmals in diesem Umfang – eine ideologische Spaltung der intellektuellen Kleruseliten Europas, wie sie im Reich erst wieder im Reuchlinstreit und der folgenden Reformation begegnen sollten.

Für die moderne Erforschung der Konzilien des Spätmittelalters war das II. Vatikanum als Konzilsereignis, aber auch in seiner Ekklesiologie (Dekret *Lumen gentium* vom 21. November 1964) der entscheidende Motor.[2] Theologen wie Josef Ratzinger und Karl Rahner nahmen als Experten (Periti) teil. Hans Küngs »Strukturen der Kirche« (1962)

Reihe A, Darstellungen), 2 Bde., Paderborn u. a. 1991–1997; Ansgar FRENKEN, Die Erforschung des Konstanzer Konzils (1414–1418) in den letzten 100 Jahren (= Annuarium Historiae Conciliorum 25, 1993), Diss., Paderborn u. a. 1995; Das Konstanzer Konzil als europäisches Ereignis. Begegnungen, Medien und Rituale (Vorträge und Forschungen 79), hg. von Gabriela SIGNORI/Birgit STUDT, Ostfildern 2014, hier u. a. Johannes HELMRATH, Das Konzil von Konstanz und die Epoche der Konzilien (1409–1449). Konziliare Erinnerungsorte im Vergleich, S. 19–56; Ausstellungskataloge: Das Konstanzer Konzil. Weltereignis des Mittelalters, 1414–1418. Essays, hg. von Karl-Heinz BRAUN/Matthias HERWEG/Hans W. HUBERT/Joachim SCHNEIDER/Thomas ZOTZ, Darmstadt 2013; Das Konstanzer Konzil. Weltereignis des Mittelalters, 1414–1418. Katalog, hg. vom BADISCHEN LANDESMUSEUM, Darmstadt 2014; jüngst Ansgar FRENKEN, Das Konstanzer Konzil (Urban Akademie), Stuttgart 2015. – Pavia/Siena: DELARUELLE/ LABANDE/OURLIAC, L'Eglise au temps du Grand Schisme (wie Anm. 1), S. 222–226; Walter BRANDMÜLLER, Das Konzil von PaviaSiena, 1423–1424, 2 Bde. (Vorreformationsgeschichtliche Forschungen 16, 1 und 2), Münster 1968–1974; Bd. 1 neu bearbeitet (Konziliengeschichte, Reihe A, Darstellungen), Paderborn u. a. 2002. – Basel: MÜLLER, Kirchliche Krise (wie Anm. 1), S. 40–52, 99–117; DELARUELLE/LABANDE/OURLIAC, L'Eglise au temps du Grand Schisme (wie Anm. 1), S. 227–292; Johannes HELMRATH, Das Basler Konzil 1431–1449. Forschungsstand und Probleme (Kölner Historische Abhandlungen 32), Diss., Köln/Weimar/Wien 1987 (Literatur bis 1987); Literaturbericht von Alberto CADILI, Il concilio di Basilea nella produzione storiografica degli ultimi vent'anni, in: Cristianesimo nella storia 30, 2009, S. 635–727 (Literatur bis 2008); ferner Stefan SUDMANN, Das Basler Konzil. Synodale Praxis zwischen Routine und Revolution (Tradition – Reform – Innovation, Studien zur Modernität des Mittelalters 8), Diss., Frankfurt am Main u. a. 2005; Das Ende des konziliaren Zeitalters (1440–1450). Versuch einer Bilanz (Schriften des Historischen Kollegs, Kolloquien 86), hg. von Heribert MÜLLER, München 2012; und jetzt Companion to the Council of Basel (Brill's Companions to the Christian Tradition 74), hg. von Michiel DECALUWÉ/Thomas M. IZBICKI/Gerald CHRISTIANSON, Leiden 2016. Alle Basler Dekrete und Responsionen 1431–1449 jetzt in der umfassenden Edition von Joachim STIEBER, Concilium Basiliense 1431–1449, in: Conciliorum Oecumenicorum Generaliumque Decreta (wie Anm. 1), Bd. 2,2, S. 669–1157. – Ferrara-Florenz: veraltet Joseph GILL, The Council of Florence, Cambridge/Massachusetts 1959, ND Cambridge u. a. 2011; Christian Unity. The Council of Ferrara-Florence 1438/39–1989 (Bibliotheca Ephemeridum Theologicarum Lovaniensium 97), hg. von Giuseppe ALBERIGO, Leuven 1991; Aufsätze in Annuarium Historiae Conciliorum 21, 1989, S. 267–407; 22, 1990, S. 131–233; Ferrara e il concilio 1438–1439. Atti del Convegno di Studi nel 550° anniversario del concilio dell'unione delle due Chiese d'Oriente e d'Occidente (Ferrara 23–24 novembre 1989), 2 Bde., hg. von Patrizia CASTELLI, Ferrara 1992. – Lateranum V: Nelson R. MINNICH, The Fifth Lateran Council (1512–17). Studies on Its Membership, Diplomacy and Proposals for Reform (Variorum Collected Studies Series 392), Aldershot/Hampshire 1993, sowie zahlreiche weitere Studien von Minnich.

2 Heribert MÜLLER, Konzilien des 15. Jahrhunderts und Zweites Vatikanisches Konzil. Historiker und Theologen als Wissenschaftler und Zeitgenossen, in: Historie und Leben. Der Historiker als Wissenschaftler und Zeitgenosse. Festschrift für Lothar Gall zum 70. Geburtstag, hg. von Dieter HEIN/Klaus HILDEBRAND/Andreas SCHULZ, München 2006, S. 115–135.

handelte zentral vom Konstanzer Dekret *Haec Sancta*.[3] Über die Gretchenfrage – situatives Notstandsdekret oder allgemeine Glaubenswahrheit? – wird heute noch gestritten. Der damalige Impuls kam vor allem von der überfälligen theologischen, kanonistischen und politologischen Erforschung der zahlreichen Theoretiker: von Jean Gerson über Antonio Roselli zu Nikolaus von Kues und die Basler Ekklesiologen Johann von Ragusa und Johann von Segovia. Erinnert sei hier lediglich an die einschlägigen Opera von Antony Black, Werner Krämer und Giuseppe Alberigo,[4] sowie, am universalsten, Hermann Josef Sieben, vor allem mit seiner »Geschichte der Konzilsidee«.[5] Dieser »vatikanische Impuls« ist fast versiegt. Eine Synthese zur Konzils- und Kirchentheorie des 15. Jahrhunderts fehlt ungeachtet der genannten Studien bis heute.[6] Nicht zu unterschätzen ist die hohe Emotionalität in der älteren Forschergeneration, die nicht selten die Grundpositionen des 15. Jahrhunderts zwischen »Papalismus« und »Konziliarismus« mit hoher persönlicher Identifikation nachkämpfte.[7]

Andererseits sollte man neben den konfrontativen Zügen die ausgleichenden und ökumenischen Leistungen der Konzilien sehen: die Papstwahl von 1417, die in Konstanz geschlossenen Nationenkonkordate und das sogenannte Wiener Konkordat 1448; im ökumenischen Sinn zum einen die mit den Hussiten vereinbarten Basler Kompaktaten

3 Hans Küng, Strukturen der Kirche (Quaestiones disputatae 17), Freiburg im Breisgau/Basel/Wien 1962.

4 Antony Black, Council and Commune. The Conciliar Movement and the Fifteenth Century Heritage, London 1979 (Untertitel des Buchumschlags: The Conciliar Movement and the Council of Basle); Werner Krämer, Konsens und Rezeption. Verfassungsprinzipien der Kirche im Basler Konziliarismus. Mit Edition ausgewählter Texte (Beiträge zur Geschichte der Philosophie und Theologie des Mittelalters N.F. 19), Diss., Münster 1980; Giuseppe Alberigo, Chiesa Conciliare. Identità e significato del conciliarismo (Testi e ricerche di Scienze religiose pubblicate a cura dell'Istituto per le Scienze religiose di Bologna 19), Brescia 1981.

5 Hermann J. Sieben, Die Konzilsidee der Alten Kirche (Konziliengeschichte, Reihe B, Untersuchungen), Paderborn u. a. 1979; Hermann J. Sieben, Die Konzilsidee des lateinischen Mittelalters (847–1378) (Konziliengeschichte, Reihe B, Untersuchungen), Paderborn u. a. 1984; Hermann J. Sieben, Die katholische Konzilsidee von der Reformation bis zur Aufklärung (Konziliengeschichte, Reihe B, Untersuchungen), Paderborn u. a. 1988; Hermann J. Sieben, Katholische Konzilsidee im 19. und 20. Jahrhundert (Konziliengeschichte, Reihe B, Untersuchungen), Paderborn u. a. 1993. In dem großen Werk klafft gerade für das 15. Jahrhundert eine Lücke, sie wird durch die in der folgenden Anm. genannten Bände Siebens geschlossen.

6 Siehe stattdessen vorläufig die gesammelten Aufsätze von Hermann J. Sieben, Traktate und Theorien zum Konzil. Vom Beginn des Großen Schismas bis zum Vorabend der Reformation (1378–1521) (Frankfurter Theologische Studien 30), Frankfurt am Main 1983; Hermann J. Sieben, Vom Apostelkonzil zum Ersten Vatikanum. Studien zur Geschichte der Konzilien (Konziliengeschichte, Reihe B, Untersuchungen), Paderborn u. a. 1996; Hermann J. Sieben, Studien zu Gestalt und Überlieferung der Konzilien (Konziliengeschichte, Reihe B, Untersuchungen), Paderborn u. a. 2005; Hermann J. Sieben, Studien zum ökumenischen Konzil. Definitionen und Begriffe, Tagebücher und Augustinus-Rezeption (Konziliengeschichte, Reihe B, Untersuchungen), Paderborn u. a. 2010.

7 Der amerikanische Konzilienforscher Gerald Christianson sagte einmal zum Verfasser: »We Basileans must keep together«, was nicht nur auf gemeinsame Forscherinteressen, sondern auch auf eine Art Gesinnungsgenossenschaft zielte.

von 1434, die erstmals – wenn auch notgedrungen – in der Geschichte der Kirche eine abweichende Konfession offiziell tolerierten, nachdem Jan Hus selbst noch auf dem Vorgängerkonzil verbrannt worden war. Zum anderen die wegen ihrer Kurzlebigkeit unterschätzte Union von 1439 mit der orthodoxen Kirche des Ostens, aber auch die noch mehr vergessenen Unionen mit weiteren vier orientalischen Glaubensgemeinschaften (Armeniern, Kopten, Maroniten, Chaldäern) auf dem Konzil von Ferrara-Florenz-Rom 1438–1445.

Man hat die Konzilien des 15. Jahrhunderts stark auf die dritte ihrer sich selbst gestellten Aufgaben, die *reformatio* (neben *fides* und *pax*), fokussiert. So ist es üblich geworden, sie zumindest in Deutschland als »die Reformkonzilien« zu bezeichnen. Dies entspricht wohl auch dem Selbstverständnis der Konzilien als exklusive Reformorgane; man höre Kardinal Giuliano Cesarini, den ersten Präsidenten des Basiliense: *nec enim fieri posset generalis reformacio nisi in concilio.*[8] Im Blick auf die Gesamtgeschichte der Konzilien ist die Bezeichnung etwas überpointiert, denn potenziell verstand sich jedes Konzil als Reformkonzil.[9] Vielleicht zielt der Begriff »Reformkonzilien« auch unterschwellig schon voraus auf einen genuin deutschen Konnex von Reform und Reformation, jene Reformation, die freilich ebenso wenig durch vorgängige Reformen verhindert wurde, wie sie durch deren Ausbleiben erklärbar ist.[10] Erinnert sei in diesem Zusammenhang an die etwas angestrengten Versuche von Chaunu und Ozment, eine große Reformepoche von 1250 bis 1550 unter Einschluss der Konzilien seit Lyon I wie der Reformation zu konstruieren, oder an jüngere (plausiblere) Versuche, die Reformation in eine »umfassende kulturelle Transformation« seit dem 14. Jahrhundert einzubetten.[11] Doch müsste man dann nicht gleich in das 11. Jahrhundert, in die Zeit des sogenannten

---

8 Monumenta conciliorum generalium seculi decimi quinti, Bd. 2, Vindobonae 1873, S. 479. Zum zentralen Komplex »Reform« siehe: Quellen zur Kirchenreform im Zeitalter der großen Konzilien des 15. Jahrhunderts (Freiherr-vom-Stein-Gedächtnisausgabe 38a und b), ausgewählt und übersetzt von Jürgen Miethke/Lorenz Weinrich, Bd. 1: Die Konzilien von Pisa (1409) und Konstanz (1414–1418), Darmstadt 1995, S. 1–50, Bd. 2: Die Konzilien von Pavia/Siena (1423/24), Basel (1431–1449) und Ferrara/Florenz (1438–1445), Darmstadt 2002. Wichtig die Einleitungen von Jürgen Miethke. Zuletzt gründlich: Heribert Müller, Ein Weg aus der Krise der spätmittelalterlichen Kirche. Reform und Erneuerung durch die Konzilien von Konstanz (1414–1418) und Basel (1431–1449)?, in: Zeitschrift für Kirchengeschichte 126, 2015, S. 197–224.

9 So wird der Begriff gelegentlich auch für die Synoden des sogenannten Reformpapsttums im 11. und 12. Jahrhundert benutzt. Siehe Johannes Laudage, Ritual und Recht auf päpstlichen Reformkonzilien (1040–1123), in: Annuarium Historiae Conciliorum 29, 1997, S. 287–334.

10 Siehe unten S. 294–299.

11 Pierre Chaunu, Le temps des Réformes. Histoire religieuse et système de civilisation. La Crise de la chrétienté. L'Éclatement (1250–1550) (Le monde sans frontière), Paris 1975; Stephen E. Ozment, The Age of Reform (1250–1550). An Intellectual and Religious History of Late Medieval and Reformation Europe, New Haven 1980. – Siehe den Forschungsbericht von Olaf Mörke, Die Reformation. Voraussetzungen und Durchsetzung (Enzyklopädie deutscher Geschichte 74), München 2005, S. 84f. Siehe auch unten bei Anm. 101.

»Reformpapsttums« zurückgehen? Und verliert ein solcher Epochenbegriff dann nicht gänzlich an Trennschärfe?

Konzilien sind spätestens seit der papstzentrierten »Umbildung der allgemeinen Synode im Hochmittelalter« (Albert Hauck)[12] nicht ohne Papst denkbar. Mit dem Renaissancepapsttum, dem Thema dieses Bandes, scheinen sie zunächst eine eher kleine Schnittmenge zu haben. Am Begriff »Renaissancepapsttum« sind zwei Bedeutungen zu beobachten: Eine weite im Sinne von Papsttum/Päpste in einem »Renaissance« genannten Zeitalter, eine engere im Sinne eines kulturpolitischen Programms, einer dezidierten Hinwendung und Habitus-Inszenierung bestimmter Päpste im Sinne einer antik-christlich-petrinisch-imperialen Hybridkultur. Das Renaissancepapsttum begänne dann mit Nikolaus V. (1447–1455), dem ersten Humanisten auf der *cathedra Petri*. Die Tatsache, dass er wie Enea Silvio Piccolomini (Pius II.) zugleich wichtiger Akteur der Konzilsgeneration war, zeigt die Verzahnung von Konzilszeit und Renaissancepapsttum zumindest in der Lebenswelt der Protagonisten.[13] Das Renaissancepapsttum bedeutet für Bewunderer einen Höhepunkt der Papstgeschichte, ja der Weltkultur,[14] stellt für die Kritiker hingegen den tiefsten Tiefpunkt des Petrusamtes dar. Die Palette der Meinungen ist groß.[15]

---

12 Albert HAUCK, Die Rezeption und Umbildung der allgemeinen Synode im Mittelalter, in: Historische Vierteljahrsschrift 10, 1907, S. 466–482.

13 Zum Problem der »Konzilsgeneration« siehe Johannes HELMRATH, Die zweite Dekade des langen Basler Konzils (1440–1449). Perspektiven, Konversionen, Piccolominiana. Überlegungen am Ende einer Tagung, in: Das Ende des konziliaren Zeitalters (wie Anm. 1), S. 315–347 passim.

14 Man denke an Friedrich NIETZSCHE, Antichrist, Cap. 61: »Die Deutschen haben [sc. durch Luther] Europa um die letzte große Cultur-Ernte gebracht, … um die der Renaissance«. Da habe es die »Möglichkeit von … überirdischem Zauber … – Cesare Borgia als Papst« als einen »Triumph des Lebens« gegeben. Und dann kam Luther: Er »sah die Verderbniss des Papstthums, während gerade das Gegentheil … zu greifen war … Und Luther stellte die Kirche wieder her: er griff sie an … Ah diese Deutschen, was sie uns schon gekostet haben!« Friedrich NIETZSCHE, Der Antichrist. Fluch auf das Christenthum, in: Friedrich Nietzsche, Kritische Studienausgabe, Bd. 6, hg. von Gigio COLLI/Mazzino MONTINARI, 2. Auflage, München/Berlin/New York 1988, S. 250f.

15 Dazu gehören einerseits ein katholischer Theologe wie Josef Lortz (1887–1975), der im Bemühen, Luthers Anliegen zu verstehen, die »Missstände« der spätmittelalterlichen Kirche bekannte; Joseph LORTZ, Zur Problematik der kirchlichen Mißstände im Spät-Mittelalter, in: Trierer Theologische Zeitschrift (Pastor Bonus) 58, 1949, S. 1–26, 212–227, 257–379, 347–357; wieder in: Joseph LORTZ, Erneuerung und Einheit. Aufsätze zur Theologie und Kirchengeschichte aus Anlaß seines 100. Geburtstags (Veröffentlichungen des Instituts für Europäische Geschichte Mainz 126, Abteilung Abendländische Religionsgeschichte), hg. von Peter MANNS, Stuttgart 1987, S. 295–370. – Auf ganz inferiorer Ebene gehört aber auch die Sparte der Papst- und Katholikenfresserliteratur von Rechts und Links dazu, die sich unter dem Motto »toll trieben es die Päpste in der Renaissance« an jener eigentümlichen Mischung aus forschungsfreiem Anklagegestus, sexuellem Voyeurismus und Antiklerikalismus erkennbar macht. Für das Bild breiterer Kreise von Kirche, Papsttum und insbesondere Renaissancepapsttum sind sie freilich durch ihre teilweise hohe Auflage durchaus prägend gewesen. Das Genre scheint nicht systematisch untersucht zu sein. Die höchste Auflage dürfte

Die hier untersuchten Konzilien – sieht man vom V. Lateranum ab – haben aber nun weniger mit dem »Renaissancepapsttum« zu tun als eher mit der Renaissance überhaupt, bzw. mit der europäischen Diffusion des Humanismus, für die sie durch ihren Sekundärcharakter als internationale Gesandten- und Gelehrtenkongresse sowie Drehscheiben vielfältigster Kommunikation wichtig wurden.[16] Es ist ein Verdienst der Konstanzer Jubiläums-Ausstellungen des Jahres 2014,[17] diese der Forschung schon länger vertraute Tatsache publik gemacht zu haben: Wir finden humanistische Praktiken (Reden, Briefe, Lektüren, Gruppenbildungen, Handschriftenkauf und -jagd etc.) auf den Konzilien, einen Bruni und Poggio in Konstanz, einen Enea Silvio in Basel, und viele nach Griechisch lechzende Humanisten in Ferrara-Florenz. Aber das waren kollaterale, nicht zentral den Charakter der Konzilien von Konstanz, Basel und auch Ferrara-Florenz prägende Phänomene. Wie stark vielmehr die päpstliche Kurie »Sehnsuchtsort der Humanisten« (Jürgen Dendorfer) war, weil sie auskömmliche Beschäftigung und kultiviertes Ambiente, weil sie eben zahlreiche Vorzüge (*commoda*, so Lapo da Castiglionchio) bot, ist bekannt.[18]

Im Folgenden wird versucht, prägende Momente jener Kette von Konzilien von Pisa 1409, Konstanz (1414–1418), Pavia-Siena (1423/1424), besonders Basel (1431–1449) und Ferrara-Florenz-Rom (1438–1445) sowie des V. Laterankonzils (1512–1517) zu analysieren und sie zugleich knapp in die Gesamtgeschichte des spätmittelalterlichen Papsttums und der Generalkonzilien einzuordnen. Mit dem Ende des Basiliense endete das »konziliare Zeitalter«. Dennoch wäre es unangemessen, hier eine Epochenguillotine niedersausen zu lassen. Weniger deshalb, weil dann das V. Lateranum isoliert in der Luft hinge, sondern weil schon in der »Konzilszeit« gerade das Papsttum, eben jenes »Renaissancepapsttum« der folgenden sieben Jahrzehnte, entscheidende Prägungen erfuhr, die es zumindest in Grundzügen weiterzuverfolgen gilt. Geradezu bedrängend verbindet sich damit aus ultramontaner Perspektive die Frage nach Brücken oder aber Schluchten zwischen Missstandskritik sowie Reformbemühungen des langen 15. Jahrhunderts und Luthers Reformation.

Konzilien repräsentieren seit dem 4. Jahrhundert als Legislativorgane und Glaubensgerichte das kollegiale Moment der Kirchenverfassung neben dem monarchischen (Bischöfe, Papst). Sie bilden von Nikaia bis Trient und Vatikanum II eine Serie von

---

Otto von Corvins immer wieder bis in das 20. Jahrhundert nachgedruckter »Pfaffenspiegel« (erstmals 1845) gehabt haben.

16 Siehe unten Anm. 60.

17 Die Kataloge siehe oben in Anm. 1.

18 Christopher S. Celenza, Renaissance Humanism and the Papal Curia. Lapo da Castriglionchio the Younger's *De Curiae Commodis* (Papers and Monographs of the American Academy in Rome 31), Ann Arbor/Michigan 1999. Siehe auch den Beitrag von Birgit Studt in diesem Band.

»Brennpunkte(n) der Kirchengeschichte« (Klaus Schatz), und damit auch der Papstgeschichte. Freilich: Anders als das Papstamt existieren Konzilien nur okkasionell, tagen von Zeit zu Zeit in oft großen Abständen, so wie viele vormoderne Großversammlungen. Als Historiker verstehe ich die kirchlichen Konzilien als Teile einer europäischen Versammlungsgeschichte, die mit weltlichen Parlamenten wie Reichstagen, États généraux und Cortes anhand bestimmter Kriterien vergleichbar sind: so etwa Rekrutierung, Organisation, Entscheidungsfindung, Abstimmungsverfahren und als Sequenz von Sprechakten (Oratorik).[19] Dies darf freilich nicht dazu führen (und das ist manchmal die Sorge der Theologen), den religiösen Charakter der Konzilien, ihr pneumatisch geistgeleitetes Selbstverständnis außer Acht zu lassen.

Will man den Typus der Konzilien des Mittelalters verstehen, und darum geht es hier, hat immer noch Albert Haucks bereits genannter Aufsatz von 1907 kanonischen Rang, »Die Rezeption und Umbildung der allgemeinen Synode im Mittelalter«.[20] Die Zentralfigur ist Innozenz III. und sein IV. Laterankonzil.[21] In der Tat ist das IV. Lateranum für eine Analyse aller folgenden Konzilien Prototyp und Vergleichsmaßstab. Hauck sah den Papst zwar einerseits an die Konzilien der Alten Kirche anknüpfen,[22] – insofern kann er von »Rezeption« sprechen; strukturell habe Innozenz andererseits aber einem neuen Konzilstyp zum Durchbruch verholfen, insofern ist plausibel von »Umbildung« die Rede. Den Hauptunterschied sah Hauck zu Recht in bestimmten Ausweitungen. Erstens: Statt eines reinen Bischofskonzils unter moderierender Leitung

19 Politische Redekultur in der Vormoderne. Die Oratorik europäischer Parlamente in Spätmittelalter und Früher Neuzeit (Eigene und fremde Welten 9; Studies Presented to the International Commission for the History of Representative and Parliamentary Institutions 86), hg. von Jörg Feuchter/Johannes Helmrath, Frankfurt am Main 2008; Politische Versammlungen und ihre Rituale. Repräsentationsformen und Entscheidungsprozesse des Reichs und der Kirche im späten Mittelalter (Mittelalter-Forschungen 27), hg. von Jörg Peltzer/Gerald Schwedler/Paul Töbelmann, Ostfildern 2009; Zelebrieren und Verhandeln. Zur Praxis ständischer Institutionen im frühneuzeitlichen Europa (Symbolische Kommunikation und gesellschaftliche Wertesysteme 27), hg. von Tim Neu/Michael Sikora/Thomas Weller, Münster 2009. Die intensivste rhetorische Untersuchung eines Konzils legte Thomas Woelki anhand der Reden des Juristen Lodovico Pontano auf dem Basiliense vor: Thomas Woelki, Lodovico Pontano (ca. 1409–1439). Eine Juristenkarriere an Universität, Fürstenhof, Kurie und Konzil (Education and Society in the Middle Ages and Renaissance 38), Diss., Leiden/Boston, Massachusetts 2011, mit Editionen.

20 Siehe Anm. 12.

21 Zum IV. Lateranum immer noch Raymonde Foreville, Lateran I–IV (Geschichte der Ökumenischen Konzilien 6), Mainz 1970 (orig. Französisch: Latran I, II, III et Latran IV, Paris 1965); Schatz, Allgemeine Konzilien (wie Anm. 1), S. 109–113; Antonio García y García, Historia del Concilio IV Lateranense de 1215 (Biblioteca Oecumenica Salmanticensis 31), Salamanca 2005; Kirsch, Das Allgemeine Konzil (wie Anm. 1), S. 145–187.

22 Siehe die Ladungsbulle *Vineam domini* vom 13. April 1213: *ut, quia haec universorum fidelium communem statum respiciunt, generale concilium juxta priscam sanctorum Patrum consuetudinem convocemus*; Migne, Patrologia Latina 216, Sp. 824B.

des Kaisers, wie es – meist unter marginaler Präsenz der Westlichen Kirche – die Konzilien der Alten Kirche von Nikaia 325 bis Konstantinopel III 869/870 darstellten, tagten jetzt Prälatenkonzilien – ohne die Ostkirche – und unter alleinigem Einberufungsrecht und dominanter Leitung des Papstes. Das schloss auch Äbte und Vertreter von Kapiteln ein, zweitens werden aber auch die regierenden Laienfürsten, meist durch Gesandte, integriert, die gleichsam das partikularisierte christliche Staatensystem des Westens (und um 1215 zumindest ephemer: des nach 1204 katholisch beherrschten Ostens) abbildeten. Dies habe drittens ein neues ekklesiologisches Verständnis von Repräsentation impliziert, die sichtbare Repräsentation der Gesamtkirche im Konzil. Und hier – das ist Haucks eigentlicher Clou – schlägt er überraschend die Brücke der »Umbildung« vom IV. Lateranum zum Konziliarismus des Spätmittelalters und zum europäischen Verfassungsdenken: »Die Vorstellung von Universalsynode, die der sogenannten konziliaren Theorie des 15. Jahrhunderts zugrunde liegt, stammt nicht von Konrad von Gelnhausen [d. h. einem der frühen Konzilstheoretiker des späten 14. Jahrhunderts; JH], … sondern ihre Wurzeln führen zurück zu dem größten Papst des Mittelalters.«[23]

Brian Tierney sollte 40 Jahre später eben diesen Ansatz mit seinen »Foundations of the Conciliar Theory« auf breiterer Basis fortsetzen.[24] Andere Forscher, voran Hermann-Josef Sieben, sehen hier freilich nicht bloß eine »Umbildung«, sondern einen veritablen »Bruch« mit der Tradition.[25] Es fragt sich, ob hier pragmatische und theologische Faktoren sauber zu trennen sind. In der Ladungsbulle *Vineam domini* vom 13. April 1213 ist zumindest das Betroffenheitsprinzip auf die Gesamtkirche ausgedehnt.[26] Dieses *respiciunt*, diese Relevanz, die Partizipation legitimiert, steht sinngemäß für die berühmte und in den Konzilstraktaten des 14. und 15. Jahrhunderts dann ubiquitäre Formel aus dem römischen Recht *quod omnes tangit, ab omnibus approbari debet*.[27]

---

23 Hauck, Rezeption (wie Anm. 12), S. 470.

24 Mit »Foundations« sind die kanonistischen gratianisch-dekretistischen Grundlagen gemeint, die in der konziliaren Theorie späte Sprengkraft entfalteten: Brian Tierney, Foundations of the Conciliar Theory. The Contribution of the Medieval Canonists from Gratian to the Great Schism (Cambridge Studies in Medieval Life and Thought N.S. 4), Cambridge 1955, ND Cambridge 1968; als erweiterte, neue Ausgabe erschienen in der Reihe »Studies in the History of Christian Thought 81«, Leiden/New York/Köln 1998.

25 Der springende Punkt sei die Laienteilnahme. Innozenz III. habe die Fürsten sozusagen wegen bestimmter Sachbetreffe eingeladen, also weil Kreuzzug, Ketzerverfolgung oder der deutsche Thronstreit sie unmittelbar praktisch »tangieren«, was aber keine ekklesiologische Dimension gehabt habe. Erst bei Konzilstheoretikern wie Marsilius von Padua († 1343) und späteren gehe es strukturell um »das Wesen der Kirche«, die durch Klerus und Laien repräsentiert werde. Siehe Sieben, Konzilsidee des lateinischen Mittelalters (wie Anm. 5), S. 401, vgl. S. 256 f.

26 Wie Anm. 22.

27 C. 5.59.5, § 2; X 1.23.7, Corpus Iuris Canonici, Bd. 2, hg. von Aemilius Friedberg, Leipzig 1879, ND Graz 1959, Sp. 152. Maßgeblich immer noch Yves Congar, Quod omnes tangit, ab omnibus tractari et approbari debet, in: Revue d'histoire du droit français et étranger 35, 1958, S. 210–259; wieder in: Die geschichtlichen Grundlagen der modernen Volksvertretung, Bd. 1: Allgemeine Fragen und europäischer Überblick (Wege

Das IV. Lateranum von 1215 war mit über 1.200 Teilnehmern das größte Konzil des Mittelalters und mit einem Corpus von 70 verabschiedeten Dekreten, die in die *Compilatio tertia* und dann den *Liber Extra* (1234) eingingen, das weitaus produktivste. Dabei dauerte es ganze drei Wochen. Das IV. Lateranum zeigte wie kein anderes den Synergismus von Papst und Konzil. Nicht ganz so reibungslos, aber im Prinzip ähnlich liefen die folgenden päpstlichen Synoden ab – freilich sämtlich nicht in Rom, sondern in Frankreich. Lyon I 1245 (150 Bischöfe) und Lyon II 1274 (250 Bischöfe) sowie Vienne 1311, das übrigens schon sieben Monate dauerte und ein Papsttum in Bedrängnis zeigte. Dann brachen die Generalkonzilien, die ungefähr im Generationenrhythmus alle dreißig bis vierzig Jahre stattgefunden hatten, ab.[28]

Die Epoche der Reformkonzilien

Origo generalis concilii Constanciensis ex Pisano concilio cepit, eröffnet Kardinal Fillastre sein Tagebuch vom Konstanzer Konzil.[29] Am Anfang war Pisa. Hier wurden 1409 Maßstäbe gesetzt, Praktiken erprobt, konziliare Grunderfahrungen gemacht, die auf die folgenden Versammlungen ausstrahlten. Als akute Realisierung der *via concilii*, war nach Scheitern der anderen *viae* das Konzil das letzte Emergenzinstrument gewesen, um das aporetisch festgefahrene, schon seit 1378 andauernde Schisma aufzulösen, indem dessen Verursacher, die papstwählenden Kardinäle aus den beiden Obödienzen, sich nach extrem langwierigen und komplexen Verhandlungen zusammentaten und damit hundert Jahre nach Vienne wieder ein Konzil beriefen und einen neuen Papst wählten, den Griechen Alexander V. Ihm folgte bald Johannes XXIII. Da die beiden aktuellen Schismapäpste Benedikt XIII. und Gregor XII. gar nicht daran dachten, tatsächlich

der Forschung 196), hg. von Heinz RAUSCH, Darmstadt 1980, S. 115–182; sowie in: Yves CONGAR, Droit ancien et structures ecclésiales (Variorum Collected Studies Series 159), London 1982, Nr. III.

28 Steckt man alle Konzilsorte vom Lyon I bis Trient auf einer Karte ab, sieht man, dass sie fast alle in Zentraleuropa um die Alpen herum lagen, und zwar überwiegend im ehemaligen Reichs- bzw. reichsitalischen Gebiet: Lyon, Vienne und Lausanne (1448–1449) im frankophonen Westen, Konstanz und Basel im deutschsprachigen Norden, Pavia (1423, 1511) und Trient im italienischsprachigen Süden. Die Ausnahmen liegen in Italien: Pisa (1409 und 1511) sowie Ferrara-Florenz-Rom (1438–1445), also erstmals seit dem IV. Lateranum wieder Rom. Siehe dazu Johannes HELMRATH, Locus concilii. Die Ortswahl für Generalkonzilien vom IV. Lateranum bis Trient (Mit einem Votum des Johannes de Segovia), in: Synodus. Beiträge zur Konzilien- und allgemeinen Geschichte. Festschrift für Walter Brandmüller (= Annuarium Historiae Conciliorum 27/28, 1995/96), hg. von Remigius BÄUMER/Evangelos CHRYSOS/Johannes GROHE/Erich MEUTHEN/Karl SCHNITH, Paderborn u.a. 1997, S. 593–661.

29 Acta Concilii Constanciensis, hg. von Heinrich FINKE in Verbindung mit Johannes HOLLNSTEINER/Hermann HEIMPEL [Bd. 4], 4 Bde., Münster 1896–1928, ND Münster 1981, hier Bd. 2, S. 13; siehe GIRGENSOHN, Von der konziliaren Theorie (wie Anm. 1), S. 92.

abzudanken, gab es nach Pisa drei Päpste, die Kirche war zum *monstrum tricephale* geworden.

Für die Idee von Kirche und Papsttum war das Große Schisma eine Katastrophe, für die einfachen Christen war es wohl erträglich, für die Fürsten schließlich war es ein Differenzierungsgewinn, eine Schule, die ihnen ermöglichte, mit Pluralisierungen an der Spitze der Kirche umzugehen und sich mit zwei Päpsten und Kurien und später sogar mit zwei Konzilien vorteilhaft zu arrangieren. Die von Paul Payan konstatierte »fragmentation de l'Europe« ermöglichte auch die komfortable »possibilité du refus«, etwa durch Obödienzentzug, mit entsprechenden Handlungsspielräumen.[30] Später würde man Konkordate mit Papst Eugen IV. abschließen oder Dekretcorpora des Basler Konzils rezipieren, wie 1438 durch die Pragmatische Sanktion von Bourges die Krone Frankreich und im Jahr darauf in Deutschland der König und die Reichsfürsten durch die Mainzer Akzeptation. In Basel lehnte man derartige »Rezeptionen« durch Laienfürsten strikt ab, konnte sie aber nicht verhindern. Das Konzil verlangte grundsätzlichen Gehorsam, ohne filternde und »akzeptierende« Zwischeninstanzen. Die kirchenherrliche Rolle der Fürsten, später die Basis für den Erfolg der Reformation, ist hier schon sehr deutlich.[31] Pragmatisches Taktieren schloss bei den Fürsten echte Sorge und Verantwortungsgefühl für die Einheit der Kirche und für das religiöse Leben ihrer Untertanen keineswegs aus.

Ein Papstschisma war an sich in der Kirchengeschichte nichts Neues, wohl aber ein so langes, so bürokratisch etabliertes. Und es sollten weitere Pluralisierungen kommen, Innovationen, Paradoxa, Irregularitäten, die normal werden, eine Art Heißlaufen kirchenpolitischer Extreme: Konzilien, die Päpste wählen und absetzen,[32] Konzilien, die jahrelang papstlos bzw. ohne Papstpräsenz arbeiten, die aber als Gerichtsinstanzen Papstprozesse führen, die als Arbeitskonzilien eine Bürokratie aufbauen; Konzilien, die in ihrer Dauer Kirchenparlamenten gleichen, die ihr Teilnehmerspektrum und Stimmrecht hierarchisch immer weiter nach unten verbreitern.

---

30 Payan, Entre Rome et Avignon (wie Anm. 1), S. 255, 274, 286; vgl. Müller, Kirchliche Krise (wie Anm. 1), S. 64.

31 John A. F. Thomson, Popes and Princes, 1417–1517. Politics and Polity in the Late Medieval Church (Early Modern Europe Today), London 1980; Erich Meuthen, Fürst und Kirche am Vorabend der Reformation, in: Jahrbuch der Thomas-Morus-Gesellschaft 1982/1983, S. 33–42; Erich Meuthen, Reiche, Kirchen und Kurie im späteren Mittelalter, in: Historische Zeitschrift 265, 1997, S. 597–637; Heribert Müller, Das Basler Konzil (1431–1449) und die europäischen Mächte. Universaler Anspruch und nationale Wirklichkeiten, in: Historische Zeitschrift 293, 2011, S. 593–629; Johannes Helmrath, Das Reich, seine Fürsten und das Basler Konzil, in: Annuarium Historiae Conciliorum 46, 2014 (erschienen 2016), S. 105–138; Johannes Helmrath, The Empire and the Council, in: Companion to the Council of Basel (wie Anm. 1), S. 410–442.

32 Pisa 1411 brachte es auf zwei Absetzungen, zwei Papstwahlen (Alexander V., rechnet man die Wahl Johannes XXIII. dazu); Konstanz ebenfalls zwei (sc. die gleichen) Absetzungen, eine Wahl (Martins V.); Basel eine Zitation 1432, eine Absetzung (Eugens IV.), eine Wahl (Felix' V.) 1439.

Das Pisanum hatte ein neues Konzil schon in drei Jahren vorgeschrieben, es initialisierte damit selbst die Kette von Konzilien:[33] Zunächst die gescheiterte Synode Johannes' XIII. 1412/1413 in Rom, dann Konstanz 1414–1418 und als Kinder von dessen Dekret *Frequens* die Konzilien von Pavia-Siena 1422/1423 und Basel-Lausanne 1431–1449 – bzw. 1438–1445 parallel dazu Ferrara-Florenz-Rom. Sie zusammen bildeten eine bis dato in der Kirchengeschichte singulär dichte Sequenz einander fortzeugender Generalkonzilien.[34] Und diese Konzilskette sollte man als vierzigjährige Epoche zusammensehen. Sie endete erst im April/Mai 1449 in Lausanne mit dem Rücktritt des Konzilspapstes Felix V. und mit der Selbstauflösung des unentwegten Basler Konzils.[35]

Das Ausbleiben von Konzilien während des avignonesischen Papsttums wurde von Reformaktivisten als eigentlicher Grund der Krise angesehen. So versteht man das Konzil einmal selbst als »das« Reformorgan par excellence, zum anderen geht es um die Revitalisierung der Konzilien über den *casus necessitatis* von Pisa hinaus als verbindliche Etablierung. Das Konstanzer Dekret *Frequens* vom 9. Oktober 1417 legte dafür einen Turnus fest: erst nach fünf, dann nach sieben Jahren, dann regelmäßig alle zehn Jahre. Das alle zehn Jahre wiederkehrende Konzil sollte nicht zuletzt die Amtsführung des Papstes kontrollieren, der als bloßer *vicarius*, als Funktionär der Kirche, seine Pflicht zu tun hat.

Es spricht überdies viel dafür, die genannten »Reformkonzilien« wiederum in einen noch weiteren Kreis vormoderner Konzilien einzuordnen, der mit den päpstlichen (Lateran-)Synoden des Hochmittelalters beginnt und mit dem Tridentinum 1545–1563 endet. Insofern käme dem Periodisierungsversuch von Chaunu und Ozment im Prinzip doch wieder eine gewisse Plausibilität zu. In den Kreis gehört auch das leicht übersehene Konzilspaar des V. Lateranums (1512–1517) als Gegenkonzil zum französisch dominierten II. Pisanum von 1511–1512 (Synode von Pisa-Mailand-Asti-Lyon). Obwohl das V. Lateranum fünf Jahre, länger als das Konstanzer Konzil, dauerte, trotz seiner Reformdekrete und obwohl es noch im Jahr des Thesenanschlags tagte, wurde es in der

33 Dazu Dieter Girgensohn, Über die Protokolle des Pisaner Konzils von 1409, in: Annuarium Historiae Conciliorum 18, 1986, S. 103–127, hier S. 105: »Somit kann man die Pisaner Synode in eine Reihe stellen mit den späteren Reformkonzilien: vieles, was für jene an Neuerungen auffällt, ist bereits 1409 vorhanden oder doch im Keim angelegt.« Zum Pisanum siehe Kirsch, Das Allgemeine Konzil (wie Anm. 1), S. 411–464. Künftig die Aachener Dissertation von Florian F. Esser, Konzilsformen. Das Pisaner Konzil und die Lösung des Großen Abendländischen Schismas (1378–1409), Diss., Aachen 2016.

34 Siehe die Literatur in Anm. 1.

35 Siehe Das Ende des konziliaren Zeitalters (wie Anm. 1), besonders S. 3–26 die Einleitung des Herausgebers zu Forschungsstand und Perspektiven, sowie, wichtig für die Epochenreflexion der Folgezeit: Nach dem Basler Konzil. Die Neuordnung der Kirche zwischen Konziliarismus und monarchischem Papat (ca. 1450–1475) (Pluralisierung & Autorität 13), hg. von Jürgen Dendorfer/Claudia Märtl, Berlin 2008.

Öffentlichkeit vor allem des Nordens kaum wahrgenommen. Die Reformation hat es – in der historischen Rückschau – natürlich nicht verhindert.[36]

Konstanz und Basel fallen nicht nur durch ihre extreme Dauer aus dem Rahmen, erstmals in der Kirchengeschichte überhaupt fanden Generalkonzilien in Deutschland statt, was in den Zeiten beginnender protonationaler Kompetition nichts Geringes war.[37] Konstanz als Konzilsort war wesentlich Kaiser Siegmund und seinen geschickten Verhandlungen mit Papst Johannes XXIII. zu verdanken.[38] Kontingente politische Instabilität vor Ort (Einfall König Ladislaus' von Neapel) führte dann wieder auch signifikanterweise dazu, dass sich ein für 1412 in Rom initiiertes Konzil[39] – 200 Jahre nach dem IV. Lateranum – als nicht realisierbar erwies. Die Richental-Chronik inszeniert die Wahl von Konstanz bildlich als Synergismus der beiden Universalgewalten, sie sitzen sich in Lodi auf Thronen gegenüber: Der Kaiser fragt: *Pater sancte, Constantia tibi placet?* und der Papst antwortet, kaum begeistert: *Fili carissime, Constantia mihi placet.*[40] Die Wahl von Konstanz lässt vermuten: »Mitteleuropa hatte aufgeholt.«[41] Die Kirche war nun, nach einem Wort Peter Moraws, »gleichsam nach Deutschland verlegt«. Hier spielte künftig die Musik. Mit Johannes XXIII. war 1414 erstmals seit dem 11. Jahrhundert ein Papst nach Deutschland gereist, und das freiwillig. Die zahlreichen Emigrationen der Kurie im 11. bis 14. Jahrhundert waren stets nach Frankreich gegangen. Aus Gründen, die hier nicht zu erörtern sind (etwa die irrationale Flucht Johannes'

36 Das V. Lateranum wurde lange Zeit von Nelson R. Minnich fast im Alleingang erforscht. Siehe Anm. 1 und demnächst den Band der von Minnich in Rom 2016 veranstalteten Tagung über das V. Lateranum. Minnich machte eine wichtige Differenzierung hinsichtlich der späteren Ideologisierung und Traditionsbildung der Konzilskette. Während »Konziliaristen«, Episkopalisten, Febronianer, Gallikaner sich auf Pisa I, Konstanz, Basel-Lausanne und Pisa II sowie die dort vertretene Konzilssuperiorität beriefen, liegen die ihnen zeitgenössischen, zum Teil auch oppositen Synoden Pavia-Siena, Ferrara-Florenz-Rom und das V. Lateranum eher auf einer Linie des päpstlichen Primats und seiner späteren Verfechter und verweisen eher auf das I. Vaticanum; Nelson R. Minnich, Councils of the Catholic Reformation. Pisa I (1409) to Trent (1545–63) (Variorum Collected Studies Series 890), Aldershot 2008, S. 27.

37 Helmrath, Locus concilii (wie Anm. 28), hier zu Konstanz S. 610–615, zum Existenzkampf gegen eine räumliche Verlegung (*mutatio concilii*) in Basel S. 626–640.

38 Siehe dazu unten bei Anm. 40.

39 Dazu Brandmüller, Das Konzil von Konstanz (wie Anm. 1), Bd. 1, S. 17f.

40 Die Bilder – Sigismund ist von sechs Kurfürsten [!] umgeben – in Ulrich von Richenthal, Das Concilium. So zu Constantz gehalten ist worden …, Augsburg 1536 (Heinrich Steyner), Faksimile Meersburg am Bodensee 1936, f. XIv, XIIr. Zu den Verhandlungen von Como und Lodi: Acta Concilii Constanciensis (wie Anm. 29), Bd. 1, S. 170–179; Brandmüller, Das Konzil von Konstanz (wie Anm. 1), Bd. 1, S. 49–66; Frenken, Erforschung (wie Anm. 1), S. 124–135; Helmrath, Locus concilii (wie Anm. 28), S. 611–613.

41 Erich Meuthen, Eugen IV., Ferrara-Florenz und der lateinische Westen, in: Annuarium Historiae Conciliorum 22, 1990, S. 219–233, hier S. 220. Ein anonymer Sermo vom 12. Januar 1416 drückt dies indirekt durch variierende Heraushebung aus: *Primum* [sc. *Concilium*] *Pisanum, secundum Romanum* [der römische Konzilsversuch Johannes' XXIII.], *tercium Constanciense seu Theutonicum seu Germanum*; Acta Concilii Constanciensis (wie Anm. 29), Bd. 2, S. 426.

XXIII. aus Konstanz), kam es nicht nur zur Absetzung und Einkerkerung des Papstes bei Mannheim,[42] sondern auch zum explosiven Dekret *Haec Sancta* (06. April 1415), das die Konzilssuperiorität festschrieb.[43]

Wäre das Konzil in Deutschland eine Chance gewesen für Johannes XXIII., Baldassare Cossa, wenn er sich klüger angestellt hätte? Wohl nicht. Als reformbedürftig freilich sah man Germanien sowohl an der Kurie Martins V. wie Eugens IV. und Nikolaus' V. an. In den 1420er Jahren bereisten dann auch Legaten wie die Kardinäle Giordano Orsini, Branda da Castiglione und Heinrich Beaufort das Land und hielten Synoden ab. Kardinal Giuliano Cesarini hatte nach Ende des Konzils von Basel fest eine Reformreise durch Deutschland vor, Nikolaus von Kues, der Cesarini auch um seine Reformakten beerbte, führte die Legation als Reform von oben 1451/1452 durch.[44] Insofern war es vielleicht doch nicht so überraschend, dass in Pavia/Siena 1423 wieder eine süddeutsche Reichsstadt, nämlich Basel, zum Konzilsort bestimmt wurde. Basel lag nur etwas weiter westlich als Konstanz, aber der Rhein (sc. der Bodensee) bleibt für beide Städte und ihre Konzilien der Wasserstraßenanschluss.[45]

Charakteristika der Reformkonzilien. Basel als Extrem

Vier Charakteristika der Reformkonzilien, insbesondere des Konzils von Basel, seien im Folgenden näher betrachtet, die Papstlosigkeit, die Behörden der Konzilien, ihre Dauer sowie Partizipation und Stimmrecht.

---

42 Michael OBERWEIS, Der gefangene Papst Johannes. Mannheims Beitrag zur Beendigung des großen Abendländischen Schismas, in: Ein rebellisches Dorf und ein gefangener Papst. Mannheim vor der Stadtgründung (Kleine Schriften des Stadtarchivs Mannheim 21), hg. von Ulrich NIESS/Michael OBERWEIS, 2. Auflage, Mannheim 2005, S. 50–81.

43 Conciliorum Oecumenicorum Generaliumque Decreta (wie Anm. 1), Bd. 2,1, S. 548–550. Das Zitat bei Peter MORAW, Von offener Verfassung zu gestalteter Verdichtung 1250–1490 (Propyläen Geschichte Deutschlands 3), Berlin 1985, S. 368.

44 Siehe unten bei Anm. 90. Die Reformakten Cesarinis im Besitz des Nikolaus von Kues: heute Bernkastel-Kues, Hospitalsbibliothek, Cod. Cus. 168; ediert in: Concilium Basiliense. Studien und Quellen zur Geschichte des Concils von Basel, Bd. 8: Acten, Rechnungen und Protokolle. Die Handakten des Konzilspräsidenten Cesarini, hg. von Heinrich DANNENBAUER, Basel 1936, S. 1–186.

45 Die Wahl Basels fand konkret am 19. Februar 1424 auf einer Sitzung der Präsidenten und von Vertretern der Nationen auf dem Konzil von Siena statt; wer Basel tatsächlich durchsetzte, ist unseres Wissens nicht klar; HELMRATH, Locus concilii (wie Anm. 28), S. 617–619. Zu den Reformlegationen unter Martin V. siehe Birgit STUDT, Papst Martin V. (1417–1431) und die Kirchenreform in Deutschland (Forschungen zur Kaiser- und Papstgeschichte des Mittelalters, Beihefte zu J. F. Böhmer, Regesta Imperii 23), Köln/Weimar/Wien 2004.

a) Kann die Kirche ohne Papst auskommen? Das kardinalizische Pisanum begann nolens volens papstlos, um das Schisma zu beenden, wählte einen Papst mit Alexander V., war mit den Gegenkurien der Päpste Gregor XII. und Benedikt XIII. sowie deren, freilich wenig bedeutenden, Gegenkonzilien in Perpignan und Cividale konfrontiert.[46]

Das Konzil von Konstanz begann mit einem amtierenden Papst, tagte nach Absetzung Johannes' XXIII. papstlos – und nach Abreise Siegmunds nach Aragón auch kaiserlos, hielt mit Resten einer Kurie die »Sauregurkenzeit« bis 1417 durch. Als willkommene Ersatzbeschäftigungen – die in ihrer Fernwirkung freilich weltbedeutend waren – boten sich Prozesse an: allen voran der gegen Hus, danach gegen Jean Petit, gegen Johannes Falkenberg OP und Hieronymus von Prag. Parallel zum Constantiense existierten immer noch temporär parallel die Gegenkurien Gregors XII. (bis 1415) und Benedikts XIII. (bis 1423).

Das Konzil von Pavia-Siena tagte unter einem anerkannten Papst, Martin V., aber wiederum ohne dessen Anwesenheit, und war überhaupt als einziges der fünf Konzilien ohne einen institutionellen, kurialen oder konziliaren Gegenpart. Martin V. löste es auf, was bei Aktivisten wie Johann von Ragusa Frustration und Empörung bewirkte. Ragusa und andere wurden dann in Basel führende Figuren.

Das Basler Konzil stellte den Höhepunkt der Pluralismen und Konkurrenzen dar: Es tagte von Anfang an bis zu seiner (verweigerten) Translation 1438 ohne den amtierenden Papst Eugen IV., der in Italien blieb. Er kam einfach nicht, hatte es wohl auch nie vor, erst recht nicht, als man ihn 1432 und 1438 prozessual nach Basel zitierte. Dachte er an Johannes XXIII., der sich unbedarft in die Höhle des Löwen nach Konstanz begeben hatte? Oder dachte er, der mediterran, nicht ultramontan denkende Venezianer, an die zur Union nolens volens gezwungenen Griechen, die nicht nach Norden gehen würden, schon gar nicht ohne ihn als den Patriarchen des Westens? Stattdessen hatte Eugen seinerseits schon 1431 die Auflösung des Konzils versucht – vergeblich. Die Synode etablierte sich, eine Art Ballhausschwur, nur der Gewalt zu weichen, schweißte die Versammlung zusammen,[47] ließ seine Teilnehmerzahl wachsen, setzte überdies große bürokratische und theoretische Kreativität frei. Die Anerkennung durch Eugen IV. am 15. Dezember 1433 (Bulle *Dudum sacrum*) wurde als Sieg gefeiert. In den nächsten Jahren fand man bis 1436 einen Modus Vivendi, es war auch die fruchtbarste Reformphase des Konzils, in der es das Gros seiner Reformdekrete publizierte, die nicht zuletzt der Kurie ihre Finanzbasis wegreformierten. Die Ortsfrage für das Unionskonzil wurde dann vollends die Sollbruchstelle. Eugen IV. transferierte das Konzil nach Italien. Aber nur ein Drittel der Konzilsväter verließ Basel. Mit Ferrara-Florenz erhielt das Basiliense

46 Zu Perpignan (1408/1409) und Cividale (1409) jetzt Kirsch, Das Allgemeine Konzil (wie Anm. 1), S. 392–410, 464–488.

47 Helmrath, Basler Konzil (wie Anm. 1), S. 34.

faktisch ein Gegenkonzil. Die Majorität in Basel tagte aber unverdrossen weiter, setzte 1439 Eugen IV. ab und wählte mit Felix V. einen eigenen Papst. Dem letzten Papstschisma der Kirchengeschichte ging mithin ein Konzilsschisma voraus. Seit 1440 gab es also, bei aller Pluralismuserfahrung der Jahrzehnte davor, eine nie dagewesene Quadrupelsituation mit zwei Päpsten und zwei Langzeitkonzilien. Es gehört zu den Paradoxien dieses Jahrzehnts, dass das Basler Rumpfkonzil das in Rom 1445 ausklingende päpstliche Unionskonzil noch überlebte.

b) Behörden: *Sic hic formatur curia Romana,* sagte Kardinal Aleman 1438 konstatierend wie programmatisch. Mit *hic* ist Basel gemeint. Ab 1432 entstand am Oberrhein unter Ägide des Konzils ein kompletter Behördenapparat, der der römischen Kurie wie eine Kopie dem Original glich: Kanzlei, Kammer, Poenitentiarie, Rota usw.[48] Und das war kein potemkinsches Dorf. Schon 1431 treffen wir auf Notare, im Juli 1432 auf die ersten drei Rotarichter usw.

Die Basler Kurie – ein Paradoxon wohl doch, insofern als es in Basel eben keinen Papst vor Ort gab und Eugen IV. in Italien über eine Kurie verfügte. Warum dieser Golem? Die Parallel-Existenz mehrerer Papstkurien kannte man aus dem Schisma. Eine konziliare Gegenkurie aber ist ein Sonderphänomen. War das alles für den immer noch erwarteten Papst eingerichtet? Warum achtete man so peinlich, dass alles *ad instar curiae Romane* und *iuxta stilum curiae* eingerichtet würde? Schon in Konstanz hatte es einen Ausschuss *pro servando stilo curiae* gegeben.[49] Nur hatte hier jenen Kern von Kurialen und kanzlistischer Infrastruktur 1414 Papst Johannes XXIII. noch selbst mitgebracht.[50] In Basel wurde all dies buchstäblich aus dem Boden gestampft. Und alles so wie beim Papst? Weil man es in Europa so gewohnt war, weil die Effektivität des

---

48 Johannes Helmrath, Das Konzil als Behörde. Eine unbekannte Kanzleiordnung des Basler Konzils von 1439, in: Kurie und Region. Festschrift für Brigide Schwarz zum 65. Geburtstag (Geschichtliche Landeskunde 59), hg. von Brigitte Flug/Michael Matheus/Andreas Rehberg, Stuttgart 2005, S. 93–112; Hans-Jörg Gilomen, Bürokratie und Korporation am Basler Konzil. Strukturelle und prosopographische Aspekte, in: Die Konzilien von Pisa (1409), Konstanz (1414–1418) und Basel (1431–1449) (wie Anm. 1), S. 205–256; Hans-Jörg Gilomen, Conciliar Bureaucracy, in: Companion to the Council of Basel (wie Anm. 1), S. 167–229.

49 Gilomen, Bürokratie (wie Anm. 48), S. 223.

50 Der Vergleich mit der Kanzlei des in vieler Hinsicht prototypischen Konstanzer Konzils, das seinerseits über zwei Jahre ohne Papst tagte, wurde bisher kaum durchgeführt; Emil Göller, Zur Geschichte der apostolischen Kanzlei auf dem Konstanzer Konzil, in: Römische Quartalschrift für christliche Altertumskunde und Kirchengeschichte 20, 1906, S. 205–213 (nach Archivio Segreto Vaticano, Reg. Lat. 186); nur sehr knapp Brandmüller, Das Konzil von Konstanz (wie Anm. 1), Bd. 1, S. 162f. – Oft begegnen in dieser Epoche Kanzlei- und Behördenteilungen, bzw. verbleibende Restkanzleien, etwa 1376, als Gregor XI. endgültig zurück nach Rom gegangen war: Was war in Avignon zurückgeblieben, dass Clemens VII. wieder so schnell dort Fuß fassen konnte? Ähnlich nach Eugens IV. Flucht 1433 aus Rom: Wer, welche Behörden kommen nach aus Rom, wer bleibt dort, wer geht ans Basler Konzil?

kurialen Systems bewährt war? Ja: Sie zu imitieren signalisierte vor allem Legitimität, ferner personelle Ämterkompatibiltät für Frontwechsler wie Verfahrenssicherheit. Fast ein Systemzwang. Das korporativ geprägte Eigenprofil der Konzilskurie zeigte sich dann doch in enger Amtsbefristung, strikter Kollegialität und vielen paritätisch besetzten Ausschüssen. Fragen bleiben offen: Wie verliefen – funktional und personell – Zusammenspiel und Konkurrenz zu den päpstlichen Parallel-Kurien? Wie und warum entstehen konkurrente Bürokratien? Sind korporative Versammlungen institutionenkreativ? Ist die Basler Kurie intendiertes Projekt: ein konziliares Kirchenregiment mit päpstlichen Mitteln oder geradezu ein bürokonziliarer Gegenpapst? Erklärt Bürokratie die Dauer, 18 Jahre? Die entscheidende Dialektik ist nach wie vor diese: Bürokratie entsteht, wenn Bedarf da ist, Bedarf wird geweckt, wenn Bürokratie da ist. Dauer bewirkt Bedarf; Bedarf bewirkt Dauer. Dabei konnte es sich um »Eigenbedarf« von Kurialen und Konzilsvätern ebenso handeln wie um Bedarf der Kirchen und der Gläubigen *ex partibus* (durch Suppliken, Prozesse etc.). In jedem Fall lag für viele Basel näher als Rom oder Florenz. Insofern war das Konzil in die Bürokratie hineingeschlittert.

c) Je länger aber die an sich temporäre Institution »Konzil« amtierte, desto unausweichlicher wurde sie auch als Verwaltungs- und Gerichtsinstanz Ersatz und damit Konkurrenz für die Kurie Eugens IV. in Italien – fast 20 Jahre lang! Sowohl die paradoxe Dauer, die dem okkasionellen und zeitlimitierten Wesen eines Konzils widersprach, wie auch die Systemfolgen der doppelten Kurienbildung wurden in Basel lange Zeit nicht näher reflektiert.[51] Und dennoch wird man fragen: Geschah das alles ohne Projekt? Der Sprung vom *Frequens* zum *Semper*, vom temporären konziliaren Reformschub mit periodischer Kontrolle der päpstlichen Amtsführung zum dauernden Kirchenregiment über die Legislative hinaus, dazu der Ausbau einer Theologie konziliarer Unfehlbarkeit, ist mehr als eine Suggestion. Entspricht sie letztlich nicht der eigentlichen Intention des Dekrets *Frequens*? Der Aufbau der Behörden, die Prozesse, der Anspruch auf Legationen, auf Erhebung von Zehnt, auf Ablassverkündung und Kanonisationen etc. – sämtlich päpstliche Vorrechte – war das nicht implizit eben doch ein Anspruch auf Kirchenregiment mit Dauertendenz? Die oben geschilderte *imitatio Romae* offenbart also zum einen hohen Legalismus, zum anderen den latenten Anspruch, die Kirche dauerhaft mitzuregieren.

51 Zum Problem des »Dauerkonzils« Johannes HELMRATH, Basel, the Permanent Synod? Observations on Duration and Continuity at the Council of Basel (1431–1449), in: Nicholas of Cusa on Christ and the Church. Essays in Memory of Chandler McCuskey Brooks for the American Cusanus Society (Studies in the History of Christian Thought 71), hg. von Gerald CHRISTIANSON/Thomas M. IZBICKI, Leiden/New York/Köln 1996, S. 35–56; HELMRATH, Die zweite Dekade (wie Anm. 13), S. 330–335.

d) Revolutionär waren Zusammensetzung und Geschäftsordnung des Basler Konzils, und zwar über die Verhältnisse von Konstanz hinausgehend: erstens die Erweiterung der stimmberechtigten Personen bis hinab zu Bakkalaren der Jurisprudenz und einfachen Pfarrern, zweitens das egalitäre Stimmrecht »one man one vote«, ob man Kardinal war oder Pfarrer, drittens der Konsensidealismus und das Prinzip der *libertas dicendi*, viertens die rational begründete, aber dem Zeitgeist widersprechende Ersetzung der Nationen durch vier Fachdeputationen, die unter strikter proportionaler Durchmischung von Ämtern und Nationen besetzt wurden, fünftens die besonders breite Präsenz von Gesandten der europäischen Laienfürsten, die man prinzipiell bereits vom IV. Lateranum kennt. Der Innovation war man sich durchaus bewusst; die Geschäftsordnung, so Johann von Segovia, sei eine *practica … nusquam primum, sed diebus nostris adinventa*.[52]

Felix V., der letzte »Gegenpapst« der Kirchengeschichte, und das Ende des Basler Schismas

»Innovativ« war auch die Wahl des Herzogs Amadeus VIII. von Savoyen 1439/1440 zum Papst. Mit Felix V. († 1451) gab es wie in Pisa und Konstanz einen vom Konzil gewählten Papst, nun aber einen Laien, der überdies statt eines bislang anerkannten Papstes aufgestellt wurde. Dieser merkwürdige Pontifikat entbehrt nicht bizarrer Züge. Mit Amadeus-Felix war eigentlich das Haus Savoyen Papst geworden, bei penibelster Einhaltung wiederum der römischen Riten. Ursula Gießmanns Analysen der Wahl- und Krönungszeremonie Felix' V. stehen repräsentativ für das hohe ritualgeschichtliche Interesse der jüngsten Forschung an den Konzilien.[53] Für Verwaltung und Behörden handelten Konzil und Papst eine Kompetenzteilung aus, etwa bei Bearbeitung von Suppliken. Außerdem hatte Felix V. schon 1442 die räumliche Kohabitation beendet, als er mit seiner Kurie von Basel weg in das savoyische Genf zog.

---

52 Monumenta conciliorum generalium seculi decimi quinti, (wie Anm. 8), Bd. 2, S. 135.

53 Ursula Giessmann, Rom in Basel? Zeremoniellbeherrschung von Gegenpapst Felix V., in: Music and Culture in the Age of the Council of Basel (Épitome musical), hg. von Matteo Nanni, Turnhout 2013, S. 309–319; sowie grundlegend Ursula Giessmann, Der letzte Gegenpapst Felix V. Studien zu Herrschaftspraxis und Legitimationsstrategien (1434–1451) (Papsttum im mittelalterlichen Europa 3), Köln/Weimar/Wien 2014; hier v.a. Cap. 3: »Rom in Basel, 1439–1442«, S. 145–310; Ursula Giessmann, Felix V., the Last Antipope, in: Companion to the Council of Basel (wie Anm. 1), S. 443–470. Grundsätzlich ritualgeschichtlich auch jüngst Kirsch, Das Allgemeine Konzil (wie Anm. 1), ebenso diverse Beiträge in Das Konstanzer Konzil als europäisches Ereignis (wie Anm. 1). Zur Problematik des Begriffs »Gegenpapst«: Gegenpäpste. Ein unerwünschtes mittelalterliches Phänomen (Papsttum im mittelalterlichen Europa 1), hg. von Harald Müller/Brigitte Hotz, Köln/Weimar/Wien 2012.

Hätte sich 1439 hier die faszinierende Gelegenheit eines konstitutionellen Papsttums ergeben, wo der Papst nach den Konzepten der Konzilstheoretiker tatsächlich als weisungsgebundener Vertreter, als bloßer Vikar und *rector* hätte agieren dürfen? So kam es eben nicht! Wenn das Konzil Erfolg haben wollte, musste auch sein Papst anerkannt werden. Damit er, statt Eugen IV., anerkannt wurde, musste er Autorität und eine gewisse Autonomie behalten und durfte nicht vom Konzil ostentativ beherrscht bzw. ekklesiologisch demontiert werden. Dazu kamen finanzielle Sachzwänge. Ein Papst braucht Einnahmen. Felix, der ohnehin keinerlei Ehrgeiz besaß, ein neuer Bonifaz VIII. zu werden, war da ganz Pragmatiker. Und das Konzil musste es nolens volens auch sein. Im Dekret *Inscrutabili* vom 4. August 1440 gewährte das Konzil seinem Papst Reservationen, Besetzungsrechte und Einnahmen, teils unter Verstoß gegen eigene Dekrete der Jahre 1434–1436, die ja die Einkünfte der römischen Kurie drastisch beschnitten hatten.[54]

Eugen IV. hatte wohl immer in dem Gefühl gelebt, dass es bei der Auseinandersetzung mit den Baslern ums Ganze gehe. Während er skrupulant kurz vor seinem Tod (Februar 1447) in einem *Salvatorium* alles revozierte, was die Autorität von Papst und Kurie beeinträchtigen könnte, betrieb sein Nachfolger, der Humanist Tommaso Parentucelli als Nikolaus V. nicht unbedingt voraussehbar eine dezidierte Versöhnungspolitik in einem moderaten Kirchenfrieden. Unmittelbar nach Eugens Tod hatte Felix V. in Genf noch einmal Oberwasser gewittert: Warum einen neuen Papst wählen, er war doch da! Das erwies sich als Chimäre. Am Ende gewährte der römische Papst Ämter- und Besitzstandsgarantien oder »Überleitungsmodelle« für die Amtsträger des Basler Konzils und für Felix V. persönlich.[55] Nach seiner Abdankung wurde der Papstherzog von Nikolaus V. zum Kardinalbischof von Santa Sabina und Bischof von Genf ernannt,[56] der Legationssprengel war komfortablerweise mit dem Territorium von Savoyen identisch: Es gab somit – der Ausdruck ist nicht zeitgenössisch – einen *papa emeritus in territorio suo*; sogar ein Legatenregister ist erhalten.[57] Dass analog die römischen Päpste Eugen IV., Nikolaus V. und ihre Nachfolger ihrerseits finanziell mehr denn je auf den Kirchenstaat, das Patrimonium Petri, zurückgeworfen waren, darf als ein weiteres paradoxes Resultat der Konzilsepoche gelten.

---

54 Conciliorum Oecumenicorum Generaliumque Decreta (wie Anm. 1), Bd. 2,2, S. 1113–1119.

55 Dazu Joachim Stieber, Felix V. als Papst des Konzils von Basel und die langfristige Bedeutung des Kirchenfriedens von 1449, in: Das Ende des konziliaren Zeitalters (wie Anm. 1), S. 297–314; Ursula Giessmann, Die *renuntiatio* Felix' V., in: Gegenpäpste (wie Anm. 53), S. 391–410; Giessmann, Der letzte Gegenpapst (wie Anm. 53), S. 345–371.

56 Wenn es dafür ein Modell gab, dann am 23. Juni 1419, als die erste Kardinalskreation des neuen Papstes Martins V. Baldassare Cossa, einst Papst Johannes XXIII., zum Kardinalbischof von Tusculum erhob.

57 Genf, Bibliothèque Publique, ms. lat 126;

Nach der Dekaden-Rhythmik des Dekrets *Frequens* hätte eigentlich 1441 – zehn Jahre nach Beginn des Konzils von Basel – schon wieder ein neues Konzil beginnen müssen, und ein weiteres gleich 1451 wieder. Eigentlich wäre Frankreich (mit Lyon) an der Reihe gewesen, aber es kam nicht dazu. Das kirchliche und politische Establishment war vorerst und für lange Zeit schlicht der Konzilien müde.

Das andere Konzil: Ferrara – Florenz – Rom 1438–1445

Im Januar 1438 hatte Eugen IV. das in Basel tagende Konzil nach Italien transferiert, aber nur eine Minorität war dem Dekret gefolgt, während sich die Mehrheit in Basel zur einzigen Repräsentanz der Christenheit erklärte. Die Spaltung war damit perfekt. Das Konkurrenzkonzil tagte zuerst in Ferrara unter Obhut der Este, dann vier Jahre in Florenz unter Protektion der Medici und zuletzt in Rom. Das Unionskonzil Eugens IV. war das Ergebnis eines erbitterten Kampfs zwischen Kurie und Basler Konzil um den Konzilsort und die Präsenz der Griechen gewesen.[58] Alle – zumindest im Westen – wollten die Union. Von seinen drei wechselnden Orten wie von seinem Teilnehmerspektrum her betrachtet, war das Konzil ein fast rein italienisches unter weitestgehender »Absenz der ultramontanen Kirchen«.[59] Hier zeigt sich bereits die noch mehrfach begegnende Italienisierung der Kurie. Als päpstlich dominiertes Bischofskonzil war auch die Verfassungsstruktur des Florentinums ein Gegenmodell zu Konstanz und Basel. Dass aber hier die größte griechische Gesandtschaft des ganzen Mittelalters, mit Kaiser und Patriarch, für eineinhalb Jahre in den Westen kam, verlieh diesem Konzil eine andere weltkirchliche Dimension. So hatte Ferrara-Florenz auch ein ganz anderes kulturelles und mentales Flair. Der Aufenthalt griechischer Gelehrter wie Bessarion und Plethon bewirkten im Westen einen neuen Schub des Griechischen, nach dem schon von Manuel Chrysoloras bewirkten, der bezeichnenderweise 1415 in Konstanz auf dem Konzil gestorben war. Der exilierte Papsthof in Florenz zur Zeit des Konzils war intellektuell vielleicht splendider als je, von Humanisten durchsetzt und von der mäzenatenfreudigen städtischen Elite von Florenz umgeben.[60] Der Flame Guillaume Du Fay, jahrelang

58 HELMRATH, Locus concilii (wie Anm. 28), S. 626–640. Historischer Gesamtüberblick bei MEUTHEN, Eugen IV., Ferrara-Florenz (wie Anm. 41).

59 Johannes HELMRATH, Die lateinischen Teilnehmer des Konzils von Ferrara-Florenz, in: Annuarium Historiae Conciliorum 22, 1990, S. 146–198. Der Herzog von Burgund war der einzige Fürst, der eine Gesandtschaft schickte; ein einziger deutscher Bischof, damals als Prokurator des Deutschen Ordens an der Kurie tätig, war zugegen, Nikolaus Kreul, Bischof von Ösel.

60 Siehe jetzt Luca BOSCHETTO, Società e cultura a Firenze al tempo del Concilio. Eugenio IV tra curiali, mercanti e umanisti (1434–1443) (Libri, carte, immagini 4), Roma 2012; Johannes HELMRATH, Diffusion des Humanismus und Antikerezeption auf den Konzilien von Konstanz, Basel und Ferrara/Florenz, in: Die

Eugens IV. Hofkomponist und Besucher des Konstanzer wie des Basler Konzils, komponierte für die Weihe des Doms Santa Maria del Fiore am 13. März 1436 die polyphone Motette *Nuper rosarum flores*. Die entscheidenden Kämpfe mit dem Basler Konzil der Jahre 1436–1443 zu führen, war die Exilkurie Eugens IV. offenbar gut imstande. Florenz umgekehrt, mit den Medici als berechnend großzügigen Sponsoren des ganzen Konzils – wusste seine Gastgeberrolle zu nutzen. Eine riesige Marmortafel in der Vierung des Doms zum Beispiel berichtet noch heute stolz vom großartigen Ingenieurstück einer Hochbrücke aus Holz, die den Papst von seinem Quartier in Santa Maria Novella zum Dom, dem Tagungsort des Konzils, gehen lässt, ohne dass er den Straßenstaub berührt und durch die Menge schreiten muss.

Dieses kulturelle Ambiente war weitgehend unabhängig davon, ob der Papst sich selbst als Humanist verstand. Der asketische Augustinereremit Gabriele Condulmer tat das sicher nicht. Sein Nachfolger Nikolaus V., Thomas Parentucelli, tat es hingegen sehr wohl, er gilt zu Recht als der erste Humanistenpapst. Ihn übertraf literarisch, aber nicht als Bauherr, Pius II. Piccolomini (1458–1464). Es ist wohl die Eigendynamik eines Hofes, und besonders des Papsthofes, die dessen Fürsten schon früh fast automatisch zu Empfängern theologischer und vieler literarischer Werke, von Gedichten und Epen machte,[61] und sie reziprok zu Förderern der Autoren, oft waren es Humanisten, werden ließ. Eugen IV. wurden sowohl Flavio Biondos humanistische *Roma instaurata* als auch Kampfschriften wie *de papali potestate* eines Lodovico Strassoldo persönlich gewidmet. Unter diesem Gesichtspunkt muss man, was Luca Boschetto schon 2012 anregte, vielleicht wirklich eine Neubewertung des Condulmerpapstes vornehmen. Er war nicht der erste Renaissancepapst im engeren Sinne, aber er stand als erster einem humanistischen Ambiente vor.

Die Auseinandersetzung mit den Griechen war eine riesige Herausforderung und, viel zu wenig anerkannt, eine große ökumenische Leistung und eben kein Nebenschauplatz: Es wurde eineinhalb Jahre verhandelt, gekämpft in großen Debatten, wo zwei

Präsenz der Antike im Übergang vom Mittelalter zur Frühen Neuzeit. Bericht über Kolloquien der Kommission zur Erforschung der Kultur des Spätmittelalters 1999 bis 2002 (Abhandlungen der Akademie der Wissenschaften zu Göttingen, Philologisch-Historische Klasse, Folge 3, 263), hg. von Ludger Grenzmann/Klaus Grubmüller/Fidel Rädle/Martin Staehelin, Göttingen 2004, S. 9–54, besonders S. 43–52. Zu Du Fay siehe Reinhard Strohm, Guillaume Du Fay, Martin le Franc und die humanistische Legende der Musik (Neujahrsblatt der Allgemeinen Musikgesellschaft in Zürich 192), Winterthur/Schweiz 2007, und den Band Music and Culture (wie Anm. 53).

61 Boschetto, Società (wie Anm. 60). Die Dimension dieser Literatur hat erstmals erschlossen: Thomas Haye, Päpste und Poeten. Die mittelalterliche Kurie als Objekt und Förderer panegyrischer Dichtung, Berlin/New York 2009. Über Rom im 15. Jahrhundert jetzt Arnold Esch, Rom. Vom Mittelalter zur Renaissance, München 2016, hier S. 188–204 zu Humanisten und Musik am Papsthof, zu Nikolaus V. S. 170–187, zu Pius II. S. 243–262.

Denk- und Sprechwelten aufeinandertrafen, die sich zunächst kaum verstanden. Was in der Sicht der Nachwelt das Florentinum partiell entwertet hat, ist seine Politisierung, oder nennen wir es seine oekumenische Asymmetrie: a) Den Griechen, deren Reich auf Konstantinopel und den Peloponnes zusammengeschrumpft war, saßen die Türken an der Gurgel; um die einzig rettende westliche Militärhilfe zu erhalten, hätten sie keine Alternative gesehen als der Union zuzustimmen – die Kurie habe diese Zwangslage kühl ausgenutzt (Oekumene sieht anders aus). b) Von vornherein war das Florentinum auch innerwestlich Faktor eines Stellvertreterkriegs: Während um das *filioque* gerungen wurde, ging der Blick aus dem Fenster nach Basel. Die Unionsbulle vom 06. Juli 1439 – *Laetentur coeli et exultet terra... gaudeat et mater ecclesia. Ecce enim occidentales orientalesque patres post longissimam dissensionis ... tempus ... convenerunt!* – bestätigte im Wesentlichen die westlichen Standpunkte; dazu gehörte neben dem für die Griechen zentralen *filioque* (und den Ansichten über Fegefeuer und Azymen) das, worüber in Florenz kaum offen diskutiert worden war – der päpstliche Primat: *Item diffinimus sanctam apostolicam sedem et romanum pontificem in universum orbem tenere primatum – et ipsum pontificem romanum ... verum Christi vicarium totiusque ecclesie caput et omnium christianorum patrem ac doctorem existere.*[62] Das war auch an die Adresse des aufständischen Basler Konzils im Norden gerichtet, quasi die Antwort auf dessen Dogmatisierung der *tres veritates* am 16. Mai 1439. Dass Eugen IV. von der Bulle *Laetentur caeli* 310 Prachtexemplare anfertigen und in alle Welt versenden ließ,[63] kann man nachvollziehen. Wenn man über den Primat redet, muss daher – lange vor dem I. Vaticanum – über *Laetentur caeli* gesprochen werden!

Eugen, der Papst der Einheit gegenüber den »Schismatikern« in Basel, das war die Linie, die fortan in den folgenden unendlich langen zehn Jahren von der päpstlichen Propaganda gefahren wurde, ganz dezidiert etwa von Nikolaus von Kues auf dem Mainzer Reichstag 1441. Es waren die Reichsversammlungen, auf die nach der Spaltung von 1438 das Rede- und Werbeforum des Kirchenstreits zwischen Eugenianern und Baslern/Felicianern ausgelagert war. Und der Nimbus der Einheit, der Sog des Altbewährten, Diplomatie auf Augenhöhe, Kompaktatengeschäfte führten auch dazu, dass die europäischen Fürsten das Basler Kollektiv in den 40er Jahren fallen ließen und sich mit der Kurie in Florenz bzw. Rom nach und nach arrangierten.

62 Conciliorum Oecumenicorum Generaliumque Decreta (wie Anm. 1), Bd. 2,1, S. 1217.

63 Helmrath, Die lateinischen Teilnehmer (wie Anm. 59), S. 150 f.; Otfried Krafft, Illuminierte Unionsbullen. Burgund, das Konzil von Florenz und die Urkunden »Letentur celi« und »Cantate domino« von 1439 und 1442, in: Visualisierte Kommunikation im Mittelalter. Legitimation und Repräsentation (Schriften des hessischen Staatsarchivs 23), hg. von Steffen Arndt/Andreas Hedwig, Marburg 2010, S. 111–135, besonders S. 113–115.

Räumlich gesehen bedeutete die konziliare Ortsfolge vom Ferrara der Este über das Florenz der Medici, das nach Eugens Flucht aus Rom 1434 schon zwei Jahre päpstliche Residenz gewesen war,[64] dann aber auch sehr symbolträchtig ein »Zurück nach Rom«.[65] Die erste Rückkehr fand unter dem neugewählten Colonnapapst Martin V. 1420ff. statt, der in Rom, das wieder zu einer Stadt der Kuhhirten (*vaccai*) herabgesunken war, urbane Stabilität v.a. durch »Colonnisierung« (also auf dynastischem Weg) zu sichern versuchte. Mit der zweiten und endgültigen Rückkehr des Papstes 1443 nach Rom tagte erstmals seit dem IV. Lateranum 1215 auch wieder ein Konzil in der Ewigen Stadt, denn die Reste der westlichen Teilnehmer des Florentinums, überwiegend Kuriale, zogen von Florenz aus mit. So klein und ephemer dieses laut der Eröffnungsbulle *sacrosanctum Lateranense* [!] *ycomenicum concilium*[66] auch gewesen sein mag, immerhin schloss es (nach Griechen, Armeniern und Kopten) noch die Unionen mit Syrern (30. November 1444) sowie Chaldäern und zypriotischen Maroniten (07. August 1445), ehe es wohl bald danach ohne offizielle Beendigung versandete.[67]

Man kann sagen, dass der jahrzehntelange Streit mit den Konzilien im Norden und das Betreiben eines »eigenen« Konzils in Italien kulturelle Potenzen der Kurie absorbiert haben. Die Ruhejahre nach 1420 unter Martin V., nach 1443 (Rückkehr Eugens IV. nach Rom) und dann nach 1447/1449, nach Ende des Basiliense unter Nikolaus V., bedeuteten geradezu ein Ventil für den Auf- und Ausbau der Stadt Rom und den kulturellen wie repräsentativen Aktivismus der Päpste.

Die Union war, wie gesagt, auch als ein deutliches dogmatisches Signal an das korporatistische Konzil in Basel zu verstehen und wurde auch so verstanden. Hier hatte man fast scheelen Blickes auf Florenz geschaut (die Union selbst konnte man ja kaum verdammen); der Gegenschlag war eigentlich noch gerade ein Präventivschlag: Am 25. Juni, zehn Tage vor dem »drohenden« Erfolg in Gestalt von *Laetentur caeli* setz-

64 Martin Kaufhold, Papst Eugen IV. (1431–1447) zwischen Rom und Florenz. Städtische Konkurrenz und gemeinsame Tradition, in: Florenz – Rom. Zwischen Kontinuität und Konkurrenz. Akten des am 10./11. April 1997 am Kunsthistorischen Institut in Florenz veranstalteten interdisziplinären Kolloquiums (Artes optimae 1), hg. von Henry Keazor, Münster 1998, S. 21–45; Hermann Diener/Brigide Schwarz, Das Itinerar Papst Eugens IV. (1431–1447), in: Quellen und Forschungen aus italienischen Archiven und Bibliotheken 82, 2002, S. 193–230; Meuthen, Eugen IV., Ferrara-Florenz (wie Anm. 41), S. 228–233; Eleonora Plebani, Una fuga programmata. Eugenio IV e Firenze (1433–1434), in: Archivio storico italiano 170, 2012, S. 285–310; Esch, Rom (wie Anm 61), S. 81–93.

65 Meuthen, Eugen IV., Ferrara-Florenz (wie Anm. 41), S. 225; Esch, Rom (wie Anm. 61), S. 75–80 (Martin V.).

66 So tituliert es die Eröffnungsbulle Eugens IV. *Humani generis* vom 14. Oktober 1443, welche die Fortsetzung (*continuatio*) des Florentinums in Rom dekretiert; Conciliorum Oecumenicorum Generaliumque Decreta (wie Anm. 1), Bd. 2,1, S. 1306–1310, hier S. 1309 Z. 4359;

67 Gill, Council of Florence (wie Anm. 1), S. 333–338. Die Quellenlage für die römischen Jahre ist recht schlecht, aber auch die Aktivitäten waren gering.

te man Eugen IV. ab. Es war das Ende eines langen kanonischen Prozessverfahrens (mit allen Etappen wie Zitation, Kontumazerklärung, Suspension etc.), das bereits seit 1438 mit uhrwerksartiger Korrektheit in Basel ablief.[68] Der Haupt-Absetzungsgrund: Häresie, die Klausel *Papa ... a nemine est iudicandus, nisi deprehendatur a fide devius* (D. 40 c. 6; Friedberg, Bd. 1, Sp. 156) hatte wieder ihre Sprengkraft erwiesen. In Konstanz hatte man sich noch abgemüht, moralische Defekte an Baldassare Cossa durch drastische Zeugenberichte »nachzuweisen«. In Basel hingegen hatte man, um sich abzusichern, am 16. Mai 1439 *tres veritates fidei*, konkret das Konstanzer Dekret *Haec Sancta* (06. April 1415), die Superiorität des Konzils über den Papst, zum Dogma erhoben (übrigens ein Argument dafür, dass das Dekret bis dahin eben nicht einhellig als Dogma aufgefasst wurde!). Die Verlegung eines Konzils gegen seinen Willen war damit Verstoß gegen eine Glaubenswahrheit, die Absetzung mithin konsequent, denn ein Häretiker kann nicht Papst sein. Die *tres veritates* bedeuteten auch einen weiteren Schritt zur Kanonisierung des Constantiense, zur Bildung der Kette sich jeweils bestätigender Konzilien. Eugens IV. Gegenreaktion, ein weiteres Drehen der Konfliktschraube, war die Bulle *Moyses, vir dei* vom 4. September 1439: Sie verbindet den Triumph der Union und Reaktion auf die – als unberechtigt angesehene – Papstabsetzung mit der endgültigen, in singulärer Radikalität ausgesprochenen Verdammung der Basler als Rotte Korah. Diese alttestamentarische Szene wurde in der Sixtinischen Kapelle nach dem gescheiterten Basler Konzilsversuch des Andreas Jamometić von 1482[69] dann auch ostentativ an die Wand gemalt.

---

68 Zum Papstprozess jetzt die Pariser Dissertation von Emilie Rosenblieh, Juridiction conciliaire et juridiction pontificale au temps du concile de Bâle (1431–1449). Recours, procédures et suppliques. Doctorat d'histoire du Moyen Âge, sous le direction de Claude Gauvard, Université Paris I Panthéon-Sorbonne, soutenu le 6 décembre 2010 (im Druck); siehe vorläufig das Resumée in: Archives de sciences sociales des religions 160, 2012, S. 309–358 sowie Michiel Decaluwé, A Successful Defeat. Eugene IV's Struggle with the Council of Basel for Ultimate Authority in the Church 1431–1449 (Institut Historique Belge de Rome, Bibliothèque 59), Diss., Bruxelles/Roma 2009, S. 270–318.

69 Dazu v. a. die Arbeiten von Jürgen Petersohn, Zum Personalakt eines Kirchenrebellen. Name, Herkunft und Amtssprengel des Basler Konzilsinitiators Andreas Jamometić († 1484), in: Zeitschrift für historische Forschung 13, 1986, S. 1–14; Jürgen Petersohn, Kaiserlicher Gesandter und Kurienbischof. Andreas Jamometić am Hof Papst Sixtus' IV. (1478–1481). Aufschlüsse aus neuen Quellen (MGH Studien und Texte 35), Hannover 2004; Jürgen Petersohn, Reichsrecht versus Kirchenrecht. Kaiser Friedrich III. im Ringen mit Papst Sixtus IV. um die Strafgewalt über den Basler Konzilspronuntiator Andreas Jamometić 1482–1484. Forschungen und Quellen (Forschungen zur Kaiser- und Papstgeschichte des Mittelalters, Beihefte zu J. F. Böhmer, Regesta Imperii 35), Köln/Weimar/Wien 2015.

Konziliarismus

Zum Begriff »Konziliarismus«,[70] der lange einen pejorativen Unterton hatte, ist hier für eine Engführung zu plädieren: Nicht das Abhalten von Konzilien, auch nicht ihre Einberufung als kardinalizisches Notstandsorgan wie in Pisa 1409, ist schon Konziliarismus, sondern dieser entstand erst, als die theologische wie regimenthafte Ausreifung und Verfestigung griff, die dann folgerichtig im Kontrast stand zu einer analog aufgebauten Argumentkette eines »Papalismus«. Wann aber tritt das ein? Die Auseinandersetzungen waren seit den 1380er Jahren vorbereitet und wachsend untermauert durch theoretische Reflektion. Für die weltlichen Versammlungen ist ein Text wie der *Modus tenendi parliamentum*, eine Deskription des englischen Parlaments (um 1330), ganz singulär; ungleich mehr tat sich im kirchlichen Bereich. Der Konflikt machte kreativ. Der Konzilstraktat des Patriarchen Jean Mauroux *de superioritate inter concilium et papam* von 1434, der ein eher schlichtes ABC des Konziliarismus propagierte, ist in mehr als 100 Handschriften nachweisbar. Erich Meuthen sprach aus gutem Grund vom »größte[n] Traktatkrieg vor der Reformation«; das ist für Schriftaufkommen (Zahl der Kopien), Zahl der Opera, Zahl der Partizipanten zutreffend. »Kaum 100 Kamele«, so sei Dietrich von Niem zitiert, könnten sie forttragen.[71] Der Aufwand war enorm, er überstieg die intensive Traktatpolemik im Investiturstreit und im Armutsstreit des 13./14. Jahrhunderts bei Weitem. Einige schlichte Charakteristika:

1) Der Konziliarismus denkt nicht primär vom Haupt der Kirche, dem Papst, sondern von der Gesamtkirche als *congregatio fidelium* aus, die sich im Konzil manifestiert, und als deren Amtsträger (*vicarius*) der Papst in petrinischer Sukzession fungiert. Die

---

70 Konzis Antony J. Black, What was conciliarism? Conciliar theory in historical perspective, in: Authority and Power. Studies in Medieval Law and Government Presented to Walther Ullmann on his seventieth birthday, hg. von Brian Tierney/Paul Linehan, Cambridge u. a. 1980, S. 213–224; Jeannine Quillet, Community. I: Community, counsel and representation, in: The Cambridge History of Medieval Political Thought c. 350–c. 1450, hg. von James H. Burns, Cambridge u. a. 1988, S. 520–572; Antony Black, Community. II: The conciliar movement, in: The Cambridge History of Medieval Political Thought (wie Anm. 70), S. 573–587; Helmrath, Basler Konzil (wie Anm. 1) S. 408–477; Jürgen Miethke, Konziliarismus. Die neue Doktrin einer neuen Kirchenverfassung, in: Reform von Kirche und Reich zur Zeit der Konzilien von Konstanz (1414–1418) und Basel (1431–1449). Konstanz-Prager Historisches Kolloquium (11.–17. Oktober 1993), hg. von Ivan Hlaváček/Alexander Patschovsky, Konstanz 1996, S. 29–60; Müller, Kirchliche Krise (wie Anm. 1), S. 68–77; Gerald Christianson, Conciliarism and the Council, in: Companion to the Council of Basel (wie Anm. 1), S. 75–111.

71 Theoderici de Nyem De scismate libri tres, rec. Georgius Erler, Leipzig 1890, S. 223 (III, 11): *Utinam talis imperator* [sc. wie Otto der Große] *surgeret temporibus nostris, qui nunc cassaret scripturarum multiplicitatem in hoc labyrinto, quae adeo creverunt propter multitudinem scribentium in hoc passu, quod vix eos centum cameli portarent.*

sprechende Paronomasie des Hl. Hieronymus: *Orbis maior est urbe* / »der Erdkreis ist größer als die Stadt [= Rom]« (D. 93 c. 24; Friedberg, Bd. 1, Sp. 328), drückt dieses Denken treffend aus.

2) Repräsentationsdenken:[72] die Unterscheidung zwischen *distributive* (Kirche als räumliches Encadrement, das angemessen / proportional auf dem Konzil als *repraesentatio fidelium* vertreten sei) und *collective* (Kirche als mystischer Leib, sozusagen als pneumatische Präsenz). Ekklesiologie ist immer auch Christologie. Eng damit verbunden ist der Idealismus konziliaren Konsenses. So waren vom Repräsentationsbegriff auch Wege zum korporativen europäischen Verfassungsdenken der Frühen Neuzeit möglich, etwa in England.

3) Konziliarismus, oder hier besser: die konziliare Theorie, wird allgemein mithilfe eines Entwicklungsmodells betrachtet. Kriterium war dabei oft deren angebliche schrittweise Radikalisierung von der Zeit des Großen Schismas über Konstanz bis hin zu Basel. Man kann aber auch von Anreicherung und Komplexitätszunahme sprechen. Traktatserien mit dem Titel *de potestate papae* im 14. Jahrhundert werden durch solche *de potestate concilii* abgelöst. Polemisch mit Wiclif und Hus begannen die Traktate *de ecclesia*; in Auseinandersetzung mit ihnen schärfte sich eine katholische Kirchentheologie, eine Ekklesiologie heraus, die ihre Höhepunkte in Nikolaus von Kues' harmonistischem Traktat *de concordantia catholica* (verfasst 1433/1434 in Basel) und in Juan de Torquemadas *Summa de ecclesia* (verfasst 1448/1449) erreichte. Aus dem Rahmen fiel, in seiner latenten Wirkung schwer einzuschätzen, William Ockhams *Dialogus* (verfasst 1330–1347), ein Arsenal experimentellen politiktheoretischen Denkens auch über die Kirche.

4) Die Polarisierung von »konziliaren« und »papalen« Ekklesiologien vollzieht sich auf dem Basler Konzil schon Mitte der 1430er Jahre. Ihren Höhepunkt fand sie in den großen Traktatreden, die Gesandte Eugens IV. bzw. des Basler Konzils auf den deutschen Reichsversammlungen der 1440er Jahre hielten. Zwei Evangelienworte aus Matthäus fungieren kaum überraschend als Nuclei: Mt 16,18: *Tu es Petrus et super hanc petram aedificabo ecclesiam meam* als *papales* und Mt 18,20: *Ubi enim duo vel tres congregati sunt in nomine meo* als kollegial-»konziliares« Manifest. Beide Stellen waren die Basis einer in sich stimmigen parallelen Argumentationskette. Sowohl Antony Black wie Thomas Prügl haben diese beiden Stränge an den Basler Konzilsvätern Johann von

72 Hasso Hofmann, Repräsentation. Studien zur Wort- und Begriffsgeschichte von der Antike bis ins 19. Jahrhundert (Schriften zur Verfassungsgeschichte 22), 4. Aufl. mit einer neuen Einleitung, Berlin 2003 (zuerst 1974); Krämer, Konsens (wie Anm. 4); Helmrath, Basler Konzil (wie Anm. 1) S. 477–491.

Segovia für die konziliare und Juan de Torquemada für die papale Argumentation exemplifiziert.[73]

5) Während des Basiliense ist immer stärker die Tendenz zu beobachten, die Infallibilität des Konzils herauszustreichen, was letztlich auf der Gleichsetzung des Konzils mit der Gesamtkirche beruht.[74] Man kann sagen: Es wurde theologischerseits mehr und früher über die Unfehlbarkeit des Konzils als über die des Papstes geschrieben.

Warum aber hatte man sich bis aufs Blut bekämpft, gegenseitig exkommuniziert, sich mit äußerster Schärfe in Wortgefechten, durch Verdammungsurteile, Verwünschungen in Bullen und Dekreten verletzt, obwohl man doch in Basel zunächst lange Jahre zusammengearbeitet hatte, ein Nikolaus von Kues und ein Johannes Torquemada an der Seite Johanns von Segovia und Johanns von Ragusa? Man fühlt sich an Erzählungen aus dem amerikanischen Bürgerkrieg erinnert, wo sich plötzlich Offiziere auf Seiten der Konföderierten und der Union als Feinde gegenüberstanden, die zuvor noch gemeinsam in Westpoint ausgebildet worden waren. Was blieb zurück von alledem? Materielle »Wendeverlierer« gab es dank der Umsicht Nikolaus' V. kaum, aber es gab solche, die sich als Verlierer fühlten. Bei nicht wenigen Deutschen saß der Stachel des »verlorenen« Konzils, der unvollendeten Reform, tief, unabhängig davon, dass die lokale und nationale Memoria des Konstanzer Konzils ungleich größer und positiver war als diejenige des Basler.[75] Was ein Stigma ist, erlebte selbst der alerte Enea Silvio Piccolomini: Als er 1445 im Auftrag König Friedrichs III. nach Rom an den Hof Eugens IV. kommt, begegnen ihm selbst seine Freunde wie Parentucelli (wenig später Papst Nikolaus V.) reserviert, bis er merkt, warum – er muss sich als exkommunizierter Konzilsanhänger

73 Antony Black, Monarchy and Community. Political Ideas in the Later Conciliar Controversy 1430–1450 (Cambridge Studies in Medieval Life and Thought Series 3,2), Cambridge 1970; Thomas Prügl, Modelle konziliarer Kontroverstheologie. Johannes von Ragusa und Johannes von Torquemada, in: Die Konzilien von Pisa (1409), Konstanz (1414–1418) und Basel (1431–1449) (wie Anm. 1), S. 257–286. Siehe aber auch Ulrich Horst, Grenzen der päpstlichen Autorität. Konziliare Elemente in der Ekklesiologie des Johannes Torquemada, in: Freiburger Zeitschrift für Philosophie und Theologie 19, 1972, S. 361–388; Decaluwé, Successful Defeat (wie Anm. 1), S. 295–305. Zur krassen Polemik und zum Gewissensdruck siehe Helmrath, Die zweite Dekade (wie Anm. 13) S. 327–330. Zu spät zugänglich wurde mir Bernward Schmidt/Hubert Wolf, Ekklesiologische Alternativen? Monarchischer Papat und Formen kollegialer Kirchenleitung (15.–20. Jahrhundert) (Symbolische Kommunikation und gesellschaftliche Wertesysteme 42), Münster 2013. Zur Verbindung von Konziliarismus und frühneuzeitlichem Verfassungsdenken siehe vor allem die zahlreichen Studien von Francis Oakley, hier nur: »Anxieties of Influence«. Skinner, Figgis, Conciliarism and Early Constitutionalism, in: Past and Present 151, 1996, S. 60–110; auch Helmrath, Basler Konzil (wie Anm. 1), S. 483–491.

74 Sieben, Traktate und Theorien (wie Anm. 6), S. 149–208; Sieben, Studien zu Gestalt und Überlieferung (wie Anm. 6), S. 424 s. v.; Sieben, Vom Apostelkonzil (wie Anm. 6), S. 495 s. v.

75 Zu diesem Vergleich siehe Helmrath, Konzil von Konstanz (wie Anm. 1). S. 44–56.

erst absolvieren lassen. Ein Nikolaus von Kues wiederum hat das Stigma des päpstlichen Renegaten in Deutschland nie ganz abstreifen können.

Das Basler Schisma von 1439 und das vorausgegangene Konzilsschisma war auch eine Spaltung von Nord und Süd. Auch wenn Frankreich und Aragón das Konzil noch bis 1443 unterstützten, war es danach ein deutsch-savoyisches Rumpfkonzil, das sich ganz unabhängig von Teilnehmerzahl und politischem Realismus weiter zur unfehlbaren Repräsentation der Gesamtkirche erklärte.

War die Kurie durch die Erfahrungen der Konzilien traumatisiert? Ja, den *horror concilii* gab es. Ereignisse wie der Mai 1439, als Papst Eugen IV. abgesetzt wurde, sollten ein für alle Mal unmöglich gemacht werden. Die Bulle *Execrabilis* Pius' II. vom Januar 1460 war ein juristischer Schritt in diese Richtung: Sie verbot die Konzilsappellation,[76] weil man Konzilien selbst schlechthin nicht verbieten konnte. Aber es gab auch Bemühungen, die Stellung des Papstes, seine *plenitudo potestatis*, seinen Lehrprimat etc. theologisch wie kanonistisch unangreifbar, ja wasserdicht zu machen. Die Aufrüstung des Papalismus begann schon während des Konzils von Basel.[77] An der Kurie wurden Theoretiker wie Antonio de Cannara, vor ihm die Dominikaner Raphael de Pornassio und Julian de Tallada aktiv.[78] Die Sorge galt vor allem dem gefährlichsten »Fenster der Verwundbarkeit«, der möglichen Häretisierung des Papstes; den Sprengsatz: *[Papa] a nemine est iudicandus, nisi deprehendatur a fide devius* (D. 40, c. 6; Friedberg, Bd. 1, Sp. 156) versuchte man durch den Nachweis zu entschärfen, dass der Papst gar nicht häretisch werden könne und in jedem Fall Immunität genieße.[79] Das Konzil, das bei einem zwar papal ausgerichteten, aber noch eher ausgleichenden Theologen wie Juan de Torquemada in seiner für die katholische Kirche wegweisenden *Summa de ecclesia*

76 Hannah Tietze, Die Bulle *Execrabilis* Pius' II. aus dem Jahr 1460 und ihre Auswirkungen auf die Konzilsappellationen in der zweiten Hälfte des 15. Jahrhunderts, in: Concilium Medii Aevi 12, 2009, S. 205–223. Zum politischen Mittel der Konzilsappellation grundlegend Hans-Jürgen Becker, Die Appellation vom Papst an ein allgemeines Konzil. Historische Entwicklung und kanonistische Diskussion im späten Mittelalter und in der frühen Neuzeit (Forschungen zur kirchlichen Rechtsgeschichte und zum Kirchenrecht 17), Köln/Wien 1988.

77 Jüngst Thomas M. Izbicki, The Revival of Papalism at the Council of Basel, in: Companion to the Council of Basel (wie Anm. 1), S. 137–163, v. a. zu Johannes Torquemada.

78 Ulrich Horst, Autorität und Immunität des Papstes. Raphael de Pornassio OP und Julianus Tallada OP in der Auseinandersetzung mit dem Basler Konziliarismus (Veröffentlichungen des Grabmann-Institutes zur Erforschung der mittelalterlichen Theologie und Philosophie N.F. 36), Paderborn u. a. 1991; Ulrich Horst, Kardinal Juan de Torquemada und die Lehrautorität des Papstes, in: Annuarium Historiae Conciliorum 36, 2004, S. 389–422; Antonio da Cannara. De potestate pape supra Concilium Generale contra errores Basiliensium. Einleitung, Kommentar und Edition ausgewählter Abschnitte (Veröffentlichungen des Grabmann-Institutes zur Erforschung der mittelalterlichen Theologie und Philosophie N.F. 41), hg. von Thomas Prügl, Paderborn u. a. 1996.

79 Konzis Thomas Prügl, Der häretische Papst und seine Immunität im Mittelalter, in: Münchener Theologische Zeitschrift 47, 1996, S. 197–215.

noch eine tragende Säule im Konsens mit dem Papst gebildet hatte, verschwindet nun geradezu. Auch früher seien die Päpste lange und gut ohne Konzilien ausgekommen. Die Hardliner am Hof der Renaissancepäpste scheinen dominant. Aber es gibt in den römischen Bibliotheken nicht nur zuhauf Konzilstexte, es werden auch andere Stimmen gehört, welche die Linien der konziliaren Idee fortsetzen: Ein Dominicus Jacobazzi, ein Matthias Ugoni und andere; mithin gab es durchaus einen Rest an Pluralismus an der Kurie. Hier besteht freilich noch Forschungsbedarf.[80]

Werfen wir einen Blick auf die tatsächlich stattgefundenen Konzilien nach dem Basiliense: Im Grunde war schon das Florentinum wieder eine Papstsynode gewesen, vor allem aber dann das V. Lateranum:[81] Es war ein Konzil, aber ein Konzil, das unter päpstlicher Totalkontrolle stand, hier durch Julius II. und Leo X. Lateran V und auch zum Teil noch Trient bedeuteten in ihren Verfassungen eine Rückwendung zu den päpstlichen Synoden des Hochmittelalters, unter Eliminierung von Konstanzer und Basler Extrema vor allem des Teilnahme- und Stimmrechts. Was Lateran V und Trient mit Konstanz und Basel teilten, waren die lange Dauer und der Charakter einer Arbeitssynode. Das V. Lateranum war noch nicht lange vorbei, als der quälende politische Kampf um ein – für einen Dialog mit den Protestanten am Ende viel zu spät beginnendes – Konzil wieder einsetzte.

Einheit und Autorität des Papsttums waren zweimal wiederhergestellt worden, 1417 und 1449. Beide Male wurde das sichtbar an den bilateralen Verträgen, genannt Konkordaten, – man könnte geradezu von »deals« sprechen – zwischen römischer Kurie und Fürsten. Zuletzt agierte die Kurie konsequent und zum beidseitigen Vorteil im Bunde mit den Fürsten, mit dem Mächte-Europa der beginnenden Frühen Neuzeit.[82]

Das Basler Konzil, das unprogrammatisch und doch mit einer gewissen Logik zum Kirchenparlament und Kirchenregiment geworden war, blieb in der Kirchengeschichte ein uns faszinierender, viele Zeitgenossen aber ernüchternder und auf lange diskreditierter Einzelfall. Es bot überdies ein kreatives politisch-theologisches Ideenreservoir, aus dem man sich hätte bedienen können, was aber außer den Gallikanern und einigen angelsächsischen Theoretikern wie Thomas Hooker bis zum II. Vatikanum nur wenige taten.

Ein weiteres Element der nachkonziliaren Kurienpolitik könnte man als Rückkehr zu den Kardinälen bezeichnen: Hatten diese, institutionell die Verschulder des Schismas von 1378, in Pisa noch die Ägide im Konzil, so sank ihr Einfluss als Kolleg schon

80 Eine gute Plattform dafür bildet der Sammelband Nach dem Basler Konzil (wie Anm. 35). Zu Jacobazzi und Ugoni: Sieben, Traktate und Theorien (wie Anm. 6), S. 209–280.

81 Siehe Minnich, Fifth Lateran Council (wie Anm. 1); Minnich, Councils of the Catholic Reformation (wie Anm. 36).

82 Helmrath, Basler Konzil (wie Anm. 1) S. 92–103, 314 –321; Müller, Basler Konzil (wie Anm. 31).

in Konstanz stark. In Basel – sieht man vom Amt der Konzilspräsidenten, ausgeübt durch die Kardinäle Cesarini (1431–1438) und Aleman (1438–1449), ab – waren sie, zusammen circa ein halbes Dutzend, geradezu marginalisiert; sie kamen, blieben und gingen mehr oder weniger einzeln. Kollegiales Gewicht hatten sie in diesem Konzil der Egalität nicht.[83] Doch am Ende gehörten sie zu den Siegern! Nach der moderat gestalteten Überwindung von Konzil und savoyischem Konzilspapst stützten sich die Päpste verstärkt auf das nun wieder in Rom vereinte Verfassungsorgan Kardinalskollegium. Nach der zweimaligen päpstlichen Rückkehr nach Rom, aus dem Norden 1420 (Martin V.) und aus Florenz 1443 (Eugen IV.), wurden auch die Rumpfkollegien ehemaliger Obödienzen oder verstreute Einzelkardinäle zusammengeführt. Außer Louis Aleman, dem Kardinal von Arles, des Basler Konzilspräsidenten und glühenden Konziliaristen, war keiner der Kardinäle Eugens IV. dauerhaft »abtrünnig« geworden. Felix V., der Konzilspapst, ernannte nach 1439 eigene Kardinäle, die 1449 zwar abgefunden, aber nicht nach Rom übernommen wurden.[84] Stattdessen kam es zu einer bislang nie dagewesenen, nicht zuletzt durch das Schisma, aber auch durch die Päpste Martin V. und Eugen IV. zustande gekommenen Internationalisierung des Kollegs als eigene kollegiale Repräsentanz der Weltkirche mit und neben dem Papst, ein Phänomen, das flankierend von entsprechenden Traktaten *de cardinalatu* reflektiert wurde. Doch schon unter den Nachfolgern Nikolaus' V. im Italien der Pentarchie ist wieder eine Reitalianisierung des Kollegs zu konstatieren,[85] die der finanziellen, politischen und personalen Gesamttendenz entspricht. Das Kolleg bot nun zunehmend eine breite Repräsentanz Italiens und seiner führenden Familien. Erster Kardinal einer italienischen Signorenfamilie war Francesco Gonzaga, 1461 siebzehnjährig von Pius II. unter starker Protektion durch den selber anspruchslosen, aber den Gonzaga-Wittelsbach eng verbundenen Kardinal Nikolaus von Kues installiert.[86] Den Medici sollte das erst 1488 mit Giovanni, dem späteren Papst Leo X., gelingen.

83 Die Kardinäle des Mittelalters und der frühen Renaissance (Milennio medievale 95; Strumenti e studi N.S. 33), hg. von Jürgen Dendorfer/Ralf Lützelschwab, Firenze 2013, hier v.a. S. 364f. Vgl. Wolfgang Decker, Die Politik der Kardinäle auf dem Basler Konzil (bis zum Herbst 1434), in: Annuarium Historiae Conciliorum 9, 1977, S. 112–153, 315–400; leider bislang ohne Fortsetzung für die Jahre 1434 bis 1438; Helmrath, Basler Konzil (wie Anm. 1), S. 112–121.

84 Giessmann, Der letzte Gegenpapst (wie Anm. 53), S. 235–279, 345–354.

85 Zu den seit 1352 existierenden Wahlkapitulationen, die die Päpste seit 1352 dem Kardinalskolleg unterschreiben mussten, siehe Hans-Jürgen Becker, Ansätze zur Kirchenreform in den päpstlichen Wahlkapitulationen der Jahre 1458 (Pius II.), 1464 (Paul II.) und 1471 (Sixtus IV.), in: Nach dem Basler Konzil (wie Anm. 35), S. 331–356.

86 Erich Meuthen, Die letzten Jahre des Nikolaus von Kues. Biographische Untersuchungen nach neuen Quellen (Wissenschaftliche Abhandlungen der Arbeitsgemeinschaft für Forschung des Landes Nordrhein-Westfalen 3), Köln/Opladen 1958, S. 333 s. v. »Gonzaga«.

Es ist eines der Zeichen des Hineinwachsens bzw. gemessen an früher auch des normalisierenden Hineinschrumpfens von Papsttum und Kirchenstaat in die Rolle einer italienischen Mittelmacht. Die Bedeutung des Kirchenstaats als indigene Einnahmequelle wuchs analog im Vergleich zu den sinkenden internationalen Einnahmen der Kurie (wie Annaten, Servitien, Peterspfennig etc.), obwohl immer noch große Summen etwa aus Frankreich flossen. Unter Sixtus IV. lag der Anteil der päpstlichen Einnahmen aus dem Kirchenstaat schon bei 63 %.

Kurie und deutsche Kirche nach dem Basler Konzil: Reformen und Reformation

»Rom hat die Reform verhindert und dafür wenig später die Reformation erhalten«.[87] Auch wenn dieses bekannte Wort von Karl August Fink mehrheitlich von solchen zitiert wird, die sich (zu recht!) gerade davon absetzen wollen, und wenn es auch eine sehr deutsche Perspektive ist, die nichts, was vor 1517 liegt, ohne diese Teleologie, diesen Fluchtpunkt, sehen kann, regt das Dictum in seiner Provokanz nach wie vor an: Die »verhinderte Reform« ist ja die, welche die beiden großen Reformkonzilien versucht, aber nicht vollendet bzw. nicht durchgesetzt hatten. Wenn man von Verhinderung sprechen kann, dann im Bereich der *reformatio capitis*, von Papsttum und Kurie. Eine drastische Reform der Kirchenverfassung fand nicht statt. Und wurde sie überhaupt allgemein gewünscht? Die Konzilien und ihre Dekrete gingen aber weder materiell noch mental spurlos an der Kurie und den Päpsten der nächsten Generation vorüber.[88] Die Basler Dekrete hatten die Einnahmen Eugens IV. drastisch gesenkt. Aber auch nach ihrer Aufhebung war an eine Restauration, eine Rückkehr in die finanziellen und rechtlichen Positionen papaler »governance« im 13. oder 14. Jahrhundert nicht zu denken. Die Kurie hatte überdies manche folgenschweren Kompromisse schließen müssen, etwa im Wiener Konkordat von 1448, das Andreas Meyer sogar als »erfolgreiche Reform«

87 Mit diesem Zitat beginnt auch Heribert Müller seinen gründlichen Überblick: Müller, Ein Weg aus der Krise (wie Anm. 8), S. 197f., 219. Zu Fink (1904–1983) jetzt Dominik Burkard, »… ein ebenso rabiater Kirchenmann wie Nationalist …«? Der Kirchenhistoriker Karl August Fink (1904–1983) und Rom, in: Orte der Zuflucht und personeller Netzwerke. Der Campo Santo Teutonico und der Vatikan 1933–1955 (Römische Quartalschrift für christliche Altertumskunde und Kirchengeschichte 63), hg. von Michael Matheus/Stefan Heid, Freiburg im Breisgau/Basel/Wien 2015, S. 457–559.

88 Dies ist die Grundthese von Jürgen Dendorfer, Veränderungen durch das Konzil? Spuren der Wirkungen des konziliaren Zeitalters auf die Kurie unter Papst Eugen IV., in: Das Ende des konziliaren Zeitalters (wie Anm. 1), S. 105–132.

bezeichnet hat.[89] Anzeichen eines neuen Triumphalismus finden sich erst langsam wieder seit dem Pontifikat Sixtus' IV. (1471–1484).

Was die *reformatio membrorum* angeht, welche Laien, Seelsorge, fromme Praktiken, Klerus und – ein weites Feld – die Orden etc. betraf,[90] kann man eher von Förderung durch die Kurie sprechen. Die schon mehrfach angesprochene päpstlich inaugurierte Legation des Nikolaus von Kues 1451/1452[91] (von Joseph von Görres als Beginn eines neuen Zeitalters gefeiert)[92] war ein Reformversuch von oben, wobei viele der von Cusanus erlassenen Dekrete solche des Basler Konzils waren, sie betrafen aber sämtlich nur die *reformatio membrorum*, thematisierten Partikularsynoden, würdige Form des Gottesdiensts, Zölibat, Exkommunikation, Juden. Außerdem spielte, unabhängig vom Basler Konzil, die Ablassverkündigung bei der Reformreise eine zentrale Rolle.[93]

Die jüngere Forschung, allen voran Berndt Hamm, hat die hohe Bedeutung einer neuen Spiritualität hervorgehoben, sie als »Frömmigkeitstheologie« signiert und ihre große Bedeutung für Martin Luther herausgestellt. Hier, beginnend bereits mit Jean Gerson, stehe der »innere Mensch« im Vordergrund, zugleich habe aber auch eine Enttheoretisierung stattgefunden, im Versuch, eine praktische, auch laikal lebbare und lebensnahe Spiritualität zu ermöglichen. Hält man die parallel dazu florierende, wenn auch stark »quantitativ« sich auslebende Frömmigkeit (Ablass, Stiftungen etc.) daneben, wird man Bernd Moellers Dictum, die Zeit vor der Reformation sei eine der »kirchenfrömmsten« überhaupt gewesen,[94] neu bedenken.

---

89 Andreas Meyer, Das Wiener Konkordat von 1448. Eine erfolgreiche Reform des Spätmittelalters, in: Quellen und Forschungen aus italienischen Archiven und Bibliotheken 66, 1986, S. 108–152. Zu Sixtus IV. zuletzt Esch, Rom (wie Anm. 61), S. 294–316.

90 Siehe Anm. 99.

91 Acta Cusana. Quellen zur Lebensgeschichte des Nikolaus von Kues, 2 Bde., hg. von Erich Meuthen/Hermann Hallauer, Hamburg 1996–2016, hier Bd. 1, Lieferung 3ab. Siehe auch Erich Meuthen, Die deutsche Legationsreise des Nikolaus von Kues 1451/52, in: Lebenslehren und Weltentwürfe im Übergang vom Mittelalter zur Neuzeit. Politik – Bildung – Naturkunde – Theologie. Bericht über Kolloquien der Kommission zur Erforschung der Kultur des Spätmittelalters 1983 bis 1987 (Abhandlungen der Akademie der Wissenschaften in Göttingen, Philologisch-Historische Klasse, 3. Folge 179), hg. von Hartmut Boockmann/Bernd Moeller/Klaus Stackmann, Göttingen 1989, S. 421–499.

92 Joseph von Görres, Guter Rath in alter Zeit, in: Rheinischer Merkur Nr. 200 (27. Februar 1815) und Nr. 201 (1. März 1815). Auch Johannes Janssen begann sein nach Erscheinen heißumkämpftes Werk mit einem Hymnus auf Cusanus: Johannes Janssen, Geschichte des Deutschen Volkes seit dem Ausgang des Mittelalters, Bd. 1, Freiburg im Breisgau 1878, S. 3–7.

93 Zur Rezeption der Basler Dekrete siehe Helmrath, Basler Konzil (wie Anm. 1), S. 342–348; Götz-Rüdiger Tewes, Kirchliche Ideale und nationale Rivalitäten. Zur Rezeption der Basler Konzilsdekrete in vergleichender europäischer Perspektive, in: Die Konzilien von Pisa (1409), Konstanz (1414–1418) und Basel (1431–1449) (wie Anm. 1), S. 337–370.

94 Bernd Moeller, Frömmigkeit in Deutschland um 1500, in: Archiv für Reformationsgeschichte 56, 1965, S. 5–31, wieder in: Bernd Moeller, Die Reformation und das Mittelalter. Kirchenhistorische Aufsätze,

Für die deutsche Reichskirche seien abschließend zwei Aspekte herausgehoben:

a) ihre »Gravamina«, b) ihre Kurienkontakte. Nach dem Wiener Konkordat von 1448 entstanden regelmäßig Beschwerdelisten der wohlsituierten Reichskirche, die als »Gravamina der deutschen Nation« firmierten. Sie nahmen stets an Umfang zu und wurden noch 1521 auf dem Reichstag zu Worms vorgelegt. Hier artikulierte sich ein schon von Walther von der Vogelweide beschriebenes Gefühl des Ausgenommenwerdens durch die Kurie, der (angeblichen) Bevorzugung von Ausländern bei der Ämtervergabe, der Behinderung bei Prozessen etc. – alles mit scheelem Blick auf Frankreich, das angeblich mit seiner Pragmatischen Sanktion von Bourges viel besser fahre.[95] Das war Jammern auf hohem Niveau, zeigt jenen von Arnold Esch schön charakterisierten Kontrast zwischen Aufkommen und Aufsehen.[96] Frankreich, Italien, Spanien zahlten proportional viel mehr an die Kurie. Vor allem Frankreich hatte sich unter verschleierter Umgehung der Pragmatique längst mit der Kurie arrangiert: Man zahlte Annaten etc. in hohen Summen, gewann aber dadurch eine politische Allianz, übte starken Einfluss auf die Kurie und ihre Politik, vor allem unter dem Medici-Papst Leo X. aus,[97] konnte seine territorialen Interessen in Italien verfolgen. Das Reich unter Kaiser Maximilian hat nie auch nur entfernt diesen Einfluss in Rom besessen, im Gegenteil: Erich Meuthen hat mehrfach auf die »Interesselosigkeit der deutschen Reichskirche an der Mitregierung der römischen Kirche«, etwa durch deutsche Kardinäle, hingewiesen, die »diametral gegenüber der Bemühung anderer Länder« stehe, »durch Kardinäle im universalkirchlichen Leitungskollegium vertreten zu sein«.[98]

hg. von Johannes Schilling, Göttingen 1991, S. 73–85, hier S. 81. Weitere Angaben, u. a. zu Berndt Hamm, in Anm. 103.

95 Götz-Rüdiger Tewes, Die römische Kurie und die europäischen Länder am Vorabend der Reformation (Bibliothek des Deutschen Historischen Instituts in Rom 95), Tübingen 2001; Götz-Rüdiger Tewes, Zwischen Universalismus und Partikularismus. Zum Raumbewußtsein an der päpstlichen Kurie des Spätmittelalters, in: Raumerfassung und Raumbewußtsein im späteren Mittelalter (Vorträge und Forschungen 49), hg. von Peter Moraw, Stuttgart 2002, S. 31–85; Götz-Rüdiger Tewes, Deutsches Geld und römische Kurie. Zur Problematik eines gefühlten Leides, in: Kurie und Region (wie Anm. 48), S. 209–239, hier S. 235–239: Annatenlisten 1513–1518.

96 Arnold Esch, in: Göttingische Gelehrte Abhandlungen 221, 1969, S. 143 (Rezension von Jacques Favier, Les finances pontificales à l'époque du Grand Schisme d'Occident, Paris 1966).

97 Der Medici-Papst Leo X. und Frankreich. Politik, Kultur und Familiengeschäfte in der europäischen Renaissance (Spätmittelalter und Reformation N.R. 19), hg. von Götz-Rüdiger Tewes/Michael Rohlmann, Tübingen 2002, hier besonders Götz-Rüdiger Tewes, Die Medici und Frankreich im Pontifikat Leos X. Ursachen, Formen und Folgen einer Europa polarisierenden Allianz, S. 11–116.

98 Meuthen, Reiche, Kirchen und Kurie (wie Anm. 31), S. 617–622, Zitat S. 620.

b) Meuthen kam nach Auszählung des Repertorium Germanicum hinsichtlich Kurienkontakte des deutschen Klerus zu dem frappierenden Ergebnis, dass die niedrigsten und zudem stark abfallenden Zahlen aus exakt den Gebieten kommen, die später die Reformation annahmen.[99] Götz Rüdiger Tewes ging das Phänomen dann systematisch und auf europäischer Ebene an, indem er die *Indici* der Vatikanischen Register diözesenweise auf nachweisbare Kurienkontakte und Kanzleiprovisionen, auf »Zuwendungsräume« also, untersuchte, und zwar je drei Musterjahre aus den Pontifikaten Calixts III., Innozenz' VIII. und Leos X. Seine Ergebnisse, die neu zu diskutieren wären: Die Zahlen für das Reich nahmen rapide ab, die geringste Kontaktdichte weisen die Gebiete auf, die alsbald die Reformation annehmen sollten. Rechnet man die Kontakte (Gesuche und Zuwendungen) in Prozentzahlen um, so sinken sie für Deutschland von 21 Prozent unter Calixt III. (1455–1458) auf 13 unter Innozenz VIII. (1484–1492) und 8 (!) unter Leo X. (1513–1522), während sie für Frankreich in den gleichen Pontifikaten fast reziprok ansteigen: von 21 auf 39 und 36 Prozent. Zum Vergleich: Die Kontakte mit Italien waren tendenziell fallend von 33 auf 22 und 24 Prozent, und mit Spanien erst fast gleichbleibend 16 und 15 Prozent, um dann (nach dem Pontifikat Alexanders VI. Borja) auf 21 anzusteigen.[100]

Wir kommen damit auch zu einigen eingangs gestellten Fragen zurück. Sind dies Indizien einer fortschreitenden Entfremdung? In jedem Fall begann das Auseinanderleben unter diesen Kriterien lange vor dem Jahr 1517. Eine Folge der beiden »deutschen« Konzilien von Konstanz und Basel aber war das allenfalls partiell. Man muss vielmehr weiterfragen, ob die Kontaktintensität des Reichs zur Kurie schon seit dem 11. Jahrhun-

99 Erich MEUTHEN, Auskünfte des Repertorium Germanicum zur Struktur des deutschen Klerus im 15. Jahrhundert, in: Quellen und Forschungen aus italienischen Archiven und Bibliotheken 71, 1991, S. 280–309.

100 TEWES, Die römische Kurie (wie Anm. 95). Calixt III.: Deutschland: 21 %, Frankreich 21 %, Italien 33 %, Spanien 16 %; Innozenz VIII.: Deutschland 13 %, Frankreich 39 %, Italien 22 %, Spanien 15 %; Leo X.: Deutschland 8 %, Frankreich 36 %, Italien 24 %, Spanien 21 %. Schon die 1439 bis 1448 geltende Mainzer Akzeptation hatte einen rapiden Rückgang der reich eingehenden Suppliken an der Kurie Eugens IV. bewirkt: 1435: 2031 Suppliken, 1444: 261 Suppliken; siehe die Tabellen bei Brigide SCHWARZ, Vom Nutzen des vatikanischen Archivmaterials für die Landesgeschichte, dargestellt an sächsischen Beispielen, in: Diplomatische Forschungen in Mitteldeutschland (Schriften zur sächsischen Geschichte und Volkskunde 12), hg. von Tom GRABER, Leipzig 2005, S. 197–235, hier S. 216–219, 221 Tabellen. Vgl. bereits Brigide SCHWARZ, Die römische Kurie und das Bistum Verden im Spätmittelalter, in: Immunität und Landesherrschaft. Beiträge zur Geschichte des Bistums Verden (Schriftenreihe des Landschaftsverbandes der Ehemaligen Herzogtümer Verden und Bremen 14), hg. von Bernd KAPPELHOFF/Thomas VOGTHERR, Stade 2002, S. 107–174, hier S. 154–159 Tabellen.– Im Pontifikat Nikolaus' V. hatte hingegen die Legationsreise des Nikolaus von Kues 1451/1452 phasenweise zu einem massiven Anstieg der Suppliken aus Deutschland geführt; siehe Herbert SCHNEIDER, Der ›lange Arm‹ des Vatikan. Anmerkungen zur Legationsreise des Cusanus nach Deutschland 1451, in: Kirchlicher und religiöser Alltag im Spätmittelalter. Akten der internationalen Tagung in Weingarten, 4.–7. Oktober 2007 (Schriften zur südwestdeutschen Landeskunde 69), hg. von Andreas MEYER, Ostfildern 2010, S. 33–46, hier S. 41 mit Zahlen aus dem Repertorium Germanicum.

dert jemals so dicht und eng war wie diejenige Frankreichs. Und besonders darf dies für den später christianisierten Teil östlich des Rhein und der Elbe vermutet werden. Wäre es aber schlicht ein natürliches Phänomen für peripherer gelegene, später christianisierte Gebiete, dann hätte doch zum Beispiel Polen unweigerlich evangelisch werden beziehungsweise bleiben müssen. Aber reichen die quantitativen Kontaktbelege für solche Befunde? Was sagt also die Quantität der schriftlichen und schriftlich nachweisbaren Kurienkontakte (Briefe, Suppliken etc.) aus? Sind die an der Zahl der administrativen Kommunikationsakte gemessen papstfernen Gebiete von vornherein reformationsoffener oder -anfälliger? Hätte also eine intensivere, breitere, ernstere Reform durch die Konzilien in den drei Generationen danach im Sinne dessen, was man im 15. Jahrhundert unter Reform verstand, die Reformation verhindert bzw. überflüssig gemacht, also die Voraussetzungen beseitigt, an denen ein Luther hätte überhaupt Anstoß nehmen können? Hätte vor allem ein genügsameres Papsttum dies bewirkt, wie es wohl Papst Hadrian VI. (1522–1523) vorschwebte? Zugespitzt: Hatte Reformiertsein im Sinne der Reformer des 15. Jahrhunderts dann Reformationsresistenz zur Folge oder gerade umgekehrt Reformationsaffinität?[101] Freilich, was hätten auch die schönsten Reformen bewirkt, etwa die der Kurie oder der Orden, wenn das zu Reformierende, Papsttum und Mönchtum, ganz abgeschafft wurde? Beziehungsweise: Wir wissen eben nicht, ob es und was es »genützt hätte«. An dieser Stelle wäre auch die ältere Sicht einer universalen »katholischen Reform«[102] noch einmal zu prüfen, die sich vom 15. Jahrhundert bis zum Tridentinum ziehe, die etwa in Spanien durch Kardinal Cisneros bis 1517 auch erfolgreich vollendet worden sei, und eben nicht erst als Reaktion auf Luther, als »Gegenreformation«, eingesetzt habe.

In der reformatorischen Aktion wird man eruptive emanzipatorische Aufbrüche, eine neue Freiheit auszuleben, und parallel dazu starke nationale Projektionen, die

---

101 Kaspar Elm, Verfall und Erneuerung des Ordenswesens im Spätmittelalter. Forschungen und Forschungsaufgaben, in: Untersuchungen zu Kloster und Stift (Veröffentlichungen des Max-Planck-Instituts für Geschichte 68; Studien zur Germania Sacra 14), hg. vom Max-Planck-Institut für Geschichte, Göttingen 1980, S. 188–238; Reformbemühungen und Observanzbestrebungen im spätmittelalterlichen Ordenswesen (Berliner Historische Studien 14; Ordensstudien 6), hg. von Kaspar Elm, Berlin 1989, hier v.a. die Beiträge von Lothar Graf zu Dohna, Von der Ordensreform zur Reformation. Johann von Staupitz, S. 571–584 und Walter Ziegler, Reformation und Klosterauflösung. Ein ordensgeschichtlicher Vergleich, S. 585–614. Zu Luthers Haltung zum Mönchtum zwischen Tradition und Bruch: Luther und das monastische Erbe (Spätmittelalter, Humanismus, Reformation 39), hg. von Christoph Bultmann/Volker Leppin/Andreas Lindner, Tübingen 2007; Christoph Burger, Tradition und Neubeginn. Martin Luther in seinen frühen Jahren (Spätmittelalter, Humanismus, Reformation 79), Tübingen 2014, S. 8–63.

102 Hubert Jedin, Katholische Reformation oder Gegenreformation? Ein Versuch zur Klärung der Begriffe nebst einer Jubiläumsbetrachtung über das Trienter Konzil, Luzern 1946; Dieter J. Weiss, Katholische Reform und Gegenreformation. Ein Überblick, Darmstadt 2005. Die Diskussion beginnt eigentlich schon im 19. Jahrhundert mit dem Buch des evangelischen Kirchenhistorikers Wilhelm Maurenbrecher, Geschichte der katholischen Reformation, Bd. 1, Nördlingen 1880.

Luther als Heros der Deutschen Nation gegen »Rom« feierten, ebenso in Rechnung stellen müssen wie massive Überdrüsse, das Bedürfnis, Ballast abzuwerfen, etwa nach dem Dictum von Hermann Heimpel: »Die Bilderstürmer waren die Bilderstifter«.[103] Die trotz der Eliminierung von Papsttum und sakralem Klerus erfolgreiche Institutionalisierung des Protestantismus durch längst schon im Mittelalter aktivierte fürstliche Supplementärinstanzen (Fürsten als Notbischöfe, Landeskirchen) fußte hingegen auf Entwicklungen der Konzilszeit. Entscheidend waren tiefe theologische Differenzen (Rechtfertigung, Gnadenlehre, Heilige, Sakramente), die in der Zeit der Reformkonzilien nur partiell, in der Auseinandersetzung mit den Hussiten, Thema waren. Und so sehr man Martin Luther in die Traditionen und Kontexte spätmittelalterlicher Frömmigkeit stellen kann und muss, wie es überzeugend etwa Berndt Hamm und Volker Leppin[104] demonstrierten, so ist der Hiat zwischen spätmittelalterlichen Reformen und Luthers Reformation doch groß; ja, je mehr man Luther spätmittelalterlich »kontextualisiert«, umso härter erscheint der tatsächliche Bruch, und genauso will man ihn auch herausstellen.[105]

Das Konzil als traditionelle Institution schien zeitweise auch für die Schlichtung der reformatorischen Krise Forum werden zu können, doch wenn es überhaupt eine Chance gab, war sie bald verspielt. Für Luther spielte das *concilium* ohnehin nur kurze Zeit – und dann eher taktisch – eine Rolle.[106]

---

103 Hermann HEIMPEL, Das Wesen des deutschen Spätmittelalters, in: Hermann HEIMPEL, Der Mensch in seiner Gegenwart, Göttingen 1957 [zuerst 1953], S. 109–135, hier S. 134.

104 Genannt seien hier nur die reichen Aufsatzsammlungen: Berndt HAMM, Religiosität im späten Mittelalter. Spannungspole, Neuaufbrüche, Normierungen (Spätmittelalter, Humanismus, Reformation 54), hg. von Reinhold FRIEDRICH/Wolfgang SIMON, Tübingen 2011; Volker LEPPIN, Transformationen. Studien zu den Wandlungsprozessen in Theologie und Frömmigkeit zwischen Spätmittelalter und Reformation (Spätmittelalter, Humanismus, Reformation 86), Tübingen 2015. Anders gelagert ist Thomas Kaufmanns Konzept einer »kontextuellen Reformation«, die dennoch dem Abwägen von Tradition und Brüchen in der Reformation dienen soll: Thomas KAUFMANN, Der Anfang der Reformation. Studien zur Kontextualität der Theologie, Publizistik und Inszenierung Luthers und der reformatorischen Bewegung (Spätmittelalter, Humanismus, Reformation 67), Tübingen 2012, S. 1–27.

105 KAUFMANN, Der Anfang der Reformation (wie Anm. 104), S. 24–26.

106 Christopher SPEHR, Luther und das Konzil. Zur Entwicklung eines zentralen Themas in der Reformationszeit (Beiträge zur historischen Theologie 153), Tübingen 2010.

Papst- und Romkritik in der Renaissance

Michael Matheus

Über Jahrhunderte hinweg werden die Stadt Rom, ihre Machthaber und ihre Bewohner in unterschiedlichen Konstellationen und von verschiedenen Akteuren mit negativen Konnotationen belegt, die bei aller Divergenz eine bemerkenswerte Konstanz aufweisen. Die Stadt am Tiber galt und gilt als Ort der Verschwendung und der Bestechlichkeit, ihre Herren und Bewohner als verbrecherische Räuber und verderbliche Ausbeuter. Wer kritische Papst- und Romwahrnehmungen verstehen will (beides ist oft nicht voneinander zu trennen), hat solche Kontinuitäten in den Blick zu nehmen.[1] Das ist in einem ersten Schritt in diesem Beitrag auch deshalb anzudeuten, weil im Zuge von Renaissancen und besonders von Humanisten antike Texte rezipiert wurden, unter ihnen solche, welche kritische Bilder vom räuberischen, vom dekadenten Rom sowie vom mittelalterlichen Papsttum zeichneten. Zudem galten die Prinzipien der *auctoritas* und der *imitatio,* mithin die Orientierung an den Texten antiker Autoritäten, für viele als verpflichtend. Auf diese Weise wurden beispielsweise die antipäpstlichen Briefe Friedrichs II. in der Sammlung Petrus de Vineas gleichsam zur Blaupause für Schreiben Ludwigs des Bayern im Kampf gegen Johannes XXII.[2]

Reservoir rom- und papstkritischer Argumentationsmuster

Zwei inhaltlich immer wieder miteinander verknüpfte Argumentationsstränge sind bereits in der Antike ausgeprägt; der eine schöpft aus römischen Mythologien und Geschichtskonstruktionen, der andere aus biblischem Fundus. Beide boten über Jahrhunderte hinweg ein Reservoir rom- und papstkritischer Argumentationsmuster.

1 Michael MATHEUS, Rom, in: Europäische Erinnerungsorte, Bd. 2: Das Haus Europa, hg. von Pim den BOER/ Heinz DUCHHARDT/Georg KREIS/Wolfgang SCHMALE, München 2012, S. 263–279.

2 Florian HARTMANN, Imitatio als Prinzip der Lehre? Beispiele aus der Briefrhetorik im 13. Jahrhundert, in: Imitation (Beihefte zum Archiv für Kulturgeschichte), hg. von Andreas BÜTTNER/Birgit KYNAST/Gerald SCHWEDLER/Jörg SONNTAG (in Vorbereitung).

Schon Titus Livius' römischer Gründungsgeschichte, die eine Synthese früher Geschichtsüberlieferungen darstellt,[3] war zu entnehmen, Romulus habe seine entstehende Stadt mit Gesindel aus den benachbarten Völkern, mit Personen niedriger sozialer Herkunft bevölkert. Seit den ersten Bewohnern schien so den Römern eine verbrecherische Neigung quasi eingepflanzt. Die in der von Livius kolportierten Gründungsgeschichte genannte Wölfin, welche Romulus und Remus nährte und deren Überleben sicherte, galt den Römern als Symbol ihrer Abstammung von Mars und ihrer Kriegstüchtigkeit (Abb. 1). Deren Gegner stilisierten die Wölfin zum negativen Symbol für die Römer selbst, für ihren Hochmut, ihren Blutdurst und ihre Gier nach Macht und Reichtum. Die Klage, dass in Rom alles käuflich sei, formulierten bekannte Autoren wie Sallust, Martial, Sueton, Juvenal und Lucan; Letztere waren in mittelalterlichen Schulen vielgelesene Autoren.[4]

Eine neue Qualität der Romkritik formulierte der Kirchenlehrer Augustinus (354–430), der sich entschieden vom überkommenen heidnischen positiv gefärbten Rommythos distanzierte. Wiederholt erinnerte er an die von Livius kolportierten Anfänge der Stadt. Rom sei eine Räuberbande, eins mit Babel. Für ihn war Roms Ewigkeitsanspruch absurd und gottlos zugleich. Er betonte die Ohnmacht der alten trojanischen Gottheiten und kritisierte besonders Vergils Mythos von der göttlichen Sendung Roms und dessen *imperium sine fine.*[5] Der Untergang Roms sei aus heilsgeschichtlicher Perspektive ohne Bedeutung, jedes Reich und jede Stadt auf Erden sei dann am Ende, wenn dies Gottes Wille entspreche. Mittelalterliche Autoritäten wie Isidor, Beda und Paulus Diakonus vermittelten entsprechende Muster von Romkritik, die daher nahezu überall präsent und abrufbar waren, jedenfalls bei denen, die des Lesens mächtig waren.

---

3 Die frühen römischen Historiker, Bd.1: Von Fabius Pictor bis Cn. Gellius (Texte zur Forschung 76), hg., übersetzt und kommentiert von Hans Beck/Uwe Walter, Darmstadt 2001, S. 81ff. Für Hinweise danke ich Christine Walde, Mainz.

4 Michael Seidlmayer, Rom und Romgedanke im Mittelalter, in: Saeculum 7, 1956, S. 395–412; Hans Volkmann, Antike Romkritik. Topik und historische Wirklichkeit (Gymnasium Beihefte 4), Heidelberg 1964, S. 9–20; ND in: Hans Volkmann, Endoxos duleia. Kleine Schriften zur alten Geschichte, hg. von Heinz Bellen, Berlin 1975, S. 141–154; Eckard Lefèvre, Romidee und Romkritik bei Sallust und Vergil, in: Latein und Griechisch in Baden-Württemberg 32, 2004, S. 11–20; Claudia Märtl, Die grausame Stadt. Ein Motiv der Rombeschreibung von der Antike bis zum 21. Jahrhundert, in: Rom – Nabel der Welt. Macht, Glaube, Kultur von der Antike bis heute, hg. von Jochen Johrendt/ Romedio Schmitz-Esser, Darmstadt 2010, S. 191–206. Zur Rezeption und Verarbeitung in der modernen Lyrik vgl. Durs Grünbein, Aroma. Ein römisches Zeichenbuch, Berlin 2010. Zur Wölfin vgl. Cristina Mazzoni, She-wolf. The Story of a Roman Icon, Cambridge u.a. 2010.

5 Hans von Campenhausen, Augustin und der Fall Roms, in: Hans von Campenhausen, Tradition und Leben. Kräfte der Kirchengeschichte. Aufsätze und Vorträge, Tübingen 1960, S. 253–271; Manfred Fuhrmann, Die Romidee der Spätantike, in: Historische Zeitschrift 207, 1968, S. 529–561, bes. S. 559f.

Abb. 1: Kapitolinische Wölfin (Italien, Rom, Latium, Museo Capitolino).

Biblische Zeugnisse und vor allem die Offenbarung des Johannes (Offb 17 und 18) verwenden die (Große) Hure Babylon als Allegorie für Lasterhaftigkeit und Verderbnis, wobei oftmals Rom und das von hier aus regierte antike Imperium gemeint waren, wenn von Babylon gesprochen wurde.[6] Ferner wurden auf die Endzeit verweisende jüdische und christliche Texte und meist vage Bilder von falschen Propheten und endzeitlichen Tyrannen als symbolischen Figuren der Endzeit und Inkarnation des Bösen zu Narrativen vom Antichrist geformt. Sie konnten zu katechetischen und apologetischen Zwecken eingesetzt und auf konkrete historische Konstellationen und Personen angewendet werden, und sie wirken wie die Hure Babylon bis heute nach.[7] Arius

6 Mathias Rissi, Die Hure Babylon und die Verführung der Heiligen. Eine Studie zur Apokalypse des Johannes (Beiträge zur Wissenschaft vom Alten und Neuen Testament 136), Stuttgart 1995; Giancarlo Biguzzi, Is the Babylon of Revelation Rome or Jerusalem?, in: Biblica 87, 2006, S. 371–386; Babylon. Mythos und Wahrheit. Eine Ausstellung der Kunstbibliothek, Staatliche Museen zu Berlin mit Unterstützung der Staatsbibliothek zu Berlin, Bd. 2: Mythos, hg. von Moritz Wullen/Günther Schauerte, München 2008.

7 Josef Benzinger, Invectiva in Romam. Romkritik im Mittelalter vom 9. bis zum 12. Jahrhundert (Historische Studien 404), Lübeck/Hamburg 1968, S. 47f.; Horst D. Rauh, Das Bild des Antichrist im Mittelalter. Von Tyconius zum Deutschen Symbolismus (Beiträge zur Geschichte der Philosophie und Theologie des

galt als Erzhäretiker und frühes historisches Beispiel des Antichrist. Dabei lassen sich unterschiedliche Traditionen erkennen. Augustinus, der apokalyptische Visionen über das Weltende ablehnte, identifizierte als Antichrist jeden, der Christus verbal ablehnte und durch seine Taten leugnete. Andere verarbeiteten allegorische und prophetische Texte und entwickelten Identifikationen des Antichrist. Eine wichtige Etappe bei der Herausbildung entsprechender Narrative wurde im 10. Jahrhundert erreicht. Um 950 komponierte der fränkische Abt Adso von Montier-en-Der in seinem Kompendium *De ortu et tempore Antichristi* (»Ursprung und Zeit des Antichrist«) eine detaillierte Lebensgeschichte des endzeitlichen Antichrist, als welcher gegen Ende des Jahrhunderts der Papst in Rom identifiziert werden konnte.[8]

Konjunkturen der Rom- und Papstkritik seit dem 11. Jahrhundert

Kritik am Klerus und an kirchlichen Verhältnissen lässt sich seit der Frühzeit der Christianisierung nachweisen, und es handelt sich dabei um kein spezifisches vorreformatorisches Phänomen, sondern spiegelt das kritische Potential von auf biblischen Texten gründender Selbstreflexion. Nach der Jahrtausendwende wurden die entstehenden Kommunen zu neuen wichtigen Kommunikationsräumen, in denen Missstände kirchlicher Verhältnisse angeprangert wurden. Diese Stimmen sollten freilich nicht unter dem im 19. Jahrhundert geprägten Begriff des »Antiklerikalismus« subsumiert werden, weil dieser einen jahrhundertelang nicht existenten grundsätzlichen Gegensatz zwischen laikaler und geistlicher Sphäre suggeriert und es sich zudem bei den meisten Kritikern um Kleriker handelte.[9] Eine Unterscheidung zwischen einer allgemeinen Kritik an Kleri-

---

Mittelalters N.F. 9), Diss., Erlangen-Nürnberg 1969, 2., verb. und erw. Aufl., München 1979; Richard K. EMMERSON, Antichrist in the Middle Ages. A Study of Medieval Apocalypticism, Art and Literature, Manchester 1981; Antonio ROTONDÒ, Anticristo e chiesa romana. Diffusione e metamorfosi d'un libello antiromano del Cinquecento, in: Forme e destinazione del messaggio religioso. Aspetti della propaganda religiosa nel Cinquecento (Studi e testi per la storia religiosa del Cinquecento 2), hg. von Antonio ROTONDÒ, Firenze 1991, S. 19–164; ND in: Antonio ROTONDÒ, Studi di storia ereticale del Cinquecento, Bd. 1, Firenze 2008, S. 45–200; Antichrist. Konstruktionen von Feindbildern, hg. von Wolfram BRANDES/Felicitas SCHMIEDER, Berlin 2010; Der Antichrist. Historische und systematische Zugänge (Studien zur christlichen Religions- und Kulturgeschichte 14), hg. von Mariano DELGADO/Volker LEPPIN, Fribourg/Stuttgart 2011.

8 Richard K. Emmerson, Antichrist as Anti-Saint. The Significance of Abbot Adso's Libellus de Antichristo, in: The American Benedictine Review 30, 1979, S. 175–190; Volker Leppin, Der Antichrist bei Adso von Montier-en-Der, in: Der Antichrist. Historische und systematische Zugänge (wie Anm. 7), S. 125–136.

9 Winfried EBERHARD, Klerus- und Kirchenkritik in der spätmittelalterlichen deutschen Stadtchronistik, in: Historisches Jahrbuch 114, 1994, S. 349–380. Mit partiell anderen Perspektiven: Anticlericalism in Late Medieval and Early Modern Europe (Studies in Medieval and Reformation Thought 51), hg. von Peter A. DYKEMA/Heiko A. OBERMAN, Leiden/New York/Köln 1993; vgl. dazu Klaus SCHREINER, Gab es im Mittelalter und in der Frühen Neuzeit Antiklerikalismus?, in: Zeitschrift für historische Forschung 21, 1994, S. 513–521

kern bzw. am Klerus und jenen gegen Papst und Kurie gerichteten Invektiven ist nicht immer exakt zu vollziehen, doch konzentrieren wir uns im Folgenden schon aus pragmatischen Gründen auf die zweite Ebene kritischer Äußerungen.

Invektiven gegenüber Rom und den Römern sowie Tadel an unwürdigen Inhabern des Stuhls Petri wurden bereits seit dem 9. Jahrhundert laut, etwa in den *Versus Romae* und in der *invectiva in Romam*, Letztere eine Streitschrift, in welcher ein eindringliches Panorama des Verfalls des ehemaligen *caput mundi* gezeichnet wird. Zu den Kritikern Roms zählen aus jeweils unterschiedlicher Perspektive in der Folgezeit Liutprand von Cremona, Gerbert von Aurillac, Sigebert von Gembloux und viele andere nördlich und südlich der Alpen.[10] Mit der im 11. Jahrhundert einsetzenden Kirchenreform, der papstgeschichtlichen Wende sowie den damit einhergehenden Zentralisierungstendenzen der römischen Kirche wurden kritische Verlautbarungen zahlreicher und lauter und zielten immer öfter auf Papst und Kurie. Für einige wurde Rom zur Wohnstätte des Simon Magus, jener Figur der Apostelgeschichte, die als Namengeber der Simonie den Geldhunger der Kurie und die Habsucht der Römer (*avaritia Romanorum*) verkörperte. Zudem wurde der Antichrist immer öfter auf einen historischen endzeitlichen Antichrist bezogen und auf einen konkreten Gegner projiziert. Er wurde im 11. und 12. Jahrhundert vielfach der eschatologischen Ferne enthoben und in historische Kontexte eingefügt. In Kampfschriften des Investiturstreits wurden die Gleichsetzung von Papst bzw. Gegenpapst und Antichrist zu einem festen Topos ausgebildet und damit alte Narrative mobilisiert und aktualisiert. Die Assoziation mit dem Antichrist wurde vor allem zur rhetorischen Waffe in den Auseinandersetzungen mit Häretikern. In der päpstlichen Kanzlei wurden Gegner scharf attackiert und diabolisiert: *devastator, anitchristus, haeresiarcha* – mit diesen Begriffen wird Wibert von Ravenna in den Briefen Gregors VII. konfrontiert. Auch Urban II. scheute entsprechende Polemik nicht. Die Metapher des Antichrist wurde zu einem jener Propagandabegriffe, mit denen der als illegitim geltende Papst verunglimpft werden konnte. Die königlich-kaiserliche Publizistik stand dem nicht nach. Für den leidenschaftlichen Anhänger Heinrichs IV., Benzo von Alba, verkörperte Gregor VII. nicht nur den Antichrist, er identifizierte ihn auch mit dem ersten diabolischen Aufrührer, mit Luzifer.[11] Die im Gefolge der papstgeschichtlichen Wende

---

und Peter Blickle, Neuorientierung der Reformationsforschung, in: Historische Zeitschrift 262, 1996, S. 481–491; Ottavia Niccoli, Rinascimento anticlericale. Infamia, propaganda e satira in Italia tra Quattro e Cinquecento (Storia e società), Roma 2005.

10 Vgl. zum Folgenden Benzinger, Invectiva in Romam (wie Anm. 7), bes. S. 39ff.; Ingo Herklotz, Die Beratungsräume Calixtus II. im Lateranpalast und ihre Fresken. Kunst und Propaganda am Ende des Investiturstreits, in: Zeitschrift für Kunstgeschichte 52, 1989, S. 145–214, hier S. 183.

11 Herklotz, Die Beratungsräume (wie Anm. 10), S. 184.

ausbrechenden Kontroversen stellten Argumentationsmuster bereit, auf die folgende Generationen zurückgreifen und die sie mobilisieren konnten.[12]

In den im 12. und 13. Jahrhundert adaptierten und aktualisierten Invektiven hatten die Rom zugeschriebenen Topoi von Habsucht und Raub, Hochmut, Herrschsucht, Völlerei und Prunksucht Hochkonjunktur. Infolge des Papstwahldekrets von 1059 war die Papstwahl, welche den römischen Adelsfamilien entzogen werden sollte, zur Aufgabe des Kardinalskollegiums geworden. Die Mitglieder des Gremiums wurden zu mächtigen Akteuren an der Kurie und innerhalb der römischen Kirche. Seit dem 12. Jahrhundert wurden Kardinäle daher immer öfter zur Zielscheibe von Kritik.[13] Diese richtete sich gegen die Mitwirkung der Kirchenfürsten an wichtigen Entscheidungen an der Kurie, die viele als willkürlich und intransparent empfanden. Sie wurden als Schlüsselfiguren des scharf kritisierten räuberischen und habgierigen Rom wahrgenommen.[14]

Scharfe Invektiven wurden im 12. und 13. Jahrhundert vor allem in satirischen Texten formuliert. Auch wenn solche Kritiken meist von Rom und den Römern sprachen, meinten sie oft Papst und Kurie. Bei einem besonders wortgewaltigen Kritiker, Walther von der Vogelweide, verbinden sich im vermutlich um 1212/1213 verfassten *Unmutston* (in den sogenannten Opferstockstrophen) Muster der Rom- und Papstkritik in bis dahin neuer und einzigartiger Schärfe mit spezifischer »nationaler« Färbung: »Ahiiii, wie christlich jetzt der Papst lacht, wenn er seinen Welschen sagt: ›Das habe ich fein hingekriegt.‹ Was er da sagt, daran sollte er niemals auch nur gedacht haben. Er sagt: ›Ich habe zwei Alman [romanisch für: Deutsche] unter eine Krone gebracht, auf dass sie das Reich zerstören und verwüsten. Währenddessen füllen wir unsere Truhen. Ich habe sie an meinen Stock getrieben, ihr Besitz gehört mir, ihr deutsches Silber fährt in meinen welschen Schrein. Ihr Geistlichen, esst Hühner und trinkt Wein und lasst die deutschen

12 John A. Yunck, Economic Conservatism, Papal Finance, and the Medieval Satires on Rome, in: Medieval Studies 23, 1961, S. 334–351; Roberto Rusconi, Antichrist and Antichrists, in: The Encyclopedia of Apocalypticism, Bd. 2: Apocalypticism in Western History and Culture, hg. von John J. Collins/Bernard McGinn/Stephen J. Stein, New York u. a. 1999, S. 287–325.

13 Werner Maleczek, Papst und Kardinalskolleg von 1191 bis 1216. Die Kardinäle unter Coelestin III. und Innocenz III. (Publikationen des Historischen Instituts beim Österreichischen Kulturinstitut in Rom Abt. 1, Abhandlungen 6), Wien 1984, S. 253 ff.; Werner Maleczek, Die Kardinäle von 1143 bis 1216. Exklusive Papstwähler und erste Agenten der päpstlichen *plenitudo potestatis*, in: Geschichte des Kardinalats im Mittelalter (Päpste und Papsttum 39), hg. von Jürgen Dendorfer/Ralf Lützelschwab, Stuttgart 2011, S. 95–154, bes. S. 132 f.; Ulrich Schludi, Die Entstehung des Kardinalkollegiums. Funktion – Selbstverständnis – Entwicklungsstufen (Mittelalter-Forschungen 45), Diss., Ostfildern 2014.

14 Jürgen Dendorfer, Die Kardinäle als die wahren Häupter der Kirche?, in: Die Päpste. Amt und Herrschaft in Antike, Mittelalter und Renaissance (Die Päpste 1), hg. von Bernd Schneidmüller/Stefan Weinfurter/Michael Matheus/Alfried Wieczorek, Regensburg 2016, S. 431–446, bes. S. 431; vgl. auch Claudia Märtl, Kurie und materielle Kultur in der Frührenaissance (in diesem Band).

Laien abmagern und fasten.‹«[15] Als sich im 13. Jahrhundert der Kampf zwischen Kaisertum und Papsttum erneut verschärfte, wurde im Kontext zeitgenössischer Endzeiterwartungen und prophetischer Weissagungen Friedrich II. von seinen Parteigängern als messianischer Friedenskaiser stilisiert, der Reichtum und Verweltlichung der Kirche, den Raub an Armen und Unterdrückten, Hochmut und Gier des Papstes anprangerte und Reformen der als Hure Babylon bezeichneten römischen Kirche einforderte. Besonders in den Auseinandersetzungen zwischen Kaiser Friedrich II. und den Päpsten wurde der Vorwurf, Anhänger und Wegbereiter des Antichrist zu sein, zum vielfach eingesetzten Mittel des politischen Kampfes.[16]

Auch Dante Alighieri (1265–1321) nutzte diesen Kampfbegriff im Rahmen seiner Kritik an der päpstlichen Amtsführung und den Zuständen an der Kurie. Die armen, hageren, barfüßigen Apostel stellte er den reichen, wohlbeleibten und prunkvoll gekleideten römischen Prälaten gegenüber.[17] Mit Papst Silvester I. sei infolge der Konstantinischen Schenkung das Ideal einer machtlosen und von evangelischer Armut geprägten Kirche aufgegeben worden. Silvester gilt Dante als Stammvater aller habgierigen und

15 »Ahî wie kristenlîche nû der bâbest lachet, swanne er sînen Walhen seit: ›ich hânz alsô gemachet‹. daz er dâ seit, des solt er nie mêr hân gedâht! er gihet: ›ich hân zwêne Allamân under eine krône brâht, daz si daz rîche sulen stœren unde wasten, ie darunder wüelen in ir kasten. ich hân si an mînen stok gemennet, ir guot ist allez mîn, ir tiutschez silber vert in mînen welschen schrîn, ir pfaffen ezzent hüener und trinkent wîn unde lânt die tiutschen vasten!‹«. Walther von der VOGELWEIDE, Werke. Gesamtausgabe, Bd. 1: Spruchlyrik. Mittelhochdeutsch. Neuhochdeutsch (Universal-Bibliothek 819), hg., übersetzt und kommentiert von Günther SCHWEIKLE, Stuttgart 1994, S. 164f.; Volker SCHUPP, Er hât tûsent man betoeret. Zur öffentlichen Wirkung Walthers von der Vogelweide, in: Poetica 6, 1974, S. 38–59; Theodor NOLTE, Walther von der Vogelweide. Höfische Idealität und konkrete Erfahrung, Stuttgart 1991, S. 36f.; Susanne PADBERG, Ahî wie kristenlîche nû der bâbest lachet. Walthers Kirchenkritik im Unmutston (Edition, Kommentar, Untersuchungen), Diss., Herne 1997, bes. S. 127ff.; zur Übersetzung vgl. Theodor NOLTE, Papst Innozenz III. und Walther von der Vogelweide, in: Papst Innozenz III. Weichensteller der Geschichte Europas. Interdisziplinäre Ringvorlesung an der Universität Passau 5.11.1997–26.5.1998, hg. von Thomas FRENZ, Stuttgart 2000, S. 69–89, hier S. 75f. Zum allgemeinen Kontext vgl. Helga SCHÜPPERT, Kirchenkritik in der lateinischen Lyrik des 12. und 13. Jahrhunderts (Medium aevum 23), Diss., München 1972.

16 Helene WIERUSZOWSKI, Vom Imperium zum nationalen Königtum. Vergleichende Studien über die publizistischen Kämpfe Kaiser Friedrichs II. und König Philipps des Schönen mit der Kurie (Historische Zeitschrift Beihefte 30), München 1933; Andrea SOMMERLECHNER, Stupor mundi? Kaiser Friedrich II. und die mittelalterliche Geschichtsschreibung (Publikationen des Historischen Instituts beim Österreichischen Kulturinstitut in Rom, Abt. 1, Abhandlungen 11), Wien 1999, bes. S. 428ff.; Björn WEILER, Stupor Mundi. Matthäus Paris und die zeitgenössische Wahrnehmung Friedrichs II. in England, in: Herrschaftsräume, Herrschaftspraxis und Kommunikation zur Zeit Friedrichs II. (Münchner Beiträge zur Geschichtswissenschaft 2), hg. von Knut GÖRICH/Jan KEUPP/Theo BROEKMANN, München 2008, S. 63–95; Hubert HOUBEN, Kaiser Friedrich II. (1194–1250). Herrscher, Mensch, Mythos. Stuttgart 2008, bes. S. 175ff.

17 Jörg OBERSTE, Dantes Päpste. Die »Commedia« und der kirchenkritische Diskurs des späten Mittelalters, in: Die sprachliche Formierung der politischen Moderne. Spätmittelalter und Renaissance in Italien (Politisches Denken und literarische Form), hg. von Oliver HIDALGO/Kai NONNENMACHER, Wiesbaden 2015, S. 125–154, hier S. 135.

machtbesessenen Inhaber der Kathedra Petri.[18] Der Dichter überzieht in seiner »Commedia« die Päpste Bonifaz VIII., Clemens V. und Johannes XXII. mit scharfen Invektiven, die mit apokalyptischen Topoi gespickt sind. In ihrem kirchlichen Heilsauftrag seien sie gescheitert, und er belegt sie mit der Metapher vom reißenden wilden Wolf im Gewande des obersten Hirten.[19]

Infolge des avignonesischen Exils und des Großen Abendländischen Schismas nahm die Kritik am Papsttum erneut zu und wurde grundsätzlicher. In England war bereits im 13. Jahrhundert Kritik am päpstlichen Providierungsanspruch und am Fiskalismus der Kurie laut geworden. Die Forderungen nach Abschaffung der päpstlichen Abgaben wurden im 14. Jahrhundert wiederholt mit dem Vorwurf der antienglischen Voreingenommenheit und Parteilichkeit des Papsttums verknüpft, und dies ebnete den Weg für die grundsätzliche Kritik Wyclifs und der Lollarden.[20] Über England hinaus sind nicht zuletzt an Universitäten ausgebildete Gelehrte unter jenen zu finden, welche Anklagen und Verurteilungen formulierten. Der durch das Schisma ausgelöste Finanzbedarf mehrerer Päpste und Kurien sowie päpstliche Strafmaßnahmen wie Exkommunikation und Interdikt stimulierten antikuriale und antiklerikale Stimmungen.[21] Während es die meisten Kritiker grundsätzlich für möglich hielten, einzelne Päpste als Antichrist zu denunzieren, vertraten in England John Wyclif und ganz ähnlich der Böhme Jan Hus ein Kirchenverständnis, das die Berechtigung und Notwendigkeit einer päpstlichen Leitung grundsätzlich in Frage stellte. Dies führte zur totalen Ablehnung des Papsttums als Institution, die mit dem endzeitlichen Antichrist zu identifizieren sei.[22] Allerdings trug in England die weitgehende Sicherung der eigenen Interessen gegenüber päpstlichen Zugriffen entscheidend dazu bei, dass dort im Verlaufe des 15. Jahrhunderts die Kritik an Kurie und Papsttum abnahm.[23]

---

18 Jörg Oberste, Heiliger oder Häretiker? Papst Silvester I. und das mittelalterliche Kirchenbild, in: Sancta Crux 66, 2005, S. 85–107; Jörg Oberste, Silvester 2.0. Fiktionen eines Papstes in Spätantike und Mittelalter, in: Salutationes. Beiträge zur Alten Geschichte und ihrer Diskussion. Festschrift für Peter Herz zum 65. Geburtstag (Region im Umbruch 9), hg. von Babett Edelmann-Singer/Heinrich Konen, Berlin 2013, S. 135–158.

19 Jörg Oberste, Dantes Päpste (wie Anm. 17), S. 144, 147.

20 Thomas Eckert, Nichthäretische Papstkritik in England vom Beginn des 14. bis zur zweiten Hälfte des 15. Jahrhunderts, in: Annuarium Historiae Conciliorum 23, 1991, S. 116–359.

21 Giovanni Miccoli, La storia religiosa, in: Storia d'Italia, Bd. 2: Dalla caduta dell'Impero romano al secolo XVIII, hg. von Ruggiero Romano/Corrado Vivanti, Torino 1974, S. 431–1079, bes. S. 875 ff.

22 Curtis V. Bostick, The Antichrist and the Lollards. Apocalypticism in Late Medieval and Reformation England (Studies in Medieval and Reformation Thought 70), Leiden 1998; Wolf-Friedrich Schäufele, Der Antichrist bei Wyclif und Hus, in: Der Antichrist. Historische und systematische Zugänge (wie Anm. 7), S. 173–206; vgl. auch den Beitrag von Volker Leppin in diesem Band und die dortigen Literaturhinweise.

23 Eckert, Nichthäretische Papstkritik in England (wie Anm. 20).

Traditionen und neue Qualitäten von Rom- und Papstkritik in der Renaissance

Im Folgenden werden mit Blick auf Papst-, Kurien- und Romkritik in der Zeit der Renaissance ausgewählte Aspekte angesprochen. Da theologische Papstkritik Thema eines eigenen Beitrags ist, wird dieser Aspekt nur gestreift.[24]

Frankreich und das Reich: Divergenzen zwischen Geldflüssen und ihren Wahrnehmungen

Der Topos des ausbeuterischen und habgierigen Roms, der über Jahrhunderte hinweg in jeweils konkreten historischen Kontexten aktualisiert wurde, begegnet auch im 15. und 16. Jahrhundert, und zwar keineswegs nur im nordalpinen Reich. Doch erhielten kritische Äußerungen, wie sie in den *Gravamina nationis germanicae* formuliert wurden, eine spezifische »nationale« Färbung. Insbesondere die Finanzpraktiken bei der Vergabe von Pfründen und die damit einhergehenden Zahlungen von Annaten, Servitien und Gebühren an die Kurie, ferner der Fluss von Geldern nach Rom infolge von Ablässen und Zehntleistungen sowie Erscheinungsformen in der kurialen Gerichts- und Prozesspraxis stießen auf scharfe Kritik und wurden auf Reichstagen diskutiert. Solche Kritik bündelte im Jahre 1457 Martin Mayer, der Kanzler des Mainzer Erzbischofs, in einem Schreiben an seinen ehemaligen Studienkollegen Enea Silvio Piccolomini: Mein »einst ruhmreiches Volk, das durch seine Tüchtigkeit und sein Blut das römische Imperium erworben hat, und Herr und König der Welt gewesen ist, [ist] nunmehr an den Bettelstab gebracht, geknechtet und zinspflichtig geworden und beklagt nun schon viele Jahre lang, im Staub liegend, sein Los, seine Armut.«[25] Andere wortgewaltige Publizisten wie Jakob Wimpfeling spitzten solche Kritik weiter zu: Im Übermaß trügen die Deutschen ihr Geld nach Rom, das dort verschleudert werde, und das eigene Land blute dadurch aus. Konkret richtete sich seine Kritik gegen das in Rom entwickelte Vergabesystem kirchlicher Stellen, welches vor allem mit der Verknüpfung von Reservationen, Pensionen und Regressen verstärkt seit um 1500 angewendet wurde. Damit wurden Usancen

24 Vgl. den Beitrag von Volker Leppin in diesem Band.

25 Deutschland. Der Brieftraktat an Martin Mayer und Jakob Wimpfelings Antworten und Einwendungen gegen Enea Silvio (Die Geschichtsschreiber der deutschen Vorzeit 3/104), übersetzt und erläutert von Adolf Schmidt, Köln/Graz 1962, S. 34; Götz-Rüdiger Tewes, Deutsches Geld und römische Kurie. Zur Problematik eines gefühlten Leides, in: Kurie und Region. Festschrift für Brigide Schwarz zum 65. Geburtstag (Geschichtliche Landeskunde 59), hg. von Brigitte Flug/Michael Matheus/Andreas Rehberg, Stuttgart 2005, S. 209–239, hier S. 210f.

an der Kurie in großem Umfang üblich, die zumindest partiell gegen kirchenrechtliche Normen verstießen.[26]

Vergleichende Analysen der nach Rom strömenden Geldflüsse ergaben interessante Befunde. Aus Frankreich, Spanien und Italien flossen sehr viel größere Summen nach Rom als aus dem nordalpinen Reichsgebiet.[27] Eine von Martin Luther formulierte und schon über hundert Jahre zuvor in Konzilskreisen artikulierte Forderung lautete, die finanziellen Ressourcen des Papsttums auf die Einkünfte aus dem Kirchenstaat zu begrenzen. Dieser Forderung entsprachen die päpstlichen Finanzen schon in der zweiten Hälfte des 15. Jahrhunderts in beachtlichem Umfang. Stellten im 14. Jahrhundert Abgaben wie Annaten und Servitien aus der gesamten lateinischen Kirche noch zentrale Einnahmeposten der Kurie dar, wurde deren Anteil an den päpstlichen Finanzen immer geringer, auch weil die Möglichkeiten, die Steuerkraft der universalen Kirche zu erfassen, im Verlaufe des 15. Jahrhunderts immer begrenzter wurden.[28]

Offenkundig bestand eine erhebliche Diskrepanz zwischen realen Geldflüssen und ihrer Wahrnehmung. Unter den verschiedenen Gründen[29] sei hier ein für die Kritiker offenbar besonders wichtiger Aspekt angesprochen. Dabei dürften neben den mit Blick auf Frankreich, Spanien und Italien genannten Faktoren weitere eine Rolle gespielt haben. Schon im hohen Mittelalter waren in satirischen Gedichten über Rom die an der Kurie üblichen Verfahren und explizit die Praktiken der Bullatoren scharf kritisiert

26 Hubert Jedin, Kann der Papst Simonie begehen? in: Römische Quartalschrift 43, 1935, S. 128–156; ND in: Hubert Jedin, Kirche des Glaubens – Kirche der Geschichte. Ausgewählte Aufsätze und Vorträge, Bd. 2: Konzil und Kirchenreform, Freiburg im Breisgau/Basel/Wien 1966, S. 264–284.

27 Grundlegend hierzu sind die Studien von Götz-Rüdiger Tewes, Die römische Kurie und die europäischen Länder am Vorabend der Reformation (Bibliothek des Deutschen Historischen Instituts in Rom 95), Tübingen 2001; Götz-Rüdiger Tewes, Zwischen Universalismus und Partikularismus. Zum Raumbewußtsein an der päpstlichen Kurie des Spätmittelalters, in: Raumerfassung und Raumbewusstsein im späteren Mittelalter (Vorträge und Forschungen 49), hg. von Peter Moraw, Stuttgart 2002, S. 31–85; Götz-Rüdiger Tewes, Das vorreformatorische Papsttum im Spannungsfeld von universalen Ansprüchen und partikularen Interessen, in: Jahrbuch der Akademie der Wissenschaften in Göttingen, 2002, S. 172–180; Tewes, Deutsches Geld und römische Kurie (wie Anm. 25); Götz-Rüdiger Tewes, Kirchliche Ideale und nationale Realitäten. Zur Rezeption der Basler Konzilsdekrete in vergleichender europäischer Perspektive, in: Die Konzilien von Pisa (1409), Konstanz (1414–1418) und Basel (1431–1449). Institution und Personen (Vorträge und Forschungen 67), hg. von Heribert Müller/Johannes Helmrath, Ostfildern 2007, S. 337–370; Götz-Rüdiger Tewes, Zwischen Seelenheil, Machtpolitik und Profiten. Erfahrungen und Strategien von Deutschen und Italienern an der römischen Kurie um 1500, in: Martin Luther in Rom. Kosmopolitisches Zentrum und seine Wahrnehmung, hg. von Michael Matheus/Arnold Nesselrath/Martin Wallraff (im Druck).

28 Michael Matheus, Das Renaissancepapsttum im Kontext struktureller Entwicklungen, in: Die Päpste und ihr Amt zwischen Einheit und Vielheit der Kirche. Theologische Fragen in historischer Perspektive (Die Päpste 4), hg. von Stefan Weinfurter/Volker Leppin/Christoph Strohm/Hubert Wolf/Alfried Wieczorek, Regensburg 2017, S. 73–101, hier S. 89f., 96ff.

29 Vgl. hierzu auch Matheus, Das Renaissancepapsttum im Kontext struktureller Entwicklungen (wie Anm. 28), S. 98f.

worden.[30] Zwei Gruppen von Kurialen rückten um 1500 immer stärker ins Visier der Verfasser antirömischer Gravamina. »Ausländer«, denen es gelang, in den Besitz »deutscher« Pfründen zu gelangen sowie deutsche Kuriale, die sich aus der Sicht Wimpfelings in besonders intensiver Weise als Profiteure eines zunehmend verhassten Systems betätigten, das weitgehend erst durch das Konzil von Trient beseitigt wurde. Beide Gruppen waren in nordalpinen geistlichen Institutionen kaum präsent, deren Pfründen konnten sie sich aber in nennenswertem Umfang sichern.[31] Deren Verhalten mache sie – so Wimpfeling – nahezu zu Vaterlandsverrätern. So zählte der Fuggerfaktor Johannes Zink – wie schon Alois Schulte zeigen konnte – »zur Spitze der deutschen Pfründenjäger«,[32] und verkörperte zudem die enge Verflechtung zwischen päpstlicher Kreditfinanzierung, einflussreichen Kurienkreisen und »Luthergegnern der ersten Stunde«.[33] Zu ihnen zählen Johannes Ingenwinkel[34] und Wilhelm von Enckenvoirt, welche dem Fuggerfaktor bei der virtuos gehandhabten Pfründenbeschaffung nur wenig nachstanden.[35] Dies löste scharfe Kritik auch bei solchen im Reich aus, welche nicht zum Bruch mit der römischen Kirche bereit waren.[36] Die Aktivitäten des Johannes Zink hatte Ulrich von Hutten in Rom unmittelbar erlebt, und ihn benannte er namentlich als einen der Verantwortlichen dafür, dass das Ansehen der römischen Kirche beschädigt, Deutschland ausgeplündert werde und seine Freiheit verliere. Einen Grund für das Anwachsen antirömischer Aversionen stellte die Rolle der Fuggerbank als päpstlicher Kreditgeber dar, die aus der Perspektive Huttens komplementär zum verderblichen Rom zur Verarmung Deutsch-

30 Benzinger, Invectiva in Romam (wie Anm. 7), S. 111.

31 Tewes, Deutsches Geld und römische Kurie (wie Anm. 25), S. 213, 229.

32 Aloys Schulte, Die Fugger in Rom 1495–1523. Mit Studien zur Geschichte des kirchlichen Finanzwesens jener Zeit, 2 Bde., Leipzig 1904, bes. Bd. 1, S. 279 ff.; Ergänzungen bei Tewes, Deutsches Geld und römische Kurie (wie Anm. 25), S. 230 f.; als eindrucksvolles Beispiel vgl. Francis Rapp, Ce qu'il en coûtait d'argent et de démarches pour obtenir de Rome la confirmation d'une élection episcopale. Le cas de Guillaume de Honstein, évêque de Strasbourg en 1506, in: Revue d'Alsace 101, 1962, S. 106–115; Francis Rapp, Ce qu'il en coûtait d'argent et de démarches pour obtenir de Rome la confirmation d'une élection episcopale. II. Ulric Bertsch et les intrigues des courtisans, in: Revue d'Alsace 104, 1966/1974, S. 40–53; Francis Rapp, Ce qu'il en coûtait d'argent et de démarches pour obtenir de Rome la confirmation d'une élection episcopale. III. Ulric Bertsch dans les bureaux de la Curie, in: Revue d'Alsace 107, 1981, S. 19–36.

33 Götz-Rüdiger Tewes, Luthergegner der ersten Stunde. Motive und Verflechtungen, in: Quellen und Forschungen aus italienischen Archiven und Bibliotheken 75, 1995, S. 256–365; Götz-Rüdiger Tewes, Rom, das Rheinland und die Reformation, in: Rheinische Vierteljahrsblätter 66, 2002, S. 190–210.

34 Tewes, Deutsches Geld und römische Kurie (wie Anm. 25), S. 231.

35 Michael Matheus, Deutschsprachige Studierende im kosmopolitischen Rom. Ulrich von Hutten und Wilhelm von Enckenvoirt, in: Studieren im Rom der Renaissance, hg. von Michael Matheus/Rainer Ch. Schwinges (in Vorbereitung).

36 Tewes, Kirchliche Ideale und nationale Realitäten (wie Anm. 27), S. 367 f.

lands beitrage.[37] Die von der Bank an Papst und Kurie ausgegebenen Kredite konnten nur noch in geringem Umfang aus den Einkünften für kirchliche Stellenbesetzungen im Reich abgesichert werden, daher wurden dafür in wachsendem Maße die umstrittenen Ablassgelder herangezogen. Welchen Anteil die Ablassgelder an den päpstlichen Finanzen einnahmen, ist nicht hinreichend zu ermitteln.[38] Jedenfalls verdienten aber an den gesteigerten Heilsangeboten viele Akteure, und die nach Rom gelangenden Gelder stellten wohl keine zentralen Positionen im päpstlichen Haushalt dar.[39]

Papst- und Kurienkritik in Rom

Einer weit verbreiteten Einschätzung zufolge nahmen antirömische Affekte im 15. und beginnenden 16. Jahrhundert zu und »am Ende des 15. Jahrhunderts apokalyptische Züge an«.[40] Dabei werden solche Verlautbarungen in der Regel außerhalb Roms und vor allem im nordalpinen Reichsgebiet verortet. Kritik an Papst und Kurie wurde aber auch in der Stadt am Tiber selbst laut. Ja, es stellt sich die Frage, ob sich außerhalb Roms Orte finden lassen, an denen kritische Stimmen in vergleichbarer Kontinuität, Vielfalt und Schärfe artikuliert wurden. Der Nachweis eines breiten Spektrums papst- und kurienkritischer Diskurse am Tiber vor der einsetzenden konfessionellen Spaltung ist auch mit Blick auf eine jüngst formulierte These von Interesse, der zufolge ein *clash of cultures* zwischen der römisch-italienischen Sphäre des Renaissancehumanismus und der nordalpinen Erfahrungswelt der Reformatoren »die Kirchenspaltung und die Reformation hervorgebracht« habe.[41] Zu berücksichtigen ist, dass Rom über die Antike hinaus und von wenigen Phasen wie der Zeit des avignonesischen Exils abgesehen der bedeutendste Knotenpunkt der Kommunikation innerhalb des lateinischen Europa war.

---

37 Heiko Wulfert, Die Kritik an Papsttum und Kurie bei Ulrich von Hutten (1488–1523) (Rostocker theologische Studien 21), Diss., Berlin/Münster 2009, S. 163f., 314; Matheus, Das Renaissancepapsttum im Kontext struktureller Entwicklungen (wie Anm. 28.), S. 99.

38 Matheus, Das Renaissancepapsttum im Kontext struktureller Entwicklungen (wie Anm. 28.), S. 89f.; Ludwig Schmugge, The Cost of Grace. The Composition Fees in the Penitentiary, c. 1450–1500, in: Church and Belief in the Middle Ages. Popes, Saints and Crusades (Crossing Boundaries, Turku Medieval and Early Modern Studies), hg. von Kirsi Salonen/Sari Katajala-Peltomaa, Amsterdam 2016, S. 39–62; vgl. auch den Beitrag von Andreas Rehberg in diesem Band. Zu Forschungsperspektiven über die päpstlichen Finanzen vgl. TEWES, Zwischen Seelenheil, Machtpolitik und Profiten (wie Anm. 27).

39 Thomas Kaufmann, Geschichte der Reformation in Deutschland, Berlin 2016, S. 80; Ablasskampagnen des Spätmittelalters. Luthers Thesen von 1517 im Kontext (Bibliothek des Deutschen Historischen Instituts in Rom 132), hg. von Andreas Rehberg, Berlin/Boston 2017; vgl. auch den Beitrag von Andreas Rehberg in diesem Band.

40 Kaspar Elm, Antiklerikalismus im deutschen Mittelalter, in: Anticlericalism in Late Medieval and Early Modern Europe (wie Anm. 9), S. 3–18, hier S. 8f.

41 Volker Reinhardt, Luther, der Ketzer. Rom und die Reformation, München 2016, S. 328.

Seit der Renaissance entwickelte sich die Stadt zudem noch stärker als zuvor zu einer über Europa hinauswirkenden Nachrichtenbörse. Im Wechselspiel zwischen dem Zentrum am Tiber und den Regionen *in partibus* spielten die zahlreichen Rombesucher eine in ihrer Bedeutung als Träger und Multiplikatoren von Informationen kaum zu überschätzende Rolle. Wiederholt entfalteten von ihnen übermittelte Erzählungen außerhalb der römischen Kommunikationszusammenhänge in neuen Kontexten und Sinnzuschreibungen sowie dank ihrer Verbreitung mittels neuer Bild- und Textmedien neue Wirkungsweisen. Innerhalb Roms können verschiedene Gruppen und mit ihnen verbundene (Teil-)Öffentlichkeiten unterschieden werden. Die aufzuzeigenden Spielräume für kritische Äußerungen waren je nach deren Situierung am päpstlichen Hof und in der Stadt unterschiedlich ausgeprägt, aufs Ganze gesehen erweisen sie sich trotz erheblicher Überlieferungsverluste bzw. ungünstiger Überlieferungschancen aber jedenfalls als beachtlich. Erst seit den im 16. Jahrhundert einsetzenden konfessionellen Spaltungsprozessen wurden sie deutlich eingeschränkt.

Die Päpstin Johanna

Der Humus für das spektakulärste, skandalträchtige Kapitel mittelalterlicher Papstgeschichte, nämlich die vermeintliche Erhebung einer Frau zur Päpstin, basiert sehr wahrscheinlich in wesentlichen Teilen auf lokalrömischen Überlieferungen. Sie wurden verschriftlicht und fanden seit der Mitte des 13. Jahrhunderts weite Verbreitung.[42] Die Figur wurde vor allem seit dem 16. Jahrhundert zur Verkörperung und Projektionsfläche scharfer Invektiven gegenüber dem Papsttum und der Kurie in Rom. Gegenwärtig

42 Zum Folgenden vgl. Cesare D'Onofrio, La papessa Giovanna. Roma e papato tra storia e leggenda (Collana di studi e testi per la storia della città di Roma 2), Roma 1979; Klaus Herbers, Die Päpstin Johanna. Ein kritischer Forschungsbericht, in: Historisches Jahrbuch 108, 1988, S. 174–194; Alain Boureau, La Papesse Jeanne, Paris 1988; Max Kerner, Die sogenannte Päpstin Johanna. Von einer wundersamen und rohen Fabel, in: Licet preter solitum. Ludwig Falkenstein zum 65. Geburtstag, hg. von Lotte Kéry/Dietrich Lohrmann/Harald Müller, Aachen 1998, S.143–163; Max Kerner/Klaus Herbers, Die Päpstin Johanna. Biographie einer Legende, Köln/Weimar/Wien 2010; Michael Imhof, Die Päpstin Johanna. Wahrheit und Mythos, Petersberg 2011; Helmut Hinkel, »Zu Mäntz eins Burgers Tochter was«: Päpstin Johanna im Spiegel einer geistlichen Bibliothek, in: Mainzer Zeitschrift 106/107, 2011/2012, S. 157–196; ND in: Helmut Hinkel, Fides Moguntina. Studien zur Mainzer Kirchengeschichte, Mainz 2013, S. 204–248. Die seit dem 14. Jahrhundert zu fassenden Erzählversionen vom geraubten Sohn des Mainzer Rabbiners Simon, der Papst wurde, wurden wiederholt mit der Figur des Gegenpapstes Anaklet II. (alias Petrus Pierleoni) (um 1090–1138) in Verbindung gebracht, vgl. Andreas Lehnardt, Der jüdische Papst aus Mainz, in: Es war eine berühmte Stadt … Mainzer mittelalterliche Erzählungen und ihre Deutung (Neues Jahrbuch für das Bistum Mainz 2016), hg. von Wolfgang Dobras, Mainz/Würzburg 2016, S. 209–221.

ist in der multimedialen Öffentlichkeit, in Roman,[43] journalistischem Essay,[44] Film[45] und Musical,[46] kaum ein Inhaber der Kathedra Petri der Vormoderne so präsent wie die Päpstin Johanna.

Dem Kern der Erzählung zufolge wurde eine gelehrte, Männerkleidung tragende Lehrerin oder Notarin zum Papst in Rom gekürt. Während einer Prozession von St. Peter zum Lateran habe sie ein Kind zur Welt gebracht und sei bei dessen Geburt gestorben. Die Inhalte der kolportierten Viten sind dabei ebenso variantenreich wie die zugeschriebenen Papstnamen (u. a. Johannes Anglicus, Jutta, Gilberta, Anna, Agnes, Glancia). Die Grundlage bildeten wahrscheinlich in der Stadt am Tiber kursierende Deutungen antiker Überreste. Dazu zählen eine Weiheinschrift sowie die Bildsäule einer Frau mit Kind entlang des wichtigen Prozessionsweges vom Lateran zu St. Peter. Einen weiteren Anknüpfungspunkt bot der *vicus papisse*. Bei ihm handelt es sich ursprünglich um einen von einer bis ins 10. Jahrhundert in dieser Gasse residierenden römischen Adelsfamilie abgeleiteten Straßennamen, was später offenkundig in Vergessenheit geriet. Weitere Elemente, welche die Erzählung speisten, beziehen sich auf Vorgänge während der päpstlichen Inthronisation. Wahrscheinlich kolportierten römische Fremdenführer jene Umdeutungen, die zu Bestandteilen des Narrativs von der Päpstin wurden.[47] Sie

43 In Auswahl: Achim von Arnim, Päpstin Johanna, in: Ludwig Achim von Arnims Schaubühne, Berlin 1813; Emily Hope, The legend of Pope Joan, Carlton/South Victoria 1983; Donna Woolfolk Cross, Die Päpstin (Originaltitel: Pope Joan), aus dem Amerikanischen von Wolfgang Neuhaus, 7. durchgesehene Auflage, Berlin 1996; Emmanu l D. Roïd s, Die Päpstin Johanna von Ingelheim, aus dem Neugriechischen von Paul Friedrich, 2. Auflage, Berlin 2000, Erstveröffentlichung 1866.

44 Peter Stanford, Die wahre Geschichte der Päpstin Johanna, 2. Aufl., Berlin 2000 (engl. London 1998).

45 Papst Johanna (Pope Joan) mit Liv Ullmann in der Titelrolle, Regie: Michael Anderson, Großbritannien 1972; Die Päpstin (Pope Joan) mit Johanna Wokalek in der Titelrolle, Regie: Sönke Wortmann, Deutschland/Großbritannien 2009; Das Geheimnis der Päpstin, Fernsehdokumentation von Daniel Sich und Christel Fomm, Erstsendung am 9. April 2012 im ZDF.

46 Die Päpstin. Musical mit Sabrina Weckerlin als Hauptdarstellerin, Regie: Stanislav Mosa, Komponist: Dennis Martin, Musikalischer Leiter: Peter Scholz, Deutschland/Fulda 2011.

47 Bernhard Schimmelpfennig, Die Päpstin Johanna. Realität oder Legende?, in: Mythen und Legenden in der Geschichte (Schriften der Philosophischen Fakultät der Universität Augsburg 64), hg. von Volker Dotterweich, München 2004, S. 39–46. Für die Geburt der Päpstin und deren Ort könnte ein Narrativ über Kaiser Nero inspirierend gewirkt haben. In hochmittelalterlichen Chroniken sowie in der *Legenda Aurea* wird berichtet, Kaiser Nero habe ein Kind zur Welt bringen wollen. Mit Hilfe eines Zaubertranks habe er durch den Mund einen großen Frosch (*lata rana*) geboren. Dieser sei Nero entlaufen und in einen Sumpf gehüpft. Diese Stelle habe man Lateran genannt, »weil das römische Volk den Frosch mit dem Ausruf *Lata rana* kommentiert habe.« Vgl. Christine Walde, Einleitung Spurensuche. Alma Johanna Koenigs Nero in ihrem Roman *Der Jugendliche Gott* (1942), in: Neros Wirklichkeiten. Zur Rezeption einer umstrittenen Gestalt (Litora classica 7), hg. von Christine Walde, Rahden/Westfalen 2013, S. 1–43, hier S. 31 f. Schon im Wibertinischen Schisma wurden negative Stereotype von Kaiser Nero zur Diffamierung des Gegners benutzt. Vgl. hierzu Kai-Michael Sprenger, Der tote Gegenpapst im Fluss – oder wie und warum Clemens (III.) in den Tiber gelangte, in: Gegenpäpste. Ein unerwünschtes mittelalterliches Phänomen (Papsttum im

dürfte mithin den phantasievollen, sowohl die Ironie und Satire als auch die Rhetorik liebenden und diese pflegenden Bewohnern der Ewigen Stadt und ihrem auch heute noch vielfach ambivalenten Verhältnis zu Papst und Kurie zu verdanken sein.

Nach der Mitte des 13. Jahrhunderts wird die Erzählung fast gleichzeitig im nordalpinen Reich und in Frankreich verbreitet und mit Ergänzungen angereichert. Für die Diffusion des Stoffes spielte die vielgelesene Chronik Martin von Troppaus (gest. 1278) eine Schlüsselrolle. Er hatte viele Jahre in Rom verbracht und verarbeitete in seiner Chronik anderweitig nicht überlieferte römische Lokaltraditionen. Im 14. und 15. Jahrhundert war man von der Existenz einer Päpstin Johanna weithin überzeugt. Zugleich wurde die Päpstin zur Projektionsfläche verschiedener, vielfach gegensätzlicher Deutungen, auch bei prominenten Humanisten.[48] So galt Petrarca die Päpstin als Sinnbild für die apokalyptischen biblischen Plagen, und er steht damit in der Nähe zu theologischen Narrativen, denen zufolge Johanna als herausragendes Beispiel weiblicher Verderbnis galt. Einigen Theologen zufolge stand sie mit dem Teufel im Bunde. Differenzierter und ambivalenter fällt das Urteil Giovanni Boccacios aus. Er lobt die außergewöhnliche Ehrbarkeit und Frömmigkeit und vor allem die bewundernswerte Gelehrsamkeit der Protagonistin, die aber, vom Teufel verführt, zur Dienerin der Venus geworden sei (Abb. 2). Altfranzösische Übersetzungen von Boccaccios Schrift *De claris mulieribus* wurden oft mit einer Darstellung illuminiert, welche die unerwartete Niederkunft der von Kardinälen, Bischöfen, Mönchen und weiteren Personen begleiteten Päpstin zeigt, und damit deren Blasphemie bildlich vor Augen führt. Bei einigen akademisch gebildeten Gelehrten des 15. und beginnenden 16. Jahrhunderts wie dem Züricher Kanonisten und Stiftsherrn Felix Hemmerlin, dem Domherrn und Schriftsteller Martin Le Franc und anderen finden sich hingegen keine Spuren einer abschätzigen frauenfeindlichen Deutung. Der Ferrareser Notar und Jurist Bartolomeo Goggio vertrat in seinem 1490 verfassten Traktat *De laudibus mulieris* die auch sonst an humanistisch geprägten Höfen artikulierte Auffassung, Frauen seien weder von Natur aus noch dem göttlichen Schöpfungsplan zufolge unvollkommen und minderwertiger als Männer.[49] Solche Autoren rühmen die Gelehrsamkeit Johannas und werten Schwangerschaft und Geburt nicht als Skandalon, sondern als Missgeschick. In diesem Kontext konnte der Pontifikat

mittelalterlichen Europa 1), hg. von Harald Müller/Brigitte Hotz, Köln/Weimar/Wien 2012, S. 97–125, hier S. 120–122.

48 Zum Folgenden vgl. Kerner/Herbers, Die Päpstin Johanna (wie Anm. 42), S. 85 ff.

49 Conor Fahy, Three Early Renaissance Treatises on Women, in: Italian Studies 11, 1956, S. 30–55; Werner L. Gundersheimer, Bartolommeo Goggio. A Feminist in Renaissance Ferrara, in: Renaissance Quarterly 33, 1980, S. 175–200; Pamela J. Benson, The Invention of the Renaissance Woman. The Challenge of Female Independence in the Literature and Thought of Italy and England, University Park/Pennsylvania 1992, S. 45 ff.

tir les nobles orgueilleux. Et com
mence ou latin. Dum post. &c.
Apres ce que ie eu descript
en brief le cas de didier
noble roy de lombardie
et la miserable fin de lui ses femme

Abb. 2: Päpstin Johanna, 15. Jahrhundert (Bibliothèque nationale de France, Arsenal Ms. 5193, fol. 371r).

Johannas als göttliche Vorsehung interpretiert werden, welcher Frauen ermutigen sollte, an den überlegenen Möglichkeiten der Männer nicht zu verzweifeln.[50]

Seit dem 13. Jahrhundert wurde die Päpstin Johanna auch zum kirchenpolitischen Argument sowie zum Instrument im Kontext der Auseinandersetzungen um kirchliche Reformen. Während sie zunächst vor allem von Theologen aus dem Kreis der Bettelorden als papst- und kurienkritisches Narrativ ins Feld geführt wurde, benutzte der auf dem Konzil zu Konstanz als Ketzer verbrannte Johannes Hus die Päpstin als Beispiel für die Fehlbarkeit von Papst und Kardinälen. Eine Frau könne kein gültig geweihter Papst sein, aber auch während des Pontifikates der Päpstin habe die Kirche in der Gnade Christi gelebt. Damit werde deutlich, dass sie auch ohne Papst und Kardinäle auskommen könne.[51]

Dies hatte freilich keineswegs zur Folge, dass in Rom und an der Kurie die Erzählungen über die Päpstin diskreditiert waren. Im Kreis gelehrter Humanisten kamen freilich Zweifel über die historische Existenz einer Frau auf dem Stuhl Petri auf. Vom 21. August 1451 datiert ein Brief von Enea Silvio Piccolomini aus Wiener Neustadt an den Kardinal Juan Carvajal. In jenem Jahr hatte Enea im Namen Kaiser Friedrichs III. eine Reise nach Böhmen unternommen. In Tabor diskutierte er mit Vertretern des hussitischen Lagers, mit einem Johannes Galechus kam es zum Disput über die Päpstin Johanna.[52] Enea Silvio bemerkte in diesem Kontext kurz und bündig:[53] »Hier liegt (1.) kein Irrtum über einen Glaubensartikel oder eine rechtliche Vorschrift vor,[54] sondern (2a) es handelte sich um das Nichtwissen eines Sachverhalts[55] und (2b) es ist (überdies) eine

50 Kerner/Herbers, Die Päpstin Johanna (wie Anm. 42), S. 88. Damit sind für die moderne Frauenbewegung bereits in der Renaissance interessante Perspektiven formuliert. Joan Morris, Pope John VIII. An English Woman alias Pope Joan, London 1985; Elisabeth Gössmann, Die Päpstin Johanna. Der Skandal eines weiblichen Papstes. Eine Rezeptionsgeschichte, 4. Aufl., Berlin 2000.

51 Kerner/Herbers, Die Päpstin Johanna (wie Anm. 42), S. 101 f., 107 f.

52 Zu Versuchen, Johannes Galechus zu identifizieren, vgl. Thomas Wünsch, Ne pestifera doctrina corrumpat gregem dominicum. Zur Konfrontation zwischen Wyclifismus und Konziliarismus im Umkreis der Universität Krakau in der ersten Hälfte des 15. Jahrhunderts, in: Zeitschrift für Ostmitteleuropa-Forschung 44, 1995, S. 5–26, hier S. 15; Jerzy Strzelczyk, Andrzej (J drzej, Andreas) Gałka von Dobczyn. Ein polnischer Wyclif-Anhänger um die Mitte des 15. Jahrhunderts, in: Konfessionelle Pluralität als Herausforderung. Koexistenz und Konflikt in Spätmittelalter und Früher Neuzeit. Winfried Eberhard zum 65. Geburtstag, hg. von Joachim Bahlcke/Karen Lambrecht/Hans-Christian Maner, Leipzig 2006, S. 71–83, hier S. 78 ff.

53 *Istic neque fidei neque iuris error, sed ignorantia facti fuit neque certa historia est.* Der Briefwechsel des Eneas Silvius Piccolomini, Abt. 3, Briefe als Bischof von Siena, Bd. 1: Briefe von seiner Erhebung zum Bischof von Siena bis zum Ausgang des Regensburger Reichstages (Fontes rerum Austriacarum Abt. 2, Diplomataria et acta 68), hg. von Rudolf Wolkan, Wien 1918, S. 40.

54 = Man weiß und erkennt an, dass keine Frau Priester werden darf.

55 = Man wusste nicht, dass es sich um keinen Mann, sondern eine Frau handelte.

zweifelhafte Geschichtserzählung.«[56] Man wird annehmen dürfen, dass dieser Einschätzung über die rechtliche und historische Valenz der Päpstin Quellenrecherchen und daraus resultierende Reflexionen zugrunde liegen, wie dies in diesem gelehrten Ambiente üblich war. An sich hätte die rechtliche Argumentation ausgereicht. Die zusätzliche »Quellenkritik« verweist zumindest indirekt auf die in dieser Zeit geführte Diskussion um eine andere für das Papsttum zentrale Erzählung, nämlich die Konstantinische Schenkung. Dieser Text war im 12. Jahrhundert in das *Decretum Gratiani* aufgenommen worden. Nachdem seine Historizität bis zum 15. Jahrhundert nicht ernsthaft bezweifelt wurde, erwies die humanistische Kritik ihn als Fälschung. Nikolaus von Kues hatte die Echtheit des Dokuments massiv mit dem Hinweis in Zweifel gezogen, er habe in der gesamten schriftlichen Überlieferung kein Zeugnis entdecken können, das die Erzählung der Donatio stütze. Zugleich führte er weitere Argumente ins Feld, welche gegen eine Schenkung durch Konstantin den Großen sprachen. An diese Überlegungen knüpfte der viele Jahre an der Kurie wirkende Lorenza Valla an. Mit philologischen Mitteln und Argumenten historischer Plausibilität zeigte der Humanist, dass der Text der Donatio nicht im frühen 4. Jahrhundert entstanden sein konnte. Mit dem Nachweis der Fälschung war die weltliche Grundlage des Papsttums nachhaltig in Frage gestellt.[57]

Dass aber mit Blick auf die Päpstin – anders als bei Enea Silvio – historische Kritik nicht zum alleinigen Argument an der Kurie wurde, erweisen die von Papst Sixtus IV. in Auftrag gegebenen und 1479 gedruckten Lebensbeschreibungen der Päpste. Der Verfasser, der Humanist Bartolomeo Platina, Präfekt der Biblioteca Vaticana, legte mit seinem Werk vom Leben Christi und aller Päpste (*Liber de vita Christi ac omnium pontificum*) »die wirkungsvollste Umformung der Papstgeschichte nach humanistischen Sprach- und Wertvorstellungen« vor.[58] Deutlich verurteilte er die moralischen Zustände

56 Als unausgesprochene Conclusio ergibt sich aus 2a und 2b, dass nicht auf eine historisch belegbare oder generelle Ablehnung der eingangs formulierten Rechtsnorm 1 geschlossen werden kann. Stephan Kuttner, Kanonistische Schuldlehre von Gratian bis auf die Dekretalen Gregors IX. Systematisch auf Grund der handschriftlichen Quellen dargestellt (Studi e testi 64), Città del Vaticano 1935, S. 151 ff. Für wichtige Hinweise zur Interpretation dieses Passus danke ich Ernst-Dieter Hehl, Mainz.

57 Matheus, Das Renaissancepapsttum im Kontext struktureller Entwicklungen (wie Anm. 28), S. 75 f.; Volker Leppin, Die Konstantinische Schenkung als Mittel der Papstkritik in Spätmittelalter, Renaissance und Reformation. Helmar Junghans zum 75. Geburtstag, in: Konstantin der Große. Der Kaiser und die Christen – die Christen und der Kaiser, hg. von Michael Fiedrowicz/Gerhard Krieger/Winfried Weber, Trier 2006, S. 237–265; ND in: Volker Leppin, Transformationen. Studien zu den Wandlungsprozessen in Theologie und Frömmigkeit zwischen Spätmittelalter und Reformation (Spätmittelalter, Humanismus, Reformation 86), Tübingen 2015, S. 189–210; vgl. auch den Beitrag von Volker Leppin in diesem Band.

58 Horst Fuhrmann, Papstgeschichtsschreibung. Grundlinien und Etappen, in: Geschichte und Geschichtswissenschaft in der Kultur Italiens und Deutschlands. Wissenschaftliches Kolloquium zum hundertjährigen Bestehen des Deutschen Historischen Instituts in Rom (24.–24. Mai 1988) (Bibliothek des Deutschen Historischen Instituts in Rom 71), hg. von Arnold Esch/Jens Petersen, Tübingen 1989, S. 141–191, bes. S. 142, 165 f.; vgl. auch Outi Merisalo, Platina et le Liber pontificalis. Un humaniste devant un texte medieval, in:

in der Kirche und die Bestechlichkeit an der Kurie.[59] In seine Papstchronik nahm Platina eine Vita der Päpstin auf, wobei er sich im Wesentlichen auf die Chronik des Martin von Troppau stützte.[60] Am Ende der Lebensgeschichte vermerkte Platina: »Die Dinge, die ich erwähnt habe, werden gemeinhin so überliefert, aber von unzuverlässigen und zweifelhaften Autoren. Ich habe deswegen entschieden, diese kurz und bündig wiederzugeben, und zwar so, wie sie überliefert sind, ohne etwas hinzuzufügen, um nicht allzu hartnäckig und stur zu erscheinen, indem ich unterschlage, was fast alle bestätigen. Lass uns also in dieser Angelegenheit mit dem Volk irren, obwohl es offensichtlich ist, dass das Erzählte zu dem gehört, was von allen für möglich gehalten wird.«[61] Er deutet damit nicht nur deutliche Zweifel an der historischen Existenz der Protagonistin an, sondern liefert zugleich ein konkretes Beispiel obskurer Überlieferung und korrigiert entsprechende Erzählungen mit einer Deutung, die im Kern dem Stand heutiger wissenschaftlicher Erkenntnis zum päpstlichen Zeremoniell entspricht. Spätestens seit Paschalis II. wurde an der Kurie Wert darauf gelegt, dass der Papst im Rahmen der

---

Arctos 16, 1982, S. 73–97; Hermann Goldbrunner, Humanismus im Dienste der Reformation. Kaspar Hedio und seine Übersetzung der Papstgeschichte des Platina, in: Quellen und Forschungen aus italienischen Archiven und Bibliotheken 63, 1983, S. 125–142; Bartolomeo Sacchi il Platina (Piadena 1421 – Roma 1481). Atti del Convegno Internazionale di Studi per il V Centenario, Cremona, 14–15 novembre 1981 (Medioevo e umanesimo 62), hg. von Augusto Campana/Paola Medioli Masotti, Padova 1986; Stefan Bauer, The Censorship and Fortuna of Platina's Lives of the Popes in the Sixteenth Century (Late Medieval and Early Modern Studies 9), Diss., Turnhout 2006; Stefan Bauer, Platina e le »res gestae« di Pio II, in: Enea Silvio Piccolomini. Pius Secundus, Poeta Laureatus, Pontifex Maximus. Atti del Convegno Internazionale, 29 settembre – 1 ottobre 2005, Roma e altri studi, hg. von Manlio Sodi/Arianna Antoniutti, Roma 2007, S. 17–32; zur Papstgeschichtsschreibung im 15. Jahrhundert vgl. auch: Massimo Miglio, Storiografia pontificia del Quattrocento, Bologna 1975.

59 Generell war auch unter etlichen Kurialen der in der Renaissance gesteigerte Luxus am päpstlichen Hof umstritten. Nicht zuletzt Mitglieder des Kardinalskollegiums erschienen in den Augen der Kirchenreformer als Repräsentanten römischer Verschwendung und als Exponenten einer dringend zu reformierenden Kirchenstruktur. Pompa sacra. Lusso e cultura materiale alla corte papale nel basso Medioevo (1420 1527). Atti della giornata di studi (Roma, Istituto Storico Germanico, 15 febbraio 2007) (Nuovi studi storici 86), hg. von Thomas Ertl, Roma 2010. Scharf verurteilte Thomas Ebendorfer (1388–1464) den Luxus der Kardinäle, die es in der Urkirche nicht gegeben habe, und noch bissiger kritisiert er den von päpstlichen Legaten betriebenen Aufwand. Harald Zimmermann, Romkritik und Reform in Ebendorfers Papstchronik, in: Reformatio ecclesiae. Beiträge zu kirchlichen Reformbemühungen von der Alten Kirche bis zur Neuzeit. Festgabe für Erwin Iserloh, hg. von Remigius Bäumer, Paderborn u. a. 1980, S. 169–180.

60 Bauer, The Censorship and Fortuna of Platina's Lives of the Popes (wie Anm. 58), S. 95; Kerner/Herbers, Die Päpstin Johanna (wie Anm. 42), S. 110f.

61 *Haec, quae dixi, vulgo feruntur, incertis tamen et obscuris auctoribus. Quae ideo ponere breviter et nude institui, ne obstinate nimium et pertinaciter omisisse videar, quod fere omnes affirmant: erremus etiam nos hac in re cum vulgo, quanqam appareat, ea quae dixi, ex his esse, quae fieri posse creduntur.* Vgl. Bartholomaeus Platina, Platynae historici liber de vita Christi ac omnium pontificum (Rerum italicarum scriptores. Raccolta degli storici italiani dal cinquecento al millecinquecento 3,1), hg. von Giacinto Gaida, Città di Castello 1932, S. 152, 11–15.

symbolischen Besitzergreifung auf durchbrochenen Porphyrsesseln Platz nahm. Der Gestus des Platznehmens auf einem Material, das ursprünglich dem Kaiser vorbehalten war, sollte im zeremoniellen Vollzug gleichsam eine Angleichung des Papsttums an das Kaisertum vor Augen führen (Abb. 3).[62] Ferner wird das Niedersetzen auf der *sedes stercoraria*, auf dem sogenannten Kotstuhl, als ein besonders eindringlicher Demutsritus interpretiert, den ein Papst im Rahmen des Einsetzungszeremoniells vorzunehmen hatte. Dieser Erniedrigungsritus des Papstes wurde im Kontext der Erzählung von der Päpstin Johanna in Rom aber dahingehend ironisiert und parodiert, dass auf diese Weise die Virilität des Papstelekten überprüft werden sollte. Platina wies nun bereits im 15. Jahrhundert darauf hin, der Gestus des Platznehmens auf dem Stuhl diene nicht dazu, damit der jüngste Diakon feststellen könne, ob es sich beim Papstelekten um einen Mann handle. Vielmehr solle der Sessel diesen daran erinnern, dass er nicht Gott, sondern ein Mensch sei und den menschlichen Bedürfnissen unterliege. Deshalb werde der Stuhl auch Kotstuhl genannt.[63]

In Rom war die Päpstin aber – was Platina andeutet – nicht nur ein Thema in den Zirkeln gelehrter Humanisten. Vor allem Rompilgern wurde die Erzählung anhand römischer Monumente und der mit ihnen verknüpften Deutungen nähergebracht. Bereits bevor Reisende die Ewige Stadt aufsuchten, konnten sie mit der Erzählung von der Päpstin Johanna vertraut werden. Sie findet sich in der Schedelschen Weltchronik ebenso wie in deutschsprachigen Pilgerführern.[64] Zu jenen Mirabilia, die Luther während seines Aufenthalts in Rom aufsuchte, zählte ein in Stein gehauenes Relief, das die Päpstin mit ihrem Kind darstellen sollte.[65] Für die Diffusion der Geschichte(n) von einer Frau auf dem Stuhl Petri dürften mehr noch als die Diskussionen in gelehrten Kreisen über Jahrhunderte hinweg Romreisende wichtige Multiplikatoren dargestellt

62 Bernhard Schimmelpfennig, Das Papsttum. Von der Antike bis zur Renaissance, 6. Aufl., Darmstadt 2009, S. 155f; Agostino Paravicini-Bagliani, The Pope's Body, Chicago/London 2000, S. 44f.

63 *Sunt qui … scribant … pontificem … dum primo in sede Petri collocatur, ad eam rem perforata, genitalia ab ultimo diacono attrectari … de secundo ita sentio, sedem illam ad id paratam esse, ut qui in tanto magistratu constituitur, sciat se non Deum, sed hominem esse: et necessitatibus naturae, utpote egerendi subiectum esse, unde merito stercoraria sedes vocatur.* Vgl. PLATINA, Platynae historici liber de vita Christi ac omnium pontificum (wie Anm. 61), S. 152, 5–11.

64 Nine R. MIEDEMA, Die römischen Kirchen im Spätmittelalter nach den »Indulgentiae ecclesiarum urbis Romae« (Bibliothek des Deutschen Historischen Instituts in Rom 97), Tübingen 2001, S. 712ff.

65 D. Martin Luthers Werke. Kritische Gesamtausgabe. Schriften/Werke, 73 Bde., Weimar 1883–2009 (Weimarer Ausgabe) (= WA), hier WA.TR (= Tischreden) 5, Nr. 6447, 6452. Zur Legende und dem (von Papst Sixtus V. entfernten) Steinrelief vgl. Ignaz von DÖLLINGER, Die Papstfabeln des Mittelalters. Ein Beitrag zur Kirchengeschichte, 2. Aufl., Stuttgart 1890, ND Darmstadt 1970, S. 1–45; Giuseppe TOMASSETTI, La statua della papessa Giovanna, in: Bullettino della Commissione Archeologica Comunale di Roma 35, 1907, S. 82–95; MIEDEMA, Die römischen Kirchen (wie Anm. 64), S. 715; Jürgen KRÜGER/Martin WALLRAFF, Luthers Rom. Die ewige Stadt in der Renaissance, 2., überarb. und erw. Aufl., Darmstadt 2015, S. 40–42.

Abb. 3: Kot Stuhl, *sedes stercoraria* (Rom, San Giovanni in Laterano, heute im Kreuzgang).

haben. Über die Päpstin, welche einigen Erzählversionen zufolge aus Ingelheim oder Mainz stammte, wurden bis zum 16. Jahrhundert ein breites Spektrum von Varianten entwickelt, das in den dann folgenden konfessionellen Auseinandersetzungen vor allem auf die Frage nach der historischen Existenz der Protagonistin reduziert wurde. Sie galt den einen als gelehrte, als beispielhaft fromme, ja bisweilen als heiligmäßige Frau, anderen als Hure und Sünderin, ja Teufelsbuhlin sowie als der das teuflische Papsttum verkörpernde Antichrist.

Erst seit dem 16. Jahrhundert war die Historizität der Päpstin im Rahmen der ausbrechenden konfessionellen Auseinandersetzungen heftig umstritten. Sie wurde für Reformatoren zur babylonischen Hure und zur Verkörperung des Antichrist und diente zugleich als Beleg für die Verderbtheit des Papsttums. Die katholische Kirchengeschichtsschreibung versuchte hingegen, die Erzählungen über Johanna als Fiktionen zu entlarven. Erst die Arbeit des Kirchenhistorikers Ignaz von Döllinger im 19. Jahrhundert wies mit plausiblen Argumenten nach, dass schriftliche Zeugnisse für eine Päpstin erst Jahrhunderte nach ihrem vermeintlichen Pontifikat zu finden seien und es sich bei vermeintlich früheren Belegen meist um spätere Nachträge in älteren Texten handle.[66] Nun setzte sich nach langen und hitzigen Debatten auch bei protestantischen Gelehrten die Auffassung durch, bei der Päpstin Johanna handle es sich nicht um eine reale Person. Im Rückblick nimmt aber diese wissenschaftliche Debatte über die Päpstin ihren Ausgang bei den Diskussionen unter prominenten an der Kurie tätigen Humanisten im 15. Jahrhundert.

Bugiale – das »Lästerkabinett der vatikanischen Sekretäre«[67]

Gelehrte Humanisten an der Kurie unterzogen aber nicht nur wichtige Kapitel der Papstgeschichte historischer Kritik, sondern sie überschütteten als Virtuosen der Parodie und Satire die gegenwärtigen kurialen Verhältnisse mit bisweilen bissigem Spott. In der ersten Hälfte des 15. Jahrhunderts schufen die von Poggio Bracciolino im Umfeld der Kurie verfassten Facetien eine zum Muster werdende Sammlung derber Erzählkunst.[68]

---

66 Döllinger, Die Papstfabeln des Mittelalters (wie Anm. 65).

67 Gerd Dicke, Fazetieren. Ein Konversationstyp der italienischen Renaissance und seine deutsche Rezeption im 15. und 16. Jahrhundert, in: Literatur und Wandmalerei, Bd. 2: Konventionalität und Konversation, hg. von Eckart C. Lutz/Johanna Thali/René Wetzel, Tübingen 2005, S. 155–188, hier S. 161. Zur Genese des humanistischen Ideals vom weltgewandten und witzigen Gelehrten vgl. auch Gerd Dicke, *Homo facetus*. Vom Mittelalter eines humanistischen Ideals, in: Humanismus in der deutschen Literatur des Mittelalters und der frühen Neuzeit. XVIII. Anglo-German Colloquium, Hofgeismar 2003, hg. von Nicola McLelland/Hans-Jochen Schiewer/Stefanie Schmitt, Tübingen 2008, S. 299–332.

68 Ernst Walser, Poggius Florentinus. Leben und Werke (Beiträge zur Kulturgeschichte des Mittelalters und der Renaissance 14), Leipzig/Berlin 1914; Birgit Studt, Tamquam organum nostre mentis. Das Sekretariat

Seit dem Pontifikat Martins V. wurden diese Erzählungen in einem exklusiven Kreis befreundeter, aber auch untereinander um Pfründen, Einfluss und Ansehen streitender Gelehrter gepflegt. Die unterschiedlich beantwortete Frage, ob es sich bei dem von Poggio genannten Bugiale um einen konkreten Ort am päpstlichen Hof oder eher um ein Modell humanistischer Erzählkunst handelte,[69] wird wohl nicht eindeutig zu beantworten sein. Möglicherweise trifft beides zu, jedenfalls aber war das von den Kurialen an antiken Vorbildern geschulte und Humanisten als unverzichtbar geltende Spiel mit Satire und Ironie im Zentrum des päpstlichen Hofes angesiedelt.[70] Poggio selbst wies dem geselligen Erzählen kompensatorische bzw. katalysatorische Funktionen im Sinne »psychohygienischer Entlastung« zu;[71] zugleich ging es beim Schmieden unterhaltender, witzig-satirischer Verse in prägnanter Kürze und geschliffenem Latein darum, humanistische Gelehrsamkeit möglichst ohne persönliche Ehrverletzungen und jenseits von Hierarchien in einem egalitären Kreis zu demonstrieren. Damit wurde das Lachen als proprium der *conditio humana* ausdrücklich anerkannt, und zugleich die im Witz verlachten menschlichen Schwächen, Widersprüchlichkeiten und Unzulänglichkeiten menschlicher Ordnungen als Elemente menschlichen Lebens markiert und hingenommen. Allerdings sind nach der Verschriftlichung der Facetien deren ursprüngliche dialogische Situationen und Wirkungen nur noch sehr eingeschränkt nachvollziehbar.[72] Die Erzählhandlungen wurden an zahlreichen europäischen und außereuropäischen Orten, vor allem in Italien, angesiedelt, etliche von ihnen direkt im päpstlichen Palast bzw. im kurialen Ambiente.[73]

---

als publizistisches Zentrum der päpstlichen Außenwirkung, in: Kurie und Region (wie Anm. 25), S. 73–92; Stefano Pittaluga, Storia, storiografia e personaggi storici nelle Facezie di Poggio Bracciolini, in: Il ritorno dei classici nell'Umanesimo. Studi in memoria di Gianvito Resta (Edizioni nazionali), hg. von Gabriella Albanese/Claudio Ciociola/Mariarosa Cortesi/Claudia Villa, Firenze 2015, S. 475–486; Johannes Helmrath, Poggio Bracciolini als päpstlicher Propagandist. Die Invectiva in Felicem antipapam (1447), in: Johannes Helmrath, Wege des Humanismus. Studien zu Praxis und Diffusion der Antikenleidenschaft im 15. Jahrhundert. Ausgewählte Aufsätze, Bd. 1 (Spätmittelalter, Humanismus, Reformation 72), Tübingen 2013, S. 343–378; vgl. auch den Beitrag von Birgit Studt in diesem Band.

69 Hans Peter Buohler, »De urbanis et facetis«. *Urbanitas* in den Fazetien Poggios und Bebels, in: Wolfenbütteler Renaissancemitteilungen 32, 2008/2010, S. 1–25, hier S. 12f.

70 Vgl. aber: »Poggio … siedelt seinen Ort des Erzählens, das Bugiale, zwar nicht direkt im Zentrum des päpstlichen Hofes, was außerdem nur schwer denkbar wäre [sic!], jedoch in dessen unmittelbarer Nähe und keinesfalls in der Peripherie an.« Buohler, »De urbanis et facetis« (wie Anm. 69), S. 13.

71 Dicke, Fazetieren (wie Anm. 67), S. 179; Gerhard Wolf, »das die herren was zu lachen hetten.« Lachgemeinschaften im südwestdeutschen Adel?, in: Lachgemeinschaften. Kulturelle Inszenierungen und soziale Wirkungen von Gelächter im Mittelalter und in der frühen Neuzeit (Trends in Medieval Philology 4), hg. von Werner Röcke/Hans R. Velten, Berlin/New York 2005, S.145–169, hier S. 150.

72 Hans-Jürgen Bachorski, Poggios Facetien und das Problem der Performativität des toten Witzes, in: Zeitschrift für Germanistik N.F. 11, 2001, S. 318–335.

73 Poggio Bracciolini, Facezie. Con un saggio di Eugenio Garin. Introd., trad. e note di Marcello Ciccuto (Biblioteca universale Rizzoli 418), Milano 1983; Die Facezien des Florentiners Poggio. Mit Holzschnitten illustriert von Werner Klemke. Nach der Übersetzung von Hanns Floerke, Hanau 1967, ND Leipzig

Diese Geschichten kursierten aber nicht nur im Kreis gelehrter Kurialer und in deren Umfeld, sondern auch außerhalb Roms und stimulierten dort neue und eigene literarische Produktionen. Die im *Liber facetiarum* enthaltene Sammlung Poggios wurde 1469/1470 erstmals gedruckt und seit den 1470er Jahren auch im deutschsprachigen und europäischen Raum verbreitet.[74] Nun kursierten wahre oder erfundene Erzählungen wie die von jenem Kurialen, der sich in seinem Haus mit zwei verheirateten Römerinnen vergnügte und dabei die jüngere bevorzugte, weit über Rom hinaus. Zu einem heftigen Streit zwischen den beiden Kurtisanen[75] kam es über die Frage der angemessenen Teilung des für die verbrachte Nacht erhaltenen Stücks Leinwand.[76] Außerhalb des »Lästerkabinett(s) der vatikanischen Sekretäre« und des gattungsspezifischen Kontextes derber Erzählkunst konnten solche Erzählungen nun auch primär als Zustandsbeschreibungen moralischer Dekadenz an der Kurie gelesen werden. Wie sehr sich das kulturelle Klima im Verlaufe des 16. Jahrhunderts änderte, lässt sich daran ablesen, dass der *Liber facetiarum* auf den römischen Index *Librorum Prohibitorum* (»Verzeichnis der verbotenen Bücher«) der katholischen Kirche sowie auf weitere Indices gesetzt wurde.[77]

Papst- und Kurienkritik im Rahmen von Forderungen zur Kirchenreform

Als Martin Luther und Ulrich von Hutten Rom besuchten, wurde von einflussreichen Kurienangehörigen deutliche Kritik an den kirchlichen Verhältnissen formuliert und mit Forderungen nach Reformen verknüpft. Der Kamaldulenser Vincenzo Querini, der auf die Fortsetzung einer glänzenden Diplomatenkarriere verzichtet und sich zu einem asketischen Leben in Camaldoli entschlossen hatte, spielte als Ratgeber am Hof Leos X.

2004; zu den Erzählhandlungen in der Kurie bzw. im kurialen Ambiente vgl. z. B. Nr. 7, 30, 78, 80, 96, 104, 187, 188.

74 Franco Pignatti, Due schede per Poggio, »Liber Facetiarum«, in: Medioevo e Rinascimento 13/N.S. 10, 1999, S. 249–269, hier S. 257 ff.; Buohler, »De urbanis et facetis« (wie Anm. 69), S. 2 f., 7 f.; Johannes K. Kipf, *Cluoge geschichten*. Humanistische Fazetienliteratur im deutschen Sprachraum (Literaturen und Künste der Vormoderne 2), Diss., Stuttgart 2010, S. 75 ff.

75 Zu den römischen Kurtisanen vgl. Sabine Meine, Musikleben jenseits der Kurie. Weltliche Klänge der Palazzi und Straßen Roms im frühen 16. Jahrhundert, in: Martin Luther in Rom (wie Anm. 27).

76 Bracciolini, Facezie (wie Anm. 73), Nr. 78; Bachorski, Poggios Facetien (wie Anm. 72), S. 333 f.

77 Die Facetiae von Poggio Bracciolini waren schon während des Pontifikats Pius' IV. in der Inquisition Thema und wurden als häretisch und der Verbrennung würdig eingeschätzt. Im römischen Index librorum prohibitorum ist er in der 1557 gedruckten, letztlich aber nicht veröffentlichten Fassung, als auch in der publizierten Fassung von 1559 aufgeführt. Noch früher erschienen die Facetiae auf den Indices aus Löwen (1546) und Venedig (1554), wo sie gemeinsam mit den Facetiae von Heinrich Bebel aufgeführt werden. Vgl. Index Des Livres Interdits, Bd. VIII: Index de Rome 1557, 1559, 1564. Les premiers index romains et l'index du Concile de Trente, hg. von Jésus M. de Bujanda u. a., Sherbrooke/Québec 1990, S. 651 f. u. ö.; zu den Druckausgaben des ersten römischen Index von 1557 und 1559 vgl. Hubert Wolf, Index. Der Vatikan und die verbotenen Bücher, München 2006, S. 26. Für Hinweise danke ich Barbara Schüler, Münster.

eine wichtige Rolle und sollte Mitglied des Kardinalskollegiums werden. Im Jahre 1513 brandmarkte er in einem Reformgutachten den überbordenden Luxus am päpstlichen Hof, forderte einen einfachen Lebensstil und das Verbot des Nepotismus. Bevor er den Kardinalshut erhalten hatte, starb er 35-jährig im Jahre 1514.[78] Martin Luthers oberster Vorgesetzter als Generalprior der Augustinereremiten, Aegidius von Viterbo,[79] setzte sich in freilich sehr allgemein gehaltener Art und Weise für Reformen in der Kirche ein, die er vom V. Laterankonzil erhoffte, und beklagte Habgier und Egoismus, welche in der Kirche Überhand gewonnen hätten. Der spätere Kardinal, Bischof von Viterbo und Lateinische Patriarch von Konstantinopel genoss hohes Ansehen und galt manchem Zeitgenossen als möglicher Nachfolger Papst Clemens VII. Martin Luther könnte bei seinem Rombesuch mit ihm zusammengetroffen sein. Immerhin bezeichnet der Reformator 1531 in einer Tischrede Aegidius als *vir valde doctus* und nimmt ihn als Gleichgesinnten in Anspruch, da er in Predigten die *malitia* in Rom und die dortigen Missstände getadelt habe.[80] Sehr viel konkretere Reformvorschläge als Aegidius unterbreitete Kardinal Lorenzo Campeggi in einem 1522 Papst Hadrian VI. vorgelegten Memorandum, in dem Übel in der Kirche und konkret im Pfründenwesen und in der kurialen Gerichtsbarkeit angesprochen werden.[81]

78 Hubert Jedin, Vincenzo Quirini und Pietro Bembo, in: Miscellanea Giovanni Mercati (Studi e testi 121–126), 6 Bde., Città del Vaticano 1946, Bd. 4: Letteratura classica e umanistica, S. 1–18; Stephen D. Bowd, Reform Before the Reformation. Vincenzo Querini and the Religious Renaissance in Italy (Studies in Medieval and Reformation Thought 87), Leiden/Boston/Köln 2002; Giuseppe Alberigo, The Reform of the Episcopate in the »Libellus« to Leo X by the Camaldolese Hermits Vincenzo Querini and Tommaso Giustiniani, in: Reforming the Church before Modernity. Patterns, Problems, and Approaches (Church, Faith and Culture in the Medieval West), hg. von Christopher M. Bellitto, Aldershot/Burlington 2005, S. 139–152; Laura Ronchi De Michelis, Die Reform vor der Reformation. Der »Libellus« von Quirini und Giustiniani und die Oratio von Giovanni Francesco Pico della Mirandola, in: Martin Luther in Rom (wie Anm. 27).

79 John W. O'Malley, Giles of Viterbo on Church and Reform. A Study in Renaissance Thought (Studies in Medieval and Reformation Thought 5), Leiden 1968; Anna M. Voci-Roth, Aegidius von Viterbo als Ordens- und Kirchenreformer, in: Lebenslehren und Weltentwürfe im Übergang vom Mittelalter zur Neuzeit. Politik, Bildung, Naturkunde, Theologie. Bericht über Kolloquien der Kommission zur Erforschung der Kultur des Spätmittelalters 1983 bis 1987 (Abhandlungen der Akademie der Wissenschaften in Göttingen, Philologisch-Historische Klasse, Folge 3, 179), hg. von Hartmut Boockmann/Bernd Moeller/Karl Stackmann, Göttingen 1989, S. 520–538; P. Michael K. Wernicke OSA, Egidio da Viterbo. Humanist und Reformer des Augustiner-Eremitenordens, in: Martin Luther in Rom (wie Anm. 27).

80 D. Martin Luthers Werke. Kritische Gesamtausgabe. Tischreden, 6 Bde., Weimar 1912–1921 (Weimarer Ausgabe) (=WA.TR), hier WA.TR 2, Nr. 2174; Voci-Roth, Aegidius von Viterbo (wie Anm. 79), S. 531.

81 Vgl. hierzu und zu weiteren Reformvorschlägen Robert E. McNally S. J., Pope Adrian VI. (1522–23) and Church Reform, in: Archivum Historicae Pontificae 7, 1969, S. 253–285, bes. S. 266; Voci-Roth, Aegidius von Viterbo (wie Anm. 79), S. 529f.

Republikanische Kritik

Über die unterschiedlichen Formen und Inhalte jener Kritik hinaus, welche innerhalb und im Umfeld der Kurie artikuliert wurde, ist eine weitere Ebene scharfer Anfeindungen anzusprechen, die im »Rom der Römer« jahrhundertlang laut wurde.[82] Mit der im 12. Jahrhundert in Rom etablierten Kommune wurde in Rückbesinnung auf die Antike eine neue Republik ausgerufen und ein Senat eingerichtet. Persönlichkeiten wie Arnold von Brescia[83] im 12. und Cola di Rienzo[84] im 14. Jahrhundert, deren spektakuläres Scheitern eng mit der Geschichte der römischen Kommune verbunden ist, wirkten weit über das Mittelalter hinaus als Projektionsflächen papstkritischer Invektiven. Das strukturbedingte Spannungsverhältnis zwischen bischöflicher Stadtherrschaft und den seit dem 11./12. Jahrhundert nach Autonomie strebenden Kommunen stellt grundsätzlich keine römische Besonderheit dar, doch sind zwei Spezifika zu konstatieren. Der Papst war ja nicht nur Bischof von Rom, sondern wollte als Repräsentant der gesamten Christenheit und zugleich als Nachfolger des antiken Imperators anerkannt werden. Demgegenüber beriefen sich die im Senat auf dem Kapitol versammelten Vertreter der Kommune ebenfalls auf die antike Vergangenheit der Stadt, nicht zuletzt auf deren republikanische Traditionen.

Eingespannt zwischen päpstlichen und kaiserlichen Machtansprüchen konnte die römische Kommune keine den mächtigen Stadtgemeinden Nord- und Mittelitaliens vergleichbare Rolle spielen. Das ausgeprägte Selbstwertgefühl der Vertreter des kommunalen Rom kollidierte aber nicht nur mit den universalen Gewalten Kaiser und Papst, sondern kontrastierte zudem mit den vergleichsweise schwachen ökonomischen Grundlagen einer vor allem agrarwirtschaftlich geprägten Stadt. Neben der Landwirtschaft brachten vor allem die Pilger Einnahmen, zudem flossen die Gelder reichhaltiger, wenn sich Papst und Kurie in Rom aufhielten. Auch deshalb waren führende Vertreter der Kommune, die schon Bernhard von Clairvaux als Wölfe (*lupi*) beschimpfte,[85] seit

82 Arnold Esch, Rom. Vom Mittelalter zur Renaissance 1378–1484, München 2016, S. 13 u. ö.

83 Romedio Schmitz-Esser, Arnold von Brescia im Spiegel von acht Jahrhunderten Rezeption. Ein Beispiel für Europas Umgang mit der mittelalterlichen Geschichte vom Humanismus bis heute (Geschichte 74), Wien/Berlin/Münster 2007; Romedio Schmitz-Esser, Erneuerung aus eigener Kraft? Die Entstehung der Römischen Kommune im 12. Jahrhundert, in: Rom – Nabel der Welt. (wie Anm. 4), S. 67–85; Jürgen Petersohn, Kaisertum und Rom in spätsalischer und staufischer Zeit. Romidee und Rompolitik von Heinrich V. bis Friedrich II. (Monumenta Germaniae Historica, Schriften 62), Hannover 2010, S. 88 f., 135 f. u. ö.

84 Amanda Collins, Greater than Emperor. Cola di Rienzo (ca. 1313–54) and the World of Fourteenth-Century Rome (Stylus, Studies in Medieval Culture), Ann Arbor/Michigan 2002; Tommaso di Carpegna Falconieri, Cola di Rienzo (Profili, N.S. 31), Roma 2002; Ronald G. Musto, Apocalypse in Rome. Cola di Rienzo and the Politics of the New Age, Berkeley/Los Angeles/London 2003; Andreas Rehberg/Anna Modigliani, Cola di Rienzo e il comune di Roma (RR inedita, 33/1 und 2), 2 Bde., Roma 2004.

85 Benzinger, Invectiva in Romam (wie Anm. 7), S. 90.

dem 12. Jahrhundert immer wieder um einen Ausgleich mit den Päpsten bemüht. Ein päpstliches Interdikt bedrohte nicht nur ihr Seelenheil, sondern auch ihre Verdienst- und Gewinnmöglichkeiten. Auch nach der dauerhaften Rückkehr der Päpste in die Stadt am Tiber blieben Verschwörungen und Aufstände gegen die sich verfestigende Macht der Renaissancepäpste ein bis ins beginnende 16. Jahrhundert reichendes Kontinuum der Stadtgeschichte, mit denen die Artikulation von Kritik in vielfachen Schattierungen verknüpft war.[86]

So soll der Regularkanoniker Arnold von Brescia, der unter Berufung auf das Evangelium nackt dem nackten Christus folgen wollte, als Unterstützer und Inspirator der Kommune im 12. Jahrhundert öffentlich den Lebenswandel der Kardinäle kritisiert und ihnen vorgeworfen haben, sie hätten aus der Kirche Gottes ein »Haus der Geschäfte und eine Höhle der Diebe« gemacht. Den Papst habe er als geldgierigen Gewaltherrscher und als »Folterer der Kirchen und Unterdrücker der Unschuldigen« bezeichnet.[87] Einer der Anführer antipäpstlicher Revolten im 15. Jahrhundert war der aus einer angesehen römischen Familie stammende Humanist Stefano Porcari.[88] Er bekleidete mehrfach wichtige Ämter in päpstlichen Diensten, doch wehrten er und seine Gesinnungsgenossen sich dagegen, dass die päpstliche Herrschaft die Institutionen der römischen Kommune immer mehr aushöhlte. In einer Rede geißelte er vor seinen Mitverschwörern und möglichen Unterstützern die päpstliche Tyrannis. Am Vorabend der geplanten Revolte wurden Porcari und einige Mitverschwörer entdeckt und am 9. Januar 1453 in der Engelsburg hingerichtet. Den Wortlaut der (möglicherweise in Teilen fiktiven) Rede verdanken wir dem universell gebildeten Humanisten Leon Battista Alberti, der vor allem als Architekturtheoretiker und Architekt berühmt wurde und jahrzehntelang als Kleriker und promovierter Kanonist in der päpstlichen Kanzlei tätig war.[89] Alberti lobt in seiner knapp gehaltenen

86 Congiure e conflitti. L'affermazione della signoria pontificia su Roma nel Rinascimento. Politica, economia e cultura. Atti del convegno internazionale Roma, 3–5 dicembre 2013 (RR inedita, saggi 62), hg. von Maria Chiabò/Maurizio Gargano/Anna Modigliani/Patricia Osmond, Roma 2014.

87 John of Salisbury's Memoirs of the Papal Court (Medieval Texts), kommentierte englische Übersetzung mit lateinischem Text und Anmerkungen von Marjorie M. Chibnall, London/Edinburgh/Paris 1956, S. 64 ff.; Benzinger, Invectiva in Romam (wie Anm. 7), S. 83 f.; Schmitz-Esser, Erneuerung aus eigener Kraft? (wie Anm. 83), S. 74.

88 Massimo Miglio, »Viva la libertà e populo de Roma«. Oratoria e politica. Stefano Porcari, in: Palaeographica, diplomatica et archivistica. Studi in onore di Giulio Battelli (Storia e letteratura 139 und 140), 2 Bde., hg. von Scuola Speciale per gli Archivisti e Bibliotecari, Roma 1979, Bd. 1, S. 381–428; Congiurare all'antica. Stefano Porcari, Niccolò V, Roma 1453. Con l'edizione delle fonti (RR inedita, saggi 57), hg. von Anna Modigliani, Roma 2013.

89 La Roma di Leon Battista Alberti. Umanisti, architetti e artisti alla scoperta dell'antico nella città del Quattrocento. Roma, Musei Capitolini, 24 giugno – 16 ottobre 2005, hg. von Francesco P. Fiore/Arnold Nesselrath, Milano 2005; Eugenio Garin, Leon Battista Alberti (Variazioni 4), Pisa 2013; Brigide Schwarz, Die Karriere Leon Battista Albertis in der päpstlichen Kanzlei, in: Quellen und Forschungen aus italienischen Archiven und Bibliotheken 93, 2013, S. 49–103; Brigide Schwarz, Die Bemühungen Leon Battista Albertis,

Schrift *De coniuratione Porcaria* zwar den Sieg des Papstes über die Verschwörer, lässt aber in einer ausführlichen Rede auch Porcari zu Wort kommen.[90] Der prominente Kuriale konnte bzw. wollte wohl nur in dieser verschlüsselten Form und in Orientierung an antiker Literatur Papst- und Kurienkritik öffentlich äußern.[91] Eine derartige kunstvolle Textkomposition gestattete jedoch die Vermittlung von Mehrdeutigkeiten. Gegensätzliche, ja sich ausschließende Standpunkte wurden aneinandergefügt und vermittelten wirkungsvolle Kontraste. So konnten die Glorifizierung des Papsttums in einem Zuge mit dessen Stilisierung als Tyrannis öffentlich thematisiert werden.

Pasquino – die sprechenden Statuen Roms

Die Praxis, in anonymer Form satirische Verse öffentlich an Toren und Säulen des päpstlichen Palastes, der Brücke zur Engelsburg und besonders auf dem Campo dei Fiori zu veröffentlichen, geht mindestens bis in die Zeit Bonifaz' VIII. zurück. Seit dem 15. Jahrhundert sind einschlägige Zeugnisse in größerer Zahl überliefert.[92] Dabei sind entsprechende Epigramme eher selten im Wortlaut erhalten. Sicher ist, dass besonders viele Texte vor allem nach dem Tode von Alexander VI. und Julius II. verfasst und an die Särge der Verstorbenen geheftet wurden, unter ihnen besonders seit Julius II. eine wachsende Zahl in Volgare.[93]

Seit dem 16. Jahrhundert wurden die sogenannten sprechenden Statuen der Stadt zu spezifischen Orten öffentlicher Kommunikation. Die bekannteste von ihnen, der bein- und armlose Torso einer antiken Skulptur, ließ 1501 Kardinal Oliviero Carafa in unmittelbarer Nähe der Piazza Navona auf einem Sockel an der Ecke seines Palastes aufstellen (Abb. 4).[94] Ursprünglich hefteten Schüler und Studenten am Markustag

---

einen standesgemäßen Pfründenbesitz aufzubauen. Die kurialen Quellen, in: Trier – Mainz – Rom. Stationen, Wirkungsfelder, Netzwerke. Festschrift für Michael Matheus zum 60. Geburtstag, hg. von Anna Esposito/Heidrun Ochs/Elmar Rettinger/Kai-Michael Sprenger, Regensburg 2013, S. 237–266.

90 Leonis Baptistae Alberti, De Porcaria coniuratione epistola, in: Opera inedita et pauca separatim impressa, bearb. von Girolamo Mancini, Florentiae 1890, S. 257–266, hier S. 260; Anna Modigliani, Die römische Gesellschaft und ihre Eliten zu Zeiten Luthers, in: Martin Luther in Rom (wie Anm. 27); mit weiteren Literaturhinweisen: Stefano Borsi, Introduzione alla *Porcaria coniuratio* di Leon Battista Alberti (Mosaico), Melfi 2015.

91 David Marsh, De curialium incommodes. Alberti and Poggio, in: David Marsh, Studies on Alberti and Petrarch (Variorum Collected Studies Series 1012), Farnham/Surrey/Burlington 2012, Teilband XV, S. 37–43, hier S. 38 f.

92 Mit weiteren Literaturhinweisen: Niccoli, Rinascimento anticlericale (wie Anm. 9), S. 44 ff.; Ottavia Niccoli, Anticlericalismo, irrisione, infamia nel Rinascimento italiano, in: Lucrezia Borgia. Storia e mito (Pubblicazioni dell'Università di Ferrara 9), hg. von Michele Bordin/Paolo Trovato, Firenze 2006, S. 165–194.

93 Niccoli, Rinascimento anticlericale (wie Anm. 9), S. 73 ff.

94 Domenico Gnoli, La Roma di Leone X. Quadri e studi originali annotati e pubblicati, Milano 1938, bes. S. 136–184; Giovanni A. Cesareo, Pasquino e pasquinate nella Roma di Leone X (Miscellanea della R.

(25. April) an diese Statue poetische Produkte humorvollen Inhalts. In einer zweiten Phase entwickelte sich der Pasquino zu einem Ort, an dem Gedichte veröffentlicht wurden, die sich durch eine immer schärfere satirische, oft gegen Geistlichkeit, Kurie und Papst gerichtete Polemik auszeichneten und in deren Propaganda und Polemik sich auch Parteikämpfe spiegelten. Die an den Pasquino gehefteten Texte wurden seit 1509 in Sammlungen gedruckt, wobei nach Aussage von Zeitzeugen oftmals die besonders bissigen Epigramme nicht in diese Drucke gelangten. Einige von ihnen sind immerhin dank Abschriften überliefert, wie in den Tagebüchern des Venezianers Marino Sanudo.[95] Beim Tode Leos X., welcher das Fest um den Pasquino trotz einzelner gegen die Kurie und ihn selbst publizierten Invektiven förderte,[96] wurden, wie schon bei den Vorgängern üblich, zahlreiche Epigramme an den Sarg des Verstorbenen, ebenso aber auch an den Pasquino geheftet.[97] Die Pasquinaden bzw. Pasquille wurden über die Stadt am Tiber hinaus zu einem Gattungsbegriff für Schmäh- oder Spottschriften.[98] In Rom stammten deren Verfasser oft aus kurialen Milieus, wie der berühmte Dichter Pietro Aretino,[99] der während des Konklaves von 1521 und nach der Wahl Hadrians VI. die Statue zur Veröffentlichung seiner Schmähverse nutzte und jene Kardinäle scharf at-

---

Deputazione Romana di Storia patria 11), Roma 1938; Maria E. Houtzager, Pasquino en de Pasquinate, in: Herdenkingstentoonstelling Paus Adrianus VI. Gedenkboek, Catalogus, Utrecht, Centraal Museum, 28 september – 15 november 1959, Leuven, Stadthuis, 23 november – 20 december, Utrecht 1959, S. 227–229; Pasquinate romane del Cinquecento (Testi e documenti di letteratura e di lingua 7), hg. von Valerio Marucci/Antonio Marzo/Angelo Romano, 2 Bde., Roma 1983; Massimo Firpo, Pasquinate romane nel Cinquecento, in: Rivista storica italiana 96, 1984, S. 600–621; Anne Reynolds, Cardinal Oliviero Carafa and the Early Cinquecento Tradition of the Feast of Pasquino, in: Humanistica Lovaniensia 34, 1985, S. 178–208; Anne Reynolds, The Classical Continuum in Roman Humanism. The Festival of Pasquino, the Robigalia, and Satire, in: Bibliothèque d'Humanisme et Renaissance 49, 1987, S. 289–307; Niccoli, Rinascimento anticlericale (wie Anm. 9), S. 37ff.; Ex marmore. Pasquini, pasquinisti, pasquinate nell'Europa moderna. Atti del colloquio internazionale Lecce - Otranto, 17–19 novembre 2005 (Cinquecento Studi 17), hg. von Chrysa Damianaki/Paolo Procaccioli/Angelo Romano, Manziana 2006; Henk van Gessel, Pasquino. Spot en satire in het pauselijke Rome van de 16e eeuw, in: Hermeneus. Tijdschrift voor antieke cultuur 78, 2006, S. 230–244; vgl. allgemein: Christian Kuhn, Ballads, Song, and Libels, in: The Handbook of Medieval Studies. Terms – Methods – Trends, Bd. 2, hg. von Albrecht Classen, Berlin/New York 2010, S. 1618–1633.

95 Niccoli, Rinascimento anticlericale (wie Anm. 9), S. 80f.

96 Ludwig von Pastor, Geschichte der Päpste seit dem Ausgang des Mittelalters, Bd. 4: Geschichte der Päpste im Zeitalter der Renaissance und der Glaubensspaltung, von der Wahl Leos X. bis zum Tode Klemens' VII. (1513–1534), Abt. 1: Leo X., 8. und 9. Aufl., Freiburg im Breisgau 1925, S. 460.

97 Niccoli, Rinascimento anticlericale (wie Anm. 9), S. 93.

98 Oswald Bauer, Pasquille in den Fuggerzeitungen. Spott- und Schmähgedichte zwischen Polemik und Kritik (1568–1605) (Quelleneditionen des Instituts für Österreichische Geschichtsforschung 1), Wien/Köln/Weimar 2008.

99 Pietro Aretino nel cinquecentenario della nascita. Atti del convegno di Roma, Viterbo, Arezzo (28 settembre–1 ottobre 1992), Toronto (23–24 ottobre 1992), Los Angeles (27–29 ottobre 1992) (Pubblicazioni del Centro Pio Rajna, Sezione 1, Studi e saggi 4), 3 Bde., Roma 1995.

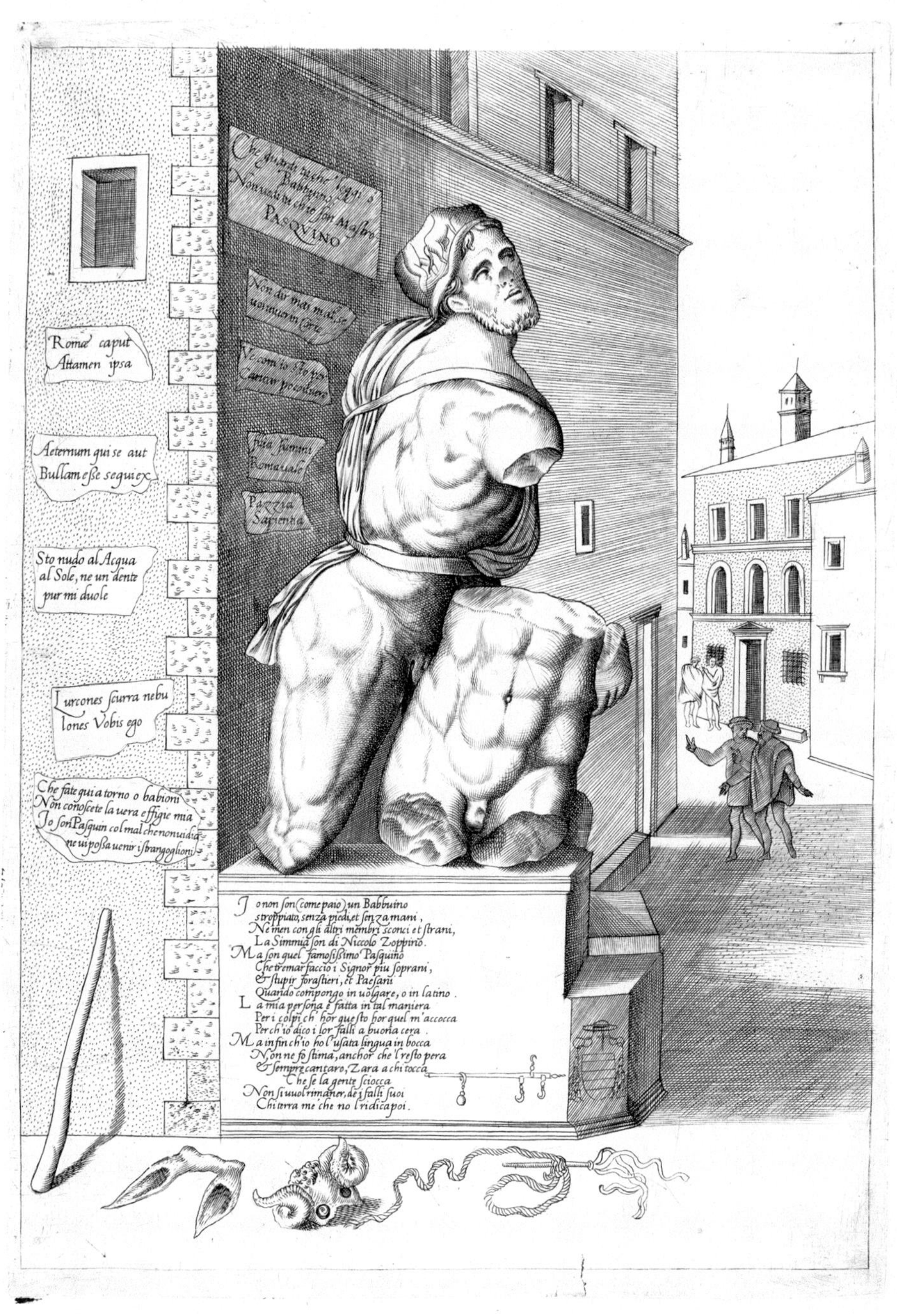

Abb. 4: Pasquino, 1546 – 1575 (Herzog August Bibliothek Wolfenbüttel: Ud gr. 2° 16 [65]).

tackierte, welche mit Hadrian den Vatikan in die Hand der *tedesca rabia* gegeben hätten.[100] Waren die an den Pasquino gehefteten Satiren zunächst Spottschriften, die sich gegen einzelne Personen richteten, gewannen ihre Botschaften seit dem Tode Leos X. als Mittel des politischen Kampfes vor allem während der Konklave eine neue Dimension. Nach dem Tode Pauls IV. wurden sie zu Medien, mittels derer auch grundsätzliche Kritik an der päpstlichen Institution laut wurde.[101] Diesen Publikationsort nutzten auch Romreisende wie Ulrich von Hutten und einer seiner erbittertsten Gegner, der Dominikaner Jakob van Hoogstraten. Schon vor Huttens zweitem Romaufenthalt im Jahre 1516 wurden in der Stadt am Tiber gedruckte Sammlungen von Epigrammen auch außerhalb Roms rezipiert,[102] im nordalpinen Reich etwa in Breslau, Nürnberg, Erfurt und Wittenberg.[103] Bereits einige Jahre vor dem Thesenanschlag von 1517 kursierten folglich in Städten des nordalpinen Reichs in Rom entstandene und veröffentlichte Pasquinaden, und sie stehen für Kommunikations- und Transferprozesse, die von Rom ihren Ausgang nahmen und die Diskurse im Reich beeinflussten. Entsprechendes gilt für eine auf mittelalterlichen Traditionen fußende seit 1518 an den Pasquino geheftete Textsorte, das *Evangelium Pasquilli*. In dieser Satire werden in sarkastisch-drastischer Weise Habgier und Geiz von Papst, Kardinälen und gesamter römischer Kurie angeprangert. Seit 1520 wurden dieser Text und weitere in Rom entstandene Satiren in deutscher Sprache in Augsburg und anschließend in Straßburg ohne Angabe der Provenienz veröffentlicht; sie firmieren jetzt in neuen Kontexten und Sinnzuschreibungen unter den Flugschriften der frühen Reformationszeit.[104]

Von der in Rom oftmals anzutreffenden Ambivalenz zwischen Wertschätzung des Papsttums und der Ewigen Stadt einerseits und scharfer Kritik am päpstlichen Hof und an Facetten des dortigen Lebens andererseits wurden auch Italien- und Rombesucher geprägt, wie das Beispiel des Erasmus von Rotterdam illustrieren soll. Vor seinem Romaufenthalt hatte Erasmus den triumphalen Einzug Julius' II. 1506 in Bologna persönlich

100 Niccoli, Rinascimento anticlericale (wie Anm. 9), S. 105; Birgit Emich, Ein Fremder an der Macht. Adrian VI. (1522/23) und die Lupe der Kulturalisten, in: Kulturgeschichte des Papsttums in der Frühen Neuzeit (Zeitschrift für historische Forschung Beiheft 48), hg. von Birgit Emich/Christian Wieland Berlin 2013, S. 29–64, hier S. 34 f.

101 Ottavia Niccoli, La satira anti-romana degli umanisti. Pasquino, Marcantonio, Michiel, Erasmo, in: »Rome, l'unique objet de mon ressentiment«. Regards critiques sur la papauté (Collection de l'École Française de Rome 453), hg. von Philippe Levillain, Rome 2011, S. 339–353, hier S. 341.

102 Kurt Stadtwald, Roman Popes and German Patriots. Antipapalism in the Politics of the German Humanists Movement from Gregor Heimburg to Martin Luther (Travaux d'humanisme et Renaissance 299), Genève 1996, bes. S. 59–70; Chiara Lastraioli, Le pasquinate italiane del ms. N.A.F. 3107 della Bibliothèque Nationale di Parigi, in: Filologia e critica. Rivista quadrimestrale 23, 1998, S. 72–116; vgl. auch mehrere Beiträge in dem Sammelband: Ex marmore (wie Anm. 94).

103 Matheus, Deutschsprachige Studierende im kosmopolitischen Rom (wie Anm. 35).

104 Niccoli, Rinascimento anticlericale (wie Anm. 9), S. 111 ff.; Niccoli, Anticlericalismo (wie Anm. 92), S. 189 ff.; Niccoli, La satira anti-romana degli umanisti (wie Anm. 101), S. 343 ff.

erlebt. Dies könnte ihn unmittelbar nach dem Tode des Papstes zur Abfassung der Satire *Julius exclusis e coelis* (Julius vor der verschlossenen Himmelstür) inspiriert haben, als dessen Verfasser er unterdessen feststehen dürfte. Ursprünglich war der gegen den Papst gerichtete ironische und respektlose Text wohl zur Erheiterung in einer geselligen Runde von miteinander freundschaftlich verbundenen Humanisten gedacht. Als er seit 1517 gegen den Willen des Erasmus zunächst in Mainz und dann in weiteren zahlreichen Editionen gedruckt wurde, mutierte der geistreiche Dialog zu einer Kampfansage gegen Rom.[105] Das Motiv des vergeblich an die Himmelstür klopfenden Kirchenfürsten kann Erasmus in Rom vermittelt worden sein.[106] In der Stadt am Tiber, in der bereits sein Vater als guter Kenner der lateinischen und griechischen Sprache von humanistischen Bildungsidealen geprägt worden war, nutzte er während seines Besuchs im Jahre 1509 die reichen Bibliotheken und verkehrte in einem Kreis hochrangiger Gelehrter. Zu ihnen zählten Aegidius von Viterbo, Filippo Beroaldo, der spätere Präfekt der Vatikanischen Bibliothek, und die Kardinäle Raffaele Riario, Domenico Grimani und Giovanni de' Medici, der spätere Papst Leo X.[107] Unmittelbar nach seinem Romaufenthalt konzipierte Erasmus, gleichsam als Ergebnis seiner in Italien und Rom gewonnenen Erfahrungen, sein bekanntestes, im Hause seines Freundes Thomas Morus verfasstes Werk *(Moriae encomium*/»Lob der Torheit«).[108] Diese ironische, bisweilen in Spott, Hohn und Satire umschlagende Lehrrede zählt bis heute zu den vielgelesenen Stücken der Weltliteratur. Der Autor lässt die *stultitia* als personifizierte Torheit zu Wort kommen und beschreibt auf diese Weise die große Diskrepanz zwischen Normen und erbärmlicher Realität vor allem im kirchlichen Leben. Im Jahre 1515 besorgte Johannes Frobenius in Basel eine Ausgabe des Textes, der von Johannes Holbein dem Jüngeren illustriert wurde. Das Werk rief zahlreiche Kritiker auf den Plan, wiederholt wies Erasmus wohl auch deshalb auf die große Wertschätzung hin, welche es bei Leo X. erfahren habe. Zugleich pries er in einem Brief an den Kardinal Grimani im Jahre 1515 überschwänglich die Ausstrahlung des Studienortes Rom in alle Welt (*vno in loco totius orbis lumina*) mit seinen viel-

105 Peter Fabisch, *Iulius exclusus e coelis*. Motive und Tendenzen gallikanischer und bibelhumanistischer Papstkritik im Umfeld des Erasmus (Reformgeschichtliche Studien und Texte 152), Münster 2008; Silvana Seidel Menchi, Eine tragische Freundschaft. Julius, Erasmus, Hutten, in: Scriptorium und Offizin. Festgabe für Martin Steinmann zum 70. Geburtstag (Basler Zeitschrift für Geschichte und Altertumskunde 110), Basel 2010, S.143–163; Erasmus of Rotterdam, »Iulius exclusus«. Introduced, edited and commented by Silvana Seidel Menchi, in: Opera omnia Desiderii Erasmi Roterodami. Recognita et adnotatione critica instructa notisque il illustrata, Bd. 1, 8, S. 1–297, 390–425, Leiden/Boston 2013.

106 Niccoli, Rinascimento anticlericale (wie Anm. 9), S. 46ff.; Niccoli, Anticlericalismo (wie Anm. 92), S. 183f.

107 Joseph B. Trapp, Erasmus und Rom, in: Hochrenaissance im Vatikan 1503–1534. Kunst und Kultur im Rom der Päpste, Bd. 1, hg. von Petra Kruse, Bonn/Ostfildern-Ruit 1999, S. 407–411.

108 Erasmus vom Rotterdam, Das Lob der Torheit, übers. von Alfred Hartmann, hg. von Emil Major, Wiesbaden 2003.

fältigen Möglichkeiten für Gelehrte, wie den überaus reich ausgestatteten Bibliotheken, der konstanten Präsenz zahlreicher höchst gebildeter Menschen und ihren gelehrten Zirkeln sowie der großen Zahl antiker Monumente. Hätte er der Stadt und den sich dort bietenden Chancen nicht schnell den Rücken gekehrt, wäre er wohl dauerhaft dort geblieben.[109] Das überschwängliche Lob wird auch der Absicht geschuldet sein, dem Adressaten und potenziellen Mäzen zu schmeicheln. In den folgenden Jahren änderte sich das kulturelle Klima in Rom. Die Bruchstellen deuteten sich im Rahmen »national« geprägter Ehrendiskurse[110] und damit einhergehender Invektiven an, so während der Auseinandersetzungen um Veröffentlichungen des aus Brabant stammenden Humanisten Christoph Longolius (1519)[111] sowie des bayerischen Humanisten Jakob Ziegler.[112] Sie verschärften sich nach dem Bruch zwischen Martin Luther und dem Papst sowie während des von renommierten römischen Humanisten leidenschaftlich bekämpften Papstes Hadrian VI.[113] Während Erasmus für die Dauer seines Aufenthalts und auch noch in den Jahren danach die kulturellen Möglichkeiten, welche die Stadt am Tiber bot, zweifellos schätzte, griff er später die römischen Humanisten und deren Ciceronianismus scharf an.[114]

---

109 Brief des Erasmus an Domenico Grimani vom 15. Mai 1515, in: Opus Epistolarum Des. Erasmi Roterodami. Denuo recognitum et auctum, Bd. 2: 1514–1517, hg. von. P.S. Allen, Oxonii 1910, ND Oxonii 1992, Nr. 334, S. 73–79, hier S. 74 f.

110 Alfred Schröcker, Die deutsche Nation. Beobachtungen zur politischen Propaganda des ausgehenden 15. Jahrhunderts (Historische Studien 426), Lübeck 1974; Caspar Hirschi, Wettkampf der Nationen. Konstruktionen einer deutschen Ehrgemeinschaft an der Wende vom Mittelalter zur Neuzeit, Diss., Göttingen 2005.

111 John F. D'Amico, Renaissance Humanism in Papal Rome. Humanists and Churchmen on the Eve of the Reformation (The John Hopkins University Studies in Historical and Political Science 101,1), Baltimore/London 1983, S. 110 u. ö.; Luca D'Ascia, Erasmo e l'umanesimo romano (Biblioteca della Rivista di storia e letteratura religiosa Studi 2), Firenze 1991, S. 19, 201 ff. u. ö.; Kenneth Gouwens, Remembering the Renaissance. Humanist Narratives of the Sack of Rome (Brill's Studies in Intellectual History 85), Leiden/Boston/Köln 1998, S. 25 f., 93 ff.; Francesco Piovan, Il testamento di Cristoforo Longolio, in: Italia medioevale e umanistica 44, 2003, S. 249–270; Anna Esposito, Tra accademia e confraternita. La sodalitas Parionis nel primo Cinquecento romano (con l'edizione degli statuti e della matricola), in: Roma nel rinascimento, 2007, S. 309–337, bes. S. 317, 321; Götz-Rüdiger Tewes, Die Medici und Frankreich im Pontifikat Leos X. Ursachen, Formen und Folgen einer Europa polarisierenden Allianz, in: Der Medici-Papst Leo X. und Frankreich. Politik, Kultur und Familiengeschäfte in der europäischen Renaissance (Spätmittelalter und Reformation N.R. 19), hg. von Götz-Rüdiger Tewes/Michael Rohlmann, Tübingen 2002, S. 11–116, bes. 113 f.

112 Silvana Seidel Menchi, Erasmus als Ketzer. Reformation und Inquisition im Italien des 16. Jahrhunderts (Studies in Medieval and Reformation Thought 49), Leiden/New York/Köln 1993, S. 52; Stadtwald, Roman Popes and German Patriots (wie Anm. 102), S. 105 ff.

113 Gouwens, Remembering the Renaissance (wie Anm. 111); Rossana Sodano, Intorno ai »Coryciana«. Conflitti politici e letterari in Roma dagli anni di Leone X a quelli di Clemente VII, in: Giornale storico della letteratura italiana 178, 2001, S. 420–450; Emich, Ein Fremder an der Macht (wie Anm. 100).

114 D'Ascia, Erasmo e l'umanesimo romano (wie Anm. 111), unterscheidet eine erste Phase von 1513 bis 1523, in welcher die römischen Humanisten und Erasmus noch von einer »forte solidarietà culturale« geprägt sei-

Deutlicher aber als für Reformen plädierende Kuriale formulierte Erasmus beißende Kritik an heuchlerischen Klerikern und Mönchen, machtgierigen und korrupten Päpsten, an der Größe und dem Pomp des päpstlichen Hofes und an den dortigen kirchlichen Zeremonien, an der Heiligen- und Reliquienverehrung. Im Herbst 1518 bezeichnete er das Papsttum seiner Zeit in einem Brief an den späteren Reformator Johann Lang als *pestis christianismi.*[115] Dennoch gab er die Hoffnung auf Reformen innerhalb der Kirche nicht auf und lehnte einen Bruch mit dem Papsttum ab.

In den ersten Jahrzehnten des 16. Jahrhunderts herrschte in Rom ein kulturelles Klima, das ein Beobachter mit Blick auf den Pontifikat Alexanders VI. mit Worten schilderte, die er dem Papst selbst in den Mund legte. Einem Brief des Gesandten (*orator*) Ferraras am päpstlichen Hof, Bartolomeo Costabili, an Herzog Ercole d'Este zufolge soll der Papst sich in folgender Weise geäußert haben: »Rom ist ein freies Land, in dem man die Gewohnheit hat zu sagen und zu schreiben was die Menschen wollen. Und auch wenn schlecht über seine Heiligkeit gesprochen wird, so lasse man sie sprechen.«[116] Hierbei handelt es sich zwar nicht um eine direkte päpstliche Äußerung, sondern um deren möglicherweise interessengeleitete Wiedergabe eines Diplomaten; sie lässt aber immerhin erkennen, welche Möglichkeiten papstkritischer Äußerungen von Beobachtern für möglich gehalten und wohl auch wahrgenommen wurden. Doch das Klima wandelte sich nach dem Bruch zwischen Leo X. und Martin Luther. Francesco Guicciardini, u. a. Verfasser der monumentalen »Storia d'Italia« und Niccolò Machiavelli lange Zeit im intellektuellen Austausch eng verbunden,[117] bekleidete an der Kurie und im

en, von einer dann durch Auseinandersetzungen geprägten zweiten Phase. Ciceronian Controversies (The I Tatti Renaissance Library 26), hg. von Joann Dellaneva, Cambridge/Massachusetts 2007; Vincenzo De Caprio, Der Humanismus in Rom in den ersten drei Jahrzehnten des 16. Jahrhunderts, in: Martin Luther in Rom (wie Anm. 27).

115 Brief des Erasmus an Johann Lang, Löwen, vom 17. Oktober 1518, in: Opus Epistolarum Des. Erasmi Roterodami. Denuo recognitum et auctum, Bd. 3: 1517–1519, hg. von P.S. Allen, Oxonii 1913, ND Oxonii 1992, Nr. 872, S. 408–410, hier S. 410.

116 »Roma he Terra libera et che si ha consuetudine de dire et de scrivere come l'homo vole. Et che se anche de la Santità sua se dice male, se lasci dire.« Filippo Clementi, Il carnevale Romano nelle cronache contemporanee. Con illustrazioni riprodotte da stampe del tempo, Bd. 1: Dalle origine al secolo XVII, Città di Castello 1939, S. 134; Anna Modigliani, Uso degli spazi pubblici nella Roma di Alessandro VI, in: Roma di fronte all'Europa al tempo di Alessandro VI. Atti del convegno Città del Vaticano-Roma, 1–4 dicembre 1999 (Pubblicazioni degli archivi di stato, saggi 68), hg. von Maria Chiabò/Silvia Maddalo/Massimo Miglio/Anna M. Oliva, 3 Bde., Roma 2001, Bd. 2, S. 521–548, hier S. 540. Zu Wandlungen dieses kulturellen Klimas und entsprechenden päpstlichen Maßnahmen im Verlaufe des 16. Jahrhunderts vgl. Niccoli, Rinascimento anticlericale (wie Anm. 9), S. 171 ff.

117 Volker Reinhardt, Francesco Guicciardini (1483–1540). Die Entdeckung des Widerspruchs (Kleine politische Schriften 13), Göttingen/Bern 2004; Jürgen Huber, Guicciardinis Kritik an Machiavelli. Streit um Staat, Gesellschaft und Geschichte im frühneuzeitlichen Italien (Sozialwissenschaft), Diss., Wiesbaden 2004; Tobias Daniels, Francesco Guicciardini (Historiker), in: Biographisch-Bibliographisches Kirchenlexikon (BBKL) 32, Nordhausen 2011, Sp. 575–593.

Kirchenstaat im Dienst der Medici-Päpste Leo X. und Clemens VII. wichtige Funktionen. Er stammte aus einer führenden Florentiner Familie und wurde 1483 in jener Stadt geboren, in welcher 1498 der Dominikaner Girolamo Savonarola hingerichtet wurde. Dieser formulierte in seinen apokalyptisch geprägten Predigten radikale Kritik an der Verderbtheit der römischen Kirche sowie am Pfründenschacher zahlreicher Kleriker und schloss daraus, die Hure Babylon habe sich der Stadt Rom bemächtigt.[118] Über seine Sympathien gegenüber Martin Luther äußerte sich Guicciardini in ursprünglich nicht für eine Veröffentlichung vorgesehenen, persönlichen Erinnerungen, die auf die Zeit vor 1525 zurückgehen: »Ich habe mir selbstverständlich immer den Untergang des Kirchenstaates gewünscht, und das Schicksal hat gewollt, dass es zwei Päpste gab, deren Macht zu wünschen ich mich gezwungen sah und auch, mich für deren Ansehen anzustrengen. Wäre diese Rücksicht nicht gewesen, so würde ich Martin Luther mehr als mich selbst lieben, denn ich würde hoffen, dass seine Sekte die frevelhafte Tyrannei der Priester ruinieren oder ihnen zumindest die Flügel stutzen könnte.«[119] Diese Bemerkungen verweisen zum einen auf Rezeptionsmöglichkeiten und Grenzen von Luthers Lehren unter prominenten Kurialen; sie deuten zum anderen aber zugleich an, dass die vorhandenen Spielräume zur Formulierung kritischer Äußerungen seit 1519/1520 enger wurden. Zusammenfassend erscheint für stadtrömische und kuriale Milieus jenseits unterschiedlicher Motivationen und Akzentsetzungen eine dialektische Ambivalenz in den Argumentationsmustern typisch, die auch bei Rombesuchern wie Erasmus von Rotterdam aufscheint. Einerseits eine bisweilen geradezu überschwänglich zum Ausdruck gebrachte Wertschätzung der Vorteile der Präsenz des päpstlichen Hofes in Rom besonders für das kulturelle Leben, auf der anderen Seite scharfe, oft in satirischer Form vorgetragene Kritik an einzelnen Päpsten sowie an den Zuständen der römischen Kurie. Auch die Kritik am Luxus des Hofes war von einem spezifischen Spannungsverhältnis geprägt. Einerseits wiesen Humanisten wie Enea Silvio Piccolomini unter Rückgriff auf

118 Girolamo Savonarola da Ferrara all'Europa. Atti del convegno internazionale, Ferrara, 30 marzo – 3 aprile 1998 (Savonarola e la Toscana 14), hg. von Gigliola Fragnito/Mario Miegge, Firenze 2001; Una città e il suo profeta. Firenze di fronte al Savonarola (Savonarola e la Toscana 15), hg. von Gian Carlo Garfagnini, Firenze 2001.

119 »Io ho sempre desiderato naturalmente la ruina dello stato ecclesiastico, e la fortuna ha voluto che sono stati dua pontefici tali, che sono stato sforzato desiderare e affaticarmi per la grandezza loro. Se non fussi questo rispetto, amerei più Martino Luther che me medesimo, perché sprererei che la sua setta potessi ruinare o almanco tarpare le ale a questa scelerata tirannide de' preti.« Francesco Guicciardini, Ricordi, hg. von Raffaele Spongano, Firenze 1951, S. 33; zur Überlieferung vgl. Modigliani, Die römische Gesellschaft (wie Anm. 90); Guicciardini stilisierte Papst Alexanders VI. in der Storia d'Italia als Antichrist, vgl. Marion Hermann-Röttgen, Alessandro VI Borgia e l'Umanesimo. Crisi, conflitti e conseguenze, in: Roma nella svolta tra Quattro e Cinquecento. Atti del convegno internazionale di studi, hg. von Stefano Colonna, Roma 2004, S. 261–268, hier S. 266f.; vgl. auch Jennifer M. DeSilva, Articulating Work and Family. Lay Papal Relatives in the Papal States, 1420–1549, in: Renaissance Quarterly 69, 2016, S. 1–39, hier S. 32. Für Hinweise danke ich Anna Maria Voci, Rom.

antike Modelle pekuniäre Interessen weit von sich und pflegten den Habitus der Geldverachtung gepaart mit einer Selbststilisierung des humanistisch gebildeten Gelehrten; andererseits priesen sie die Tugend fürstlicher *liberalitas* und *magnificentia*, welche ohne materielle Mittel nicht auskommen konnte.[120] In mancher Hinsicht vergleichbare Ambivalenzen und Widersprüchlichkeiten finden sich unter führenden Vertretern der kommunalen Aristokratie, die immer wieder Gegner der mächtigen baronalen Familien der Stadt und der Kurie waren. Auch sie kritisierten bisweilen scharf den am päpstlichen Hof betriebenen Aufwand und glorifizieren den vermeintlich maßvollen Lebensstil ihrer Vorfahren. Faktisch betrieben sie aber seit der zweiten Hälfte des 15. Jahrhunderts einen aufwändigen Lebensstil, der sich von jenem des päpstlichen Hofes nicht nennenswert unterschied.[121]

Der Bruch: Das Papsttum als Antichrist

Diese dialektische Ambivalenz wurde seit 1519/20 in qualitativ neuer Weise herausgefordert. Was das schon mehrfach angesprochene Stereotyp vom Antichrist betrifft, so war dies Martin Luther geläufig, doch nahm er zunächst noch keine feste Zuordnung vor, bisweilen galten ihm einzelne Persönlichkeiten an der Kurie als Vorläufer und Vertreter des Antichrist.[122] Es dauerte Jahre, bis ihm die römische Kirche, in der er sozialisiert worden war, und in der er als Ordensmann und Professor eine beachtliche Karriere gemacht hatte, zur Kirche des Antichrist und Rom zur babylonischen Hure aus der Offenbarung des Johannes wurde, die es zu Staub zu zermalmen gelte. Als er sich auf die Leipziger Disputation im Jahre 1519 vorbereitete, schrieb er am 13. März in einem Brief an Georg Spalatin: »Ich untersuche jetzt für meine Disputation die päpstlichen Dekrete und flüstere dir in diesem Zusammenhang ins Ohr: Ich bin im Ungewissen, ob nicht der Papst der Antichrist in Person oder dessen Vorläufer ist.«[123] Ein Jahr später

---

120 Claudia Märtl, Le finanze papali del primo Rinascimento. Tra magnificenza e contabilità, in: Associazione per lo Sviluppo degli Studi di Banca e Borsa Quaderno 43, 2010, S. 15–42, hier S. 29 ff.; Claudia Märtl, Der Papst und das Geld. Zum kurialen Rechnungswesen unter Pius II. (1458–1464), in: Kurie und Region (wie Anm. 25), S. 175–195, hier S. 194 f.

121 Modigliani, Die römische Gesellschaft (wie Anm. 90).

122 Hans Preuss, Die Vorstellungen vom Antichrist im späteren Mittelalter, bei Luther und in der konfessionellen Polemik. Ein Beitrag zur Theologie Luthers und zur Geschichte der christlichen Frömmigkeit, Leipzig 1906; Ingvild Richardsen, Die protestantische und die römische Idee des Antichristen in der Konfessionspolemik, in: Der Antichrist. Historische und systematische Zugänge (wie Anm. 7), S. 269–314.

123 D. Martin Luther Werke. Kritische Gesamtausgabe. Schriften/Werke, 73 Bde., Weimar 1883–2009 (Weimarer Ausgabe) (= WA), hier WA.BR (= Briefwechsel) 1, S. 359 f., Nr. 161, 28–50; Scott H. Hendrix, Luther and the Papacy. Stages in a Reformation Conflict, Philadelphia 1981; vgl. auch den Beitrag von Volker Leppin in diesem Band.

waren seine Zweifel geschwunden. Die Frage, ob der Papst der Antichrist sei oder nicht, beantwortete Luther in seiner Schrift »Von dem Papsttum in Rom wider den hochberühmten Romanisten zu Leipzig« und mit der Bücherverbrennung am 10. Dezember 1520 definitiv mit ja.[124] Zuvor gipfelte der gegen ihn in Rom laufende Ketzerprozess in der Bannandrohung *Exurge Domine* am 15. Juni 1520. Am 3. Januar 1521 erfolgte seine Exkommunikation durch die Bulle *Decet Romanum Pontificem*. Am Gründonnerstag dieses Jahres wurde er während der feierlich in Rom verlesenen Generalexkommunikation den zur Hölle verdammten Häretikern zugerechnet. Das öffentlich vollzogene Zeremoniell wurde von einem spektakulären Kerzenwurf beschlossen.[125] Damit war der Bruch von beiden Seiten vollzogen.

Nicht eindeutig äußerten sich Luther und andere Reformatoren darüber, ab welchem Zeitpunkt in der Geschichte der Kirche die pastorale Funktion des Bischofs von Rom durch päpstliche Hybris ersetzt wurde. Bis zu seinem Tod blieb das Papsttum für Luther fortan uneingeschränkt der Antichrist, die römische Kurie der Höllenhof, und er baute seine Argumentation stetig aus. Luther beschrieb nun den Antichrist im Kern als »Widerchrist«, als Gegner Christi, der eigene Gesetze an Stelle des Evangeliums Christi und der Wahrheit setze. Das Schlagwort vom Papst als Antichrist wurde zum Kernbestand reformatorischer Narrative (Abb. 5 und 6).[126] Lukas Cranach stattete 1521 das weitverbreitete »Passional Christi und Antichristi« mit Holzschnitten aus, welche die Identifizierung des Antichrist mit dem Papsttum in bildmächtigen visuellen Inszenierungen propagierten. In mit Kommentaren versehenen antithetischen Bildpaaren wurden Christus und der Papst gegenübergestellt, und der Inhaber des Stuhls Petri zum Gegner der Lehre Christi stilisiert.[127] In zahlreichen Flugschriften, Flugblättern und gedruckten Predigten wurde der Topos vom Antichrist in Text und Bild weit verbreitet und populär. Zur Emotionen beflügelnden Durchschlagskraft des Topos trug bei, dass dämonische Tiergestalten aus der Offenbarung als eschatologische Gestalten mit dem Papsttum und der römischen Kirche verknüpft wurden (Abb. 7). Die auf dem siebenköpfigen Tier reitende babylonische Hure, welche die päpstliche Tiara auf ihrem Hupt trug, wurde zur symbolträchtigen Verkörperung des Papsttums (Abb. 8). Die 1523 von Luther und Melanchthon herausge-

124 D. Martin Luthers Werke (wie Anm. 65), WA 6, S. 285–324, hier S. 322.

125 Christian Jaser, *Ostensio exclusionis*. Die päpstliche Generalexkommunikation zwischen kirchenrechtlicher Innovation und zeremoniellem Handeln, in: Die Päpste. Amt und Herrschaft (wie Anm. 14), S. 357–383, hier S. 377f.

126 Theo Klausmann, Tyrannei des Teufels. Das Bild des Papsttums in dramatischen Texten der Reformationszeit, in: Rom und das Reich vor der Reformation (Tradition-Reform-Innovation 7), hg. von Nikolaus Staubach, Frankfurt am Main u.a. 2004, S. 303–328, bes. S. 322; Matthias Schnettger, Rom und die Deutschen in der Frühen Neuzeit. Szenen einer schwierigen Beziehung, in: Rom – Nabel der Welt (wie Anm. 4), S. 135–153, hier S. 137.

127 Richardsen, Die protestantische und die römische Idee des Antichristen (wie Anm. 122), S. 273ff.

Christus flog das jrdisch reich

Regna fu/gi Christ

¶ Do Jhesus innen ward/das sy kommē wurden/vn̄ jn zů eim könig machē/ist er abermals vff ein berg ge flohen/allein. Joha.6. Mein reich ist nicht von disser welt. Joh.18. Die könnig der welt herschen jr/vnd die gewalt habē/werden genediche hern genandt jr aber nicht also/sonð der do grösser ist vnnder euch/sal sich nydern/als der weniger. Luce.22.

Abb. 5: Passional Christi und Antichrist (Lukas Cranach 1521), Christusdarstellung (Universitätsbibliothek Heidelberg, Q 3661-4 RES, fol. 1v).

Man zeicht der Bapſt mit gewalt an ſich

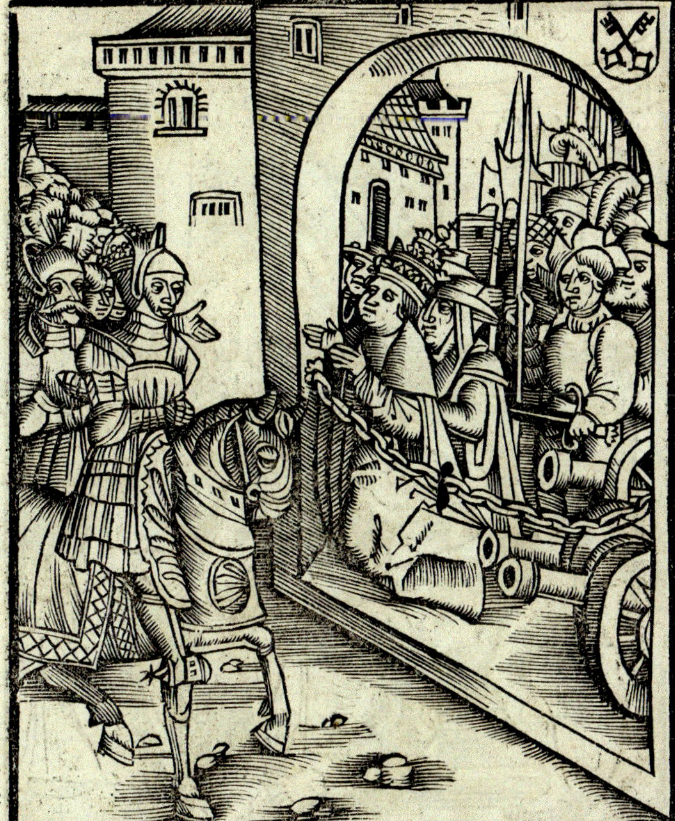

Preſulque

Auß oberkeit / die wir ſonder zweiffel zům Kayſer
thūb habē/vñ vß vnſerē gewalt/ſeint wir des Keyſer
tůmbs/ſo das ledig ſtodt/ein rechter erbe.cle. paſto.
ad fi.de ſen.et re.iudi.ſūma ſummaꝝ.Nichts anders
iſt in des Bapſts geyſtlichē rechte zů finden/dañ das
es ſeinē abgot/ vñ antichriſt über alle Keyſer/ könig
vñ fürſten jrhebet/als Petrꝰ vorgeſagt hat. Es werden kōmen vnuorſchamte Biſchoff / die die weltlich
herſchafft werden verachten.2.Pet.2. A 2

Abb. 6: Passional Christi und Antichrist (Lukas Cranach 1521), Papstdarstellung (Universitätsbibliothek Heidelberg, Q 3661-4 RES, fol. 2r).

Abb. 7: Die auf dem siebenköpfigen Tier reitende babylonische Hure, welche die päpstliche Tiara auf ihrem Haupt trägt (Handkolorierter Druck aus der Lutherbibel, 1534).

gebene und von Lukas Cranach mit einem Holzschnitt illustrierte satirische Flugschrift »Der Bapstesel zu Rom« ist das bekannteste jener Beispiele, mit denen außergewöhnliche Naturerscheinungen als göttliche Zeichen und Beweise für den Papst als Antichrist propagiert wurden. Infolge einer gewaltigen Überschwemmung soll nach dem Rückgang der Fluten am Ufer des Tibers im Januar 1496 ein totes Monstrum gefunden worden sein. Nicht zum ersten Mal wurden zerstörerische Überschwemmungen der Stadt mit der Erscheinung von Monstren in Verbindung gebracht. Zusammen mit der zerstörerischen Naturkatastrophe wurde auch das Fabelwesen des Jahres 1496 von Zeitgenossen als Zeichen des göttlichen Zornes gedeutet. Was genau am Tiberufer gefunden wurde, darüber lässt sich nur spekulieren. Die fantasievolle bildliche Darstellung eines Fabeltiers mit Eselskopf wurde als ein von Lukas Cranach dem Älteren Martin Luther an die Hand gegebenes »graphisches Kampfinstrument« bezeichnet.[128] Eine römische Bildvorlage für

128 Horst Fuhrmann, Die Päpste. Von Petrus zu Benedikt XVI. (Beck'sche Reihe 1590), 4. aktualisierte und erweiterte Aufl., München 2012, S. 267.

Abb. 8: Der Bapstesel, Antipäpstliches Spottblatt (Nach einem Kupferstich des Wenzel Olmütz, Holzschnitt, 1523, von Lucas Cranach d. Ä.).

Abb. 9: Siegburger Trichterhalskrug mit Vexierkopf Papst/Teufel, um 1570 (Hetjens – Deutsches Keramikmuseum, Fotograf Matthias Hering).

Abb. 10: Siegburger Trichterhalskrug mit Vexierkopf Papst/Teufel, um 1570 (Hetjens – Deutsches Keramikmuseum, Fotograf Matthias Hering).

den »Papstesel« ist möglich, auch wenn sie bisher nicht entdeckt wurde. Jedenfalls aber gelangte das Bildmotiv über derzeit zumindest teilweise bekannte italienische Zwischenstufen in den nordalpinen Bereich.[129]

Mit diesen auch bildlich inszenierten Darstellungen des Papsttums als Antichrist, der römischen Kurie als Höllenhof und der Stadt Rom als Hure Babylon war zugleich die Zurückweisung der Doppelrolle des Papstes als geistliches Oberhaupt der lateinischen Kirche und als weltlicher Repräsentant des Kirchenstaates verbunden. Damit entstand eine immer größer werdende Kluft gegenüber jenem Selbstverständnis, wie es in den Jahrzehnten vor dem Sacco di Roma in der kulturell blühenden Metropole am Tiber im Mythos von Rom als *communis orbis totius patria* bzw. als *patria communis* aller Nationen stilisiert und visuell in vielfältigen eindringlichen Inszenierungen demonstriert wurde.[130] An den mit der Doppelrolle des päpstlichen Amtes verknüpften Erscheinungsformen hatten viele schon in den Jahrhunderten zuvor Anstoß genommen, und Machtgier, Eitelkeit und Prunksucht ebenso kritisiert wie simonistische Praktiken. Dieses Argumentationsreservoir griffen die Reformatoren auf, doch kam es nun in einer wechselseitigen Abfolge von Aktion und Reaktion zwischen Luther und der Kurie in der Gleichsetzung der Institution Papsttum mit dem Antichrist zu einem bis heute nachwirkenden Bruch. »Noch immer ist« – so Volker Leppin – »die Antichrist-Zuschreibung an die Adresse des Papsttums im Bereich der evangelischen Kirche präsent – sie ist eben tief in die Geschichte der Reformation eingeschrieben, wie dies an Luther selbst ersichtlich ist.«[131] Zudem unterschied dieser nicht mehr zwischen Rom und dem Papst sowie Italien

129 NICCOLI, Rinascimento anticlericale (wie Anm. 9), S. 51 ff. und Abb. 6–8; Anna ESPOSITO, Il Tevere e Roma, in: Le calamità ambientali nel tardo medioevo europeo. Realtà, percezioni, reazioni. Atti del XII Convegno del Centro di Studi sulla civiltà del tardo Medioevo, S. Miniato, 31 maggio – 2 giugno 2008 (Collana di Studi e Ricerche 12), hg. von Michael MATHEUS/Gabriella PICCINNI/Giuliano PINTO/Gian M. VARANINI, Firenze 2010, S. 257–275, hier S. 267 f.

130 Julia Haig Gaisser, The Rise and Fall of Goritz's Feasts, in: Renaissance Quarterly 48, 1995, S. 41–57, bes. S. 42 ff.; Jörg J. Berns, Luthers Papstkritik als Zeremoniellkritik. Zur Bedeutung des päpstlichen Zeremoniells für das fürstliche Hofzeremoniell der Frühen Neuzeit, in: Zeremoniell als höfische Ästhetik in Spätmittelalter und Früher Neuzeit (Frühe Neuzeit 25), hg. von Jörg J. Berns/Thomas Rahn, Tübingen 1995, S. 157–173, hier S. 161 f.; Paolo Prodi, Alessandro VI. e la sovranità pontificia, in: Alessandro VI e lo stato della Chiesa. Atti del Convegno (Perugia, 13–15 marzo 2000) (Pubblicazioni degli Archivi di Stato, saggi 79), hg. von Carla Frova/Maria G. Nico Ottaviani, Roma 2003, S. 311–338, hier S. 325; De Caprio, Der Humanismus in Rom in den ersten drei Jahrzehnten des 16. Jahrhunderts (wie Anm. 114).

131 Volker LEPPIN, Der Antichrist. Noch immer ein Thema im Dialog zwischen Luthertum und römischem Katholizismus, in: Der Antichrist. Historische und systematische Zugänge (wie Anm. 7), S. 511–521, hier S. 511. Diffamierungen des Papsttums als Teufel finden sich als Bildmodel auf Siegburger Trichterhalskrügen des 16. Jahrhunderts. Der angebrachte Papst-Teufels-Kopf sollte die Gleichsetzung von Papst und Teufel vermitteln. Marion ROEHMER, Formenkosmos Siegburger Steinzeug. Die Sammlung im Hetjens-Museum, Mainz 2014; zur Darstellung der Hure Babylon sowie zum Papst-Teufel-Motiv vgl. ROEHMER, Formenkosmos Siegburger Steinzeug (wie Anm. 131). S. 198–203 mit Abb. 492, 493, 494; vgl. Abb. 9 und 10. Vgl. auch Ingeborg KRÜGER, Reformationszeitliche Bildpolemik auf rheinischem Steinzeug, in: Bonner

und den Italienern; der Inhaber des Stuhles Petri galt ihm vielmehr als Anführer der arroganten Bewohner der Halbinsel, welche die Deutschen verachteten: »Italien heisst uns Bestias«[132] (Abb. 11). Und so galt Rom jenem Landsknecht als Hure Babylon, welcher das Wort *Babilonia* während des Sacco di Roma im Jahre 1527/28 mit seiner Pike in ein Fresko ritzte.[133] Es findet sich in dem von Baldassarre Peruzzi und seiner Werkstatt mit Freskomalereien ausgestatteten »Saal der Perspektiven« der Farnesina neben anderen Graffiti und Kritzeleien jener Landsknechte, welche die Villa besetzt hatten.[134]

Neue Qualität der Kommunikationskultur

Man kann, ja man muss wohl über die Angemessenheit des Begriffs der Medienrevolution[135] mit Blick auf jene Innovationen streiten, welche über die weiterbestehenden traditionellen Medien hinaus die Entwicklung von gedruckten Texten und Bildern seit dem 15. Jahrhundert zur Folge hatten.[136] Kein Zweifel besteht aber daran, dass zwar nicht abrupt und plötzlich, aber doch längerfristig eine neue Qualität der Kommunika-

---

Jahrbücher 179, 1979, S. 259–295. Vermutlich wurden diese eher seltenen Motive und Gefäße in kleiner Auflage für Privatpersonen gefertigt. Für den Hinweis danke ich Kai-Michael Sprenger.

132 D. Martin Luthers Werke, Tischreden (wie Anm. 80), WA.TR 2, Nr. 1428.

133 Niccoli, La satira anti-romana degli umanisti (wie Anm. 101), S. 342; André Chastel, Il Sacco di Roma. 1527 (saggi 659), Torino 1983, Abb. 57.

134 Arnold Esch, Wege nach Rom. Annäherungen aus zehn Jahrhunderten (Beck'sche Reihe 1611), München 2004, S. 62.

135 Michael Giesecke, Als die alten Medien neu waren. Medienrevolutionen in der Geschichte, in: Information ohne Kommunikation? Die Loslösung der Sprache vom Sprecher, hg. von Rüdiger Weingarten, Frankfurt am Main 1990, S. 75–98; Michael Giesecke, Der Buchdruck in der frühen Neuzeit. Eine historische Fallstudie über die Durchsetzung neuer Informations- und Kommunikationstechnologien, 4., durchges. und um ein Vorw. erg. Aufl., Frankfurt am Main 2006.

136 Hans-Joachim Köhler, Die Flugschriften der frühen Neuzeit. Ein Überblick, in: Die Erforschung der Buch- und Bibliotheksgeschichte in Deutschland, hg. von Werner Arnold/Wolfgang Dittrich/Bernhard Zeller, Wiesbaden 1987, S. 307–345; Berndt Hamm, Die Reformation als Medienereignis, in: Jahrbuch für biblische Theologie 11, 1996, S. 137–166; vgl. hierzu: Thomas Kaufmann, »Ohne Buchdruck keine Reformation?«, in: Buchdruck und Buchkultur im Wittenberg der Reformationszeit (Schriften der Stiftung Luthergedenkstätten in Sachsen-Anhalt 21), hg. von Stefan Oehmig, Leipzig 2015, S. 13–34; Michael Schilling, Bildpublizistik der frühen Neuzeit. Aufgaben und Leistungen des illustrierten Flugblatts in Deutschland bis um 1700 (Studien und Texte zur Sozialgeschichte der Literatur 29), Tübingen 1990; Johannes Burkhardt, Das Reformationsjahrhundert. Deutsche Geschichte zwischen Medienrevolution und Institutionenbildung 1517–1617, Stuttgart 2002; Stephan Füssel, Gutenberg und seine Wirkung, 2. Aufl., Darmstadt 2004; Wolfgang Harms/Michael Schilling, Das illustrierte Flugblatt der frühen Neuzeit. Traditionen – Wirkungen – Kontexte, Stuttgart 2008; Die Intermedialität des Flugblatts in der Frühen Neuzeit, hg. von Alfred Messerli, Stuttgart 2015; Christoph Reske, Buchdruck und Reformation insbesondere mit Blick auf die Auflagen und Auflagenhöhen sowie der Rolle der Drucker in Mainz, Speyer und Worms, in: Reformation in der Region (Mainzer Vorträge 21), hg. von Michael Matheus (in Vorbereitung).

Abb. 11: Babilonia (Villa Farnesina, Roma).

tionskultur entstand, die eine quantitative Ausweitung von Wissen, eine qualitative Verdichtung und vor allem eine Beschleunigung von Informationsverarbeitung und Kommunikation implizierte. In viel größerem Umfang als zuvor standen nun Wissens- und Informationsspeicher zur Verfügung, auf die eine wachsende Zahl von Menschen auch ohne Vermittler zugreifen und auf dieser Grundlage Fragen diskutieren und Wahrnehmungsmuster rezipieren konnten. Viele der um und nach 1500 kursierenden satirischen Darstellungen und literarischen Persiflagen gehen auf mittelalterliche Bild- und Denkfiguren zurück. Sie fanden nicht nur durch Luthers exzeptionelle Formulierungskunst weite Verbreitung. Mit der zunehmenden Verbreitung von Flugschriften und Flugblättern entstand quantitativ und qualitativ eine neue Kommunikationskultur. Massenhaft wurden in Form von Flugblättern leicht verständliche und mit knappen Erklärungen versehene Bilder verbreitet, die mit ihrer Komik, ihren grotesken, und diffamierenden Inhalten, mit ihren eingängigen Bildern und sprichwörtlichen Sentenzen auch Menschen erreichten, die Schrifttexte nicht oder nur partiell zur Kenntnis nehmen konnten, zumal sie vielfach über den lauten Vortrag kollektiv rezipiert wurden.[137]

Im Rahmen dieser neuen Kommunikationskultur wurden auch Informationen vermittelt, welche das Ansehen und die Glaubwürdigkeit der Institution des Papsttums untergruben bzw. untergraben konnten. Gelehrte des 15. Jahrhunderts wie Nikolaus von Kues und Lorenzo Valla hatten die Konstantinische Schenkung definitiv als Fälschung entlarvt.[138] Deren Erkenntnisse wurden freilich erst im 16. Jahrhundert breiteren Bevölkerungskreisen bekannt. Ulrich von Hutten arbeitete 1517 an einer neuen kommentierten Edition von Vallas Schrift *De donatione Constantini*, die 1518 und erneut 1519 veröffentlicht wurde.[139] Die an Leo X. gerichtete (ironische) Widmung[140] forderte den Papst als *restaurator pacis* zu tiefgreifenden Reformen auf. Der Text wurde rasch auch in deutscher Sprache zugänglich und bestärkte Luther darin, im betrügerischen Papsttum den Antichrist am Werk zu sehen. Während seit 1518 die Editionen der *do-*

137 Wolfgang REINHARD, Warum hatte Luther Erfolg?, in: Fragen an Luther. Vortragsreihe der Universität Augsburg zum Luther-Jahr 1983 (Schriften der Philosophischen Fakultät der Universität Augsburg 28), hg. von Wolfgang REINHARD, München 1983, S. 11–31, hier S. 19; Volker HONEMANN, Neue Medien für die Stadt. Einblattdrucke, Flugblätter und Flugschriften 1450–1520, in: Residenzstädte der Vormoderne. Umrisse eines europäischen Phänomens. 1. Symposium des Projekts »Residenzstädte im Alten Reich (1300–1800)« der Akademie der Wissenschaften zu Göttingen, Kiel, 13.–16. September 2014 (Residenzenforschung N.F. Stadt und Hof 2), hg. von Gerhard FOUQUET/Jan HIRSCHBIEGEL/Sven RABELER, Ostfildern 2016, S. 349–370.

138 Vgl. die Literaturhinweise bei MATHEUS, Das Renaissancepapsttum im Kontext struktureller Entwicklungen (wie Anm. 28), S. 75 f.

139 WULFERT, Die Kritik an Papsttum und Kurie (wie Anm. 37), S. 117 ff.; vgl. auch den Beitrag von Volker Leppin in diesem Band.

140 Lorenzo VALLA, Clagrede wider die erdicht unnd erlogene begabung so von dem Keyser Constantino der Römischen kirchen sol geschehen sein, o.O., um 1520, Herzog August Bibliothek, Yv 2644.8°; KAUFMANN, Geschichte der Reformation (wie Anm. 39), S. 117.

natio Vallas kursierten, entstand in den folgenden Jahren im päpstlichem Auftrag in den vatikanischen Stanzen in einem Raum, der für diplomatische Empfänge vorgesehen war, das berühmte Fresko der *Donatio Constantini*, welches das traditionelle Narrativ von den Grundlagen der weltlichen Herrschaft des Bischofs von Rom inszenierte.[141]

Rom- und Papstkritik im Kontext »nationaler« Diskurse

Auf ein letztes rom- und papstkritische Narrativ sei knapp eingegangen, das seit dem 15. Jahrhundert in wechselseitig aufeinanderwirkender literarisch-religiöser Debatte in Rom und Italien sowie im Reichsgebiet und in Europa insgesamt entstand.[142] Die Humanisten Italiens verstanden sich als Treuhänder des antiken Erbes und als Nachfahren der Römer. Bei der Bestimmung ihrer Gegenwart im Verhältnis zur kulturellen Blütezeit der Antike setzten sie seit dem 14. Jahrhundert ihre historischen Kenntnisse und insbesondere ihre sprachlich-rhetorische Bildung immer konsequenter dafür ein, die römische Glanzzeit zu verherrlichen und in der Gegenwart anschaulich werden zu lassen, nicht zuletzt mittels ihrer eigenen Werke. Zwar wurde diese »Wiedergeburt« nördlich der Alpen zum kulturellen Vorbild,[143] doch wurden sich Humanisten dort seit dem ausgehenden 15. Jahrhundert immer mehr ihrer eigenen Vergangenheit bewusst. Die Vorstellung von einer deutschen Nation wurde immer populärer, wozu die Entdeckung der *Germania* des Tacitus eine willkommene Grundlage lieferte. Dieser hatte den Germanen/Deutschen militärische Tüchtigkeit, Treue und Freiheitsstreben bescheinigt, jetzt galt es, auch die humanistische Kultur vom Tiber an den Rhein zu verpflanzen, italienischer Arroganz Paroli zu bieten und sie in die Schranken zu weisen.[144] Zur

141 Rolf Quednau, Die Sala di Costantino im Vatikanischen Palast. Zur Dekoration der beiden Medici-Päpste Leo X. und Clemens VII. (Studien zur Kunstgeschichte 13), Diss., Hildesheim/New York 1979, S. 418–445; Guido Cornini/Anna M. De Strobel/Maria Serlupi Crescenzi, La Sala di Costantino, in: Raffaello nell'appartamento di Giulio II e Leone X. Monumenti, Musei, Gallerie Pontificie (Luce per L'arte), hg. von Guido Cornini, Milano 1993, S. 179–188.

142 In Rom entwickelte sich seit den letzten Jahren des Pontifikates Leos X. eine immer heftiger werdende Debatte um den »nationalen« Rang und damit verbundene Fragen des kulturellen Vorrangs. Seidel Menchi, Erasmus als Ketzer (wie Anm. 112), bes. S. 50ff.

143 Franz J. Worstbrock, Imitatio in Augsburg. Zur Physiognomie des deutschen Frühhumanismus, in: Zeitschrift für deutsches Altertum und Literatur 129, 2000, S. 187–201.

144 Ulrich Muhlack, Kosmopolitismus und Nationalismus im deutschen Humanismus, in: Menschen und Strukturen in der Geschichte Alteuropas. Festschrift für Johannes Kunisch zur Vollendung seines 65. Lebensjahres, dargebracht von Schülern, Freunden und Kollegen (Historische Forschungen 73), hg. von Helmut Neuhaus/Barbara Stollberg-Rilinger, Berlin 2002, S. 19–36, bes. S. 29ff.; Diffusion des Humanismus. Studien zur nationalen Geschichtsschreibung europäischer Humanisten, hg. von Johannes Helmrath/Ulrich Muhlack/Gerrit Walther, Göttingen 2002; Hirschi, Wettkampf der Nationen (wie Anm. 110); Johannes Helmrath, *natio, regio und terra*. Landschaften in der Historiographie des

Symbolgestalt des deutschen Kampfes wurde der Cherusker Arminius, der Vernichter dreier römischer Legionen. Sprachgewaltig schuf Ulrich von Hutten in seinem Arminius ein lange nachwirkendes Idol vom kriegerischen, freiheitsliebenden und moralisch überlegenen Helden.[145] Rom wurde so in Vergangenheit und Gegenwart zum Hort der moralischen Dekadenz, die aktuell der römischen Kirche zugeschrieben wurde, welche in ihrer Gier die Germania ausplündere und so ihren Reichtum finanziere. Italienische Humanisten interpretierten solche Deutungsmuster als das Wiederaufleben der Kämpfe zwischen Römern und Germanen und als in der Geschichte wurzelnde Abwehr gegen den Herrschaftsanspruch Roms. Zugleich wuchs unter ihnen die Überzeugung, die Deutschen hätten sich die humanistische Kultur angeeignet und zugleich die sich bis zur Gewissheit entwickelnde Befürchtung, sie überflügelten unterdessen Italien. In Erasmus erschien diese kulturelle *translatio* gleichsam personifiziert und auch deshalb zur Gefahr geworden, weil dieser seit den zwanziger Jahren des 16. Jahrhunderts in Italien vielfach als Verbündeter Luthers wahrgenommen wurde.[146] In nachhaltiger Weise verschmolzen humanistische, reformatorische und gegenreformatorische Argumentationsmuster und wurden zu zentralen Ingredienzien »nationalen« Empfindens. Aus intellektuellem Spiel und gelehrtem Diskurs über den Wert einer *natio* erwuchs eine neue Qualität von »nationalen« Selbst- und Fremdwahrnehmungen. In wechselseitiger Distanzierung und Ablehnung entstand mit der Verquickung von theologischen, politischen und historischen Diskursen eine neue Qualität von Narrativen, deren Verbreitung und Wirkung die Bilder und Texte der Druckmedien verstärkten. Für die Wahrnehmung von Papst, Kurie und Rom, zudem auch von Italien insgesamt, hatte dies gravierende Folgen (Abb. 12). Den Zusammenhang zwischen anti-römischen Gravamina und auf Martin Luther projizierten »nationalen« Erwartungen spiegelt ein um 1519 entstandenes Satirebild Hans Holbeins des Jüngeren wieder, in dem unter Verwendung des traditionellen Bildmotivs des kämpfenden Herkules der Professor und Mönch Martin Luther als »Hercules Germanicus« dargestellt wird.[147] Damit wurden nachhaltig wirkende Narrative geformt, in denen Luther gegen die universale Papstkirche zum

deutschen Humanismus um 1500 am Beispiel von Konrad Celtis und Erasmus Stella, in: Landschaft(en). Begriffe – Formen – Implikationen (Geschichtliche Landeskunde 68), hg. von Franz J. Felten/Harald Müller/Heidrun Ochs, Stuttgart 2012, S. 143–155.

145 Hans-Gert Roloff, Der *Arminius* des Ulrich von Hutten, in: Arminius und die Varusschlacht. Geschichte, Mythos, Literatur, hg. von Rainer Wiegels/Winfried Woesler, 3. Aufl., Paderborn u. a. 2003, S. 211–238; Silvana Seidel Menchi, Erasmus as Arminius. Basel as the Anti-Rome? Closed and Open Circles of Humanist Communication, in: Archiv für Reformationsgeschichte 99, 2008, S. 66–96, hier S. 68 ff.; Arminius und die Deutschen. Dokumentation der Tagung zur Arminiusrezeption am 1. August 2009 im Rahmen der Nibelungenfestspiele Worms, hg. von Volker Gallé, Worms 2011.

146 Seidel Menchi, Erasmus als Ketzer (wie Anm. 112), S. 51 ff.

147 Zum ironisch-esoterischen Charakter, den das Bild auch enthält, vgl. Seidel Menchi, Erasmus as Arminius (wie Anm. 145), S. 80 ff.

Abb. 12: 1519 entstandenes Satirebild Hans Holbeins des Jüngeren: Martin Luther als »Hercules Germanicus« (Zentralbibliothek Zürich, Ms. A 2, S. 150.).

Abb. 13: Lucas Cranach D. J.: Die Erniedrigung des Kaisers Barbarossa durch Papst Alexander III. – Holzschnitt, aus: Bapst trew Hadriani IIII. und Alexanders III. gegen Keyser Friderichen Barbarossa geübt. Aus der Historia zusamen gezogen nützlich zulesen. Mit einer Vorrhede D. M. Luthers, Wittenberg: Klug, 1545 (Thüringer Universitäts- und Landesbibliothek, Signatur: 4 Bud.Theol. 147(4)).

Nationalhelden eines deutschen Volkes stilisiert wurde, dessen Geschichte als eine seit den Germanen bestehende Abstammungs- und Schicksalsgemeinschaft gedeutet wurde. Sie standen dem deutschen Protestantismus während des Formierungsprozesses des modernen deutschen Nationalstaates zur Verfügung und konnten zur Begründung politischer Machtansprüche und kultureller Hegemonie eingesetzt werden. Zugleich wurde die mittelalterliche Kaisergeschichte schon in der Zeit der Renaissance zusehends zum Spiegel »nationalen« Denkens, die Geschichte der Germanen/Deutschen zum antipäpstlichen Argument. Hatten, so fragte nicht erst Luther, sich Päpste nicht vielfach zu Unrecht in politische Angelegenheiten der Deutschen eingemischt und deren Kaiser oft genug verfolgt und gedemütigt? Martin Luther verwies immer wieder auf Konstellationen in der Vergangenheit, die Anlass zur Kritik am Papsttum gegeben hatten. Ihn empörten vor allem (teilweise fiktionale) zeremonielle Gesten, welche wie der Stratordienst, der Fußkuss, die Fußkrönung und besonders der Tritt des Papstfußes nach dem Kaiser als Zeichen der Unterwerfung der weltlichen unter die geistliche Gewalt sowie als Demütigung des Kaisers interpretiert werden konnten. So wurden ihm die Ereignisse im Kontext des Friedens von Venedig im Jahre 1177 in besonderer Weise zum Stein des Anstoßes. Er bezog sich auf Nachrichten über die anlässlich der Verhandlungen und des Friedensschlusses öffentlich vollzogenen, prinzipiell mehrdeutigen zeremoniellen Handlungen. Zumindest von einem Teil der päpstlichen Entourage wurden die Ereignisse von Venedig als Sieg gedeutet und in Bildern dargestellt, eine Interpretation, die schon von Conrad Celtis scharf verurteilt worden war (Abb. 13).[148] Die Kritik an diesen vermeintlichen Vorgängen in Venedig und am Papst als eines unchristlichen Tyrannen zählt zu den lange nachwirkenden Kernelementen reformatorischer Polemik. Eindringliche Bildzeugnisse führten vor Augen, wie der Papst auf den Nacken des Kaisers trat, um auf diese Weise die Unterwerfung unter die Macht des Apostelfürsten Petrus zu dokumentieren. Bei Reformatoren sowie wortmächtigen Humanisten des 16. Jahrhunderts wurden derartige romkritische Elemente zugespitzt und systematisiert, schließlich zu Narrativen von katholisch-italienischer Dekadenz und protestantisch-deutscher Überlegenheit geformt, welche jahrhundertlang mobilisiert werden konnten.

148 Klaus Schreiner, Vom geschichtlichen Ereignis zum historischen Exempel. Eine denkwürdige Begegnung zwischen Kaiser Friedrich Barbarossa und Papst Alexander III. in Venedig 1177 und ihre Folgen in Geschichtsschreibung, Literatur und Kunst, in: Mittelalter-Rezeption. Ein Symposium (Germanistische Symposien-Berichtsbände 6), hg. von Peter Wapnewski, Stuttgart 1986, S. 145–176; Berns, Luthers Papstkritik (wie Anm. 130), S. 162; Gerd Althoff, Inszenierung verpflichtet. Zum Verständnis ritueller Akte bei Papst-Kaiser-Begegnungen im 12. Jahrhundert, in: Frühmittelalterliche Studien 35, 2001, S. 61–84; Sebastian Scholz, Symbolik und Zeremoniell bei den Päpsten in der zweiten Hälfte des 12. Jahrhunderts, in: Stauferreich im Wandel. Ordnungsvorstellungen und Politik in der Zeit Friedrich Barbarossas (Mittelalter-Forschungen 9), hg. von Stefan Weinfurter, Stuttgart 2002, S. 131–148; Knut Görich, Friedrich Barbarossa. Eine Biographie, München 2011, S. 241 ff.; Gabriele Köster, 24 luglio 1177. La Pace di Venezia e la guerra delle interpretazioni, in: Venezia. I giorni della storia (Venetiana 9), hg. von Uwe Israel, Roma 2011, S. 47–90; Romedio Schmitz-Esser, Friedrich Barbarossa zu Besuch. Zwischen Gästeliste und Wahrnehmung des Friedens von Venedig, in: Venedig als Bühne. Organisation, Inszenierung und Wahrnehmung europäischer Herrscherbesuche, hrsg. von Romedio Schmitz-Esser/Knut Görich/Jochen Johrendt, Regensburg 2017 (im Druck). Mit guten Gründen wurde vermutet, dass die Geschichte von der Fußkrönung auf Erzählungen basiert, die in der römischen Kurie kursierten. Vgl. Michail A. Bojcov, Wie der Kaiser seine Krone aus den Füßen des Papstes empfing, in: Zeitschrift für Historische Forschung 32, 2005, S. 163–198.

Der Primat des Papstes im langen 15. Jahrhundert

Volker Leppin

Das späte Mittelalter stand unausweichlich vor der Frage nach dem Primat des Papstes: Dass das avignonesische Exil nicht durch eine einhellige Rückkehr nach Rom ein Ende fand, aber ebenso wenig einhellig die Verlagerung nach Südfrankreich fortgesetzt wurde, brachte mit dem Schisma die Frage nach der gültigen zentralen Autorität der abendländischen Kirche auf. Dass dies zeitlich mit der Entwicklung von theologischen Konzepten koinzidierte, die ihrerseits aufgrund eines radikalisierten Augustinismus die Leitung der Kirche durch den Papst christologisch in Frage stellten, lässt es plausibel erscheinen, wenigstens für die Diskussion der Papstfrage einen wichtigen Einschnitt in den siebziger Jahren des 14. Jahrhunderts zu sehen. Ebenso offenkundig ist der Endpunkt dieser Debatte: Er liegt dort, wo von reformatorischer Seite die Papstfrage in der Weise prinzipiell gestellt wurde, dass eine Neukonstitution von Kirche ohne den Papst in das Blickfeld trat. Dies ist definitiv mit der Leipziger Disputation von 1519 der Fall. Daher orientieren sich die folgenden Ausführungen an einem langen 15. Jahrhundert, das von Wyclif bis Luther, von 1377 bis 1519 reicht.

1. Theologische Fundamentalkritik am Papstprimat bei Wyclif und Hus

John Wyclif entwickelte erst nach und nach[1] aus der Kritik am Reichtum der Kirche eine scharfe Kritik an der papalen Struktur der Kirche insgesamt,[2] die sich in seinen letzten Lebensjahren zu einer Ekklesiologie verdichtete, welche die papale Leitung der Kirche im Grundsatz bestritt. Konfrontiert mit der kirchlichen Reaktion auf seine biblisch

1 Zu Wyclifs Selbstkritik an einer eigenen früheren, zu stark die Auslegungsautorität des Papstes betonenden Haltung siehe Michael Wilks, The Early Oxford Wyclif: Papalist or Nominalist?, in: Michael Wilks, Wyclif. Political Ideas and Practice, hg. von Anne Hudson, Oxford 2000, S. 33–62, hier S. 42–44.

2 Zu Recht hebt John Stacey, John Wyclif and Reform, London 1964, S. 29, hervor: »what we find in his writings is not an occasional denunciation of some papal abuse but a frontal attack upon the instituion«.

orientierte Theologie, entwarf er in den Jahren 1377/78[3] seinen *Tractatus de ecclesia*, dessen Grundlage die Vorstellung von der Kirche als *congregatio omnium praedestinatorum* darstellte.[4] Mit dieser augustinisch inspirierten Kirchenkonzeption war die Fragestellung von vorneherein eine andere als bei den Papstkritiken, die sich um 1300 im franziskanischen Kontext artikuliert hatten, deren Vorstellungen auf je unterschiedliche Weise von der Konfrontation der realen Mächte ›Papst‹ und ›weltliche Gewalten‹ inspiriert waren. Angesichts seines Scheiterns an den äußeren Instanzen – in England wie auch beim Papst – nahm Wyclif zu einem grundsätzlich theologischen Kirchenverständnis Zuflucht[5] und bestimmte damit bis hin zur Reformation den Verlauf des Diskurses. Ging man auf diese Weise an das Kirchenverständnis heran, so war grundsätzlich die Zugehörigkeit zur Kirche für jeden Christen und jede Christin in Frage gestellt, da diese ja nicht aufgrund von äußeren Gegebenheiten gelten konnte, sondern ausschließlich aufgrund der allein dem Wissen Gottes zugänglichen Prädestination. Vor diesem Hintergrund konnte Wyclif auf eine nachgerade ironische Weise die Bulle *Unam Sanctam* affirmieren und zugleich bestreiten: In einer ausführlichen Abhandlung im ersten Kapitel seines Traktates bezog er alle ihre Aussagen ausschließlich auf jene eine wahre Kirche der Prädestinierten, für die etwa, ganz im Sinne von *Unam Sanctam* das cyprianische Diktum gilt, dass außerhalb ihrer kein Heil ist[6] oder dass in ihr leibliches wie geistliches Schwert geführt werden.[7] Das Haupt aber der Kirche, von der dieses gilt, ist *solus Christus*[8] und *nullus vicarius Christi debet presumere asserere se esse ca-*

3 Zum Hintergrund siehe die Einleitung von Johann Loserth, in: Iohannis Wyclif Tractatus de ecclesia, hg. von Johann Loserth, London 1886, S. III–XXXII, hier S. III; zur Bedeutung des Schismas für sein Denken siehe J. Patrick Hornbeck, Of Captains and Antichrists. The Papacy in Wycliffite Thought, in: Revue d'histoire ecclésiastique 103, 2008, S. 806–838, hier S. 812. Hornbeck stellt auch die weitreichenden Folgen dieser Gedanken in der lollardischen Bewegung dar, wobei er den grundsätzlich der Einrichtung des Papsttums gegenüber dem affirmativen Charakter dieser Bewegung herausstreicht.

4 Wyclif, De ecclesia (wie Anm. 3), cap. 1B, S. 2, Z. 28f.; zur selbstverständlichen Verbindung aus Prädestination und Kirchenmitgliedschaft bei Wyclif siehe Takashi Shogimen, Wyclifs Ecclesiology and Political Thought, in: A Companion to John Wyclif. Late Medieval Theologian, hg. von Ian C. Levy (Brill's Companions to the Christian Tradition 4), Leiden/Boston 2006, S. 199–240, hier S. 216; zur Verschärfung von Wyclifs Ansichten unter dem Eindruck des Schismas siehe Stacey, Wyclif (wie Anm. 2), S. 31.

5 Treffend beschreibt Shogimen, Ecclesiology (wie Anm. 4), S. 221, das Verhältnis von Wyclifs Kirchenverständnis zu dem in mancher Hinsicht vergleichbaren Wilhelms von Ockham als »more emphatically theocentric«.

6 Wyclif, De ecclesia (wie Anm. 3), cap. 1I, S. 11, Z. 21–30.

7 Wyclif, De ecclesia (wie Anm. 3), cap. 1K, S. 13, Z. 1–3. Die Frage der Zuordnung von päpstlicher und weltlicher Gewalt interessiert Wyclif allerdings nur am Rande; siehe Wyclif, De ecclesia (wie Anm. 3), cap. 5C, S. 95, Z. 1f.: *Regnum ergo imperatoris est independens a regiminie pape et econtra.*

8 Wyclif, De ecclesia (wie Anm. 3), cap. 1N, S. 17, Z. 1. Hierfür beruft Wyclif sich auch auf Gregor den Großen (Wyclif, De ecclesia [wie Anm. 3], cap. 1N, S. 21, Z. 1–13; vgl. Gregor der Große, Moralia in Iob XXIII cap. 1,2, die Verbindung des Brautbildes zwischen Christus und der Kirche mit der Identifikation Christi als *petra*

put ecclesie sancte catholice, ymmo nisi habuerit specialem revelacionem, non assereret se esse aliquod membrum eius.[9] Nicht nur die Epitheta aus *Unam Sanctam* übertrug Wyclif auf die ganze Kirche der Prädestinierten, sondern auch die scheinbar eindeutige Bezeichnung der *ecclesia Romana*. Dass Hieronymus diese gemäß C. 24 q. 1 c. 14 als *immaculata* bezeichnet hat,[10] mache deutlich, dass hiermit nicht der Papst und sein Kollegium gemeint sein könnten, da diese ja weder unbefleckt noch irrtumsfrei seien[11] – gemeint sein könne also nur die über alle Völker verstreute Kirche der Prädestinierten.[12]

Leitungsaussagen konnten mithin, sofern es um die wahre Kirche ging, allein von Christus gelten, nicht aber vom Papst. Ja, wenn man neben der klaren und sinnvoll nicht zu bestreitenden Aussage, dass Christus Haupt der Kirche ist, noch einen Menschen zum Haupt erklären wollte, so geriete man, wie Wyclif ausführt, gerade mit der Bulle *Unam Sanctam* in Konflikt, die erklärt hatte, dass die Kirche Christi nur ein Haupt habe, *non duo capita quasi monstrum*.[13] In der Bulle sollte hiermit der Gedanke abgewiesen werden, dass es neben dem geistlichen ein weltliches Haupt geben könne. Wyclif machte daraus ein Argument gegen jegliches menschliche Haupt.[14] In Aufnahme der Schlusswendung aus *Unam Sanctam* negierte Wyclif klar einen umfassenden heilsrelevanten Primat des Papstes:

Ex quibus videtur mihi quod nullus Romanus pontifex cui non sit facta specialis revelacio assereret vel opinaretur quod subesse sibi sit de necessitate salutis cuiuslibet christiani.[15]

Dass ein solcher Papstprimat für das Seelenheil nicht nötig gewesen sein kann, beweist Wyclif nicht zuletzt aus der Geschichte: Die zahlreichen Märtyrer vor der *Donatio Constantini*[16] belegten das Gegenteil: dass nämlich das Heil auch ganz ohne eine Unterwerfung unter den Papst erlangt werden könne.[17]

---

in 1 Kor 10,2–4 (S. Gregorii Magni Moralia in Iob libri XXIII–XXXV, hg. von Marci Adriaen [Corpus Christianorum. Series Latina 143B], Turnhout 1985, S. 1144, Z. 64–S. 1145, Z. 85).

9 Wyclif, De ecclesia (wie Anm. 3), cap. 1D, S. 5, Z. 14–18; vgl. auch Wyclif, De ecclesia (wie Anm. 3), cap. 19B, S. 464, Z. 14–17: *Sicut ergo non est de fide quod omnis Romanus pontifex sit predestinatus, sic non est de substancia fidei quod sit caput vel membrum sancte matris ecclesie.*

10 C. 24 q. 1 c. 14 (Corpus iuris canonici, hg. von Emil Friedberg, Bd. 1, Leipzig 1879, ND Graz 1959, Sp. 970).

11 Wyclif, De ecclesia (wie Anm. 3), cap. 4N, S. 87, Z. 5f., 16–18.

12 Wyclif, De ecclesia (wie Anm. 3), cap. 4N, S. 87, Z. 30–S. 88, Z. 2.

13 *Unam Sanctam* (Kompendium der Glaubensbekenntnisse und kirchlichen Lehrentscheidungen, hg. von Heinrich Denzinger/Peter Hünermann, 40. Auflage, Freiburg/Basel/Wien 2005, Nr. 872, S. 385f.).

14 Wyclif, De ecclesia (wie Anm. 3), cap. 1Q, S. 21, Z. 14–17.

15 Wyclif, De ecclesia (wie Anm. 3), cap. 2F, S. 31, Z. 27–30.

16 Hierauf spielt Wyclif, De ecclesia (wie Anm. 3), cap. 2H, S. 35, Z. 9f. mit dem Hinweis auf die Zeit *ante dotacionem ecclesie* offenbar an.

17 Wyclif, De ecclesia (wie Anm. 3), cap. 2H, S. 35, Z. 6–13.

Wenn dem Papst in diesem Konzept überhaupt ein Primat zuzumessen ist, so begrenzt und bedingt: Begrenzt ist der Primat, insofern der Papst allenfalls Haupt der *ecclesia militans*, also einer *ecclesia particularis*, sein kann,[18] nicht aber der beiden anderen Teile, der *ecclesia triumphans* im Himmel und der *ecclesia in purgatorio expectans.*[19] Bedingt ist er, insofern dieser Primat nur gilt, wenn und insofern der Papst ein *praedestinatus* ist,[20] beziehungsweise sich als ein solcher erweist, indem er *secundum legem age, Christi* regiert,[21] denn Christus *nec voluit quod crederetur alicui Petri vicario, nisi de quanto vivit et docet conformiter illi legi.*[22] Der Primat steht damit unter dem Vorbehalt der Bewilligung, die theologisch durch Gott selbst zu erfolgen hat, faktisch sich aber als Bewilligung durch alle Christen vollzieht.[23] So wie auch bei Wilhelm von Ockham schon im Rahmen des Restkirchenmodells in einem ganz anderen Kontext der Gedanke auftrat, dass grundsätzlich die Beurteilung der Häresie eines Papstes allen Christinnen und Christen zustehe,[24] erklärte auch Wyclif, dass grundsätzlich alle Christen und Christinnen aufgerufen seien, die Vorschriften des Papstes an der *lex Christi*, die in der *scriptura sacra* enthalten ist, zu messen.[25]

Auch wenn Johannes Loserths Urteil, Hus' *Tractatus de ecclesia* sei nur »a meagre abridgment« von Wyclifs gleichnamigem Werk,[26] etwas scharf scheint, so ist es doch offenkundig, dass sich dessen Grundlinien Wyclif verdanken: Schon 1410 lässt sich bei Hus die Aufnahme Wyclifscher Gedanken nachvollziehen,[27] und erst recht entfaltete er

18 Wyclif, De ecclesia (wie Anm. 3), cap. 1P, S. 19, Z. 22f.; vgl. Wyclif, De ecclesia (wie Anm. 3), cap. 5C, S. 96, Z. 1–11; vgl. hierzu Michael Wilks, Royal Patronage and Anti-Papalism. From Ockham to Wyclif, in: Wilks, Wyclif. Political Ideas (wie Anm. 1), S. 117–145, hier S. 136. Den Kontext solcher Überlegungen macht Gillian R. Evans, Wyclif on Ecclesiology: Issues of Perspective, in: Anvil 11, 1994, S. 45–55, hier S. 48f., deutlich: Wyclif ging es um eine Stärkung der dezentralen Kräfte der Kirche.

19 Wyclif, De ecclesia (wie Anm. 3), cap. 1F, S. 8, Z. 7–16.

20 Wyclif, De ecclesia (wie Anm. 3), cap. 1P, S. 19, Z. 18.

21 Wyclif, De ecclesia (wie Anm. 3), cap. 1P, S. 19, Z. 20f.

22 Wyclif, De ecclesia (wie Anm. 3), cap. 23G, S. 563, Z. 4–6; vgl. hierzu Shogimen, Ecclesiology (wie Anm. 4), S. 217.

23 Die Überlegungen zum Papsttum hingen auch bei Wyclif eng mit denen zu den politischen Gewalten zusammen, für deren Agieren er den klerikalen Anspruch auf *plenitudo potestatis* als eine besondere Gefahr ansah (siehe Stephen E. Laley, Philosopohy and Politics in The Thought of John Wyclif, Cambridge 2003, S. 149).

24 Ockham, *Opus nonaginta dierum*, cap. 9 (Guillelmi de Ockham Opera Politica, Bd. 2, hg. von Ralph F. Bennett/Hilary S. Offler, Manchester 1963, S. 383, Z. 131–137).

25 Wyclif, De ecclesia (wie Anm. 3), cap. 2L, S. 38, Z. 25 – S. 39, Z. 2.

26 Johann Loserth, Introduction, in: Wyclif, De ecclesia (wie Anm. 3), S. III–XXXII, hier S. III.

27 Harrison Thomson, Introduction, in: Magistri Johannis Hus Tractatus de ecclesia, hg. von. Harrison Thomson, Cambridge 1956, S. VII–XXXIV, hier S. XI – allerdings wird man der Interpretation von Thomson, Hus' Eigenständigkeit zeige sich darin, dass nach ihm dem Papst nur insoweit zu folgen sei, wie die Glaubenden die Entsprechung zur *lex Dei* feststellten, nach oben Ausgeführtem kaum folgen können. Auch Daniel DiDomizio, Jan Hus's De ecclesia, Precursor of Vatican II?, in: Theological Studies 60, 1999,

diese in seinem eigenen Traktat *De ecclesia*, welchen er 1413/14, zum Teil in Antwort auf die Angriffe seiner Gegner, abfasste.[28] Wie für Wyclif, so war auch für Hus Ausgangspunkt der ekklesiologischen Reflexion die Prädestinationslehre: *Ecclesia autem sancta katholica, id est universalis, est omnium predestinatorum universitas, que est omnes predestinati presentes, preteriti et futuri*[29] – und deren Haupt ist *solus Christus.*[30] Dem folgend unterteilt Hus im Verhältnis der irdischen Menschen zur Kirche vier Gruppen: Es gibt erstens jene, die der Sache wie dem Namen nach der Kirche angehören, die prädestinierten Christen, sodann diejenigen, die weder der Sache noch dem Namen nach der Kirche angehören: die verworfenen Heiden. Zwischen beiden eindeutigen Gruppen aber gibt es einerseits jene, die dem Namen, nicht aber der Sache nach Angehörige der Kirche sind: die verworfenen Scheinchristen (*ypocrite*) und schließlich diejenigen, die zwar dem Namen nach nicht der Kirche angehören, wohl aber der Sache nach, nämlich diejenigen, die im Protest gegen die äußeren Kirchenautoritäten die Kirche verlassen haben, tatsächlich aber prädestinierte Christen sind.[31] Die Folge für die Kirchenstruktur ist dabei ähnlich konditionierend wie bei Wyclif: Kein Laie dürfe dazu gezwungen werden, etwas potenziell Falsches zu glauben. Und die Vorgesetzten in der Kirche müssen durch ihre guten Sitten zeigen, dass sie tatsächlich zu den Prädestinierten, mithin zu den

S. 247–260, hier S. 251, hebt hervor, dass die besondere Charakteristik von Hus' Argumentation in seinem reichen Gebrauch der Bibel liegt.

28 Thomson, Introduction (wie Anm. 27), S. XVII f.; Thomas A. Fudge, Jan Hus, Religious Reform and Social Revolution in Bohemia, London 2010, S. 16. In besonderer Weise musste Hus sich mit acht Prager Magistern wegen seiner Angriffe auf simonistische Praktiken in der Kirche auseinandersetzen (DiDomizio, Hus's De ecclesia [wie Anm. 27], S. 250). Trotz der aktuellen Bezüge ist zum einen zu bedenken, dass Hus auf frühere Überlegungen zurückgreifen konnte, zum anderen und noch wichtiger, dass sich der Text enorm rasch verbreitete: Ernst Werner, Jan Hus. Welt und Umwelt eines Prager Frühreformators (Forschungen zur mittelalterlichen Geschichte 34), Weimar 1991, S. 157, spricht von »80 Exemplaren«, die »sofort« kursierten.

29 Hus, De ecclesia (wie Anm. 27), cap. 1B, S. 2; vgl. DiDomizio, Hus's De ecclesia (wie Anm. 27), S. 251. Dass die für die mittelalterliche Kirche eigentlich problematische Lehre von Hus die Ekklesiologie war, macht Fudge, Hus (wie Anm. 28), S. 34 deutlich: »Of the final thirty charges lodged against Hus, two-thirds of them were related directly to his concept of the church«. Hus' Kritik am Papsttum – mit geringen Zugeständnissen – auf ethische Fragen engzuführen und auf dieser Grundlage gegenüber der reformatorischen Kritik abzuwerten, wie es Jörg Haustein, Papsttum aus Sicht der Reformatoren, in: Amt und Gemeinde 52, 2001, S. 170–182, hier S. 171 (vgl. auch Carter Lindberg, Luther's View on Papal Authority, in: Andover Newton Quarterly 17, 1977, S. 213–226, hier S. 216 f.; Marc Lienhard, Les réformateurs protestants du XVIe siècle et la papauté, in: Positions Luthériennes 46, 1998, S. 157–173, hier S. 167), tut, wird dieser augustinisch-theologischen Grundposition von Hus nicht gerecht.

30 Hus, De ecclesia (wie Anm. 27), cap. 4A, S. 20; vgl. Hus, De ecclesia (wie Anm. 27), cap. 1E, S. 7; vgl. hierzu Fugde, Hus (wie Anm. 28), S. 36. DiDomizio, Hus's De ecclesia (wie Anm. 27), S. 253, hebt dies als »the central affirmation of the Hus's ecclesiology« hervor. Hus nimmt auch die Dreiteilung des Kirchenbegriffs in *Ecclesia triumphans*, *militans* und – für das Purgatorium – *dormiens* auf: Hus, De ecclesia (wie Anm. 27), cap. 2A, S. 8.

31 Hus, De ecclesia (wie Anm. 27), cap. 3F, S. 16.

rechten Amtsträgern gehören.[32] Dies gilt dann konsequenterweise auch für den Papst,[33] der, fällt er in das Gegenteil, geradezu zum Antichrist wird.[34]

Vor diesem Hintergrund nimmt Hus sogar die Argumentation Wyclifs mit *Unam Sanctam* auf und erklärt, dass neben Christus kein Mensch Haupt der Kirche sein könne, da diese ja sonst ein zweiköpfiges *monstrum* sei.[35] Diesen Gedanken entfaltete Hus ausführlich in Kapitel 7: Wenn Christus in Mt 16 von der wahren Kirche spreche, so meine er weder das gemischte *Corpus* aller Glaubenden[36] unabhängig von ihrem Heilsstand noch das ebenfalls gemischte *Corpus* der Prädestinierten wie Verdammten, die gegenwärtig im Stand der Gnade leben, diesen also im Falle der Verworfenen noch nicht ihrer Bestimmung gemäß akut verloren haben.[37] Was Christus vielmehr meine, sei die Gemeinschaft der Prädestinierten unabhängig von ihrem gegenwärtigen Gnadenstand,[38] also, wie Wyclif es ausführte, gegebenenfalls auch außerhalb der Kirche. Deren *fundamentum* sei nach Mt 16 nicht etwa Petrus, sondern Christus selbst.[39] Wie Wyclif weitet Hus die Bezeichnung der *ecclesia Romana* auf die gesamte *ecclesia militans* aus, die dann insofern über einen *primatus* verfügt, als sie als Gesamtheit alle Teile überragt.[40]

---

32 Hus, De ecclesia (wie Anm. 27), cap. 5H, S. 38. Zu Recht betont DiDomizio, Hus's De ecclesia (wie Anm. 27), S. 252, dass ungeachtet solchen Insistierens auf dem Zeigen der Mitgliedschaft in der wahren Kirche das Verständnis von Kirchenmitgliedschaft bei Hus ein eschatologisches ist, das sich erst *sub specie aeternitatis* erweist.

33 Hus, De ecclesia (wie Anm. 27), cap. 9M, S. 70.

34 Hus, De ecclesia (wie Anm. 27), cap. 13C, S. 103; zum Hintergrund bei Wyclif siehe Johannes Wyclif, De Christo et suo Adversario Antichristo, in: John Wiclif's Polemical Works in Latin, hg. von Rudolf Buddensieg, Bd. 2, London 1883, ND New York/London 1966, S. 633–692, hier S. 680, Z. 2–5, der den Papst als *praecipuus antichristus* bezeichnet; vgl. hierzu Stacey, Wyclif (wie Anm. 2), S. 32.

35 Hus, De ecclesia (wie Anm. 27), cap. 4A, S. 20.

36 Die hier von Hus verwendete Formulierung *congregacio Christi fidelium* (Hus, De ecclesia [wie Anm. 27], cap. 7F, S. 48) ist also negativ-abwertend zu verstehen: Die Glaubenden sind die bloß Glaubenden, im Unterschied zu den Prädestinierten.

37 Zu diesen beiden *corpora mixta* siehe Hus, De ecclesia (wie Anm. 27), cap. 7B, S. 44.

38 Hus, De ecclesia (wie Anm. 27), cap. 7B, S. 45.

39 Hus, De ecclesia (wie Anm. 27), cap. 7C, S. 45; vgl. hierzu DiDomizio, Hus's De ecclesia (wie Anm. 27), S. 253. Ausführlicher setzt sich Hus mit der Deutung auf das Papsttum auseinander in Hus, De ecclesia (wie Anm. 27), cap. 9, S. 57–72. Die Identifikation mit dem Felsen ist letztlich augustinisch; vgl. Augustin, *In Evangelium Ioannis tractatus centum viginti quatuor,* Nr. 124, cap. 5, Z. 60–65: *Ideo quippe ait Dominus: Super hanc petram aedificabo Ecclesiam meam, quia dixerat Petrus: Tu es Christus Filius Dei uiui. Super hanc ergo, inquit, petram quam confessus es, aedificabo ecclesiam meam. Petra enim erat Christus: super quod fundamentum etiam ipse aedificatus est Petrus.* (Sancti Aurelii Augustini In Iohannis evangelium tractatus CXXIV, hg. von Radbodus Willems (Corpus Christianorum. Series Latina 36), Turnhout 1954, S. 684f.); vgl. hierzu Fudge, Hus (wie Anm. 28), S. 45.

40 Hus, De ecclesia (wie Anm. 27), cap. 7E, S. 48.

Der wahre *romanus pontifex* aber, dem sich unterzuordnen nach *Unam Sanctam* heilsnotwendig ist, ist niemand anders als Christus selbst,[41] dem allein entsprechend metaphorisch auch der *papa*-Titel zugesprochen werden kann.[42]

2. Integration des Papstprimats in ein konziliares Modell: Gerson und d'Ailly

Hus sprach schon in eine Situation hinein, in welcher sich die Frage nach dem Primat in der Kirche ganz anders stellte als noch bei Wyclif. Hatte dieser mit seiner Kritik am Papsttum genau ein Gegenüber gehabt, so entwickelte sich bekanntlich recht bald das Große Abendländische Schisma, in welchem ab 1378 zwei, ab 1409 sogar drei Prätendenten die Oberhoheit in der Kirche beanspruchten.[43] Die begriffliche Fassung dieser Situation ist ekklesiologisch nicht ganz einfach: Blickt man auf die reale Situation innerhalb der Obödienzen, so hat man es jeweils mit der Wahrnehmung zu tun, dass ein Papst regiert, dem ein beziehungsweise zwei Gegenpäpste gegenüberstehen. Betrachtet man die Situation hingegen von außen, so handelte es sich in der Tat nur um jeweilige Prätendenten, deren Rechtsstatus im Sinne des universalen Primates jedenfalls unklar war. In keinem Falle wird man sich an der nachträglich konstruierten Legitimationsliste orientieren können, die mit den historischen Gegebenheiten nur auf eine sehr abstrakte Weise zu tun hat. Eine solche Klarheit gab es eben gerade für die Akteure nicht, und sie kann für die Theologen im Umfeld der Universität Paris, welche sich um eine Schlichtung bemühten, nicht vorausgesetzt werden. Für diese waren auch die aktuellsten ekklesiologischen Angebote, wie sie von Wyclif und Hus kamen, nicht hilfreich, da deren ekklesiologischer Grundansatz bei der allein im Angesicht Gottes erkennbaren Gemeinschaft der Prädestinierten in der schismatischen Situation eher eine Ausflucht anbot als eine operationable Lösung. So griffen sie vielfach auf das argumentative Arsenal zurück, das die Debatten um 1300 zur Auslotung der kirchlichen Instanzen boten, stellten dabei freilich die Frage nach der weltlichen Gewalt in den Hintergrund.

Im vorliegenden Zusammenhang geht es weniger um die jeweils konkreten Problemlösungen[44] als um die grundlegenden theologischen Anliegen. Dabei sind die Denker

41 Hus, De ecclesia (wie Anm. 27), cap. 12A, S. 96.

42 Hus, De ecclesia (wie Anm. 27), cap. 13G, S. 107.

43 Siehe Hélène Millet, L'église du grand schisme 1378–1417, Paris 2009; A Companion to the Great Western Schism (1378–1417), hg. von Joëlle Rollo-Koster/Thomas M. Izbicki, Leiden 2009.

44 Zu Gersons Schwenk zu einer Favorisierung der *via concilii* im Vorfeld des Konzils von Pisa siehe Louis B. Pascoe, Jean Gerson: Principles of Church Reform (Studies in Medieval and Reformation Thought 7), Leiden 1973, S. 44; zu seiner Entwicklung insgesamt die immer noch instruktiven Ausführungen von John B. Morrall, Gerson and the Great Schism, Manchester 1960; zur Verknüpfung mit der französischen Politik siehe Bernhard Bess, Johannes Gerson und die kirchenpolitischen Parteien Frankreichs vor dem Konzil

in Paris um 1400 bemüht, die papale Struktur durchaus nicht grundlegend in Frage zu stellen. So suchte Pierre d'Ailly im Grundsatz das papale Modell der Kirche zu wahren: In seinem 1402 verfassten Traktat *De materia concilii generalis*[45] erklärte er, der Papst sei zwar zur Kirchenleitung befugt, sei aber nicht das primäre Haupt der Kirche, sondern Christus allein könne als *caput essentiale* angesehen werden.[46] Diese Bedingtheit papaler Autorität[47] brachte es mit sich, dass er seinerseits durch das Konzil gerichtet werden könne[48] und dieses ihm nur insoweit zum Gehorsam verpflichtet sei, wie der Erbauung der Kirche gedient werde.[49] Das Konzil springt also in der Stellvertretung Christi gewissermaßen subsidiär für den Papst ein – hat darin allerdings die Aufgabe, die ideale päpstliche Leitung zu restituieren, die d'Ailly im paulinischen *corpus Christi*-Bild begründet sieht.[50]

Johannes Gerson ging hier einen Schritt weiter. Seine theologischen Reflexionen zur Ekklesiologie sind breit gestreut. Sie lassen sich exemplarisch in zwei Schriften aus der Zeit zugespitzter schismatischer Unruhe erfassen: dem *Tractatus de unitate ecclesiae* von 1409 und dem *Tractatus de potestate ecclesiastica et origine juris et legum*, der 1417 schon im Horizont des Konstanzer Konzils entstanden ist und dort am 6. Februar 1417 durch Gerson selbst verlesen wurde.[51].

---

zu Pisa, Diss., Marburg 1890; Guillaume H. M. Posthumus Meyjes, Jean Gerson Apostle of Unity. His Church Politics and Ecclesiology (Studies in the History of Christian Thought 94), Leiden/Boston/Köln 1999, S. 11–203.

45 Der Traktat ist abgedruckt in: Bernhard Meller, Studien zur Erkenntnislehre des Peter von Ailly. (Freiburger Theologische Studien 57), Freiburg 1954, S. 289–336. Ihn zur Rekonstruktion von d'Aillys Position herauszugreifen, bedeutet eine erhebliche Verkürzung, die in diesem Zusammenhang der Knappheit des Raumes geschuldet ist. Wenigstens verwiesen sei daher darauf, dass man mit Christopher M. Bellitto, The Early Development of Pierre d'Aillys Conciliarism, in: The Catholic Historical Review 83, 1997, S. 217–232, die Entwicklung d'Aillys in die Stufen eines enthusiastischen, eines moderaten und eines oligarchischen Konziliarismus unterscheiden kann. Für die spätere Entwicklung ist auf den Traktat *De ecclesiastica potestate* von 1416 zu verweisen (Louis B. Pascoe, Theological Dimensions of Pierre d'Ailly's Teaching on the Papal Plenitude of Power, in: Annuarium historiae Conciliorum 11, 1979, S. 357–366, hier S. 358). Pascoe weist auch auf den seit seinem Aufsatz nicht behobenen Missstand hin, dass d'Ailly viel stärker unter kirchenpolitischen Aspekten als im Blick auf seine Theologie erforscht wird.

46 Ailly, Tractatus, in: Meller, Studien (wie Anm. 45), S. 331.

47 Vgl. zur Übertragung der *plenitudo potestatis* primär an die Kirche, nicht an den Papst Francis Oakley, The Political Thought of Pierre d'Ailly, New Haven/London 1964, S. 122, zur gleichwohl gegebenen besonderen Rolle schon des Petrus aber Louis B. Pascoe, Church and Reform. Bishops, Theologians, and Canon Lawyers in the Thought of Pierre d'Ailly (1351–1420) (Studies in Medieval and Reformation Thought 105), Leiden/Boston 2005, S. 56–58.

48 Ailly, *Tractatus*, in: Meller, Studien (wie Anm. 45), S. 333–336.

49 Ailly, *Tractatus*, in: Meller, Studien (wie Anm. 45), S. 332.

50 Ailly, *Tractatus*, in: Meller, Studien (wie Anm. 45), S. 296.

51 Morrall, Gerson (wie Anm. 44), S. 100.

Dabei hat die jüngere Forschung immer stärker den im Grundsatz konservativen Charakter von Gersons Theologie herausgestellt.[52]. Auch in dieser Situation ging er von einer papalen Struktur aus: Dass die *unitas ecclesiae* nicht durch einen Stellvertreter Christi gewährleistet werden konnte, war, so erklärte Gerson im *Tractatus de unitate ecclesiae* am Vorabend des Konzils von Pisa am 29. Januar 1409, nicht eine generelle ekklesiologische Basisaussage, sondern eine Feststellung ekklesialer Not angesichts der schismatischen Situation.[53] Grundsätzlich nämlich galt, dass Christus Haupt der Kirche sei und hier einen Stellvertreter besitzt.[54] In der nun gegebenen Situation des Ausfalls eben dieses Stellvertreters aber kann sich die Kirche ein Leitungsgremium geben, nämlich ein *concilium generale repraesentans eam* [*i.e. ecclesiam*].[55] Da Gerson Repräsentation nicht von den Gliedern der Kirche aus dachte, sondern als Mimesis der Hierarchie[56] befindet sich auch dieser Gedanke ganz in Übereinstimmung mit der grundsätzlichen Affirmation eines hierarchischen Kirchenmodells bei Gerson. Dieses papale Modell weitete Gerson im *Tractatus de potestate ecclesiastica et origine juris et legum* angesichts der Erfahrungen des Konstanzer Konzils zu einem Modell des Ausgleichs der Leitungsinstanzen aus:

potestas ecclesiastica est potestas quae a Christo supernaturaliter et specialiter collata est suis apostolis et discipulis et eorum successoribus legitimis usque in finem saeculi ad aedificationem Ecclesiae militantis secundum leges evangelicas pro consecutione felicitatis aeternae.[57]

---

52 Francis Oakley, Gerson as Conciliarist, in: A Companion to Jean Gerson, hg. von Brian P. McGuire (Brill's Companions to the Christian Tradition 3), Leiden/Boston 2006, S. 179–204, hier S. 179. Gerson gehörte auch zu den scharfen Kritikern von Johannes Hus und John Wyclif. In einem Schreiben an Konrad von Vechta, den Erzbischof von Prag, listete er am 24. September 1414 zahlreiche zu inkriminierende Artikel der beiden auf (siehe Jean Gerson, Œuvres complètes, hg. von Palémon Glorieux, Bd. 2, Paris/Tournay, 1960, S. 162–166 [Nr. 35]).

53 Gerson, *De unitate ecclesiae* (Gerson, Œuvres complètes, hg. von Palémon Glorieux, Bd. 6, Paris/Tournay 1965, S. 136 [Nr. 272]).

54 Gerson, *De unitate ecclesiae* (wie Anm. 53), S. 137 (Nr. 272).

55 Gerson, *De unitate ecclesiae* (wie Anm. 53), S. 137 (Nr. 272). Dass Gerson auch in diesem Text reichlich Gebrauch von aristotelischen Denkstrukturen macht, zeigt, etwas schematisch, Morrall, Gerson (wie Anm. 44), S. 101. Der Repräsentationsgedanke spielte dann beim konziliaren Agieren eine entscheidende Rolle; vgl. hierzu Jürgen Miethke, Formen der Repräsentation auf Konzilien des Mittelalters, in: Politische Versammlungen und ihre Rituale. Repräsentationsformen und Entscheidungsprozesse des Reichs und der Kirche im späten Mittelalter, hg. von Jörg H. Peltzer/Gerald Schwedler/Paul Töbelmann (Mittelalter-Forschungen 27), Ostfildern 2009, S. 21–36, hier S. 33f.

56 Posthumus Meyjes, Gerson (wie Anm. 44), S. 310.

57 Gerson, *De potestate ecclesiastica* (Jean Gerson, Œuvres complètes, hg. von Palémon Glorieux, Bd. 6, Paris/Tournay, 1965, S. 211 (Nr. 282)).

Diese *potestas* ihrerseits unterscheidet Gerson dann in Weihe- und Jurisdiktionsvollmacht.[58] Letztere wiederum kann als weltliche verstanden werden oder als geistliche, nämlich als Exkommunikationsvollmacht, die aufgrund ihrer Wirkung für den sozialen Status in der christlichen Gesellschaft, wie Gerson selbst vermerkt, nahe an die weltlichen Kompetenzen heranrückt.[59] Auf eben diese Kompetenz bezieht Gerson die 1415 vom Konzil beschlossene Bulle *Haec Sancta*, die gleich noch zu behandeln sein wird.[60] Gerson prinzipalisierte deren situativen Konziliarismus, freilich mit einer gewissen Abschwächung, die eher einen Ausgleich der Kräfte innerhalb der Kirche in den Blick nahm: Der Papst dürfe, so Gerson, in Fragen, die aus der Exkommunikationsvollmacht erwachsen, nicht allein unter Missachtung des Generalkonzils handeln.[61] Dieses sollte also aus einer ad hoc einzuberufenden Institution zu einer dauerhaft den Primat des Papstes regulierenden Verfassungsinstanz werden. Umgekehrt aber war das Konzil grundlegend auf diesen Primatsanspruch bezogen, denn Gerson hielt daran fest, dass die *potestas ecclesiastica* in ihrer Fülle, als *plenitudo potestatis* im Papst gegeben war, und zwar von Christus selbst *iure divino*[62] – und insofern niemand sich ihrer ohne Einvernehmen mit dem Papst bedienen dürfe.[63] Sein Primatsmodell wurde also eines von miteinander ausgeglichenen, sich gegenseitig kontrollierenden Instanzen.

Wichtige Vertreter konziliarer Theorien entwickelten diese in einer Weise, die die Papstgewalt nicht grundsätzlich in Frage stellte, im Falle Gersons freilich relativierte. Dabei stand hinsichtlich des Primates die innerkirchliche Jurisdiktion in Frage – der weltliche Zusammenhang wurde auf ganz andere Weise, nämlich im Blick auf die konstantinische Schenkung relativiert.

3. Die Janusgesichtigkeit des Konzils von Konstanz

Gerson begleitete mit seinen Traktaten schon die Umsetzung Konziliarer Theorie in Konstanz: Am 6. April 1415 beschloss das Konzil die berühmte Bulle *Unam Sanctam*:

---

58 Gerson, *De potestate ecclesiastica* (wie Anm. 57), S. 212 (Nr. 282). Diese wichtige Differenzierung in Gersons Denken bringt Morrall, Gerson (wie Anm. 44) S. 102f., in seinem Referat des Traktats nicht zureichend zum Tragen.

59 Gerson, *De potestate ecclesiastica* (wie Anm. 57), S. 216 (Nr. 282).

60 Bei Gerson aufgegriffen in: Gerson, *De potestate ecclesiastica* (wie Anm. 57), S. 217 (Nr. 282).

61 Gerson, *De potestate ecclesiastica* (wie Anm. 57), S. 225 (Nr. 282).

62 Gerson, *De potestate ecclesiastica* (wie Anm. 57), S. 228 (Nr. 282); zu der in Christus begründeten Macht des Papstes bei Gerson siehe Pascoe, Gerson (wie Anm. 45), S. 28f.

63 Gerson, *De potestate ecclesiastica* (wie Anm. 57), S. 227 (Nr. 282); zur papalen Orientierung von Gersons *plenitudo-potestatis*-Modell siehe Posthumus Meyjes, Jean Gerson (wie Anm. 44), S. 273–276.

»Diese heilige Synode zu Konstanz (...), die zum Lobe des allmächtigen Gottes rechtmäßig im Heiligen Geist versammelt ist, (...) erklärt erstens, dass sie, im Heiligen Geist rechtmäßig versammelt, ein allgemeines Konzil abhaltend und die irdische katholische Kirche repräsentierend, ihre Vollmacht unmittelbar von Christus hat. Ihr ist ein jeder, welchen Standes und welcher Würde auch immer, sei es auch die päpstliche, in denjenigen Angelegenheiten zum Gehorsam verpflichtet, die sich auf den Glauben, auf die Ausrottung des (...) Schismas und die allgemeine Reform der Kirche Gottes an Haupt und Gliedern beziehen. Desgleichen erklärt sie, dass ein jeder, welcher Stellung, welchen Standes und welcher Würde auch immer, sei es auch die päpstliche, der den schon beschlossenen wie auch den noch zu beschließenden Geboten, Satzungen oder Anordnungen oder Vorschriften dieser heiligen Synode und eines jeden anderen rechtmäßig versammelten allgemeinen Konzils in den genannten oder auf sie bezüglichen Fragen den Gehorsam verweigert, falls er nicht davon Abstand nimmt, einer entsprechenden Buße unterworfen und gehörig bestraft wird, wobei nötigenfalls auch andere Rechtsmittel angewendet werden.«[64]

Der Text präformiert in sich bereits die spätere Forschungsdebatte, ob es sich bei diesem Dekret um eine allgemeine Regelung handelt oder, wie vor allem Brandmüller wiederholt energisch verfochten hat, um einen Ausdruck von »Notstandskonziliarismus«.[65]

---

64 Quellen zur Geschichte des Papsttums und des römischen Katholizismus, hg. von Carl MIRBT/Kurt ALAND, 6. Auflage, Tübingen 1967, Nr. 767: *Haec sancta synodus Constaniensis (...) ad laudem omnipotentis Dei in Spirito sancto legitime congregata (...) primo declarat, quod ipsa in Spiritu sancto legitime congregata, generale concilium faciens, et ecclesiam catholicam militantem repraesentans, potestatem a Christo immediate habet, cui quilibet cuiuscumque status vel dignitatis, etiam si papalis exsistat, obedire tenetur in his quae pertinent ad fidem et exstirpationem (...) schismatis, ac generalem reformationem dictae ecclesiae Dei in capite et membris. Idem, declarat, quod quicumque cuiuscumque conditionis, status, dignitatis, etiam si papalis exsistat, qui mandatis, statutis seu ordinationibus, aut praeceptis huius sacrae synodi et cuiuscumque alterius concilii generalis legitime congregati, super praemissis, seu ad ea pertinentibus, factis, vel faciendis, obedire contumaciter contempserit, nisi resipuerit, condignae poenitentiae subiiciatur, et debite puniatur, etiam ad alia iuris subsidia, si opus fuerit, recurrendo* (Übers. nach: Mittelalter, übers. u. bearb. von Adolf M. RITTER/Bernhard LOHSE/Volker LEPPIN [Kirchen- und Theologiegeschichte in Quellen 2], Neukirchen/Vluyn 2001, S. 235 f.). Der im Dekret leitende Gedanke der Repräsentation wurde offenbar im Vorfeld intensiv debattiert. So findet sich in einer Thesenreihe, die wahrscheinlich aus der Zeit vor der Verabschiedung von *Haec Sancta* stammt, der bemerkenswerte Satz: *universalis ecclesia militans, quam sacrum concilium sufficienter congregatum representat, est simpliciter loquendo maioris auctoritate quam papa* (Acta Concilii Constanciensis, Bd. 2: Konzilstagebücher, Sermones, Reform- und Verfassungsakten, hg. von Heinrich FINKE, Münster/Westfalen 1923, S. 704; zur Datierung S. 574). Vermittels des Gedankens der Repräsentation wird also dem Konzil eine Oberhoheit zugesprochen, die eigentlich der gesamten Kirche zukommt.

65 Siehe Walter BRANDMÜLLER, Besitzt das Konstanzer Dekret ›Haec Sancta‹ dogmatische Verbindlichkeit?, in: Die Entwicklung des Konziliarismus. Werden und Nachwirken der konziliaren Idee, hg. von Remigius BÄUMER (Wege der Forschung 279), Darmstadt 1976, S. 247–271; Walter BRANDMÜLLER, Il Decreto *Haec Sancta* del Concilio di Costanza, in: Primato Pontificio ed episcopato: dal primo millenio al Concilio Ecu-

Diese Deutung erfasst in der Tat die Situation des Dekrets recht gut: Johannes XXIII. hatte sich durch Flucht dem Zugriff des Konzils entzogen,[66] Gregor XII. war noch nicht zurückgetreten[67] und Benedikt XIII. weigerte sich, die Legitimität seines Papstamtes durch ein Konzil in Frage stellen zu lassen, welches er schon im Ansatz nicht anerkannte.[68] In dieser Situation musste eine Instanz bestimmt werden, die über die schismatische Situation und damit letztlich über jeden Papstprätendenten zu entscheiden in der Lage war.

Allerdings wurde in der Forschung zu Recht darauf verwiesen, dass die Formulierungen des Dekrets über eine bloße Notstandsmaßnahme hinausgehen. Zwar bezieht es sich in der Tat durch das explizite *Haec Sancta* auf eben jene konkrete Versammlung in Konstanz – aber die Wendung *cuiuscumque alterius concilii generalis legitime congregati* macht doch deutlich, dass die kirchenrechtliche Grundlage, auf der sich dieser Anspruch des Konzils bewegt, über dieses selbst hinausgeht.[69] Man wird also sagen können, dass das Dekret einen Notstand regelte, dies aber mit einem theoretischen Überschuss tat, der die grundsätzliche Bindung papaler Macht an das Konzil behauptet. Dass die Intention sich dabei wiederum auf die konkrete Situation bezog, ergibt sich

menico Vaticano II. Studi in onore dell'arcivescovo Agostino Marchetto, hg. von Jean EHRET, Città del Vaticano 2013, S. 189–213; in ähnlichem Sinne Remigius BÄUMER, Die Interpretation und Verbindlichkeit der Konstanzer Dekrete, in: Die Entwicklung des Konziliarismus (wie Anm. 65), S. 229–246. Die Beiträge beider Autoren tragen auch Spuren der Auseinandersetzung mit Reformanliegen etwa Hans Küngs im 20. Jahrhundert und der generellen Schwierigkeit der römisch-katholischen Theologie, mit dem Dekret *Haec Sancta* umzugehen, die Klaus SCHATZ, Der päpstliche Primat. Seine Geschichte von den Ursprüngen bis zur Gegenwart, Würzburg 1990, S. 139, auf den Punkt bringt: »Für eine Kirchenidee, die sich am 1. Vatikanum orientiert, sind die damaligen Vorgänge und vor allem das Konstanzer Dekret ›Haec Sancta‹ nach wie vor eine harte Nuss«. Gleichwohl dürfte ihre Deutung zutreffend sein, dass das Dekret jedenfalls in Konstanz keinen universalen Anspruch erhebt, sondern sich ausschließlich auf die konkrete schismatische Situation, die es zu beheben galt, bezog.

66 Eindrücklich die Schilderung bei Walter BRANDMÜLLER, Konzil von Konstanz 1414–1418, Bd. 1: Bis zur Abreise Sigismunds nach Narbonne (Konziliengeschichte. Reihe A: Darstellungen 11), Paderborn/München 1991, S. 226–235; vgl. Ansgar FRENKEN, Johannes XXIII., in: Das Konstanzer Konzil 1414–1418. Weltereignis des Mittelalters. Essays, hg. von Karl-Heinz BRAUN/Mathias HERWEG/Hans W. HUBERT/Joachim SCHNEIDER/Thomas ZOTZ, Darmstadt 2014, S. 47–51, hier S. 50.

67 Zu den zum Teil operettenhaften Umständen dieses Rücktritts Jahre nach der in Pisa vollzogenen Absetzung siehe Ansgar FRENKEN, Gregor XII., in: Das Konstanzer Konzil (wie Anm. 66), S. 116–120, hier S. 120; vgl. auch BRANDMÜLLER, Konzil von Konstanz (wie Anm. 66), S. 312–322.

68 Britta MÜLLER-SCHAUENBURG, Benedikt XIII., in: Das Konstanzer Konzil (wie Anm. 66), S. 121–125, hier S. 121; Ansgar FRENKEN, Ein Papst will nicht weichen. Der Kampf um den Rückzug Benedikts XIII., in: Das Konstanzer Konzil (wie Anm. 66), S. 286–288.

69 Vgl. Wolfgang KLAUSNITZER, Der Primat des Bischofs von Rom. Entwicklung – Dogma – Ökumenische Zukunft, Freiburg/Basel/Wien 2004, S. 241 f.; Thomas M. KRÜGER, Leitungsgewalt und Kollegialität, Vom benediktinischen Beratungsrecht zum Konstitutionalismus deutscher Domkapitel und des Kardinalskollegs (ca. 500–1500) (Studien zur Germania Sacra N.F. 2), Berlin/Boston 2013, S. 225, hebt ausdrücklich hervor, dass *Haec Sancta* »in Absehung von der gegebenen Situation« formuliert sei.

aus der Nennung derjenigen Fragen, in welchen Gehorsam zu leisten waren: Neben der *fides*, die auf eine allgemeine Theorie hinweist, waren dies *exstirpatio schismatis* und *reformatio ecclesiae*, also die konkret anstehenden Probleme, und ausdrücklich wurde ja auch der Gehorsam gegenüber jeglichem anderen Konzil auf eben diese schon genannten Fragen bezogen. So gilt wohl, dass der Horizont beim Erlass des Dekrets ein situativer war, seine Deutung aber für eine weiterreichende Anwendung offen war.

Dass keineswegs an eine Sprengung des gegebenen ekklesiologischen Rahmens gedacht war, machten dann aber vor allem die unmittelbar in die Wege geleiteten[70] Verurteilungen von Wyclif und Hus deutlich, in welchen das Konzil seine Macht in der *causa fidei* bestätigte. Neben der vor allem für Wyclif relevanten Abendmahlsfrage stand hier im Mittelpunkt die Verurteilung von Sätzen, die die papale Leitung der Kirche in Frage stellten. So wurde am 4. Mai 1415 unter Wyclifs Sätzen die Auffassung verurteilt, dass der Papst allein durch Besitz zum Häretiker werde[71] und der Papst nicht *immediatus vicarius Christi* sei.[72] Von besonderer Signifikanz ist der 41. Satz, dessen Verurteilung eigens begründet wird:

Non est de necessitate salutis credere, Romanam Ecclesiam esse supremam inter alias ecclesias. – Error est, si per Romanam Ecclesiam intelligatur universalis Ecclesia aut concilium generale, aut pro quanto negaret primatum Summi Pontificis super alias Ecclesias particulares.[73]

Die Begründung der Verurteilung impliziert also sowohl auf der einen Seite eine mögliche konziliare Deutung des Primates als auch auf der anderen Seite eine Hierarchisierung der Bischofssitze zugunsten Roms. Deutlicher noch als die hierdurch ambivalente Verurteilung von John Wyclif erscheint die von Jan Hus als eine Stabilisierung des Papstamtes.

Am 6. Juli 1415 erfolgte die Verurteilung von Jan Hus, bei der unter anderem untersagt wurde, zu lehren, dass Petrus das Haupt der Kirche weder war noch sei,[74] und, ganz auf der Linie der oben dargestellten Lehre von Jan Hus, auch der Satz, *Papa non est verus et manifestus successor Apostolorum principis Petri, si vivit moribus contrariis*

70 Brandmüller, Konzil von Konstanz (wie Anm. 66), S. 323.

71 Kompendium (wie Anm. 13), Nr. 1186, S. 435; die Herausgeber Denzinger und Hünermann sehen im Hintergrund die etwas längere Diskussion zum Verhältnis von weltlicher Macht und Klerus in Joannis Wiclif Trialogus cum Suplemento Trialogi, hg. von Gotthard Lechler, Oxford 1869, lib. IV, cap. 18, S. 307–311.

72 Kompendium (wie Anm. 13), Nr. 1187, S. 435; vgl. Joannis Wiclif Trialogus (wie Anm. 71), lib. III, cap. 17, S. 186: *Et ut incipiam a minera, probabiliter ponitur quod Romanus pontifex sit praecipuus antichristus; ipse enim false fingit, quod sit immediatissimus et simillimus in vita vicarius Christi.*

73 Kompendium (wie Anm. 13), Nr. 1191, S. 436; genau für diesen Satz ist ein Nachweis im Werk Wyclifs bislang nicht erfolgt.

74 Kompendium (wie Anm. 13), Nr. 1207, S. 439; Hus, De ecclesia (wie Anm. 27), cap. 9G, S. 65: *tunc manifestum est, quod Petrus non fuit nec est caput sancta ecclesie katholice.*

Petro.[75] Insgesamt war die Verurteilung von Jan Hus noch viel stärker als die von Wyclif auf die Papstfrage ausgerichtet[76] – und unterstreicht so das Anliegen der doppelten Verurteilung, auf dem Konzil, das im Begriff war, sich von der papalen Oberhoheit zu lösen, deren prinzipielle Geltung zu festigen.

Insbesondere die Verurteilung von Jan Hus stütze mithin eine Deutung von *Haec Sancta* im Sinne eines Notstandskonziliarismus, auch wenn die Auffassung des Konzils von Konstanz in dieser Frage nicht ganz eindeutig zu erheben ist.[77] Erst das Konzil von Basel machte am 16. Mai 1439 aus *Haec Sancta* eine prinzipielle Lehraussage und erhob so die Oberleitung der Kirche durch das Konzil zu einem Dogma des katholischen Glaubens.[78] Wirkungsmächtiger war allerdings die Entscheidung des päpstlichen Konzils von Florenz, das am 6. Juli 1439 in dem Dekret *Laetentur caeli*, zunächst einmal mit Perspektive auf die Griechen, bestimmte, *sanctam Apostolicam Sedem, et Romanum Pontificem, in universum orbem tenere primatum* und über die *plena potestas* verfüge.[79] Spätestens mit dem Auslaufen des Baseler Konzils war damit geklärt, dass der Primat des Papstes unangefochten gesichert sein sollte – dies wurde auch durch seine historische Infragestellung nicht gefährdet.

75 Kompendium (wie Anm. 13), Nr. 1213, S. 439f.; Hus, De ecclesia (wie Anm. 27), cap. 14G: *Ecce ex hii et ex alibi ostenditur, quod non est papa manifestus et verus successor principis apostolorum Petri, si vivit moribus contrariis Petro.*

76 Zur sachlichen Gruppierung der Artikel in seiner Verurteilung siehe Brandmüller, Konzil von Konstanz (wie Anm. 66), S. 340.

77 Zu Recht hält Jürgen Miethke, Papst und Konzil. Der Konstanzer »Konziliarismus«, in: Das Konstanzer Konzil (wie Anm. 66), S. 228–230, hier S. 230, hinsichtlich der Frage einer Deutung als »Notprogramm« oder »Definition eines allgemeinen Glaubenssatzes« fest: »Das Konzil brauchte dies nicht zu entscheiden und konnte Vertreter beider Meinungen für das Dekret gewinnen«. In ähnlicher Weise votiert für eine offene Deutung, die der Vieldeutigkeit des Dekrets gerecht wird, Karl-Heinz Braun, Die Konstanzer Dekrete Haec Sancta und Frequens, in: Das Konstanzer Konzil (wie Anm. 66), S. 82–86, hier S. 85.

78 Quellen zur Geschichte des Papsttums (wie Anm. 64), Nr. 776; zur Rezeption des Repräsentationsgedankens von *Haec Sancta* in Basel siehe Werner Krämer, Die ekklesiologische Auseinandersetzung um die wahre Repräsentation auf dem Basler Konzil, in: Der Begriff der Repraesentatio im Mittelalter. Stellvertretung, Symbol, Zeichen, Bild, hg. von Albert Zimmermann, Berlin/New York 1971, S. 202–237, hier S. 203–205. Bemerkenswert ist der Aufweis von Thomas Prügl, *Antiquis iuribus et dictis sanctorum conformare.* Zur antikonziliaristischen Interpretation von *Haec Sancta* auf dem Basler Konzil, in: Annuarium Historiae conciliorum 31, 1999, S. 72–143, dass auf dem Konzil von Basel in den ersten kritischen Auseinandersetzungen mit *Haec Sancta* nicht einfach dessen Aufhebung verlangt, sondern nach einer Interpretation gesucht wurde, die seine Aussagen konform mit den klassischen Lehrstücken zu den Grenzen päpstlicher Macht verstehen ließen.

79 Kompendium (wie Anm. 13), Nr. 1307, S. 451.

4. Lösung des Papstes aus dem weltlichen Zugriff: Die Diskussion um die Donatio Constantini[80]

Im Horizont des Konziliarismus brach auch die Frage nach der Historizität der Konstantinischen Schenkung auf, jenes Berichts über die Übertragung von Jurisdiktionsvollmacht und Besitztümern durch Konstantin an Papst Silvester, die als sekundäre Palea zum Teil des *Decretum Gratiani* geworden war.[81] In seiner Schrift *concordantia catholica* kam 1433/34 Nikolaus von Kues[82] auch auf die Frage nach dem Verhältnis von geistlicher und weltlicher Gewalt zu sprechen und behandelte hier die Konstantinische Schenkung. Im zweiten Kapitel des dritten Buches untersuchte er, inwiefern das heilige Imperium von Gott stamme[83] und kam hierzu auch auf die Erzählung von der Donatio Constantini zu sprechen, deren Historizität er massiv in Zweifel zog: Nikolaus erklärte, er sei sämtliche verfügbaren Quellen der römischen Geschichte, der Kirchenväter und der Konzilien durchgegangen – und habe nichts gefunden, was sich in Übereinstimmung mit dem Bericht von der Schenkung bringen lasse.[84] Ja, es gebe sogar Ereignisse, die der Annahme eines solchen Geschehens entgegenstünden, insbesondere die Pippinsche Schenkung und ihre Bestätigung durch Karl den Großen,[85] die ja voraussetzen, dass der Beschenkte nicht zuvor schon legitimer Eigentümer des Geschenks war, weswegen der Kusaner schloss:

80 Vgl. zum folgenden umfassender: Volker Leppin, Die Konstantinische Schenkung als Mittel der Papstkritik in Spätmittelalter, Renaissance und Reformation, in: Volker Leppin, Transformationen. Studien zu den Wandlungsprozessen in Theologie und Frömmigkeit zwischen Spätmittelalter und Reformation (Spätmittelalter, Humanismus, Reformation 86), Tübingen 2015, S. 189–210.

81 Corpus Iuris Canonici (wie Anm. 10), S. 342–345; zum Palea-Charakter siehe Johanna Patersmann, Die kanonistische Überlieferung des Constitutum Constantini bis zum Dekret Gratians. Untersuchung und Edition, in: Deutsches Archiv zur Erforschung des Mittelalters 30, 1974, S. 356–449, hier S. 390–399; Rudolf Weigand, Fälschungen als Paleae im Dekret Gratians, in: Fälschungen im Mittelalter, Bd. 2 (MGH. Schriften 33/2), Hannover 1988, S. 301–318, hier S. 310f.; zur neueren Deutung und Datierung siehe Johannes Fried, *Donation of Constantine and Constitutum Constantini*. The Misinterpretation of a Fiction and its Original Meaning. With a Contribution of Wolfram Brandes: »The Satraps of Constantine« (Millennium-Studien 3), Berlin/New York 2007.

82 Zu seiner Stellung auf dem Konzil, insbesondere als Mitglied der Kongregation für Glaubensfragen siehe Erich Meuthen, Nikolaus von Kues 1401–1464. Skizze einer Biographie, 7. Auflage, Münster 1992, S. 37–40; Helmut G. Walther, Imperiales Königtum, Konziliarismus und Volkssouveränität. Studien zu den Grenzen des mittelalterlichen Souveränitätsgedankens, München 1976, S. 230–243 .

83 Nicolai de Cusa Opera omnia, Bd. 14, lib. 3: De Concordantia catholica Liber tertius, hg. von Gerhard Kallen, Hamburg 1959, S. 328–337 (§§ 294–312).

84 Nicolai de Cusa Opera (wie Anm. 83), Bd. 14, lib. 3, S. 329 (§ 295, Z. 5–10).

85 Nicolai de Cusa Opera (wie Anm. 83), Bd. 14, lib. 3, S. 330f. (§ 296, Z. 11–§ 297, Z. 10).

Ex istis constat Constantinum imperium per Exarchatum Ravenatem, urbem Romam et occidentem minime papae dedisse[86]

Damit war die Konstantinische Schenkung in Frage gestellt – eine ausgearbeitete Widerlegung bot wenig später Lorenzo Valla. 1440 ging er an die Ausarbeitung *De falsa credita et ementita Constantini donatione*.[87] Den Horizont seiner Überlegungen bildeten wohl die Verhandlungen mit den Griechen über eine mögliche Aufhebung des Schismas auf dem Konzil von Florenz. Für seine Argumentation verband er allgemeine historische Plausibilitätsargumente und detaillierte Urkundenkritik.[88]

Als Plausibilitätsargument war für Valla von besonderer Bedeutung, dass Christi Reich nicht von dieser Welt sei[89] – so wie auch die Macht, die er Petrus in Mt 16 übertragen hat, eine rein spirituelle sei.[90] Doch nicht nur von Seiten des Papstes erschien eine solche Schenkung unplausibel, sondern auch von Seiten des Kaisers, da es einem weltlichen Herrscher kaum entspreche, seine weltliche Macht einzuschränken[91] und Konstantin mit einem solchen Schritt seine Legitimation in Senat und Volk gänzlich untergraben hätte.[92] Vor allem aber konnte Valla vermittels philologischer Urkundenkritik deutlich machen, dass die *Donatio* weder der Sprache[93] noch den Verhältnissen der Zeit, aus der sie stammen sollte, entsprach: Hierzu passte weder die Erwähnung von Satrapen als römische Amtsträger[94] noch die historisch unzutreffende Deutung der *optimates*.[95] Mit diesen Argumenten war die weltliche Grundlage des Papsttums nachhaltig in Frage gestellt.

5. Revitalisierung des Papalismus als kirchlicher Papalismus: Torquemada

So wie sich seit Wyclif die Papstfrage von Seiten der Kritiker zunehmend als theologische Frage darstellte, wandelte sich auch der Papalismus: Mitte des 15. Jahrhunderts stand weniger die Frage nach dem Verhältnis zu den weltlichen Mächten im Vorder-

86 Nicolai de Cusa Opera (wie Anm. 83), Bd. 14, lib. 3, S. 331 (§ 297, Z. 8–10).

87 Wolfram Setz, Lorenzo Vallas Schrift gegen die Konstantinische Schenkung. De falso credita et ementita Constantini donatione. Zur Interpretation und Wirkungsgeschichte, Tübingen 1975, S. 13.

88 Siehe zu Gliederung und Aufbau Setz, Schrift (wie Anm. 87), S. 34–42.

89 Lorenzo Valla, De falso credita et ementita Constantini donatione, hg. von Wolfram Setz (MGH. Quellen zur Geistesgeschichte des Mittelalters 10), Weimar 1976, ND München 1986, S. 81, Z. 19f.

90 Valla, De Constantini donatione (wie Anm. 89), S. 84, Z. 4–12.

91 Valla, De Constantini donatione (wie Anm. 89), S. 63, Z. 7–10.

92 Valla, De Constantini donatione (wie Anm. 89), S. 65, Z. 16f.

93 Valla, De Constantini donatione (wie Anm. 89), S. 117, S. 12–15.

94 Valla, De Constantini donatione (wie Anm. 89), S. 102, Z. 23– S. 103, Z. 1.

95 Valla, De Constantini donatione (wie Anm. 89), S. 104, Z. 6–12.

grund als die binnenkirchliche, lehramtliche Funktion des Papstes. Dies zeigt sich in einem geradezu klassischen Werk des spätmittelalterlichen Papalismus: der *Summa de ecclesia contra impugnatores potestatis Summi Pontificis*, 1448/49 verfasst von dem spanischen Dominikaner Juan de la Torquemada, der als Teilnehmer die Konzilien von Konstanz und Basel erlebt hatte und schließlich mit der päpstlichen Fraktion nach Ferrara/Florenz gewechselt war.[96] In seiner Summa entfaltete er in vier Büchern seine Lehre von der Kirche »als systematische Antwort auf in Basel vorherrschende Theorien und Konzilsereignisse«:[97] Das erste Buch handelte über die Kirche allgemein, das zweite kennzeichnenderweise über den Papst, das dritte über das Konzil und das vierte über Schisma und Häresie. Gegenüber dem politischen Papalismus, den gut zwei Jahrhunderte zuvor Aegidius Romanus vertreten hatte, stand nun die absolute Leitungsgewalt des Papstes innerhalb der Kirche, d. h. in Fragen des Glaubens und der Jurisdiktion im Vordergrund.

Die Kirche, über die Torquemada sprechen sollte, war nach seiner Definition unter Abwägung unterschiedlicher anderer Bedeutungen die *ecclesia universalis*, als *fidelium universitas* mit der näheren Bestimmung, dass er von Gläubigen rede, *siue sint predestinati siue non*.[98] Ausdrücklich war also von der irdischen Kirche als einem *Corpus permixtum* die Rede. Die Lehre von zwei Gewalten innerhalb dieses *Corpus* leitete Torquemada aus der kirchenrechtlichen Grundgegebenheit zweier Status: Laie und Kleriker ab.[99] Die weltliche Gewalt durch den *rex* als Haupt geleitet, die geistliche durch den *summus pontifex*.[100] Grundsätzlich aber gelte: *spiritualia temporalibus prefereuntur.*[101] Angesichts der konziliaren Herausforderungen interessierten diese Aspekte der Zuordnung zur weltlichen Gewalt Torquemada allerdings weit weniger als der innerkirchliche Primat des Papstes, dem er sich im zweiten Buch ausführlich zuwandte. Die Zeit der Konzilien warf die Frage nach den kirchlichen Instanzen und ihrer Zuordnung auf,

96 Siehe zu der Komplexität von Torquemadas Position als Vertreter des dominikanischen Erbes auf dem Konzil von Basel Thomas M. Izbicki, »The Hand of Power for the Feeding of Christ's Sheep«. The Pope and the Episcopate in Juan de Torquemada's early Polemics, in: Primato Pontificio (wie Anm. 65), S. 215–233. Für die Rezeption bedeutsam ist der Umstand, dass die letzte Auflage der *summa* 1561 »[a]uf Wunsch des Konzils von Trient« erschien (Ulrich Horst, Kardinal Juan de Torquemada OP und die Lehrautorität des Papstes, in: Annuarium Historiae Conciliorum 36, 2004, S. 389–422, hier S. 389); die Hintergründe dieses Anliegens und die mögliche Strittigkeit auf dem Konzil kann hier nicht aufgearbeitet werden.

97 Horst, Torquemada (wie Anm. 96). S. 401.

98 Torquemada, *Summa de ecclesia*, lib. 1, cap. 3 (Johannes de Turrecremata, Summa de ecclesia contra impugnatores potestatis summi pontificis, Rom: Eucharius Silber 1489 (7v–8r)).

99 Torquemada, *Summa de ecclesia* (wie Anm. 98), lib. 1, cap. 87 (55r).

100 Torquemada, *Summa de ecclesia* (wie Anm. 98), lib. 1, cap. 87 (55v).

101 Torquemada, *Summa de ecclesia* (wie Anm. 98), lib. 1, cap. 87 (55r); in Torquemada, *Summa de ecclesia* (wie Anm. 98), lib. 1, cap. 90 (56v–57v) listet Torquemada zehn Punkte auf, die die Vorzüge der geistlichen gegenüber der weltlichen Gewalt ausmachen.

die Aegidius weit weniger interessiert hatte. Es wäre also unzureichend, Torquemadas Theorie lediglich als Wiederaufleben der Gedanken des Aegidius Romanus zu verstehen. So sehr beide in einer großen Übersicht gemeinsam auf die Seite des Papalismus gehören, so unterschiedlich ist doch das Koordinatennetz, in welches sie ihre jeweiligen Überlegungen zum päpstlichen Primat einzeichnen.

Ausdrücklich leitete Torquemada aus der kirchlichen Grundstruktur ab, dass die Kirche als Gemeinschaft der Glaubenden so strukturiert sein müsse, dass sie einen *princeps ac rector* habe,[102] *qui Christi vice universitate praesideat fidelium.*[103] Aus verschiedenen biblischen Belegen, unter welchen Mt 16 keineswegs besonders herausragt, leitet Torquemada ab, dass es Petrus war, *qui in ecclesia super omnes primatum habuerit.*[104] Aufgrund dieser Einsetzung durch Christus kann er dann als *fundamentum ecclesiae*[105] und *caput ecclesiae*[106] bezeichnet werden. Die Übertragung dieser biblischen Grundlegung auf den Papst ergibt sich für Torquemada folgerichtig aus seinen anfänglichen Überlegungen, wonach die Kirche einer universalen Leitung bedürfe – folglich müsse es auch jemanden geben, der Petrus in seinem Leitungsamt folge.[107] Der Nachfolger eines Bischofs sei aber derjenige, der diesem in seinem letzten Amtssitz nachfolge. Das sei für Petrus Rom, so dass das *caput ecclesiae*[108] nach Petrus der römische Bischof sei.[109] Mit diesen Überlegungen gelangt Torquemada nach langen, scholastisch angelegten Reflexionen zu seinen ausgeprägt papalistischen Theorien, wonach der Papst *sit Christi vicarius et locum eius teneat in terris*[110] und diese Würde unmittelbar von Christus habe, da das Felswort aus Mt 16 *Petro et in eo successoribus* gelte.[111] Diesem göttlichen Ursprung entspricht, dass eine Beschränkung oder Ausweitung der päpstlichen Macht durch keinen Menschen, sondern allein durch Gott erfolgen könne.[112] Torquemada führt so den Gedankengang immer mehr von der genetischen Begründung des Papstamtes weiter zu dessen aktueller Geltung – und je stärker er den Ursprung der Würde Petri an Christus bindet, desto deutlicher wird auch die Enthobenheit des Papstes aus jeglichem menschlichen Machtgefüge – entsprechend musste auch die sich nach

102 Torquemada, *Summa de ecclesia* (wie Anm. 98), lib. 2, cap. 2 (64v).
103 Torquemada, *Summa de ecclesia* (wie Anm. 98), lib. 2, cap. 5 (67r).
104 Torquemada, *Summa de ecclesia* (wie Anm. 98), lib. 2, cap. 5 (67r).
105 Torquemada, *Summa de ecclesia* (wie Anm. 98), lib. 2, cap. 17 (72r).
106 Torquemada, *Summa de ecclesia* (wie Anm. 98), lib. 2, cap. 20 (73v).
107 Torquemada, *Summa de ecclesia* (wie Anm. 98), lib. 2, cap. 5 (67r).
108 Torquemada, *Summa de ecclesia* (wie Anm. 98), lib. 2, cap. 35 (80v).
109 Torquemada, *Summa de ecclesia* (wie Anm. 98), lib. 2, cap. 36 (81r).
110 Torquemada, *Summa de ecclesia* (wie Anm. 98), lib. 2, cap. 37 (82r).
111 Torquemada, *Summa de ecclesia* (wie Anm. 98), lib. 2, cap. 38 (82v).
112 Torquemada, *Summa de ecclesia* (wie Anm. 98), lib. 2, cap. 44 (84v).

Konstanz nahelegende Überlegung abgewiesen werden, dass der Papst seinen Primat den Kardinälen verdanke.[113]

Der stark theologisch ausgerichteten Gesprächslage im ausgehenden 15. Jahrhundert entspricht es, dass Torquemada keinen Wert darauf legt, wie *Unam Sanctam* die allgemeine Gehorsamspflicht gegenüber dem Papst in den politischen Horizont einzuspannen. Vielmehr kontert Torquemada den Einwand, man müsse dem Papst nicht gehorchen, da er ja irren könne, mit dem Hinweis, so wie ein Sohn dem Vater in Fragen der *disciplina vitae* zu gehorchen habe, hätten *omnes vero christiani pape in his que ad religionem christianam et ad cathedram pertinent consona iuri divino et naturali* zu gehorchen.[114] Die päpstliche Autorität ist damit klar auf den kirchlichen Bereich begrenzt. Entsprechend tangiert Torquemada in seinen Ausführungen über die *plenitudo potestatis* zwar auch den weltlichen Bereich, wenn er betont, dass der Papst *super gentes et regna* und überhaupt über alle Menschen gesetzt ist.[115] aber entscheidend bleiben doch auch hier die innerkirchlichen Belange,[116] für die dann die päpstliche Autorität in größtmöglichem Umfang gilt:

Nono plenitudo potestatis Romani pontificis ostenditur in hoc quod non ligatur legibus a se factis aut etiam sacrorum conciliorum canonibus: sed potest ex plenitudine potestatis super ius et leges positas facere.[117]

Hierin klingt, wiederum auf den innerkirchlichen Bereich fokussiert, der Gedanke des Aegidius vom Papst als jenem Menschen, der weder Maß noch Zahl hat, an – entsprechend kann Torquemada auch erklären, dass der Papst *extra casum haeresis* auf Erden keinen Richter über sich habe.[118] Dieser Vorstellung entspricht ganz konsequent, dass der Papst über dem Konzil steht.[119] Dies hält Torquemada gegen alle Versuche fest, die konziliaren Prozesse des 15. Jahrhunderts in einem strukturellen Sinne zu interpretieren, der die päpstliche Macht minimieren könnte – selbst der Weg der Appellation *a papa ad universale concilium* ist hiernach ausgeschlossen[120] – wiederum mit der markierten Ausnahme, dass im Falle der Häresie ein Konzil die Oberhoheit über den Papst besitze.[121]

---

113 Torquemada, *Summa de ecclesia* (wie Anm. 98), lib. 2, cap. 43 (84r–v).

114 Torquemada, *Summa de ecclesia* (wie Anm. 98), lib. 2, cap. 49 (88v).

115 Torquemada, *Summa de ecclesia* (wie Anm. 98), lib. 2, cap. 52 (90v).

116 Dieser moderaten Haltung entspricht es, dass Torquemada erklärt, hinsichtlich der Frage, ob sich die päpstliche *iurisdictio* auch auf *temporalia* erstrecke, wolle er eine *via media* einschlagen, wonach sich die päpstliche Vollmacht nicht umfassend auf das Weltliche beziehe, sondern allein *quantum necesse est pro bono spirituali conservando* (Torquemada, *Summa de ecclesia* [wie Anm. 98], lib. 2, cap. 113 [141v]).

117 Torquemada, *Summa de ecclesia* (wie Anm. 98), lib. 2, cap. 52 (90v).

118 Torquemada, *Summa de ecclesia* (wie Anm. 98), lib. 2, cap. 93 (121r).

119 Torquemada, *Summa de ecclesia* (wie Anm. 98), lib. 3, cap. 44 (173r).

120 Torquemada, *Summa de ecclesia* (wie Anm. 98), lib. 3, cap. 47 (178r).

121 Torquemada, *Summa de ecclesia* (wie Anm. 98), lib. 3, cap. 50 (179r).

Während sich also auch auf papalistischer Seite der Diskurs immer stärker theologisch orientierte, blieben aus Sicht der Päpste selbst die politischen Herausforderungen manifest. Insbesondere die Pragmatische Sanktion von Bourges bildete eine neuerliche Herausforderung für die papale Macht, erst recht, als die französischen Kardinäle sich im *conciliabulum* in Pisa versammelten und offen ein Neuaufleben des Konziliarismus androhten.[122] In dieser Situation erlebte der ägidianische politische Papalismus eine rechtliche, theoretisch kaum fundierte Renaissance, indem das V. Laterankonzil *Unam Sanctam* bestätigte[123] und die Oberhoheit des Papstes über das Konzil festlegte.[124]

6. Grundsätzliche Kritik am Papsttum in der Reformation

Luthers Anliegen war bekanntlich zunächst kein kirchenkritisches: Ihm ging es darum, die Veräußerlichung der Bußfrömmigkeit, wie sie sich im Vertrauen auf den Ablass, insbesondere in dessen Kauf und Verkauf zeigte, abzuwehren und die Menschen wieder auf eine innerliche Bußgesinnung auszurichten.[125] Freilich musste er hierzu auch die Frage der Macht des Papstes berühren,[126] insbesondere die, ob der Papst ins Jenseits hineinwirken könne. Mit einer unklaren Wendung hatte Papst Sixtus IV. im Jahr 1476 durch die Bulle *Salvator noster* erklärt, dass der Papst in der Tat durch Fürbitte, *per modum suffragii*, den Seelen im Fegefeuer Ablass zukommen lassen könne.[127] Auch wenn einzelne Theologen dies anders sahen,[128] war es durchaus plausibel, dies so zu verstehen. Dem hielt Luther entgegen, der Papst selbst beziehe sich mit einem vollkommenen Ablass allein auf jene Strafen, die er selbst auferlegt habe.[129] Entsprechend könne seine Jurisdiktion nicht auf das Fegefeuer ausgedehnt werden.[130] Dass er sich für Wirkungen in diesem Bereich nicht auf seine Schlüsselgewalt berufe, sondern allein auf den *modus*

122 Siehe hierzu Hubert Jedin, Geschichte des Konzils von Trient. Bd. 1: der Kampf um das Konzil, 3. Auflage, Freiburg 1977, S. 85–90.

123 V. Lateranum, *Pastor aeternus gregem* (Sacrorum conciliorum nova et amplissima collectio, hg. von Giovanni D. Mansi, Bd. 32, Paris 1902, Sp. 968E).

124 V. Lateranum, *Pastor aeternus gregem* (Sacrocum conciliorum collectio (wie Anm. 123), Bd. 32, Sp. 968D; aufgenommen in: Kompendium (wie Anm. 13), Nr. 1445, S. 485 f.).

125 Siehe hierzu Volker Leppin, »*omnem vitam fidelium penitentiam esse voluit*«. Zur Aufnahme mystischer Traditionen in Luthers erster Ablassthese, in: Leppin, Transformationen (wie Anm. 80), S. 261–277.

126 Vgl. Rolf Decot, Ansatzpunkte und Gründe von Luthers Papstkritik, in: Theologie der Gegenwart 27, 1984, S. 75–85, hier S. 76; Berndt Hamm, Der frühe Luther. Etappen reformatorischer Neuorientierung, Tübingen 2010, S. 90–114.

127 Kompendium (wie Anm. 13), Nr. 1398, S. 474 f.

128 *Salvator noster* (Kompendium [wie Anm. 13], Nr. 1398, S. 474 f.).

129 Luther, *Disputatio de indulgentiis* (D. Martin Luthers Werke. Kritische Gesamtausgabe [Weimarer Ausgabe, im Folgenden: WA], Bd. 1, Weimar 1883, S. 234, Z. 15 f.).

130 Luther, *Disputatio de indulgentiis* (WA [wie Anm. 129], Bd. 1, S. 234, Z. 15–20).

suffragii, lobte Luther entsprechend.[131] Diese Position, so möglich und plausibel sie war, war durchaus nicht allgemeiner Konsens – und es gehört zur besonderen Tragik der Anfangsjahre der Reformation, dass Luther in Johannes Eck und Silvester Prierias Gegner bekam, die die Ablassfrage sehr schnell in die ekklesiologische Dimension hoben[132] und dabei Luther eine Haltung entgegenhielten, die nahe an der Torquemadas war, aber nicht den Konsens der spätmittelalterlichen Theologie und schon gar nicht dogmatisierte kirchenamtliche Lehre darstellte. Für den Verlauf der Reformation bedeutet dies: »Zum Kampf gegen das Papsttum sah Luther sich von außen, durch seine Gegner gedrängt« (Rolf Decot).[133]

Silvester Prierias wurde mit der Luthersache in seiner Eigenschaft als *Magister Sacri Palatii* konfrontiert. Er hatte ein Gutachten für den Prozess gegen den Wittenberger Professor zu verfassen. Dessen ekklesiologische Grundlagen macht der dem Gutachten wohl zugrundeliegende *Dialogus* deutlich, in welchem Prierias vier ekklesiologische *fundamenta* voraussetzte.[134] Sie drückten ein klar papalistisches Verständnis von Kirche im Sinne der Position, wie sie bei Torquemada formuliert war, aus: Die allgemeine Kirche sei zwar die Gemeinschaft aller Glaubenden. Eben diese Gesamtheit ist aber *virtualiter* in der Kirche von Rom und dem Papst enthalten, der, freilich auf andere Weise als Christus, das Haupt der Kirche sei.[135] Und so wie die Kirche als Ganze nicht irren könne, gelte dies entsprechend auch von ihrem Haupt, dem Papst.[136] Diese Behauptung der Unfehlbarkeit stellte einen extremen Papalismus dar – und machte diese innermittelalterliche strittige Position zum Maßstab des Häresieprozesses. Auf die konkret anstehende Frage angewandt, bedeutete dies: *Qui circa indulgentias dicit, ecclesiam Romanam non posse facere id quod de facto facit, hereticus est.*[137] Entsprechend wurde nun auch die mögliche Minderheitenposition zum *modus suffragii* zur häresiologisch unterscheidenden These: Der Papst verfüge entgegen Luthers Behauptung tatsächlich über Jurisdiktion im Fegefeuer.[138]

War so durch Prierias in Rom die Primatsfrage in den Vordergrund geschoben, vollzog sich Ähnliches, wenn auch ungleich subtiler, auch in der Debatte in Deutschland,

131 Luther, *Disputatio de indulgentiis* (WA [wie Anm. 129], Bd. 1, S. 234, Z. 27f.).

132 Vgl. diese Beobachtung auch bei Lienhard, Réformateurs (wie Anm. 29), S. 159.

133 Decot, Ansatzpunkte (wie Anm. 126), S. 82.

134 Siehe Dokumente zur Causa Lutheri (1517–1521). 1. Teil, hg. von Peter Fabisch/Erwin Iserloh (Corpus Catholicorum 41), Münster/Westfalen 1988, S. 53–56; zur leitenden Funktion dieser *fundamenta* in Prierias' Argumentation siehe Joseph N. Scionti Jr., Sylvester Prierias and his Opposition to Martin Luther, Diss., Brown University 1967, S. 106.

135 Prierias, *Dialogus* (Dokumente [wie Anm. 134], S. 53).

136 Prierias, *Dialogus* (Dokumente [wie Anm. 134], S. 54).

137 Prierias, *Dialogus* (Dokumente [wie Anm. 134], S. 56).

138 Prierias, *Dialogus* (Dokumente [wie Anm. 134], S. 74).

vor allem durch Johannes Eck,[139] der bis in das Frühjahr 1517 hinein noch um Luthers Freundschaft geworben hatte, nun aber – wohl nicht zuletzt, weil er sich durch dessen Lehre zum *modus suffragii* selbst angegriffen fühlen konnte[140] – mit grober Feindschaft reagierte.[141] Möglicherweise auf Anregung seines Eichstätter Bischofs Gabriel von Eyb[142] verfasste er Thesen gegen Luthers Ablassthesen, denen dieser, als sie ihm handschriftlich bekannt wurden, den Namen *Obelisci*, Spießchen, gab.[143] Luther selbst antwortete seinerseits mit *Asterisci*, Sternchen.[144] Zu den Vorwürfen Ecks zählte auch die Anschuldigung, Luther lasse es dem Papst gegenüber an der nötigen Ehrerbietung fehlen: *At irreverentia in eis ponderenda est summi Pontificis sanctitati.*[145] Luther

139 Ebenso wie Luthers Ekklesiologie kann hier die von Johannes Eck nicht umfassend gewürdigt werden; vgl. zusammenfassend Remigius BÄUMER, Die Ekklesiologie des Johannes Eck, in: Johannes Eck (1486–1543) im Streit der Jahrhunderte. Internationales Symposium der Gesellschaft zur Herausgabe des Corpus Catholicorum, hg. von Erwin ISERLOH (Reformationsgeschichtliche Studien und Texte 127), Münster 1988, S. 129–154, zur Primatsfrage S. 140–142.

140 Siehe hierzu Volker LEPPIN, Der Einfluss Johannes Ecks auf den jungen Luther, in: Luther 86, 2015, S. 135–147.

141 Vgl. zum Folgenden ausführlicher Volker LEPPIN, Die Genese des reformatorischen Schriftprinzips. Beobachtungen zu Luthers Auseinandersetzung mit Johannes Eck bis zur Leipziger Disputation, in: Reformatorische Theologie und Autoritäten. Studien zur Geschichte des Schriftprinzips beim jungen Luther, hg. von Volker LEPPIN (Spätmittelalter, Humanismus, Reformation 85), Tübingen 2015, S. 97–139.

142 Johannes Eck, Defensio contra amarulentas D. Andreae Bodenstein Carolstatini invectiones (1518), hg. von Joseph GREVING (Corpus Catholicorum 1), Münster 1919, S. 36, Z. 26–S. 37, Z. 1. Wann Eck die Ablassthesen erhalten hat, lässt sich schwer sagen: Die von Christoph Scheurl im Schreiben vom 5. November 1517 erwähnten *Conclusiones* (Christoph Scheurl's Briefbuch, ein Beitrag zur Geschichte der Reformation und ihrer Zeit, hg. von Franz VON SODEN/Joachim K. F. KNAAKE, Bd. 2, Potsdam 1872, ND Aalen 1962, S. 40 [Nr. 155]) dürften kaum die Ablassthesen gewesen sein, da Scheurl selbst sich bei Luther beschwert hatte, dass er diese nicht sofort erhalten hatte (WA [wie Anm. 129], Bd. B1, S. 152, Z. 7 [Nr. 62]) und er selbst sich erst am 5. Januar 1518 bei Ulrich von Dinstedt für deren Erhalt bedankte (Scheurl's Briefbuch [wie Anm. 142], S. 42 [Nr. 158]). Eher dürfte der Adressat in Ingolstadt, an den Scheurl die Thesen am 8. Januar weitersandte (Scheurl's Briefbuch [wie Anm. 142], S. 43 [Nr. 160]), Eck gewesen sein (vgl. Klemens HONSELMANN, Urfassung und Drucke der Ablassthesen Martin Luthers und ihre Veröffentlichung, Paderborn 1966, S. 90).

143 WA (wie Anm. 129), Bd. 1, S. 281, Z. 2.

144 WA (wie Anm. 129), Bd. 1, S. 281, Z. 1. Die Bezeichnungen gehen auf das textkritische Vermerksystem des Origenes zurück (siehe hierzu Ernst WÜRTHWEIN, Der Text des Alten Testaments. Eine Einführung in die Biblia Hebraica, 4. Auflage, Stuttgart 1973, S. 58f.), das zeitgenössisch etwa Petrus Mosellanus erwähnt hat: *Origenes Hebræis literis instructus, siquid in interpretibus ab ipsis scripturæ fontibus uariaret, uel ὀβελίσκοις iugulauit, uel ἀσερίσκοις* [sic] *insignivit*. (ORATIO | DE VARIARVM LINGVA| RVM COGNITIONE PA| randa. Petro Mosella-|no Protogenese au/| tore. Lipsiæ in ma|gna eruditorum| corona pro/|nunciata., Basel: Johann Froben 1519, S. 35; vgl. den Hinweis hierauf in WA (wie Anm. 129), Bd. 1, S. 278, Anm. 1. Auch bei Erasmus finden sich in den Adagia I.V.57 Hinweise hierauf (Opera Omnia Desiderii Erasmi Roterodami, Bd. 2,1, Amsterdam u.a. 1993, S. 532, Z. 344–S. 533, Z. 354; vgl. Dokumente zur Causa Lutheri [wie Anm. 134], Bd. 1, S. 401 Anm. 3).

145 Luther, *Asterisci* (WA [wie Anm. 129], Bd. 1, S. 305, Z. 18); zu der Papstkritik in den Ablassthesen siehe Berndt HAMM, Luther (wie Anm. 126), S. 91f.

antwortete hierauf mit der klaren Aussage: *Homo est summus Pontifex, falli*[146] *potest, praesertim a tam astutis et speciosis Gnatonibus. Sed veritas est Deus, qui falli non potest.*[147] Er formulierte also hier bereits die schärfste Gegenposition zum Papalismus des Prierias. Päpstlichen Lehren hielt er eine Argumentation mit den Kirchenvätern, zunehmend auch mit der Heiligen Schrift, entgegen.

Eck sah darin offenbar die Spur gelegt, sich mehr und mehr der Papstfrage zuzuwenden: Zur Vorbereitung der Disputation, die schließlich vom 27. Juni bis 15. Juli 1519 in Leipzig stattfinden sollte, bereitete er 12 Thesen vor, die später durch einen Einschub auf 13 erweitert wurden. Sie waren hauptsächlich gegen Andreas Karlstadt gerichtete, die letzte aber nahm Luther in den Blick, und dies nun anhand der Papstfrage. Luther hatte in den *Resolutiones* zur Verteidigung seiner Ablassthesen eher am Rande[148] erklärt, dass der Primat des römischen Stuhls in den ersten Jahrhunderten der Kirche noch nicht gegolten habe:

immo finge (ut latius suadeamus), Romanam ecclesiam esse, qualis erat etiam adhuc tempore B. Gregorii, quando non erat super alias ecclesias, saltem Graeciae.[149]

Die damit von Luther selbst angesprochene Frage des Papstprimats wurde schon bald nach der Veröffentlichung der *Resolutiones* akut: Cajetan griff sie im Augsburger Verhör am 12. Oktober 1518 auf – und Luther bestritt hier ausdrücklich, dass man den Primat des römischen Papstes aus Mt 16,18 begründen könne.[150] Er wiederholte die Beobachtung, dass es immer wieder und an vielen Orten Kirche ohne römische Oberhoheit gegeben habe und dies vor Gregor dem Großen der Normalfall gewesen sei.[151] Eck gab der Frage nun neue, aggressive Bedeutung in seiner 12. (nach späterer Gesamtzählung 13.) These:

Romanam ecclesiam non fuisse superiorem aliis ecclesiis ante tempora Sylvestri negamus, sed eum, qui sedem beatissimi Petri habuit et fidem, successorem Petri et vicarium Christi generalem semper agnovimus.[152]

---

146 Die erste Hand der Abschrift hat hier: *fallere* (WA [wie Anm. 129], Bd. 9, S. 777).

147 Luther, *Asterisci* (WA (wie Anm. 129), Bd. 1, S. 306, Z. 13–15).

148 Siehe Ernst Schäfer, Luther als Kirchenhistoriker. Ein Beitrag zur Geschichte der Wissenschaft, Gütersloh 1897, S. 46.

149 WA (wie Anm. 129), Bd. 1, S. 571, Z. 16–18.

150 WA (wie Anm. 129), Bd. 2, S. 19, Z. 30–S. 20, Z. 6. Bezeichnend ist in diesem Zusammenhang, dass Luther an einer anderen Stelle in den *Acta Augustana* Mt 16,19 allgemein auf die Binde- und Lösegewalt der Priester bezog (WA [wie Anm. 129], Bd. 2, S. 13, Z. 21–S. 14, Z. 4). Brian Tierney, Foundations of the Conciliar Theory: the Contribution of the Medieval Canonists from Gratian to the Great Schism, Leiden/New York/Köln 1998, S. 25, verweist darauf, dass auch in der mittelalterlichen Debatte die Deutung von Mt 16 keineswegs eindeutig war und es sich bei einer solchen Deutung keineswegs ausschließlich um »›Protestant‹ interpretations« handelt.

151 WA (wie Anm. 129), Bd. 2, S. 20, Z. 4–17.

152 WA (wie Anm. 129), Bd. 9, S. 209, Z. 41–S. 210, Z. 2; zu diesen Auseinandersetzungen im Vorfeld vgl. Lindberg, Luther's View (wie Anm. 29), S. 218.

Dass Eck hier statt Gregor Silvester ins Spiel brachte, dürfte damit zu tun haben, dass Ulrich von Hutten 1518 und noch einmal 1519 Lorenzo Vallas Schrift über die Konstantinische Schenkung neu herausgebracht hatte[153] – nun verschränkten sich also in Ecks Augen die verschiedenen papstkritischen Impulse des späten Mittelalters. Luther war seinerseits zur Antwort genötigt. Diese erfolgte in der im Mai 1519 veröffentlichten *Disputatio et excusatio adversus criminationes D. Ioannis Eccii* – in welcher er auch auf den von Eck schon in den *Obelisci* erhobenen Vorwurf des Hussitismus einging und diesen in einer vielschichtigen Argumentation abwies: Einerseits betonte er, dass Hus mit seinen Argumenten nicht allein dastehe, andererseits erklärte er für sich, anders zu argumentieren als der böhmische Ketzer.[154] Konkret erklärte er zu Ecks 13. These:

Romanam Ecclesiam esse omnibus aliis superiorem, probatur ex frigidissimis Romanorum Pontificum decretis intra cccc annos natis, contra quae sunt historiae approbatae MC annorum, textus scripturae divinae et decretum Niceni Concilii omnium sacratissimi.[155]

---

153 S. hierzu Ulrichi ab Hutten Equitis Germani Opera quae extant omnia, hg. von Ernst H. J. MÜNCH, Bd. 2, Berlin 1822, S. 408f.; zum Zusammenhang in Huttens Werk siehe S. 117–129.

154 Luther, *Disputatio et excusatio* (WA [wie Anm. 129], Bd. 2, S. 159, Z. 19–31): *Nam ut venenati sui enigmatis scandalo non laedaris, scias, mi lector, inter articulos Ioannis Huss censeri etiam a nonnullis hunc, quod Romani Pontificis papalem excellentiam a Caesare esse dixerit, quod et Platina manifeste scribit. Ego vero non Caesareis, sed pontificiis decretis eandem monarchiam probari posui. Ita sane ipsamet Ecclesia Lateranensis in urbe de frontis suae peripheria cantat, dogmate Papali simul et Imperiali se esse matrem Ecclesiarum & c. noti sunt versiculi. Quid igitur? Necesse est, ut ipsa quoque Ecclesia Eccio sit Hussita et igniat cineres. Deinde quia mandato Papae, consensu Cardinalium, totius Romae et universalis Ecclesiae illa sic cantat, nihil mirum, si Eccius fastidiat antiquos cineres et pro officio consecrationis suae consecrare anhelet novum holocaustum sedi Apostolicae, semel Papam, Cardinales ipsamque Ecclesiam Lateranensem in cineres novos redacturus. Deo gratia, quod unus saltem Eccius reliquus est, qui Catholice sapiat, singularissimus ille singularitatis persecutor, caeteris omnibus per virus Boemiae perditis.* Wer die Fein- und Mehrsinnigkeit von Luthers Argumentation nachvollzieht, erkennt leicht, dass er sich gerade nicht »eindeutig positiv zu einem *rite et recte* verurteilten Häretiker der römischen Kirche gestellt« hat, wie es Thomas KAUFMANN, Der Anfang der Reformation. Studien zur Kontextualität der Theologie, Publizistik und Inszenierung Luthers und der reformatorischen Bewegung (Spätmittelalter, Humanismus, Reformation 67), Tübingen 2012, S. 38, irrtümlich annimmt.

155 WA (wie Anm. 129), Bd. 2, S. 161, Z. 35–37. Zum Hintergrund in der zuvor schon stärker gewordenen Papstkritik Luthers siehe Helmar JUNGHANS, Martin Luther und die Leipziger Disputation, in: Leipziger Disputation 1519. 1. Leipziger Arbeitsgespräch zur Reformation, hg. von Markus HEIN/Armin KOHNLE, Leipzig 2011, S. 87–94, hier S. 89. Dass Luther sich hiermit auf gefährliches Terrain wagte, zeigt die Reaktion auch unmittelbarer Mitstreiter: Andreas Karlstadt schrieb am 24. Februar an Spalatin: *Cæterum Rever. Patri Martino Luthero consuluerim abstinuisse a XII. conclusione, jam vero post editam evidentissimis rationibus loricandum; clam tum, & domi svasi, qvod sciam, Græcos scriptores S. Petro apicem & fastigium apostolatus concessisse.* (SCRINIUM ANTIQUARIUM | iΔΙΌΧΕΙΡΑ| ANTIQVITATIS | FRAGMENTA,| SUMMORUM VIDELICET IN | ECCLES. ACAD. ET SCHOL. SUPE-| RIORE ÆVO VIRORUM,| (…) M. JOH. GOTTFRID. OLEARIUS, Halle: Saalfeld 1691, S. 44; vgl. zu Karlstadts Zurückhaltung gegenüber der Papstfrage auch Luthers Äußerung gegenüber Lang in WA [wie Anm. 129], Bd. B1, S. 368, Z. 19–24 [Nr. 167]); vgl. Jens-Martin KRUSE, Universitätstheologie und Kirchenreform. Die Anfänge der Reformation in Wittenberg 1516–1522, Mainz 2002, S. 192f.

Der Primat war also nach dieser neuen Argumentationslinie nicht schon unter Gregor dem Großen entstanden, sondern erst um 1100. Mit diesem Schlagabtausch war die Papstfrage für die Leipziger Disputation vorbereitet. In einer im Juni erschienenen *Resolutio super propositione sua decima tertia de potestate papae* spitzte Luther die Begründungsfrage noch zu, indem er das *ius divinum* klar von den *decreta hominum* unterschied[156] – und damit deutlich machte, dass er die Begründung des Papstprimates in der Schrift vermisste, ohne dass er deswegen freilich seine Geltung überhaupt in Frage gestellt hätte.[157]

Als sich Eck und Luther dann in Leipzig gegenüberstanden, war ihr wichtigstes Thema folgerichtig die Papstfrage. Eck nutzte die Gelegenheit, Luther anhand der Papstfrage in den Geruch des Hussitismus zu bringen:

Hinc inter damnatos et pestiferos errores Ioannis Vuiclef damnatus est et ille: »Non est de necessitate salutis credere Romanam ecclesiam esse supremam inter alias«[158]. *Sic inter pestilentes Ioannis Huss errores ille quoque connumeratur: »Petrus non est nec fuit caput ecclesiae sanctae catholicae«*[159]. *Et alius: »Non est scintilla apparentiae, quod oporteat esse unum caput in spiritualibus regens ecclesiam, quod semper cum militante ecclesia conversetur«*[160]. *Et iste: »Papalis dignitas a caesare inolevit, et papae perfectio et institutio a caesare emanavit«*[161].[162]

Luther verwahrte sich mehrfach gegen den Vorwurf, dem Hussitismus zu folgen,[163] aber in der Sache hatte er sich tatsächlich längst auf die Bahn begeben, deren Verfolgung Eck ihm nun vorwarf. Schließlich erklärte er

Secundo, et hoc certum est, inter articulos Ioannis Huss vel Bohemorum multos esse plane christianissimos et evangelicos, quos non possit universalis ecclesia damnare.[164]

---

156 WA (wie Anm. 129), Bd. 2, S. 200, Z. 38.

157 WA (wie Anm. 129), Bd. 2, S. 185, Z. 13–16.

158 Vgl. Kompendium (wie Anm. 13), Nr. 1191, S. 436.

159 Vgl. Kompendium (wie Anm. 13), Nr. 1207, S. 439.

160 Vgl. Kompendium (wie Anm. 13), Nr. 1227, S. 442.

161 Vgl. Kompendium (wie Anm. 13), Nr. 1209, S. 439.

162 WA (wie Anm. 129), Bd. 59, S. 461, Z. 880–888.

163 WA (wie Anm. 129), Bd. 59, S. 466, Z. 1043 f. Gelegentlich kam es auch zu einem sehr direkten Schlagabtausch. So führte Eck aus: *Quod reverendus pater, honorem suum excusaturus, negat se Bohemorum patronum, si facta verbis responderent, magnificarent eum, at ultima primis non concordant, cum pestilentissimos Hussitarum errores non christiane dicat christianissimos. At de his posterius.* (WA [wie Anm. 129], Bd. 59, S. 468, Z. 1107–1110) und setzte hinzu, dass Luther *haereticorum (...) perfidiam* beschütze (WA [wie Anm. 129], Bd. 59, S. 468, Z. 1115 f.). Daraufhin unterbrach ihn Luther mit einer ausdrücklichen *protestatio*: *Protestor (...) coram vobis omnibus, quod egregius dominus doctor haec impudenter et mendaciter de me loquitur.* (WA [wie Anm. 129], Bd. 59, S. 468, Z. 1118 f.). Die Frage der Häresie brachte naheliegender Weise Brisanz und Emotionalität in den Disput – Luther musste bewusst sein, dass eine solche Zuordnung zu einer bekannten Häresie den Bruch mit der Kirche bedeutete.

164 WA (wie Anm. 129), Bd. 59, S. 466, Z. 1048–1050.

Die Bestreitung der biblischen Begründung für den Papstprimat hatte Luther also weiter zur Bestreitung der Berechtigung des konziliaren Urteils geführt.[165] Für den vorliegenden Zusammenhang ist dabei von geringerem Interesse, dass dies schließlich den Anlass dafür bildete, dass Melanchthon das Prinzip des *Sola scriptura* entwickelte. Für die Frage des Papstprimats bedeutsamer ist, dass Luther nun allmählich zu der Überzeugung gelangte, dass das Papsttum selbst der Antichrist sei. Der Gedanke war Luther schon vor der Leipziger Disputation gekommen: Am 13. März 1519 hatte er in einem Schreiben an Spalatin die Frage aufgeworfen, ob nicht womöglich der Papst der Antichrist sein könne.[166] Nun aber, nach Leipzig, kam er zu dem Ergebnis, dass der Papst, wenn er so zu verstehen sei, wie Eck dies tat, tatsächlich der Antichrist sei. So sprach er es in den *Resolutiones super propositionibus suis Lipsiae disputatis* aus, mit welchen er die Disputation kommentierte: Wenn tatsächlich mit Eck der Kirche mehr Glauben entgegengebracht werden müsse als dem Evangelium selbst, so sei 2 Thess 2,4 erfüllt: Dann sei der Papst der Antichrist.[167] Und bald schon, in der im August 1520 erschienenen Adelsschrift, machte Luther aus dieser tastenden Aussage Gewissheit:

»Wen kein ander boszer tuck were, der do beweret, das der Bapst der recht Endchrist sey, szo were eben diszes stuck gnugsam, das zu beweren«.[168]

Damit war für Luther die Absage an den Papstprimat vollzogen – wenngleich noch nicht alle Möglichkeiten innerhalb der Reformation zur Anerkennung eines Papstprimats aufgehoben waren: Noch 1537 unterschrieb Philipp Melanchthon die Schmalkaldi-

165 Zu Recht betont LIENHARD, Réformateurs (wie Anm. 29), S. 164, dass Luther sich zwar gelegentlich konziliaristischer Argumente bedient hat, eine Einordnung als Konziliarist aber verfehlt wäre; zu Luthers Haltung zum Konzil siehe Christopher SPEHR, Luther und das Konzil. Zur Entwicklung eines zentralen Themas in der Reformationszeit, Tübingen 2010.

166 Luther an Spalatin, 13. März 1519 (WA [wie Anm. 129], Bd. B1, S. 359 [Nr. 161, Z. 29–31]); vgl. den Brief an denselben vom 24. Februar 1520 (WA [wie Anm. 129], Bd. B2, S. 48f. [Nr. 257, Z. 26–29]); vgl. auch das Schreiben an Linck vom 18. Dezember 1518 (WA (wie Anm. 129), Bd. B2, S. 270, Z. 11–14), wo Luther noch allgemein vom Regiment des Antichrist in der Kurie gesprochen hatte; vgl. hierzu PREUSS, Die Vorstellungen vom Antichrist im späteren Mittelalter bei Luther und in der konfessionellen Polemik. Ein Beitrag zur Theologie Luthers und zur Geschichte, Leipzig 1906, S. 105; Remigius BÄUMER, Martin Luther und der Papst (Katholisches Leben und Kirchenreform im Zeitalter der Glaubensspaltung 30), 5. Auflage, Münster 1987, S. 54; zu Luthers exegetischer Arbeit am Antichristbegriff in der Psalmenvorlesung Ernst BIZER, Luther und der Papst (Theologische Existenz heute N.F. 69), München 1958, S. 11–15.

167 WA (wie Anm. 129), Bd. 2, S. 429, Z. 33–S. 430, Z. 6; vgl. PREUSS, Vorstellungen (wie Anm. 166), S. 107. Zu Recht erklärt LIENHARD, Réformateurs (wie Anm. 29), S. 161, differenzierend, dass Luther präzise genommen nicht das Papstamt als solches damit verurteilte, sondern die Begründungsstrukturen, die Johannes Eck hierfür anbot.

168 WA (wie Anm. 129), Bd. 6, S. 453, Z. 10f.; vgl. hierzu PREUSS, Vorstellungen (wie Anm. 166), S. 116f. Zur Auseinandersetzung in der Folgezeit siehe Patrick MÄHLING, »Weide meine Schafe!« Das Papsttum in der Auseinandersetzung zwischen Augustin von Alveldt und Martin Luther, in: Orientierung für das Leben. Kirchliche Bildung und Politik in Spätmittelalter, Reformation und Neuzeit. Festschrift für Manfred Schulze zum 65. Geburtstag, hg. von Patrick MÄHLING, Berlin 2010, S. 115–139.

schen Artikel nur mit dem Zusatz, dass dem Papst, wenn er denn das Evangelium zulasse, *iure humano* die »superioritet« zugestanden werden könne.[169] Für den Hauptstrom der an Wittenberg orientierten Reformation war zu diesem Zeitpunkt aber die Absage an das Papstamt schon erfolgt.[170]

Schlussbemerkungen

Die Debatten um den Primat des Papstes im langen 15. Jahrhundert zeigen eine frappierende Gegenläufigkeit: Auf der einen Seite wurde der Primat das Papstes in radikaler Weise durch Theoretiker wir Wyclif und Hus, aber auch durch den faktischen Vollzug der Konzilien und schließlich die Selbstbehauptung des Baseler Konzils in radikalster Weise in Frage gestellt. Auf der anderen Seite findet sich in der Wiederbehauptung des Papsttums nach dem konziliaristischen Schock ein Vertreter des Papalismus, der theologisch noch intensiver, im Ergebnis sogar noch radikaler als Aegidius Romanus im 13. Jahrhundert die Zentralität des Papstamtes behauptet. Sieht man, dass das späte Mittealter an verschiedenen Stellen von starken Spannungen, ja, Polaritäten geprägt war,[171] so zeigt sich, dass dies jedenfalls auch für die Frage der zentralen Leitung der Kirche durch den Papst der Fall war. Das führt zwar keineswegs mit Zwangsläufigkeit auf die Reformation zu – diese fand aber eine Gruppe von Argumenten vor, durch welche

169 Unterschriftenliste der Schmalkaldischen Artikel von 1537 (Die Bekenntnisschriften der Evangelisch-Lutherischen Kirche. Quellen und Materialien, Bd. 1: Von den altkirchlichen Symbolen bis zu den Katechismen Martin Luthers, hg. von Irene Dingel, Göttingen 2014, S. 803); vgl. die der Druckausgabe von 1538 folgende Edition Die Bekenntnisschriften der Evangelisch-Lutherischen Kirche. Vollständige Neuedition, hg. von Irene Dingel, Göttingen 2014, S. 780, Z. 14–18.

170 Der weiteren Entwicklung auf lutherischer wie auf römisch-katholischer Seite kann hier nicht nachgegangen werden. Johannes Eck hat noch 1521 in *De primatu Petri* auf Luther reagiert (siehe hierzu Erwin Iserloh, Johannes Eck (1486–1543). Scholastiker, Humanist, Kontroverstheologe (Katholisches Leben und Kirchenreform im Zeitalter der Glaubensspaltung 41), 2. Auflage, Münster 1985, S. 46–48). Für die weitere Entwicklung sei verwiesen auf Karl-Josef Rauber, Das Verhältnis von Primat und Bischofsamt in den Diskussionen des Konzils von Trient, in: Primato Pontificio (wie Anm. 65), S. 287–303, der zum einen zeigt, wie »bereits in den ersten Sitzungen des Konzils von Trient über die Residenzpflicht der Bischöfe noch ganz im Hintergrund die Frage nach dem Verhältnis von bischöflicher und päpstlicher Gewalt auftaucht« (S. 292), und zum anderen deutlich macht, dass bei der expliziten Thematisierung eben dieser Frage die italienisch orientierten Kardinäle in Trient eine stark papalistisch orientierte Politik verfolgten, der es jedenfalls am Ende gelang, ein eigenes, vom Papst unabhängiges *ius divinum* der Bischöfe nicht in die Entscheidung aufzunehmen und so die Verhältnisse eher zugunsten des Papstes zu regeln. Auf die »konziliare Theorie« bei den französischen Konzilsteilnehmern macht Georg Schwaiger, Päpstlicher Primat und Autorität der Allgemeinen Konzilien im Spiegel der Geschichte, München/Paderborn/Wien 1977, S. 153, aufmerksam.

171 Siehe hierzu Volker Leppin, Die Wittenberger Reformation und der Prozess der Transformation kultureller zu institutionellen Polaritäten, in: Transformationen (wie Anm. 80), S. 31–68.

die Auseinandersetzungen geschärft und geformt werden konnten. Die Debatte zwischen Luther und Eck in Leipzig knüpft nicht zufällig an die Auseinandersetzungen des 15. Jahrhunderts an: Sie griff diese auf und gab ihr wenigstens auf Seiten Luthers eine prinzipielle Schärfe, die dann in die reformatorische Umgestaltung der Kirche mündete.

Das Papstamt des Bischofs von Rom in ökumenischer Perspektive[1]

Kardinal Kurt Koch

1. Einladung zum ökumenischen Gespräch über das Papstamt

»Der Papst ist, wir wissen es wohl, ohne Zweifel das schwerwiegendste Hindernis auf dem Weg des Ökumenismus.« Dieses ehrliche Bekenntnis, dass die Frage des Papstamtes eines der wichtigsten ökumenischen Probleme darstellt, hat der selige Papst Paul VI. bei seinem Besuch im Sekretariat für die Einheit der Christen im Jahre 1967 in sehr freimütiger Weise ausgesprochen.[2] Auf dieses ehrliche Bekenntnis hat der heilige Papst Johannes Paul II. in seiner Enzyklika über den Einsatz für die Ökumene *Ut unum sint* zurückgegriffen, indem er erklärt hat, dass das Amt des Bischofs von Rom »eine Schwierigkeit für den Großteil der anderen Christen« darstellt, »deren Gedächtnis durch gewisse schmerzliche Erinnerungen gezeichnet ist«.[3] In der Überzeugung, dass das Amt, das dem Nachfolger des Petrus übertragen ist, in erster Linie ein Amt der Einheit ist und dass es im Bereich der Ökumene »seine ganz besondere Erklärung« findet,[4] hat Papst Johannes Paul II. im Schlussteil seiner Ökumeneenzyklika grundlegende Gedanken dem »Dienst des Bischofs von Rom an der Einheit« gewidmet und in diesem Zusammenhang die Bitte an die eigene Kirche, aber auch an die gesamte Ökumene ausgesprochen, sich mit ihm auf einen geduldigen brüderlichen Dialog über den Primat des Bischofs von Rom einzulassen, und zwar mit dem Ziel, eine Form der Primatsausübung zu finden, »die zwar keineswegs auf das Wesentliche ihrer Sendung verzichtet, sich aber einer neuen Situation öffnet«, genauer dahingehend, dass dieses Amt »einen von den einen und anderen anerkannten Dienst der Liebe zu verwirklichen vermag«.[5]

---

1 Kurzvortrag beim Internationalen Kongress »Die Päpste und die Einheit der Lateinischen Welt« im Campo Santo Teutonico in Rom am 5. Dezember 2015.

2 Dokumentiert in Paulus PP. VI., Epistulae, in: Acta Apostolicae Sedis 59, 1967, S. 484–491, hier S. 498.

3 Enzyklika UT UNUM SINT von Papst Johannes Paul II. über den Einsatz für die Ökumene, 25. Mai 1995 (Verlautbarungen des Apostolischen Stuhl 121), hg. vom Sekretariat der Deutschen Bischofskonferenz, Bonn 1995, Nr. 88, S. 63–64.

4 Johannes Paul II., Die Schwelle der Hoffnung überschreiten, hg. von Vittorio Messori, Hamburg 1994, S. 181.

5 Ut unum sint (wie Anm. 3), Nr. 95, S. 67–68.

Die Unterscheidung zwischen dem Wesen des Primats und der konkreten Form seiner Ausübung hat auch Papst Benedikt XVI. verschiedentlich aufgegriffen und die damit verbundene Einladung an die Ökumene erneuert, beispielsweise bei seiner Begegnung mit den Vertretern der Orthodoxen Kirchen in Freiburg im Breisgau im September 2011: »Wir wissen, dass es vor allem die Primatsfrage ist, um deren rechtes Verständnis wir weiter geduldig und demütig ringen müssen. Ich denke, dabei können uns die Gedanken zur Unterscheidung zwischen Wesen und Form der Ausübung des Primates, die Papst Johannes Paul II. in der Enzyklika *Ut unum sint* (Nr. 95) vorgenommen hat, weiterhin fruchtbare Anstöße geben.«[6] In derselben Richtung geht Papst Franziskus den von seinen Vorgängern bereiteten Weg weiter, indem er ebenfalls deutlich unterscheidet zwischen dem, was für den Primat wesentlich ist, und dem, was zur konkreten Form seiner Ausübung gehört, und indem er zugleich eingesteht, dass wir auf diesem Weg der Unterscheidung bisher »wenig vorangekommen« sind. Papst Franziskus ist aber überzeugt, dass auch das Papsttum und die zentralen Strukturen der Universalkirche es nötig haben, »dem Aufruf zu einer pastoralen Neuausrichtung zu folgen«.[7]

Die Päpste haben damit wesentliche Schritte auf eine ökumenische Verständigung über das Papstamt hin unternommen. Um diese perspektivenreichen Initiativen aufzugreifen und zu vertiefen, haben in den vergangenen Jahren das Päpstliche Komitee für die Geschichtswissenschaften,[8] die Kongregation für die Glaubenslehre[9] und der Päpstliche Rat zur Förderung der Einheit der Christen[10] wissenschaftliche Symposien über Theorie und Praxis des Primats des Bischofs von Rom durchgeführt. Hinzu kommt, dass sich die Theologie seit längerer Zeit an der Frage einer ökumenischen Sicht des Papstamtes abarbeitet, was bereits durch die Tatsache belegt werden kann, dass die theologischen und ökumenischen Publikationen über das Papstamt einige Bücherregale füllen.[11]

---

6 Benedikt XVI., Ansprache bei der Begegnung mit Vertretern der Orthodoxen Kirchen in Freiburg im Breisgau am 24. September 2011, online unter: https://w2.vatican.va/content/benedict-xvi/de/speeches/2011/september/documents/hf_ben-xvi_spe_20110924_orthodox-freiburg.html (Stand: 30.09.2016).

7 Apostolisches Schreiben Evangelii Gaudium des Heiligen Vaters Papst Franziskus an die Bischöfe, an die Priester und Diakone, an die Personen geweihten Lebens und an die christgläubigen Laien über die Verkündigung des Evangeliums in der Welt von heute, 24. November 2013 (Verlautbarungen des Apostolischen Stuhls 194), hg. vom Sekretariat der Deutschen Bischofskonferenz, Bonn 2013, Nr. 32, S. 30.

8 Il Primato del Vescovo di Roma nel primo millennio. Ricerche e testimonianze (Pontificio Comitato di Scienze Storiche, Atti e documenti 4), hg. von Michele Maccarrone, Città del Vaticano 1991.

9 Rudolf Pesch u. a., Il primato del Successore di Pietro nel Mistero della Chiesa. Considerazioni della Congregazione per la Dottrina della fede. Testo e commenti (Documenti e Studi, Congregazione per la Dottrina della Fede 19), Città del Vaticano 2002, S. 9–21.

10 Il ministero petrino. Cattolici e ortodossi in dialogo (Collana di teologia 49), hg. von Walter Kasper, Roma 2004.

11 Vgl. nur die bereits erschienenen Sammelbände in chronologischer Reihenfolge: Zum Thema Petrusamt und Papsttum, Stuttgart 1970; Das Papsttum in der Diskussion, hg. von Georg Denzler, Regensburg 1974; Konziliarität und Kollegialität. Das Petrusamt. Christus und seine Kirche (Pro Oriente 1), Innsbruck 1975,

2. Das Papstamt in der ökumenischen Diskussion

Mit der Unterscheidung zwischen dem Wesen des Primats des Bischofs von Rom und der konkreten Form seiner Ausübung und damit auch zwischen dem Unaufgebbaren und dem Revidierbaren in der Gestalt des Papstamtes[12] ist zweifellos das Tor für eine ökumenische Sicht von Theologie und Praxis des Primats des Bischofs von Rom geöffnet. In der ökumenischen Diskussion ist aber auch deutlich geworden, dass es äußerst schwierig ist, den ökumenischen Dialog über das Papstamt direkt anzugehen. Denn bei der Frage des Primats des Bischofs von Rom handelt es sich keineswegs um eine isolierte Einzelfrage. Sie stellt vielmehr gleichsam die Spitze eines Eisbergs dar, insofern bei dieser Frage die ungelösten ökumenischen Probleme vor allem des Kirchenverständnisses und des kirchlichen Amtes mit auf den Tisch kommen. In diesem Sachverhalt ist es zudem begründet, dass sich die Frage des Papstamtes bei der ökumenischen Aufarbeitung des Schismas in der Kirche zwischen West und Ost im 11. Jahrhundert anders stellt als bei der ökumenischen Überwindung der Spaltung in der Westkirche im 16. Jahrhundert. Weil es sich dabei um zwei grundverschiedene Spaltungen handelt, muss die Beantwortung der ökumenischen Frage des Papstamtes in verschiedenen ökumenischen Dialogen erfolgen.

---

darin v. a. »Das Petrusamt in ökumenischer Sicht. 2. Theologische Konferenz, 13. bis 14. November 1970«, S. 111–135; Das Petrusamt in der gegenwärtigen theologischen Diskussion, hg. von Hans-Joachim Mund, Paderborn 1976; Papsttum und Petrusdienst, hg. von Heinrich Stirnimann/Lukas Vischer, Frankfurt am Main 1975; Petrus und Papst. Evangelium, Einheit der Kirche, Papstdienst, Bd. 1: Beiträge und Notizen, hg. von Albert Brandenburg, Münster 1977; Petrus und Papst. Evangelium, Einheit der Kirche, Papstdienst, Bd. 2: Neue Beiträge, hg. von Albert Brandenburg, Münster 1978; Dienst an der Einheit. Zum Wesen und Auftrag des Petrusamtes (Schriften der Katholischen Akademie in Bayern 85), hg. von Joseph Ratzinger, Düsseldorf 1978; Das Papstamt. Dienst oder Hindernis für die Ökumene?, Regensburg 1985; Wozu noch einen Papst? Vier Plädoyers für das Petrusamt, Köln 1993; Das Papstamt. Anspruch und Widerspruch. Zum Stand des ökumenischen Dialogs über das Papstamt (Catholica, Sonderausgabe von Heft 2, 1996), hg. vom Johann-Adam-Möhler-Institut für Ökumenik, Münster 1996; Papstamt und Ökumene. Zum Petrusdienst an der Einheit aller Getauften, hg. von Peter Hünermann, Regensburg 1997; Im Dienst der einen Kirche. Ökumenische Überlegungen zur Reform des Papstamts, hg. von Heinz Schütte, Paderborn 2000; Papstamt. Hoffnung, Chance, Ärgernis. Ökumenische Diskussion in einer globalisierten Welt, hg. von Silvia Hell/Lothar Lies, Innsbruck 2000; Dienst und Einheit. Annäherungen an das Primatsverständnis in ökumenischer Perspektive. Festschrift für Stephan Otto Horn zum 80. Geburtstag, hg. von Michaela Ch. Hastetter/Christoph Ohly, St. Ottilien 2014; Papst und Ökumene – ein Widerspruch!? Ökumenische Perspektiven des Papstamtes, hg. von Philipp Thull, Leipzig/Paderborn 2015.

12 Vgl. Kurt Koch, Unaufgebbares und Revidierbares in der Gestalt des Papsttums aus römisch-katholischer Sicht, in: Freiburger Zeitschrift für Philosophie und Theologie 52, 2005, S. 5–30.

a) Das Papstamt im Dialog mit den Kirchen des Ostens

Die Kirchen des Ostens haben bei der Rangordnung der apostolischen Sitze stets anerkannt, dass der Bischof von Rom den ersten Sitz innehat, dass ihm aber nur ein Ehrenprimat zukommt, wie die Ostkirchen ihn in der kirchlichen Realität im ersten Jahrtausend erkennen. Sie erblicken aber im Primat des Bischofs von Rom in seiner weiteren Entwicklung in der lateinischen Tradition im zweiten Jahrtausend eine Störung oder gar »Zerstörung der ekklesialen Struktur als solcher«, »in deren Gefolge etwas anderes und Neues an die Stelle der altchristlichen Form tritt«.[13] Damit ist deutlich, dass der orthodoxen und katholischen Sicht eine unterschiedliche Ekklesiologie zugrunde liegt und dass die Primatsfrage im weiteren ekklesiologischen Problemkontext behandelt werden muss.

Im theologischen Dialog zwischen der Katholischen und der Orthodoxen Kirche konnte ein wesentlicher Schritt gemacht werden auf der Vollversammlung der Internationalen Gemischten Kommission in Ravenna im Jahre 2007. In dem damals verabschiedeten Dokument »Ekklesiologische und kanonische Konsequenzen der sakramentalen Natur der Kirche. Kirchliche Communio, Konziliarität und Autorität«[14] wird dargelegt, dass Primat und Synodalität in dem Sinn voneinander abhängig sind, dass der Primat immer im Kontext der Synodalität und dementsprechend die Synodalität im Kontext des Primates betrachtet werden müssen, und dass die Kirche auf allen Ebenen und damit nicht nur auf der lokalen und regionalen, sondern auch auf der universalen Ebene einen *protos*, einen Ersten braucht. Weil dies Katholiken und Orthodoxe zum ersten Mal gemeinsam erklären konnten, stellt das Dokument von Ravenna zweifellos einen ökumenischen Meilenstein dar. Mit ihm ist der Boden bereitet, auf dem ein Konsens über den Primat des Bischofs von Rom gefunden werden kann.

Wann ein weiterführender Konsens über das Papstamt im Zusammenhang der Frage nach dem Verhältnis zwischen Synodalität und Primat mit ihrer gegenseitigen Interdependenz erreicht werden kann, ist gegenwärtig noch unabsehbar. Dabei kann es freilich nicht darum gehen, einen Kompromiss auf dem kleinstmöglichen gemeinsamen Nenner anzuvisieren. Es müssen vielmehr die jeweiligen starken Seiten beider Kirchen miteinander ins Gespräch gebracht werden, und zwar in der Hoffnung auf Lernbereitschaft auf beiden Seiten und in der Bewährung des Grundprinzips des ökumenischen Dialogs,

13 Joseph Ratzinger, Theologische Prinzipienlehre. Bausteine zur Fundamentaltheologie, München 1982, darin Cap. »Die ökumenische Situation. Orthodoxie, Katholizismus und Reformation«, S. 203–214, hier S. 204.

14 Dokumentiert in: Dokumente wachsender Übereinstimmung. Sämtliche Berichte und Konsenstexte Interkonfessioneller Gespräche auf Weltebene, Bd. 4: 2001–2010, hg. von Johannes Oeldemann/Friederike Nüssel/Uwe Swarat/Athanasion Vletsis, Paderborn/Leipzig 2012, S. 833–848.

das im gegenseitigen Austausch der Gaben besteht. Um bei dieser schwierigen Frage im katholisch-orthodoxen Dialog weiterkommen zu können, müssen auf beiden Seiten Schritte aufeinander zu vollzogen werden.

Auf der einen Seite muss die Katholische Kirche eingestehen, dass sie in ihrem Leben und in ihren ekklesialen Strukturen noch nicht jenes Maß an Synodalität entwickelt hat, das theologisch möglich und notwendig wäre. Darin aber besteht eine wichtige Voraussetzung, um überzeugend dartun zu können, dass sich das primatiale und das synodale Prinzip einander keineswegs ausschließen und dass eine glaubwürdige Verbindung des primatial-hierarchischen Prinzips mit dem synodal-communialen Prinzip eine wesentliche Hilfe der Katholischen Kirche für das weitere ökumenische Gespräch mit den Kirchen des Ostens sein wird. Denn in der notwendigen Verstärkung der Synodalität muss man zweifellos den wichtigsten Beitrag der Katholischen Kirche für die Anerkennung eines universalkirchlichen Primats in der Orthodoxie erblicken. In dieser Richtung hat Papst Franziskus in seinem Apostolischen Schreiben *Evangelii gaudium* hervorgehoben, dass es in den ökumenischen Dialogen vor allem darum geht, das, was der Geist bei den anderen christlichen Kirchen und Gemeinschaften gesät hat, »als ein Geschenk aufzunehmen, das auch für uns bestimmt ist«; und er hat diese ökumenische Wegweisung dahingehend konkretisiert: »Im Dialog mit den orthodoxen Brüdern haben wir Katholiken die Möglichkeit, etwas mehr über die Bedeutung der bischöflichen Kollegialität und über ihre Erfahrung der Synodalität zu lernen.«[15]

Auf der anderen Seite werden die Orthodoxen Kirchen im ökumenischen Dialog lernen können, dass ein Primat auch auf der universalen Ebene der Kirche nicht nur möglich und theologisch legitim, sondern auch notwendig ist, dass auch die innerorthodoxen Spannungen es nahelegen, über ein Amt der Einheit auf der universalen Ebene nachzudenken und dass dies keineswegs im Gegensatz zur orthodoxen Ekklesiologie steht, sondern mit ihr kompatibel ist. Von den Orthodoxen Kirchen ist deshalb auch zu erwarten, dass sie sich ihrem ekklesiologischen Kernproblem dezidiert stellen, nämlich der Autokephalie von nationalen Kirchen und ihrer inhärenten Tendenz zum Nationalistischen. Dabei darf man dankbar feststellen, dass auch orthodoxe Theologen wie beispielsweise John Meyendorff die Konzeption von autokephalen Nationalkirchen als das eigentliche Problem innerhalb der Orthodoxie beurteilen und dessen theologische Aufarbeitung für vordringlich halten.[16] Darin liegt der Beitrag der Orthodoxie, damit der Weg für eine theologische Versöhnung zwischen der orthodoxen Ekklesiologie und dem Prinzip des petrinischen Dienstes frei wird. Der Primat des Bischofs von Rom würde sich dann nicht nur als »Haupthindernis« für die Wiederherstellung der vollen

15 Evangelii gaudium (wie Anm. 7), Nr. 246, S. 166–167.

16 Vgl. John MEYENDORFF, Orthodoxy and Catholicity, New York 1966; John MEYENDORFF, The Byzantine Legacy in the Orthodox Church, New York 1982.

Kirchengemeinschaft mit den Kirchen des Ostens darstellen, sondern auch gleichsam als »Hauptmöglichkeit« für dasselbe Anliegen, »weil er verbindliche Schritte zur Einheit ermöglicht« und weil im Spiegelbild sichtbar wird, dass »ohne ihn auch die katholische Kirche längst in National- und Rituskirchen zerfallen wäre, die das ökumenische Gelände vollends unübersichtlich machen würden«.[17]

b) Das Papstamt im Dialog mit den Reformationskirchen

Damit aus dem Haupthindernis immer mehr und immer überzeugender eine Hauptmöglichkeit werden kann, muss die theologische Frage nach dem Verhältnis zwischen Primat und Synodalität vertieft werden. Das Vorankommen des katholisch-orthodoxen Dialogs hat dabei auch wichtige Konsequenzen für den Dialog über das Papstamt mit den aus der Reformation hervorgegangenen Kirchen und kirchlichen Gemeinschaften. Denn die große Kirchenspaltung im 16. Jahrhundert ist weitgehend nur zu verstehen vor dem Hintergrund der Spaltung in der Kirche zwischen Ost und West. Sie ist eine wesentliche Ursache dafür gewesen, dass sich die lateinische Christenheit recht einseitig entwickelt und jene schwere Krise in der Kirche im Spätmittelalter hervorgerufen hat, die schließlich auch in die tragische Spaltung der westlichen Christenheit hineingeführt hat.

Auch der ökumenische Dialog mit den Reformationskirchen über das Papstamt kann sich nicht einfach auf einzelne Lehrunterschiede wie den Primat des Bischofs von Rom beziehen. Da in der Reformation ein anderer Typ des Kircheseins hervorgebracht worden ist, der sich nicht unwesentlich von der ekklesialen Grundstruktur der Alten Kirche unterscheidet, muss sich der ökumenische Dialog über das Papstamt in erster Linie mit diesem anderen Typ des Kircheseins auseinandersetzen. Dieser zeigt sich in der Geschichte des Protestantismus bereits terminologisch durch eine weitgehende Ablehnung des Kirchenbegriffs und dessen Ersetzung durch das Wort Gemeinde an, die bis in die Gegenwart hinein nachwirkt.[18] Noch in den sechziger Jahren konnte der berühmte reformierte Theologe Karl Barth urteilen: »Es ist gerade theologisch ratsam, das dunkle und belastete Wort ›Kirche‹ wenn nicht gänzlich so doch tunlichst zu vermeiden, es jedenfalls sofort und konsequent durch das Wort ›Gemeinde‹ zu interpretieren.«[19]

---

17 Joseph Cardinal RATZINGER, Briefwechsel zwischen Metropolit Damaskinos und Joseph Cardinal Ratzinger, in: Joseph Cardinal RATZINGER, Weggemeinschaft des Glaubens. Kirche als Communio. Festgabe zum 75. Geburtstag, hg. vom SCHÜLERKREIS, Augsburg 2002, S. 187–209, hier S. 203.

18 Vgl. Kurt Kardinal KOCH, Auf dem Weg zur Kirchengemeinschaft. Welche Chance hat eine gemeinsame Erklärung zu Kirche, Eucharistie und Amt?, in: Catholica 69, 2015, S. 77–94, v. a. Cap. »Reformatorische Kirchen im Licht ihres Erbes. Historischer Zugang«, S. 80–83.

19 Karl BARTH, Einführung in die evangelische Theologie, Zürich 1962, S. 35.

Heute verstehen sich die reformatorischen Gemeinschaften zwar dezidiert als Kirchen, geblieben aber ist die Fokussierung ihres Kirchenverständnisses auf die Gemeinde. Das evangelische Kirchenverständnis hat seinen eindeutigen Schwerpunkt und gleichsam sein Gravitationszentrum in der konkreten Gemeinde am Ort: In evangelischer Sicht ist die Kirche Jesu Christi im vollen Sinn in der konkreten, um Wort und Sakrament versammelten Gottesdienstgemeinde gegeben. Die Gemeinde ist die prototypische Realisierung der Kirche, wie dies das vom Rat der Evangelischen Kirche in Deutschland publizierte »Votum zum geordneten Miteinander bekenntnisverschiedener Kirchen« mit dem Titel »Kirchengemeinschaft nach evangelischem Verständnis« dahingehend profiliert, dass die eine, heilige, apostolische und katholische Kirche »notwendig in Gestalt von einzelnen Gemeinden« existiert, »die die primäre Verwirklichung der katholischen Kirche sind«. Die einzelnen Gemeinden stehen dabei durchaus miteinander im Austausch. Ein übergemeindlicher oder gar universaler Aspekt ist insofern durchaus vorhanden, er bleibt aber theologisch wenig beleuchtet. So sind beispielsweise die lutherischen oder reformierten Weltbünde eben Bünde von Kirchen, aber nicht selbst Kirche auf der universalen Ebene, sondern höchstens auf dem Weg vom Kirchenbund zur Kirchengemeinschaft.

In der Ausblendung oder zumindest theologischen Unterbewertung des universalkirchlichen Aspekts des Kircheseins liegt der eigentliche Grund, dass das reformatorische Kirchenverständnis keine allgemein anerkannte Theologie des Bischofsamtes und schon gar keine Theologie eines universalkirchlichen Amtes kennt, wie die Katholische Kirche dieses im Petrusamt des Bischofs von Rom verwirklicht sieht. Im evangelischen Kirchenverständnis stellt sich diese Frage im Grunde gar nicht. Wenn nämlich in der konkreten Einzelgemeinde die entscheidende Vollzugsgestalt von Kirche gesehen wird, dann stellt auch das Amt des *pastor loci* den Prototyp des kirchlichen Amtes dar. Pastoren- und Bischofsamt sind folglich theologisch identisch und nur funktional unterschieden: »Das Bischofsamt ist nach diesem Verständnis Pastorenamt in kirchenleitender Funktion.«[20] Was das Papstamt betrifft, könnte ein solches unter den Voraussetzungen des evangelischen Kirchenverständnisses deshalb nur unter pragmatischen, nicht jedoch unter kirchenkonstitutionellen Gesichtspunkten in Frage kommen.

Um den ökumenischen Dialog über das Papstamt voranzubringen, braucht es in erster Linie eine Klärung des Kirchenverständnisses, insbesondere des Verhältnisses zwischen Orts- und Universalkirche. Damit zeigt sich ein grundlegender Unterschied der heutigen Situation zu derjenigen von Martin Luther. Denn dem Reformator ist es erstens um eine umfassende Reform im Sinne der Erneuerung der ganzen Kirche und

20 Walter Kardinal Kasper, Perspektiven einer sich wandelnden Ökumene. Das ökumenische Engagement der katholischen Kirche, in: Stimmen der Zeit 220, 2002, S. 651–661, hier S. 659.

gerade nicht um eine Reformation im Sinne der mit ihr schließlich zerbrochenen Einheit der Kirche und des Entstehens von neuen reformatorischen Kirchen gegangen, wie der evangelische Ökumeniker Wolfhart Pannenberg pointiert festgestellt hat: »Luther wollte eine Reformation der Gesamtchristenheit; sein Ziel war alles andere als eine lutherische Sonderkirche.«[21] Martin Luther hat deshalb zweitens das Papstamt als solches keineswegs abgelehnt, sondern hat die Möglichkeit einer Bejahung des Papstamtes von Bedingungen abhängig gemacht, »die alle letztlich darauf hinauslaufen, dass das Papstamt sich von seinen ›antichristlichen‹ Zügen befreit und – summa summarum – ›das Evangelium zulässt‹«.[22] Auch die scharfe Papstkritik Luthers hat sich, zumindest in den Anfängen seines Wirkens, nicht gegen das Papstamt als solches gerichtet, sondern gegen seine, wie Luther urteilte, missbräuchliche Ausübung.

Indem Luther im Grunde die von Papst Johannes Paul II. vorgeschlagene Unterscheidung zwischen dem Wesen des Primats des Bischofs von Rom und der konkreten Form seiner Ausübung, freilich unter sehr polemischem Vorzeichen, vorweggenommen hat, wäre mit ihm eine ökumenische Verständigung über das Papstamt, sofern es heute »das Evangelium zulässt«, leicht möglich. Eine solche Verständigung wäre jedenfalls viel leichter möglich als in der heutigen ökumenischen Situation, da innerhalb des Protestantismus noch nicht einmal Konsens darüber besteht, ob es in der Kirche ein Papstamt aus theologischen Gründen überhaupt geben kann und sogar muss. Diesbezüglich sind in den reformatorischen Kirchen verschiedene Stimmen zu vernehmen. Es gibt Theologen wie Wolfhart Pannenberg, die einen Dienst an der Einheit der Christen im apostolischen Glauben auch auf der Ebene der Gesamtkirche und in Bezug auf die ganze Christenheit theologisch für notwendig erachten;[23] es gibt Theologen, die ein Papstamt als mit dem evangelischen Kirchenverständnis nicht vereinbar halten; und es gibt Theologen, die einen Einheitsdienst auf der universalen Ebene nur aus pragmatischen Gründen anerkennen würden. Solange diesbezüglich kein tragfähiger Konsens besteht, muss sich der ökumenische Dialog über das Papstamt mit den aus der Reformation hervorgegangenen Kirchen auf die ekklesiologischen Grundsatzfragen konzentrieren. In dieser Sinnrichtung sollen abschließend einige Reflexionen darüber formuliert werden, wie eine ökumenische Verständigung über das Papstamt aus katholischer Sicht anvisiert werden könnte.

---

21 Wolfhart Pannenberg, Problemgeschichte der neueren evangelischen Theologie in Deutschland. Von Schleiermacher bis zu Barth und Tillich (Uni-Taschenbücher 1979), Göttingen 1997, S. 25.

22 Gruppe von Farfa Sabina, Gemeinschaft der Kirchen und Petrusamt. Lutherisch-katholische Annäherungen, Frankfurt am Main 2010, S. 41–42.

23 Vgl. Wolfhart Pannenberg, Beiträge zur systematischen Theologie, Bd. 3: Kirche und Ökumene, Göttingen 2000, Cap. »Evangelische Überlegungen zum Petrusdienst des römischen Bischofs, S. 366–377.

3. Ökumenische Verständigung über das Papstamt aus katholischer Sicht

Um sowohl der orthodoxen Ekklesiologie, die im Kern eine eucharistische ist, als auch der reformatorischen Konzentration des Kirchenverständnisses auf die Gemeinde, der im Wesentlichen auch eine gottesdienstliche Ekklesiologie zugrunde liegt, Rechnung zu tragen, muss die katholische Papsttheologie weiter vertiefen und glaubwürdig dartun, dass der Primat des Bischofs von Rom nicht allein eine juridische und schon gar nicht eine rein äußerliche Zutat zu einer eucharistischen Ekklesiologie, sondern in ihr selbst begründet ist, insofern er letztlich nur Sinn macht von jenem weltweiten Netz von Eucharistiegemeinschaften her, das die Kirche ist.[24] Der Primat des Römischen Papstes ist letztlich nur von diesem weltweiten eucharistischen Netz her zu verstehen, worauf Papst Benedikt XVI. immer wieder, und zwar auch und gerade in ökumenischer Hinsicht, aufmerksam gemacht hat.[25] Mit seinem Hinweis, dass in der frühen Kirche das Wort »Liebe« – *caritas* – zugleich das Geheimnis der Eucharistie bezeichnet, hat er deutlich gemacht, dass der Bischof von Rom seine petrinische Verantwortung vor allem dadurch wahrnimmt, dass er in der Eucharistie alle Ortskirchen auf der ganzen Welt zur einen universalen Kirche verbindet und damit Kirche als *communio ecclesiae* und *communio ecclesiarum* erfahrbar werden lässt. Den Vorsitz in der Liebe ausüben bedeutet deshalb in den Worten von Papst Benedikt XVI. »die Menschen in eine eucharistische Umarmung – in die Umarmung Christi – hineinziehen, die jede Schranke und jede Fremdheit überwindet und aus den mannigfaltigen Verschiedenheiten die Gemeinschaft bildet«.[26] Das Papstamt ist folglich als Primat in der Liebe im eucharistischen Sinn zu verstehen, der in der Kirche um eine Einheit besorgt ist, die eucharistische Gemeinschaft ermöglicht und schützt und glaubwürdig und wirksam verhindert, dass ein Altar gegen einen anderen Altar gestellt wird, wie dies beispielsweise in der Auseinandersetzung des Optatus von Mileve mit den Donatisten in eklatanter Weise zu Tage getreten ist.[27] In diesem grundlegenden Sinn erweist sich der Primat des Bischofs von Rom, der

---

24 Vgl. Bruno Forte, Il primato nell'eucaristia. Considerazioni ecumeniche intorno al minstero petrino nella Chiesa, in: Asprenas 23, 1976, S. 391–410; vgl. auch Adriano Garuti, Ecclesiologia Eucaristica e primato del Vescovo di Roma, in: Benedictus qui venit in Nomine Domini. Sypozjum Międzynarodwe Cooperatores Veritatis Joseph Ratzinger/Benedykt XVI, Radom, 20–21 maja 2006. Międzynarodowa Konferencja Naukowa Ecclesia Christi, Warszawa, 22 maja 2006, hg. von Roman Karwacki, Radom 2009, S. 455–472.

25 Vgl. Kurt Koch, Die Primatstheologie von Joseph Ratzinger/Benedikt XVI. in ökumenischer Perspektive, in: Dienst und Einheit (wie Anm.11), S. 15–37.

26 Benedikt XVI., Predigt in der Eucharistiefeier mit den neuen Kardinälen am 19. Februar 2012, online unter: http://w2.vatican.va/content/benedict-xvi/de/homilies/2012/documents/hf_ben-xvi_hom_20120219_nuovi-cardinali.html (Stand: 30.09.2016).

27 Vgl. Joseph Ratzinger, Volk und Haus Gottes in Augustins Lehre von der Kirche (Münchener theologische Studien 2, systematische Abteilung 7), Diss., München 1954, ND St. Ottilien 1992, v.a. Cap. 4, § 12 »Optatus von Mileve«, S. 102–123.

im Dienst der eucharistischen Einheit der Kirche steht und dafür Sorge trägt, dass die Kirche immer wieder von der Eucharistie her Maß nimmt, und sich in dieser Weise als Bindeglied der Katholizität bewährt, als ein bleibendes Wesenselement der Kirche.

Wenn sich der Petrusdienst des Bischofs von Rom am Wort des Heiligen Ignatius von Antiochien in seinem Brief an die Römer orientiert, das die Kirche des Bischofs von Rom als jene Kirche bezeichnet, die den »Vorsitz in der Liebe« hat, dann wird auch sichtbar, dass der Vorsitz des Nachfolgers des Petrus in der Liebe und sein Vorsitz in der Lehre des Glaubens unlösbar zusammengehören. Auf der einen Seite ist der Vorsitz im Glauben an den Vorsitz in der Liebe gebunden. Der Vorsitz des Bischofs von Rom im Glauben muss Vorsitz in der Liebe sein. Denn die Lehre der Kirche vermag den Menschen nur zu erreichen, wenn sie zur Liebe führt. Auf der anderen Seite gründet die Liebe, der der Bischof von Rom in besonderer Weise zu dienen hat, im Glauben. Denn der Vorsitz in der Liebe besteht in erster Linie in der Verpflichtung zum Gehorsam gegenüber dem Willen Gottes. Er ist Dienst am Glaubensgehorsam, wie dies Papst Benedikt XVI. bei seiner feierlichen Inbesitznahme der Kathedra des Bischofs von Rom in der Lateranbasilika am 7. Mai 2005 mit diesen tiefen Worten ausgesprochen hat: »Der Papst ist kein absoluter Herrscher, dessen Denken und Willen Gesetz sind. Im Gegenteil: Sein Dienst garantiert Gehorsam gegenüber Christus und seinem Wort. Er darf nicht seine eigenen Ideen verkünden, sondern muss – entgegen allen Versuchen von Anpassung und Verwässerung sowie jeder Form von Opportunismus – sich und die Kirche immer zum Gehorsam gegenüber dem Wort Gottes verpflichten.«[28]

Der petrinische Dienst an der Einheit ist deshalb in erster Linie ein »Dienst am Glauben«;[29] und für diesen *primatus fidei* ist der Papst der autorisierte Zeuge. Denn wie zu jedem Amt in der Kirche gehört auch zum Papstamt der personale Zeugendienst, für den der Zeuge persönlich haftbar und verantwortlich ist. Da Autorität in der Kirche letztlich allein Jesus Christus als dem Haupt und Herrn der Kirche zukommt, kann menschliche Autorität nur in seinem Namen und als sein persönlich beauftragter Zeuge ausgeübt werden. Damit ist im Kern zum Ausdruck gebracht, was die Katholische Kirche unter dem schwierigen Wort der Unfehlbarkeit des Papstes versteht. Bedenkt man diese martyrologische Dimension des Papstamtes, dann kann dieses nicht nur im Sinne eines sogenannten Ehrenprimates verstanden werden. Denn »Ehre« schließt im biblischen und altkirchlichen Sinn immer auch Autorität mit ein, insofern man denjenigen, dem Ehre gebührt, zu achten hat. Vor allem aber hilft ein Dienst, der nicht auch

28 Benedikt XVI., Homilie bei der feierlichen Inbesitznahme der Kathedra des Bischofs von Rom in der Lateranbasilika am 7. Mai 2005, online unter: https://w2.vatican.va/content/benedict-xvi/de/homilies/2005/documents/hf_ben-xvi_hom_20050507_san-giovanni-laterano.pdf (Stand: 30.09.2016).

29 Walter Kasper, Dienst an der Einheit und Freiheit der Kirche. Zur gegenwärtigen Diskussion um das Petrusamt in der Kirche, in: Dienst an der Einheit (wie Anm. 11), S. 81–104.

Vollmacht besitzt, gerade in jenen Situationen, in denen man ihn am meisten braucht, wenig oder nichts. Es kann deshalb nicht darum gehen, im Verständnis des Primats des Bischofs von Rom den Gesichtspunkt des Jurisdiktionellen überhaupt auszuschließen. Es geht vielmehr darum, ihn in den Gesamtzusammenhang der Kirche zu reintegrieren, wie dies Hans Urs von Balthasar gefordert hat, dessen berühmtes Buch »Der antirömische Affekt« sinnvollerweise den präzisierenden Untertitel trägt: »Wie lässt sich das Papsttum in der Gesamtkirche integrieren?«[30]

Die beste Integration in der Gesamtkirche auch und gerade in ökumenischer Sicht besteht darin, dass der Primat des Bischofs von Rom ein Primat des Gehorsams gegenüber dem Evangelium ist, wie dies die Kongregation für die Glaubenslehre in ihren Erwägungen über den »Primat des Nachfolgers Petri im Geheimnis der Kirche« ausgesprochen hat: »Der römische Bischof steht – wie alle Gläubigen – unter dem Worte Gottes und unter dem katholischen Glauben. Er ist Garant für den Gehorsam der Kirche und in diesem Sinn *servus servorum*. Er entscheidet nicht nach eigener Willkür, sondern ist Stimme für den Willen des Herrn, der zum Menschen in der von der Überlieferung gelebten und interpretierten Schrift spricht. Mit anderen Worten: Die *episkope* des Primats hat die Grenzen, die aus dem Gesetz Gottes und der in der Offenbarung enthaltenen, unantastbaren göttlichen Stiftung der Kirche hervorgehen.«[31]

Der Bischof von Rom, dessen Aufgabe darin besteht, die Kirche zum Gehorsam gegenüber dem Wort Gottes zu verpflichten, ist berufen, sich selbst als der exemplarisch Gehorsame zu erweisen. Er kann sich deshalb weder im Sinne einer Monarchie politischer Art als absoluter Herrscher verstehen, der sich nur nach seinem Willen richten würde. Er kann aber seinen Dienst auch nicht auf einen bloßen Ehrenvorrang beschränken. Er ist vielmehr letztverbindlicher Dienst am Glauben und glaubwürdiger Dienst an der Liebe und so Dienst an der Einheit der Kirche. Unter diesen Voraussetzungen bestehen Hoffnung und Aussicht auf einen ökumenischen Konsens über das Papstamt, so dass der Primat des Bischofs von Rom ganz im Dienst an der einen und ungeteilten Kirche in Ost und West stehen kann. Dann könnte die Katholische Kirche das große Geschenk, das sie mit dem Papstamt von Christus für die Kirche erhalten hat, mit der ganzen Christenheit teilen. Und dann wäre das Papstamt nicht mehr das »schwerwiegendste Hindernis auf dem Weg des Ökumenismus«, sondern Promotor der ökumenischen Verständigung und Garant der Einheit der Kirche.

---

30 Hans U. von BALTHASAR, Der antirömische Affekt. Wie lässt sich das Papsttum in der Gesamtkirche integrieren? (Herderbücherei 492), Freiburg im Breisgau/Basel/Wien 1974.

31 PESCH, Il primato (wie Anm. 9), Nr. 7, S. 16.

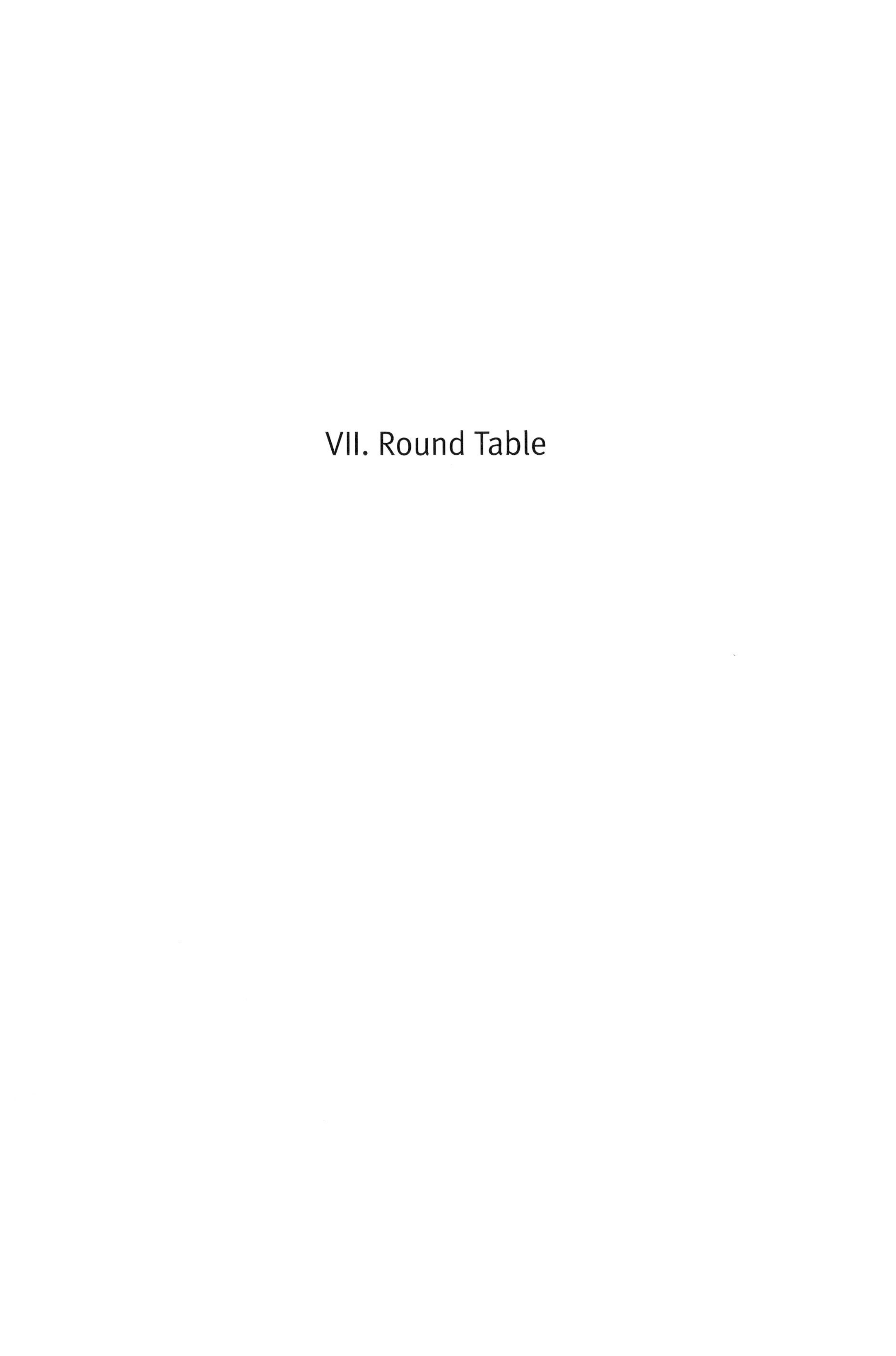

VII. Round Table

Thesen zum Renaissancepapsttum

Volker Leppin

Im Rahmen eines solchen Round Tables sehe ich meine Funktion darin, als evangelischer Kirchenhistoriker zu sprechen, also auf die Geschichte zu schauen, dies aber bewusst aus evangelischer Perspektive zu tun – bei welcher ich wiederum hinzusetze, dass meine eigene evangelische Perspektive eine ökumenisch geöffnete ist. Dieser Haltung entspricht es, dass ich versuche, das Renaissancepapsttum in ein Verhältnis zur Reformation zu setzen. Ich konzentriere mich dabei auf das Renaissancepapsttum des 15. Jahrhunderts, wie es die Reformation als Gegenüber vorfand und gehe nicht die weitere Entwicklung im 16. Jahrhundert entlang. Das Renaissancepapsttum ist:

1. ein Ärgernis. Das war es schon zu seiner Zeit – Christen des späten Mittelalters entsetzten sich über die Exzesse der Päpste, für Humanisten wie Reformatoren war das Verhalten der geldgieren, verweltlichten Herrscher Roms ein willkommener Anlass für Kritik und Spott. Versucht man diesen Ärger jenseits einer moralistischen Ebene zu erfassen, so steht das Renaissancepapsttum für die Verbindung von weltlichen und geistlichen Aufgaben, wie sie für höhere Ämter in der Christenheit seit dem frühen Mittelalter üblich geworden war. In dem entstehenden Normkonflikt zwischen Ausübung der bischöflichen Funktion und der Existenzweise als Landesherr orientierten sich die Päpste am Lebensstil der weltlichen Herren, zu denen sie eben auch gehörten. Dass sie hierbei auch Mäzenaten in großem Stil wurden, erfüllt uns ja bei jedem Rombesuch mit großer Dankbarkeit. Historisch waren die sich darin findenden Züge des Papsttums keineswegs eine Neuerung, sondern sie setzten konsequent fort, was sich im 14. Jahrhundert in Avignon angebahnt hat: Auch dort hat man ein Papsttum, das seine weltliche Macht mehr und mehr ausdehnt, die Künste, sichtbar noch immer im Papstpalast von Avignon, fördert und von den Zeitgenossen – wie etwa Petrarca – als moralisch anrüchig betrachtet wird. Man wird insofern fragen dürfen, ob die Kategorie »Renaissancepapsttum«, wenn sie denn fruchtbar ist, nicht eigentlich schon das Papsttum des 14. Jahrhunderts mit umfassen sollte.

2. Die Renaissancepäpste taten für die Struktur der Kirche des Mittelalters einen wichtigen Schritt hin zur Zentralisierung: Die mittelalterliche Kirche war seit Jahrhunderten

von einer Spannung zwischen zentralen und dezentralen Kräften in der Leitung der Kirche geprägt, und das 15. Jahrhundert erlebte diese Spannungen in besonderer Weise. Der Konziliarismus gab der Dezentralisierung ein Gesicht: Kirche wurde durch die Bischöfe geleitet, nicht durch Papst oder Kurie, und damit durch die Vertreter der weltweiten Christenheit. Im Windschatten des konziliaren Prozesses konnten sich zugleich einzelne weltliche Herren – insbesondere der König von Frankreich – verstärkt Zugriffsrechte auf ihre Kirche sichern und damit abermals den Prozess der Dezentralisierung verstärken. Mit der sichtbaren, durch weltliche Herrschaft unterfütterten Konzentration der Macht in Rom stärkten die Renaissancepäpste nicht nur diesen Standort gegenüber der zeitweise mächtigen Alternative Avignon, sondern sie machten überhaupt die Zentralität der Kirche sichtbar und erfahrbar. Diese Vereinseitigung der Kirchenstrukturen kam dann markant in das Räderwerk der Reformation, insofern diese gerade die dezentralen Kräfte – insbesondere die Gestaltung der Kirche durch weltliche Herren – stärkte und hiermit diametral den in sich modernen, zentrale Strukturen stärkenden und Verwaltung intensivierenden Tendenzen des Renaissancepapsttums entgegenstand. Ich würde behaupten: So wichtig die moralische Kritik am Renaissancepapsttum war – diese war strukturell nicht das eigentliche Movens der reformatorischen Bewegung, sondern eben der Protest gegen eine als unangemessen angesehene Zentralisierung der Kirche.

3. Dies verbindet sich mit einem anderen Motiv, innerhalb dessen das Renaissancepapsttum den spätmittelalterlichen Polaritäten Ausdruck gibt. Es wäre zu einfach und zu billig, auf der Linie der tradierten moralischen Kritik die Päpste der Renaissance als geistlich leer zu brandmarken. Wer das Bildprogramm der Sixtinischen Kapelle oder der Stanzen anschaut, sieht unmittelbar, dass hier eine tiefe Religiosität umgesetzt wird – es sei nur beispielhaft auf die Messe von Bolsena verwiesen: Deren Darstellung ist nicht nur Ausdruck von Machtverhältnissen, sondern in ihr wird das Wunder der Eucharistie und Transsubstantiation gefeiert. Dies ist eine Form von Frömmigkeit, die freilich innerhalb der spätmittelalterlichen Frömmigkeit eher in den weiten Bereich sich veräußerlichender Frömmigkeitsformen fällt, wie sie sich extrem im Ablasswesen zeigen – dessen Aktivierung durch die Renaissancepäpste gab ja dann auch Anstoß für die Entwicklung der Reformation. Diese wiederum speiste sich aus den Kräften verinnerlichter mystischer devotionaler Frömmigkeitsformen im späten Mittelalter.

Die beiden Aspekte: Zentralisierung und Frömmigkeit zeigen also exemplarisch, dass im Renaissancepapsttum spätmittelalterliche Möglichkeiten zu einer Blüte kamen, denen ebenso innermittelalterlich ganz andere Entwicklungen entgegenstanden – aus eben dieser Alternative entstand dann die Reformation, die mithin wenigstens zu Teilen eine konsequente Antwort auf das Renaissancepapsttum war.

Thesen zum Renaissancepapsttum

Christoph Strohm

Das Renaissancepapsttum beginnt mit der Hoffnung, das jahrzehntelange Schisma zu überwinden und die Einheit wiederzugewinnen (nach dem Konstanzer Konzil). Es ist dann aber über weite Strecken durch den mangelnden Willen und die Unfähigkeit, auf den Aufbruch der Reformation angemessen zu reagieren, gekennzeichnet. In der Endphase des Renaissancepapsttums gelingt es einzelnen Päpsten, in Gestalt des von ihnen geführten Trienter Konzils sowie einer Umsetzung der hier beschlossenen Reformmaßnahmen die religiöse und moralische Führungsrolle zumindest im katholischen Europa zu übernehmen. Die krassesten Varianten einer offenkundigen Verachtung der geistlichen und moralischen Ziele der Kirche und der Orientierung an partikularen weltlichen Interessen waren nun zwar überwunden, die grundsätzlichen Ambivalenzen des Papsttums als einer europäischen Institution blieben jedoch bestehen. Drei Ambivalenzen seien genannt.

1. Zur Ambivalenz von kirchlichem Universalitätsanspruch und staatlichem Partikularinteresse: Das Renaissancepapsttum hat den Anspruch der Leitung der Christenheit aktualisiert und durch verschiedenste Maßnahmen konkretisiert. Am Beginn stand eine deutliche Zurückhaltung im Blick auf die Fragen der Kirchenreform, da sie mit dem Konziliarismus beziehungsweise Episkopalismus verbunden schienen und das Papsttum dadurch seine Stellung in der Kirche bedroht sah. Man kann den Ausbau der Verwaltung der Kurie zwischen 1450 und 1520, vom Ablasswesen bis hin zum europaweiten Benefizien- und Finanzverkehr, als Teil kirchlicher Reformbemühungen würdigen. Gleichwohl standen hier offenkundig finanzielle Interessen im Vordergrund. Lediglich der schnell gescheiterte niederländische Papst Hadrian VI. (1522/1523), dessen Wahl insbesondere Kaiser Karl V. vorangetrieben hatte, orientierte sein Handeln primär an spezifisch kirchlichen Zielen. Erst im Pontifikat des Farnese-Papstes Paul III. (1534–1549) kam es unter dem Eindruck der scheinbar unaufhaltsam fortschreitenden Ausbreitung der Reformation zu ersten Ansätzen kirchlicher Reform. Das vom Kaiser und anderen lange geforderte Konzil konnte beginnen, und erste reformerisch gesinnte Kardinäle

wurden ernannt (der streng traditionalistische Neapolitaner Giampiero Carafa und der in einem biblischen Humanismus verwurzelte Venezianer Gasparo Contarini).

Das Trienter Konzil brachte eine umfassende Reform der Kirche auf den Weg. Das Konzil ist das Werk der Kurie und der Päpste und steht nicht wirklich in der Kontinuität zur konziliaristischen Reformbewegung des 14./15. Jahrhunderts. Denn ein wesentliches Anliegen war die Stärkung der Stellung des Papstes in der Kirche und die Vereinheitlichung der Lehre und Amtshandlungen unter römischem Vorzeichen. Exemplarisch sind hier die römische Inquisition zu nennen, aber auch der Römische Katechismus, das Brevier und das Messbuch. Einen entscheidenden Anteil an den erfolgreichen Reformbemühungen haben die antikonziliaristischen Päpste Paul IV. (1555–1559) und Pius V. (1566–1572).

Im spannungsreichen Miteinander von kirchlichem Universalitätsanspruch und staatlichem Partikularinteresse verschob sich das Gewicht zugunsten der kirchlich-geistlichen Aufgaben des Papsttums. Das zeigt sich exemplarisch an der Erhöhung des Anteils an Theologen unter den Kardinälen. Am Beginn der Reformation waren unter den 30–40 Kardinälen nur wenige Theologen, meist aus den Orden (wie der Dominikaner Cajetan de Vio), gewesen.

Gleichwohl bleiben die staatlich-partikularen Interessen des römischen Papsttums auch am Ende des 16. Jahrhunderts mehr oder weniger leitend. In der zweiten Hälfte des 15. und in der ersten Hälfte des 16. Jahrhunderts war das Handeln des Renaissancepapsttums durch mehr oder weniger hemmungslose Machtpolitik gekennzeichnet. Teilweise ganz auf die familiären Interessen ausgerichtet, war das hauptsächliche Ziel, die Macht des Kirchenstaates zu stärken. Unter dem Humanisten-Papst Nikolaus V. (1447–1455) bedeutete das erst einmal einfach den Wiederaufbau Roms. Bis zum Frieden von Cateau-Cambrésis 1559 kämpfte das Papsttum aber fast durchgängig als eine regionale Macht unter anderen und mit anderen für seine Partikularinteressen. Die Päpste standen keineswegs über den Parteien, sondern waren selbst Partei (R. Lill). Julius II. (1503–1513), der selbst an der Spitze seiner Truppen kämpfte, verfolgte neben der Wiederherstellung des Kirchenstaates als zweites Ziel die Vertreibung der fremden Herrscher aus Italien. Er fühlte sich zuerst als italienischer Fürst und ist damit repräsentativ für die meisten Renaissancepäpste. Es wäre aber eine Fehleinschätzung, den Verlauf des 15. und 16. Jahrhunderts als Entwicklung hin zu einer harmonischen Vermittlung von kirchlichem Universalitätsanspruch und staatlichem Partikularinteresse zu deuten. Die Spannung bleibt erhalten, denn die Wiederherstellung des Kirchenstaates (auch zum Beispiel mit militärischen Mitteln) scheint unter den damaligen Verhältnissen notwendig gewesen zu sein. Die Päpste konnten – wie der große Kritiker des Papsttums, Leopold Ranke, bereits geurteilt hat – nur so ihre politische Unabhängigkeit behaupten.

2. Zur Ambivalenz der kulturellen Leistung des Renaissancepapsttums: Beginnend mit Nikolaus V. war die Stärkung des Kirchenstaates mit einer umfassenden Bautätigkeit verbunden. Unter Sixtus IV. (1471–1484) kam es im Heiligen Jahr 1475 zum Bau der Tiberbrücke und anderer epochaler Bauten. Im Vatikan entstand die Sixtinische Kapelle in den Maßen des salomonischen Tempels. Auf allen möglichen Feldern der Kunst und Kultur haben sich insbesondere die Päpste Julius II. (1503–1513), Leo X. (1513–1521), Clemens VII. (1523–1534) und Paul III. (1534–1549) als Förderer und Auftraggeber hervorgetan. Ohne sie hätten Künstler wie Bramante, Raffael und Michelangelo ihr künstlerisches Werk nicht entfalten können. Während diese Päpste Anliegen des Humanismus vertraten, wird der Humanismus von den Reformpäpsten nach dem Trienter Konzil mehr oder weniger deutlich ausgeschieden (so besonders von Pius V.). Gleichwohl bringt auch das späte Renaissancepapsttum erhebliche Kulturwirkungen hervor. Erwähnt sei nur die grundlegende Reform des julianischen Kalenders unter Gregor XIII. (1572–1585). Ferner fördern die Päpste eine barocke Kultur, welche zum einen die Renaissance ablöst und zum anderen eine Art tridentinisch-katholischer Gegenkultur zur protestantischen Welt sichtbar machen soll. Die Barockkirchen Il Gesù und Chiesa Nuova führen die gegenreformatorische Kirchlichkeit und ihren Weltgestaltunganspruch programmatisch vor Augen. Auch das dient am Ende des 16. Jahrhunderts der Förderung des römischen Zentralismus. Unter Sixtus V. (1585–1590) wird der Anspruch, das antike Rom durch das vom Papst geführte christliche Rom fortzuführen, durch eine grundlegende Umgestaltung unterstrichen. Nun sind die Straßenachsen auf die großen Hauptkirchen ausgerichtet. »Die Ehrensäulen der Kaiser Trajan und Marc Aurel wurden mit den Figuren der Apostel Petrus und Paulus geschmückt« (R. Lill). Die große kulturprägende Kraft des Renaissancepapsttums ist verknüpft mit dem Ziel einer Förderung des römischen Zentralismus und der Stärkung der Stellung des Kirchenstaates im Konzert der europäischen Mächte. Zudem bringt die gegenreformatorische Stoßrichtung des Barockkatholizismus einen Verlust des Universalitätsanspruchs mit sich, denn es handelt sich nun um eine Gegenkultur mit antiprotestantischer Stoßrichtung.

3. Schließlich führt das Renaissancepapsttum die Ambivalenzen des starken religiös-moralischen Anspruchs, der mit der Selbstdeutung als Nachfolger Petri und Stellvertreter Christi auf Erden verbunden sind, vor Augen. Die Differenz des Handelns des Papstes als Oberhaupt des Kirchenstaates und der Worte Jesu sind offensichtlich. Dies gilt nicht nur für die Extremfälle wie den Borgia-Papst Alexander VI. (1492–1503), an dessen Wirken die menschlichen Grundsünden anschaulich zu studieren sind (Ehrgeiz, Geldgier, Fleischeslust). Auch die Pontifikate der anderen Päpste sind mehr oder weniger stark durch die Spannung von Anspruch und Wirklichkeit durchzogen. Das gilt ebenfalls für die Reformer unter den Päpsten, die im Zuge der tridentinischen Reformen

das Renaissancepapsttum in seiner klassischen Gestalt zu überwinden suchen. So war der tridentinische Anspruch einer Vereinheitlichung der Lehre mit erheblichen Gewaltmaßnahmen gegen Anders- oder Falschgläubige verbunden. Unter Paul IV. (1555–1559) fielen selbst gemäßigt reformerisch gesinnte Kardinäle wie Giovanni Morone der Inquisition zum Opfer.

Das Renaissancepapsttum als religiöses Kulturprojekt[1]

Günther Wassilowsky

Auf zwei Problemfelder grundsätzlicher Art möchte ich mich in der gebotenen Kürze im Folgenden begeben: Zum einen soll der Begriff »Renaissancepapsttum« problematisiert und über seine spezifische Bestimmung nachgedacht werden. Und zum anderen soll gefragt werden, welche Konsequenz aus der begrifflichen Füllung von »Renaissance« beziehungsweise »Renaissancepapsttum« für die Beschreibung des Verhältnisses von Renaissance und Reformation ganz grundsätzlich erwächst.

Was meinen wir eigentlich, wenn wir von einem »Renaissancepapsttum« sprechen? Ist es sinnvoll, an dem Begriff festzuhalten? Und wenn ja, was charakterisiert die Institution Papsttum und die einzelnen Päpste des Zeitraums von der Mitte des 15. bis zur Mitte des 16. Jahrhunderts? Schließlich wäre es möglich, unter Renaissancepapsttum schlicht das Papsttum jener Epoche zu verstehen, die seit dem 19. Jahrhundert nun einmal Renaissance genannt wird.[2] Will man über diese rein zeitliche Bestimmung hinausgehen, wird man ein Spezifikum oder eine Reihe von Eigenheiten nennen müssen, die das Papsttum dieser Zeit kennzeichnen und von anderen papstgeschichtlichen Epochen unterscheiden. Diese charakterisierenden Spezifika können freilich auf ganz unterschiedlichen Feldern der Papstgeschichte identifiziert werden:

Eine genuin *kunstgeschichtliche* Betrachtung wird das außergewöhnliche Mäzenatentum der Renaissancepäpste hervorheben, das die Stadt Rom für einige Jahrzehnte zu einem Zentrum europäischer Kunst werden ließ. Bildende Künstler wie Fra Angelico, Botticelli, Signorelli, Perugino, Pinturicchio, Raffael, Bramante, Michelangelo u. v. a. m. wurden von den Päpsten dieser Zeit (zumeist) vom Arno an den Tiber geholt. Sie verwandelten durch ihre Bilder, Kirchen und Paläste die mittelalterliche Stadt Rom in das,

1 Der nachfolgende Text verschriftlicht mein beim Round Table am Ende des Internationalen Kongresses »Das Renaissancepapsttum/Il Papato del Rinascimento« am 5. Dezember 2015 in Rom gehaltenes Statement. Der Duktus freier Rede wurde beibehalten, auf ausführliche Literaturnachweise wurde verzichtet.

2 Zum Begriff der Renaissance im Allgemeinen: Gerrit Walther, Renaissance, in: Enzyklopädie der Neuzeit, Bd. 11, Stuttgart/Weimar 2010, Sp. 1–18.

was sie nach dem Willen ihrer Auftraggeber werden sollte: ein Spiegel der wiedergewonnenen Größe des antiken Roms und des restaurierten Papsttums.[3] Eine derartige Dichte an bildenden Künstlern in Rom war bis dahin zweifelsohne ein papstgeschichtliches Novum. Erst später wird dann das Barockpapsttum des 17. Jahrhunderts – durchaus in Anknüpfung an diese goldene Epoche römischer Kunst um 1500 – noch einmal eine derartige Produktivität und Kreativität auf dem Feld des Mäzenatentums hervorbringen.

Ein anderes Segment, in dem man die Leistungen des Renaissancepapsttums als epochenbildend charakterisieren kann, ist *politikgeschichtlicher* Natur. Es war Paolo Prodi, der in seinem vielbeachteten Werk »Il sovrano pontefice« erstmals die These entfaltete, dass nach dem Abendländischen Schisma und nach der konziliaristischen Krise nichts so sehr im Zentrum päpstlicher Politik stand, wie die disparaten Besitzungen der Kirche in einen zusammenhängenden Staat, in eine päpstliche Universalmonarchie mit einem Papstkönig an der Spitze, auszubauen.[4] Um seine Unabhängigkeit gegenüber den aufsteigenden weltlichen Mächten zu bewahren, errichteten die Päpste ab der zweiten Hälfte des 15. Jahrhunderts sowohl in der Peripherie als auch im kurialen Zentrum administrative Institutionen und Instanzen der Kontrolle, die die mittelalterliche Kirche in den ersten modernen Staat überhaupt transformierten. Paolo Prodi erkannte im spätmittelalterlich-frühneuzeitlichen Papsttum den »Prototyp« schlechthin für die modernen absoluten Monarchien und sah insbesondere während des Pontifikates Alexanders VI. eine Art »Tempelstaat« entstehen, in dem weltliche und geistliche Macht vollkommen verschmolzen sein sollten, um die Superiorität der römischen Kirche gegenüber den erstarkenden weltlichen Mächten Europas behaupten zu können. Dieser Fundamentalvorgang der Transformation der mittelalterlichen Kirche in einen universalen Staat mit einem päpstlichen Monarchen an der Spitze und der Stadt Rom als politisch-religiösem Zentrum ist eine Leistung, die sicherlich als ureigenes, integrales Projekt des Renaissancepapsttums zu identifizieren ist und die damit zweifelsohne geeignet ist, das Papsttum dieser Zeit als eigene Epoche zu charakterisieren.

Eine dritte spezifizierende Eigenart ergibt sich aus *sozial-* beziehungsweise *wirtschaftsgeschichtlicher* Betrachtung, wie sie seit den 1970er Jahren von Wolfgang Reinhard und seiner Schule im Rahmen des Forschungsparadigmas »Römische Mikropoli-

3 Zum Sinn und den Strategien des päpstlichen Mäzenatentums allgemein: Massimo Firpo/Fabrizio Biferali, »Navicula Petri«. L'arte dei Papi nel cinquecento 1527–1571, Rom/Bari 2009; Volker Reinhardt, Rom. Ein illustrierter Führer durch die Geschichte, München 1999.

4 Paolo Prodi, Il sovrano pontefice. Un corpo e due anime: la monarchia papale nella prima età moderna, Bologna 1982; Paolo Prodi, »Plures in Papa considerantur personae distinctae«. Zur Entwicklung des Papsttums in der Neuzeit, in: Werte und Symbole im frühneuzeitlichen Rom (Symbolische Kommunikation und gesellschaftliche Wertesysteme 11), hg. von Günther Wassilowsky/Hubert Wolf, Münster 2005, S. 21–36.

tik« mit einem Schwerpunkt auf dem 17. Jahrhundert betrieben wird.[5] Im Mittelpunkt steht hierbei die Erforschung der Entstehung und Funktionsweise eines nepotistischen Herrschafts- und Versorgungssystems, wie es maßgeblich von Sixtus IV. Ende des 15. Jahrhunderts durch die planmäßige Auffüllung des Kardinalskollegiums mit eigenen Verwandten und Kreaturen anfänglich etabliert worden ist.[6] Natürlich ist das Kardinalskollegium nur die Spitze des Eisberges eines nepotistischen Systems der römischen Kurie im Ganzen, das im Wesentlichen durch den Handel von Ämtern, Pfründen, Benefizien am Leben gehalten wird und das sich für gut eineinhalb Jahrhunderte im Amt des Kardinalnepoten formell institutionalisierte. Jedenfalls hat sich die wesentliche Struktur dieses Systems klientelärer Verflechtung in der Zeit des Renaissancepapsttums herausgebildet und es sogar einige Male fertiggebracht, quasi-dynastische Nachfolgen in der zölibatären Wahlmonarchie zu begründen. Was nach dem Konzil von Trient keiner Papstfamilie mehr gelingen sollte, nämlich einen zweiten Sprössling des eigenen Clans auf den Stuhl Petri zu bringen, haben die Condulmer beziehungsweise Barbo (Nikolaus V., Paul III.), die Borgia (Calixt III., Alexander VI.), Piccolomini (Pius II., Pius III.), della Rovere (Sixtus IV., Julius II.) und Medici (Leo X., Clemens VII.) noch geschafft. Das sind immerhin 10 der 15 Renaissancepäpste! Zwar wird der Nepotismus auch nach der Renaissance eine »papstgeschichtliche Konstante« (W. Reinhard) bleiben, da er aber im Zeitalter der Renaissancepäpste ganz wesentlich etabliert wurde und zu großer Form auflief, würde auch dieses von den Sozialhistorikern in den Blick gerückte Phänomen genügen, um das Renaissancepapsttum als eigene Epoche zu betrachten.

Neben der kunst-, politik- und sozialgeschichtlichen Profilierung bietet sich aus meiner Sicht mindestens noch eine vierte, sagen wir: *kulturgeschichtliche* Sichtweise des Renaissancepapsttums an, die nicht nur imstande wäre, die bereits genannten Felder zu integrieren und zusammenzuführen, sondern die noch weitere Dimensionen eher ideen-, theologie- beziehungsweise ritualgeschichtlicher Art in ihre Analyse einzubeziehen vermag.[7] Ein solcher Zugang würde mit der Hypothese arbeiten, dass das Renaissancepapsttum ein umfassendes kulturelles Projekt verfolgte, das ganz wesentlich von der Bewegung und der intellektuellen Mentalität des italienischen Humanismus angeregt und geprägt war. Keineswegs ist es dafür notwendig, dass jeder einzelne der

5 Von den zahlreichen Arbeiten die zusammenfassende Monographie: Wolfgang Reinhard, Paul V. Borghese (1605–1621) (Päpste und Papsttum 37), Stuttgart 2009.

6 Zu Phänomen und Funktionsweisen des päpstlichen Nepotismus allgemein vgl. Birgit Emich, Nepotismus, in: Enzyklopädie der Neuzeit, Bd. 9, Stuttgart/Weimar 2009, Sp. 94–98.

7 Für eine kulturgeschichtliche Betrachtung des frühneuzeitlichen Papsttums insgesamt vgl. Kulturgeschichte des frühneuzeitlichen Papsttums (Zeitschrift für historische Forschung Beiheft 48), hg. von Birgit Emich/ Christian Wieland, Berlin 2013.

15 Renaissancepäpste persönlich ein Humanist gewesen ist.[8] Aber es müsste sich im päpstlichen Rom zwischen 1450 und 1550 doch so etwas wie ein von zentralen Akteuren verfolgtes übergreifendes »Programm«, ein mehrere Felder erfassender kultureller Habitus greifen lassen.

Wo solch ein übergreifendes Kulturprojekt des Renaissancepapsttums angenommen wird, wird es seit Jacob Burckhardt oftmals als ein primär »weltlich Ding« klassifiziert. In der Spur der traditionellen protestantischen Papstkritik der Reformationszeit und mit seiner nichtreligiösen Deutung der Renaissance insgesamt hat der evangelische Schweizer Pfarrerssohn das Renaissancepapsttum endgültig paganisiert und des vollkommenen religiös-sittlichen Verfalls bezichtigt.[9] Die katholisch-apologetische Kirchengeschichtsschreibung ist der Paganisierungsthese Burckhardts weitestgehend gefolgt mit dem legitimatorischen Ziel, durch eine weitere Einschwärzung der kritisierten Renaissancepäpste die sogenannten »Reformpäpste« des posttridentinischen Zeitalters nur umso heller aufstrahlen zu lassen. Gewissermaßen nach dem Motto: Die Borgias, della Roveres und die Medicis lassen wir gerne mit Euch Protestanten fallen. Aber schauen wir dafür gemeinsam auf das erneuerte Papsttum der Katholischen Reform aus der Zeit nach dem Tridentinum – dort findet sich die spätmittelalterlich pervertierte Institution wieder zu ihrer eigentlich religiösen Identität zurückgekehrt![10]

Allerdings sind längst nicht alle der These Burckhardts vom heidnischen Charakter der Renaissance gefolgt. Johan Huizinga hat schon in den 1920er Jahren vehement gegen sie angeschrieben.[11] Und Paul Oskar Kristeller sah den Renaissance-Humanismus im Kern zwar weder als genuin religiöse noch als anti-religiöse Bewegung an. Aber er und viele mit und nach ihm haben inzwischen vielfach gezeigt, dass die humanistische Bewegung mit ihrer Abkehr von der Scholastik und ihrer emphatischen Hinwendung zu Antike und Philologie auch so etwas wie einen »Christlichen Humanismus« begründete, in dem die humanistische Methode auch zu einem fundamentalen Wandel in Religion und Theologie geführt hat.[12] Insbesondere in Florenz wurde ein solcher

---

8 Zu den einzelnen Pontifikaten im Überblick: Günther Wassilowsky, Päpste und Papsttum zur Zeit der Reformation, in: Das Luther-Lexikon, Regensburg 2014, S. 528–534.

9 Vgl. insbesondere das Schlusskapitel »Sitte und Religion« der klassischen Studie: Jacob Burckhardt, Die Kultur der Renaissance in Italien. Ein Versuch, Leipzig 1869.

10 Dieses historiographische Grundmuster katholisch-apologetischer Legitimation des nachreformatorischen Papsttums lässt sich recht gut bei Ludwig von Pastor nachvollziehen, der die Bände VI. bis XI. seiner »Geschichte der Päpste« (also die Darstellungen von Julius III. bis Clemens VIII.) mit dem Untertitel »Geschichte der Päpste im Zeitalter der katholischen Reformation und Restauration« versah.

11 Etwa Johan Huizinga, Das Problem der Renaissance. Renaissance und Realismus, Darmstadt 1967.

12 Aus den vielen Arbeiten vgl. z. B. Paul Oskar Kristeller, Humanismus und Renaissance, Bd. 1: Die antiken und mittelalterlichen Quellen (Humanistische Bibliothek Abhandlungen 21), München 1974, darin v. a. Cap. IV »Heidentum und Christentum«, S. 69–86.

Humanismus als christlicher Kulturplatonismus betrieben, Marsilio Ficino und Pico della Mirandola waren seine wichtigsten impulsgebenden Vertreter. Die beiden großen Ursprünge abendländischer Kultur, nämlich die Antike und das Christentum, als eine Einheit zu erweisen beziehungsweise neu zu schmieden, ist eines der zentralen Anliegen dieser Gelehrtenbewegung. Gerade die Suche nach Synthesen anstatt nach Kontrasten führte zu einer Theologie der Inklusion und Anknüpfung, zur Auffindung von analogen Vor- und Nebenformen des Guten, Wahren und Schönen auch außerhalb des nominell Christlichen. Auch kann man die Entdeckung der »Individualität« des Menschen und überhaupt den anthropologischen Optimismus der Renaissance als Entfaltung des Theologumenons von der menschlichen Gottebenbildlichkeit begreifen. Eine bestimmte Schöpfungs- und Inkarnationstheologie begründete ein bestimmtes Weltverhältnis, ja einen grundsätzlich anderen Umgang mit vermeintlich rein weltlichen Materien. Und so könnte man noch lange fortfahren, um die Wechselverhältnisse zwischen humanistischer Intellektualität und einer christlichen Renaissance-Theologie anzudeuten.

Die Frage, die nun in unserem Zusammenhang interessiert, ist die nach der Rezeption dieses christlichen Renaissance-Humanismus im päpstlichen Rom.[13] Noch relativ gut informiert sind wir darüber, wie zumeist aus Florenz kommende Humanisten als apostolische Protonotare nach und nach Einzug hielten in die päpstliche Kanzlei und dort nicht nur die humanistische Minuskel als Normschrift einführten, sondern den Stil päpstlicher Bullen und Breven völlig neu prägten. Auch kennen wir einige humanistische Prediger in päpstlichen Gottesdiensten.[14] Aber insgesamt – vielleicht abgesehen von der Spitzengestalt eines Egidio da Viterbo[15] – ist unsere Kenntnis der am päpstlichen Renaissancehof blühenden philosophisch-theologischen Vorstellungswelten doch erschreckend gering.

Aber nicht nur dieses Forschungsfeld müsste endlich auch in breiter Fläche betreten werden. Alle kulturellen Praktiken am päpstlichen Hof wären hinsichtlich ihrer religiö-

---

13 Allgemein zu Humanismus und Renaissance in Rom: Peter Partner, Renaissance Rome 1500–1559. A Portrait of a Society, Berkeley u. a. 1976; Rome in the Renaissance. The City and the Myth, hg. von Paul A. Ramsey, Binghamton 1982; John D'Amico, Renaissance Humanism in Papal Rome. Humanists and Churchmen on the Eve of the Reformation (The John Hopkins University Studies in Historical and Political Science 101,1), Baltimore/London 1983; Charles L. Stinger, The Renaissance in Rome, Bloomington 1985; James Hankins, Roma Caput Mundi. Humanismus im Rom der Renaissance, in: Hochrenaissance im Vatikan 1503–1534. Kunst und Kultur im Rom der Päpste, Bd. 1, hg. von Petra Kruse, Bonn/Ostfildern-Ruit 1999, S. 298–305; Michael Matheus, Roma docta. Rom als Studienort in der Renaissance, in: Quellen und Forschungen aus italienischen Archiven und Bibliotheken 90, 2010, S. 128–168.

14 John W. O'Malley, Praise and Blame in Renaissance Rome: Rhetoric, Doctrine and Reform in the Sacred Orators of the Papal Court, 1450–1521, Durham 1979.

15 Auch hier verdanken wir viel v. a. John W. O'Malleys frühen Studien: John W. O'Malley, Giles of Viterbo on Church and Reform. A Study in Renaissance Thought (Studies in Medieval and Reformation Thought 5), Leiden 1968; John W. O'Malley, Rome and the Renaissance. Studies in Culture and Religion, London 1981.

sen Wurzeln, Implikate und Legitimationen zu hinterfragen. Dass die Kunst eines Raffaels, insbesondere seine Gestaltung der Stanzen im Apostolischen Palast, nicht ohne die Theologie des genannten Egidio da Viterbo zu verstehen ist, ist seit längerem bekannt.[16] Sogar die nepotistischen Praktiken sind geleitet und gerechtfertigt durch Pietas-Ethiken aus Antike und Christentum, wie der Nestor römischer Patronageforschung immer schon betont hat.[17]

Ein exzellentes Beispiel, wie sehr ein einzelnes, wenngleich zentrales Segment päpstlicher Renaissancekultur durch die Ideale humanistischer Theologie gespeist wurde, dürfte die umfassende Revision des liturgisch-politischen Kurienzeremoniells darstellen, die im *Caeremoniale Romanae Curiae* von 1488 ihre wohl wichtigste Kodifizierung erfuhr, dann aber insbesondere während der Amtszeit des Zeremonienmeisters Paris de Grassi noch einmal sehr wesentlich theoretisch fundiert wurde. Ohne Zweifel ging es bei diesem Reformwerk auch darum, nach dem Trauma des Konziliarismus die *maiestas papalis* und die wahre Hierarchie von Kirche und Welt unter dem päpstlichen Haupt im Medium des Zeremoniells wieder herzustellen.[18] Darüber hinaus lassen sich jedoch gerade in der Zeremonialtheorie des de Grassi Elemente nachweisen, die ganz in Richtung einer humanistischen Vermittlung von Innen und Außen, von innerer Frömmigkeit und äußerer Form, weisen. Dieser Zeremonienmeister verfolgte mit seinen Reformbemühungen zuallererst das Ziel, alle am Hof des Papstes aufzuführenden Zeremonien derart zu gestalten, dass sie im wahrnehmenden Subjekt aus sich selbst heraus sprechen und einen Sinn erzeugen können. Die äußeren, symbolisch-expressiven Handlungen des Papstzeremoniells sollten in ihrer logischen Ordnung so schlüssig, in Ritual und Wort so verständlich und in ihrer Form so vollendet sein, dass sie imstande sind, im Rezipienten einen Vorgang des Staunens und der Erkenntnis auszulösen. Wahrnehmbarkeit und Intelligibilität im Hier und Jetzt werden bei de Grassi zu absoluten Kriterien, gemäß derer er jahrhundertealte zeremonielle Traditionen mit einem Federstrich verwerfen kann. Alles organisierendes Zentrum des römischen Kurienzeremoniells bil-

16 Vgl. Heinrich Pfeiffer, Zur Ikonographie von Raffaels Disputa. Egidio da Viterbo und die christlich-platonische Konzeption der Stanza della Segnatura (Miscellanea Historiae Pontificae 37), Roma 1975; Christiane L. Joost-Gaugier, Raphael's Stanza della Segnatura: Meaning and Invention, Cambridge 2002. Insgesamt zur Bedeutung der Religion im Werk Raffaels und anderer Renaissancekünstler: Jörg Traeger, Renaissance und Religion. Die Kunst des Glaubens im Zeitalter Raphaels, München 1997.

17 Etwa in Wolfgang Reinhard, Papa Pius. Prolegomena zu einer Sozialgeschichte des Papsttums, in: Von Konstanz nach Trient: Beiträge zur Geschichte der Kirche von den Reformkonzilien bis zum Tridentinum. Festgabe für August Franzen, hg. von Remigius Bäumer, Paderborn 1972, S. 261–299.

18 Vgl. Nikolaus Staubach, Zwischen Basel und Trient. Das Papstzeremoniell als Reformprojekt, in: Nach dem Basler Konzil. Die Neuordnung der Kirche zwischen Konziliarismus und monarchischem Papat (ca. 1450–1475) (Pluralisierung und Autorität 13), hg. von Jürgen Dendorfer/Claudia Märtl, Münster 2008, S. 385–416.

det nach de Grassi nicht etwa der Papst, sondern das Altarsakrament. Papstzeremoniell ist in dieser Konzeption im Wesentlichen noch Eucharistiezeremoniell. Wie in Raffaels *Disputa del sacramento* steht die auf dem Altar ausgesetzte Hostie, die Repräsentation der realen Präsenz Christi auf Erden, im Mittelpunkt, zu dem sich alle Repräsentanten der irdischen Kirche in gestufter Ordnung zu verhalten haben. Alle auf das Realsymbol Christi zentrierten äußeren Repräsentationen des kirchlichen Zeremoniells dienen im Letzten jedoch der Berührung des inneren Menschen. Jörg Bölling hat dieses Konzept de Grassis »Rezeptionsästhetik« genannt und in ihm einen fundamentalen »Paradigmenwechsel« gesehen, dessen praktische Umsetzung dem päpstlichen Zeremonienmeister allerdings nur sehr bruchstückhaft gelungen sei.[19] Das Ideal, dass äußere und innere Repräsentation keine sich ausschließende, sondern miteinander korrespondierende und sich gegenseitig bedingende spirituelle Vorgänge darstellen sollen, macht de Grassi in meinen Augen zum Exponenten einer Katholischen Reform, die dem Problem der Dichotomie der spätmittelalterlichen Frömmigkeit nicht durch weitere Polarisierung und einseitige Konzentration auf einen der beiden Pole des Innen oder Außen, sondern durch Vermittlung begegnen wollte. Ein Projekt, das man *par excellence* humanistisch nennen könnte!

Weitere Vertreter derselben reformerischen Stoßrichtung – wenngleich auf ganz anderem Terrain – können in Gasparo Contarini, Reginald Pole und später auch Giovanni Morone aus der Gruppe der gemäßigten *Spirituali* gesehen werden.[20] Im Unterschied zu diesen katholischen Reformern hat Martin Luther die Polarität der spätmittelalterlichen Frömmigkeitsgeschichte nicht zu synthetisieren versucht, sondern nach einer Seite hin aufgelöst oder – wie Berndt Hamm sagen würde – in einem Pol »normativ zentriert« und damit einen radikalen »Systembruch« herbeigeführt.[21]

Und damit wären wir abschließend bei unserer zweiten Frage angelangt: Wenn man nun das Renaissancepapsttum begreift als ein religiös fundiertes umfassendes Kulturprojekt, das unter Rückgriff auf humanistische Ideale dem Problem spätmittelalterlicher Frömmigkeit begegnen und der christlichen Religion auf eine spezifische Weise neue Geltung verschaffen wollte, welche Konsequenz erwächst aus einem solchen Verständnis für eine Bestimmung des Verhältnisses von Renaissance beziehungsweise Renaissancepapsttum und Reformation?

---

19 Vgl. Jörg Bölling, Das Papstzeremoniell der Renaissance. Texte – Musik – Performanz (Tradition – Reform – Innovation. Studien zur Modernität des Mittelalters 12), Frankfurt a. M. 2006, S. 90–112.

20 Vgl. z. B. Paolo Simoncelli, Evangelismo italiano del Cinquecento. Questione religiosa e nicodemismo politico, Roma 1979; Elisabeth G. Gleason, Gasparo Contarini. Venice, Rome, and Reform, Berkeley 1993.

21 Vgl. Berndt Hamm, Normative Zentrierung im 15. und 16. Jahrhundert. Beobachtungen zu Religiosität, Theologie und Ikonologie, in: Zeitschrift für historische Forschung 26, 1999, S. 165–202.

Es spricht einiges dafür, die Reformation als bestimmte Phase und besondere Erscheinungsform innerhalb einer langen Epoche von Renaissance(n) zu verstehen, die man im späten 14. Jahrhundert beginnen und mindestens bis zum Ende des 16. Jahrhunderts (vielleicht sogar bis in den Barock und den Neostoizismus) dauern lassen kann. Man wird bei einer solchen Einordnung der Reformation vielleicht eher Person und Werk eines Philipp Melanchthon oder Johannes Calvin und weniger einen Martin Luther im Blick haben. Auch spricht die Kontinuität der Kirchenkritik sowohl der Bibelhumanisten als auch der Reformatoren für ein solch integratives Geschichtsbild eines langen Zeitalters von Renaissance(n).

Ein anderes Konzept wäre es, in Renaissance und Reformation in bestimmter Hinsicht (nämlich was den religionstheoretischen Status und die Formen medialer Vermittlung betrifft) einen mehr oder weniger krassen Gegensatz zu sehen. Aber wenn nun die religiöse Dignität des vom Renaissancepapsttum verfolgten Kulturprojektes wirklich in den Blick käme, bestünde der Kontrast – im Unterschied zu den herkömmlich konfessionalistisch-legitimatorischen Geschichtsschreibungen beider Denominationen – nicht mehr zwischen einer religiös ernsthaften und innovativen Reformation auf der einen Seite und einem verweltlicht-paganen und sittlich verkommenen Papsttum der Renaissance auf der anderen. Nicht hier das fromme Wittenberg und dort die römische Hure Babylon. Eine konsequent transkonfessionelle Religionsgeschichte des Christentums, die nicht von normativ-konfessionalistischer Warte aus in gute und schlechte, richtige und pervertierte Religion einteilt, würde Renaissance und Reformation als zwei verschiedene, aber gleichermaßen religiöse und insbesondere gleichwertige Versuche betrachten, auf spätmittelalterliche Problemlagen religiöser Kultur zu reagieren. Die einen wollten sich im *solus Christus* konzentrieren, die anderen Christus bei Cicero und Plato vorbereitet finden. Die einen befreiten den Menschen durch die Lehre vom *semper peccator*, die anderen glaubten, den Menschen zum *gentilhuomo* veredeln zu können. Radikale Entschlackung von Frömmigkeit und Enthellenisierung hier, zeremonieller Aufwand und Antikensammlungen dort. Aber beide Religionskulturen wollten mit ihren angestrebten Reformprojekten letztlich den inneren Menschen erreichen. Eine solch konsequent transkonfessionelle, äquidistant-hermeneutische Religionsgeschichte des 15. und 16. Jahrhunderts ist bislang noch nicht geschrieben worden. Die Sicht auf die Phänomene wäre radikal anders. Jedenfalls hätte in einer solchen Perspektive das viel gescholtene Renaissancepapsttum nicht aufgrund seines religiösen Desinteresses, nicht aufgrund von Verweltlichung oder Reformresistenz nicht angemessen auf die Reformation reagiert, sondern weil es schlicht zur selben Zeit ein völlig anders geartetes religiöses Kulturprogramm verfolgte.

Abbildungsverzeichnis

von Maximilian Brock

Titelabbildung:
Arnolfo di Cambio, Papst Bonifaz VIII. Foto: © Musei Vaticani, Governatorato dello Stato della Città del Vaticano, tutti i diritti riservati. Divieto di copia e di ulteriore riproduzione, se non su esplicita autorizzazione scritta dalla Direzione dei Musei.

Klaus Herbers: Das Papsttum und die Öffnung in die Welt (S. 25–46)

Abb. 1: Zur Verfügung gestellt von der Universitätsbibliothek Mannheim, abrufbar unter: http://www.uni-mannheim.de/mateo/desbillons/kolumbus/seite1.html (Stand: 23.09.2016).
Abb. 2: Zur Verfügung gestellt von der Universitätsbibliothek Mannheim, abrufbar unter http://www.uni-mannheim.de/mateo/desbillons/kolumbus/seite14.html (Stand: 23.09.2016).
Abb. 3: Zur Verfügung gestellt von der Universitätsbibliothek Mannheim, abrufbar unter http://www.uni-mannheim.de/mateo/desbillons/kolumbus/seite15.html (Stand: 23.09.2016).
Abb. 4: Zur Verfügung gestellt von der Universitätsbibliothek Mannheim, abrufbar unter http://www.uni-mannheim.de/mateo/desbillons/kolumbus/seite16.html (Stand: 23.09.2016).

Arnold Nesselrath: Bildgeschichte – Geschichtsbilder (S. 47–66)

Abb. 1: Photo © Governatorato S.C.V. – Direzione dei Musei
Abb. 2: Photo © Governatorato S.C.V. – Direzione dei Musei
Abb. 3: bpk / Kunstbibliothek, Staatliche Museen zu Berlin / Dietmar Katz
Abb. 4: aus: Steffi Roettgen, Wandmalerei der Frührenaissance in Italien, Bd. 1: Anfänge und Entfaltung 1400–1470, München 1996, S. 127.
Abb. 5: Bibliothèque nationale de France, Ms. lat. 9673, fol. 6
Abb. 6a-i: Archivio capitolare Lateranense, Fotos: Daniela Mondini
Abb. 7: Photo © Governatorato S.C.V. – Direzione dei Musei
Abb. 8: Photo © Governatorato S.C.V. – Direzione dei Musei

Johannes Röll: Die Grabdenkmäler der Päpste im 15. Jahrhundert (S. 67–69)

Abb. 1: Foto: Archiv des Autors
Abb. 2: Foto: Archiv des Autors
Abb. 3: aus: La Basilica di San Pietro in Vaticano. The Basilica of St. Peter in the Vatican, Bd.: Schede (Mirabilia Italiae 10), hg. von Antonio Pinelli, Modena 2000, S. 1071.
Abb. 4: Foto: Bibliotheca Hertziana, Max-Planck-Institut für Kunstgeschichte
Abb. 5: per gentile concessione della Fabrica di San Pietro in Vaticano
Abb. 6: bpk / Kupferstichkabinett, Staatliche Museen zu Berlin / Volker-H. Schneider
Abb. 7: Foto: Archiv des Autors
Abb. 8: Foto: Archiv des Autors
Abb. 9: bpk / Kupferstichkabinett, Staatliche Museen zu Berlin / Volker-H. Schneider
Abb. 10: Foto: Archiv des Autors
Abb. 11: Foto: Archiv des Autors
Abb. 12: Foto: Bibliotheca Hertziana, Max-Planck-Institut für Kunstgeschichte, Rom
Abb. 13: Foto: Bibliotheca Hertziana, Max-Planck-Institut für Kunstgeschichte, Rom
Abb. 14: aus: La Basilica di San Pietro in Vaticano. The Basilica of St. Peter in the Vatican, Bd.: Atlante fotografico 2 (Mirabilia Italiae 10), hg. von Antonio Pinelli, Modena 2000, Abb. 1249.

Andreas Rehberg: Geistliche Gnaden aus Rom. Anmerkungen zum päpstlichen Ablasswesen um 1500 (S. 123–152)

Abb. 1: Bayerisches Hauptstaatsarchiv, Angerkloster München Urkunden 326
Abb. 2: Vorlage: Hauptstaatsarchiv Stuttgart (H 52 U 27).

Abb. 3: Sąd ostateczny (photographed by Wojciech Holnicki, photos number C92831)
Abb. 4: Sąd ostateczny (photographed by Wojciech Holnicki, photos number C92833)

Richard Sherr: A Nice Job If You Can Get It. The Papal Singers in the Ceremony and Liturgy of the Papal Court in the 16th Century (S. 153–174)

Abb. 1: Biblioteca Apostolica Vaticana, Ris. Strav. 7, fol. 116r

Claudia Märtl: Kurie und materielle Kultur in der Frührenaissance (S. 175–200)

Abb. 1: Museo Nazionale del Bargello, Florenz
Abb. 2: © 2017. Photo Scala, Florence
Abb. 3: Museo Nazionale im Palazzo Venezia
Abb. 4: © 2017. Photo Scala, Florence
Abb. 5: Courtesy of Ministero dei beni e delle attività culturali e del turismo – Soprintendenza Speciale per il Colosseo e l'Area archeologica di Roma - Archivio Fotografico
Abb. 6: akg-images / Jürgen Sorges
Abb. 7: aus: Helmut Hundsbichler/Gehrhard Jaritz, Sandalen (»Kalopodien«) des hl. Johannes Kapistran, in: 800 Jahre Franz von Assisi. Franziskanische Kunst und Kultur des Mittelalters. Katalog der Niederösterreichischen Landesausstellung, Krems-Stein, Minoritenkirche, 15. Mai–17. Oktober 1982, redigiert von Harry Kühnel/Hanna Egger/Gerhard Winkler, Wien 1982, S. 367.

Birgit Studt: Humanisten an der Kurie (S. 201–218)

Abb. 1: Biblioteca Apostolica Vaticana, Ms. Urb. lat. 224 fol. 3v
Abb. 2: Biblioteca Apostolica Vaticana, Ms. Urb. lat. 224 fol. 2r

Anna Modigliani: I papi e Roma. Strategie urbane e uso degli spazi pubblici (S. 243–262)

Abb. 1: Grafikbearbeitung: hgb, Hannover, nach: Torgil Magnuson, Studies in Roman Quattrocento Architecture, Diss., Stockholm 1958.
Abb. 2: aus: da Frutaz, Le piante di Roma II, tav. 314
Abb. 3: aus: da Frutaz, Le piante di Roma, II, tav. 165
Abb. 4: aus: da Frutaz, Le piante di Roma, II, tav. 250
Abb. 5: Grafikbearbeitung: hgb, Hannover, nach: Torgil Magnuson, Studies in Roman Quattrocento Architecture, Diss., Stockholm 1958.
Abb. 6: Grafikbearbeitung: hgb, Hannover, nach: Torgil Magnuson, Studies in Roman Quattrocento Architecture, Diss., Stockholm 1958.
Abb. 7: Grafikbearbeitung: hgb, Hannover, nach: Manfredo Tafuri, »Roma instaurata«. Strategie urbane e politiche pontificie nella Roma del primo '500, in: Raffaello architetto, hg. von Christoph L. Frommel/Stefano Ray/Manfredo Tafuri, Milano 1984, S. 69.

Michael Matheus: Papst- und Romkritik in der Renaissance (S. 301–352)

Abb. 1: akg / Bildarchiv Steffens
Abb. 2: Bibliothèque nationale de France, Arsenal Ms. 5193, fol. 371r
Abb. 3: © rem, Viola Skiba
Abb. 4: Herzog August Bibliothek Wolfenbüttel: Ud gr. 2° 16 (65)
Abb. 5: Universitätsbibliothek Heidelberg, Q 3661-4 RES, fol. 1v
Abb. 6: Universitätsbibliothek Heidelberg, Q 3661-4 RES, fol. 2r
Abb. 7: akg-images / Pictures From History
Abb. 8: akg-images
Abb. 9: Deutsches Keramikmuseum, Fotograf Matthias Hering (Inventarnummer: HM.A-220)
Abb. 10: Deutsches Keramikmuseum, Fotograf Matthias Hering (Inventarnummer: HM.A-220)
Abb. 11: aus: André Chastel, Il sacco di Roma, Torino 1983.
Abb. 12: Zentralbibliothek Zürich, Ms. A 2, S. 150
Abb. 13: Thüringer Universitäts- und Landesbibliothek (ThULB) Jena, Signatur: 4 Bud.Theol. 147(4)

Sollte es vorgekommen sein, dass Rechtinhaber nicht genannt sind oder nicht ausfindig gemacht werden konnten, bitten wir um entsprechende Nachweise die beteiligten Urheber betreffend, um diese in künftigen Auflagen zu berücksichtigen oder/und im Rahmen der üblichen Vereinbarung für den Bereich wissenschaftlicher Publikationen abgelten zu können.

Namenregister

von Laura Hammel

Abbate, Johannes 165
Adimari, Alamanno, Kardinal 203
Adso von Montier-en-Der, fränkischer Abt 304
Aegidius Romanus, Theologe und Philosoph († 1316) 369, 370, 379
Afrika, afrikanisch 29, 30,33, 227
Ago, Renata 178
Ailly, Pierre d', Kardinal († 1420) 359,360
Akkon 134
Alba, Benzo von, Bischof 305
Albanien 134
Alberico Cibò Malaspina 84
Alberigo, Giuseppe, römisch-katholischer Theologe und Kirchenhistoriker († 2007) 267
Alberini, Marcello 242
Albo, Matheus 165
Albrecht Achilles von Brandenburg, Albrecht I. Markgraf von Ansbach und Kulmbach, Albrecht III. der dritte Kurfürst von Brandenburg 189
Albrecht von Brandenburg, Erzbischof von Magdeburg (ab 1513), Erzbischof von Mainz (ab 1514), Kardinal (1518–1545) 136, 143, 145, 146
Aleman, Louis, Kardinal 279, 293
Alexander V., Papst (1409–1410) 273, 278
Alexander VI. Borgia, römischer Bischof, Papst (1492–1503) 13,15, 16, 30, 35, 36, 38, 62, 64, 66, 73, 104, 117, 131, 135, 195, 227, 229, 328, 399, 403
Alexander VII., römischer Bischof, Papst (1655–1667)
Alfarano, Tiberio 76
Alfons V., König von Portugal 33, 37
Alpen 27, 98, 141, 305, 348,
Altieri, Marco Antonio
Amanditis, Virgilius de 165
Ameiden, Christianus 165
Amerika 63, 227
amerikanische Überseegebiete 147
amerikanischer Bürgerkrieg 290
Ancona 121
Anerio, Felice 173
Angelico, Fra, italienischer Maler († 1455) 57, 180, 192, 401
Angelo de' Cialfis, Ablasskommissar 139
Angleria, Petrus Mártir de 43, 44
Animuccia, Paolo 172
Annibaldi, Claudio 160
Antignano, Anellus de 165
Antiochien, Ignatius von, Bischof von Antiochien 390
Antoniazzo Romano 61
Antonio de Cannara 291
Antoniter, Hospitalsorden 140
Anzio 229
Aragón, Königreich 243, 255, 278, 291
Arcadio, Benedictus de 165
Arcimboldi, Giovanni Angelo, Ablasskommissar 137
Arezzo 183, 204
Arius 303
Armenier 268, 286
Arta, Despotat 134
Assisi 176, 183, 127
Assisi, Portiuncula-Kapelle 126

Asti 275
Äthiopien 34
Augsburg 331, 375
Augsburg, Dominikanerkirche 137
Augustinus 302, 304
Aurispa, Giovanni, italienischer Humanist († 1459) 212
Avignon, avignonesisch 70, 100, 125, 182, 205, 227, 248, 275, 308, 312, 353, 395, 396
Azoren 29

Babel 302
Babylon, babylonisch 303, 307, 322, 335, 336, 337, 340, 344, 345, 408
Baini, Giuseppe 170, 171
Balthasar, Hans Urs von, römisch-katholischer Theologe 391
Baltikum 134
Barbo, Marco, Kardinal († 1491) 74, 191
Barbo, Pietro, Kardinal, s. Paul II.
Barcelona 38
Barone, Nicolaus 165
Bartholomucius, Petrus 165
Bartolomeo Aragazzi da Montepulciano 211
Basel 9, 38, 43, 332
Basel, Konzil (1431–1449) 22, 94, 265–297, 366, 369, 379
Battista Alberti, Leon 256, 327
Bauer, Clemens, deutscher Historiker 112
Beda 302
Bellini, Gentile, venezianischer Maler († 1507) 66
Belvedere 61, 191
Benedikt XIII. (Pietro Francesco Orsini), römischer Bischof, Papst (1724 bis 1730) 273, 278, 364
Benedikt XVI., römischer Bischof, Papst (2005– 2013), seit 2013 Papst emeritu 22, 266, 382, 389, 390
Bentivoglio, Ludovico 189
Bergmann, Johann 38–42
Berlin, Kunstbibliothek 54
Bernardino di Betto di Biagio, genannt Pinturicchio, italienischer Maler († 1513) 62, 64, 65, 66, 67, 71, 401
Bernardo Dovizi aus Bibbiena, Kardinal und Sekretär des Papstes Leo X. († 1520) 148
Bernhardin von Siena, Heiliger († 1444) 180
Bessarion, Basilius, Kardinal († 1472) 35, 229
Biblioteca Latina 61
Biel, Gabriel 145
Biondo, Flavio, italienischer Humanist († 1463) 211, 284
Black, Antony 267, 289
Blankenfeld, Johannes, Erzbischof von Riga, († 1527) 136
Boccapaduli, Antonio 156
Bodensee 277
Boenicke, Christina 172
Bogislaw X. von Pommern, Herzog von Pommern 189
Böhmen 134, 140, 317
Bölling, Jörg 407
Bologna 104, 213, 331
Bonifaz IX., römischer Bischof, Papst (1389–1404) 82, 84, 126, 127, 222
Bonifaz VIII. (Benedetto Caetani), Bonifatius VIII., römischer Bischof, Papst (1294–1303) 125, 185, 282, 308
Boockmann, Hartmut, moderner Historiker 142
Borders, James 161
Borgia, Joan 195
Borgia, Lucrezia, Renaissancefürstin († 1519) 13
Borgia, Rodrigo, Kardinal s. Alexander VI.
Borgia, spanisches Adelsgeschlecht 27, 44, 62, 227, 403, 404
Borgia-Apartment 62, 64 f., 67, 195
Borgia-Turm 62
Borromini, Francesco († 1667) 54
Boschetto, Luca 284
Botticelli, Sandro, italienischer Maler († 1510) 52, 71, 401,
Bourges, Pragmatische Sanktion (1438) 274, 296, 372
Boyl, Bernhard 36
Brabant, Herzogtum 229
Bracciolini, Poggio, italienischer Humanist († 1459) 202, 204, 207, 209, 213–215, 225

Bramante, Donato, italienischer Maler und Baumeister († 1514) 76, 260, 399, 401
Branda da Castiglione, Kardinal († 1443) 53, 203, 277
Brant, Sebastian, deutscher Jurist († 1521) 43
Brasilien 28
Bregno, Andrea, italienischer Bildhauer der Renaissance 71
Brivio, Giuseppe 254
Brügge 229
Burckard, Johannes, 1484 bis 1503 Zeremonienmeister an der Kurie 101–104, 186
Burckhardt, Jacob, Schweizer Kulturhistoriker († 1897) 404

Cabral, Pedro Álvares, Seefahrer, gilt als Entdecker Brasiliens 28
Cajetan, Thomas (Tommaso de Vio, Cajetan de Vio), Kardinal († 1534) 132, 375, 398
Calandrini, Filippo 181
Calasanz, Antonius 165
Calixtus III. / Kalixt III. (Alonso Borgia), römischer Bischof, Papst (1455–1458) 71, 74, 75
Calvin, Johannes, Humanist und Reformator 408
Cambini, florentinische Bankiers 226
Canova, Antonio, italienischer Bildhauer 75
Capella Sancti Nicolai 160
Capistran, Johannes 198
Cappella Paolina 160, 161, 166–168
Carafa, Carlo, Kardinal 172
Carafa, Giampiero s. Paul IV.
Carafa, Oliviero, Kardinal 227, 328
Caraffa-Kapelle in S. Maria sopra Minerva 61
Caravale, Mario 112, 117
Casimiri, Raffaele 163
Castagno, Andrea del, italienischer Maler der Renaissance 57
Cateau-Cambrésis 398
Celius, Jacobus 165
Cencio de' Rustici 209, 210
Cerda, Luis de la 30
Cesare Borgia, italienischer Renaissancefürst 13
Cesarini, Giuliano, Kardinal 268, 277, 293
Ceuta 29
Chacon, Alfonso, Dominikaner, Kirchenhistoriker 69
Chaldäer 268, 286
Chappe, Paulinus, Ablasskommissar 139
Chaucer, Geoffrey 133
Chaunu, Pierre 29, 268, 275
Chigi, Agostino 227
Christianson, Gerald 267
Christopher Kolumbus s. Kolumbus Christopher
Christus s. Jesus Christus
Chrysoloras, Manuel 210, 211, 283
Cicero 205, 210, 211, 212, 216, 333, 408
Cividale, Konzil (1409) 278
Clemens V. / Klemens V. , Papst (1305–1314) 308
Clemens VI. / Klemens VI., Papst (1342–1352) 30, 31, 125
Clemens VII. / Klemens VII., römischer Bischof, Papst (1523–1534) 37, 117, 148, 325, 335, 399, 403
Clemens VIII. / Klemens VIII. Aldobrandini, römischer Bischof, Papst (1592–1605) 57
Clemens XIII. / Klemens XIII. römischer Bischof, Papst (1758–1769) 75
Clemens XIV. / Klemens XIV., römischer Bischof, Papst (1769– 1774) 75
Cola di Rienzo 222, 326
Colonna, Prospero, Kardinal 223, 229
Coluccio Salutati 202, 206
Contarini, Gasparo, Kardinal, († 1542) 398, 407
Corvin, Otto von 270
Cosco, Leandro de 38–42
Crivelli, Arcangelo 172

d'Acunha, Tristan 28
Danckerts, Ghiselin 164
Dante Alighieri, Dichter; Philosoph († 1321) 105, 307
de Grassi, Paris 94, 406, 407

Del Nero, Francesco 240
Della Rovere, Giuliano s. Julius II.
Dendorfer, Jürgen 270
Deutschland 45, 118, 137, 268, 274, 276, 277, 291, 297, 311, 373, 387
Diakonus, Paulus, langobardischer Geschichtsschreiber 302
Dietrich von Niem 288
Djem 66
Donatello, italienischer Bildhauer († 1466) 71
Druda, Franciscus 165
Du Fay, Guillaume 10, 170, 283

Eck, Johannes, Theologe, Gegner Martin Luthers († 1543) 145, 373–380
Egidio da Viterbo 21, 405, 406
Elbe 297
England 143, 146, 203, 289, 308, 354
Episcopis, Johannes Aloisius de 165
Erasmus von Rotterdam, Augustiner-Chorherr, Humanist und Theologe († 1536) 18, 331–335, 349
Esch, Arnold, moderner Historiker 20, 67, 139, 177, 221, 233, 235, 296
Este, italienisches Adelsgeschlecht 283, 286, 334
Estouteville, Guillaume d', Kardinal († 1483) 246
Ettlinger, Leopold, Kunsthistoriker († 1989) 49
Eugen IV. Gabriele Condulmer, römischer Bischof, Papst (1431–1447) 72, 74, 93, 138, 184, 203, 209, 211, 212, 241, 274, 278–293
Europa, europäisch 14, 15, 17–21, 28, 29, 44, 99, 111, 114, 115, 120–123, 134, 138, 192, 229, 235, 239, 266, 270–272, 276, 279, 281, 285, 289, 292, 297, 312, 313, 323, 324, 348, 397, 399, 401, 402
Eyb, Gabriel, deutscher Bischof († 1535) 374

Faccio, Bartolomeo, italienischer Humanist 211
Falkenberg, Johannes, Theologe 278
Faria, João de, Rechtsgelehrter 28
Farnese, Alessandro, Kardinal († 1589) 172
Felix [V.], Baseler Konzilspapst, Gegenpapst (1439–1449) († 1451) 275, 279, 281, 282, 293, 294
Fellonica, Francesco 155, 157, 158
Ferdinand I., König von Aragon, Sizilien und Sardinien (ab 1412) 38, 42, 44, 243
Ferdinand II., auch Ferdinand »der Katholische«, König von Sizilien (ab 1468), König von Kastilien und León (1474–1506, ab 1506 als Regent), König von Aragon und Sardinien (ab 1479), König von Neapel (ab 1504), König von Navarra (ab 1512) († 1516) 36, 37, 255
Fermo 183
Ferrara 155, 156, 268, 270, 275, 278, 283, 286, 334, 369
Ferreri, Zacharias 105, 106
Ferry de Cluny 99
Ficino, Marsilio, Humanist († 1499) 409
Figueroa, Johannes 165
Filarete /Antonio di Pietro Averlino, italienischer Bildhauer, Ingenieur, Architekt 71, 190
Fina, Heilige 194
Fink, Karl August 294
Finnland 225
Fivizzano 180
Flandern 192, 229
Florenz 57, 75, 84, 104, 180, 182, 202–206, 210, 224, 225, 229, 268, 270, 275, 278, 280, 283–286, 293, 366, 369, 404, 405
– Santa Maria del Fiore 284
– Santa Maria Novella 284
Fortea Pérez, José Ignacio 112
Foscari, Francesco 189
Francesca Romana, Heilige 57
Francesco da Fiano, Humanist († 1421) 210
Frankreich 116, 243, 273, 274, 276, 283, 291, 294, 296, 297, 309, 310, 315, 396
Franz I., König von Frankreich (1515–1547) († 1547) 104
Franziskus, Heiliger 126
Franziskus, römischer Bischof, Papst (seit 2013) 22, 126, 382, 385

Friedrich II., König von Sizilien (ab 1198), römischdeutscher König (ab 1212), Kaiser (1120–1250) († 1250) 307
Friedrich III. »der Weise«, Herzog von Sachsen (1486–1525) 146
Friedrich III., römisch-deutscher König (ab 1440), Kaiser (1452–1493) († 1493) 259
Fugger, Augsburger Kaufmannsgeschlecht, Bankiersfamilie 137

Galeazzo Maria Sforza, Herzog von Mailand († 1476) 99
Galechus, Johannes 317
Gallia 32
Gama, Vasco da 28
Gaspar van Weerbeke 99
Genf 281, 282
Gentile da Fabriano / Gentile di Nicolò Massio, italienischer Maler († 1427) 53
Georg Podiebrad, König von Böhmen (ab 1458) († 1471) 140
Georg von Trapezunt, griechischer Philosoph 212, 213, 217
Georgios Gemistos Plethon, griechischer Philosoph 283
Gerbert von Aurillac 305
Gerson, Johannes (Jean), Theologe, Kanzler der Pariser Universität († 1429) 267, 295, 359–362
Ghini, Simon Johannis 182, 187, 189, 196,
Ghirlandaio, Domenico, florentinischer Maler der Renaissance (1494) 71, 192
Gialdroni, Giuliana 173
Gian Bernini Lorenzo, Künstler, Bildhauer und Architekt († 1680) 75
Gießmann, Ursula 281
Giovanelli, Ruggiero 172
Giovanni Boccacio, italienischer Humanist (1357) 315
Giovanni Dalmata / Ivan Duknović de Tragurio, italienischer Bildhauer 71, 74
Goa 28
Goggio, Bartolomeo 315
Goldthwaite, Richard A. 175
Gonzaga, Francesco, Kardinal 212, 227, 293
Gonzaga, Guglielmo, Herzog von Mantua (ab 1550) († 1587) 155
Gonzalo Jiménez de Cisneros, Kardinal 298
Görres, Joseph von 9, 295
Granada 37, 38, 43
Grassi, Paris de 93, 406, 407
Gregor VII., römischer Bischof, Papst (1073–1085) 305
Gregor XI., römischer Bischof, Papst (1371–1378)
Gregor XII., römischer Bischof, Papst (1406–1415) 211, 273, 278, 364,
Gregor XIII. Boncompagni, römischer Bischof, Papst (1572–1585) 180,399
Gregorovius, Ferdinand, deutscher Schriftsteller und Historiker († 1891) 19, 69, 70, 76
Grimaldi, Giacomo 76, 84, 87, 185
Gualfreducci, Onofrio 158
Guillaume Fillastre d. Ä., Kardinal 273
Guinea 33
Günther von Bünau, Ablasskommissar 140
Gutenberg, Johannes, Erfinder des Buchdrucks († 1468) 9, 139

Haberl, Franz Xaver 156
Hadrian IV., römischer Bischof, Papst (1154–1159) 31, 185
Hadrian VI., römischer Bischof, Papst (1522–1523) 23, 298, 325, 333, 397
Halberstadt 136
Halle 128
Hamm, Berndt, moderner Historiker 140, 144, 295, 299, 407
Hauck, Albert 269–272
Heiliger Geist, Hospitalsorden 140
Heiliges Land 134
Heimpel, Hermann 299
Heinrich Beaufort, Kardinal 203, 277
Heinrich der Seefahrer (portugiesischer Infant) 34
Heinrich IV., römisch-deutscher König (ab 1053), Kaiser (1084–1106) 305
Heinrich VIII., König von England (1509–1547) 146

Heinrich von Segusia bzw. Segusio, Hostiensis, Kanonist, Bischof von Sisteron (ab 1244), Erzbischof von Embrun (ab 1250), Kardinalbischof von Ostia (ab 1262) († 1271) 32
Hemmerlin, Felix, schweizer Theologe 315
Hieronymus von Prag 278
Hieronymus, Heiliger 289
Hooker, Thomas 292
Howard, Peter 51
Hrdina, Jan, moderner Historiker 138
Huizinga, Johan 404
Hus, Jan, tschechischer Reformator († 1415) 141, 142, 198, 268, 278, 289, 308, 317, 354–359, 364–366, 379
Hussiten 134, 139, 198, 267, 299, 317, 366, 367
Hutten, Ulrich von († 1523), Humanist, Publizist, Politiker 311, 324, 331, 347, 349, 376

Iberische Halbinsel, iberische Reiche, iberischen Königreiche 29, 130, 148
Ignatius von Antiochien, Bischof von Antiochia in Syrien 390
Ignaz von Döllinger 322
Indien 28, 34, 35
Infessura, Stefano, italienischer Jurist und Chronist 234, 243, 246, 248
Ingelheim 322
Ingenwinkel, Johannes 311
Innozenz III., Innocenz III., römischer Bischof, Papst (1198–1216) 97, 125, 271
Innozenz IV., Innocenz IV., römischer Bischof, Papst (1243–1254) 32
Innozenz VII., Innocenz VII., römischer Bischof, Papst (1404–1406) 206
Innozenz VIII., Innocenz VIII., römischer Bischof, Papst (1484–1492) 37, 57, 61, 66, 73–92, 100–102, 135, 184, 297
Ippolito II. d'Este, Kardinal 155, 164, 165, 171
Irland 31
Isabella I., Königin von Kastilien und León (ab 1474), Königin von Aragon (ab 1479) († 1504) 45
Isaia da Pisa, italienischer Bildhauer, († 1464) 71, 74
Isidor von Sevilla, Heiliger, Gelehrter und Autor, Erzbischof von Sevilla (600–636) († 636) 302
Italien 20, 27, 28, 31, 94, 130, 175, 199, 211, 229, 278–280, 283, 286, 293, 296, 297, 303, 310, 323, 331, 332, 344, 345, 348, 349, 398

Jacobazzi, Dominicus 292
Jacopino da Tradate 84
Jacopo Gherardi da Volterra 207
Jamometić, Andreas, Erzbischof von Kraina in Albanien 287
Jan Hus s. Hus, Jan
Jerusalem 34, 35, 37, 38, 44, 45, 134
Jesuitenorden 146
Jesus Christus, Christus, Heiland, Messias 31, 34, 52, 63, 304, 327, 337, 338, 354, 355–363, 370, 373, 390, 391, 408
Johann II. von Kastilien/ Juan II. von Kastilien, König von Kastilien und León († 1454) 189
Johann II., König von Zypern 138
Johann von Ragusa 267, 278, 290
Johann von Segovia 267, 281, 290
Johann von Staupitz 145
Johanna (Johannes Anglicus, Jutta, Gilberta, Anna, Agnes, Glancia) Päpstin 314
Johannes [XXIII.] (Baldassare Cossa), Gegenpapst (1410–1415) 142, 202, 273, 276–278, 364,
Johannes Eck s. Eck, Johannes
Johannes Gutenberg s. Gutenberg, Johannes
Johannes Paul II., römischer Bischof, Papst (1978– 2005) 79, 126, 381, 382, 388
Johannes Tetzel s. Tetzel, Johannes
Johannes von Paltz, Augustinereremit 132, 142
Johannes XXII. /Johann XXII., römischer Bischof, Papst (1316– 1334) 187, 301, 308
Johannes XXIII., römischer Bischof, Papst (1958– 1963) 142, 202, 273, 276–279, 364
Johannes, Evangelist 184
Johannes, Priesterkönig 34, 35

Johannes-Offenbarung 303, 336, 337, 391
John Wyclif s. Wyclif, John
Josquin des Préz 10, 100
Juan Carvajal, Kardinal 317
Juan de Torquemada, spanischer Theologe († 1468) 131, 289–291, 368–373
Julian de Tallada 291
Julius II. (Giuliano della Rovere), römischer Bischof, Papst (1503–1513) 16, 36, 37, 62, 73–75, 98, 208, 228, 240, 260, 261, 291, 328, 331, 398, 399, 403
Julius III., römischer Bischof, Papst (1550–1555) 169
Julius Pomponius Laetus / Pomponio Leto, italienischer Humanist († 1498) 255, 256
Juvenal 302

Kanaren 29
Kant, Immanuel, deutscher Philosoph der Aufklärung († 1804) 247
Kap Nun / Kap Non 28
Kapverden / Cap Verden 30
Karl »der Große«, König des Fränkischen Reiches (ab 768), Kaiser (800 – 814) († 814) 367
Karl VIII., König von Frankreich (1483–1498) 66, 67
Karlstadt, Andreas, deutscher Reformator († 1541) 375
Kastilien 35, 189,
Katharer 141
Kirkendale, Warren 158
Koch, Kurt, Kardinal 22, 381
Kolumbus, Christoph, italienischer Seefahrer und Entdecker im Dienst Kastiliens († 1506) 28, 30, 35- 38, 43, 63
Konstantin I. / Konstantin »der Große«, römischer Kaiser (306–337) 30, 31, 318, 368
Konstantinopel 21, 37, 66, 134, 272, 285, 325
Konstanz 203, 265, 267, 270,
Konstanz, Münster 137
Konstanzer Konzil, Konzil von Konstanz (1414–1418) 22, 202, 210, 273, 275, 276, 277- 297, 317, 360–371, 397
Kopernikus, Nikolaus, Domherr in Preußen, Astronom, Arzt, Mathematiker († 1543) 35
Kopten 268, 286
Krämer, Werner 267
Kristeller, Paul Oskar 404
Kühne, Hartmut, moderner Historiker 141
Küng, Hans 266
Kunst, Margaret 160

La Fage, Adrien 170, 171
Ladislaus von Neapel/ Ladislaus » der Großmütige«, Ladislao re di Napoli, König von Neapel (1386–1414) 142, 240, 244, 276
Lane, Frederic C., Historiker, († 1984) 121
Lapo da Castiglionchio d. J. 216
Lapo da Castiglionchio 270
Laurentius, Heiliger 192, 193
Lausanne 275
Lazisius, Federicus 165
Leipzig 336, 337, 353, 375, 377, 378, 380
Leipzig, Universität 142
Lenin, Wladimir Iljitsch, russischer kommunistischer Politiker und Revolutionär sowie marxistischer Theoretiker 49, 67
Leo X. (Giovanni de' Medici), römischer Bischof, Papst (1513–1521) 16, 28, 33, 34, 37, 62, 93, 99, 104, 148, 176, 196, 292, 296, 297, 332–335, 347, 399,
Leonardo Bruni, auch Aretino, italienischer Humanist († 1444) 202, 206, 207, 209, 212, 329
Leopold von Ranke, deutscher Historiker († 1865) 19, 398
Leppin, Volker, moderner Historiker 22, 145, 344, 353, 395
Lill, Rudolf, moderner Historiker 298, 299
Liparische Inseln 30
Lippi, Filippino, italienischer Maler († 1504) 61
Liutprand von Cremona 305
Livland 137
Lodi 276

Lodovico Strassoldo 284
Loggia der Rhodos-Ritter 57
Lollarden 308
London 225
Longinquis, Lucas de 165
Lorenzo Mari Cibò 79
Lortz, Josef 269
Loschi, Antonio, italienischer Humanist 209, 211
Lucan 302
Ludwig IV. »der Bayer«, römisch-deutscher König (ab 1314), Kaiser (1328–1347) († 1347) 301
Lullus, Raimundus 32
Luther, Martin, Augustiner-Eremit, Theologe und Reformator († 1546) 9, 13, 17, 20, 21, 116, 117, 124, 132–151, 270, 295, 298, 299, 310, 311, 324, 325, 333–354, 372–380, 387, 388, 407, 408
Luzifer 305
Lyon 105, 268, 273, 275, 283

Maarten van Heemskerck 81–86
Madeira 29
Madruzzo, Cristoforo, Kardinal 156
Magdeburg 128, 136,
Magnasco, Ludovico 156
Magus, Simon, gilt als erster Häretiker der Kirche(† 65) 305
Mailand 99, 103, 211, 224, 242, 275
Mailand, Dom 84
Mainz 9, 136, 139, 145, 285, 309, 322, 332
Mainz, Akzeptation 1439 274
Malakka 28
Manetti, Giannozzo, italienischer Humanist († 1459) 94, 95, 254
Mantegna, Andrea, italienischer Maler 61
Mantua 155, 158, 189, 230, 241
Manuel I., König von Portugal (1495–1521) 28
Marbrianus de Orto 99
Marc Aurel, römischer Kaiser (161–180) 256, 399
Marcello, Antonio Cencio di 251
Marinus de Fregeno, Ablasskommissar 139–142, 147
Maroniten 268, 286
Marsilius von Padua 272
Martial / Marcus Valerius Martialis, römischer Dichterer 302
Martin le Franc 315
Martin Luther s. Luther, Martin
Martin V., römischer Bischof, Papst (1417–1431) 53, 72, 84, 94, 113, 117, 130, 138, 176, 203, 209, 249, 278, 286, 293
Martin von Troppau 315, 319
Marx, Karl, deutscher Philosoph, Ökonom, Gesellschaftstheoretiker, Protagonist der Arbeiterbewegung, Religionskritiker († 1883) 119
Masi, Bartolomeo 104
Masolino 53–56
Massimo, röm. Familie 226
Mauroux, Jean, Patriarch von Anthiochia 288
Maximilian I., römisch-deutscher König (ab 1486), Erzherzog von Österreich (ab 1493), Kaiser (ab 1508) († 1519) 296
Mayer, Martin 309
Mazzolini, Silvestro, genannt Silvester Prierias, Dominikaner, Theologe, Maestro del Sacro Palazzo Papst Leos X. (1515–1523) († 1523) 373
Medici, italienisches Adelsgeschlecht 226, 283, 284, 286, 293, 335, 403, 404
Melanchthon, Philipp, Humanist, Theologe und Reformator († 1560) 337, 378, 408
Melozzo da Forlì 61
Merlo, Alexander [Alessandro] 165, 171, 172
Merlo, Johannes Antonius [Giovanni Antonio] 158, 165, 168, 171, 172
Meuthen, Erich 288, 296
Meyendorff, John, russisch-orthodoxer Theologe 385
Meyer, Andreas, moderner Historiker 128, 294
Michelangelo Buonarroti, Maler, Bildhauer, Dichter, Architekt († 1564) 73, 75, 399, 401
Miedema, Nine, moderne Historikerin 141

Mileve, Optatus von, Bischof von Mileve 389
Mino da Fiesole 71, 74
Mirandola, Pico della 405
Mittelmeerraum 28, 32, 37
Moeller, Bernd 295
Montalto 183
Montalvo, Franciscus de 165
Monteoliveto, Kloster 199
Moraws, Peter, moderner Historiker 276
Moro, Cristoforo, Doge von Venedig (1462–1471) 189
Morone, Giovanni, Bischof von Modena (1529– 1571) und Novara (1552–1560), Kardinalpriester von S. Vitale (ab 1542), von S. Stefano al Monte Celio (ab 1549), von S. Lorenzo in Lucina (ab 1553), von S. Maria in Trastevere (ab 1556), Kardinalbischof von Albano (seit 1560), von Sabina (ab 1561), von Palestrina (ab 1562), von Frascati (ab 1564), von Porto e S. Rufina (ab 1565) und von Ostia (ab 1570) († 1580) 400, 407
Muffel, Nikolaus 87
Müntz, Eugène 176, 180, 185

Nanino, Giovanni Maria 169, 172, 173
Neapel 71, 142, 223, 227, 240–244, 276
Nettuno 229
Neue Welt 28, 44, 63
Newcomb, Anthony 172
Niccolò Niccoli 203, 204, 210
Nietzsche, Friedrich Wilhelm, Philosoph († 1900) 269
Nikaia, Konzil 270, 272
Nikolaus V. (Tommaso Parentucelli), römischer Bischof, Papst (1447–1455)
Nikolaus von Kues, Nikolaus Cusanus, Fürstbischof von Brixen (ab 1450), Kardinalpresbyter von S. Pietro in Vincoli (1448–1464) († 1464) 16, 33, 34, 57, 62, 71, 72, 93, 94, 97, 121, 180, 203, 213, 244, 250–259, 269, 282–290, 298, 299, 403
Nikopolis 134
Nürnberg 87, 192, 226, 331
Nürnberg, Heilig-Geist-Spital 146
Nürnberg, Reichstag 133

Ockham, Wilhelm von / William 289, 356
Orsini, Giordano Kardinal († 1438) 53, 277
Orsini, Latino, Kardinal 246
Ospedale di Santo Spirito 61
Ostia 241
Otranto, Stadt in Süditalien 135
Ozment, Stephen E. 268, 275

Pacheco, Diego 28, 45
Palacios Rubios, Juan López de 35
Palermo 183
Palermo, Luciano 18, 111, 235
Palestrina, Giovanni Pierluigi da 161, 170–173
Pannenberg, Wolfhart, deutscher evangelischer Theologe († 2014) 388
Paolo Romano / Paolo di Mariano, italienischer Bildhauer 71
Paris 56, 183, 187
Paris, Universität (Sorbonne) 146, 359
Partner, Peter 112
Paschalis II., römischer Bischof, Papst (1099–1118) 319
Pastor, Ludwig von, katholischer Historiker († 1928) 19
Paul II., römischer Bischof, Papst (1464–1471) 71–79, 126, 135, 183, 190, 196, 228, 242–251, 254, 255, 256, 381, 382, 388, 403
Paul III. Farnese, römischer Bischof, Papst (1534– 1549) 86, 397, 399
Paul IV. Carafa, römischer Bischof, Papst (1555– 1559) 398, 400
Paul V. Borghese, römischer Bischof, Papst (1605–1621) 186
Paul VI., römischer Bischof, Papst (1963–1978) 381
Paulus, Nikolaus, moderner Historiker 124
Paulus, paulinisch, Apostel(fürst), Heiliger 14, 66, 399
Pavia 209, 270, 275, 277, 278
Payan, Paul 274

Pazzi, toskanische Adelsfamilie, Bankiers in Florenz 51
Peloponnes 285
Peraudi, Raimund, Ablasskommissar, Kardinal 132–142, 146
Perpignan, Konzil (1408/09) 278
Perugino, Pietro 52, 61, 71, 401
Petit, Jean, französicher Theologe († 1411) 278
Petrarca 315, 395
Petrus / Simon Petrus / Simon Barjona / Apostel(fürst), Heiliger 14, 30, 31, 32, 83–86, 91, 92, 189, 352, 358, 365, 368, 370, 381, 399
Petrus de Vineas 301
Petrus Lombardus, Theologe, magister sententiarum, Bischof von Paris (1159–1160) († 1160) 145
Petrus, Patrimonium Petri 282
Piccolomini, Agostino Patrizi, Bischof 101
Piccolomini, Eneas Silvio s. Pius II.
Pienza 181, 182
Piermatteo d'Amelia 62
Piero della Francesca, italienischer Maler und Mathematiker († 1492) 62
Pietschmann, Klaus 10, 158
Pinturicchio 62–67, 71, 401
Pisa, Konzil (1409) 265, 273–275, 281, 288, 292, 361, 372
Pisanello, Antonio, italienischer Maler 53
Pius II. (Enea Silvio Piccolomini), römischer Bischof, Papst (1458–1464) 16, 62, 71- 74, 117, 134–138, 181–187, 196, 207, 208, 212, 230, 269, 284, 293, 403
Pius III., römischer Bischof, Papst (1503)
Pius V. Ghislieri, römischer Bischof, Papst (1566–1572) 92, 103, 398, 399
Pius VI., römischer Bischof, Papst (1775–1799) 75
Pius VII., römischer Bischof, Papst (1800–1823) 170, 171
Planck, Stephan 38
Platina, Bartolomeo, italienischer Humanist 70, 318
Plato, antiker Philosoph 408
Plautus 44
Pole, Reginald 407
Polen 137, 298
Pollaiuolo, Antonio, italienischer Maler und Bildhauer 74, 75, 79, 84, 85, 92
Pontani, Gaspare 241
Portugal 28, 30, 35, 37, 44, 137, 225
Prag 278
Prierias, Silvester s. Mazzolini, Silvestro
Prodi, Paolo 114, 402
Prügl, Thomas 289

Quintilian, römischer Gelehrter 205

Raffael/ Raphael/ Raffaello Sanzio da Urbino, italienischer Maler († 1520) 62, 196, 227, 399, 401, 406, 407
Rahner, Karl 266
Raphael de Pornassio 291
Ratzinger, Joseph, Erzbischof von München und Freising (1977–1982), Kardinalpriester von Santa Maria Consolatrice al Tiburtino (ab 1977), Präfekt der Glaubenskongregation (1981–2005), Kardinalbischof von Velletri-Segni (ab 1993), von Ostia (ab 2002), 2005 zum Papst gewählt s. auch Benedikt XVI.
Regiomontanus/ Regiomontan, Mathematiker, Astronom († 1476) 35
Reinhard, Wolfgang 112, 402, 403
Remus 302
Renouard Yves 120
Reuchlin, Johannes, Gelehrter, Jurist und Humanist († 1522) 266
Rhein 43, 277, 279, 297, 348
Riario, Raffaele, Kardinal 43, 332
Rom
– Aurelianische Mauer / Mura Aureliane 248
– Borgo von St. Peter / Borgo di S. Pietro 249, 252,
– Campo de' Fiori 249, 258, 259
– Canale di Ponte 251
– Engelsburg 67, 255, 327, 328
– Fabbrica di S. Pietro 137, 148
– Kapitol / Campidoglio 240, 246, 249, 256,

– Konservatorenpalast / Palazzo dei Conservatori 241, 246
– Lateran / Laterano 53, 72, 94, 244, 249, 275, 292, 314, 321
– Lateranbasilika 53, 54, 57, 59, 60, 390
– Palazzo della Cancelleria 43
– Palazzo Ludovisi Altemps 192, 194
– Palazzo Venezia / Palazzo di S. Marco 168, 177, 190, 191
– Piazza Giudea 249
– Piazza Navona 165, 246, 247, 259, 328
– Piazza S. Marco 256
– Piazza S. Pietro 166
– Piazza Venezia 242
– Ponte S. Angelo 164, 165
– Ponte Sisto 258–260
– Porta del Popolo 256, 259
– Porticus Maximae 251
– Porto di Ripa, Hafen Porto di Ripa 258–260
– S. Clemente 53, 55
– S. Costanza 52
– S. Giovanni in Laterano 164, 165, 321,
– S. Maria Maggiore 90, 92
– S. Maria sopra Minerva 61, 89, 92
– S. Paolo fuori le mura 82, 84
– Santa Sabina 192, 194, 282
– Stadion des Domitian / Stadio di Domiziano 246
– via Alessandrina 259
– via della Lungara 166, 260
– via di Ripetta 260
– via Giulia 260
– via Lata (via del Corso) 254–259
– via Mercatoria (Florea) 252
– via Papalis 252
– via Recta (via dei Coronari) 252–259
– via Sistina 259
– Vatikan
– Apostolischer Palast / Vatikanpalast 50, 51, 62–65, 94–97, 192, 193, 227, 228, 242, 254, 255, 259, 395
– Borgia-Apartment 62–65, 67
– Palastkapelle / capella magna / capella maior palatii 49, 95–99
– Peterskirche / Petersdom / Petersbasilika / Basilica di S. Pietro 49, 77, 91, 94, 136, 137, 186, 256, 259
– Sala dei Misteri 63
– Sala dei Santi 65, 66
– Sixtinische Kapelle / Cappella Sistina 50–52, 97, 98, 105, 156, 158, 160, 166, 168, 399
– St. Peter, Bronzestatue des hl. Petrus 84, 85
– St. Peter, Martinskapelle 86
– St. Peter, Oratorium der hl. Processus und Martinianus 86
– St. Peter, Ottagono di San Basilio 76, 77
– St. Peter, Vatikanische Grotten 76
– Vatikanhügel 94, 95
Romulus 302
Roselli, Antonio 267
Rosselli, Cosimo, italienischer Maler der Renaissance 51, 71
Rossi, Agostino 242
Rudolf III., Graf von Neuenburg 187
Russen 134

S. Salvatore in Ossibus, Kirche 57
Sachsen 140, 141, 143
Sallust, römischer Geschichtsschreiber 302
San Gimignano 192
Santacroce, römische Familie 226
Santos, Juan 161
Sardinien 30
Sarzana 180, 181
Savoyen 281, 282
Schallermann, Johannes 198
Schatz, Klaus 271
Schilling, Heinz, moderner Historiker 142
Schimmelpfennig, Bernhard, moderner Historiker 142
Schmalkaldische Artikel 378
Schottland 225
Schuchard, Christiane, moderne Historikerin 130
Schulte, Aloys, moderner Historiker 136, 311
Seneca, römischer Philosoph 44

Sermoneta, Niccolò, Kardinal 171
Sherr, Richard 20, 155
Sieben, Hermann Josef 267, 272
Siena 180–188, 270, 275–278
Sigebert von Gembloux, Theologe († 1112) 305
Sigismondo dei Conti, italienischer Humanist († 1512) 208
Sigmund, Siegmund, König von Ungarn (ab 1387), römisch-deutscher König (ab 1411), König von Böhmen (ab 1419), Kaiser (1433 –1437) 276
Signorelli, Luca 50, 51, 71, 401
Silvester I., römischer Bischof, Papst (314–335) 307
Silvestro Mazzolini (Prierias), Magister Sacri Palatii 132
Sixtus II. , römischer Bischof, Papst (257–258) 192–193
Sixtus IV. della Rovere, römischer Bischof, Papst (1471–1484) 16, 49, 52, 71–75, 95–101, 117, 130–138, 185, 186, 207, 212, 234, 235, 244, 246, 251, 259, 294, 318, 372, 399, 403
Sixtus V., römischer Bischof, Papst (1585–1590) 183, 399
Sizilien 227
Skandinavien 137, 147
Smith, Adam, Aufklärer († 1790) 119
Sodoma, italienischer Maler († 1549) 197–199
Sotto [Soto], Franciscus de 165
Spalatin, Georg 336, 378
Spanien 35, 37, 43, 116, 137, 143, 296–298, 310
Spinelli, Bankiers 226
St. Peter 10, 61, 71–91, 104, 137, 158, 166, 172, 185, 186, 249–255, 260, 314
Steinmann, Ernst 49
Strozzi, Filippo 240
Sueton, römischer Schriftsteller 302

Tabor 317
Tafur, Pero († 1487) 249
Tauler, Johannes, Dominikaner und Mystiker 145
Terenz 44
Tetzel, Johannes, Dominikaner, Theologe und Ablassprediger († 1519) 145
Tewes, Götz Rüdiger 138, 297
Tewes, Götz-Rüdiger, moderner Historiker 138, 143, 287
Thomas von Aquin, Heiliger, Dominikaner († 1274)
Thomas, Apostel 181
Thomson, John A. F., moderner Historiker 138
Thorwaldsen, Bertel, dänischer Bildhauer, († 1844) 75
Tiber 20, 21, 28, 164, 256, 301, 312–314, 327, 329, 331–333, 344, 348, 401
Tierney, Brian 272
Titus Livius, römischer Geschichtsschreiber 302
Tolfa, Berge nördlich von Rom 135
Tomarozzi, Flaminio 240
Tor de' Specchi, Kloster 61
Torquemada, Juan de la s. Juan de Torquemada
Torres, Franciscus de 165
Tournay 99
Trajan, römischer Kaiser (98–117) 399
Trient, Konzil (1547–1563) 104, 146, 270, 292, 311, 403
Türken 37, 66, 135, 285

Ugoni, Matthias 292
Ulrich von Hutten s. Hutten, Ulrich von
Ulrich von Richental 276
Ungarn 134
Urban II., römischer Bischof, Papst (1088–1099) 30, 305
Urban VIII., römischer Bischof, Papst (1185–1187) 75, 92

Valencia 183, 227
Valla, Lorenzo, (Lorenza) italienischer Humanist († 1457) 31, 212, 213, 318, 347, 368, 376
Van der Wee, Herman 121
Varna 134
Vasari, Giorgio, italienischer Architekt, Hofmaler der Medici und Biograph italienischer Künstler († 1574) 229

Vatikan s. Rom
Vechietta 180
Venedig 66, 134, 225, 352,
Venedig, Markuskirche 127
Verardus, Carolus 38
Vergil 302
Vespucci, Amerigo 28
vicus papisse 314
Vienne 273
Vimercato, Vincentius 165
Viterbo, Egidio da 21, 406

Waldenser 141
Walther von der Vogelweide, deutschsprachiger Lyriker des Mittelalters 296, 306
Weber, Benjamin, moderner Historiker 134
Westindien (die von Kolumbus entdeckten Gebiete) 35
Wettiner, sächsisches Fürstenhaus 139, 143
Wibert von Ravenna 305
Wiegand, Peter, moderner Historiker 139, 140
Wien 198, 267, 294, 296,
Wiener Neustadt 317
Wilanów, Schloss bei Warschau 149
Wilhelm III., Landgarf von Hessen 189
Wilhelm von Enckenvort (Enckenvoirt) 311
Wimpfeling, Jakob, Priester, Dichter, Humanist, Rektor der Universität Heidelberg (1481/2) († 1528) 144, 309, 311
Winterhager, Wilhelm Ernst, moderner Historiker 143, 146
Wittenberg 128, 145, 331, 351, 379, 408
Wittenberg, Allerheiligenstift 141
Wolfgang Krodel d. Ä., Maler 149, 150
Worms, Reichstag (1521)
Wyclif, John, Theologe und Kirchenreformer († 1384) 141, 308, 354–359, 365–368

Xátiva / Játiva 44, 183

Zibramonte, Aurelio 155, 156
Zink, Johannes 311
Zoilo, Annibale 172
Zypern 138, 225